Hahn · Technische Mechanik fester Körper

Technische Mechanik fester Körper

Von Dr. Hans Georg Hahn

o. Prof. an der Universität Kaiserslautern

2., durchgesehene Auflage

Mit 531 Bildern und 3 Tabellen

HANSER

Carl Hanser Verlag München Wien

Verfasser:
Dr. rer. nat. habil. H. G. Hahn
o. Prof. für technische Mechanik an der Universität Kaiserslautern

Die Deutsche Bibliothek – CIP-Einheitsaufnahme

Hahn, Hans Georg:
Technische Mechanik fester Körper: mit 3 Tabellen / von Hans Georg Hahn. – 2., durchges. Aufl. – München ; Wien : Hanser, 1992
(Hanser-Studienbücher)
ISBN 3-446-17149-5

Satz: Fotosatz Service KÖHLER, Würzburg-Heidingsfeld
Druck und Bindung: Wagner GmbH, Nördlingen
Printed in Germany

Meiner lieben Frau mit Dank für treue Hilfe gewidmet

Vorwort

Vorliegendes Buch stellt eine Zusammenfassung und Erweiterung der Vorlesungen über Technische Mechanik dar, die ich seit langem an der Universität Kaiserslautern für die Studenten aller Ingenieurfachbereiche im Grundstudium halte. Der Text ist vorwiegend für Interessenten gedacht, die erstmals mit dem Fachgebiet in Berührung kommen.

Erfahrungsgemäß bereitet die Technische Mechanik den Studierenden am Anfang ziemliche Schwierigkeiten (und ist daher im allgemeinen dementsprechend unbeliebt). Dies ist bedingt durch die zunächst neu auftauchenden abstrakten Begriffe und deren Anwendungen auf die Wirklichkeit. Es zeigt sich immer wieder, daß gerade die einfachen Elementarbegriffe und Grundgesetze wichtig sind. Werden diese richtig verstanden, dann ist ihre Anwendung auf komplizierte technische Vorgänge nicht allzu schwierig. Das Buch will einerseits dazu dienen, über die erwähnten Schwierigkeiten hinwegzuhelfen, andererseits das Verständnis der Vorlesungen zu erleichtern.

Der Verfasser war bemüht, in der Stoffauswahl und dessen Darbietung einen Weg einzuschlagen, der am sichersten zum schrittweisen Verstehen führen kann. Hierzu dient vor allem das Festhalten an der (didaktisch erfolgreichen) traditionellen Gliederung des Stoffgebiets in *Statik*, *Festigkeitslehre*, *Kinematik* und *Kinetik*, wie sie sich in vielen Mechanikbüchern findet und bewährt hat. Sie ist mit der zunehmenden Erweiterung der Mathematikkenntnisse bei den Studenten am besten vereinbar. Letztlich ist es das Ziel, die fundamentalen Gesetze und die Methoden der Technischen Mechanik den Studierenden verständlich zu machen um sie damit zur Lösung von Ingenieurproblemen zu befähigen.

Bewußt wurde davon Abstand genommen, Übungsaufgaben und Lösungen im Buch aufzunehmen, da es verschiedene umfangreiche und vorzügliche Aufgabensammlungen gibt (vgl. die Auswahl auf Seite 310). Im Text kommen hingegen charakteristische Beispiele zu einzelnen Sachverhalten vor, die dem Verstehen des Stoffs dienen können.

Bei der Fertigstellung des Manuskripts wurde ich von meinen Assistenten bestens unterstützt. Ich danke herzlich vor allem Herrn Oberingenieur Dr.-Ing. C. P. Fritzen und Herrn Dipl.-Ing. F. J. Barth für wertvolle Kritik und manche Verbesserungsvorschläge sowie für die unermüdliche und sorgfältige Mithilfe beim Lesen der Korrekturen. Weiterhin gilt mein besonderer Dank Frau E. Jeblick für umfangreiche Schreib- und Kopierarbeiten. Nicht zuletzt bin ich dem Hanser-Verlag verbunden. Bereitwillig wurde auf meine besonderen Wünsche eingegangen, die Zusammenarbeit mit Frau M. Schneider war vorzüglich.

Kaiserslautern, im August 1990

H. G. Hahn

Bemerkung zu den Bezeichnungen

Eine einheitliche und eindeutige Festlegung von Bezeichnungen und Symbolen läßt sich nicht durchführen. Daher müssen gleiche Schriftzeichen zur Kennzeichnung verschiedener Größen verwendet werden, z. B. steht der kleine Buchstabe a sowohl für den Betrag der Beschleunigung als auch gelegentlich für eine Fläche oder eine Länge. Aus dem jeweiligen Text ist indes leicht zu erkennen, welche Größen gemeint sind und was die Bezeichnungen bedeuten. Die Gefahr von Verwechslungen (beispielsweise von i als Trägheitsradius oder $i = \sqrt{-1}$ als imaginäre Einheit) dürfte in keinem Fall aufkommen.

Vektorielle (gerichtete) Größen sind symbolisch durch darübergesetzte Pfeile gekennzeichnet.

Inhaltsverzeichnis

1 Einleitung: Grundbegriffe der Mechanik

1.1 Aufgabe der Mechanik und Einteilung

Die Mechanik ist ein Teil der Physik, nach dem berühmten Physiker *Sommerfeld* stellt sie das Rückgrat der Physik dar. Die Mechanik ist auch der älteste Teil der Physik, der mit den Formulierungen von *Newton* bereits im 17. Jahrhundert einen gewissen Abschluß („Klassische Mechanik") erreicht hat. Die Mechanik ist die Lehre von den Bewegungen und Verformungen materieller Körper im Zusammenhang mit den Kräften, welche diese hervorrufen: Es werden die Bewegungsgesetze aufgestellt.

Als Naturwissenschaft ist die Mechanik eine Erfahrungswissenschaft, alle ihre Ergebnisse werden aus Versuchen gewonnen. Die Brauchbarkeit aller in der Mechanik entwickelten anwendungsbezogenen Theorien kann einzig und allein durch Experimente festgestellt werden.

Grundlagen der Mechanik sind axiomatische Erfahrungssätze, die das reale Verhalten der Körper unter Verwendung bestimmter Abstraktionen bzw. Idealisierungen hinlänglich genau zu beschreiben vermögen. Der einfachste materielle Körper ist ein *materieller Punkt* (auch Massenpunkt genannt). Es ist ein mit Materie behafteter Körper, dessen eigene Ausdehnungen verschwindend klein gegen die Abmessungen sind, die bei seiner Bewegung eine Rolle spielen. Solche Gebilde gibt es in Wirklichkeit nicht, gleichwohl ist die Abstraktion sehr wichtig zur Erfassung der in der Natur beobachteten mechanischen Vorgänge.

Eine weitere wichtige Idealisierung ist der *starre Körper*, der für Betrachtungen eingeführt werden kann, bei denen die real vorhandene Verformbarkeit aller materiellen Körper belanglos ist. Als Modell für die bekanntlich diskret aufgebaute Materie wird in der Mechanik das *Kontinuum* verwendet. Dies ist eine weitere Abstraktion, die zur Erfassung des mannigfachen Materialverhaltens der Körper große Bedeutung hat. Die Verformbarkeit des Kontinuums wird dabei als elastisch, plastisch, viskoelastisch etc. angesehen, entsprechende Formulierungen werden aufgestellt, die zur Beschreibung der jeweils betrachteten Vorgänge nützlich sind.

Das Gesamtgebiet der Mechanik läßt sich einteilen in die beiden Hauptgebiete *Kinematik* und *Dynamik*. In der Kinematik, die auch als Bewegungsgeometrie bezeichnet werden kann, werden allein die Bewegungen materieller Körper (Massenpunkte, starre oder verformbare Körper) untersucht, die Ursachen der Bewegungen und die beteiligten Kräfte werden dabei ignoriert.

Die Dynamik, als eigentliche Lehre von den Kräften wird unterteilt in die *Statik* und die *Kinetik*. In der Statik (oder Gleichgewichtslehre) wird die Verteilung der Kräfte an Körpern untersucht, die sich in Ruhe befinden, also keine Bewegung ausführen. Die Statik ist historisch der älteste Teil der Mechanik, zu dem schon die griechischen Naturphilosophen im Altertum Beiträge geliefert haben. Man darf die Statik auch als die Grundlage aller Ingenieurwissenschaften auffassen, sie bildet die Basis der gesamten Mechanik, wie sie heute betrieben wird. In der Kinetik schließlich werden die Zusammenhänge zwischen den Bewegungen der Körper und den damit verknüpften Kraftwirkungen behandelt, man kann sie auch als die Bewegungslehre an sich bezeichnen.

Mitunter ist eine Einteilung der Mechanik nach den Aggregatzuständen (fest, flüssig, gasförmig) der materiellen Körper zweckmäßig. Dementsprechend sind die Gebiete Stereomechanik (Mechanik der starren Körper), Elasto-, Plasto- und Fluidmechanik zu unterscheiden. Das letztere Gebiet beschäftigt sich speziell mit der Kinematik bzw. Dynamik tropfbarer Flüssigkeiten und Gase. Hierfür sind kennzeichnend die Wissensgebiete Hydrodynamik, Aerodynamik, Gasdynamik.

Die Technische Mechanik stellt neben materialwissenschaftlichen und konstruktiven Fächern die wichtigste grundlegende Ingenieurwissenschaft dar. Es werden Verfahren zur Berechnung technischer Konstruktionen aufgestellt mit denen das Bewegungsverhalten und die Beanspruchung von Bauwerken und Maschinen untersucht werden kann. Die Bauteile der Technik müssen statisch und dynamisch derart analysiert werden, daß sie bestimmte Bewegungen ausführen können (oder nicht) und dabei bestimmte Belastungen ertragen können. Die Hauptaufgaben des Ingenieurs, die mit Hilfe der Technischen Mechanik gelöst werden, bestehen in der Umsetzung eines realen technischen Systems in ein geeignetes mechanisches Modell unter Berück-

sichtigung bestimmter Fragestellungen, wobei die bereits erwähnten Abstraktionen und Idealisierungen (d.h. Beschränkung auf das Wesentliche) herangezogen werden. Die Benutzung der Erkenntnisse der Mathematik und modernen Rechentechnik soll dann die Lösung der an den technischen Fragestellungen orientierten Probleme liefern.
In den Grundlagen der Technischen Mechanik werden zur Untersuchung elementarer Probleme meist die vereinfachenden Modelle bereits angegeben. Das Problem der Modellbildung komplizierterer technischer Systeme ist dann der nächste Schritt, der unter weiterführender Anwendung der wesentlichen mechanischen Gesetzmäßigkeiten zu erfolgen hat.

1.2 Wichtige Begriffe der Mechanik

1.2.1 Bewegung im Raum, Koordinaten

Die Bewegungen der materiellen Körper erfolgen im Raum und laufen in der Zeit ab. Als grundlegende Annahmen sollen gelten (wie in der klassischen Mechanik)

- Existenz eines völlig ruhenden Raums („absoluter Raum"), in dem ein raumfestes Bezugssystem (Koordinatensystem) errichtet werden kann
- Existenz einer gleichmäßig fließenden Zeit („absolute Zeit") unabhängig von physikalischen Zustandsgrößen
- vollkommene Erhaltung der Materiemenge (oder Masse).

Die Beschreibung der Bewegung im Raum erfolgt unter Zugrundelegung eines Bezugssystems, von dem aus die Bewegung beobachtet wird. Als solches Bezugssystem kann z.B. ein Kartesisches Koordinatensystem (geradlinig, orthogonal, Rechtssystem) verwendet werden. Die Wahl dieses Bezugssystems ist willkürlich, es kann z.B. fest mit der Erde verankert sein. Allemal muß aber die Beschreibung physikalischer Ereignisse unabhängig vom jeweils verwendeten Koordinatensystem sein.
Die raumfesten Achsen des Kartesischen Koordinatensystems werden mit x, y, z bezeichnet (Bild 1.1).
Es soll im folgenden stets ein sog. Rechtssystem verwendet werden, d.h. die drei Achsen sind derart orientiert, daß bei der Drehung der x- in die y-Achse (auf dem kürzesten Weg) die z-Achse im Sinn der Fortschreitungsrichtung einer „Rechtsschraube" gerichtet ist (symbolisch in Bild 1.1 dargestellt).
Ein Punkt P hat in seiner Augenblickslage die drei Koordinaten x_p, y_p, z_p, diese geben seine Lage im Raum eindeutig an.

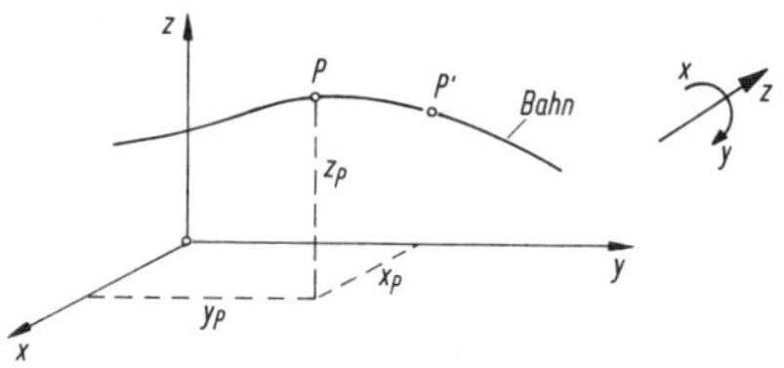

Bild 1.1 Kartesisches Koordinatensystem
Bahn eines bewegten Punkts P

Bewegt sich der Punkt P (z.B. nach P'), so bezeichnet man die stetige Aufeinanderfolge seiner Aufenthaltsorte als *Bahn* des Punkts. Die Bewegung des Punkts P ist bekannt, wenn die zeitabhängigen Beziehungen

$$x = x(t), \quad y = y(t), \quad z = z(t) \tag{1.1}$$

gegeben sind (sog. Parameterdarstellung der Bahnkurve).
Bei der Bewegung von Körpern treten als wichtige Grundgrößen die Länge und die Zeit auf. Es sei bereits hier auf die wichtige Tatsache hingewiesen, daß Bewegungen bzw. Bewegungsänderungen durch *Kräfte* hervorgerufen werden.

1.2.2 Kraftbegriff

Die Kraft ist eine physikalische Größe, die sich der unmittelbaren Beobachtung entzieht. Man kann aber sehr wohl die Wirkungen von Kräften erkennen. Zunächst kann der Kraftbegriff aus der Erfahrung entnommen werden, wenn man an das menschliche „Muskelgefühl" denkt. Auch der Begriff der Schwerkraft oder des Gewichts ist aus der täglichen Erfahrung bekannt.
Die Wirkung von Kräften besteht darin, daß festgehaltene Körper verformt werden (z.B. Federwaage) bzw. bewegliche Körper in Bewegung versetzt werden können.
Es wird später gezeigt werden, daß sich Kräfte durch Vergleich mit der Schwerkraft messen lassen. Außerdem gilt, daß eine Kraft durch ihre Größe und die Richtung ihrer Wirkung gekenn-

zeichnet ist. Eine Kraft ist eine gerichtete Größe, ein sog. *Vektor*.
Eine Einteilung der in der Natur vorkommenden Kräfte ergibt

- Volumenkraft (z.B. Schwerkraft oder Gewicht)
- Flächenkraft (z.B. Wasserdruck auf Staumauer)
- Linienkraft (z.B. Schneidenlast)
- Punkt- oder Einzelkraft (z.B. Nadelbelastung).

Linien- und Punktkräfte sind wichtige Idealisierungen in der Mechanik, in Wirklichkeit treten immer flächenhaft verteilte Kräfte auf.
Es sind weitere Einteilungen der Kräfte möglich. Man unterscheidet äußere oder eingeprägte Kräfte (Lasten) von den sog. Reaktions- oder Auflagerkräften.
Ferner unterscheidet man von den äußeren Kräften die inneren Kräfte. Diese beschreiben den Mechanismus der Kraftweiterleitung in belasteten Körpern und geben gewissermaßen die innere Beanspruchung von Bauteilen an. Die Ermittlung der inneren Kräfte in Tragwerken ist eine wichtige Aufgabe der Statik, da hierdurch wesentliche Aussagen für die Dimensionierung und Bemessung von Bauteilen gewonnen werden können.

1.2.3 Größen in der Mechanik

Die in der Mechanik (und allgemein in der Physik) vorkommenden Größen sind skalare oder nicht-skalare Größen.
Skalare Größen (oder Skalare) sind bestimmt durch die Angabe einer Maßzahl und der Maßeinheit (Beispiel: Temperatur, Zeit, Dichte). Es handelt sich um Größen, die unabhängig von der Wahl des zugrundegelegten räumlichen Bezugssystems sind (sog. Invarianten).
Daneben gibt es Größen, die nicht durch eine einzige Zahlenangabe bestimmt sind, d.h. man benötigt mehrere Maßzahlen zur Kennzeichnung einer physikalischen Größe.
Hierzu gehören die *Vektoren*, sie sind bestimmt durch die Angabe dreier Maßzahlen (Komponenten) und der Maßeinheit. Es sind gerichtete Größen wie z.B. die Kraft (andere Vektoren sind Geschwindigkeit, Beschleunigung usw.). Die Komponenten eines Vektors sind abhängig von der Wahl des räumlichen Bezugssystems, hierfür müssen bestimmte Transformationsgesetze gelten.
Zu den nicht-skalaren Größen zählen auch die sog. *Tensoren* verschiedener Stufe, die mehr Komponenten aufweisen als die Vektoren und für die kompliziertere Transformationsgesetze beim Wechsel von Koordinatensystemen gelten.

In der Mechanik kommen hauptsächlich Tensoren 2. Stufe (auch Affinoren genannt) vor, es sind Größen, die das Verformungsverhalten deformierbarer Körper (Spannungs- und Verzerrungstensor) oder das dynamische Verhalten starrer Körper (Tensor der Massenträgheitsmomente) beschreiben.
Es sei folgende Terminologie angemerkt

Skalar = Tensor 0. Stufe
Vektor = Tensor 1. Stufe
Affinor = Tensor 2. Stufe.

Wesentlich ist, daß Tensorgleichungen stets unabhängig vom verwendeten Koordinatensystem sind und somit der Forderung genügen, daß physikalische Gesetze immer unabhängig von einem speziellen Bezugssystem sein müssen.

1.2.4 Wichtige Regeln der Vektorrechnung

Die Vektorrechnung (Vektoralgebra und Vektoranalysis) ist eine wichtige Rechenmethode der Mechanik (größtenteils von Physikern entwickelt).
Als Beispiel für einen Vektor, d.h. eine gerichtete Größe, wurde bereits die *Kraft* genannt. Ihre Darstellung erfolgt mit einem Pfeil gemäß Bild 1.2.

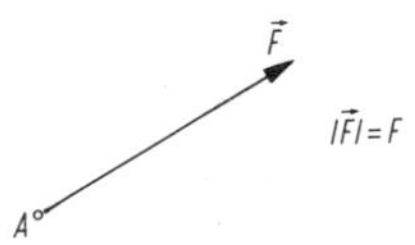

Bild 1.2 Kraft als gerichtete Größe (Kraftvektor) Anfangspunkt *A* (Kraftangriffspunkt)

Eine Kraft ist gekennzeichnet durch Größe und Richtung, sie wird als gerichtete Größe dargestellt. Vektoren sollen im folgenden durch Buchstaben mit darübergesetztem Pfeil geschrieben werden. Dann kennzeichnet $\vec{F}$ gleichzeitig Größe und Richtung, F nur die Größe der Kraft.
Die Länge des Kraftpfeils stellt in einem bestimmten Kräftemaßstab die Größe (den Betrag) der Kraft dar.

Gegenüber höheren nicht-skalaren Größen (Tensoren) besitzt der Vektor den Vorteil einer einfachen geometrischen Veranschaulichung durch einen Pfeil (gerichtete Strecke).
Bei den Vektoren unterscheidet man

- freie Vektoren: Lage des Anfangspunkts unwesentlich
- linienflüchtige Vektoren: Anfangspunkt auf der Richtungsgeraden verschieblich
- gebundene Vektoren: Anfangspunkt ist fest.

Im folgenden sollen wichtige Rechenregeln für Vektoren (es handelt sich um freie Vektoren, die beliebig im Raum parallel zu sich selbst verschoben werden können) angegeben werden. Die Rechnung mit den gerichteten Größen hat unmittelbar eine anschauliche Bedeutung, es ist ganz abwegig, sie als reine Abkürzungsrechnung („Rechenstenografie") bezeichnen zu wollen. Es handelt sich um ein geometrisches Rechenverfahren, dessen Objekte Strecken sind.

1.2.4.1 Gleichheit von Vektoren, Addition und Subtraktion, Komponentendarstellung

Die Gleichheit zweier Vektoren

$$\vec{A} = \vec{B}$$

bedeutet, daß sie in Betrag, Richtung und Richtungssinn übereinstimmen. Für zwei, im Betrag und der Richtung übereinstimmende Vektoren, die jedoch entgegengesetzten Richtungssinn haben, gilt

$$\vec{A} = -\vec{B}.$$

Ein spezieller Vektor ist der Einheitsvektor (Einsvektor) mit dem Betrag „Eins", für den häufig die Bezeichnung $\vec{e}$ verwendet wird. Es gilt dann für einen beliebigen Vektor $\vec{A}$ die Darstellung

$$\vec{A} = A\vec{e}_A$$

$$\text{mit} \quad A = |\vec{A}|, \quad |\vec{e}_A| = 1, \quad \vec{e}_A \parallel \vec{A}.$$

Als Summe zweier Vektoren $\vec{A}$ und $\vec{B}$ definiert man einen Vektor $\vec{C}$, den man erhält, wenn man an den Endpunkt von $\vec{A}$ den Vektor $\vec{B}$ anträgt und vom Anfangspunkt von $\vec{A}$ einen Vektor zum Endpunkt von $\vec{B}$ zieht (vgl. Bild 1.3). Es gilt $\vec{A} + \vec{B} = \vec{C}$.
Wie auch die gewöhnliche Zahlensumme ist die Vektorsumme kommutativ, d.h.

$$\vec{A} + \vec{B} = \vec{B} + \vec{A}.$$

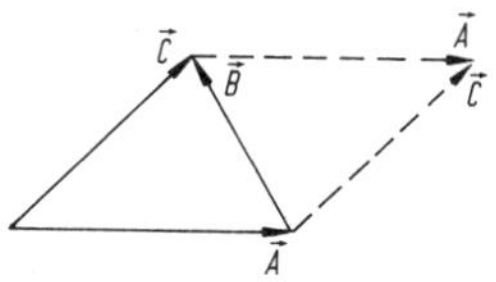

Bild 1.3 Addition und Subtraktion zweier Vektoren

Ferner gilt für eine aus mehreren Summanden bestehenden Summe das Assoziativgesetz

$$\begin{aligned}\vec{A} + \vec{B} + \vec{C} &= (\vec{A} + \vec{B}) + \vec{C} \\ &= \vec{A} + (\vec{B} + \vec{C}) \\ &= \vec{B} + (\vec{A} + \vec{C}).\end{aligned}$$

Die Differenz zweier Vektoren ist entsprechend definiert

$$\vec{B} = \vec{C} - \vec{A} = \vec{C} + (-\vec{A}).$$

Aus Bild 1.3 geht hervor, daß man den Vektor $\vec{B}$ erhält, wenn man an den Endpunkt von $\vec{C}$ den Vektor $\vec{A}$ in umgekehrter Richtung anträgt und den Anfangspunkt von $\vec{C}$ mit dem Endpunkt von $-\vec{A}$ verbindet.
Man erkennt außerdem, daß die Multiplikation eines Vektors mit (-1) Richtungsumkehr bedeutet.
Zur Komponentendarstellung eines Vektors *in der Ebene* bei Bezugnahme auf ein Kartesisches Koordinatensystem werden die Basisvektoren $\vec{e}_x$ und $\vec{e}_y$ (Einheitsvektoren in Richtung der Koordinaten x und y) eingeführt (Bild 1.4).

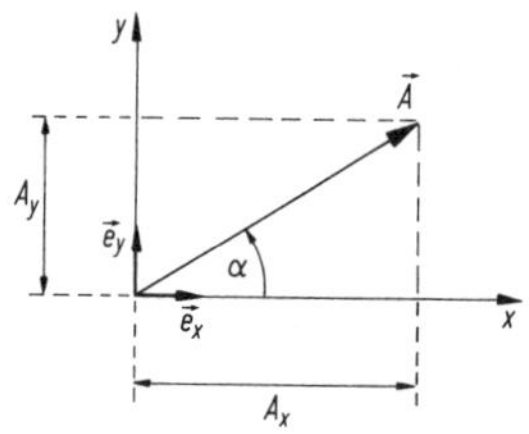

Bild 1.4 Komponentendarstellung eines Vektors in der Ebene
Basisvektoren des Kartesischen Koordinatensystems

Als Komponenten A_x und A_y des Vektors $\vec{A}$ bezeichnet man die Projektionen auf die Achsen, d.h.

$$A_x = A\cos\alpha \qquad A_y = A\sin\alpha \tag{1.2}$$

und es gilt

$$\vec{A} = \vec{e}_x A_x + \vec{e}_y A_y. \tag{1.3}$$

Der Betrag von $\vec A$ ist

$$|\vec A| = A = \sqrt{A_x^2 + A_y^2}\,.$$

Der Vektorsumme $\vec A + \vec B = \vec C$ entsprechen die Komponentengleichungen

$$A_x + B_x = C_x \qquad A_y + B_y = C_y$$

und man erkennt, daß in der Ebene jeder Vektorgleichung zwei skalare Gleichungen in den Komponenten entsprechen.
Verallgemeinert für den Raum bedeutet dies, daß eine Vektorgleichung drei skalare Gleichungen ersetzt.
Die Lage eines Punkts im Raum (vgl. Bild 1.1) kann durch die Angabe seines Ortsvektors $\vec r$ vom Koordinatennullpunkt aus gemäß

$$\vec r = \vec e_x\, x + \vec e_y\, y + \vec e_z\, z \tag{1.4}$$

festgelegt werden. Die Koordinaten des Punkts P entsprechen den Komponenten des Ortsvektors (Bild 1.5a). Analog ist der Ortsvektor z.B. in einem Zylinderkoordinatensystem r, φ, z definiert (Bild 1.5b). Es gilt hierfür

$$\vec r = \vec e_r\, r + \vec e_z\, z$$

mit den entsprechenden Basisvektoren $\vec e_r$ und $\vec e_z$.

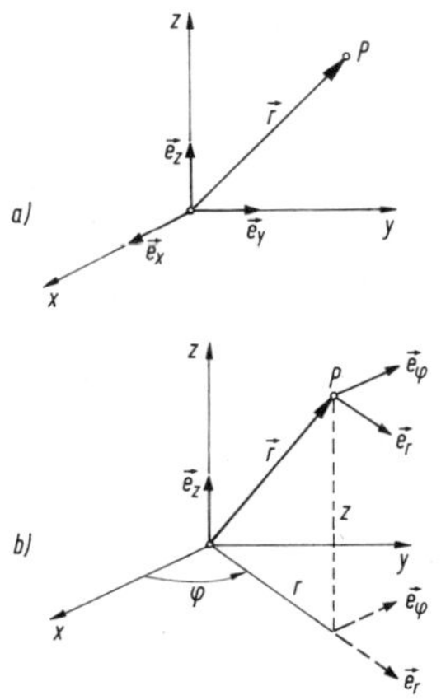

Bild 1.5 a) Ortsvektor $\vec r$ im Kartesischen Koordinatensystem ($\vec e_x$, $\vec e_y$, $\vec e_z$ raumfest)
b) Ortsvektor $\vec r$ im Zylinderkoordinatensystem r, φ, z (nur $\vec e_z$ ist raumfest; $\vec e_r$ und $\vec e_\varphi$ können ihre Richtung ändern)

1.2.4.2 Produktbildung mit Vektoren

Es gibt für Vektoren verschiedene produktartige Verknüpfungen[1]), die nicht alle, aber doch die wichtigsten Merkmale von Produkten in der gewöhnlichen Zahlenrechnung besitzen.
Das *Skalarprodukt* (inneres Produkt) zweier Vektoren $\vec A$ und $\vec B$ liefert eine Zahl (einen Skalar) gemäß

$$\vec A \cdot \vec B = A\,B \cos\gamma\,. \tag{1.5}$$

Dabei ist γ der von den beiden Vektoren eingeschlossene Winkel (Bild 1.6a). Der Punkt zwischen den Vektoren wird meist weggelassen.
Das Skalarprodukt ist positiv, wenn der Winkel zwischen den Vektoren spitz ist und negativ, wenn der Winkel stumpf ist.
Stehen die beiden Vektoren aufeinander senkrecht, so verschwindet das Skalarprodukt, d.h.

$$\vec A \cdot \vec B = 0 \quad \text{wenn} \quad \vec A \perp \vec B\,. \tag{1.6}$$

Dies ist ein wesentlicher Unterschied zum gewöhnlichen Zahlenprodukt, das nur dann verschwindet, wenn mindestens einer der Faktoren null ist.
Für das Skalarprodukt gilt das kommutative Gesetz

$$\vec A \cdot \vec B = \vec B \cdot \vec A \tag{1.7}$$

außerdem das distributive Gesetz zur Addition, d.h.

$$\vec A(\vec B + \vec C + \vec D + \ldots) = \vec A \cdot \vec B + \vec A \cdot \vec C + \vec A \cdot \vec D + \ldots \tag{1.8}$$

Hingegen ist zu beachten, daß

$$(\vec A \vec B) \cdot \vec C \neq \vec A \cdot (\vec B \vec C)$$

ist [vgl. hierzu (1.17)].
Die Anwendung des Skalarprodukts auf die Kartesischen Basisvektoren liefert

$$\left.\begin{array}{l} \vec e_x \cdot \vec e_x = \vec e_y \cdot \vec e_y = \vec e_z \cdot \vec e_z = 1 \\ \vec e_x \cdot \vec e_y = \vec e_y \cdot \vec e_z = \vec e_z \cdot \vec e_x = 0\,. \end{array}\right\} \tag{1.9}$$

Damit ergibt sich die Komponentendarstellung des Skalarprodukts

$$\vec A \cdot \vec B = A_x B_x + A_y B_y + A_z B_z\,. \tag{1.10}$$

[1]) Es gibt keine Division von Vektoren!

Als Quadrat eines Vektors bezeichnet man das Skalarprodukt eines Vektors mit sich selbst

$$\vec{A}^2 = \vec{A} \cdot \vec{A} = A^2.$$

Der Betrag eines Vektors läßt sich damit schreiben

$$|\vec{A}| = \sqrt{\vec{A}^2} = A.$$

Ein Einheitsvektor in Richtung eines Vektors $\vec{A}$ ergibt sich gemäß

$$\vec{e}_A = \frac{\vec{A}}{|A|} = \frac{\vec{A}}{\sqrt{\vec{A}^2}}.$$

Das *Vektorprodukt* (äußeres Produkt) zweier Vektoren $\vec{A}$ und $\vec{B}$ liefert einen Vektor

$$\vec{C} = \vec{A} \times \vec{B}$$

der auf der von $\vec{A}$ und $\vec{B}$ aufgespannten Ebene senkrecht steht. Seine Richtung ergibt sich daraus, daß $\vec{A}$, $\vec{B}$, $\vec{C}$ ein Rechtssystem bilden (vgl. Bild 1.6b).

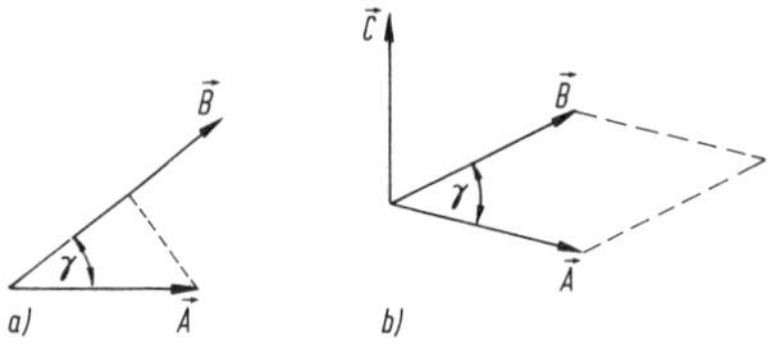

Bild 1.6 a) Skalarprodukt $\vec{A} \cdot \vec{B}$
b) Vektorprodukt $\vec{A} \times \vec{B}$

Der Betrag des Vektorproduktes ist

$$C = |\vec{A} \times \vec{B}| = AB \sin\gamma \tag{1.11}$$

er stellt den Flächeninhalt des von den Vektoren $\vec{A}$ und $\vec{B}$ aufgespannten Parallelogramms dar. Das Kommutativgesetz gilt nicht mehr, vielmehr ist

$$\vec{A} \times \vec{B} = -\vec{B} \times \vec{A}. \tag{1.12}$$

Hingegen gilt das Gesetz der Distributivität zur Addition

$$\vec{A} \times (\vec{B} + \vec{C} + \vec{D} + \ldots) = \vec{A} \times \vec{B} + \vec{A} \times \vec{C} + \vec{A} \times \vec{D} + \ldots$$

Für parallele Vektoren verschwindet das Vektorprodukt, d.h.

$$\vec{A} \times \vec{B} = 0 \quad \text{wenn} \quad \vec{A} \parallel \vec{B}$$

und speziell $\vec{A} \times \vec{A} = 0$.

Anwendung auf die Kartesischen Basisvektoren liefert

$$\left.\begin{aligned} &\vec{e}_x \times \vec{e}_x = \vec{e}_y \times \vec{e}_y = \vec{e}_z \times \vec{e}_z = 0 \\ &\vec{e}_x \times \vec{e}_y = \vec{e}_z, \ \vec{e}_y \times \vec{e}_z = \vec{e}_x, \ \vec{e}_z \times \vec{e}_x = \vec{e}_y. \end{aligned}\right\} \tag{1.13}$$

Man erhält damit folgende Komponentendarstellung des Vektorprodukts

$$\begin{aligned} \vec{A} \times \vec{B} &= (\vec{e}_x A_x + \vec{e}_y A_y + \vec{e}_z A_z) \\ &\quad \times (\vec{e}_x B_x + \vec{e}_y B_y + \vec{e}_z B_z) \\ &= \vec{e}_x (A_y B_z - A_z B_y) \\ &\quad + \vec{e}_y (A_z B_x - A_x B_z) \\ &\quad + \vec{e}_z (A_x B_y - A_y B_x). \end{aligned}$$

Dies läßt sich bequem in Form einer Determinante schreiben

$$\vec{A} \times \vec{B} = \begin{vmatrix} \vec{e}_x & \vec{e}_y & \vec{e}_z \\ A_x & A_y & A_z \\ B_x & B_y & B_z \end{vmatrix}. \tag{1.14}$$

Es sind auch mehrfache Produktbildungen mit Vektoren möglich.
Das *skalare Tripelprodukt* (Spatprodukt) dreier nicht koplanarer (d.h. nicht in einer Ebene liegender) Vektoren $\vec{A}$, $\vec{B}$ und $\vec{C}$

$$\begin{aligned} (\vec{A} \times \vec{B})\,\vec{C} &= (\vec{B} \times \vec{C})\,\vec{A} \\ &= (\vec{C} \times \vec{A})\,\vec{B} = \vec{A}\,\vec{B}\,\vec{C} = V \end{aligned} \tag{1.15}$$

liefert eine skalare Größe, nämlich das Volumen V des von den drei Vektoren gebildeten Parallelepipeds (sog. Spat). Gemäß (1.15) wird das Spatprodukt abgekürzt durch einfaches Nebeneinanderschreiben der Vektoren dargestellt.
Die Determinantendarstellung des Spatprodukts lautet

$$\vec{A}\,\vec{B}\,\vec{C} = \begin{vmatrix} A_x & A_y & A_z \\ B_x & B_y & B_z \\ C_x & C_y & C_z \end{vmatrix}. \tag{1.16}$$

Man erkennt, daß

$$\vec{A}\,\vec{B}\,\vec{C} = -\vec{B}\,\vec{A}\,\vec{C} = -\vec{C}\,\vec{B}\,\vec{A} \quad \text{usw.}$$

Für *vektorielle Tripelprodukte* gelten die folgenden Entwicklungssätze

$$\left.\begin{aligned} (\vec{A} \times \vec{B}) \times \vec{C} &= \vec{B}(\vec{C} \cdot \vec{A}) - \vec{A}(\vec{B} \cdot \vec{C}) \\ \vec{A} \times (\vec{B} \times \vec{C}) &= \vec{B}(\vec{C} \cdot \vec{A}) - \vec{C}(\vec{A} \cdot \vec{B}). \end{aligned}\right\} \tag{1.17}$$

Damit und mit (1.15) läßt sich z.B. ausrechnen

$$(\vec{A}\times\vec{B})(\vec{C}\times\vec{D}) = [\vec{B}\times(\vec{C}\times\vec{D})]\,\vec{A} = (\vec{C}\vec{A})(\vec{D}\vec{B}) - (\vec{D}\vec{A})(\vec{B}\vec{C}).$$

Wichtige Anwendungen von Skalar- und Vektorprodukten finden sich in den Begriffen der Arbeit und des Moments. Hierauf wird in Abschn. 1.6 eingegangen.

1.3 Bewegung von materiellen Punkten

Im folgenden werden einige wichtige Begriffe der Kinematik, nämlich Geschwindigkeit und Beschleunigung besprochen.

1.3.1 Geradlinige Bewegung

Die einfachste Art der Bewegung eines materiellen Punkts (d.h. eines mit Materie behafteten Körpers geringer Ausdehnung) ist die gleichförmige Bewegung in geradliniger Richtung.
Als Koordinate wird der längs der Bahn zurückgelegte Weg s eingeführt. Bei der *gleichförmigen* Bewegung werden in gleichen Zeitintervallen Δt gleiche Wegstreckenintervalle Δs zurückgelegt. [1])
Man definiert als Geschwindigkeit

$$v = \frac{\Delta s}{\Delta t} = \text{konst.} \tag{1.18}$$

Als Maßeinheit (oder Dimension) der Geschwindigkeit ergibt sich die abgeleitete Einheit Weg/Zeit, z.B. Meter/Sekunde oder Kilometer/Stunde mit der Umrechnung

$$1\,\frac{\text{m}}{\text{s}} = 3{,}6\,\frac{\text{km}}{\text{h}}.$$

Von ungleichförmiger Bewegung spricht man, wenn die Geschwindigkeit sich bei der Bewegung ändert. Wenn das betrachtete Zeitintervall Δt immer kleiner gewählt wird, ergibt sich damit auch ein kleineres Wegintervall Δs.
Man definiert als *momentane Geschwindigkeit*

$$v = \lim_{\Delta t\to 0}\frac{\Delta s}{\Delta t} = \frac{\text{d}s}{\text{d}t} = \dot{s}. \tag{1.19}$$

Die zurückgelegte Wegstrecke $s = s(t)$ ist eine Funktion der Zeit, ebenso ergibt sich jetzt die Geschwindigkeit $v = v(t)$ als eine Funktion der Zeit. Sie ist gemäß dem Grenzübergang in (1.19) die Ableitung des Wegs nach der Zeit, die abgekürzt durch den über s gesetzten Punkt geschrieben wird.
Bei nicht-konstanter Geschwindigkeit $v(t)$ kann im einfachsten Fall die Zu- oder Abnahme Δv in gleichen Zeitintervallen Δt gleich groß sein. Es handelt sich um eine gleichförmig beschleunigte (oder verzögerte) Bewegung. Die Änderung der Geschwindigkeit wird durch die Beschleunigung

$$a = \frac{\Delta v}{\Delta t} = \text{konst.} \tag{1.20}$$

ausgedrückt ($a < 0$ entspricht einer Verzögerung). Die Maßeinheit der Beschleunigung ist m/s^2.
Für die ungleichförmig beschleunigte (oder verzögerte) Bewegung definiert man als *momentane Beschleunigung*

$$a = \lim_{\Delta t\to 0}\frac{\Delta v}{\Delta t} = \frac{\text{d}v}{\text{d}t} = \dot{v} = \frac{\text{d}^2 s}{\text{d}t^2} = \ddot{s}. \tag{1.21}$$

Hierbei tritt die zweite Ableitung des Wegs nach der Zeit auf.

1.3.2 Allgemeine krummlinige Bewegung

Im Sonderfall der geradlinigen Bewegung (die z.B. durch eine geführte Bahn erreicht werden kann) spielen nur die Größe von Geschwindigkeit und Beschleunigung eine Rolle, die Richtung der Bewegung (Richtungsumkehr eingeschlossen) ist durch die gerade Bahn bestimmt.
Bei der krummlinigen Bewegung (z.B. in einer Ebene) sind auch die Richtungen von Geschwindigkeit und Beschleunigung wichtig: Geschwindigkeit und Beschleunigung haben also Vektorcharakter.
Als Geschwindigkeitsvektor ergibt sich jetzt (unter Verwendung des Ortsvektors $\vec{r}$, vgl. Bild 1.7) gemäß der Definition (1.19)

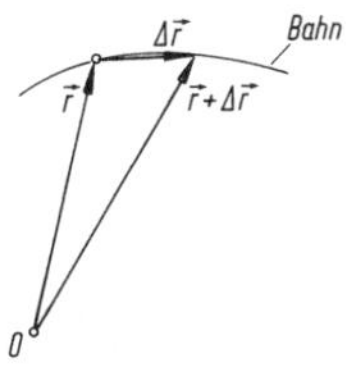

Bild 1.7 Bewegung auf krummliniger Bahn

[1]) Δ bedeutet Differenz.

$$\vec{v} = \lim_{\Delta t \to 0} \frac{\Delta \vec{r}}{\Delta t} = \frac{d\vec{r}}{dt} = \dot{\vec{r}}. \qquad (1.22)$$

Der Beschleunigungsvektor ist entsprechend

$$\vec{a} = \lim_{\Delta t \to 0} \frac{\Delta \vec{v}}{\Delta t} = \frac{d\vec{v}}{dt} = \dot{\vec{v}} = \frac{d^2\vec{r}}{dt^2} = \ddot{\vec{r}}. \qquad (1.23)$$

Während die Richtung des Geschwindigkeitsvektors $\vec{v}$ immer in die Richtung der Bahntangente fällt, besitzt der Beschleunigungsvektor $\vec{a}$ im allgemeinen sowohl eine Tangential- als auch eine Normalkomponente zur Bahn (Bild 1.8 bei ebener Bahnkurve).

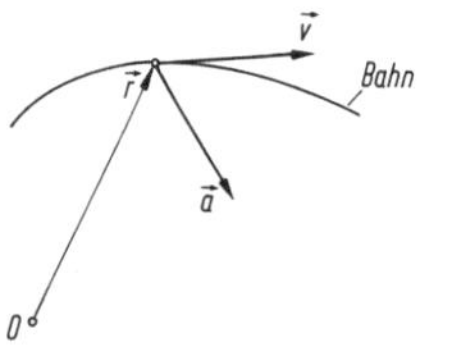

Bild 1.8 Allgemeine Richtungen von Geschwindigkeits- und Beschleunigungsvektor (bei ebener Bahnkurve)

Man kann feststellen, daß eine Richtungsänderung der Bewegung mit einer Beschleunigung verknüpft ist.
Weitere Einzelheiten der Kinematik werden später in Abschnitt 4.1 behandelt.

1.4 Die Newtonschen Axiome der Mechanik

Als Grundlage der sog. Klassischen Mechanik werden die Newtonschen Axiome angesehen. Sie finden sich sehr wortreich in *Newtons* Buch „Philosophiae Naturalis Principia Mathematika" von 1687 und geben die wichtigsten (bis dahin bekannten) Erfahrungstatsachen wieder. Einzelne der Aussagen waren schon vorher (*Galilei*, *Kepler* u.a.) bekannt. Man kann sagen, daß die Newtonschen Axiome zu den durch die Erfahrung am besten bestätigten Naturgesetzen gehören. Es sei angemerkt, daß Axiome Grundtatsachen beinhalten, die nicht auf einfachere zurückgeführt werden können. Axiome sind nicht beweisbar (bedürfen auch keines Beweises), werden aber durch die Erfahrung bestätigt [1]).

[1]) Ein berühmtes Axiom ist das Euklidsche Parallelenaxiom, auf dem die sog. Euklidsche Geometrie (des ungekrümmten Raums) fußt.

1.4.1 Newtonsche Axiome in Originalfassung

Zunächst werden die vier wichtigen Gesetze (Lex I bis III und Corol. I) in der Übersetzung von *E. Mach* zitiert, wie sie in *Newtons* Buch auftreten. Die heutige Formulierung haben die Gesetze erst viel später erhalten. Diese Interpretation wird im folgenden Abschnitt gegeben.

Lex Prima: Jeder Körper beharrt in seinem Zustand der Ruhe oder gleichförmigen, geradlinigen Bewegung, wenn er nicht durch einwirkende Kräfte gezwungen wird, seinen Zustand zu ändern.

Dies sog. Trägheitsgesetz ist bereits von *Galilei* als Verharrungsgesetz formuliert worden. Wesentlicher Inhalt des Gesetzes ist, daß Bewegungsänderungen durch Kräfte hervorgerufen werden.

Lex Secunda: Die Änderung der Bewegung ist der Einwirkung der bewegenden Kraft proportional und geschieht nach der Richtung derjenigen geraden Linie, nach der jene Kraft wirkt.

Dies ist das eigentliche Bewegungsgesetz, das mitunter auch als kinetisches Grundgesetz bezeichnet wird.

Lex Tertia: Die Wirkung ist stets der Gegenwirkung gleich, oder die Wirkungen zweier Körper aufeinander sind stets gleich und von entgegengesetzter Richtung.

Dies sog. Wechselwirkungsgesetz (auch schon von *Galilei* und *Huyghens* formuliert) besagt, daß Kräfte in der Natur stets paarweise (gleich groß, entgegengesetzt gerichtet) auftreten.

Corollarium I: Ein Körper beschreibt in derselben Zeit, durch Verbindung zweier Kräfte die Diagonale eines Parallelogramms, in welcher er, vermöge der einwirkenden Kräfte die Seiten beschrieben haben würde.

Dies sog. Gesetz vom Kräfteparallelogramm wurde von *Newton* lediglich als Zusatz zu den drei Gesetzen angegeben. Es war bereits *Stevin* (1586) und *Varignon* (1685) sowie auch *Leonardo da Vinci* (für aufeinander senkrecht stehende Kräfte) bekannt.

1.4.2 Neuzeitliche Formulierung der Newtonschen Grundgesetze

In die genannten Newtonschen Axiome müssen spätere Erkenntnisse hineininterpretiert werden, damit man zu den heute gebräuchlichen Aussagen (die nicht in *Newtons* Ausführungen zu finden sind) gelangt. Insbesondere ist festzuhalten, daß *Newton* zwar den Kraft- und den Massenbegriff definiert hat, der wichtige Beschleunigungsbegriff aber nicht vorkommt und auch der Vektorcharakter nur in sehr verschleierter Form auftaucht. Dies schmälert die Verdienste von *Newton* keineswegs, war er doch der erste, der die Erkenntnisse der Generationen vor ihm zusammenfassend dargestellt hat. Er hat die Grundgesetze auch angewendet, um allgemeine Bewegungsvorgänge (z.B. Fall- und Wurfbewegung, Stoßvorgänge, Planetenbewegung unter Einbeziehung des Gravitationsgesetzes) zu behandeln. Schließlich gehen auch wichtige Grundlagen der Strömungsmechanik auf *Newton* zurück.

Man definiert als *Impuls* (oder Bewegungsgröße) eines bewegten Körpers den Vektor

$$\vec{J} = m\vec{v} \tag{1.24}$$

wobei unter m die Materiemenge oder Masse des Körpers verstanden wird. Das Trägheitsgesetz (Lex I) läßt sich dann formulieren als

$$\vec{J} = \overrightarrow{\text{konst.}} \text{ bei Abwesenheit von Kräften.}$$

Aus diesem Satz von der Erhaltung des Impulses ist zu folgern, daß Bewegungsänderungen (z.B. aus dem Zustand der Ruhe aus) das Auftreten von Kräften erfordern.

Dieser Zusammenhang wird im folgenden Bewegungsgesetz (Lex II) beschrieben

$$\vec{F} = (m\vec{v})^{\cdot} = \dot{\vec{J}} \tag{1.25}$$

das in dieser Form auch als *Impulssatz* bezeichnet wird.

Dabei ist m die sog. träge Masse des bewegten Körpers (nur abhängig von dessen stofflicher Beschaffenheit).

Für konstante Masse ergibt sich aus (1.25) die kinetische Grundgleichung in der geläufigen Form „Kraft ist Masse mal Beschleunigung", d.h.

$$\vec{F} = m\vec{a}. \tag{1.26}$$

Hierbei bedeutet $\vec{F}$ die Resultierende aller auf den bewegten Körper einwirkenden Kräfte und das Gesetz beschreibt die translatorische (gerad- oder krummlinige) Bewegung materieller Körper in ruhenden Bezugssystemen. [1]) Der idealisierte Begriff des Massenpunkts ist hierbei nicht vonnöten.

Zur Erfassung der Drehbewegung materieller Körper dient ein weiteres, von (1.26) völlig unabhängiges Bewegungsgesetz, der von *Euler* aufgestellte sog. Drehimpuls- oder Drallsatz.

Bei der Bewegung von Massenpunkten (Punktmechanik) bleibt die Betrachtung der Drehung unberücksichtigt.

Das dritte Newtonsche Axiom (Lex III oder Wechselwirkungsgesetz) beinhaltet das *Reaktionsprinzip* – schlagwortartig „actio est reactio" – es gilt gleichermaßen für Kontaktkräfte zwischen sich berührenden Körpern als auch für Fernwirkungskräfte zwischen räumlich entfernten Körpern. Insbesondere in der Statik spielt dies Axiom eine große Rolle.

Das Axiom vom Kräfteparallelogramm (Corol. I) besagt, daß sich Kräfte wie Vektoren addieren. Es beinhaltet das Superpositionsprinzip der Kraftwirkungen, d.h. jede Kraft an einem Körper bringt die ihr entsprechende Bewegungsänderung hervor, unabhängig davon, ob andere Kräfte gleichzeitig wirken.

Auf den genannten Axiomen fußt die „Klassische Mechanik", es wird sich zeigen, daß damit und mit einigen weiteren Sätzen auch die gesamte Technische Mechanik erfaßt wird.

1.5 Maßeinheiten oder Dimensionen

Wichtig ist eine Verständigung über die genaue Messung mechanischer Größen, insbesondere muß eine Maßeinheit der Kraft festgelegt werden.

1.5.1 Kraftmessung

Die kinetische Grundgleichung liefert eine Möglichkeit zur Kraftmessung und damit einer Festlegung der Krafteinheit, indem Kräfte mit der Gewichtskraft (Schwerkraft) verglichen werden. Hierzu wird zunächst die *Fallbewegung* betrach-

---

[1]) Zur Historie ist anzumerken, daß die kinetische Grundgleichung in Kartesischen Koordinaten erstmals von *L. Euler* (1752) formuliert wurde.

tet: Die Erfahrung zeigt, daß alle materiellen Körper bei Vernachlässigung des Luftwiderstands gleich schnell mit zunehmender Geschwindigkeit fallen. Diese Fallbewegung ist zum Erdmittelpunkt hin gerichtet, es handelt sich um eine gleichförmig beschleunigte Bewegung. Dies bedeutet, daß auf fallende Körper eine konstante Kraft wirkt, diese nennt man das Gewicht oder die Schwerkraft.
Aus der kinetischen Grundgleichung (1.26) ergibt sich als Sonderfall das *Gesetz der Schwere*

$$G = mg. \qquad (1.27)$$

Hierbei bedeuten
G die Gewichtskraft (das Gewicht)
m die sog. schwere Masse
g die Fall- oder Schwerebeschleunigung (die gemessen werden kann).

Die Schwerebeschleunigung ist zum Erdmittelpunkt gerichtet, sie ist veränderlich auf der Erdoberfläche, ein genügend genauer Mittelwert in der Technischen Mechanik ist

$$g = 9{,}81\,\frac{\mathrm{m}}{\mathrm{s}^2}.$$

Die Schwerebeschleunigung wird hervorgerufen durch die sog. Gravitationswirkung, eine physikalische Erscheingung, deren Ursache bislang unbekannt ist.
Eine wichtige Erkenntnis der Allgemeinen Relativitätstheorie ist die Äquivalenz der schweren Masse mit der früher eingeführten trägen Masse. Dies besagt, daß man durch Messungen nicht feststellen kann, ob ein materieller Körper beschleunigt wird oder sich in einem Schwerefeld befindet.
Schwerebeschleunigungen treten auch auf anderen Himmelskörpern auf, z.B. ergibt sich auf dem Erdmond ein Wert von $1{,}6\,\frac{\mathrm{m}}{\mathrm{s}^2}$, der es den auf dem Mond gelandeten Menschen erlaubte, mühelos große Sprünge zu machen.

1.5.2 Maßsysteme

Neben den bereits bekannten Grundeinheiten für die Länge und die Zeit (mit den abgeleiteten Einheiten für Geschwindigkeit und Beschleunigung) muß eine weitere Grundeinheit festgelegt werden.
Im sog. Internationalen Einheitensystem *SI* (früher auch physikalisches Maßsystem genannt) definiert man als Grundeinheit der Masse, weil sie eine jedem Körper eigene skalare Größe ist

1 Kilogramm (kg)

und versteht darunter die Masse von $1000\,\mathrm{cm}^3$ Wasser bei bestimmten Bedingungen.
Gemäß der kinetischen Grundgleichung ergibt sich damit für die Kraft die abgeleitete Einheit

$$1\,\frac{\mathrm{kgm}}{\mathrm{s}^2} = 1 \text{ Newton (N)}$$

als diejenige Kraft, die erforderlich ist, um einer Masse von 1 kg die Beschleunigung $1\,\frac{\mathrm{m}}{\mathrm{s}^2}$ zu erteilen.
Das Internationale Einheitensystem (1978 gesetzlich eingeführt) verwendet die in der Mechanik benötigten Grundeinheiten

Meter, Sekunde, Kilogramm: m, s, kg

bzw. Bruchteile oder Vielfache davon.
Im früher gebräuchlichen sog. Technischen Maßsystem wird als Grundeinheit der Kraft

1 Kilopond (kp)

definiert als Gewicht von $1000\,\mathrm{cm}^3$ Wasser bei bestimmten Bedingungen. Gemäß der kinetischen Grundgleichung ergibt sich damit für die Masse die abgeleitete Einheit

$$1\,\frac{\mathrm{kp\,s}^2}{\mathrm{m}} \quad \text{(Technische Masseneinheit).}$$

Zur Umrechnung der Krafteinheiten dienen die Beziehungen

$$1\,\mathrm{N} = \frac{1}{9{,}81}\,\mathrm{kp} \approx 0{,}1\,\mathrm{kp}$$

$$1\,\mathrm{kp} = 9{,}81\,\mathrm{N} \approx 10\,\mathrm{N}.$$

Im Technischen Maßsystem ist als Krafteinheit sehr gebräuchlich

$1 \text{ Tonne} = 10^3\,\mathrm{kp} = 1 \text{ Megapond}.$

Weitere abgeleitete Maßeinheiten ergeben sich für die Begriffe Arbeit, Leistung, Energie und Moment, die nachfolgend besprochen werden.

1.6 Arbeit und Moment von Kräften

Es handelt sich um wichtige Begriffe, deren Anwendung in der Statik als auch in der Kinetik von Bedeutung ist.

1.6.1 Arbeit einer Kraft

Führt ein materieller Körper unter Einwirkung einer Kraft eine Translationsbewegung in Richtung der Kraft aus, definiert man als Arbeit der Kraft das Produkt

Kraft in Verschiebungsrichtung
mal Verschiebung

mit der Maßeinheit 1 Nm = 1 Joule (J).
Im allgemeinen fällt gemäß Bild 1.9 die Kraft nicht mit der Verschiebungsrichtung (Bahntangente) zusammen und ist auch während der Verschiebung ihres Angriffspunkts nicht konstant.

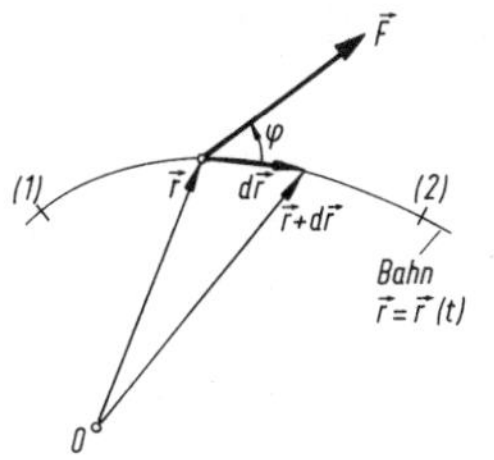

Bild 1.9 Arbeit einer Kraft bei Verschiebung des Angriffspunkts

Das Arbeitsdifferential bei einer differentiellen Verschiebung $\mathrm{d}\vec{r}$ ergibt sich als Skalarprodukt

$$\mathrm{d}A = \vec{F} \cdot \mathrm{d}\vec{r} = F\,\mathrm{d}r \cos\varphi\,. \tag{1.28}$$

Man erkennt, daß die Arbeit eine skalare Größe ist und nur die in die Verschiebungsrichtung fallende Kraftkomponente Arbeit leistet.
Bei einer endlichen Verschiebung, z. B. längs der Bahn von (1) nach (2) ergibt sich als Gesamtarbeit

$$A_{12} = \int_{\vec{r}_1}^{\vec{r}_2} \vec{F} \cdot \mathrm{d}\vec{r} \tag{1.29}$$

also das sog. Linienintegral der Kraft. Die Komponentendarstellung in Kartesischen Koordinaten lautet

$$A_{12} = \int_1^2 (F_x\,\mathrm{d}x + F_y\,\mathrm{d}y + F_z\,\mathrm{d}z)\,. \tag{1.30}$$

Als Leistung definiert man die Arbeit pro Zeiteinheit oder die Geschwindigkeit, mit der eine Arbeit geleistet wird. Es ist

$$L = \frac{\mathrm{d}A}{\mathrm{d}t} \tag{1.31}$$

mit der Maßeinheit $\frac{\mathrm{J}}{\mathrm{s}}$ = Watt (W).

Für die Umrechnungen zum Technischen Maßsystem gelten für die Arbeit

$$1\,\mathrm{J} = 0{,}102\,\mathrm{kpm}, \qquad 1\,\mathrm{kpm} = 9{,}81\,\mathrm{J}$$

entsprechend für die Leistung

$$1\,\mathrm{W} = 0{,}102\,\frac{\mathrm{kpm}}{\mathrm{s}}, \qquad 1\,\frac{\mathrm{kpm}}{\mathrm{s}} = 9{,}81\,\mathrm{W}.$$

Eine im Technischen Maßsystem gebräuchliche Einheit für die Leistung ist die Pferdestärke PS gemäß

$$75\,\frac{\mathrm{kpm}}{\mathrm{s}} = 736\,\mathrm{W} = 1\,\mathrm{PS}, \quad 1\,\mathrm{kW} = 1{,}36\,\mathrm{PS}.$$

Angemerkt sei noch der Zusammenhang mit der Wärmeeinheit Kcal (Wärmemenge um 1000 cm^3 Wasser von 16 °C auf 17 °C zu erwärmen)

$$1\,\mathrm{kWh} = 860{,}4\,\mathrm{Kcal}, \qquad 1\,\mathrm{Kcal} = 4{,}18\,\mathrm{kJ}.$$

Die Maßeinheit J = Ws tritt auch bei der Energie auf. Dies ist eine in der gesamten Mechanik wichtige Größe, die in späteren Abschnitten besprochen wird.

1.6.2 Moment einer Kraft

An einem ebenen starren Körper (Scheibe), der gemäß Bild 1.10 im Punkt *A* drehbar gelagert ist, greift eine Kraft *F* in der Zeichenebene an. Geht die Wirkungslinie dieser Kraft nicht durch *A*, bewirkt sie eine Drehbewegung des starren Körpers.

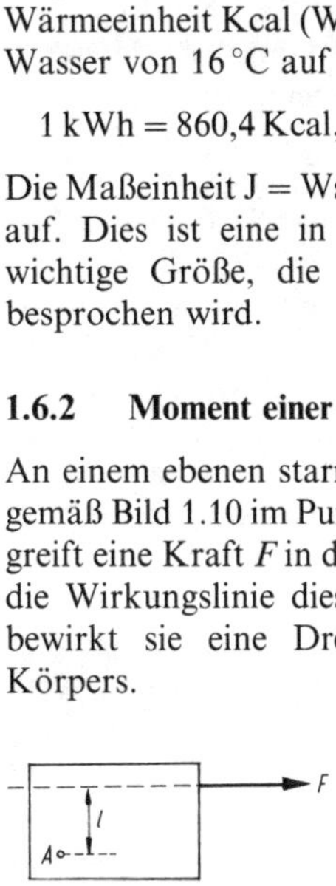

Bild 1.10 Um eine Achse durch *A* drehbar gelagerter starrer Körper

Ein Maß für die Drehwirkung der Kraft ist das Drehmoment (oder kurz Moment) in Bezug auf den Punkt *A*

$$M = F\,l \tag{1.32}$$

Hierbei bedeutet l den Hebelarm des Moments, d.h. den Abstand des Bezugspunkts *A* von der Wirkungslinie der Kraft.
Als Maßeinheit für das Moment ergibt sich Nm analog wie bei der Arbeit einer Kraft, jedoch wird jetzt hierfür nicht die Bezeichnung J verwendet.
Zur vektoriellen Darstellung des Moments wird das Vektorprodukt herangezogen.

Es gilt für das Moment bezüglich des Koordinaten-Nullpunkts (Bild 1.11)

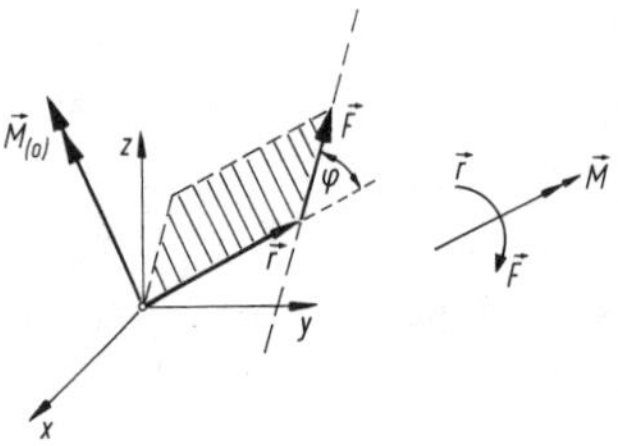

Bild 1.11 Vektordarstellung des Moments einer Kraft

$$\vec{M}_{(0)} = \vec{r} \times \vec{F} \tag{1.33}$$

wobei $\vec{r}$ den Ortsvektor des Kraftangriffspunkts bedeutet, der auf der Wirkungslinie der Kraft liegt. Der Betrag des Moments

$$M_{(0)} = r\,F \sin\varphi$$

ergibt sich als Flächeninhalt des von den Vektoren $\vec{r}$ und $\vec{F}$ gebildeten Parallelogramms, der Momentenvektor $\vec{M}_{(0)}$ steht auf diesem senkrecht. Das Moment ist somit gekennzeichnet durch seine Wirkungsebene und seinen Drehsinn. Die Vektoren $\vec{M}$, $\vec{r}$, $\vec{F}$ bilden in dieser Reihenfolge ein Rechtssystem, damit ist die positive Richtung des Moments festgelegt.
Mit Bezugnahme auf Kartesische Koordinaten gilt für den Momentenvektor die Determinantendarstellung

$$\vec{M}_{(0)} = \vec{e}_x M_x + \vec{e}_y M_y + \vec{e}_z M_z = \begin{vmatrix} \vec{e}_x & \vec{e}_y & \vec{e}_z \\ x & y & z \\ F_x & F_y & F_z \end{vmatrix} \tag{1.34}$$

mit $r_x = x$, $r_y = y$, $r_z = z$.

Das Moment einer Kraft ist vom Bezugspunkt abhängig. Die Umrechnungsformel ergibt sich anhand von Bild 1.12 mit $\vec{r} = \vec{r}_0 + \vec{r}^*$. Aus (1.33) folgt

$$\vec{M}_{(0)} = (\vec{r}_0 + \vec{r}^*) \times \vec{F} = \vec{r}_0 \times \vec{F} + \vec{M}_{(0^*)} \tag{1.35}$$

wobei $\vec{M}_{(0^*)} = \vec{r}^* \times \vec{F}$ das Moment in Bezug auf den verschobenen Punkt 0* bedeutet und $\vec{r}$ bzw. $\vec{r}^*$ die entsprechenden Ortsvektoren zu einem Punkt der Wirkungslinie von $\vec{F}$ sind.

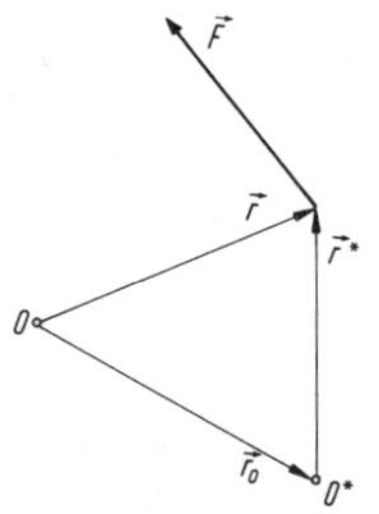

Bild 1.12 Berechnung des Moments für verschobenen Bezugspunkt

Der Begriff des Moments einer Kraft bezüglich einer beliebigen Achse im Raum wird später in Abschnitt 2.6.1.2 besprochen.

2 Statik starrer Körper

Die Statik beinhaltet die Lehre von der „Geometrie der Kräfte" und die Lehre vom Gleichgewicht, sie ist ein wichtiges Grundlagengebiet für alle Zweige der Mechanik.
Als Hauptaufgaben ergeben sich die Zusammensetzung bzw. Zerlegung von Kräften und die Aufstellung der Bedingungen für das Gleichgewicht von Kräften. Man unterscheidet die ebene von der räumlichen Statik, je nachdem ob Kräftesysteme in der Ebene oder im Raum betrachtet werden. In Anwendung der gefundenen Gesetze der Statik auf technische Probleme wird dann die statische Beanspruchung von Bauteilen (z.B. Stäbe, Balken, Scheiben) untersucht und es werden die bei der Belastung auftretenden Reaktionskräfte (z.B. Auflagerreaktionen von Tragwerken) ermittelt.
Als wichtige Abstraktion wird der Begriff des starren Körpers eingeführt. Es handelt sich um einen Idealkörper, der keine Verformungen unter dem Einfluß von Kräften erleidet. Die Abstände zwischen beliebigen Punkten eines starren Körpers bleiben unverändert, ein starrer Körper bleibt immer sich selbst kongruent.
Die Nützlichkeit rechtfertigt die Einführung des starren Körpers, es ergeben sich damit viele Vereinfachungen in den statischen und kinetischen Betrachtungen. In zahlreichen Anwendungen der Mechanik auf wirkliche Probleme stellt der starre Körper eine brauchbare Näherung dar, auch insofern, als viele als fest bezeichneten Körper in der Natur in ihrem Verhalten dem starren Körper nahekommen. Manche der aufgestellten Ergebnisse können auch für nichtstarre Körper angewendet werden.
Zunächst wird die *ebene Statik* betrachtet und dementsprechend die Wirkung von ebenen Kräftesystemen auf ebene starre Körper untersucht. Alle technischen Bauteile sind zwar in der Hauptsache räumlich ausgedehnte Gebilde, in vielen Fällen spielt die Tiefenausdehnung jedoch nur eine geringe Rolle und kann außeracht gelassen werden. Man kann somit einen ebenen starren Körper als eine starre materielle Scheibe ansehen, die darauf wirkenden Kräfte liegen dann parallel zur Scheibenmittelebene. Der Vorteil dieser Behandlung als ebenes Problem liegt in der Anschaulichkeit der Darstellung sowie in der bequemen Anwendbarkeit grafischer Verfahren (sog. grafische Statik).
Auf die Grundlagen der Raumstatik wird nur kurz eingegangen, die auch hierfür anwendbaren, allerdings etwas komplizierten grafischen Verfahren mit Grund- und Aufrißebenen werden aber nicht behandelt.
Es ist üblich, im Rahmen des Kapitels über Statik auch die Reibungserscheinungen zu betrachten, außerdem die wichtigen Begriffe Schwerpunkt und Flächenmomente erster und zweiter Ordnung einzuführen, die z.B. in der Statik verformbarer Festkörper von Wichtigkeit sind.

2.1 Axiome der Statik

Die wesentliche Grundlage der Statik bilden vier Erfahrungstatsachen, die teilweise mit den bereits erwähnten Newtonschen Axiomen übereinstimmen.

2.1.1 Gleichgewichtsaxiom

Zwei Kräfte sind im Gleichgewicht, wenn sie

- auf derselben Wirkungslinie liegen
- entgegengesetzt gerichtet sowie
- gleich groß sind.

Als Vektorgleichung ergibt sich hierfür

$$\vec{F}_1 + \vec{F}_2 = 0 \quad \text{oder} \quad \vec{F}_2 = -\vec{F}_1 \tag{2.1}$$

Man bezeichnet die zwei Kräfte in diesem Fall als Gleichgewichtsgruppe, Bild 2.1. Es gilt somit, daß ein ursprünglich ruhender starrer Körper unter dem Einfluß einer Gleichgewichtsgruppe weiterhin in Ruhe bleibt oder daß sich durch Aufbringung einer Gleichgewichtsgruppe bei einem starren Körper an seinem Zustand nichts ändert.

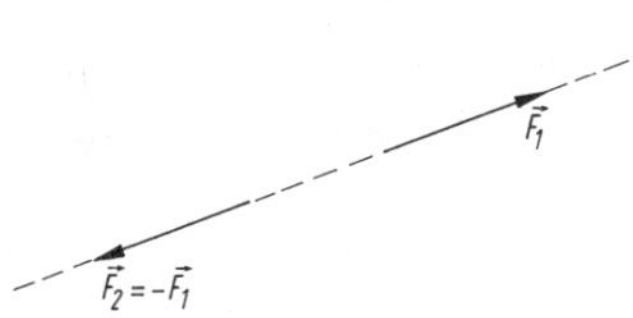

Bild 2.1 Gleichgewicht zweier Kräfte

Diese Aussage ist im Einklang mit dem Newtonschen Trägheitsgesetz.

2.1.2 Axiom der Linienflüchtigkeit des Kraftvektors

Die Wirkung einer Einzelkraft auf einen starren Körper ist von der Lage des Angriffspunkts auf der Wirkungslinie der Kraft unabhängig (bereits 1685 von *Varignon* als Axiom festgestellt), vgl. Bild 2.2.

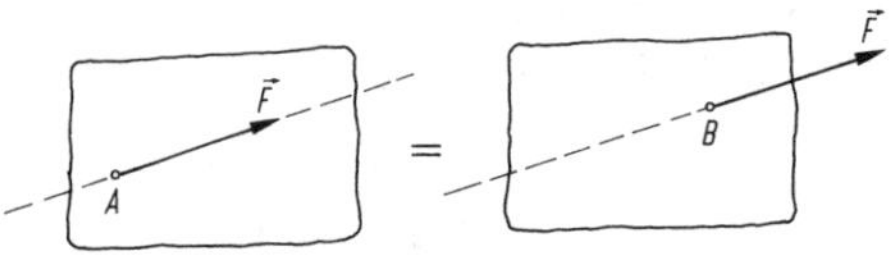

Bild 2.2 Linienflüchtigkeit des Kraftvektors (in der Wirkung auf einen starren Körper)

Der Angriffspunkt einer Kraft an einem starren Körper kann auf der Wirkungslinie beliebig verschoben werden, ohne daß sich an der Wirkung etwas ändert, d.h. der Kraftvektor ist in diesem Fall ein linienflüchtiger Vektor [1]).
Das Linienflüchtigkeitsaxiom kann mittels des Gleichgewichtsaxioms erklärt werden (Bild 2.3). Zu der auf den starren Körper in Punkt *A* wirkenden Kraft wird eine Gleichgewichtsgruppe mit Angriffspunkt in *A* und *B* (gestrichelte Kräfte) hinzugefügt. Die in *A* angreifenden Kräfte können nun als Gleichgewichtsgruppe aufgefaßt werden und diese kann weggelassen werden, da sie am statischen Zustand des starren Körpers nichts ändert [2]).

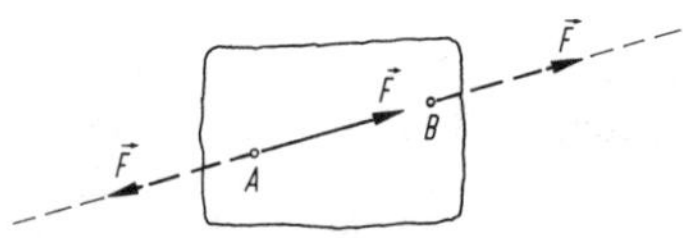

Bild 2.3 Hinzufügung einer Gleichgewichtsgruppe (gestrichelt)

2.1.3 Wechselwirkungsgesetz

Dies entspricht dem dritten Newtonschen Axiom und besagt, daß zu jeder Kraft stets eine Gegenkraft auftritt. Zur Erläuterung bei Berührungskräften dient Bild 2.4.

[1]) Für Kraftwirkungen auf verformbare Körper ist hingegen die Lage des Kraftangriffspunkts wesentlich, hier verliert das Linienflüchtigkeitsaxiom seine Gültigkeit.

[2]) Verschiebt man eine an einem starren Körper angreifende Kraft parallel zu ihrer Wirkungslinie, so wird die Wirkung auf den starren Körper geändert! Es tritt dann zusätzlich ein Moment auf (vgl. Abschnitt 2.2.6.4).

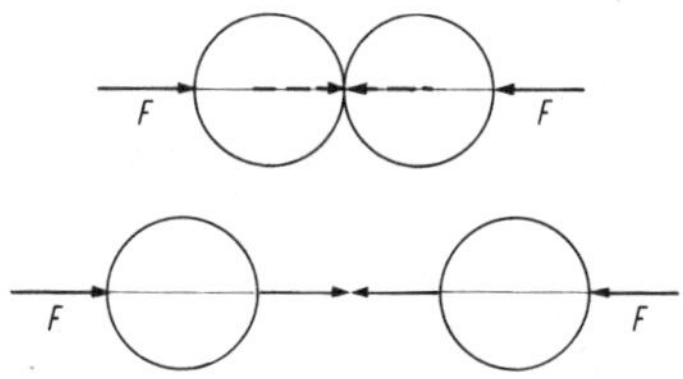

Bild 2.4 Zur Gleichheit der Kräfte an der Berührungsstelle zweier starrer Körper

2.1.4 Axiom vom Kräfteparallelogramm

Dies entspricht dem Newtonschen Zusatz zu seinen drei Axiomen und beinhaltet die vektorielle Addition von Kräften (festgestellt auf Grund von Erfahrungstatsachen).

2.2 Gleichgewicht von Kräften und Momenten in der Ebene

Die Wirkungslinien der betrachteten Kräfte und die ebenen starren Körper (Scheiben), an denen die Kräfte angreifen, liegen hier und im folgenden stets in einer Ebene (Zeichenebene, z.B. mit Kartesischen Koordinaten x und y). Meist wird auf die Scheiben nicht mehr Bezug genommen und kurzerhand nur von den Kräften gesprochen. [1])

2.2.1 Gleichgewicht dreier Kräfte

Es folgt mit Anwendung des Gleichgewichtsaxioms und des Axioms vom Kräfteparallelogramm (Bild 2.5):

> Zwei Kräfte mit gemeinsamen Angriffspunkt sind mit ihrer negativen Resultierenden im Gleichgewicht.

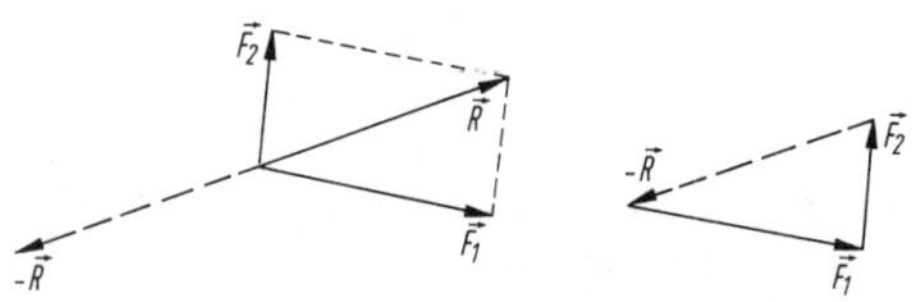

Bild 2.5 Zum Gleichgewicht dreier Kräfte

[1]) Es ist selbstverständlich, daß Kräfte allein, ohne Wirkung auf einen Körper, keinen Sinn ergeben.

Es gilt somit (sog. Dreikräftesatz): Drei Kräfte sind im Gleichgewicht, wenn

- sie in einer Ebene liegen
- ihre Wirkungslinien sich in einem Punkt schneiden
- das zugehörige Kräftedreieck geschlossen ist.

Wirken die drei Kräfte gemäß Bild 2.6 auf einen starren Körper, so bleibt dieser in Ruhe, d.h. er befindet sich im Gleichgewicht.
Man bezeichnet ein ebenes System von Kräften, deren Wirkungslinien sich in einem Punkt schneiden, als *zentrales Kräftesystem*.

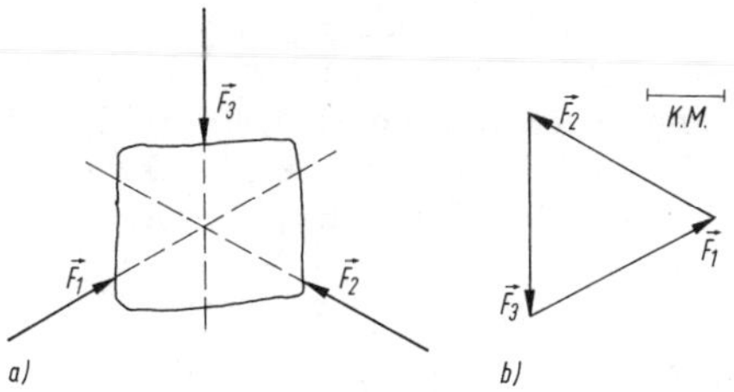

Bild 2.6 Zentrale Kräftegruppe mit drei Kräften
a) Lageplan, b) Kräftedreieck

2.2.2 Zusammensetzung eines zentralen Kräftesystems

Beliebig viele Kräfte mit gemeinsamem Angriffspunkt (d.h. alle Wirkungslinien schneiden sich in einem Punkt) lassen sich zu einer resultierenden Kraft (kurz Resultierende) zusammensetzen. Hierzu bildet man die Vektorsumme der Kräfte

$$\vec{F}_1 + \vec{F}_2 + \vec{F}_3 + \ldots + \vec{F}_n = \sum_{i=1}^{n} \vec{F}_i = \vec{R}. \quad (2.2)$$

In Bild 2.7 ist dies am Beispiel von vier Kräften veranschaulicht.

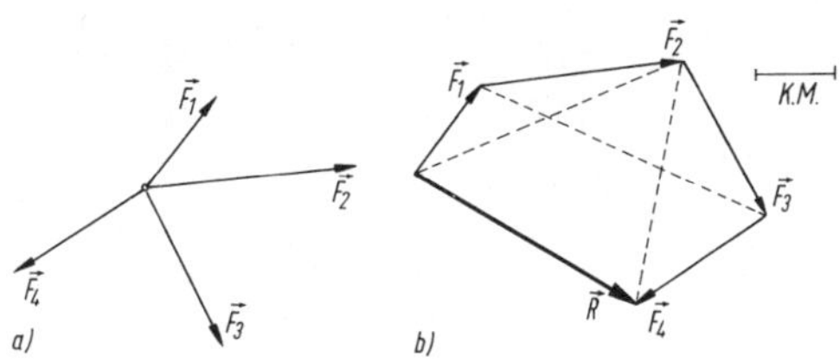

Bild 2.7 Zeichnerische Zusammensetzung zentraler Kräfte
a) Lageplan, b) Kräfteplan (mit Kräftemaßstab)

Die grafische Durchführung der Zusammensetzung erfolgt zweckmäßig in einem, vom Lageplan getrennten, Kräfteplan. Bei der Lösung praktischer Probleme ist die Festlegung eines Kräftemaßstabs (*K.M.*) im Kräfteplan erforderlich, z.B. 1 cm ≙ 1 N.
Wegen der Gültigkeit des Kommutativgesetzes kann die Aneinanderreihung der Kraftvektoren im Kräfteplan in beliebiger Reihenfolge vorgenommen werden. In Bild 2.7b sind gestrichelt die Teilresultierenden eingezeichnet. Die sich ergebende Resultierende geht durch den gemeinsamen Schnittpunkt der Wirkungslinien der Kräfte. Man bezeichnet sie als zu den gegebenen Kräften *statisch äquivalent*.
Die Zusammensetzung der Kräfte läßt sich auch analytisch durchführen. Dies sei am Beispiel dreier Kräfte gemäß Bild 2.8 veranschaulicht. Die Größen der Kräfte sowie ihre Lage, z.B. durch Festlegung der Winkel α_i gegen die x-Achse sind gegeben.

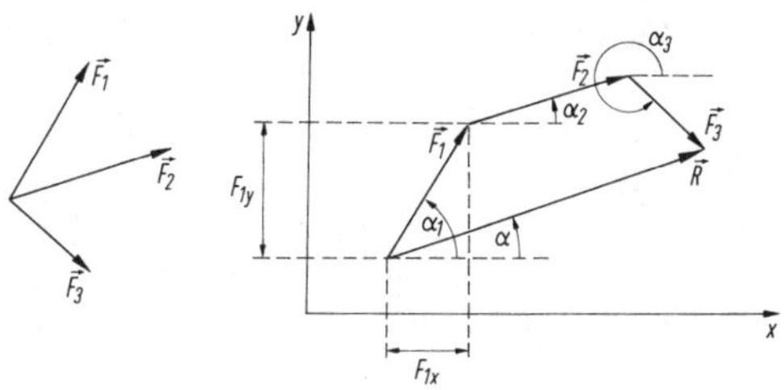

Bild 2.8 Analytische Zusammensetzung zentraler Kräfte

Der Übersichtlichkeit halber sind nur die Komponenten von $\vec{F}_1$ eingetragen.
Mit Bezug auf ein Kartesisches Koordinatensystem x, y gilt für die Kraftkomponenten (vgl. Bild 1.4) allgemein

$$\begin{aligned} \vec{F}_i &= \vec{e}_x F_{ix} + \vec{e}_y F_{iy} \\ &= \vec{e}_x F_i \cos\alpha_i + \vec{e}_y F_i \sin\alpha_i \end{aligned} \quad (2.3)$$

und es folgt für die Komponenten der Resultierenden

$$\left.\begin{aligned} R_x &= \sum_{i=1}^{n} F_{ix} = \sum_{i=1}^{n} F_i \cos\alpha_i \\ R_y &= \sum_{i=1}^{n} F_{iy} = \sum_{i=1}^{n} F_i \sin\alpha_i . \end{aligned}\right\} \quad (2.4)$$

Der Betrag der Resultierenden und ihre Lage ergibt sich aus

$$|\vec{R}| = R = \sqrt{R_x^2 + R_y^2}, \qquad \tan\alpha = \frac{R_y}{R_x}. \quad (2.5)$$

Im betrachteten Beispiel erhält man

$$R_x = F_{1x} + F_{2x} + F_{3x}$$

$$R_y = F_{1y} + F_{2y} + (-F_{3y})$$

d.h. die Komponenten gehen negativ in die Summe ein, wenn ein stumpfer Winkel zwischen Kraftvektor und Koordinatenrichtung vorliegt. Die Beziehungen (2.4) beinhalten den sog. *Projektionssatz* der Kräfte: Die Projektionen der Resultierenden eines ebenen zentralen Kräftesystems auf eine (beliebige) Achse sind gleich der Summe der entsprechenden Projektionen der einzelnen Kräfte.

Aus (2.4) folgen die notwendigen und hinreichenden Bedingungen dafür, daß sich das ebene zentrale Kräftesystem im Gleichgewicht befindet

$$\sum_{i=1}^{n} \vec{F}_i = 0 \qquad (2.6)$$

bzw. in Komponenten

$$\sum_{i=1}^{n} F_{ix} = 0, \qquad \sum_{i=1}^{n} F_{iy} = 0. \qquad (2.7)$$

Dies bedeutet, daß die Resultierende zu Null wird und das Kräftepolygon im Kräfteplan geschlossen ist (Bild 2.9).

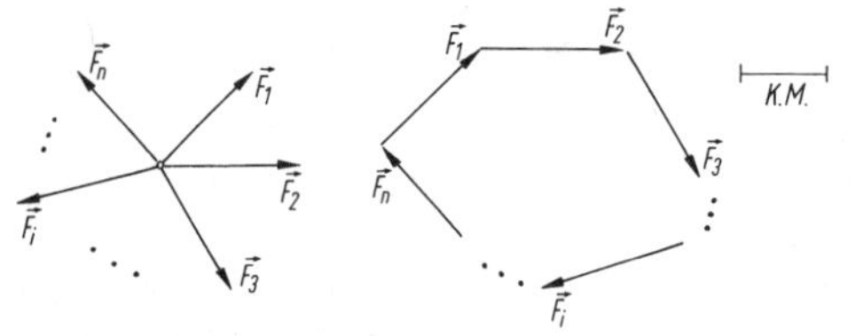

Bild 2.9 Zentrales Kräftesystem mit verschwindender Resultierenden

Man erkennt übrigens aus den vorangegangenen Betrachtungen, daß für drei nicht-zentrale Kräfte in der Ebene kein Gleichgewicht möglich ist (Bild 2.10). Es kann sich in diesem Fall bei Beachtung des Linienflüchtigkeitsaxioms kein geschlossenes Krafteck ergeben.

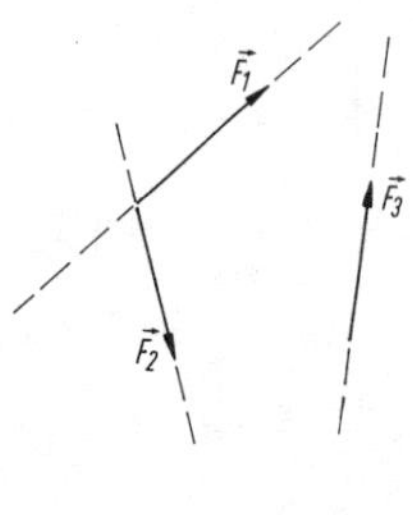

Bild 2.10 Drei nicht-zentrale Kräfte, für die kein Gleichgewicht möglich ist

2.2.3 Zusammensetzung eines allgemeinen (nicht-zentralen) Kräftesystems

Anknüpfend an die Bemerkung zum Ende des vorigen Abschnitts wird jetzt ein allgemeines, verstreut an einem starren Körper wirkendes Kräftesystem behandelt.

Als Beispiel werden vier an einer starren Scheibe wirkenden Kräfte betrachtet (Bild 2.11). Beim zeichnerischen Verfahren werden unter Anwendung des Linienflüchtigkeitsaxioms und des Axioms vom Kräfteparallelogramm zunächst $\vec{F}_1$ und $\vec{F}_2$ zu einer Teilresultierenden $\vec{R}_{12}$ zusammengesetzt. Fortschreitend wird dann analog $\vec{R}_{12}$ und $\vec{F}_3$ zur Teilresultierenden $\vec{R}_{123}$ zusammengesetzt usw. Man erhält als Ergebnis die Resultierende $\vec{R}$ im Lageplan (L.P. Bild 2.11 a) nach Größe und Richtung einschließlich der Lage eines Punkts I ihrer Wirkungslinie.

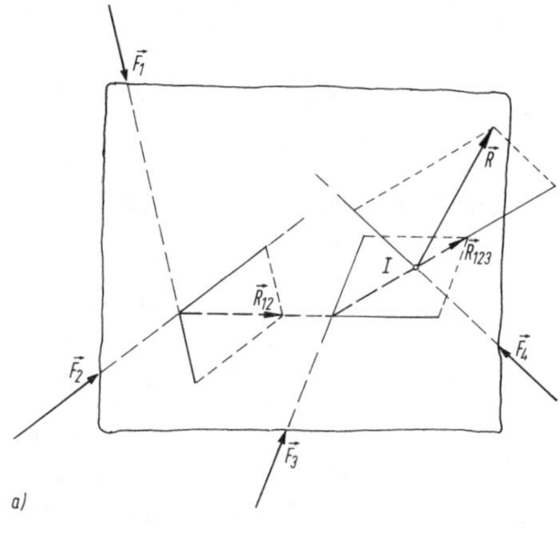

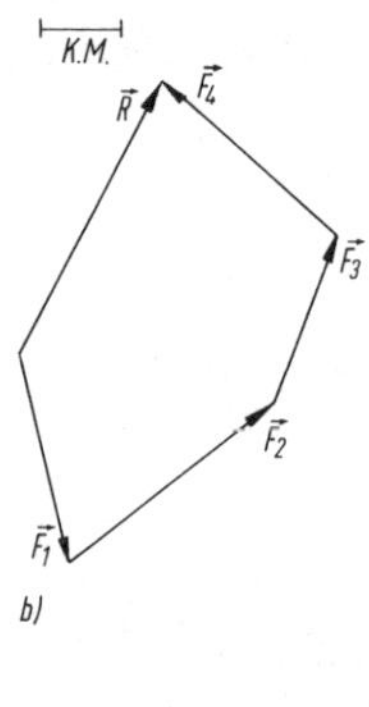

Bild 2.11 Zusammensetzung eines allgemeinen Kräftesystems
a) Lageplan, b) Kräfteplan

Aus dem zugehörigen Kräfteplan (K.P. Bild 2.11 b) läßt sich die Resultierende nach Größe und Richtung ebenfalls ermitteln, nicht aber die Lage ihrer Wirkungslinie. Diese kann

nur aus der angegebenen Konstruktion im Lageplan gefunden werden.
Für eine größere Zahl von Kräften indes ist das schrittweise Zusammensetzen umständlich und unübersichtlich und kann zu zeichnerischen Ungenauigkeiten führen.
Ein zweckmäßiges grafisches Verfahren stellt die Seileckkonstruktion[1]) dar. Auch hierbei wird neben dem Lageplan ein zugehöriger Kräfteplan verwendet.
Das Verfahren wird am Beispiel dreier Kräfte, die an einem ebenen starren Körper wirken, erläutert (Bild 2.12a). Zunächst wird im Kräfteplan die Resultierende $\vec{R}$ ermittelt und zwar genauso, wie wenn die Kräfte alle in einem Punkt angreifen würden. Sodann wird der sog. Pol P festgelegt, seine Lage kann völlig beliebig gewählt werden, sollte aber nicht auf einer der Kraftrichtungen liegen. Vom Pol aus werden die Polstrahlen zu den Anfangs- bzw. Endpunkten der Kräfte gezogen (die Numerierung beginnt zweckmäßig mit Null). Man erkennt, daß die Polstrahlen (im Maßstab des Kräfteplans) Hilfskräften entsprechen, in welche die auftretenden Kräfte zerlegt werden. Im Lageplan werden sodann Parallelen zu den Polstrahlen konstruiert, dies sind die sog. Seilstrahlen. Man beginnt in einem beliebigen Punkt *I* auf der Wirkungslinie von $\vec{F}_1$ und zeichnet durch *I* die zu den Polstrahlen parallelen Seilstrahlen *0** und *1**. Der Seilstrahl *1** scheidet sich mit der Wirkungslinie von $\vec{F}_2$ in einem Punkt *II* durch den dann der Seilstrahl *2** gezeichnet wird. Dieser schneidet sich mit der Wirkungslinie von $\vec{F}_3$ im Punkt *III*. Schließlich liefert der Seilstrahl *3** durch Punkt *III* zum Schnitt gebracht mit dem Seilstrahl *0** den Punkt *IV*, der einen Punkt der Wirkungslinie der Resultierenden $\vec{R}$ darstellt.
Der Polygonzug der Seilstrahlen *0**, *1** usw. im Lageplan wird als Seileck (oder Seilpolygon) bezeichnet. Dies rührt daher, daß ein ausgespanntes gewichtsloses Seil unter der Wirkung der gegebenen Kräfte einen solchen Polygonzug als Gleichgewichtsform annimmt (vgl. Abschnitt 2.5 Seilstatik).
Wie Bild 2.12b zeigt, kann der Pol auch innerhalb des Kraftecks im Kräfteplan gewählt werden, was zu unterschiedlichen Pol- bzw. Seilstrahlen führt, aber am Ergebnis nichts ändert. Zu jedem Seileck gibt es somit unendlich viel äquivalente Seilecke, je nach Lage des Pols.
Das Vorgehen bei der Zusammensetzung beliebig vieler Kräfte ist ganz entsprechend. Stets liefert der Schnittpunkt der „äußersten Seilstrahlen“ *0** und *n** einen Punkt der Wirkungslinie der Resultierenden, deren Größe und Richtung aus dem Kräfteplan bekannt ist.
Zur Begründung der Seileckkonstruktion sei nochmals auf Bild 2.12 verwiesen. Man erkennt, daß zu jedem Schnittpunkt zweier entsprechender Seilstrahlen mit der Wirkungslinie einer Kraft im Lageplan ein Krafteck im Kräfteplan (z.B. *I*) zugeordnet ist. Für jeden der Schnittpunkte *I* usw. gilt somit der Dreikräftesatz.

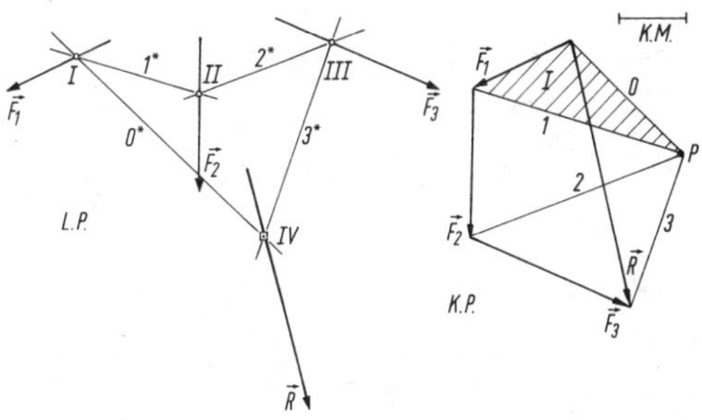

Bild 2.12a Seileckverfahren

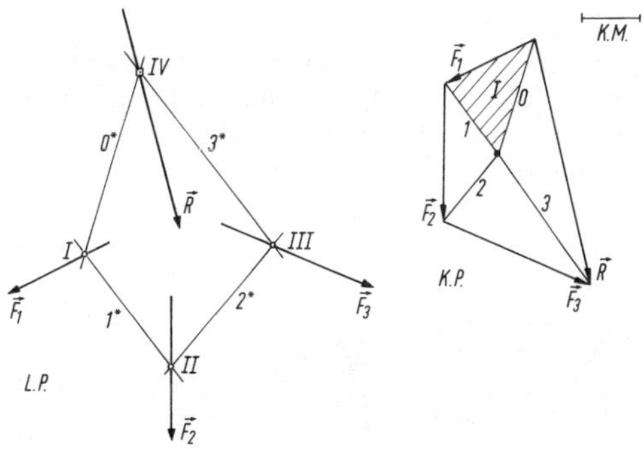

Bild 2.12b Seileckverfahren, veränderte Lage des Pols

In Bild 2.13 ist der Kräfteplan (für das Beispiel in Bild 2.12a) mit den durch Pfeile gekennzeichneten Hilfskräften (Polstrahlen) in seine Einzelteile zerlegt dargestellt. Es ist ersichtlich, wie sich die Resultierende aus den beiden Hilfskräften zusammensetzt, die den äußersten Polstrahlen entsprechen. Im Lageplan müssen somit die äußersten Seilstrahlen und die Wirkungslinie der Resultierenden ebenfalls durch einen Punkt gehen.

[1]) Das Verfahren geht auf *P. Varignon* zurück, die Anwendung auf Kräftezusammensetzung wurde von *C. Culmann*, dem Begründer der grafischen Statik, eingeführt.

Übrigens läßt sich leicht verifizieren, daß bei zwei verschiedenen Polen eines Kraftecks die Schnittpunkte der einander entsprechenden Seilstrahlen auf einer Geraden (Polachse genannt) liegen, die parallel zur Verbindungsgeraden der beiden Pole ist.

Weitere Anwendungen des Seileckverfahrens werden in den späteren Abschnitten 2.2.6.2 und 2.3.2.2 behandelt.

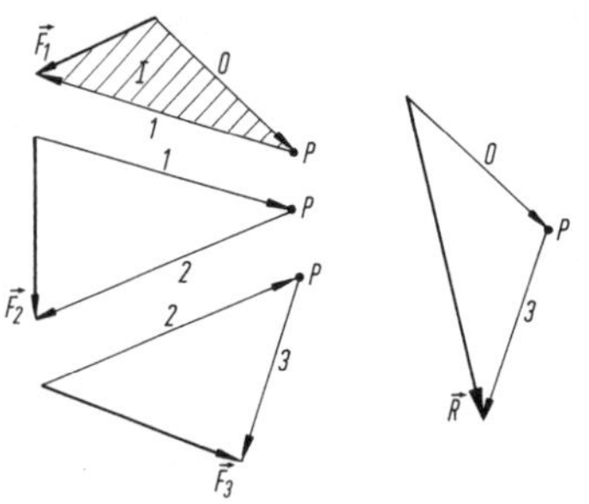

Bild 2.13 Zur Begründung der Seileckkonstruktion

2.2.4 Zusammensetzung paralleler Kräfte

Um die zeichnerische Zusammensetzung zweier paralleler oder nahezu paralleler Kräfte mit dem Parallelogrammgesetz durchführen zu können, überlagert man gemäß Bild 2.14 eine Gleichgewichtsgruppe von zwei Hilfskräften $\vec{H}_1$ und $\vec{H}_2 = -\vec{H}_1$. An der statischen Wirkung der beiden Kräfte $\vec{F}_1$ und $\vec{F}_2$ wird dadurch nichts geändert. Die sich mit den Hilfskräften ergebenden Kräfte $\vec{F}_1'$ und $\vec{F}_2'$ lassen sich dann bequem zur Resultierenden $\vec{R}$ zusammensetzen.

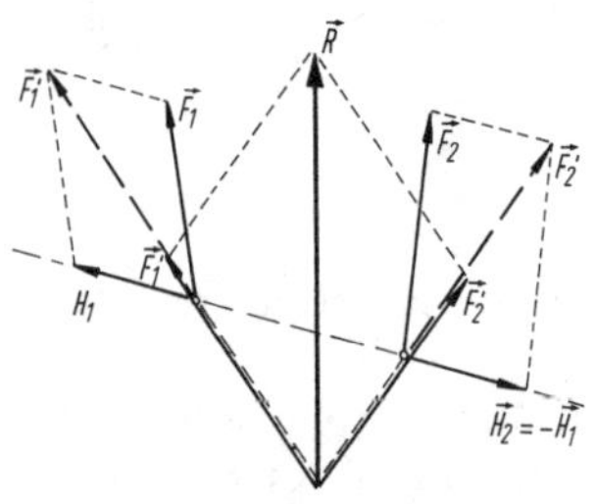

Bild 2.14 Zusammensetzung zweier nahezu paralleler Kräfte

Es gilt

$$\vec{F}_1' + \vec{F}_2' = \vec{F}_1 + \vec{H}_1 + \vec{F}_2 - \vec{H}_1 = \vec{F}_1 + \vec{F}_2 = \vec{R}. \tag{2.8}$$

Zweckmäßig ist die Anwendung des Seileckverfahrens, wie es in Bild 2.15 für zwei parallele gleichsinnig gerichtete Kräfte im Abstand $a_1 + a_2$ gezeigt ist. Das Kräftepolygon im Kräfteplan (*K.P.*) artet in einen Geradenzug aus (es genügt, die Kräfte ohne darübergesetzte Pfeile zu kennzeichnen).

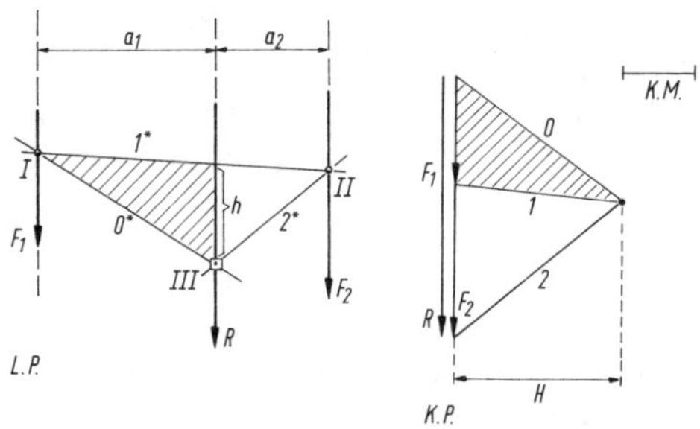

Bild 2.15 Seileckverfahren zur Zusammensetzung zweier gleichsinnig paralleler Kräfte

Der Schnittpunkt *III* der beiden äußersten Seilstrahlen *0** und *2** im Lageplan (*L.P.*) liefert wieder einen Punkt der Wirkungslinie der Resultierenden $R = F_1 + F_2$.

Die Richtigkeit der Seileckkonstruktion folgt unmittelbar aus dem Vergleich der ähnlichen Dreiecke. Mit Einführung des Polabstands H (auch Horizontalzug genannt) im *K.P.* ergibt sich

$$\frac{a_1}{h} = \frac{H}{F_1} \quad \text{bzw.} \quad \frac{a_2}{h} = \frac{H}{F_2}$$

oder

$$F_1 a_1 = F_2 a_2 \tag{2.9}$$

(findet sich bereits als Hebelgesetz bei *Archimedes*).

Im Fall ungleichsinnig paralleler (antiparalleler) Kräfte unterschiedlicher Größe gilt entsprechend die Seileckkonstruktion gemäß Bild 2.16.

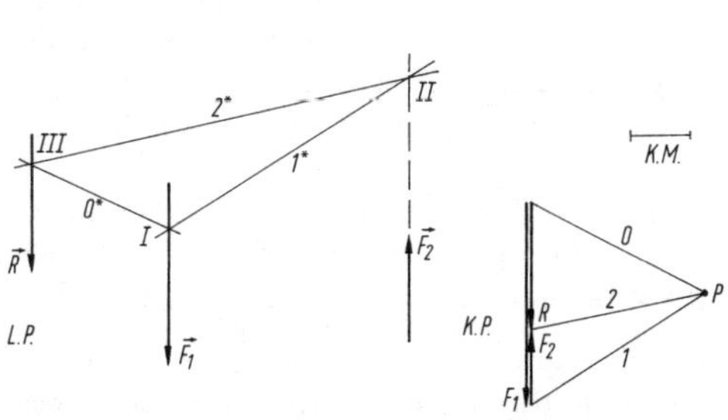

Bild 2.16 Seileckverfahren zur Zusammensetzung zweier ungleichsinnig paralleler Kräfte

Ein Sonderfall liegt vor, wenn zwei antiparallele Kräfte gleicher Größe zusammengesetzt werden sollen.
Die Resultierende ist Null, die Polstrahlen *0* und *2* fallen zusammen (Bild 2.17), die Seilstrahlen *0** und *2** sind parallel und können nicht zum Schnitt gebracht werden (d.h. sie schneiden sich im ∞ fernen Punkt).

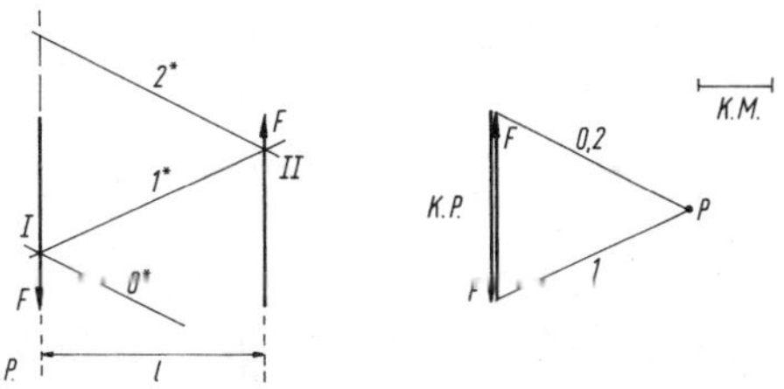

Bild 2.17 Seileckverfahren für zwei gleich große antiparallele Kräfte

Zwei gleich große antiparallele Kräfte lassen sich somit nicht weiter reduzieren, sie bilden ein Kräftepaar (nach *Poinsot*) oder eine Drehkraft und üben auf einen starren Körper eine Drehwirkung aus. Beträgt der Abstand der Kräfte des Kräftepaars l, so ist ein Maß für die Drehwirkung das Moment (vgl. Abschnitt 1.6.2)

$$M = F\,l. \qquad (2.10)$$

Durch Hinzufügung einer Gleichgewichtsgruppe von zwei Hilfskräften (wie auch die Seileckkonstruktion lehrt), entsteht wiederum ein äquivalentes Kräftepaar mit gleichgroßem Moment (Bild 2.18), d.h.

$$F\,l = F'\,l' = \text{konst.} \qquad (2.11)$$

Ein Kräftepaar ist gekennzeichnet durch sein Moment, die Drehrichtung und die Ebene, in der es wirkt. In dieser sog. Wirkungsebene kann ein Kräftepaar beliebig verschoben werden (wegen der Linienflüchtigkeit der Kraftvektoren) ohne daß sich an der statischen Wirkung etwas ändert. Weitere Sätze über Kräftepaare werden in Abschnitt 2.2.6.3 besprochen.

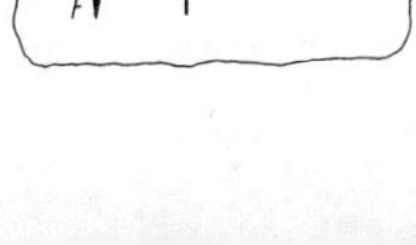

Bild 2.18 Äquivalente Kräftepaare an einem starren Körper

Für die Zusammensetzung beliebig vieler paralleler Kräfte mit dem Seileckverfahren ist in Bild 2.19 ein Beispiel dargestellt.

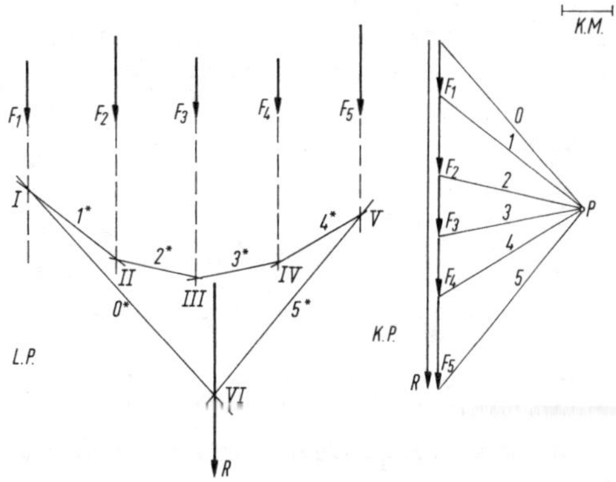

Bild 2.19 Zusammensetzung eines beliebigen parallelen Kräftesystems

2.2.5 Zerlegung von Kräften

Bei vielen Aufgaben der Statik ist es erforderlich, eine gegebene Kraft in statisch äquivalente Kräfte nach vorgeschriebenen Wirkungslinien zu zerlegen. Zunächst werden hierzu zeichnerische Verfahren verwendet.

2.2.5.1 Zerlegung einer Kraft nach zwei nichtparallelen Richtungen

Die Zerlegung ist eindeutig möglich, wenn die zu zerlegende Kraft $\vec{F}$ durch den Schnittpunkt der beiden vorgeschriebenen Wirkungslinien *1* und *2* geht (Bild 2.20).
Wie man erkennt, ist $\vec{F}$ die Resultierende aus $\vec{F}_1$ und $\vec{F}_2$ und es handelt sich um ein zentrales Kräftesystem. Die Lösung erfolgt durch Anwendung des Linienflüchtigkeitsaxioms und des Axioms vom Kräfteparallelogramm, bzw. beruht auf dem Dreikräftesatz.

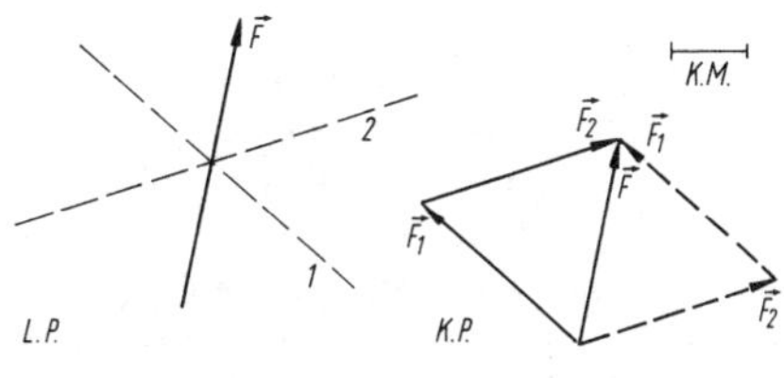

Bild 2.20 Zerlegung einer Kraft nach 2 nichtparallelen Richtungen

Im Kräfteplan beinhaltet die zeichnerische Lösung die Konstruktion eines Dreiecks, wenn eine Seite und die Richtungen der beiden anderen Seiten gegeben sind.
Geht die Wirkungslinie der Kraft nicht durch den Schnittpunkt der beiden vorgegebenen Wirkungslinien, so ist eine Zerlegung grundsätzlich nicht möglich.

2.2.5.2 Zerlegung einer Kraft nach zwei parallelen Richtungen

Die zeichnerische Lösung erfolgt zweckmäßig mit dem Seileckverfahren, es handelt sich um die Umkehrung der in Bild 2.15 und 2.16 dargestellten Aufgaben.
Zunächst soll die Zerlegung der Kraft F in zwei gleichsinnig parallele Kräfte mit den vorgegebenen Wirkungslinien *1* und *2* vorgenommen werden (Bild 2.21, die Richtungen der Teilkräfte F_1 und F_2 sind durch Pfeile angegeben).

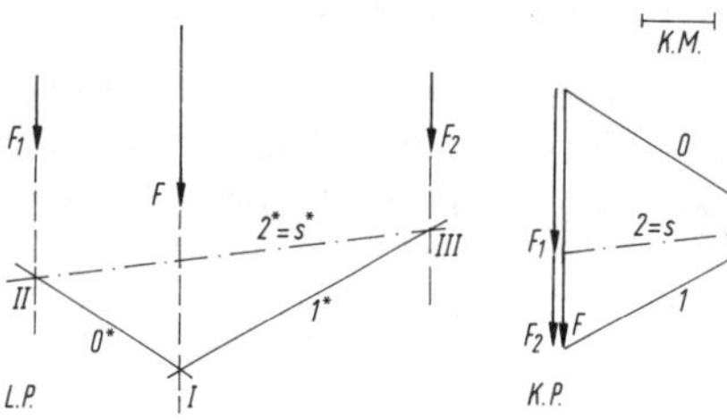

Bild 2.21 Zerlegung einer Kraft nach zwei gleichsinnig parallelen Kräften

Man zeichnet den Kräfteplan mit den beiden Polstrahlen *0* und *1*. Durch einen beliebigen Punkt *I* auf der Wirkungslinie der gegebenen Kraft F gehen die Seilstrahlen *0** bzw. *1**, sie schneiden sich mit den vorgegebenen Richtungen *1* und *2* in den Punkten *II* bzw. *III*. Den Seilstrahl $2^* = s^*$, der *I* und *II* verbindet, bezeichnet man als *Schlußlinie* des Seilecks im *L.P.* (strichpunktiert gezeichnet). Eine Parallele zur Schlußlinie teilt dann im *K.P.* die Kraft F in die beiden Teilkräfte F_1 und F_2 auf.
Die Begründung für die Richtigkeit der Seileckkonstruktion ergibt sich mit den gleichen Überlegungen wie in Abschnitt 2.2.4 über die Zusammensetzung paralleler Kräfte.
Ganz entsprechend wird die Zerlegung einer Kraft nach zwei antiparallelen Richtungen mit vorgegebenen Wirkungslinien vorgenommen (Bild 2.22). Schließlich sei noch bemerkt, daß die Zerlegung eines beliebigen Systems paralleler Kräfte nach zwei vorgegebenen parallelen Wirkungslinien auf die gleiche Weise mit dem Seileckverfahren durchgeführt werden kann. Dies findet später Anwendung bei der Balkenstatik (vgl. Abschnitt 2.3.2).

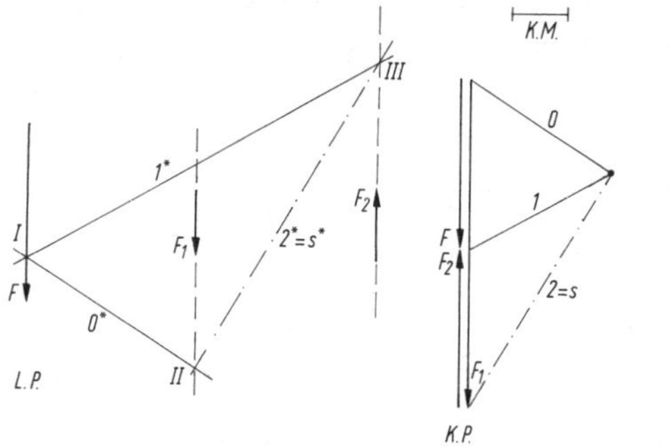

Bild 2.22 Zerlegung einer Kraft nach zwei antiparallelen Kräften

2.2.5.3 Zerlegung einer Kraft nach drei Richtungen

Hierbei sind verschiedene Fälle zu unterscheiden. Sind drei zentrale Wirkungslinien 1, 2, 3 vorgegeben, in die eine Kraft $\vec{F}$ zerlegt werden soll, deren Wirkungslinie ebenfalls durch den Schnittpunkt dieser drei Richtungen geht (Bild 2.23), so läßt sich *keine eindeutige* Lösung finden.

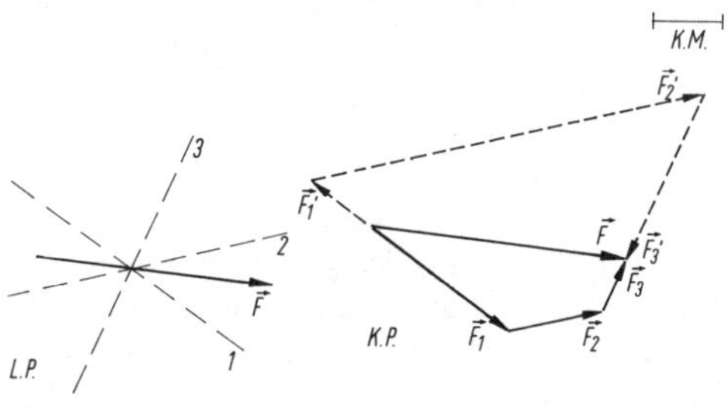

Bild 2.23 Zerlegung einer Kraft nach drei zentralen Richtungen (2 mögliche Lösungen)

Es steht als Bedingung nur das Krafteck gemäß der Vektorgleichung $\vec{F}_1 + \vec{F}_2 + \vec{F}_3 = \vec{F}$ zur Verfügung, hierfür gibt es unendlich viele Lösungen. Die Gesetze der Statik starrer Körper liefern keine eindeutige Lösung, man bezeichnet allgemein einen solchen Sachverhalt als statisch unbestimmt oder statisch unbestimmbar. Dies trifft gleichermaßen für die Fälle zu, daß mehr als drei zentrale Wirkungslinien vorgegeben sind, in die

eine Kraft, die durch den Schnittpunkt dieser Wirkungslinien geht, zerlegt werden soll.
Außerdem gilt, daß bei drei und mehr vorgegebenen zentralen Wirkungslinien die Zerlegung einer Kraft, die nicht durch den Schnittpunkt der Wirkungslinien geht, grundsätzlich unmöglich ist.
Dies gilt ebenso für drei und mehr vorgegebene parallele Wirkungslinien, nach denen eine die Wirkungslinien schneidende Kraft grundsätzlich nicht zerlegt werden kann.
Eine *eindeutige Zerlegung* einer Kraft nach drei vorgegebenen Wirkungslinien ist hingegen möglich, wenn sich die Wirkungslinien nicht in einem Punkt schneiden. Das grafische Verfahren zur Lösung (auch als Verfahren der Teilresultierenden bezeichnet) stammt von *Culmann*, vgl. Bild 2.24a.

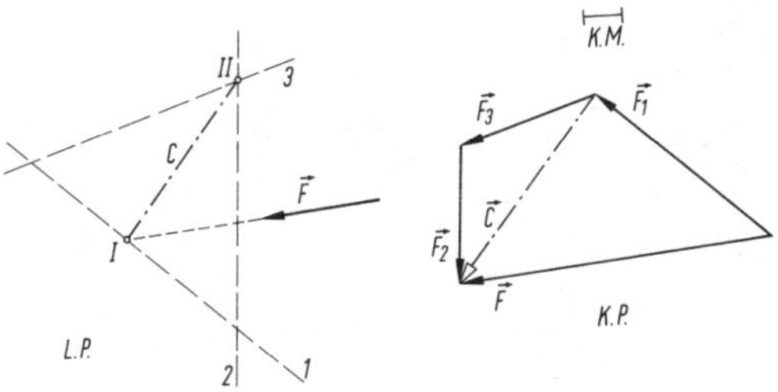

Bild 2.24a Zerlegung einer Kraft in drei nichtzentrale Richtungen (*Culmann*)

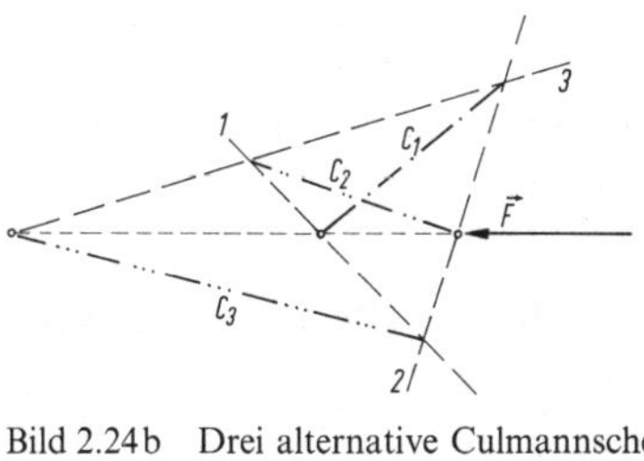

Bild 2.24b Drei alternative Culmannsche Geraden

Zuerst wird die Wirkungslinie der gegebenen Kraft $\vec{F}$ mit einer der vorgegebenen Richtungen, z.B. der Richtung *1*, im Punkt *I* zum Schnitt gebracht. Die Verbindungslinie von *I* zum Schnittpunkt *II* der beiden anderen Richtungen *2* und *3* wird als Culmannsche Gerade *C* bezeichnet. Nun wird im Punkt *I* die Kraft $\vec{F}$ in die Teilkraft $\vec{F}_1$ sowie die Hilfskraft $\vec{C}$ (mit entsprechendem Richtungssinn) zerlegt. Im Punkt *II* erfolgt dann die Zerlegung der Hilfskraft $\vec{C}$ in die Teilkräfte $\vec{F}_2$ und $\vec{F}_3$. Die Richtungen der drei Teilkräfte folgen schließlich aus der Vektorgleichung

$$\vec{F}_1 + \vec{F}_2 + \vec{F}_3 = \vec{F}.$$

Die Hilfskraft in Richtung der Culmannschen Geraden spielt die Rolle der Teilresultierenden. Wie aus Bild 2.24b ersichtlich, gibt es drei alternative Culmannsche Geraden, die alle zum gleichen Ergebnis führen.
Die Zerlegung einer Kraft nach mehr als drei nichtzentralen Richtungen führt auf ein statisch unbestimmtes Problem. Eine Lösung gelingt erst mit weiteren Informationen, in denen die Verformbarkeit der Körper eine Rolle spielt (die Idealisierung des starren Körpers also nicht mehr anwendbar ist).

2.2.6 Moment eines ebenen Kräftesystems

Der Begriff des Moments einer Kraft wurde bereits in Abschnitt 1.6.2 kurz erläutert.
Das Moment $M_{(0)}$ einer Kraft $\vec{F}$ in der x-y-Ebene bezüglich des Koordinaten-Nullpunkts 0 besitzt den Hebelarm (Bild 2.25)

$$l = x \sin\alpha - y \cos\alpha. \tag{2.12}$$

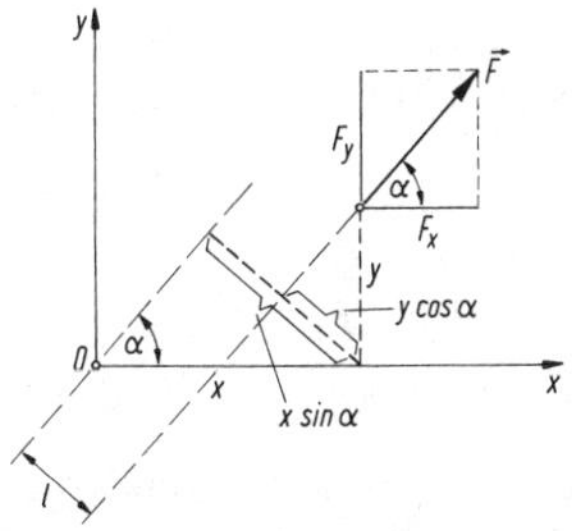

Bild 2.25 Zur Komponentendarstellung des Moments einer Kraft

Die Komponentendarstellung des Moments ist

$$M_{(0)} = F_y x - F_x y \tag{2.13}$$

wobei x, y die Koordinaten eines Punkts auf der Wirkungslinie der Kraft („Kraftangriffspunkt") bedeuten.
Ein entgegen dem Uhrzeigersinn drehendes Moment $M_{(0)}$ wird als positiv bezeichnet, in Einklang mit dem Rechtssystem der allgemeinen Vektordarstellung (1.33).

Man erkennt, daß das Moment einer Kraft sich als Summe der Momente der Kraftkomponenten ergibt.
Die Vektordarstellung (1.33) lehrt, daß der Momentenvektor im Fall ebener Kräfte nur eine Komponente (in Richtung der z-Achse) besitzt. Die Verallgemeinerung auf den räumlichen Fall erfolgt später (Abschnitt 2.6.1.2).

2.2.6.1 Momentensatz

Zunächst wird ein ebenes Kräftesystem zweier Kräfte $\vec{F}_1$ und $\vec{F}_2$, mit der Resultierenden $\vec{R}$ betrachtet (Bild 2.26).

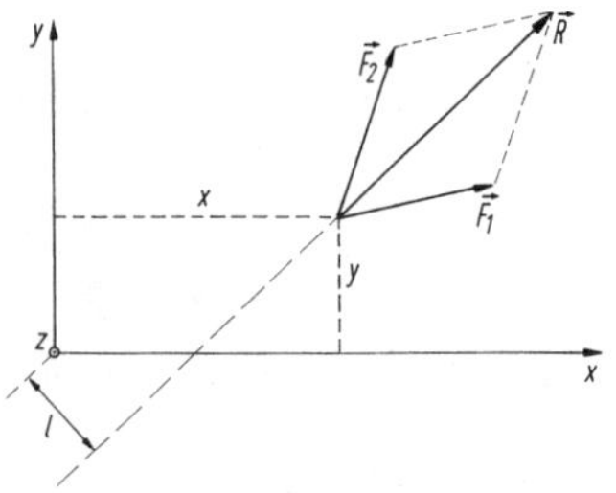

Bild 2.26 Moment eines ebenen Kräftesystems

Für die Resultierende gilt

$$R_x = F_{1x} + F_{2x}, \qquad R_y = F_{1y} + F_{2y}.$$

Die Komponentendarstellung des Moments der Kräfte bezüglich des Koordinaten-Nullpunkts ist entsprechend (2.13)

$$\begin{aligned} M_{(0)} &= F_{1y}\, x - F_{1x}\, y + F_{2y}\, x - F_{2x}\, y \\ &= (F_{1y} + F_{2y})\, x - (F_{1x} + F_{2x})\, y \\ &= R_y\, x - R_x\, y. \end{aligned} \tag{2.14}$$

Verallgemeinert für beliebige Anzahl n von Kräften ergibt sich der *Momentensatz:*
Die Summe der Momente der Kräfte eines ebenen Kräftesystems ist gleich dem Moment der Resultierenden dieses Kräftesystems (für denselben Bezugspunkt).
Dic vcktorielle Darstellung lautet

$$\begin{aligned} \vec{M}_{(0)} &= \sum_{i=1}^{n} \vec{M}_{i(0)} = \sum_{i=1}^{n} (\vec{r}_i \times \vec{F}_i) \\ &= \vec{e}_z \sum_{i=1}^{n} (F_{iy}\, x_i - F_{ix}\, y_i). \end{aligned} \tag{2.15}$$

Bei den Anwendungen in der Statik spielt der Momentensatz eine wichtige Rolle.

2.2.6.2 Grafische Ermittlung des Moments eines ebenen Kräftesystems

Das resultierende Moment eines ebenen Kräftesystems in Bezug auf einen beliebigen Punkt läßt sich zeichnerisch sehr einfach mit dem Seileckverfahren ermitteln (Bild 2.27). Das Vorgehen entspricht dem zur Ermittlung der Resultierenden eines ebenen Kräftesystems. Um das Moment des Kräftesystems bezüglich des Punkts A zu bestimmen, wird im *L.P.* eine Parallele zur Resultierenden durch den Punkt A gezeichnet. Diese wird mit den äußersten Seilstrahlen (im Beispiel *0** und *3**) zum Schnitt gebracht und man erhält die Strecke η. Betrachtet man unter Einführung des Polabstands H im *K.P.* die Ähnlichkeit der schraffierten Dreiecke, gilt

$$\frac{R}{H} = \frac{\eta}{l}. \tag{2.16}$$

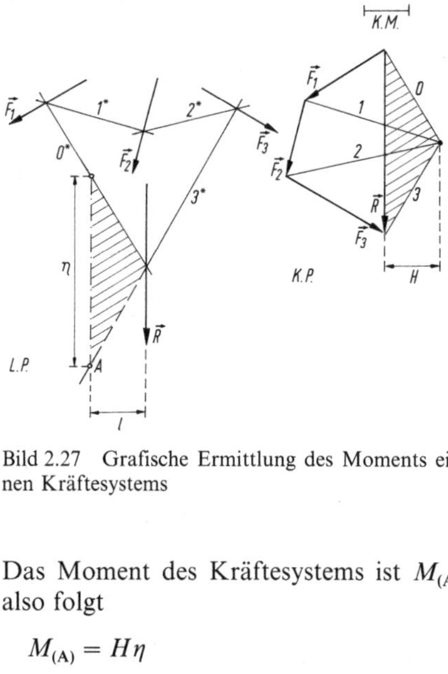

Bild 2.27 Grafische Ermittlung des Moments eines ebenen Kräftesystems

Das Moment des Kräftesystems ist $M_{(A)} = Rl$, also folgt

$$M_{(A)} = H\eta \tag{2.17}$$

(H bzw. η sind im Kräfte- bzw. Lageplanmaßstab zu messen).
Das Verfahren ist entsprechend auch für parallele Kräfte anwendbar.

2.2.6.3 Kräftepaar

Der Begriff des Kräftepaars, d. h. eine Einheit aus zwei antiparallelen Kräften gleicher Größe, die auf keine Resultierende reduzierbar sind, wurde bereits in Abschnitt 2.2.4 eingeführt. Einige wich-

tige Tatsachen beim Kräftepaar werden im folgenden betrachtet.
Zunächst ergibt sich, daß das Moment eines Kräftepaars vom Bezugspunkt unabhängig ist. Das Moment des Kräftepaars in Bild 2.28 ist gegeben durch $M = Fl$ (positiver Drehsinn!).

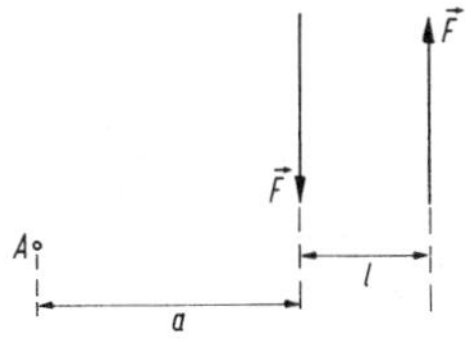

Bild 2.28 Moment eines Kräftepaars

In Bezug auf einen beliebigen Punkt A ergibt sich das Moment

$$M_{(A)} = -Fa + F(l+a) = Fl \tag{2.18}$$

(positiver Drehsinn entgegen dem Uhrzeigersinn).
Die Tatsache der beliebigen Verschieblichkeit eines Kräftepaars in seiner Wirkungsebene ersieht man aus Bild 2.29. Durch Überlagerung einer Gleichgewichtsgruppe (Hilfskräfte H) ergibt sich unter Benützung des Linienflüchtigkeitsaxioms aus dem Kräftepaar mit $M = Fl$ ein äquivalentes Kräftepaar mit $M = F'l'$.

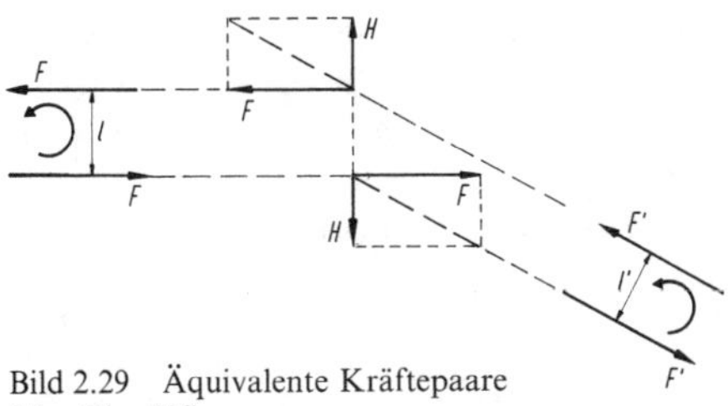

Bild 2.29 Äquivalente Kräftepaare $M = Fl = F'l'$

Die statische Wirkung äquivalenter Kräftepaare auf einen starren Körper ist stets gleich.
Bei der Überlagerung von Kräftepaaren an einem starren Körper werden unter Beachtung des Drehsinns die Momente algebraisch addiert. Dies ist in Bild 2.30 demonstriert. Die Kräfte F_2 werden auf ihren Wirkungslinien bis zum Schnitt mit den Wirkungslinien der Kräfte F_1 verschoben. Durch Überlagerung von Hilfskräften H wird erreicht, daß die Kräfte F_2' auf die Wirkungslinien der Kräfte F_1 zu liegen kommen und zu diesen addiert werden können.

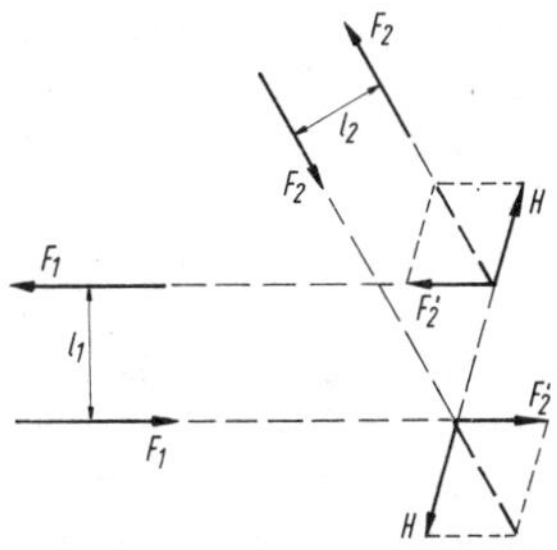

Bild 2.30 Addition zweier Kräftepaare (mit gleichem Drehsinn)

Es gilt zunächst $F_2' l_1 = F_2 l_2$ und für das Gesamtmoment der beiden Kräftepaare folgt

$$M = (F_1 + F_2')l_1 = F_1 l_1 + F_2 l_2 = M_1 + M_2 . \tag{2.19}$$

Verallgemeinert auf beliebige Anzahl von Kräftepaaren ergibt sich

$$M = \sum_{i=1}^{n} M_i = \sum_{i=1}^{n} (F_i l_i) \tag{2.20}$$

unter Beachtung des Drehsinns.
Für die Wirkung von Kräftepaaren auf einen ebenen starren Körper gilt: Der starre Körper ist im Gleichgewicht gegen Drehung, wenn zwei Kräftepaare mit entgegengesetzt gleichem Moment auf ihn wirken.
Dies läßt sich sofort mit dem Gleichgewichtsaxiom zeigen.
In der Verallgemeinerung folgt aus (2.20) die Gleichgewichtsbedingung für Kräftepaare

$$\sum_i M_i = \sum_i (F_i l_i) = 0 \tag{2.21}$$

unter Beachtung des Drehsinns.
Man erkennt, daß ein starrer Körper sich im Gleichgewicht gegen Verdrehung befindet, wenn die auf ihn wirkenden Kräfte kein resultierendes Moment haben.
Diese Aussage wird später allgemein formuliert.

2.2.6.4 Parallelverschiebung einer Kraft, Versetzungsmoment

Wird eine auf einen ebenen starren Körper wirkende Kraft $\vec{F}$ parallel zu ihrer Wirkungslinie verschoben, ändert sich ihre statische Wirkung auf den Körper. Dies ist eine wichtige Erfahrungstatsache.
Gemäß Bild 2.31 wird im Punkt B auf der parallelen Wirkungslinie eine Gleichgewichts-

gruppe zweier Kräfte derselben Größe wie die ursprüngliche Kraft angebracht. Dadurch ändert sich nichts am statischen Zustand des starren Körpers.
Die ursprüngliche Kraft im Punkt A und die gestrichelt eingezeichnete Kraft im Punkt B stellen zusammen ein Kräftepaar dar, das ein (rechtsdrehendes) Moment vom Betrag $M = Fl$ besitzt. Man erkennt somit, daß bei der Parallelverschiebung einer Kraft zusätzlich ein Moment auftritt, das als *Versetzungsmoment* bezeichnet wird.

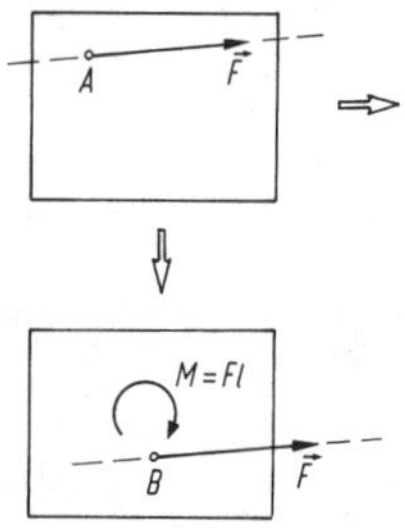

Bild 2.31 Zur Parallelverschiebung einer Kraft

Die vektorielle Darstellung ergibt sich entsprechend Bild 2.32 für eine Parallelverschiebung der Kraft $\vec{F}$ z.B. in eine Wirkungslinie durch den Koordinaten-Nullpunkt. Der Betrag des auftretenden Versetzungsmoments ist

$$M = |\vec{r} \times \vec{F}| = Fl \tag{2.22}$$

der Momentenvektor steht auf der x-y-Ebene senkrecht und ist an den Punkt 0 gebunden.

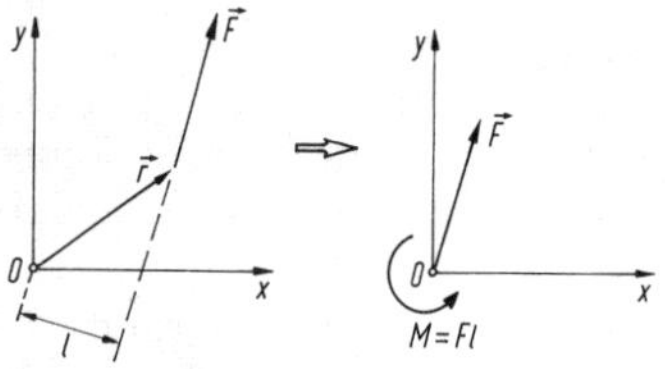

Bild 2.32 Parallelverschiebung einer Kraft in den Koordinaten-Nullpunkt

Dies läßt sich für ein beliebiges ebenes Kräftesystem verallgemeinern. Verschiebt man sämtliche Kräfte $\vec{F}_i$ z.B. in den Koordinaten-Nullpunkt, erhält man die Resultierende

$$\vec{R} = \sum_{i=1}^{n} \vec{F}_i \tag{2.23}$$

sowie das resultierende Versetzungsmoment

$$\vec{M}_R = \vec{e}_z \sum_{i=1}^{n} |\vec{r}_i \times \vec{F}_i| \tag{2.24}$$

(vgl. Bild 2.33a).

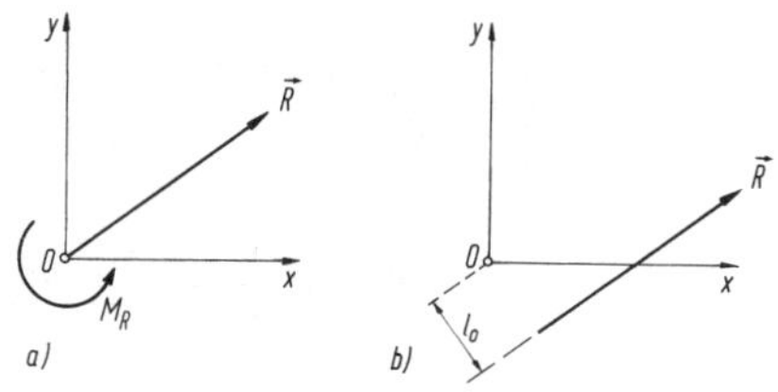

Bild 2.33 Reduzierung eines allgemeinen ebenen Kräftesystems auf eine Einzelkraft

Wenn $\vec{R} \neq 0$ ist, kann die Resultierende parallel zu sich um die Strecke

$$l_0 = \frac{|\vec{M}_R|}{|\vec{R}|} \tag{2.25}$$

verschoben werden und damit ist das ursprüngliche Kräftesystem auf eine Einzelkraft (sog. Totalresultierende) reduziert worden (Bild 2.33b).

2.2.6.5 Zerlegung einer Kraft nach drei Richtungen in einer Ebene

Auf dem Momentensatz fußt eine von *A. Ritter* stammende Methode zur Zerlegung einer Kraft nach drei nicht durch einen Punkt gehenden Richtungen, die ein alternatives Verfahren zur zeichnerischen Lösung von *Culmann* (vgl. Abschnitt 2.2.5.3) darstellt.
Die gegebene Kraft $\vec{F}$ soll nach den drei Richtungen *1*, *2*, *3* zerlegt werden, Bild 2.34.

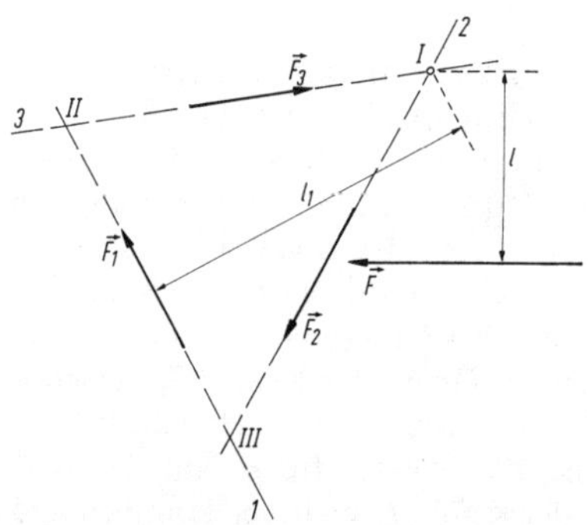

Bild 2.34 Zerlegung einer Kraft nach 3 Richtungen

Zur Ermittlung der Teilkraft $\vec{F}_1$ wird der Schnittpunkt *I* der Richtungen *2* und *3* als Momentenbezugspunkt gewählt.
Die Teilkraft $\vec{F}_1$ wird auf der vorgegebenen Wirkungslinie in beliebiger Richtung angenommen. Aus dem Lageplan entnimmt man die Hebelarme l bzw. l_1 der Momente der Kräfte $\vec{F}$ bzw. $\vec{F}_1$ bezüglich des Punkts *I*. Die (gestrichelt eingezeichneten) Kräfte $\vec{F}_2$ und $\vec{F}_3$ liefern keinen Beitrag zum Moment bezüglich *I*.
Aus der Gleichheit der Momente von $\vec{F}$ sowie $\vec{F}_1$ bezüglich des Punktes *I* folgt

$$Fl = F_1 l_1 \quad \text{oder} \quad F_1 = \frac{l}{l_1} F. \qquad (2.26)$$

Entsprechendes Vorgehen bezüglich der Schnittpunkte *II* und *III* liefert dann die Teilkräfte in den übrigen Wirkungslinien *2* und *3*.
Die Richtungen der Teilkräfte ergeben sich aus dem (an sich beliebig wählbaren) Drehsinn der Momente.
Zur Zerlegung einer Kraft nach mehr als drei Richtungen (statisch unbestimmtes Problem) ist das Rittersche Verfahren nicht mehr anwendbar.

2.2.7 Gleichgewichtsbedingungen der ebenen Statik

In den folgenden Betrachtungen handelt es sich wie stets bisher um Kräfte, die an ebenen starren Körpern angreifen.

2.2.7.1 Gleichgewicht eines zentralen Kräftesystems

Wie bereits früher erläutert, schneiden sich die Wirkungslinien aller Kräfte in einem Punkt. Die Kräfte sind im Gleichgewicht, wenn ihre Resultierende verschwindet, d.h.

$$\vec{R} = \sum_{i=1}^{n} \vec{F}_i = 0. \qquad (2.27)$$

Dieser Bedingung entspricht ein geschlossenes Kräftepolygon im *K.P.* Bezüglich Kartesischer Komponenten x, y lautet (2.27)

$$R_x = \sum_{i=1}^{n} F_{ix} = 0, \qquad R_y = \sum_{i=1}^{n} F_{iy} = 0 \qquad (2.28)$$

d.h. es stehen zwei skalare Gleichgewichtsbedingungen zur Verfügung. Unter dem Gesichtspunkt der Kinetik bedeutet die Bedingung (2.27), daß ein ruhender materieller Punkt unter der Wirkung eines ebenen Kräftesystems mit geschlossenem Krafteck keine Bewegung erfährt. Er befindet sich im Gleichgewicht, d.h. bleibt in Ruhe.
Die beiden skalaren Bedingungen (2.28) entsprechen den zwei Bewegungsmöglichkeiten (oder Freiheitsgraden[1]), die ein Punkt in der Ebene besitzt, d.h. Verschiebungen in x- und y-Richtung.

2.2.7.2 Gleichgewicht eines allgemeinen ebenen Kräftesystems

Notwendige Bedingung für Gleichgewicht eines nichtzentralen ebenen Kräftesystems ist ebenfalls das Verschwinden der Resultierenden, d.h. die Erfüllung von (2.27).
Wie in den vorigen Abschnitten erläutert, kann das allgemeine Kräftesystem trotz verschwindender Resultierender (Kräftegleichgewichtsbedingung) noch ein resultierendes Moment bezüglich eines Punkts, z.B. des Koordinaten-Nullpunkts, besitzen.
Die Bedingung für das Verschwinden des Moments (Momentengleichgewichtsbedingung) lautet

$$\sum_{i=1}^{n} \vec{M}_{i(0)} = \sum_{i=1}^{n} (\vec{r}_i \times \vec{F}_i) = 0. \qquad (2.29)$$

Diese Bedingung muß unabhängig von der Wahl des Bezugspunkts sein. Gemäß Bild 2.35 gilt für einen um $\vec{r}_0$ verschobenen Bezugspunkt 0* mit $\vec{r}_i = \vec{r}_0 + \vec{r}_{i^*}$

$$\begin{aligned} \sum_{i=1}^{n} \vec{M}_{i(0^*)} &= \sum_{i=1}^{n} (\vec{r}_i^* \times \vec{F}_i) \\ &= \sum_{i=1}^{n} (\vec{r}_i - \vec{r}_0) \times \vec{F}_i \\ &= \sum_{i=1}^{n} \vec{r}_i \times \vec{F}_i - \vec{r}_0 \times \left(\sum_{i=1}^{n} \vec{F}_i \right). \end{aligned} \qquad (2.30)$$

Dies bedeutet, daß für ein Kräftesystem mit verschwindender Resultierenden im Fall des Momentengleichgewichts das resultierende Moment der Kräfte in Bezug auf beliebige Punkte ebenfalls verschwinden muß.

[1]) Der wichtige Begriff „Freiheitsgrad" wird in späteren Abschnitten ausführlich erläutert.

Die Momentengleichgewichtsbedingung (2.29) lautet in Kartesischen Komponenten

$$\sum_{i=1}^{n} M_{i(o)} = \sum_{i=1}^{n} (F_{iy}\, x_i - F_{ix}\, y_i) = 0 \qquad (2.31)$$

sie beinhaltet das Gleichgewicht gegen Verdrehung um die z-Achse (im ebenen Fall).

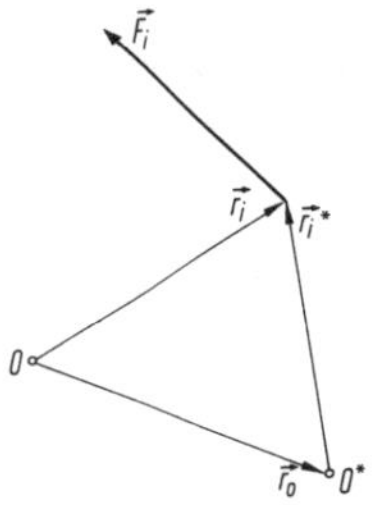

Bild 2.35 Verschiebung des Momentenbezugspunkts

2.2.7.3 Gleichgewichtsbedingungen für den ebenen starren Körper

Für die Anwendungen in der Statik ebener starrer Körper sind die Gleichgewichtsbedingungen (2.27) und (2.29) bzw. (2.28) und (2.31) von grundlegender Wichtigkeit.

Wie Bild 2.36 zeigt, bestehen für eine freie ebene starre Scheibe drei Bewegungsmöglichkeiten: zwei Verschiebungen (Translationen) z. B. in x- und y-Richtung und eine Verdrehung (Rotation) um eine zur x-y-Ebene senkrechte Achse. Eine ebene Scheibe besitzt drei Freiheitsgrade.

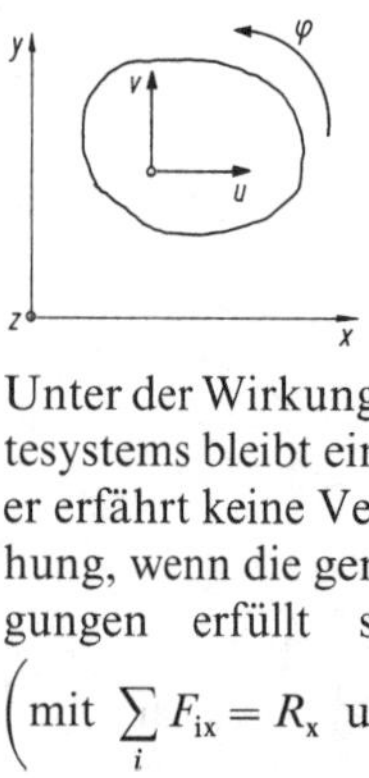

Bild 2.36 Bewegungsmöglichkeiten eines ebenen starren Körpers

Unter der Wirkung eines beliebigen ebenen Kräftesystems bleibt ein starrer Körper in Ruhe, d. h. er erfährt keine Verschiebung und keine Verdrehung, wenn die genannten Gleichgewichtsbedingungen erfüllt sind, die kurzgefaßt auch $\left(\text{mit } \sum_i F_{ix} = R_x \text{ usw. } \sum_i M_i = M\right)$

$$R_x = 0, \quad R_y = 0, \quad M = 0 \qquad (2.32)$$

formuliert werden können.

In alternativer Form können diese drei Bedingungen z. B. auch folgendermaßen verwendet werden

$$R_x = 0, \quad M_{(A)} = 0, \quad M_{(B)} = 0$$

oder $$R_y = 0, \quad M_{(A)} = 0, \quad M_{(B)} = 0$$

oder $$M_{(A)} = 0, \quad M_{(B)} = 0, \quad M_{(C)} = 0$$

wobei allerdings die Momentenbezugspunkte A, B, C nicht auf einer Geraden liegen dürfen.

Man bemerkt, daß die Anzahl der drei voneinander unabhängigen Gleichgewichtsbedingungen der Anzahl der Freiheitsgrade des starren Körpers in der Ebene entspricht.

Mit den drei Gleichgewichtsbedingungen (2.32) lassen sich bei einem vorliegenden ebenen Kräftesystem drei unbekannte Kraftgrößen, z. B. Reaktionskräfte oder Stützkräfte eines in bestimmter Weise aufgelagerten starren Körpers berechnen.

Probleme, die sich allein mit den Gleichgewichtsbedingungen lösen lassen, werden als *statisch bestimmte* oder *statisch bestimmbare* Probleme bezeichnet. Reichen die Gleichgewichtsbedingungen nicht aus, müssen weitere Informationen, z. B. auf Grund der Verformbarkeit der Körper hinzugezogen werden. Die Fiktion des starren Körpers ist dann zur Beschreibung des Geschehens nicht mehr ausreichend (statisch unbestimmte oder unbestimmbare Probleme).

Es muß aber betont werden, daß die Gleichgewichtsbedingungen als sog. statische Grundgleichungen zur Lösung aller mechanischen Probleme grundlegende Bedeutung haben.

2.3 Gleichgewicht ebener gestützter Körper (Tragwerke)

Technische Konstruktionen bestehen aus Bauteilen, die in mannigfacher Weise miteinander verbunden sein können. Dabei haben die Bauteile Lasten aufzunehmen bzw. Kräfte zu übertragen. Wenn auf einen Körper Kräfte wirken, die nicht für sich im Gleichgewicht sind, muß der Körper geeignet gegen seine Umgebung abgestützt werden, damit er in Ruhe bleibt, d. h. Gleichgewicht herrscht.

Die durch Abstützungen, Bindungen oder Führungen bedingten Kräfte sind die Auflager- oder Reaktionskräfte. Die Hauptaufgabc dcr Statik ist die Ermittlung dieser Reaktionskräfte an belasteten Bauteilen, die im Gleichgewichtsfall infolge der wirkenden eingeprägten Kräfte geweckt werden. Hierzu werden die Gleichgewichtsbedingungen herangezogen.

Wichtige Bauteilelemente sind

- Linientragwerke: undehnbare Seile, Stäbe und Balken oder Träger (Bild 2.37)

- Fachwerke, bestehend aus gelenkig miteinander verbundenen Stäben (Bild 2.38)
- Flächentragwerke: Scheiben und Platten (Bild 2.39).

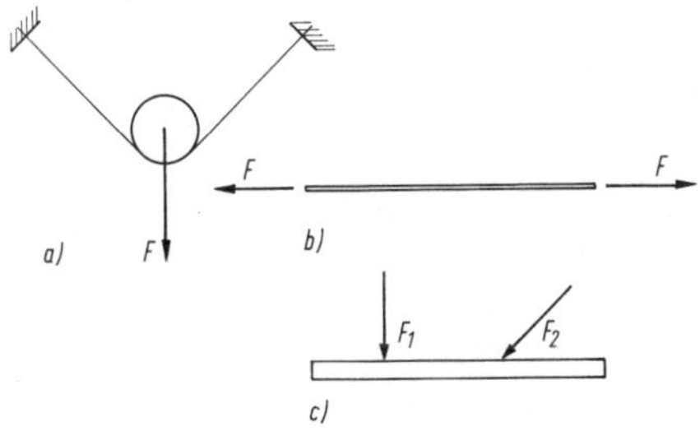

Bild 2.37 Linientragwerke
a) Seil, b) dünner Stab, c) Balken oder Träger

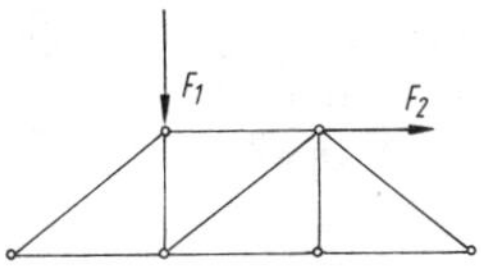

Bild 2.38 Fachwerk gelenkig miteinander verbundene Stäbe

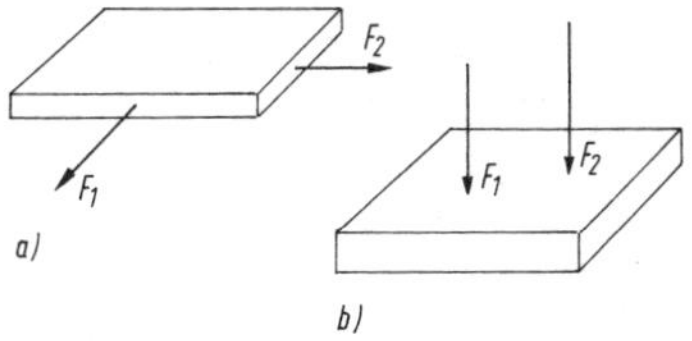

Bild 2.39 Flächentragwerke
a) Scheibe, b) Platte

Linientragwerke besitzen gegenüber der Längsausdehnung geringe Querschnittsabmessungen, die Seile können nur Zugkräfte, die Stäbe nur axiale Zug- oder Druckkräfte, die Balken auch Kräfte quer zu ihrer Achse aufnehmen.
Bei den Balken oder Trägern sind geradlinige oder gekrümmte Achsen möglich.
Flächentragwerke sind zweidimensionale ebene Gebilde mit gegenüber den übrigen Abmessungen geringer Dicke. Die Scheiben können Kräfte in ihrer Ebene, die Platten auch Kräfte senkrecht zu ihrer Ebene aufnehmen. [1]) Die Fachwerke werden den Scheiben zugerechnet, sie können Kräfte nur in den Gelenken aufnehmen.

[1]) Bei der Belastung von Platten treten Verbiegungen aus der Ebene heraus auf und es handelt sich nicht mehr um ein Problem der ebenen Statik. Das gleiche gilt für die sog. Schalen, ebenfalls Flächentragwerke, die aber bereits eine Vorkrümmung besitzen und deren Behandlung verwickelter ist.

Starre Bauteile gibt es in der Wirklichkeit nicht, zur Untersuchung des Gleichgewichts lassen sich jedoch Seile, Stäbe und Scheiben als starr ansehen. Da in den meisten Fällen nur geringe Verformungen der Bauteile zugelassen werden, wird sich die Kräftekonstellation nach der Verformung kaum von der vor der Verformung unterscheiden. Die Idealisierung der Bauteile als starre Körper ist daher für die Anwendung der Gleichgewichtsbedingungen gerechtfertigt.

2.3.1 Stützungsarten ebener starrer Körper

Ein starrer Körper, der sich in einer gewünschten Lage im Gleichgewicht befinden soll, muß geeignet abgestützt sein.

2.3.1.1 Elementare Stützungsarten

Alle vorkommenden Stützungen, Auflagerungen und Führungen lassen sich auf drei Grundarten zurückführen

- festes Stützgelenk
- verschiebliches Stützgelenk
- feste Einspannung.

Beim *festen Stützgelenk* ist die starre Scheibe im Punkt A durch ein Gelenk mit einem Lagerstuhl verbunden, der wiederum fest im Untergrund (oder Fundament) verankert ist, Bild 2.40.

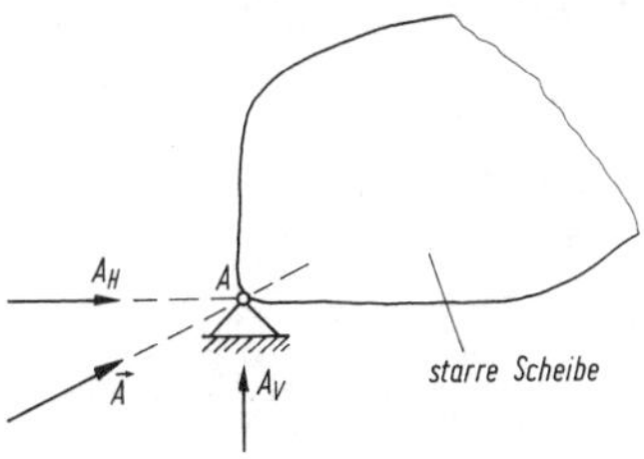

Bild 2.40 Festes Stützgelenk (statisch 2-wertig)

Die Scheibe ist um das Gelenk A frei drehbar, vom Lager kann auf die Scheibe eine Kraft beliebiger Richtung übertragen werden. Diese als eine Einzelkraft idealisierte Lagerkraft $\vec{A}$ geht durch das Gelenk (den Gelenkzapfen) hindurch, sie besitzt zwei Komponenten in horizontaler und vertikaler Richtung, z.B. A_H und A_V (diese sind in Bild 2.40 mit Pfeilen symbolisiert). Es können vom festen Stützgelenk Lagerkräfte in unterschiedlichen Richtungen aufgenommen werden, zu deren Beschreibung zwei Komponenten erforderlich sind. Man nennt die Auflagerung deshalb *statisch 2-wertig*. Zur Berechnung der Lagerkraft $\vec{A}$ (bzw. A_H und A_V) sind zwei Bedingungen erforderlich.

Die Bewegungsmöglichkeit der Scheibe wird durch die Auflagerung eingeschränkt, man spricht von Auflagerbindungen oder *Fesseln*.

Bei einem freien (unaufgelagerten) ebenen starren Körper in der Ebene, vgl. Bild 2.36, ist $f = 3$ und $a = 0$ (f Anzahl der Freiheitsgrade, a Anzahl der Fesseln).

Allgemein gilt in der ebenen Statik

$$f = 3 - a. \qquad (2.33)$$

Beim festen Stützgelenk, d.h. der statisch 2-wertigen Lagerung, ist $a = 2$ und aus (2.33) folgt $f = 1$, es ist nur noch eine Drehung der starren Scheibe um das Gelenk A möglich.

Eine feste (starre) Lagerung einer ebenen starren Scheibe liegt vor, wenn

$$f \leqslant 0 \qquad (2.34)$$

(sog. Starrheitsbedingung). Es können aber Ausnahmefälle vorkommen.

Eine alternative Auflagerungsart an Stelle des festen Stützgelenks ist mittels sog. Pendelstützen möglich (Bild 2.41). Im Gelenk A sind zwei starre Stäbe *1* und *2* angeschlossen, die wiederum bei B und C im Untergrund gelenkig befestigt sind. Es können nur Auflagerkräfte in Richtung der Pendelstützen aufgenommen werden.

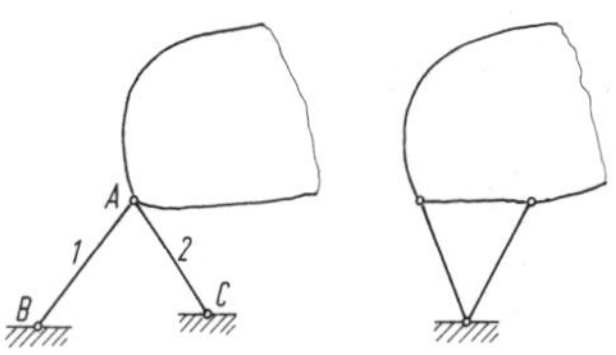

Bild 2.41 Alternative Möglichkeiten einer statisch 2-wertigen Lagerung mittels Pendelstützen

Beim *verschieblichen Stützgelenk* (mitunter als „Loslager“ bezeichnet) ist der Lagerstuhl nicht mehr fest mit dem Fundament verbunden, sondern längs einer geraden Linie verschieblich, z.B. mittels eines sog. Rollenlagers, Bild 2.42.

Es kann nur noch eine Lagerkraft durch den Gelenkzapfen aufgenommen werden, die normal zur Lagerführung gerichtet ist. Die Wirkungslinie der Auflagerkraft ist also von vornherein bekannt. Ein Abheben des Lagerstuhls in dieser Normalenrichtung sei durch geeignete konstruktive Maßnahmen verhindert. Die Lagerung ist *statisch 1-wertig*, d.h. $a = 1$ und $f = 2$, die Scheibe kann sich verschieben und um das Gelenk drehen.

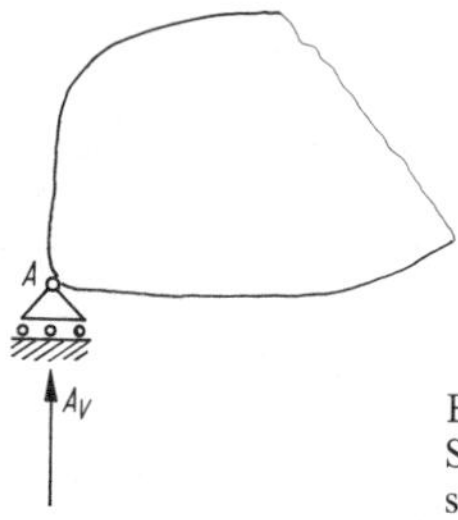

Bild 2.42 Verschiebliches Stützgelenk (Rollenlager) statisch 1-wertig

Alternative statisch 1-wertige Stützungen sind die Lagerung mittels einer Pendelstütze, die Linienberührung auf zwei glatten Oberflächen oder die sog. Gleithülse mit Gelenk, Bild 2.43.

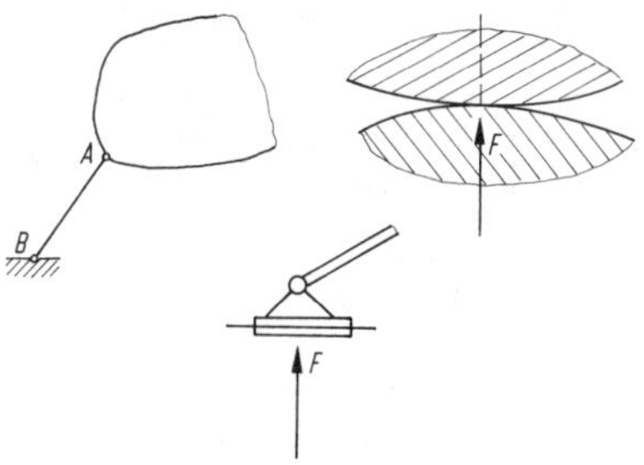

Bild 2.43 Alternative Möglichkeiten einer statisch 1-wertigen Lagerung (Pendelstütze, Linienberührung, Gelenkhülse)

Bei der *festen Einspannung* ist die starre Scheibe gegen Verschiebung und Verdrehung gesichert, die Lagerung ist *statisch 3-wertig*. Neben horizontalen und vertikalen Stützkräften wird noch das sog. Einspannmoment aufgenommen.

Dies ist in Bild 2.44 für einen in der Wand eingeklemmten (oder einbetonierten) Balken gezeigt.

Das Zustandekommen des Einspannmoments M_E läßt sich mit der angedeuteten unsymmetri-

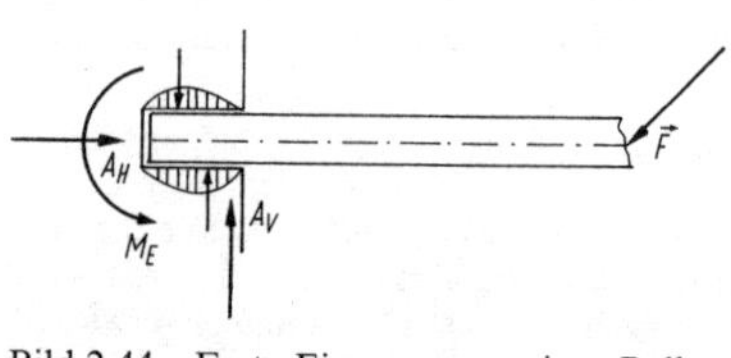

Bild 2.44 Feste Einspannung eines Balkens

schen Druckverteilung an der Einspannstelle erklären, die ein resultierendes Kräftepaar als Reaktion auf die Belastung ergibt.
Es treten bei der festen Einspannung drei Auflagerreaktionen auf, zu deren Ermittlung die drei Gleichgewichtsbedingungen der ebenen Statik ausreichend sind. Ein fest eingespannter ebener starrer Körper ist also statisch bestimmt und gleichzeitig starr gelagert. Alternative statisch 3-wertige Stützungen sind durch Auflagerung mittels dreier Pendelstützen möglich, Bild 2.45.

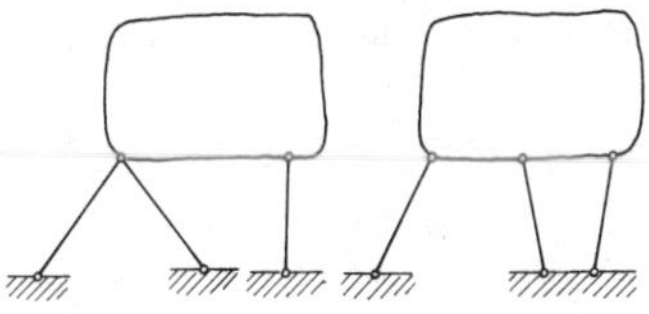

Bild 2.45 Alternative Möglichkeiten einer statisch 3-wertigen Lagerung

Hierbei dürfen die Richtungen der drei Pendelstützen nicht durch einen Punkt gehen und auch nicht parallel sein. Diese *Ausnahmefälle* führen auf eine „wackelige Stützung", die Bedingung (2.33) ist zwar formal erfüllt, es liegt aber offensichtlich keine starre Auflagerung vor (Bild 2.46).

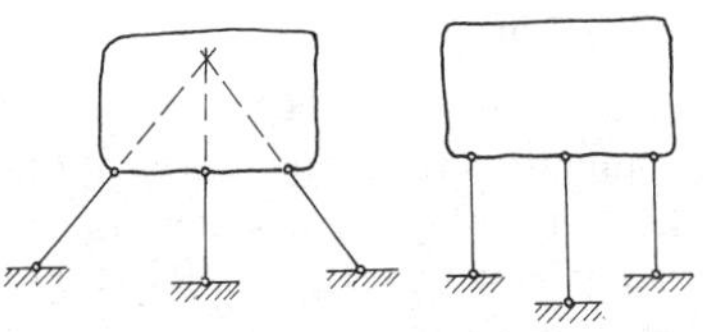

Bild 2.46 Ausnahmefälle bei der Lagerung mittels dreier Pendelstützen („wackelige Lagerung")

Es seien noch zwei Beispiele statisch 2-wertiger Stützungen erwähnt, die eine Sonderstellung einnehmen. Dies ist die sog. Parallelführung mittels zweier Pendelstützen (Bild 2.47a) und die Gleithülse ohne Gelenk (Bild 2.47b). Es treten jeweils zwei Auflagerreaktionen auf.

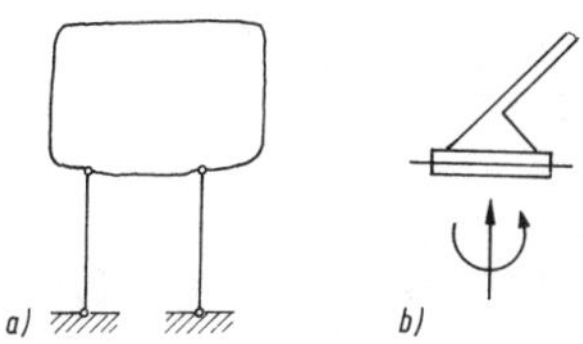

Bild 2.47 Statisch 2-wertige Stützungen
Parallelführung (a)
Gleithülse ohne Gelenk (b)

Es ist üblich, die drei elementaren Stützungsarten in der Ebene schematisch gemäß Bild 2.48 darzustellen.

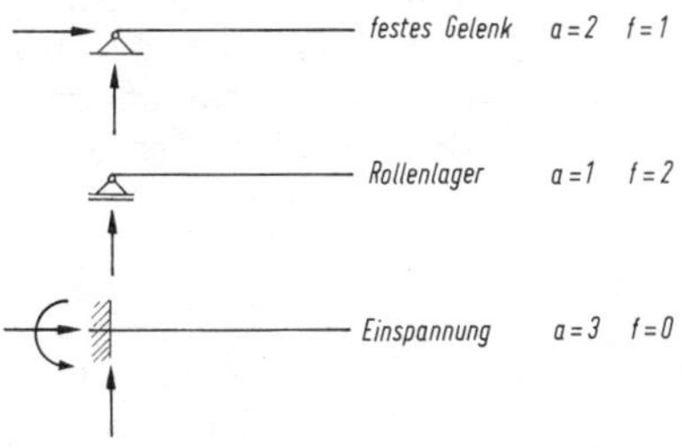

Bild 2.48 Schematische Darstellung der drei elementaren Stützungsarten in der Ebene

2.3.1.2 Kombination der elementaren Stützungsarten, statische Bestimmtheit der Lagerungen

Wie erwähnt, können bei der Auflagerung von ebenen starren Körpern die genannten elementaren Stützungsarten in beliebiger Kombination auftreten.
Beispiele für statisch bestimmte Auflagerungen, gekennzeichnet durch $a=3$, $f=0$ sind in Bild 2.49 gezeigt. Es sind jeweils drei Auflagerreaktionen zu ermitteln, wofür drei Gleichgewichtsbedingungen zur Verfügung stehen.

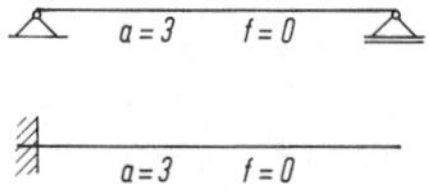

Bild 2.49 Statisch bestimmt gelagerte Balken

Bei mehr als drei Auflagerbindungen oder Fesseln können die Auflagerreaktionen nicht mehr mit den Gleichgewichtsbedingungen allein ermittelt werden (Verformbarkeit ist zu berücksichtigen). Es handelt sich dann um *statisch unbestimmte Auflagerung*. Beispiele für 1-fach und 2-fach statisch unbestimmt gelagerte Balken sind in Bild 2.50 gezeigt.
Allgemein gilt, daß ein starrer Körper in der Ebene mit $a=n$ Fesseln $(n-3)$-fach statisch unbestimmt gelagert ist.

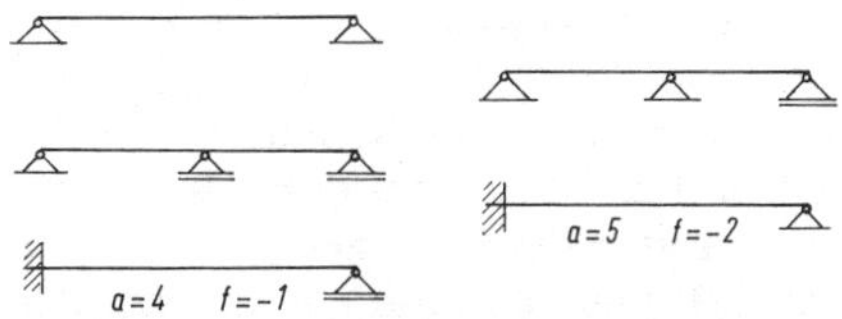

Bild 2.50 Beispiele statisch unbestimmt gelagerter Balken

Ein Balken auf zwei Stützen gemäß Bild 2.51 a ist nicht starr gelagert ($f=1$) und für beliebige Belastung statisch unbrauchbar. Andererseits ist beim dreifach gelagerten Balken gemäß Bild 2.51 b zwar die Starrheitsbedingung formal erfüllt ($f=0$), es handelt sich aber hier um einen Ausnahmefall, da eine horizontale Beweglichkeit gegeben ist.

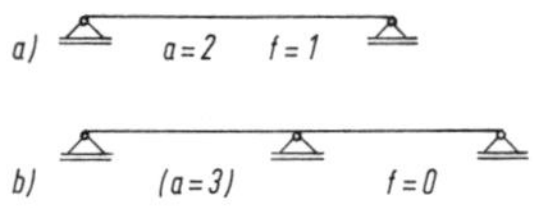

Bild 2.51 Statisch unbrauchbare Lagerung (a), Ausnahmefall (b)

2.3.2 Ermittlung der Auflagerreaktionen bei statisch bestimmt gelagerten Balken

Die Auflagerreaktionen (oder Stützkräfte) sind die vom Auflager, d.h. vom Untergrund auf das belastete Bauteil ausgeübten Kräfte (oder Momente). Generell werden diese Auflagerkräfte der Betrachtung zugänglich, wenn das Bauteil gedanklich von den Auflagern gelöst wird (sog. Befreiungsprinzip von *Lagrange*).

Dies ist am einfachen Beispiel einer frei auf dem Untergrund liegenden Walze (Eigengewicht G) in Bild 2.52 erläutert. Den Lageplan zeigt Bild 2.52a. Die Wirkung der Unterlage auf die Walze wird durch die Reaktionskraft R dargestellt, man macht dies im sog. Freikörperbild (Bild 2.52b) deutlich: Die Reaktionskraft wird gedanklich zu einer äußeren Kraft und die Gleichgewichtsbedingung in vertikaler Richtung (z.B. „nach oben" positiv) fordert $R - G = 0$.

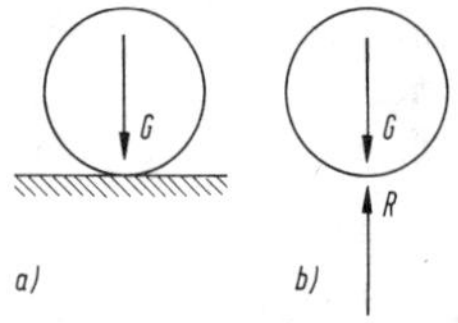

Bild 2.52 Auf dem Untergrund aufliegende Walze (a), Freikörperbild mit Reaktionskraft (b)

Entsprechendes gilt für einen Balken auf zwei Stützen unter der Wirkung einer Last $\vec{F}$ (Lageplan Bild 2.53a).

Nach der gedanklichen Entfernung der beiden Auflager bei A und B werden im Freikörperbild die zu erwartenden Auflagerreaktionen eingetragen (Bild 2.53b) und als äußere Kräfte am Balken aufgefaßt. Der geschlängelte Pfeil der Auflagerkraft $\vec{A}$ soll andeuten, daß die Wirkungslinie dieser Reaktionskraft zunächst unbekannt ist. Durch die Anwendung der Gleichgewichtsbedingungen auf den isolierten Balken lassen sich die unbekannten Auflagerreaktionen ermitteln.

In dem einfachen Beispiel gemäß Bild 2.53 läuft dies auf eine Zerlegung der äußeren Kraft $\vec{F}$ in die Wirkungslinien von $\vec{A}$ und $\vec{B}$ hinaus, die rechnerisch oder grafisch vorgenommen werden kann. Die Richtung der Auflagerkraft $\vec{B}$ ist durch die Art der Auflagerung bestimmt, die Richtung von $\vec{A}$ ergibt sich mit dem Dreikräftesatz (vgl. Abschnitt 2.2.5.1). Das Krafteck muß sich schließen.

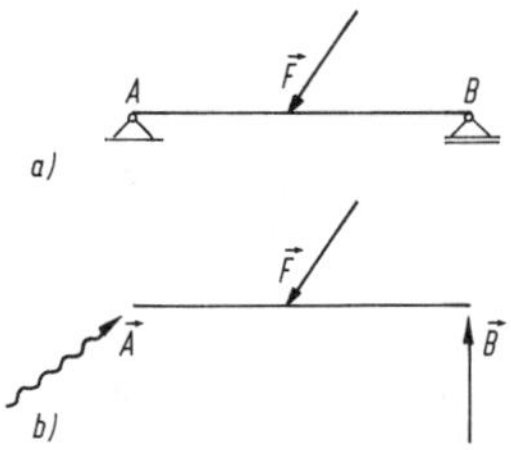

Bild 2.53 Balken auf zwei Stützen, Lagepaln (a) und Freikörperbild (b)

2.3.2.1 Berechnung der Auflagerreaktionen bei Balken auf zwei Stützen

Für den in Bild 2.54 gezeigten Balken unter der Wirkung dreier äußerer Kräfte sind in den Auflagern A und B die drei Auflagerreaktionen A_H, A_V und B_V (in horizontaler bzw. vertikaler Richtung) zu erwarten. Der Einfachheit halber werden hier und im folgenden die Auflagerreaktionen in den Lageplan eingezeichnet (ohne das Freikörperbild eigens darzustellen).

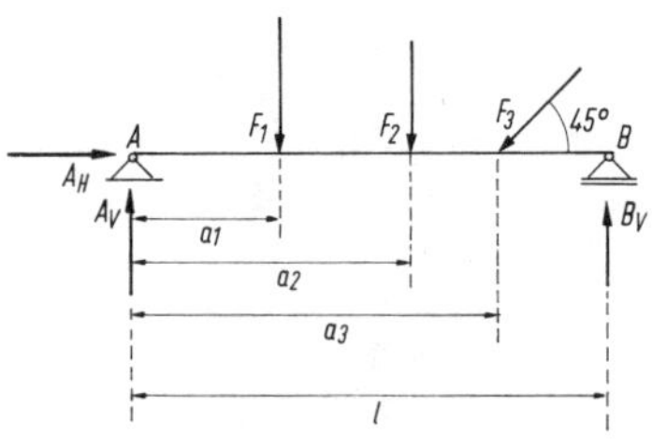

Bild 2.54 Balken auf zwei Stützen Ermittlung der Auflagerreaktionen

Die Kräftegleichgewichtsbedingungen in horizontaler und vertikaler Richtung lauten

$$\left.\begin{aligned} &\rightarrow\; A_H - \frac{1}{\sqrt{2}} F_3 = 0 \\ &\uparrow\; A_V + B_V - F_1 - F_2 - \frac{1}{\sqrt{2}} F_3 = 0. \end{aligned}\right\} \quad (2.35)$$

Dazu kommt die Momentengleichgewichtsbedingung z.B. bezüglich des Auflagerpunkts A (Vorzeichenfestsetzung ist beliebig wählbar)

$$\curvearrowleft A\; B_V l - F_1 a_1 - F_2 a_2 - \frac{1}{\sqrt{2}} F_3 a_3 = 0 \quad (2.36)$$

(jeder andere Momentenbezugspunkt, z.B. Auflagerpunkt B, wäre auch möglich).
Aus den drei Gleichungen (2.35) und (2.36) ergeben sich die Auflagerreaktionen

$$A_H = \frac{1}{\sqrt{2}} F_3$$

$$A_V = F_1 \left(1 - \frac{a_1}{l}\right) + F_2 \left(\frac{a_2}{l}\right) - \frac{1}{\sqrt{2}} F_3 \left(1 - \frac{a_3}{l}\right)$$

$$B_V = F_1 \frac{a_1}{l} + F_2 \frac{a_2}{l} + \frac{1}{\sqrt{2}} F_3 \frac{a_3}{l}.$$

Die Auflagerkraft A_V erhält man auch direkt aus einer Momentengleichgewichtsbedingung bezüglich des Auflagerpunkts B (Kontrollmöglichkeit!).
Entsprechend gewinnt man die Auflagerreaktionen für einen nicht-geraden Träger (Rahmen) gemäß Bild 2.55. Auch hier wird auf die Zeichnung des Freikörperbilds verzichtet.

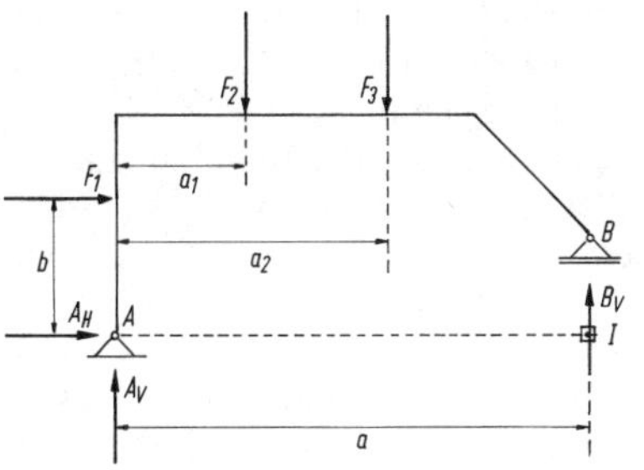

Bild 2.55 Nichtgerader Balken (Rahmen)

Die Kräftegleichgewichtsbedingung in horizontaler Richtung, sowie zwei Momentengleichgewichtsbedingungen bezüglich des Auflagerpunkts A und des Punkts I lauten

$$\rightarrow\; A_H + F_1 = 0$$

$$\curvearrowleft A\; B_V a - F_1 b - F_2 a_1 - F_3 a_2 = 0$$

$$\curvearrowright I\; A_V a + F_1 b - F_2 (a - a_1) - F_3 (a - a_2) = 0$$

und liefern sofort die drei unbekannten Auflagerreaktionen. Zur Kontrolle kann die Kräftegleichgewichtsbedingung in vertikaler Richtung dienen.
In Bild 2.56 ist ein Balken auf zwei Stützen unter Belastung eines Einzelmoments M_0 bei B (z.B. mittels eines Kräftepaars) gezeigt.

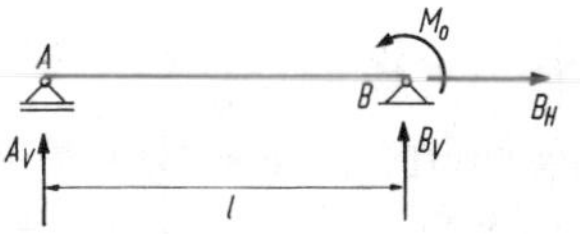

Bild 2.56 Balken auf zwei Stützen unter Belastung durch Einzelmoment

Die Gleichgewichtsbedingungen lauten

$$\rightarrow\; B_H = 0$$

$$\uparrow\; A_V + B_V = 0$$

$$\curvearrowright B\; A_V l - M_0 = 0$$

und daraus

$$A_V = \frac{M_0}{l}, \qquad B_V = -\frac{M_0}{l}$$

d.h. die Auflagerkraft B_v ist entgegengesetzt gerichtet wie in Bild 2.56 zunächst eingezeichnet.

2.3.2.2 Grafische Bestimmung der Auflagerreaktionen bei Balken auf zwei Stützen

Zur zeichnerischen Lösung wird das Seileckverfahren (vgl. Abschnitt 2.2.5.2) herangezogen.
Zunächst werden gemäß Bild 2.57 nur vertikale Belastungskräfte angenommen. Damit liegen die Richtungen der Auflagerreaktionen bei A und B fest.
Die Parallele zur Schlußlinie s^* des Seilecks teilt im Kräfteplan die beiden Auflagerkräfte A und B ab. Das Krafteck (ausgeartet in eine Linie) muß geschlossen sein.
Die Lage der Wirkungslinie der resultierenden Last ist hier von geringem Interesse, sie läßt sich gleichwohl in bekannter Weise finden.

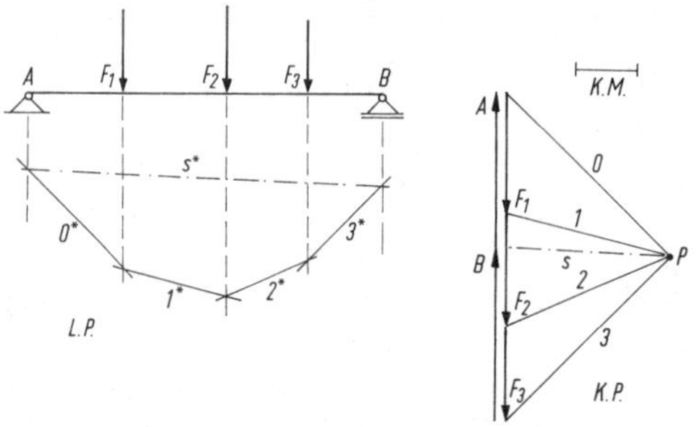

Bild 2.57 Seileckverfahren zur Ermittlung der Auflagerreaktionen bei Balken (nur vertikale Lasten)

Treten an einem Balken auch nicht-vertikale Lasten auf (Bild 2.58), so kennt man zunächst die Richtung der Auflagerkraft im festen Gelenk A nicht. Der Gelenkpunkt selbst liegt aber auf der Wirkungslinie dieser Auflagerkraft, deshalb läßt man den Seilstrahl 0* durch den Gelenkpunkt laufen.

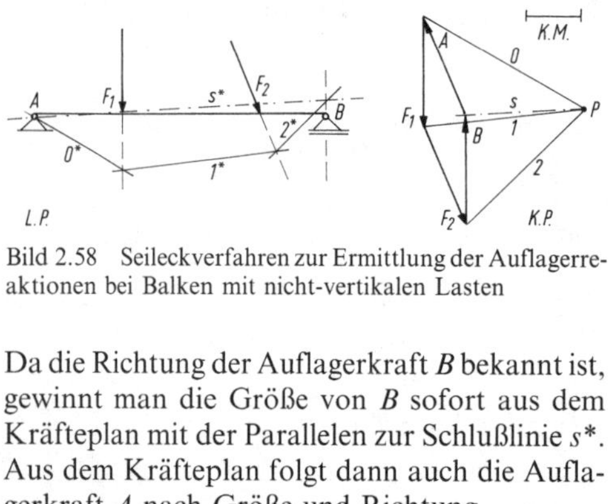

Bild 2.58 Seileckverfahren zur Ermittlung der Auflagerreaktionen bei Balken mit nicht-vertikalen Lasten

Da die Richtung der Auflagerkraft B bekannt ist, gewinnt man die Größe von B sofort aus dem Kräfteplan mit der Parallelen zur Schlußlinie s^*. Aus dem Kräfteplan folgt dann auch die Auflagerkraft A nach Größe und Richtung.

Ganz entsprechend wie bei diesem Beispiel ist das grafische Vorgehen zur Ermittlung der Auflagerreaktionen für einen nicht-geraden Balken (Rahmen) auf zwei Stützen.

Abschließend wird ein einseitig eingespannter Balken (Bild 2.59) betrachtet. Die vertikale Auflagerreaktion A_V folgt aus dem Kräfteplan, eine Schlußlinie im Seileck läßt sich nicht zeichnen (klaffendes Seileck).

Mit Einführung des Polabstands H im Kräfteplan ergibt sich aus der Strecke η_A im Lageplan das auftretende Einspannmoment

$$M_A = R_{12}\, a = H \eta_A .$$

(man vergleiche die ähnlichen Dreiecke im $L.P.$ und $K.P.$)

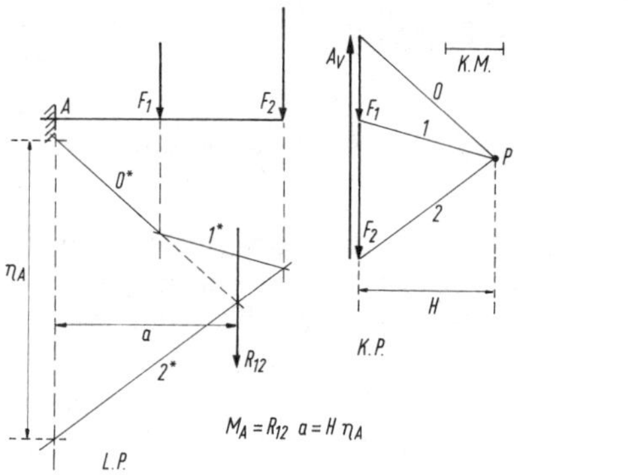

Bild 2.59 Seileckverfahren für eingespannten Balken

2.3.3 Innere Kräfte und Momente bei Balken

Ein Bauteil dient zur Übertragung von Kräften. Für praktische Zwecke muß ein Tragwerk geeignet dimensioniert werden, damit seine Tragfähigkeit für alle Belastungen gewährleistet ist.

Hierzu ist der Mechanismus der Kraftübertragung in festen Körpern zu untersuchen, der auf „inneren" Kräften oder Spannungen zwischen den Materialteilchen beruht. Diese Aufgabe wird in der Festigkeitslehre behandelt, es muß dafür die Verformbarkeit der Körper mitberücksichtigt werden.

Der erste Schritt zur Ermittlung der Beanspruchung eines Tragwerks, z. B. eines Balkens, ist die Bestimmung der Auflagerreaktionen.

Der Balken kann hierbei als starrer Körper angesehen werden. In Wirklichkeit hingegen verformt sich der Balken, er biegt sich durch, kann seine Länge verändern und kann quer zu seiner Längsachse abgeschert werden. Dabei treten die bereits genannten Spannungen auf.

Die Statik gestattet nur die Bestimmung von Resultierenden der inneren Kräfte oder Spannungen, dies ist für zahlreiche elementare Bauteile mit den Gleichgewichtsbedingungen allein möglich. Die sich daraus ergebenden Größen Längskraft, Querkraft und Biegemoment, lassen gleichwohl bereits Aussagen über die Bauteilbeanspruchung zu.

2.3.3.1 Schnittkräfte und Schnittmomente

Die inneren Kräfte bzw. deren Resultierende in einem festen Körper werden durch einen gedachten Schnitt offengelegt und damit der Berechnung zugänglich gemacht (sog. Schnittprinzip). Dies ist zunächst in Bild 2.60 am Beispiel eines Stabs gezeigt, der sich unter zwei gleichgroßen Zugkräften im Gleichgewicht befindet. (Resultierende Zugkraft F liege in der Stabachse).

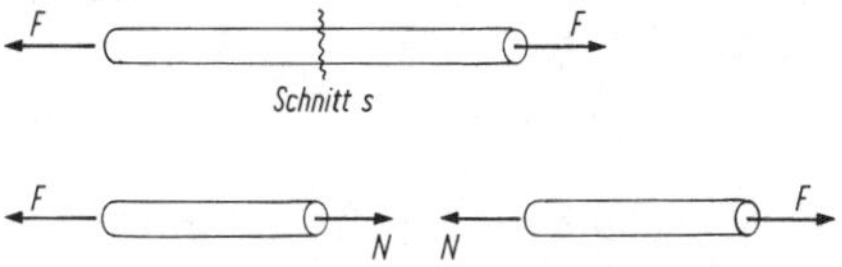

Bild 2.60 Innere Kräfte (Normalkraft) beim Stab

Durch einen gedachten Schnitt s wird der Stab in zwei Teile zerlegt, deren jeder für sich im Gleichgewicht sein muß. An der Schnittstelle ergeben sich zwei Querschnitte (auch als Schnittufer bezeichnet), in denen jeweils die Schnittkräfte N (Längs- oder Normalkräfte) anzubringen sind, damit Gleichgewicht für die beiden Stabteile herrschen kann.
Die Schnittkräfte repräsentieren jeweils die Wirkung des einen abgeschnittenen Stabteils auf den anderen. Nach dem Wechselwirkungsgesetz treten sie immer paarweise auf, sie sind an den beiden Schnittufern gleich groß aber entgegengesetzt gerichtet. Nach dem Zusammenfügen der beiden Stabteile „verschwinden" die Schnittkräfte als innere Kräfte wieder.
Betrachtet man nun einen durch ebene Kräftesysteme beliebig belasteten ebenen Balken (Kräfte und Balkenachse liegen in einer gemeinsamen Ebene, der sog. Lastebene), so treten je nach Belastungsart weitere Resultierende der inneren Kräfte auf, die *Querkraft* und das *Biegemoment* (Bild 2.61).
Zur Bestimmung dieser Schnittgrößen an einer bestimmten Stelle des Balkens wird dort der gedachte Schnitt s gelegt. Damit der linke Balkenteil für sich im Gleichgewicht ist, müssen in der Schnittfläche die Größen

- Längs- oder Normalkraft N
- Querkraft Q
- Biegemoment M

} sog. Schnittkraftgruppe

angebracht werden, sie repräsentieren wiederum die Wirkung des einen abgeschnittenen Balkenteils auf den anderen.
An den beiden Schnittufern sind die Schnittkräfte und -momente gleich und entgegengesetzt gerichtet, nach dem Zusammenfügen heben sie sich wieder gegenseitig auf (Bild 2.62).

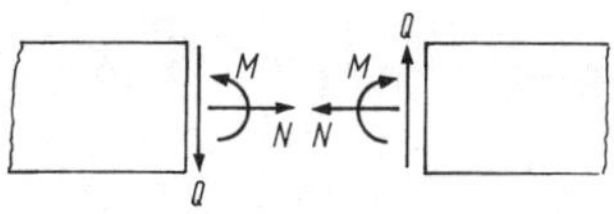

Bild 2.62 Schnittkraftgruppe beim Balken

Die Schnittkraftgruppe beim Balken stellt anschaulich die „Belastung" des betrachteten Querschnitts an der Schnittstelle dar. Darauf fußt die Berechnung der Spannungen in der Festigkeitslehre. Die Bezeichnung Biegemoment erklärt sich daraus, daß die Verbiegung (Krümmungsänderung) des in Wirklichkeit nicht-starren Balkens durch eine bestimmte Spannungsverteilung und eines daraus resultierenden Moments erzeugt wird.
Das angewendete Schnittverfahren legt nicht nur die inneren Kräfte und Momente frei, es weist auch den Weg zu deren Berechnung.
Auf das in Bild 2.61 dargestellte abgeschnittene Balkenstück werden die Gleichgewichtsbedingungen der ebenen Statik angewendet und damit lassen sich die unbekannten Schnittgrößen berechnen.
Zur Ermittlung von Normalkraft, Querkraft und Biegemoment stehen drei Gleichgewichtsbedingungen zur Verfügung, es handelt sich somit um ein statisch bestimmtes Problem. [1]) Der Balken kann dabei als starr angesehen werden.
Zur quantitativen Darstellung der Schnittgrößen bedient man sich einer Vereinbarung über die Vorzeichen. Die in Bild 2.62 am linken (positi-

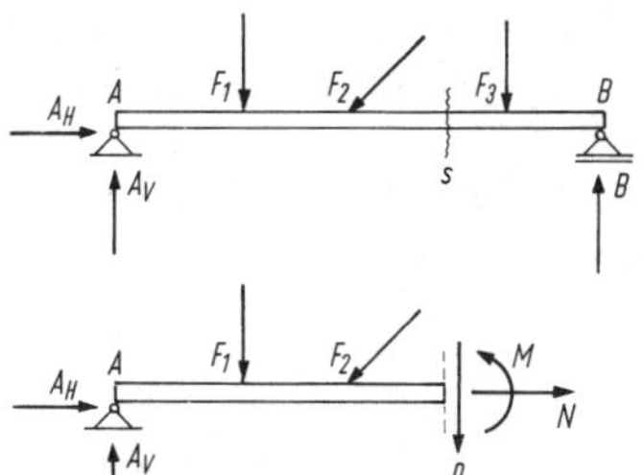

Bild 2.61 Innere Kräfte und Momente beim Balken

[1]) Komplizierter ist der Sachverhalt für Flächentragwerke, da bei denen i.a. zur Berechnung der Schnittkräfte und -momente die Gleichgewichtsbedingungen allein nicht ausreichen.

ven) Schnittufer eingetragenen Richtungen von N, Q und M werden üblicherweise als positiv definiert.
Dies bedeutet anschaulich:

- bei positiver Längskraft herrscht Zugbelastung
- bei positivem Biegemoment entsteht „nach oben" konkave Durchbiegung
- bei positiver Querkraft suchen alle links von der Schnittstelle wirkenden Vertikalkräfte den Balken „nach oben" zu verschieben.

In den folgenden Abschnitten wird die Ermittlung von Querkraft und Biegemoment zunächst für geradlinige Balken besprochen. Die Normalkraft ist hier von untergeordneter Bedeutung, bei Balkenproblemen dominiert die Q- und M-Beanspruchung.

2.3.3.2 Balken mit Einzellasten

Ein statisch bestimmt gelagerter Balken auf zwei Stützen gemäß Bild 2.63 ist durch eine (beliebige) Anzahl vertikaler Einzelkräfte belastet. Um den Verlauf von Q und M längs des Balkens zu erhalten, werden die gedachten Schnitte jeweils in den Bereichen (1), (2) usw. zwischen den Wirkungslinien der Kräfte vorgenommen. Die laufende Koordinate längs der Balkenachse ist x, die Abstände der Lasten vom Auflager A sind mit $a_k (k = 1 \dots n)$ bezeichnet.
Zunächst werden, z.B. mit Momentengleichungen bezüglich A und B die Auflagerreaktionen ermittelt.

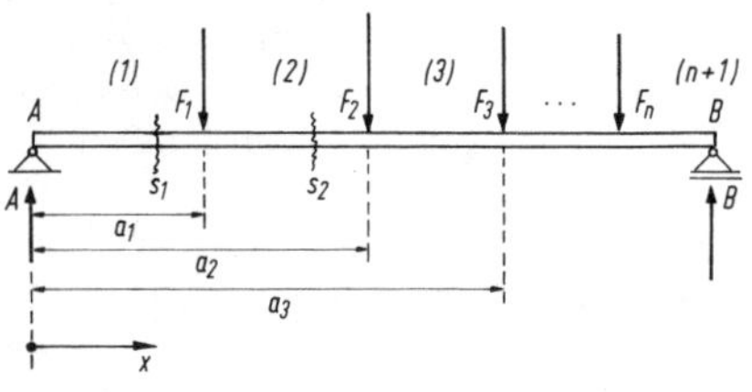

Bild 2.63 Balken mit vertikalen Einzelkräften

Durch Schnitt s_1 im Bereich (1) wird der linke Balkenteil (Bild 2.64a) abgetrennt. Am Schnittufer werden die Schnittkräfte Q_1 und das Schnittmoment M_1 angebracht, damit sich der linke Balkenteil im Gleichgewicht befinden kann.
Die Bedingungen für vertikales Kräftegleichgewicht sowie für Momentengleichgewicht (als Bezugspunkt wird die Schnittstelle selbst gewählt) sind

$$\left.\begin{array}{ll} \uparrow & A - Q_1 = 0 \\ \curvearrowleft s_1 & M_1 - Ax = 0. \end{array}\right\} \text{(Schnitt } s_1\text{)} \qquad (2.37)$$

Daraus folgen für den Querkraft- bzw. Biegemomentenverlauf im Bereich (1)

$$Q_1 = A, \quad M_1 = Ax \qquad (2.38)$$

d.h. eine konstante Querkraft und ein linear ansteigendes Biegemoment.
Ganz entsprechend gelten für den Schnitt s_2 im Bereich (2) die Gleichgewichtsbedingungen (Bild 2.64b)

$$\left.\begin{array}{ll} \uparrow & A - F_1 - Q_2 = 0 \\ \curvearrowleft s_2 & M_2 - Ax + F_1 (x - a_1) = 0 \end{array}\right\} \text{(Schnitt } s_2\text{)} \qquad (2.39)$$

und daraus für den Bereich (2)

$$\begin{aligned} Q_2 = A - F_1, \quad M_2 &= Ax - F_1 (x - a_1) \\ &= (A - F_1)\,x + F_1 a_1. \end{aligned} \qquad (2.40)$$

Die Querkraft ist im Bereich (2) wiederum konstant, das Biegemoment steigt linear an.

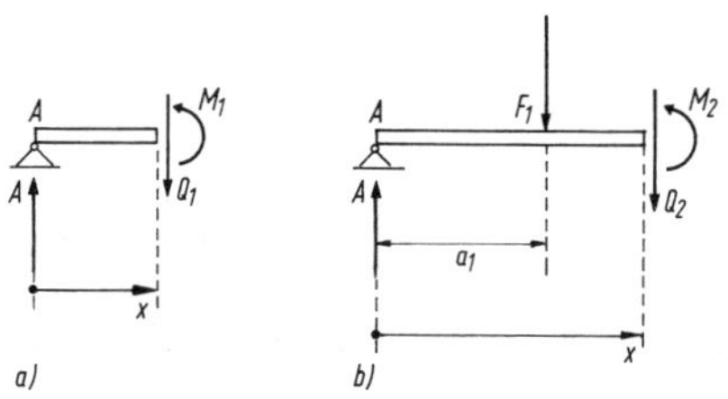

Bild 2.64 Schnittstellen im Bereich (1) und (2) des Balkens

Man erkennt, daß an den jeweiligen Schnittstellen die Querkraft der Summe aller äußeren Kräfte (Lasten und Auflagerreaktionen) auf den Balkenteil links vom Schnitt das Gleichgewicht hält. Dies gilt entsprechend für das Biegemoment an den Schnittstellen.
Zu bemerken ist, daß die Schnittgrößen ebenso aus einer Gleichgewichtsbetrachtung des Balkenteils rechts von der Schnittstelle gewonnen werden können. Hierbei ist die Vorzeichenfestsetzung von Q und M zu beachten.
Für einen beliebigen Bereich (k) des Balkens in Bild 2.63 gelten allgemein für Querkraft und Biegemoment

$$\left.\begin{aligned} Q_k &= A - \sum_{k=1}^{n-1} F_k \\ M_k &= \left(A - \sum_{k=1}^{n-1} F_k\right) x + \sum_{k=1}^{n-1} F_k a_k \\ &= Q_k x + \sum_{k=1}^{n-1} F_k a_k . \end{aligned}\right\} \qquad (2.41)$$

Durch Differenzieren nach x folgen aus (2.41) die wichtigen Beziehungen

$$\frac{\mathrm{d}Q_k}{\mathrm{d}x} = 0, \quad \frac{\mathrm{d}M_k}{\mathrm{d}x} = Q \qquad (2.42)$$

die für den Balken mit Einzelkräften allerdings nur eingeschränkt gültig sind. Eine allgemeine Herleitung wird später nachgeholt.

Zur anschaulichen Darstellung des Querkraft- und Biegemomentenverlaufs längs des gesamten Balkens dient das Querkraft-(Q)-Diagramm und das Biegemomenten-(M)-Diagramm. In geeignetem Maßstab werden Q und M über einer Parallelen zur Balkenachse aufgetragen.[1]) Für einen mit drei Kräften belasteten Balken ist dies in Bild 2.65 gezeigt.

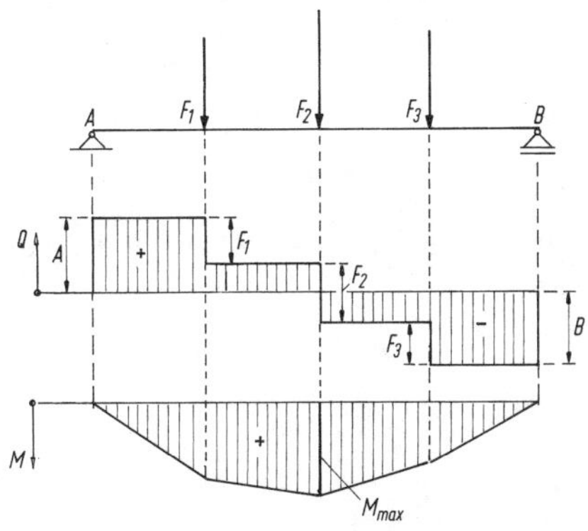

Bild 2.65 Querkraft- und Momentendiagramm beim Balken

Die Querkraft ist bereichsweise konstant, der Verlauf entspricht einer Treppenkurve, an den Laststellen treten Sprünge (Unstetigkeiten) auf. Die Größe des Sprungs entspricht dem Betrag der jeweiligen Kraft. Es läßt sich also nur der Wert der Querkraft unmittelbar vor und unmittelbar nach der Laststelle eindeutig angeben.

Der Biegemomentenverlauf ist stückweise linear und entspricht einem Polygonzug. An den Laststellen ist die M-Kurve zwar stetig, sie weist aber dort Knicke auf.

Da an den Unstetigkeitsstellen von Q und den Knickstellen von M die Ableitungen nach x nicht existieren, gelten die Beziehungen (2.42) an den Laststellen nicht, sie geben aber den Q- und M-Verlauf längs des Balkens wieder, und man erkennt:

- größte Werte der Querkraft treten an den Stellen auf, wo das Biegemoment klein ist (d. h. in der Nähe der gelenkigen Auflagerungen)
- das maximale Biegemoment tritt an der Nulldurchgangsstelle der Querkraftkurve auf (d. h. an einer Laststelle).

Der Ort des maximalen Biegemoments heißt der *gefährdete Querschnitt*, da dort der Bruch des Balkens infolge Biegung zu erwarten ist. An den gelenkigen Auflagerungen ist das Biegemoment jeweils Null, die Gelenke können keine Momente aufnehmen.

Für einen beidseitig gelenkig gelagerten Balken unter Einzellasten ist die Fläche unter der Querkraftkurve Null, d. h. positive und negative Querkraftfläche in Bild 2.65 sind gleich groß. Dies ergibt sich, wenn man die zweite Beziehung (2.42), d. h.

$$\mathrm{d}M(x) = Q(x)\,\mathrm{d}x$$

von $\xi = 0$ bis $\xi = x$ integriert (mit ξ als Integrationsvariable). Es folgt dann zunächst

$$M(x) - M(0) = \int_{\xi=0}^{x} Q(\xi)\,\mathrm{d}\xi \qquad (2.43)$$

bzw. bei Integration über die gesamte Balkenlänge l

$$M(l) - M(0) = \int_{\xi=0}^{l} Q(\xi)\mathrm{d}\xi = 0 \qquad (2.44)$$

wegen $M(0) = M(l) = 0$.

Dies gilt auch für Balken, die über ein Auflager hinausragen (sog. Kragbalken), vgl. Bild 2.66. Hierfür ergibt sich ein Vorzeichenwechsel für das Biegemoment.

Bei einem links und rechts über die Auflager hinausragenden Balken (Doppelkragbalken) findet ein zweimaliger Vorzeichenwechsel für das Biegemoment statt.

[1]) Die unter der Q- bzw. M-Kurve liegenden Flächen werden mitunter als Q- bzw. M-Flächen bezeichnet.

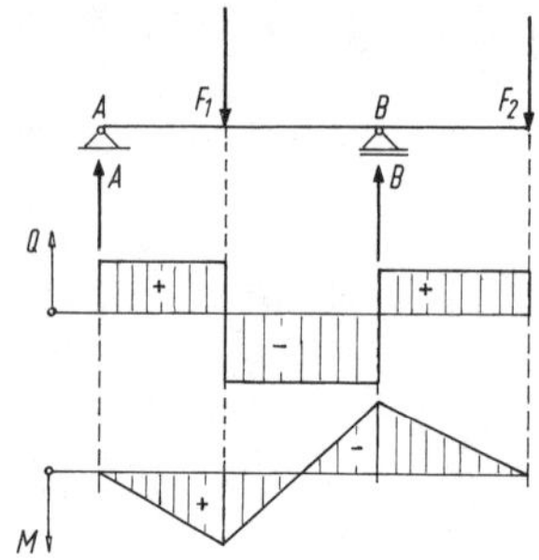

Bild 2.66 Balken mit überkragendem Ende (sog. Kragbalken)

Das Q- und M-Diagramm für einen fest eingespannten Balken unter Einzelkräften ist in Bild 2.67 gezeigt. Der gefährdete Querschnitt liegt an der Einspannstelle.

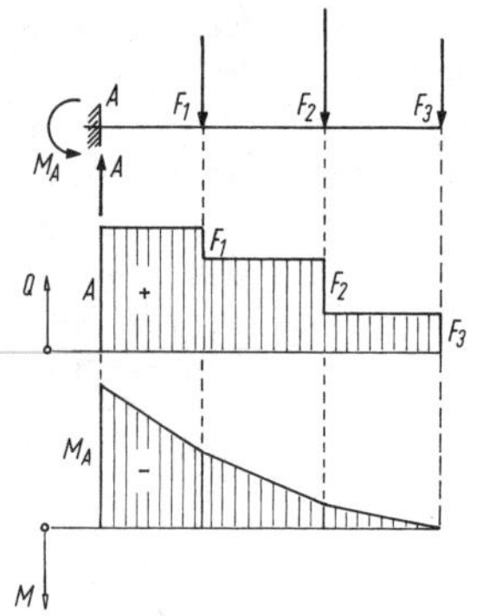

Bild 2.67 Eingespannter Balken (Konsolträger)

2.3.3.3 Balken mit kontinuierlicher Belastung

Die bisher betrachteten Einzellasten stellen eine Idealisierung dar, die für praktische Probleme sehr wichtig und nützlich ist, die andererseits aber Unstetigkeiten im Querkraftverlauf mit sich bringt. In Wirklichkeit liegen stets verteilte Lasten vor (z.B. durch Eigengewicht, Winddruck, Schneelast), die gleichmäßig oder ungleichmäßig über die Balkenlänge oder Teile davon verteilt sein können. Hierbei können auch Unstetigkeiten (Sprünge) vorkommen (Bild 2.68).
In der ebenen Statik handelt es sich um Linienlasten (Kraft pro Länge), man spricht auch von Streckenlasten.
Gekennzeichnet sind sie durch die Intensität der Last an jeder Stelle, diese wird Belastungsordinate $q(x)$ genannt. Die positive Richtung zeigt „nach unten", man macht dies mitunter durch Pfeile deutlich. Der q-Verlauf längs des Balkens ist die Belastungslinie, die Fläche unter dieser Linie heißt Belastungsfläche und entspricht der resultierenden Gesamtlast, d.h.

$$F_0 = \int_0^l q(x)\,\mathrm{d}x. \tag{2.45}$$

Der schraffierte Streifen $q(x)\,\mathrm{d}x$ stellt ein Lastelement dar, im Grenzübergang für verschwindendes $\mathrm{d}x$ bei endlichem $q\,\mathrm{d}x$ entspricht dies der Einzellast.

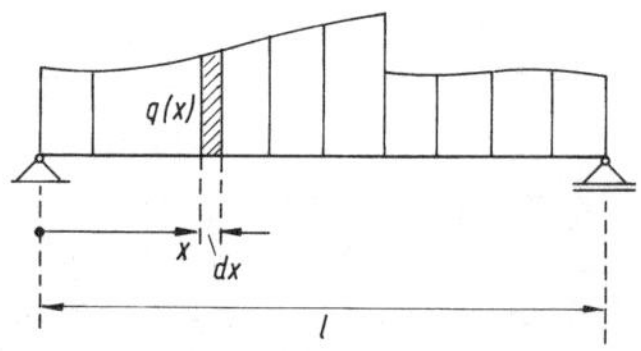

Bild 2.68 Balken mit verteilter Last (Streckenlasten), Belastungsordinate $q(x)$

Zur Berechnung der Auflagerreaktionen bei einem kontinuierlich belasteten Balken genügt die Kenntnis der resultierenden Gesamtlast, deren Wirkungslinie durch den Schwerpunkt der Belastungsfläche verläuft. In Bild 2.69 ist ein Balken unter halbseitiger konstanter Streckenlast (sog. Rechtecklast) gezeigt. Mit der resultierenden Gesamtlast $F_0 = q\,\frac{l}{2}$ ergeben sich die Auflagerkräfte in bekannter Weise aus zwei Momentengleichungen

$$Al - q\,\frac{l}{2}\,\frac{l}{4} = 0, \qquad Bl - q\,\frac{l}{2}\,\frac{3l}{4} = 0$$

zu

$$A = \frac{ql}{8}, \qquad B = \frac{3ql}{8}.$$

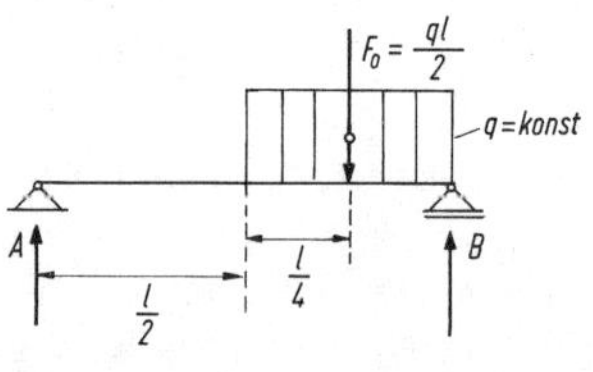

Bild 2.69 Balken mit Streckenlast (Rechtecklast), vgl. Abb. 2.74a

Zur Berechnung der Schnittgrößen Q und M liefert die Ersetzung der verteilten Last durch resultierende Einzelkräfte nur Näherungswerte.

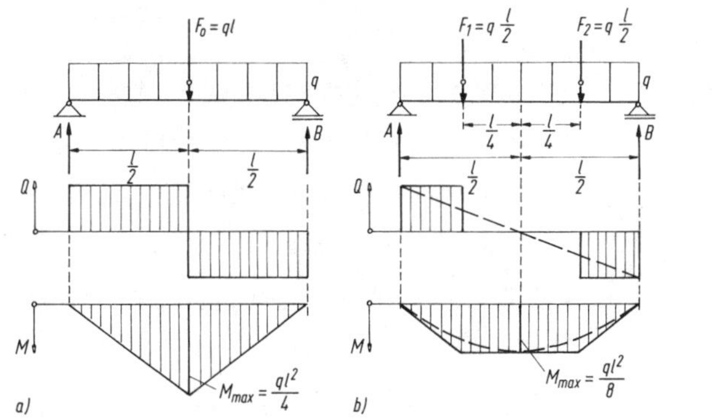

Bild 2.70 Näherungsweise Ermittlung von Q und M bei Balken unter Gleichlast

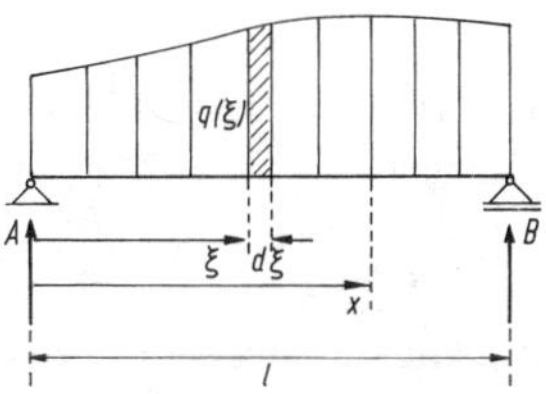

Bild 2.71 Zur exakten Berechnung von Q und M bei Streckenlast

Dies ist in Bild 2.70 für einen Balken unter konstanter verteilter Last (auch Gleichlast genannt) gezeigt.

Mit einer resultierenden Kraft $F_0 = ql$ ergibt sich nur eine sehr grobe Näherung für das Q- und M-Diagramm. Der Wert für das maximale Biegemoment ist doppelt so groß wie der exakte Wert (Bild 2.70a).

Eine Verbesserung liefert die Unterteilung der Belastung in zwei Einzelkräfte gemäß Bild 2.70b. Der M-Verlauf ist wiederum ein Polygonzug, der aber in Balkenmitte (d.h. an der Aufteilungsgrenze der beiden Lastbereiche) den exakten Wert für $M_{\max} = \frac{ql^2}{8}$ ergibt. Man erkennt, daß an dieser Stelle die angenäherte M-Linie der Tangente an die exakte M-Linie (gestrichelt eingezeichnet) entspricht.

Die Ergebnisse werden umso genauer, je mehr Teilresultierende man verwendet. Bei komplizierten Belastungsflächen führt der Ersatz durch Einzellasten immer zum Ziel, wobei sich jeweils an den Aufteilungsgrenzen der Lastbereiche aus Gleichgewichtsgründen die exakten Werte von M und $\frac{dM}{dx} = Q$ ergeben. Man erhält also ein Tangentenpolygon, mit dem sich das M-Diagramm bequem zeichnen läßt.

Zur exakten Berechnung der Schnittgrößen geht man gemäß Bild 2.71 vor. Neben der laufenden Koordinate x längs der Balkenachse wird als Hilfskoordinate die Integrationsvariable ξ eingeführt, über die einzelnen Lastelemente $q(\xi)\,d\xi$ muß integriert werden.

Die Auflagerreaktionen ergeben sich aus

$$\left.\begin{aligned} &\uparrow \quad A + B - \int_{\xi=0}^{l} q(\xi)\,d\xi = 0 \\ &\curvearrowleft A \quad Bl - \int_{\xi=0}^{l} q(\xi)\,\xi\,d\xi = 0. \end{aligned}\right\} \tag{2.46}$$

Man erkennt, daß hier nur die Gesamtlast in die Rechnung eingeht, wie bereits angedeutet wurde. Für die Querkraft an der Schnittstelle x gilt die Gleichgewichtsbedingung

$$\uparrow \quad A - Q(x) - \int_{\xi=0}^{x} q(\xi)\,d\xi = 0$$

und daraus

$$Q(x) = A - \int_{\xi=0}^{x} q(\xi)\,d\xi. \tag{2.47}$$

Zur Berechnung des Biegemoments an der Stelle x ist über die Momente der Lastelemente $q(\xi)\,d\xi$ an der Stelle ξ mit dem Hebelarm $(x-\xi)$ zu integrieren. Die Momentengleichgewichtsbedingung lautet

$$\curvearrowleft x \quad M(x) - Ax + \int_{\xi=0}^{x} q(\xi)\,d\xi\,(x-\xi) = 0$$

und daraus

$$M(x) = Ax - \int_{\xi=0}^{x} q(\xi)\,(x-\xi)\,d\xi. \tag{2.48}$$

Als Beispiel wird der Balken mit Gleichlast (Bild 2.70) betrachtet. Die Auflagerreaktionen sind $A = B = \frac{1}{2}ql$ und mit (2.47) und (2.48) folgen

$$Q(x) = A - q\int_0^x \mathrm{d}\xi = q\left(\frac{l}{2} - x\right)$$

und

$$M(x) = Ax - q\int_0^x (x-\xi)\,\mathrm{d}\xi = \frac{q}{2}(lx - x^2)$$

$$\text{mit} \quad M_{\max} = \frac{1}{8}\,ql^2 \quad \text{bei} \quad x = \frac{l}{2}.$$

Eine vereinfachte Lösungsmöglichkeit ergibt sich mittels einer endlichen Teilresultierenden qx (schraffierte Fläche in Bild 2.72).

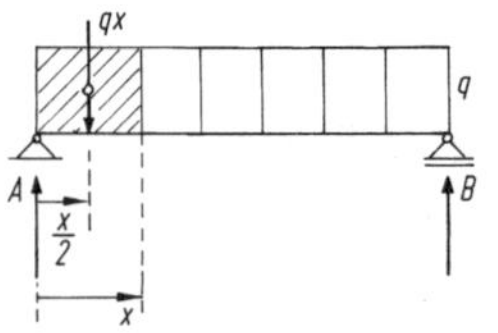

Bild 2.72 Balken unter Gleichlast (vereinfachte Berechnung)

Man erhält sofort das Ergebnis

$$Q(x) = A - qx = q\left(\frac{l}{2} - x\right)$$

$$M(x) = Ax - qx\,\frac{x}{2} = \frac{q}{2}(lx - x^2).$$

Das Vorgehen läßt sich immer bei einfachen Belastungsflächen anwenden, z.B. beim Balken mit Dreieckslast $q(x) = \frac{q_0}{l}\,x$ (Bild 2.73).

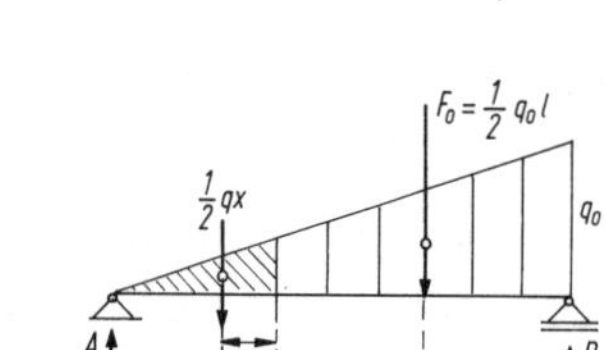

Bild 2.73 Balken unter Dreieckslast

Die Auflagerreaktionen berechnet man mit der resultierenden Gesamtlast $F_0 = \frac{1}{2}q_0\,l$, die im Schwerpunkt der Belastungsfläche, d.h. im Abstand $\frac{l}{3}$ vom rechten Auflager wirkt. Es folgen aus zwei Momentengleichungen

$$A = \tfrac{1}{6}q_0\,l, \qquad B = \tfrac{1}{3}q_0\,l.$$

Für die Querkraft ergibt sich mit der Teilresultierenden $\frac{1}{2}qx$

$$Q(x) = A - \frac{1}{2}\,qx = \frac{1}{6}\,q_0\,l - \frac{1}{2}\,\frac{q_0}{l}\,x^2$$

$$= \frac{q_0}{2}\left(\frac{l}{3} - \frac{x^2}{l}\right)$$

und entsprechend für das Biegemoment mit dem Hebelarm $\frac{x}{3}$ für die Teilresultierende

$$M(x) = Ax - \frac{1}{2}\,qx\,\frac{x}{3} = \frac{1}{6}\,q_0\,lx - \frac{1}{6}\,\frac{q_0}{l}\,x^3$$

$$= \frac{q_0}{6}\left(lx - \frac{x^3}{l}\right).$$

Die Querkraft ist Null bei $x = \frac{l}{\sqrt{3}} \approx 0.58\,l$, an dieser Stelle tritt wegen $\frac{\mathrm{d}M}{\mathrm{d}x} = Q$ auch das maximale Biegemoment $M_{\max} = \frac{q_0\,l^2\sqrt{3}}{27}$ auf.

Wie bereits erwähnt, kann die Belastungslinie auch endliche Sprünge aufweisen. In diesem Fall ergeben sich Knicke in der Q-Linie, vgl. die in Bild 2.74 gezeigten Beispiele.

Die Beziehung (2.44) gilt gleichermaßen auch für gelenkig gelagerte Balken unter kontinuierlicher Last.

2.3.3.4 Zeichnerische Ermittlung des M-Diagramms

In Abschnitt 2.2.6.2 wurde gezeigt, wie mit Hilfe des Seileckverfahrens das resultierende Moment eines ebenen Kräftesystems zeichnerisch ermittelt werden kann. Diese Methode läßt sich auch für den vertikal belasteten Balken anwenden und liefert hier direkt den Biegemomentenverlauf.

Dies ist zunächst für einen Balken mit Einzelkräften gezeigt. Gemäß Bild 2.75 wird die Seileckkonstruktion durchgeführt, wie sie (vgl. Ab-

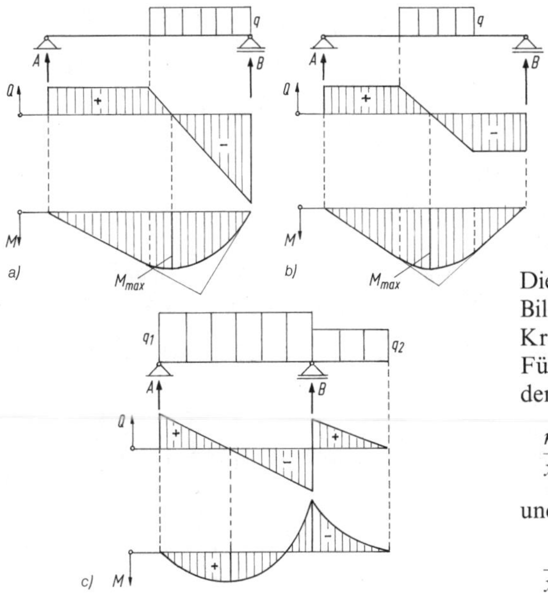

Bild 2.74 Beispiele für Balken mit unstetiger verteilter Last

schnitt 2.3.2.2) zur Ermittlung der Auflagerreaktionen dient.

Die von der Schlußlinie s^* (diese muß nicht horizontal sein) vertikal zu den Seilstrahlen gemessenen Ordinaten $\eta(x)$ sind ein Maß für das Biegemoment an der betreffenden Stelle. Dies bedeutet, daß die zwischen Schlußlinie und Seilstrahlen liegende Fläche direkt der M-Fläche entspricht.

Mit dem Polabstand H (Horizontalzug im Kräfteplan) als Maßstabsfaktor ergibt sich für das Biegemoment des Balkens

$$M(x) = H\eta(x). \tag{2.49}$$

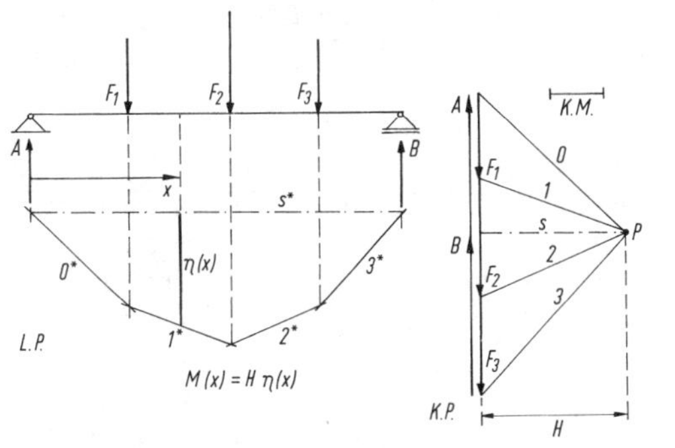

Bild 2.75 Grafische Ermittlung der Momentenfläche

Dies läßt sich leicht nachweisen mit Bezug auf Bild 2.76, in der Ausschnitte aus dem Lage- und Kräfteplan dargestellt sind.

Für den Bereich (1) folgt aus der Ähnlichkeit der schraffierten Dreiecke

$$\frac{\eta_1}{x_1} = \frac{A}{H} \quad \text{oder} \quad H\eta_1 = Ax_1 = M_1$$

und entsprechend für den Bereich (2)

$$\frac{\eta_2^*}{x_2 - a_1} = \frac{F_1}{H} \quad \text{sowie} \quad \frac{\eta_2 + \eta_2^*}{x_2} = \frac{A}{H}$$

oder

$$H\eta_2 = Ax_2 - H\eta_2^* = Ax_2 - F_1(x_2 - a_1) = M_2,$$

wobei M_1 bzw. M_2 die Biegemomente im Bereich (1) bzw. (2) sind. Dies gilt analog für die übrigen Bereiche.

Das Verfahren ist auch bei Balken mit kontinuierlicher Last anwendbar, allerdings müssen hier Teilresultierende der Belastung eingeführt werden.

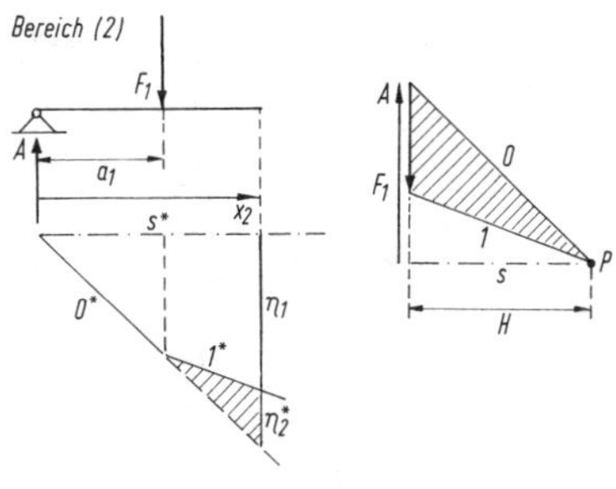

Bild 2.76 Seileckverfahren und Momentenfläche

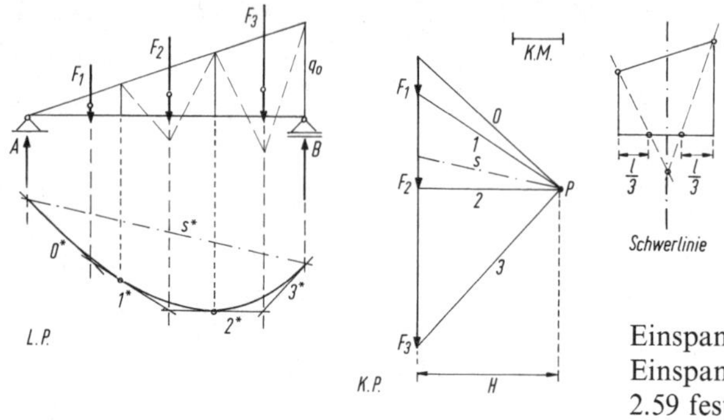

Bild 2.77 Grafische Ermittlung der M-Fläche für Balken mit Dreieckslast

Für die Dreieckslast gemäß Bild 2.77 liefert z. B. die Aufteilung in ein Dreieck und zwei Trapeze die Teilresultierenden $F_1 : F_2 : F_3 = 1:3:5$, die in den jeweiligen Schwerlinien der Teilbelastungsflächen wirken. (Schwerlinien eines Trapezes siehe Nebenzeichnung). Da sich an den Lastbereichsgrenzen die exakten Werte des Biegemoments ergeben, sind die Seilstrahlen 1* und 2* Tangenten an die M-Linie. Diese läßt sich dann bequem einzeichnen.

Als weitere Beispiele sind in Bild 2.78 ein einfacher bzw. doppelter Kragträger mit einem bzw. zwei Vorzeichenwechseln des Biegemoments dargestellt (s^* läuft jeweils von I nach II).

Bild 2.79 schließlich zeigt einen fest eingespannten Balken unter Einzelkräften. Das Seileck hat keine Schlußlinie (klaffendes Seileck), die an der Einspannstelle gemessene Ordinate liefert das Einspannmoment, wie bereits im Beispiel Bild 2.59 festgelegt wurde.

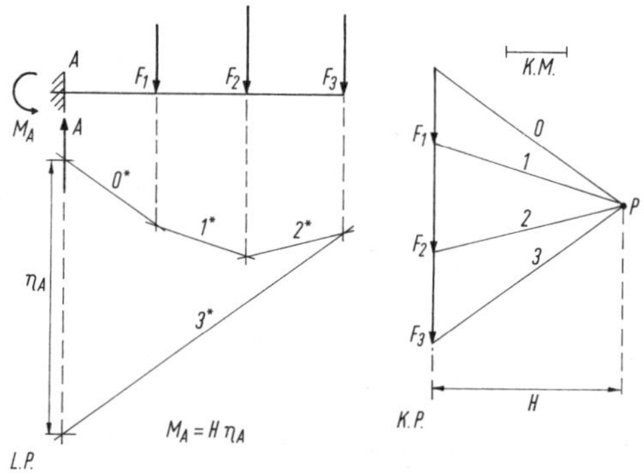

Bild 2.79 Eingespannter Balken mit Einzellasten

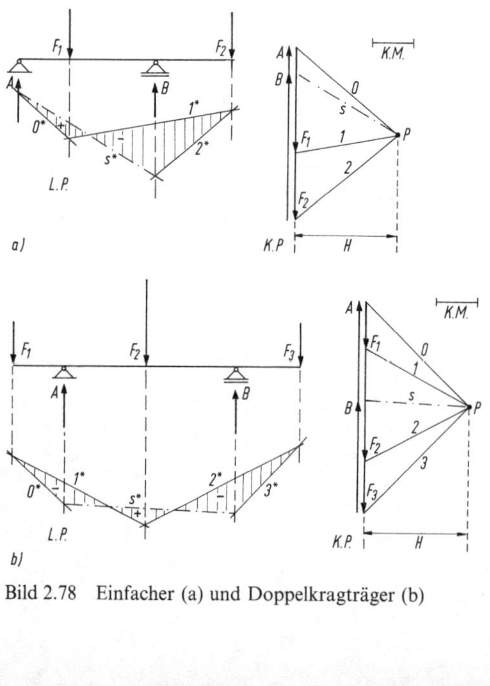

Bild 2.78 Einfacher (a) und Doppelkragträger (b)

2.3.3.5 Gleichgewichtsbedingungen für das Balkenelement

Aus der Betrachtung des Gleichgewichts an einem infinitesimalen Element eines vertikal kontinuierlich belasteten geradlinigen Balkens lassen sich zwei wichtige Differentialgleichungen für das Biegemoment und die Querkraft gewinnen. Diese gestatten, aus dem Verhalten der gesuchten Funktionen in der unmittelbaren Umgebung einer Stelle den Verlauf für einen endlichen Bereich zu berechnen.

Aus einem geradlinigen Balken wird durch zwei benachbarte Schnitte ein infinitesimales Element der Länge $\mathrm{d}x$ isoliert und das Kräftespiel untersucht (Bild 2.80). Es wird vorausgesetzt, daß Querkraft und Biegemoment differenzierbare Funktionen der unabhängigen Veränderlichen x sind.

Am linken und rechten Rand des Elements sind die Werte von Q und M „fast gleich", sie unterscheiden sich nur um differentielle Größen.

Da x um das Differential dx zunimmt, ändern sich auch die von x abhängigen Größen um Differentiale dQ bzw. dM (Differentiale können als unendlich kleine Größen 1. Ordnung angesehen werden).

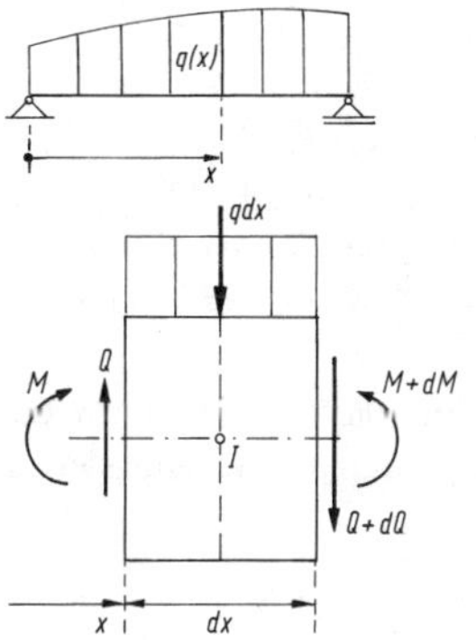

Bild 2.80 Kräftespiel am infinitesimalen Balkenelement

Es gelten mithin

$$\left.\begin{aligned} Q(x+\mathrm{d}x) &= Q(x)+\mathrm{d}Q \\ M(x+\mathrm{d}x) &= M(x)+\mathrm{d}M. \end{aligned}\right\} \qquad (2.50)$$

Die Änderung der Belastungsordinate beim Fortschreiten um dx kann vernachlässigt werden, die Belastung wird durch die resultierende Elementarlast $q(x)\mathrm{d}x$ ersetzt.

Das Kräfte- und Momentengleichgewicht letzteres z. B. bezüglich des Punkts I fordert

$$\uparrow \quad Q - q\,\mathrm{d}x - (Q+\mathrm{d}Q) = 0 \qquad (2.51)$$

$$\curvearrowleft I \quad -M - Q\,\frac{\mathrm{d}x}{2} - (Q+\mathrm{d}Q)\,\frac{\mathrm{d}x}{2} + M + \mathrm{d}M = 0. \qquad (2.52)$$

Das Produkt dQ dx ist als klein von 2. Ordnung vernachlässigbar und man erhält aus (2.51) und (2.52) zunächst

$$-q\,\mathrm{d}x - \mathrm{d}Q = 0, \qquad -Q\,\mathrm{d}x + \mathrm{d}M = 0$$

oder daraus

$$\frac{\mathrm{d}Q}{\mathrm{d}x} = -q(x) \qquad (2.53)$$

$$\frac{\mathrm{d}M}{\mathrm{d}x} = Q(x). \qquad (2.54)$$

Dies sind die beiden Differentialgleichungen des Balkengleichgewichts, sie sind von erster Ordnung. Durch Differentiation von (2.54) folgt mit (2.53) die äquivalente Differentialgleichung zweiter Ordnung

$$\frac{\mathrm{d}^2 M}{\mathrm{d}x^2} = -q(x). \qquad (2.55)$$

Die Beziehung (2.54) liefert jetzt die allgemeine Bestätigung dafür (unabhängig von speziellen Fällen), daß an der Stelle des Nulldurchgangs der Querkraft das Biegemoment maximal wird. Dies wurde für Einzellasten schon früher festgestellt, vgl. (2.42).

Die Diff. Gln. (2.53) bis (2.55) gestatten, aus dem Verhalten der mechanischen Größen „im Kleinen" die Gegebenheiten „im Großen" zu bestimmen. Zu diesem Zweck müssen die Diff. Gln. integriert werden, wobei sog. Integrationskonstanten auftreten, die durch die Auflagerbedingungen festzulegen sind.

Zur Ermittlung der Schnittgrößen bei kontinuierlich belasteten Balken mittels der Diff. Gln. ist die vorherige Kenntnis der Auflagerkräfte nicht erforderlich, diese ergeben sich vielmehr direkt aus der Lösung. Aus (2.53) und (2.54) folgen durch Integration zunächst

$$Q(x) = -\int q(x)\,\mathrm{d}x + C_{\mathrm{Q}} \qquad (2.56)$$

$$M(x) = \int Q(x)\,\mathrm{d}x + C_{\mathrm{M}} \qquad (2.57)$$

mit den Integrationskonstanten C_{Q} und C_{M}.

Als Beispiel wird der Balken unter Gleichlast $q=$ konst. (vgl. Bild 2.70) betrachtet. Aus (2.56) und (2.57) ergeben sich

$$Q(x) = -qx + C_{\mathrm{Q}}$$

$$M(x) = -q\,\frac{x^2}{2} + C_{\mathrm{Q}}\,x + C_{\mathrm{M}}.$$

Die Auflagerbedingungen (gelenkige Auflager) lauten

$$x=0: \quad M=0 \quad \text{daraus} \quad C_{\mathrm{M}}=0$$

$$x=l: \quad M=0 \quad \text{daraus} \quad C_{\mathrm{Q}}=\frac{q}{2}\,l$$

und man erhält für Querkraft- und Biegemomentenverlauf die bereits bekannten Ausdrücke

$$Q(x)=q\left(\frac{l}{2}-x\right), \qquad M(x)=\frac{q}{2}\,(lx-x^2).$$

Die Auflagerreaktionen ergeben sich als Querkräfte am linken bzw. rechten Balkenende, d.h.

$$Q(0) = \frac{ql}{2} = A, \qquad Q(l) = -\frac{ql}{2} = -B.$$

Die alternative Lösung mit der Diff. Gl. (2.55) liefert

$$\frac{d^2 M}{dx^2} = -q, \qquad \frac{dM}{dx} = -qx + C_1$$

und daraus

$$M = -q\frac{x^2}{2} + C_1 x + C_2.$$

Bei der Integration der Diff. Gl. zweiter Ordnung treten zwei Integrationskonstanten auf, diese bestimmen sich aus den Auflagerbedingungen

$$M(0) = 0 \quad \text{daraus} \quad C_2 = 0$$

$$M(l) = 0 \quad \text{daraus} \quad C_1 = \frac{q}{2}l.$$

Damit folgt wieder das obige Ergebnis für $M(x)$, durch Differenzieren gewinnt man $Q(x)$.

Als weiteres Beispiel wird ein fest eingespannter Balken unter Dreieckslast (Bild 2.81) betrachtet. Die laufende Koordinate x läßt man hier zweckmäßig vom freien Balkenende nach links gehen. Wegen der Richtungsumkehr der Koordinate ändern sich jetzt allerdings die Vorzeichen der rechten Seiten von (2.56) und (2.57).

Mit $q(x) = \frac{q_0}{l}x$ erhält man somit

$$Q(x) = +q_0\frac{x^2}{2l} + C_Q$$

$$M(x) = -q_0\frac{x^3}{6l} + C_Q x + C_M.$$

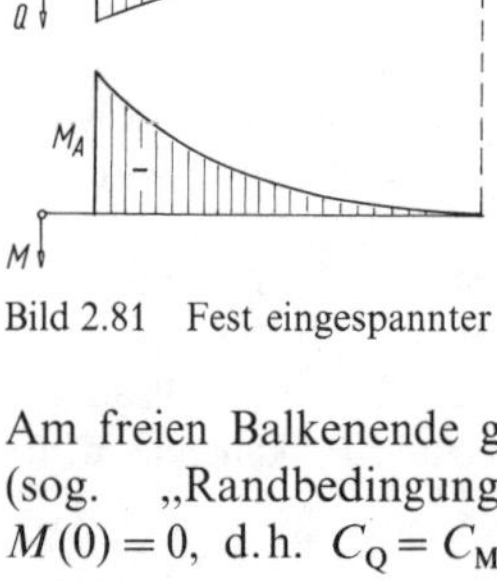

Bild 2.81 Fest eingespannter Balken unter Dreiecklast

Am freien Balkenende gelten die Bedingungen (sog. „Randbedingungen“) $Q(0) = 0$ und $M(0) = 0$, d.h. $C_Q = C_M = 0$ und somit erhält man

$$Q(x) = \frac{q_0 l}{2}\left(\frac{x}{l}\right)^2, \quad M(x) = -\frac{q_0 l^2}{6}\left(\frac{x}{l}\right)^3$$

ferner als Auflagerreaktionen

$$Q(l) = \frac{q_0 l}{2} = A$$

$$M(l) = -\frac{q_0 l^2}{6} = -M_A.$$

Bei unstetiger Belastung des Balkens, z.B. gemäß Bild 2.82, ist eine Unterteilung in zwei Bereiche

$$(1) \quad 0 \leqslant x \leqslant a \quad \text{und} \quad (2) \quad a \leqslant x \leqslant l$$

erforderlich, für die jeweils die Beziehungen (2.56) und (2.57) angewendet werden müssen.

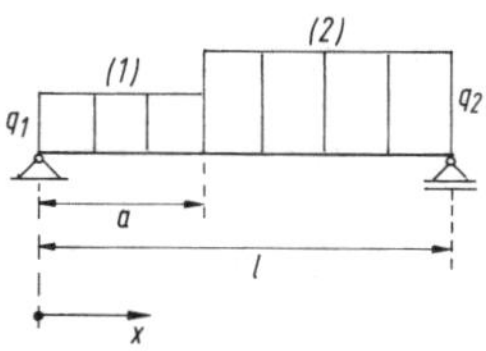

Bild 2.82 Balken mit unstetiger Streckenlast

Insgesamt ergeben sich dann vier Integrationskonstanten, zu deren Ermittlung zwei Auflager- oder Randbedingungen sowie zwei sog. Übergangsbedingungen an der Bereichsgrenze heranzuziehen sind.

In dem gezeigten Beispiel ist an der Übergangsstelle $x = a$ die Gleichheit der Schnittgrößen zu fordern (die Q-Linie ist an dieser Stelle stetig, weist aber einen Knick auf).

2.3.4 Rahmen und Bogenträger

Als *Rahmen* bezeichnet man Tragwerke, die aus starr miteinander verbundenen Balken verschiedener Richtung bestehen, und somit keine geradlinige Achse aufweisen. Ein Beispiel zeigt Bild 2.83, dabei ist auch angedeutet, wie die Richtungen der Schnittkraftgruppe festgelegt sind.[1])

Zur Ermittlung der Schnittgrößen wird ein Rahmen in einzelne Bereiche eingeteilt, die jeweils

[1]) Beiläufig sei darauf hingewiesen, daß ein Rahmen der gezeigten Art mit statisch bestimmter Lagerung in der Praxis sehr wenig Bedeutung hat, da sich hier eine sehr ungünstige Materialbeanspruchung ergibt.

den geradlinigen Rahmenteilen entsprechen. Für den Rahmen in Bild 2.84 ergeben sich drei Bereiche (1), (2), (3)

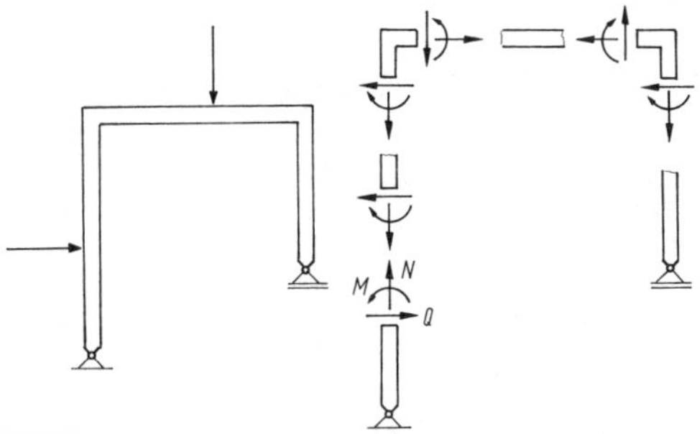

Bild 2.83 Statisch bestimmt gelagerter Rahmen (beliebig belastet), Richtungen der Schnittkraftgruppe

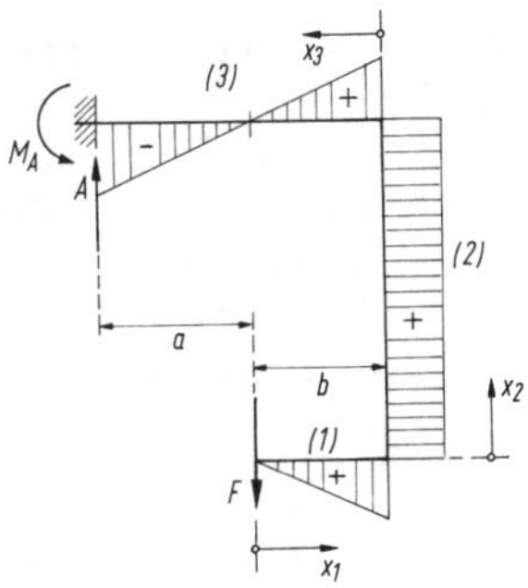

Bild 2.84 Fest eingespannter Rahmen

Bei der gezeigten Belastung erhält man

Bereich	(1)	$M = Fx_1,$	$Q = F,$	$N = 0$
	(2)	$M = Fb,$	$Q = 0,$	$N = F$
	(3)	$M = F(b - x_3),$	$Q = -F,$	$N = 0.$

Der Biegemomentenverlauf ist in den einzelnen Bereichen jeweils senkrecht zur Balkenachse aufgetragen (eine Verwechslung mit Belastungsflächen kann wohl ausgeschlossen werden).
Bei den Rahmen können auch Verzweigungen auftreten, wie z. B. in Bild 2.85 gezeigt ist. An der Verzweigungsstelle ergibt sich ein Sprung, im Biegemomentenverlauf, der vom Moment der Kraft F bezüglich des Verzweigungspunkts herrührt.
Für die Auflagerkräfte folgt

$$A = F\left(\frac{1}{2} - \frac{a}{l}\right), \qquad B = F\left(\frac{1}{2} + \frac{a}{l}\right).$$

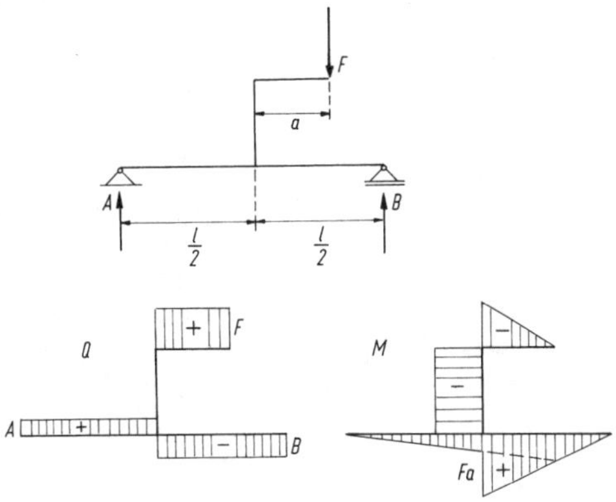

Bild 2.85 Rahmen mit Verzweigung

Das Biegemoment am Verzweigungspunkt ist

– „von links“ $M = A\,\frac{l}{2} = F\left(\frac{l}{4} - \frac{a}{2}\right)$

– „von rechts“ $M = B\,\frac{l}{2} = F\left(\frac{l}{4} + \frac{a}{2}\right)$

– „von oben“ $M = -Fa.$

Am Verzweigungspunkt herrscht Gleichgewicht der dort einlaufenden Momente.
Als Bogenträger bezeichnet man Balken, deren Achse eine ebene Kurve bildet. Die Richtungen der Schnittkraftgruppe sind in Bild 2.86 angedeutet.

Bild 2.86 Schnittkraftgruppe beim Bogenträger

In Bild 2.87 ist ein Viertelkreisbogenträger gezeigt. Als laufende Koordinate dient die Bogenlänge s bzw. der Winkel φ, wobei $s = R\varphi$.
Die Gleichgewichtsbedingungen für den rechten abgeschnittenen Bogenteil lauten

tangential	$N - F\sin\varphi = 0$
normal	$Q - F\cos\varphi = 0$
$\overset{\curvearrowright}{I}$	$M + FR(1 - \sin\varphi) = 0.$

Der Biegemomentenverlauf ist radial längs der Bogenachse aufgetragen.

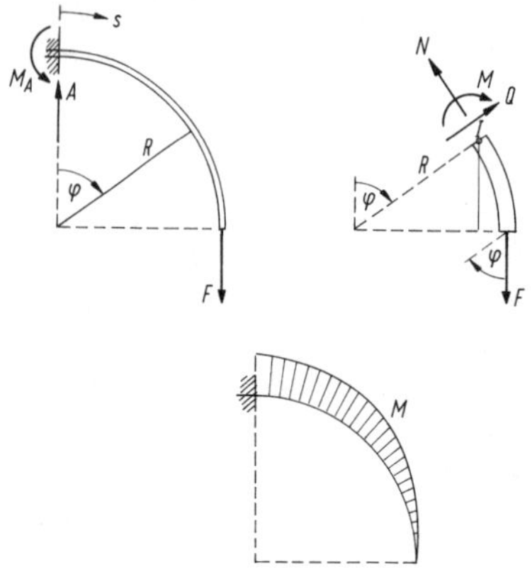

Bild 2.87 Eingespannter Viertelkreisbogenträger

Ein Beispiel für einen unsymmetrisch belasteten Halbkreisbogenträger ist in Bild 2.88 dargestellt. Die Auflagerreaktionen sind

$$A_{\mathrm{H}} = -F, \quad A_{\mathrm{V}} = \frac{F}{4}, \quad B = \frac{3F}{4}.$$

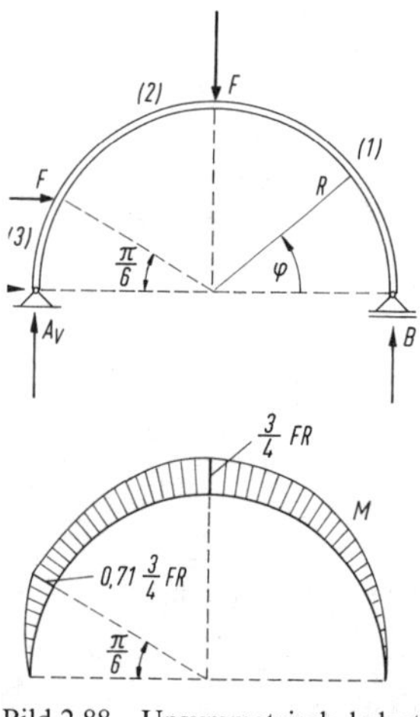

Bild 2.88 Unsymmetrisch belasteter Halbkreisbogenträger

Für die drei Bereiche (1), (2), (3) ergibt sich für das Biegemoment

(1) $0 \leqslant \varphi \leqslant \frac{\pi}{2}$

$$M = BR(1-\cos\varphi) = \frac{3F}{4}\, R(1-\cos\varphi)$$

(2) $\frac{\pi}{2} \leqslant \varphi \leqslant \frac{5\pi}{6}$

$$M = \frac{3}{4}\, FR(1-\cos\varphi) - FR\cos(\pi-\varphi)$$

$$= \frac{3}{4}\, FR\left(1+\frac{1}{3}\cos\varphi\right)$$

(3) $\frac{5\pi}{6} \leqslant \varphi \leqslant \pi$

$$M = \frac{3}{4}\, FR\left(1+\frac{1}{3}\cos\varphi\right) - F\left[\frac{R}{2} - R\sin(\pi-\varphi)\right]$$

$$= \frac{3}{4}\, FR\left(\frac{1}{3}+\frac{1}{3}\cos\varphi+\frac{3}{4}\sin\varphi\right).$$

Der Verlauf des Biegemomentes längs des Bogenträgers ist in radialer Richtung aufgetragen. Abschließend sei angemerkt, daß die für geradlinige Balken hergeleiteten Beziehungen (2.53) und (2.54) für Bogenträger nicht gelten.

2.3.5 Zusammengesetzte starre Systeme

Wie bereits erwähnt, bestehen viele technische Konstruktionen oft aus einer Anzahl einzelner Teile, die nicht nur gegen den Untergrund sondern auch untereinander gegenseitig abgestützt sind.

Für den Zusammenhang zwischen den Teilkörpern sorgen bestimmte *Übertragungselemente*, z.B. reibungsfreie Gelenke (Bild 2.89). In einem solchen Gelenk können zwei Kraftkomponenten, hingegen keine Momente übertragen werden. Es treten also zwei Zwischenreaktionen oder

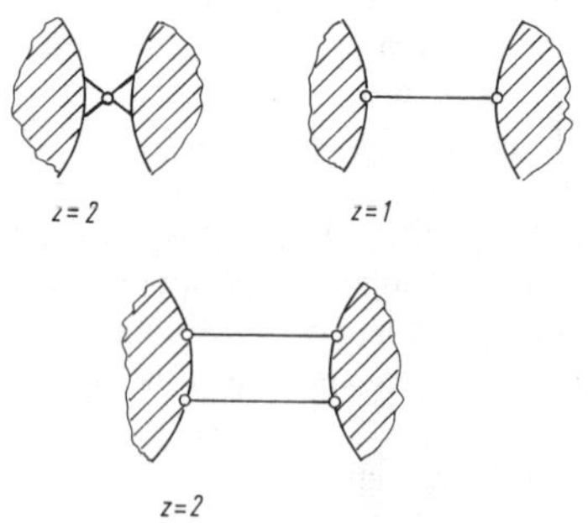

Bild 2.89 Übertragungselemente zwischen starren Scheiben

Zwischenbindungen auf. Allgemein soll deren Anzahl mit z bezeichnet werden. Andere Arten der Zwischenbindungen sind die Pendelstütze ($z = 1$) oder die Parallelführung ($z = 2$).
Da die Bewegungsmöglichkeiten der starren Körper durch die Übertragungselemente eingeschränkt werden, spricht man mitunter auch von Zwangsbedingungen.
Die Systeme können aus einer endlichen Anzahl von Teilkörpern aufgebaut sein oder auch aus unendlich vielen Teilen bestehen wie z.B. das undehnbare Seil. Dieser Sonderfall wird getrennt betrachtet, ebenso wie die sog. Fachwerke, die aus starren geraden Stäben zusammengesetzt sind.
Zunächst wird ein System z.B. aus drei starren Scheiben betrachtet, die durch Gelenke G_1 und G_2 verbunden und in festen Gelenken A und B aufgelagert sind (Bild 2.90a). Relative Drehungen der Scheiben gegeneinander sind zugelassen.
Allgemein gilt: Ein System starrer Körper befindet sich als Ganzes im Gleichgewicht, wenn jeder Teilkörper für sich im Gleichgewicht ist.
Um dies zu untersuchen, wird das betrachtete System mittels gedachter Schnitte durch die Gelenke G_1 und G_2 in seine Einzelteile zerlegt (Bild 2.90b).
Damit die isolierte Scheibe *I* für sich im Gleichgewicht ist, müssen im Gelenkpunkt G_1 die beiden Zwischenreaktionen $G_{1\mathrm{H}}$ und $G_{1\mathrm{V}}$ (sog. Gelenkkräfte) angebracht werden. Somit treten an der Scheibe *I* vier unbekannte Reaktionen auf.
Der Gelenkpunkt G_1 gehört ebenso zur Scheibe *II*, dort wirken die Gelenkkräfte ebenfalls, jedoch

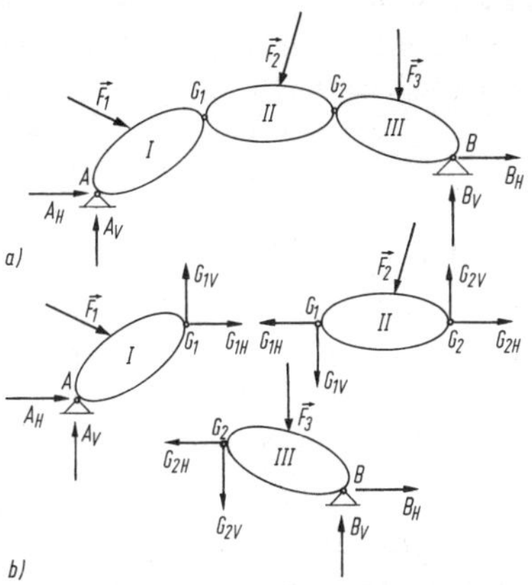

Bild 2.90 System aus drei starren Scheiben

nach dem Wechselwirkungsaxiom in entgegengesetzter Richtung.
Entsprechendes gilt für den Gelenkpunkt G_2, der sowohl zur Scheibe *II* als auch zur Scheibe *III* gehört.
Man erkennt, daß in einem System gelenkig miteinander verbundener Scheiben an jedem zweischeibigen Gelenk zwei unbekannte Zwischenreaktionen auftreten. Für das System ergeben sich durch Summation über alle Auflager und alle Übertragungselemente insgesamt

a Auflagerreaktionen
z Zwischenreaktionen

d.h. $a + z$ unbekannte Größen, zu deren Berechnung bei n Scheiben insgesamt $3n$ Gleichgewichtsbedingungen zur Verfügung stehen. Andererseits ist die Anzahl der Freiheitsgrade eines gebundenen Systems von n Scheiben

$$f = 3n - (a + z) \tag{2.58}$$

und die Starrheitsbedingung fordert

$$f \leqq 0. \tag{2.59}$$

Das System starrer Scheiben ist somit statisch bestimmt und starr (als stabiles Tragwerk geeignet), wenn

$$a + z = 3n \tag{2.60}$$

erfüllt ist.
Betrachtet man noch einmal das in Bild 2.90 gezeigte Beispiel, so ergibt sich hierfür

$$a + z = 8, \qquad 3n = 9, \qquad f = 1$$

und dies bedeutet, daß ein nicht starres System vorliegt. Es handelt sich um ein sog. *Gelenkviereck*, das man gemäß Bild 2.91a durch drei starre Stangen darstellen kann.
Ein starres und statisch bestimmtes System ergibt sich daraus erst mittels einer festen Einspannung bei A oder durch die Hinzunahme einer Pendelstütze IV (Bild 2.91b).
Im letzteren Fall gilt entweder $n = 2$, $a = 4$, $z = 2$ (d.h. Stäbe *I* und *IV* gehören nicht zum System) oder $n = 4$, $a = 6$, $z = 6$ (dann ist G_1 ein dreistäbiges Gelenk mit $z = 4$).
Ist für ein System $a + z > 3n$, so ist zwar die Starrheitsbedingung erfüllt, es liegt aber statische Unbestimmtheit vor.
Bei statisch bestimmten mehrteiligen Systemen lassen sich alle Auflagerreaktionen und Gelenkkräfte rechnerisch ermitteln, indem man die

unbekannten Kräfte in Horizontal- und Vertikalkomponenten zerlegt und die Gleichgewichtsbedingungen für die einzelnen Teilkörper anwendet.

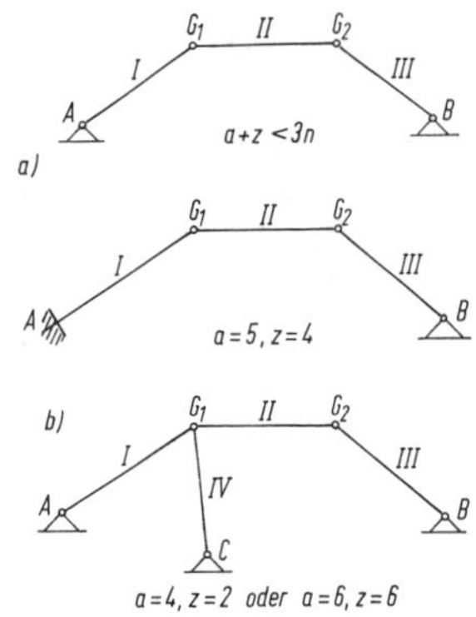

Bild 2.91 a) Gelenkviereck $a+z<3n$ (vgl. Abb. 2.90), b) starre Stabsysteme $a+z=3n$

2.3.5.1 Grafische Ermittlung der Auflagerreaktionen und Gelenkkräfte

Häufig ist für mehrteilige Systeme die grafische Ermittlung der unbekannten Kräfte sehr zweckmäßig. Hierbei sind verschiedene Vorgehensweisen möglich, die an einem einfachen Beispiel gemäß Bild 2.92 erläutert werden.

Ist eine belastete Scheibe vorhanden, die statisch bestimmt mit den anderen verbunden ist (für die also $z=3$ oder $a+z=3$ zutrifft), so geht man von ihr mit den Gleichgewichtsbetrachtungen aus und erhält dann auch die Kräfte in den übrigen Scheiben. Dies ist im Beispiel für die Scheibe *II* der Fall, bei der die Richtung der Gelenkkraft G_2 bekannt ist.

Man kann auch, falls unbelastete Scheiben vorhanden sind, von diesen ausgehen, da bei ihnen die Wirkungslinien der Auflagerkräfte leicht ermittelt werden können (in obigem Beispiel bei Scheibe *I*).

Wenn die Wirkungslinien aller Auflager- und Gelenkkräfte bekannt sind, läßt sich der Kräfteplan zeichnen.

In komplizierteren Fällen kann eine Zerlegung in Teilbelastungen vorgenommen werden, so daß unbelastete Scheiben entstehen. Durch Überlagerung der Teilergebnisse erhält man dann die Auflager- und Zwischenreaktionen für das System mit der ursprünglich vorgegebenen Belastung.

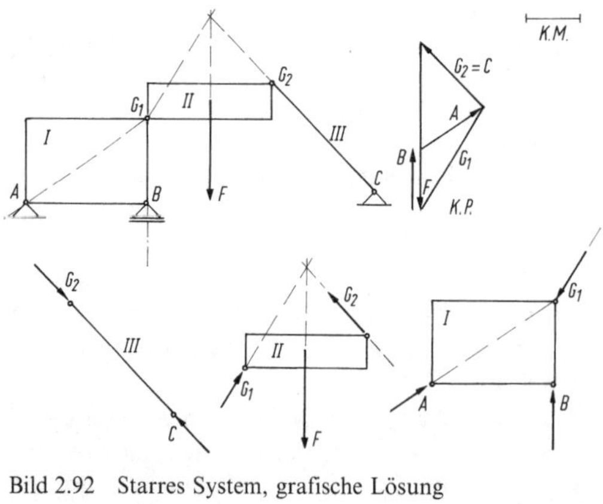

Bild 2.92 Starres System, grafische Lösung

2.3.6 Tragwerke mit Gelenken

2.3.6.1 Gelenkbalken oder Gerber-Träger

Bei längeren Balkentragwerken ist es häufig erforderlich, außer den Randlagern auch Zwischenlager anzubringen. Die dadurch entstehende statische Unbestimmtheit des Tragwerks wird durch Einführung von Zwischengelenken an geeigneten Stellen wieder aufgehoben. [1])

In Bild 2.93 ist ein Beispiel für einen einfachen (eingelenkigen) Gerber-Träger gezeigt, bestehend aus einem Kragbalken mit einem im Gelenk *G* angeschlossenen sog. Koppelbalken. Das gesamte Tragwerk ruht auf drei Stützen (einem festen und zwei verschieblichen Gelenken).

Ohne das Kopplungsgelenk wäre der Balken statisch unbestimmt gelagert. Mit Gelenk ergibt sich $n=2$, $a=4$, $z=2$ und damit nach (2.60) eine statisch bestimmte Lagerung.

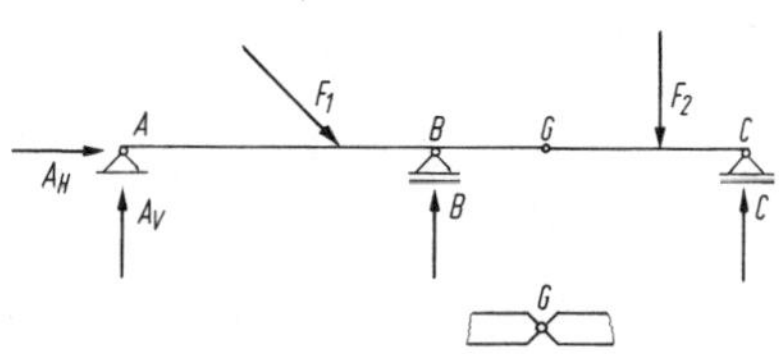

Bild 2.93 Einfacher (eingelenkiger) *Gerber*-Träger

[1]) Die Einführung von Gelenken als Konstruktionsprinzip stammt von dem Ingenieur *G. H. Gerber* (MAN-Brückenbau Gustavsburg).

Zur *rechnerischen Ermittlung* der Auflagerreaktionen und der im Gelenk übertragenen Kraft (Gelenkkraft) wird ein gedanklicher Schnitt durch das Gelenk G gelegt. Die unbekannten Gelenkkraftkomponenten G_H und G_V werden zu äußeren Kräften, die am linken sowie am rechten Teilbalken wirken (Bild 2.94).

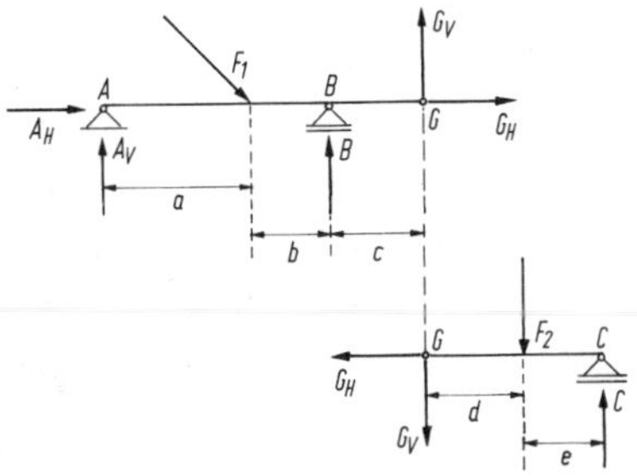

Bild 2.94 Berechnung des *Gerber*-Trägers

Für jeden Teilbalken stehen drei Gleichgewichtsbedingungen zur Verfügung, aus denen die unbekannten Reaktionen A_H, A_V, B, C, G_H, G_V berechenbar sind.

Für den Koppelbalken ergibt sich auf diese Weise

$$G_H = 0, \quad G_V = C - F_2, \quad C = F_2 \frac{d}{d+e}.$$

Mit bekannter Gelenkkraft erhält man für den Kragbalken

$$A_H = -F_{1H}, \quad \mathrm{B} = F_{1H} \frac{a}{a+b} - G_V \frac{a+b+c}{a+b}$$

$$A_V = F_{1V} - B - G_V$$

und damit sind alle unbekannten Größen bekannt.

Falls nur die Auflagerreaktionen des Gerber-Trägers zu bestimmen sind, wendet man die drei Gleichgewichtsbedingungen auf das gesamte Tragwerk (mit „erstarrtem Gelenk") an und hat als vierte Gleichung die sog. *Gelenkbedingung* zur Verfügung. Diese besagt, daß die Summe der Momente am linken (oder am rechten) Teilbalken bezüglich des Gelenkpunkts Null sein muß. Sind nur vertikale Lasten vorhanden, genügen je zwei Momentengleichgewichtsbedingungen bezüglich der Auflager sowie bezüglich des Gelenks.

Die Bestimmung der Schnittkraftgrößen beim *Gerber*-Träger erfolgt in bekannter Weise. Als Beispiel sind das Q- und M-Diagramm für einen einfachen *Gerber*-Träger in Bild 2.95 qualitativ dargestellt.

Im Biegemomentenverlauf ergibt sich ein Vorzeichenwechsel.

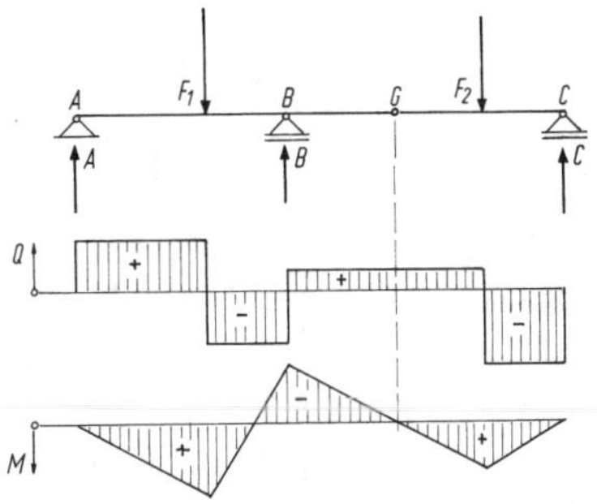

Bild 2.95 Querkraft- und Biegemomentenverlauf beim *Gerber*-Träger

Die *grafische Ermittlung* der Auflagerreaktionen und der Gelenkkräfte beim *Gerber*-Träger ist mit dem Seileckverfahren sehr einfach möglich. Dies soll an einigen Beispielen erläutert werden.

Für den einfachen *Gerber*-Träger mit vertikalen Lasten gemäß Bild 2.96 wird in bekannter Weise das Seileck konstruiert.

Wären das Auflager B und das Gelenk G nicht vorhanden, würde sich s^* (Verbindung der Punkte I und IV) als Schlußlinie im Seileck ergeben. Für den *Gerber*-Träger hingegen ergibt sich eine abgeknickte Schlußlinie. Unter Berücksichtigung der Tatsache, daß das Seileck die Biegemomentenfläche liefert, erhält man s_2^* als Verbindungslinie von I und II (in letzterem Punkt muß nach der Gelenkbedingung das Moment Null sein), die bis zum Punkt III verlängert wird. Die Verbindungslinie von III und IV liefert s_1^*.

Auf diese Weise gewinnt man die Biegemomentenfläche mit zweimaligem Vorzeichenwechsel.

Im zugehörigen Kräfteplan teilen s_1 und s_2 die Auflagerkräfte ab, außerdem ergibt sich die Gelenkkraft G. Es gilt

$$A + B - F_1 = G \quad \text{bzw.} \quad F_2 - C = G.$$

Man erkennt übrigens, wie sich durch das Zwischenlager und das Gelenk ein beanspruchungsmäßig günstigerer Momentenverlauf ergibt.

Sind für den Balken zwei Zwischenlager vorhanden, müssen dementsprechend zwei Gelenke angebracht werden. Ein Beispiel zeigt Bild 2.97. Die

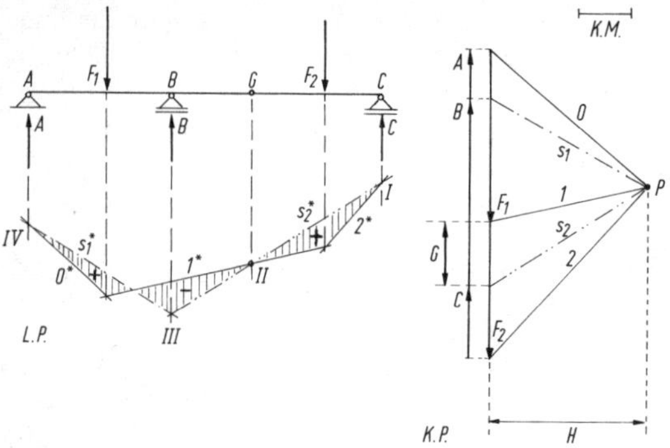

Bild 2.96 Seileckverfahren beim einfachen *Gerber*-Träger

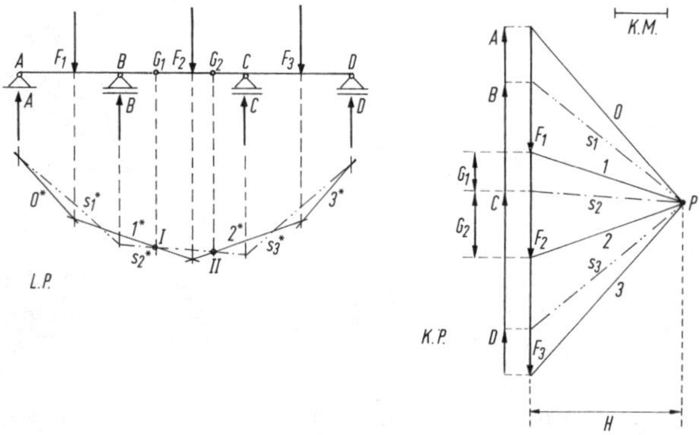

Bild 2.97 *Gerber*-Träger mit zwei Gelenken

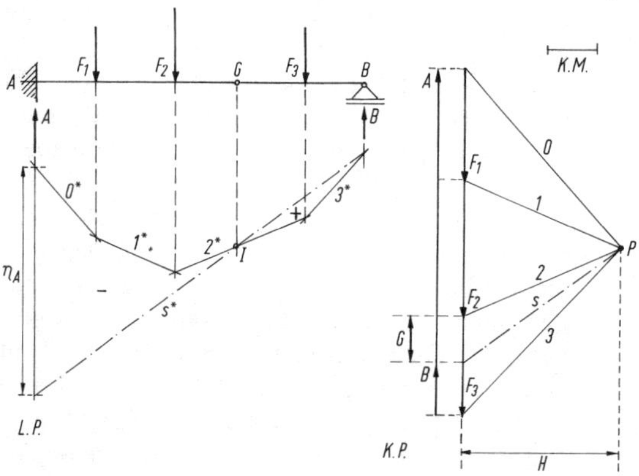

Bild 2.98 Einseitig fest eingespannter *Gerber*-Träger

Schlußlinie im Seileck ist hier zweifach abgeknickt. Man erhält den mittleren Teil s_2 durch Verbindung der Punkte *I* und *II* (Gelenkbedingung!), die Schlußlinien s_1^* und s_2^* schließen sich in der gezeigten Weise unter den Auflagerpunkten *B* und *C* an.

Im Kräfteplan erhält man mit s_1, s_2 und s_3 die Auflagerkräfte sowie die beiden Gelenkkräfte, es gilt

$$A + B - F_1 = G_1 \qquad C + D - F_3 = G_2 .$$

Ein Beispiel für einen einseitig fest eingespannten *Gerber*-Träger zeigt Bild 2.98. Hier wird die Schlußlinie s^* wegen der Gelenkbedingungen durch den Punkt *I* gelegt. Man erhält ein klaffendes Seileck, die Strecke η_A am Auflagerpunkt *A* liefert in bekannter Weise das Einspannmoment (mit dem Multiplikator *H*). Aus dem Kräfteplan ergibt sich wieder die Gelenkkraft *G*, es ist

$$A - F_1 - F_2 = G \qquad \text{bzw.} \qquad F_3 - B = G .$$

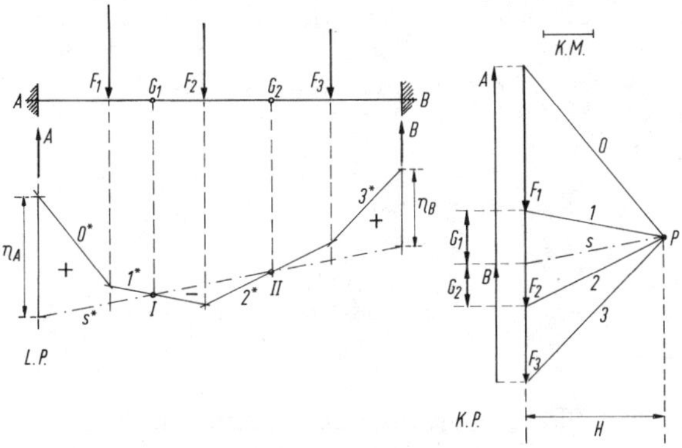

Bild 2.99 Beidseitig fest eingespannter *Gerber*-Träger

Ein beidseitig fest eingespannter *Gerber*-Träger mit zwei Gelenken ist in Bild 2.99 dargestellt. Die Schlußlinie s^* ergibt sich wieder als Verbindungslinie der Punkte I und II, das Seileck klafft beidseitig und liefert die Einspannmomente bei A und B. Für die Gelenkkräfte gilt

$$A - F_1 = G_1, \quad B - F_3 = G_2, \quad F_2 = G_1 + G_2.$$

Abschließend seien in Bild 2.100a, b zwei alternative Möglichkeiten der Gelenkanordnung zum Beispiel gemäß Bild 2.97 angegeben.
Eine Anordnung gemäß Bild 2.100c hingegen ist kein *Gerber*-Träger. Die Tragfähigkeit eines solchen Balkens mit Gelenk kann nur unter Berücksichtigung der Verformung untersucht werden, dies stellt mithin ein statisch unbestimmtes Problem dar.

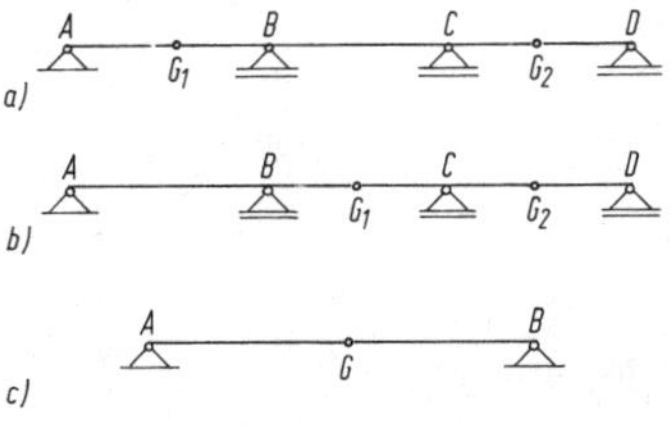

Bild 2.100 Verschiedene Arten von Balken mit Gelenken

2.3.6.2 Dreigelenkbogen

In Bild 2.100c ist ein entarteter Fall zweier gelenkig verbundener Balken (sog. Ausnahmefall) dargestellt. Man erkennt, daß ein solches Tragwerk mit insgesamt drei Gelenken nur dann statisch bestimmt und tragfähig ist, wenn die Gelenke nicht auf einer geraden Linie liegen. Ein solcher *Dreigelenkbogen* mit Gelenken bei A, B und G ist in Bild 2.101 gezeigt. Zur Berechnung der sechs unbekannten Reaktionen (Auflagerkräfte und Gelenkkraft) stehen die Gleichgewichtsbedingungen für den linken und den rechten Bogenteil zur Verfügung, d.h.

$$A_H + F_{1H} + G_H = 0, \quad B_H - G_H - F_{2H} = 0$$
$$A_V - F_{1V} + G_V = 0, \quad B_V - F_{2V} - G_V = 0$$

sowie zwei Momentengleichgewichtsbedingungen, z.B. bezüglich der Auflagerpunkte A und B. Wenn nur die Auflagerreaktionen ermittelt werden sollen, genügt die Anwendung der Gleichgewichtsbedingungen für den gesamten Dreigelenkbogen (mit „erstarrtem" Gelenk G) und die Hinzunahme der Gelenkbedingung $M_{(G)} = 0$ für den linken oder rechten Bogenteil. Aus diesen vier Gleichungen lassen sich die Auflagerreaktionen berechnen.

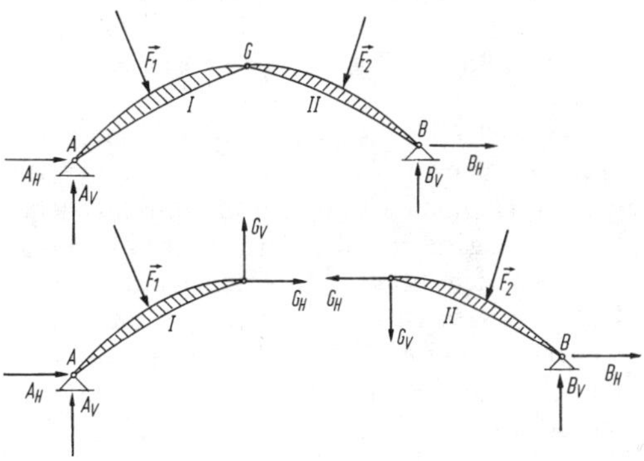

Bild 2.101 Dreigelenkbogen

Eine einfache grafische Lösungsmethode ist anwendbar, wenn nur ein Teil des Dreigelenkbogens belastet ist (Bild 2.102). Wegen der Gelenkbedingung kann die Wirkungslinie der Auflagerkraft $\vec{B}$ sofort gezeichnet werden, sie muß durch den Gelenkpunkt G verlaufen. Die Gleichgewichtsbedingung für den linken Bogenteil fordert, daß sich $\vec{F}$, $\vec{A}$ und $\vec{B}$ im Punkt I schneiden und im Kräfteplan ein geschlossenes Krafteck ergeben müssen (Dreikräftesatz).

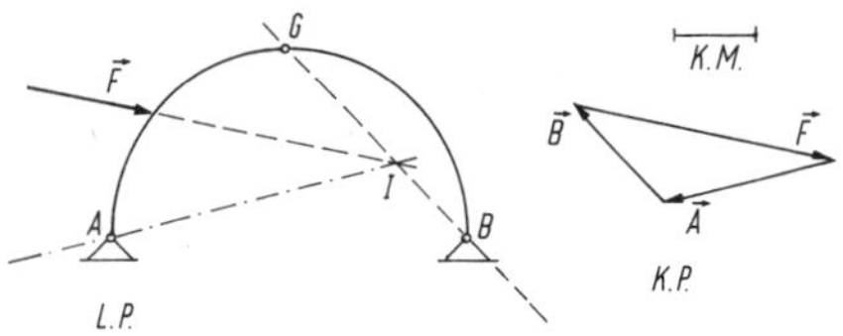

Bild 2.102 Einseitig belasteter Dreigelenkbogen

Die zeichnerische Lösung läßt sich auch anwenden, wenn beide Bogenteile belastet sind (Bild 2.103). Man ermittelt zuerst die Auflagerreaktionen für $F_2 = 0$ (Wirkungslinien im $K.P.$ gestrichelt) und dann für $F_1 = 0$ (strichpunktiert) und überlagert die Teilergebnisse, wie im Kräfteplan dargestellt. Man erkennt, wie man auch Größe und Richtung der Gelenkkraft erhält.

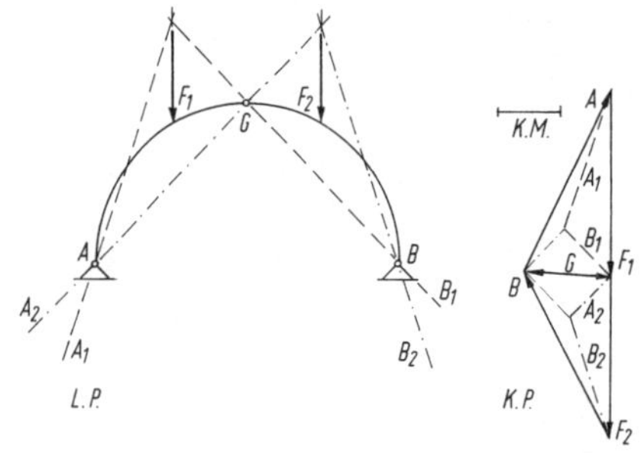

Bild 2.103 Beidseitig belasteter Dreigelenkbogen

Als spezieller Fall ist der Dreigelenkbogen mit aufgehobenem Horizontalschub in Bild 2.104 gezeigt. Hier ist ein Auflager als verschiebliches Gelenk ausgeführt und außerdem eine Zugstange zwischen den beiden Bogenteilen angebracht. Das Tragwerk ist statisch bestimmt und stabil. Neben den drei Auflagerreaktionen ist als vierte Unbekannte die Längskraft in der Zugstange mittels der Gelenkbedingung zu ermitteln.

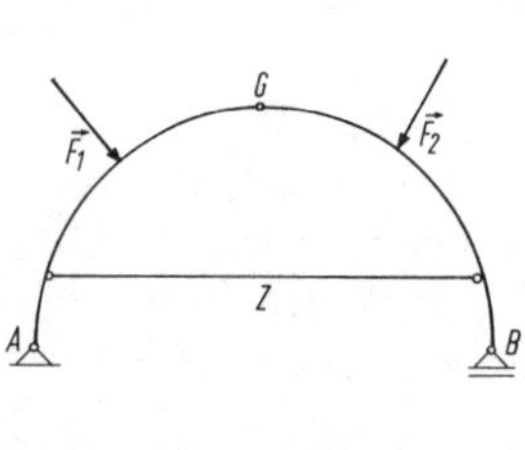

Bild 2.104 Dreigelenkbogen mit Zugstange

In Bild 2.105 ist ein dem Dreigelenkbogen entsprechendes, statisch bestimmtes und stabiles Tragwerk aus zwei Balken dargestellt.

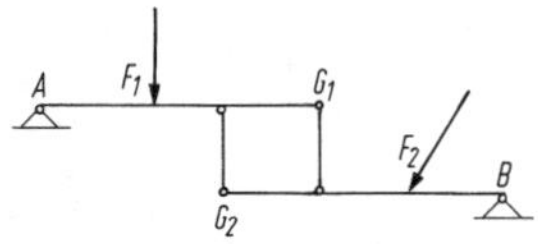

Bild 2.105 Dem Dreigelenkbogen analoges Tragwerk aus zwei Balken

Ein Dreigelenkbogen kann auch gemäß Bild 2.106 als Rahmen ausgebildet sein (Dreigelenkrahmen).

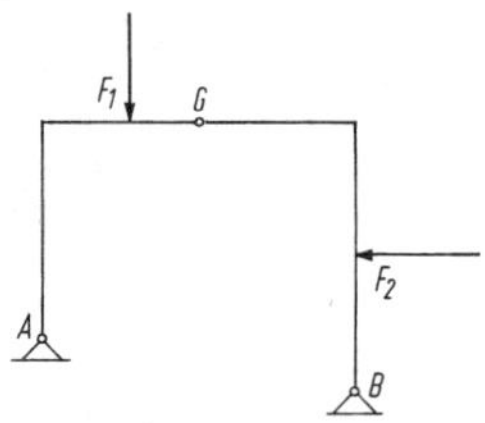

Bild 2.106 Dreigelenkrahmen

Hingegen ist ein sog. Zweigelenkbogen (Bild 2.107) zwar ein stabiles Tragwerk, aber statisch unbestimmt. Zur Ermittlung der Auflagerreaktionen muß die Verformbarkeit berücksichtigt werden.

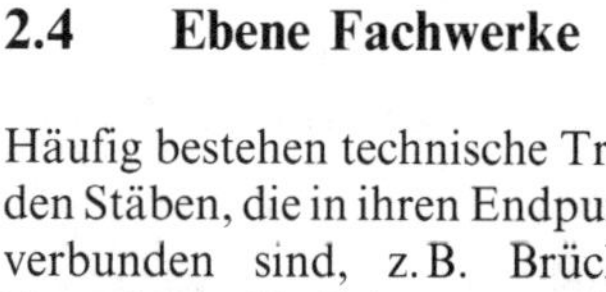

Bild 2.107 Statisch unbestimmter Zweigelenkbogen

2.4 Ebene Fachwerke

Häufig bestehen technische Tragwerke aus geraden Stäben, die in ihren Endpunkten miteinander verbunden sind, z.B. Brücken, Dachträger, Krantürme, Freileitungsmasten usw. Ein solches Gebilde, das beliebige Kräfte aufzunehmen vermag, wird als *Fachwerk* bezeichnet. Wichtig ist die Ermittlung der in den Stäben auftretenden Kräfte, damit das Fachwerk entsprechend dimensioniert werden kann. Beim ebenen Fachwerk liegen alle Stäbe und die Wirkungslinien der äußeren Kräfte in einer Ebene.

2.4.1 Ideale Fachwerke: Einteilung, Stabilität und statische Bestimmtheit

Die Ermittlung der Stabkräfte gelingt in einfacher Weise mit bestimmten idealisierenden Annahmen. Ein *ideales* Fachwerk besteht aus geraden, gewichtslosen Stäben, die als starr angesehen werden. In ihren Endpunkten sind die Stäbe in idealen, reibungsfreien Gelenken (in denen keine Momente übertragen werden) miteinander verbunden und es treten in den Fachwerkstäben nur axiale Zug- oder Druckkräfte auf. Dies bedeutet, daß die äußeren Kräfte (Lasten oder Auflagerreaktionen) nur in den Gelenken, die als Knotenpunkte bezeichnet werden, angreifen können. Solche idealen Fachwerke gibt es in Wirklichkeit nicht, die Stäbe in realen Fachwerken sind starr miteinander verbunden (z.B. verschweißt oder vernietet) und es treten auch Querkräfte und Biegemomente auf. Mit der idealen Fachwerktheorie werden gleichwohl die in der Realität vorkommenden Stabkräfte genügend genau erfaßt. Örtlich begrenzte Störunggen, die sich in der Umgebung der starren Verbindungen ergeben (und zu sog. Nebenspannungen führen) haben auf das Tragverhalten des Fachwerks als Ganzes keinen Einfluß.
Zur Gewährleistung der Tragfähigkeit muß das Fachwerk, losgelöst von seinen Auflagern, eine starre Scheibe, d.h. in sich stabil sein [1]). Die Knotenpunkte müssen also eindeutig festgelegt sein.
Ein Fachwerk stellt ein System von Knotenpunkten dar, die durch Stäbe gegeneinander abgestützt sind. Von jedem Knoten führt zu jedem Nachbarknoten je ein Stab (auch andere Möglichkeiten können vorkommen).
Da ein Punkt in der Ebene zwei Freiheitsgrade besitzt, ergibt sich für die Anzahl der Freiheitsgrade eines aufgelagerten Fachwerks zunächst

$$f = 2k - (s + a) \tag{2.61}$$

mit

- k Zahl der Knotenpunkte
- s Zahl der Stäbe
- a Zahl der Auflagerbindungen (Fesseln).

[1]) Beweglich zusammengefügte starre Fachwerkteile können vorkommen (z.B. als Dreigelenkbogen), die Tragfähigkeit muß dann durch geeignete Auflagerung gesichert sein.

Die Starrheitsbedingung $f \leqq 0$ ist erfüllt, wenn $s + a \geqslant 2k$ ist.
Bei statisch bestimmter Lagerung ist $a = 3$, die maßgebende Beziehung für Starrheit des von den Auflagern gelösten Fachwerks ist $s + 3 \geqslant 2k$.
Das Fachwerk ist (innerlich) *statisch bestimmt*, wenn sich die Stabkräfte allein aus den Gleichgewichtsbedingungen ermitteln lassen.
Hierfür gilt

$$s = 2k - 3 \tag{2.62}$$

und man erkennt, daß das Fachwerk dann auch stabil ist. [1])
Zwei weitere Möglichkeiten sind

$s > 2k - 3$

Fachwerk ist zwar stabil, aber (innerlich) statisch unbestimmt, d.h. es sind überzählige Stäbe vorhanden. Zur Ermittlung der Stabkräfte muß die Verformbarkeit der Stäbe berücksichtigt werden.

$s < 2k - 3$

Fachwerk ist beweglich und statisch unbrauchbar (bzw. erst nach entsprechender Auflagerung tragfähig).

Die statisch bestimmten Fachwerke lassen sich einteilen in einfache und zusammengesetzte (nicht-einfache), letztere werden mitunter als Grundfiguren bezeichnet.
Die *einfachen Fachwerke* oder Dreieckfachwerke besitzen als „Grundfigur" einen Stab mit zwei Knoten. Der Aufbau des Fachwerks erfolgt durch Anschluß eines weiteren Knotens mittels zweier Stäbe (sog. Dreiecksaufbau, vgl. Bild 2.108). Wie man erkennt, ist die Bedingung (2.62) stets erfüllt. [2])
Weitere Beispiele einfacher Dreieckfachwerke sind in Bild 2.109 gezeigt. Das Fachwerk in Bild 2.110 ist als isoliertes Gebilde beweglich (ein innerer Freiheitsgrad) und wird erst durch Auflagerung mit $a = 4$ stabil und tragfähig (Dreigelenkbogen). Es ist dann $s + a = 2k$.

[1]) Die Bedingung (2.62) ist in sog. Ausnahmefällen zwar notwendig, aber nicht hinreichend für Starrheit des Fachwerks.
[2]) Einfache Fachwerke sind auch dadurch kenntlich, daß sie mindestens einen Knotenpunkt enthalten, in dem nur zwei Stäbe zusammentreffen.

Beispiele für statisch unbestimmte Fachwerke sind in Bild 2.111 dargestellt, es ist jeweils $s+3>2k$. Schließlich zeigt Bild 2.112 ein bewegliches, statisch unbrauchbares Fachwerk.

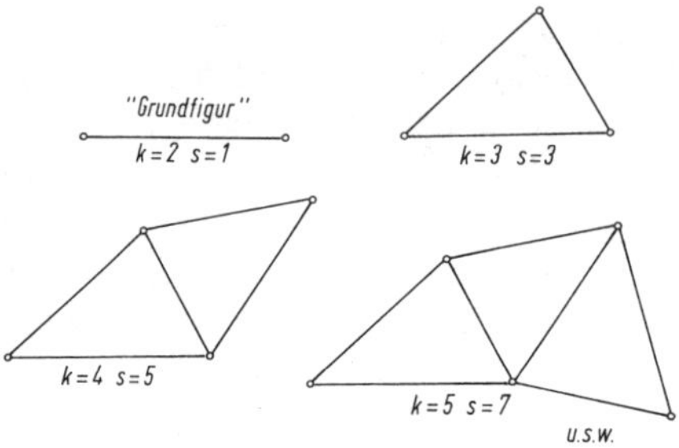

Bild 2.108 Einfaches oder Dreieckfachwerk

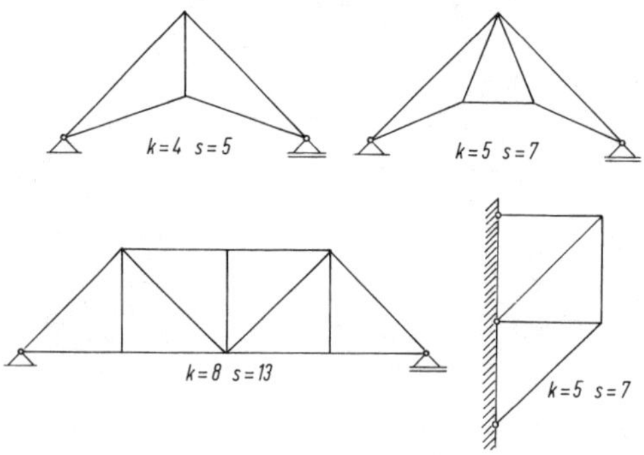

Bild 2.109 Beispiele einfacher (Dreieck-) Fachwerke

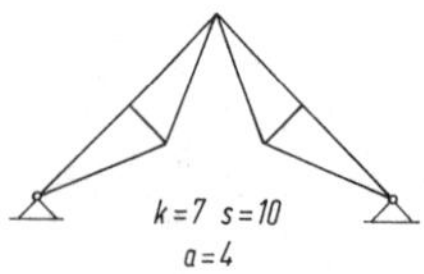

Bild 2.110 Innerlich bewegliches Fachwerk, tragfähig mit $a=4$

Bild 2.111 Innerlich statisch unbestimmte Fachwerke $s+3>2k$

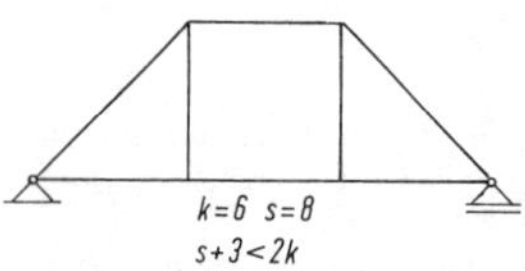

Bild 2.112 Statisch unbrauchbares (bewegliches) Fachwerk

Bei den *zusammengesetzten* oder nicht-einfachen Fachwerken führt der sog. Dreiecksabbau, d.h. die Wegnahme aller zweistäbigen Knoten auf ein Gebilde, bei dem in jedem Knoten mindestens drei Stäbe zusammentreffen (Grundfigur). Beispiele dafür sind in Bild 2.113 dargestellt. Die Bedingung (2.62) ist jeweils erfüllt, d.h. die Grundfiguren sind stabil und statisch bestimmt. Es wird sich zeigen, daß die Ermittlung der Stabkräfte komplizierter ist als bei den einfachen Fachwerken.

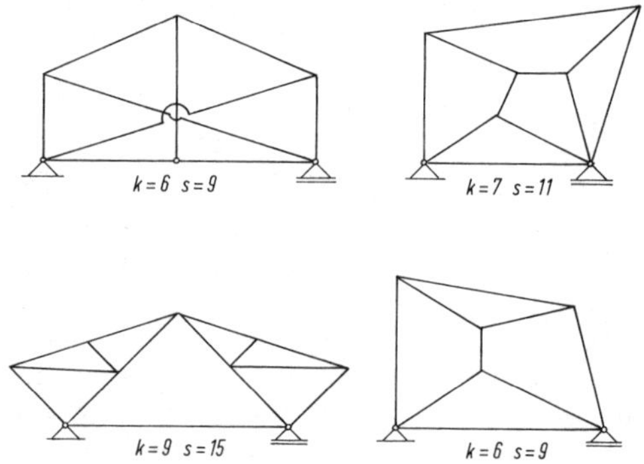

Bild 2.113 Beispiele nicht-einfacher Fachwerke (Grundfiguren)

Bei den Grundfiguren können ebenfalls Ausnahmefälle vorkommen, so daß trotz Erfüllung der Bedingung (2.62) die Starrheit nicht gegeben ist. Im Beispiel Bild 2.114 dürfen die Richtungen der Stäbe 1, 2, 3 nicht durch einen gemeinsamen Punkt gehen und auch nicht parallel sein. Die genaue kinematische Untersuchung zeigt, daß in diesen Fällen eine infinitesimale Beweglichkeit vorliegt.

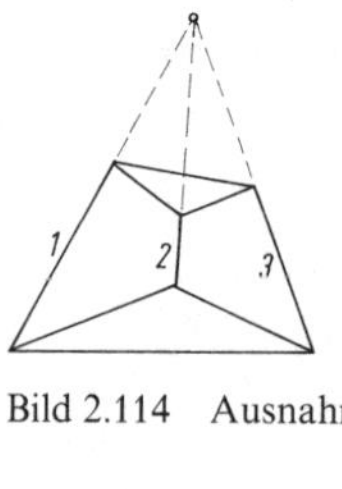

Bild 2.114 Ausnahmefall bei einer Grundfigur

2.4.2 Rechnerische Bestimmung der Stabkräfte

Die Stabkräfte können Zug- oder Druckkräfte sein, die durch positives oder negatives Vorzeichen gekennzeichnet werden. Beim Zugstab ist die vom Knoten auf den Stab wirkende Kraft vom Stab weggerichtet (Bild 2.115a), die Reaktionskraft vom Stab auf den Knoten hat dann entgegengesetzte Richtung. Beim Druckstab kehren sich die Verhältnisse entsprechend um (Bild 2.115b). Zur Verdeutlichung der Druckstäbe dient eine gestrichelte Linie (s. Bild 2.122).

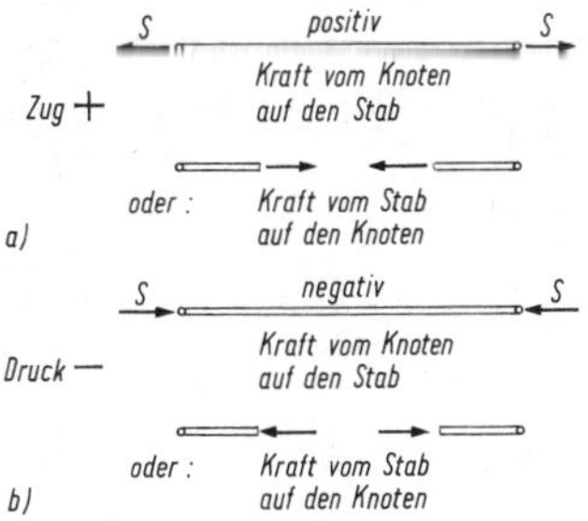

Bild 2.115 Vorzeichenfestsetzung der Stabkräfte

Zu beachten ist, daß bei den druckbeanspruchten Stäben des Fachwerks die Gefahr des Ausknickens besteht und dies bei der Dimensionierung gesondert betrachtet werden muß.
Mitunter treten in Fachwerken Stäbe auf, die keine Kraft aufnehmen (sog. Nullstäbe), die aber zur Wahrung der Stabilität des gesamten Fachwerks erforderlich sind.
Zur Erkennung der Nullstäbe gibt es drei einfache Regeln (Bild 2.116):

- Stäbe an einem unbelasteten 2-stäbigen Knoten sind Nullstäbe,
- wenn an einem 2-stäbigen Knoten die äußere Kraft in Richtung eines Stabs wirkt, ist der zweite Stab ein Nullstab,
- wenn an einem unbelasteten 3-stäbigen Knoten zwei Stäbe gleiche Richtung haben, ist der dritte Stab ein Nullstab.

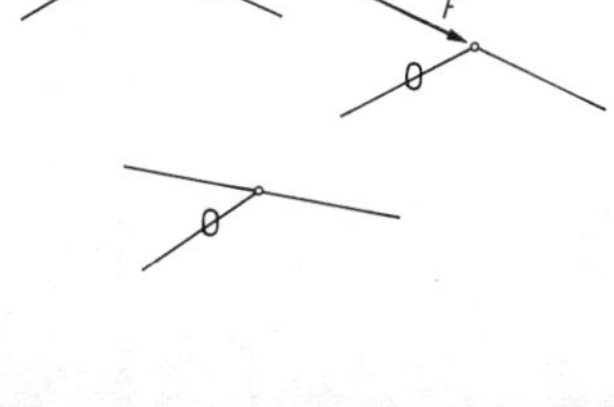

Bild 2.116
Regeln für Nullstäbe

2.4.2.1 Knotenpunktgleichgewichtsverfahren

Dies ist ein allgemeines Verfahren, das immer bei statisch bestimmten Fachwerken anwendbar ist, insbesondere dann, wenn alle Stabkräfte ermittelt werden sollen.
Jeder Knotenpunkt befindet sich unter Einwirkung der Stabkräfte, Lasten und Auflagerkräfte im Gleichgewicht. Wie in Bild 2.117a gestrichelt angedeutet, werden alle Knotenpunkte isoliert und für jeden die Kräftegleichgewichtsbedingungen der ebenen Statik angewendet (Momentengleichungen werden nicht benötigt). Bei k Knoten ergeben sich $2k$ Gleichungen, in denen die 3 Gleichgewichtsbedingungen für das Fachwerk als Ganzes enthalten sind. Es stehen somit $2k-3$ unabhängige Gleichungen zur Berechnung von s Stabkräften zur Verfügung, d.h. die Bedingung (2.62) ist erfüllt.

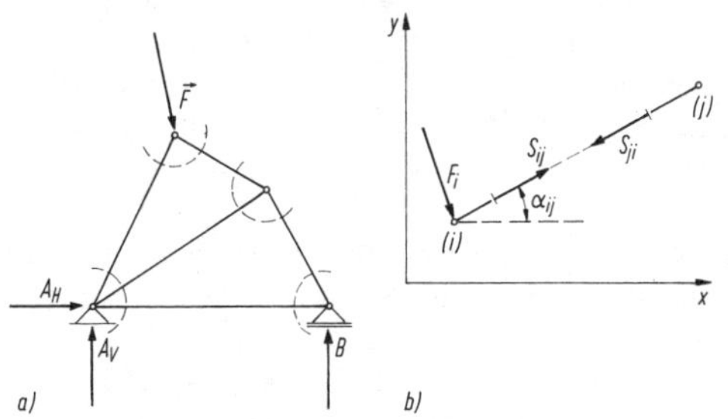

Bild 2.117 Knotenpunktgleichgewichtsverfahren

An isolierten Knoten (i) (Bild 2.117b) wirken als F_i die Lasten bzw. Auflagerkräfte und die (vorübergehend mit Doppelindizes gekennzeichneten) Stabkräfte S_{ij} zu den Nachbarknoten. Man erhält für Kartesische Koordinaten

$$\left.\begin{aligned} \sum_j S_{ij}\cos\alpha_{ij} + F_{ix} &= 0 \\ \sum_j S_{ij}\sin\alpha_{ij} + F_{iy} &= 0 \end{aligned}\right\} \quad \text{für} \quad i = 1 \ldots k\,(i \neq j) \qquad (2.63)$$

mit $S_{ij} = -S_{ji}\,(i \neq j)$. Die Winkelfunktionen lassen sich auch durch die Koordinaten der Knotenpunkte und die jeweiligen Stablängen ausdrücken. [1])

[1]) Diese Gleichungen finden übrigens Verwendung, wenn allgemein die Starrheit eines Fachwerks untersucht werden soll. Die Koeffizientendeterminante der S_{ij} darf für ein starres Fachwerk nicht verschwinden.

2.4.2.2 Rittersches Schnittverfahren

Dies führt in vielen Fällen schneller zum Ziel, und ist insbesondere vorteilhaft, wenn nur einzelne Stabkräfte im Fachwerk berechnet werden sollen.

Man betrachtet nicht das Gleichgewicht am einzelnen Knoten, sondern zerlegt das Fachwerk durch einen geeigneten Schnitt, der nicht durch einen Knoten geht, in zwei Teile. Diese müssen für sich im Gleichgewicht sein. Auf beide werden dann die Gleichgewichtsbedingungen angewendet, wobei man die unbekannten Stabkräfte als äußere Kräfte einführt.

Zur Kennzeichnung numeriert man die Knoten mit römischen, die Stäbe mit arabischen Ziffern. Der Schnitt wird durch drei Stäbe gelegt, deren Richtungen nicht durch einen Knotenpunkt gehen (oder durch vier solcher Stäbe, wenn einer davon vorab als Nullstab erkannt ist).

Mittels der drei Gleichgewichtsbedingungen lassen sich dann die Stabkräfte berechnen. Hierzu verwendet man zweckmäßig Momentengleichungen, den Bezugspunkt kann man jeweils in den Schnittpunkt zweier unbekannter Kräfte legen.

Dies ist im Beispiel Bild 2.118 gezeigt. Der Schnitt wird durch die Stäbe 2, 3, 4 gelegt, an den drei Stümpfen bringt man die Stabkräfte S_2, S_3, S_4 einheitlich als Zugkräfte an (bei der Ausrechnung entscheidet das Vorzeichen die Richtung der Kraft). Aus den Momentengleichgewichtsbedingungen bezüglich der Knoten *II* bzw. *III* erhält man sogleich die Stabkräfte S_2 bzw. S_4.

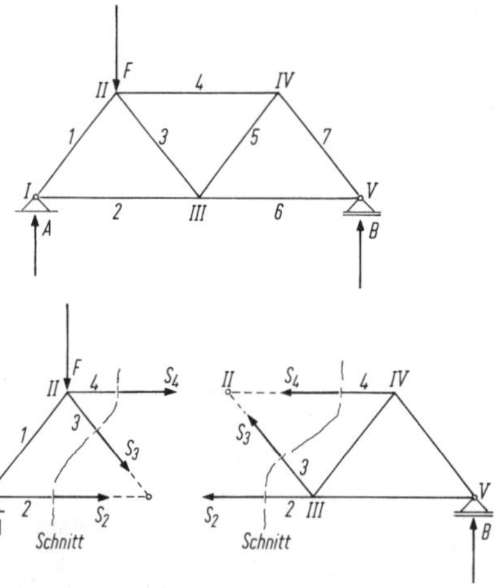

Bild 2.118 Rittersches Schnittverfahren

Die Stabkraft S_3 folgt aus einer Momentengleichgewichtsbedingung bezüglich des Knotens *I* (oder im betrachteten Beispiel aus der vertikalen Kräftegleichgewichtsbedingung am linken Fachwerkteil). Der nächste Schnitt wird dann durch die Stäbe 4, 5, 6 geführt und es wird analog verfahren. Bei statisch bestimmten Fachwerken ist das Rittersche Schnittverfahren immer anwendbar, also auch für nicht-einfache Fachwerke. Wie im Beispiel Bild 2.119 gezeigt, sind dabei mitunter Doppelschnitte notwendig, d. h. Schnitte (1) und (2) durch jeweils 4 Stäbe, deren Richtungen nicht durch einen Knoten gehen. Man erhält aus den Momentengleichgewichtsbedingungen bezüglich *I* und *II* zwei Gleichungen in denen die zwei unbekannten Stabkräfte S_a und S_b vorkommen. Die Berechnung der übrigen Stabkräfte erfolgt analog.

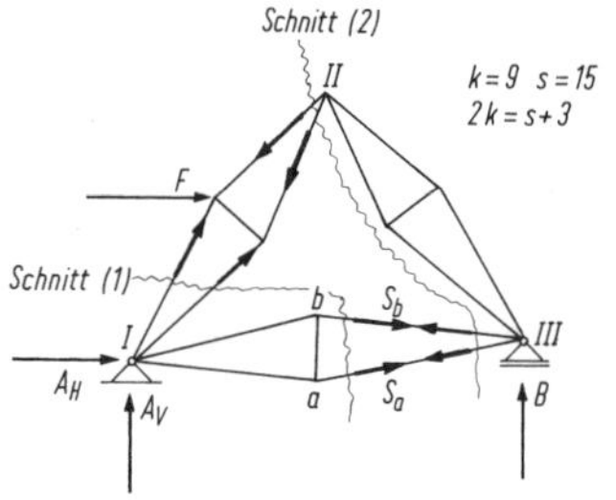

Bild 2.119 Doppelschnittverfahren bei nicht-einfachem Fachwerk

2.4.3 Grafisches Verfahren für einfache Fachwerke: Cremonaplan [1])

Es handelt sich um die zeichnerische Durchführung des bereits erwähnten Knotenpunktgleichgewichtsverfahrens und kann als wichtigste elementare Methode zur Stabkraftermittlung in einfachen Fachwerken gelten. Mit gewissen Einschränkungen ist auch eine Anwendung bei nicht einfachen Fachwerken möglich (vgl. Abschnitt 2.4.4).

Aus einem einzigen Kräfteplan lassen sich sämtliche Stabkräfte sowie in manchen Fällen auch die Auflagerreaktionen auf einfache Weise gewinnen.

[1]) Benannt nach *L. Cremona*, mitunter auch als *Maxwell-Cremona*plan bezeichnet.

Da sich alle Knotenpunkte des Fachwerks im Gleichgewicht befinden, gilt für jeden Knoten jeweils ein geschlossenes Krafteck (in einem Kräfteplan). Beginnend an einem 2-stäbigen Knoten mit Kraftangriff (Last oder Auflagerreaktion) lassen sich alle Kraftecke der Reihe nach zeichnen. Im Cremonaplan sind nun alle diese Kraftecke in einem Kräfteplan zusammengefaßt, in dem jede Stabkraft (die ja stets an zwei benachbarten Knoten auftritt) nur einmal vorkommt.

Man arbeitet mit einem *Lageplan* (in dem die Geometrie des Fachwerks und die Auflager dargestellt sind) und dem zugehörigen *Kräfteplan*. Dabei zeigt sich, daß allen Fachwerkknoten (einschließlich der Knoten mit Auflagern) im Lageplan jeweils Polygone im Kräfteplan sowie umgekehrt allen Schnittpunkten im Kräfteplan jeweils Polygone im Lageplan entsprechen. [1])

Das Vorgehen wird an einem einfachen Fachwerk gemäß den Bildern 2.120 bis 2.122 erläutert. Zunächst werden im Lageplan die Polygone mit kleinen Buchstaben (*a*), (*b*) usw. gekennzeichnet. Die Polygone sind von den Fachwerkstäben bzw. den Wirkungslinien der äußeren Kräfte begrenzt. Neben den „inneren" Polygonen [(*a*), (*b*)] gibt es „äußere" oder offene Polygone [(*c*), (*d*), (*e*)], bei denen ein Eckpunkt im Unendlichen liegt.

Da die Last in einem 2-stäbigen Knoten angreift, kann dort die Konstruktion des Cremonaplans begonnen werden. Dabei ist die Kenntnis der Auflagerkräfte nicht vonnöten, es genügt, lediglich die Richtung *einer* Auflagerkraft (hier *B*) zu kennen.

Gleichwohl ist es im allgemeinen nützlich, das geschlossene Krafteck der äußeren Kräfte zu zeichnen. Dabei werden die Kräfte gemäß ihrem Auftreten am Fachwerk in einem bestimmten *Umlaufsinn*, z.B. im Uhrzeigersinn, aneinandergefügt. Auf diese Weise ergibt sich eine zusätzliche Kontrolle, denn der endgültige Cremonaplan muß sich „schließen". Der einmal gewählte Umlaufsinn wird übrigens für die Betrachtung der Kräfte an einem Knoten beibehalten.

Im betrachteten Beispiel wird der Cremonaplan im Knoten *IV* begonnen, man gelangt vom

[1]) Deshalb die Bezeichnung „reziproker Kräfteplan". Allgemeine Untersuchungen (u.a. von *Maxwell*) liefern für die Existenz solcher reziproker Figuren als notwendige Bedingung, daß sich das Fachwerk als ebene Projektionen eines räumlichen Polyeders darstellen läßt.

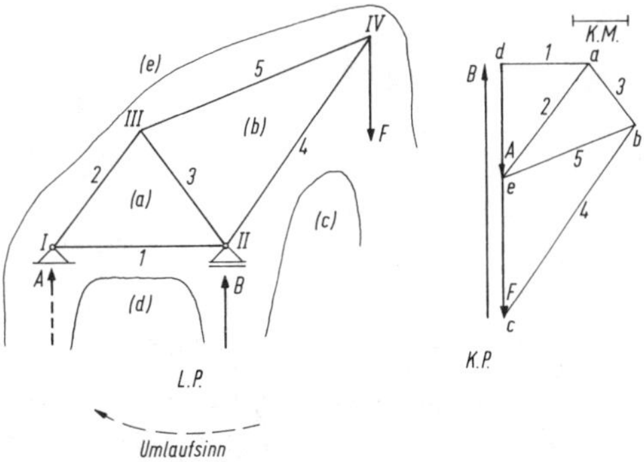

Bild 2.120 Konstruktion des Cremonaplans

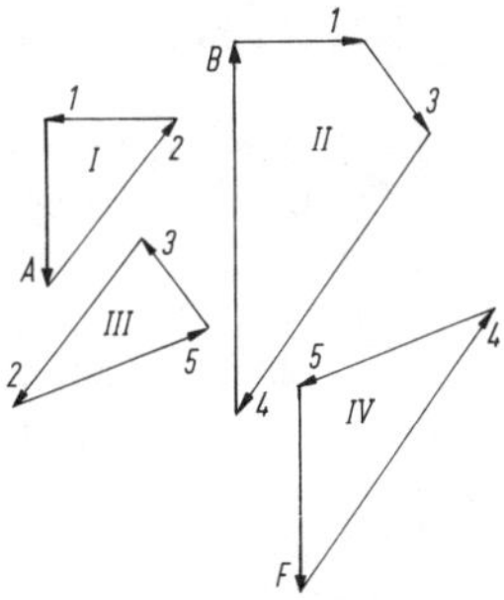

Bild 2.121 Einzelkraftecke für die Knoten

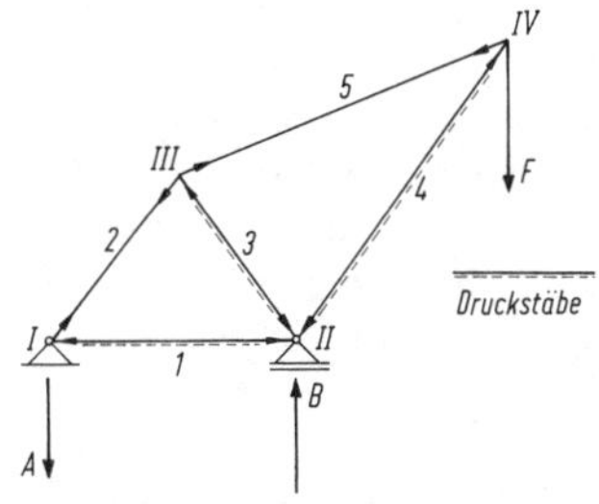

Bild 2.122 Vorzeichen der Stabkräfte

Polygon (*e*) nach (*c*) über die Kraft *F*, kurz ausgedrückt

$$e \rightarrow c: \; F.$$

Die weitere Konstruktion des Cremonaplans läuft nach folgendem Schema ab:

$$e \rightarrow b: \; 5$$

$$c \rightarrow b: \; 4$$

d.h. man zeichnet die Linien 5 und 4 und gelangt zum Schnittpunkt *b*.

Weiter folgt

$b \to a$: 3

$e \to a$: 2

$c \to d$: Richtung B

$a \to d$: 1

$d \to e$: Richtung A (als Kontrolle).

Man erkennt, daß die Größen der Auflagerkräfte hier nicht vorab bekannt sein müssen, sie ergeben sich vielmehr zwanglos aus dem Cremonaplan. Auch für eine nicht-vertikale Belastung im Knoten *IV* ist die Kenntnis der Wirkungslinie von A nicht erforderlich (obwohl sie leicht zu ermitteln ist).

Schließlich müssen die Richtungen der Stabkräfte festgestellt werden. Der Deutlichkeit halber sind in Bild 2.121 die einzelnen Kraftecke für die Knotenpunkte gezeigt. Es handelt sich dabei um die Kräfte, die von den Stäben auf die Knoten wirken (bzw. um die Auflagerreaktionen). Im Lageplan können die Richtungen gemäß Bild 2.122 durch kleine Pfeile gekennzeichnet werden, an den Nachbarknoten ist die Pfeilrichtung umgekehrt. Im Beispiel sind 2 und 5 gezogene, 1, 3 und 4 gedrückte Stäbe. [1])

In Bild 2.123 ist ein Beispiel gezeigt, bei dem die Last in einem 3-stäbigen Knoten angreift. An diesem Punkt kann der Cremonaplan nicht begonnen werden, zu seiner Konstruktion genügt jedoch in diesem Fall allein die Kenntnis der Wirkungslinien von A und B (deren Größen sich aber auch sofort aus dem Krafteck der äußeren Kräfte ergeben).

[1]) Gekennzeichnet durch eine gestrichelte Linie neben dem jeweiligen Druckstab.

Den Cremonaplan erhält man nach dem Schema

$e \to c$: F

$c \to d$: Richtung B } liefert Schnittpunkt d

$d \to e$: Richtung A }

$c \to b$: 5

$d \to b$: 2

$d \to a$: 1

$e \to a$: 3.

Die Richtungen der Stabkräfte folgen wiederum aus den einzelnen Knotenpunktkraftecken im Cremonaplan.

Im allgemeinen müssen in komplizierteren Fällen bei Lastangriff in einem 3- oder 4-stäbigen Knoten oder bei mehreren Lasten die Auflagerreaktionen vorab bestimmt werden um den Cremonaplan zeichnen zu können.

Ein Beispiel ist in Bild 2.124 dargestellt. Die Auflagerreaktionen ergeben sich zu $A_H = F$, $A_V = B = \frac{F}{2}$. Das Krafteck der äußeren Kräfte folgt nach dem Schema

$j \to g$: F

$g \to h$: B

$h \to i$: F

$i \to j$: A.

Es genügt also, nur die Größe der Auflagerkraft B zu kennen, die Auflagerkraft A folgt dann aus dem Krafteck. Der Stab 7 wird als Nullstab erkannt (was sich auch aus dem Cremonaplan direkt ergibt). Die weitere Konstruktion des Cremonaplans läuft nach dem Schema

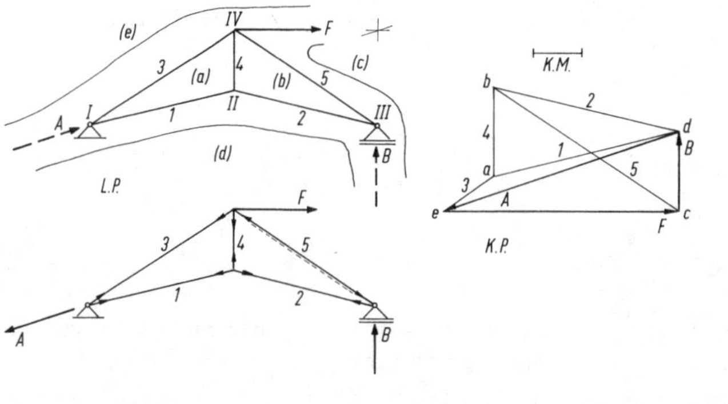

Bild 2.123 Dachträger, Lastangriff an dreistäbigem Knoten

$i \to a$: 1	$c \to d$: 7	$c = d$, $7 = 0$, $8 = 4$
$j \to a$: 2	$h \to d$: 8	
$j \to b$: 6	$j \to e$: 10	
$a \to b$: 3	$d \to e$: 9	
$b \to c$: 5	$g \to f$: 13	
$h \to c$: 4	$e \to f$: 11	(Kontrolle!).

Die sich ergebenden Vorzeichen der Stabkräfte sind in Bild 2.124 ebenfalls eingetragen.

Ein Sonderfall liegt vor, wenn ein Fachwerk einen belasteten Innenknoten enthält. In Bild 2.125 ist ein solches (statisch bestimmtes und stabiles) Fachwerk mit der Last F im Knoten *IV* gezeigt. Eine einfache Ermittlung der Stabkräfte gelingt mittels der sog. *Belastungsumordnung*.

Man bringt in zwei benachbarten Außenknoten (z.B. *III* bzw. *VI*) Gleichgewichtsgruppen F_{III} bzw. F_{VI} als Hilfskräfte an. Die Größen von F_{III} und F_{VI} werden derart bestimmt, daß sie der Last F das Gleichgewicht halten. Gemäß Bild 2.126 müssen dann zwei Belastungsfälle überlagert werden. Beidesmal läßt sich ein Cremonaplan zeichnen.

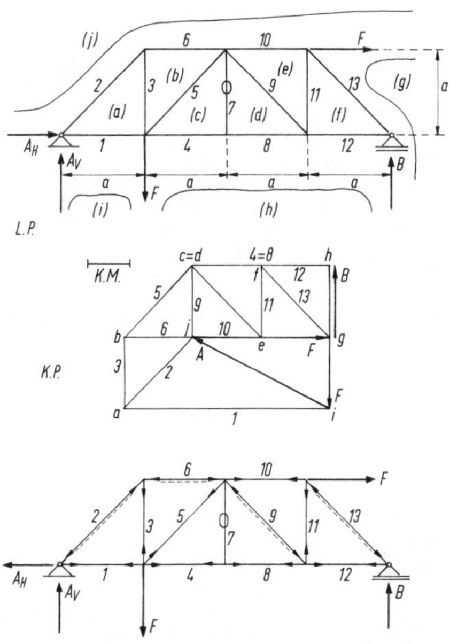

Bild 2.124 Fachwerk mit zwei belasteten Knoten

Im Lastfall (*1*) müssen zuvor die Auflagerkräfte bei A und B ermittelt werden. Im Lastfall (*2*) handelt es sich um eine Gleichgewichtsbelastung für das nur aus den Stäben 4, 7, 8 bestehende Teilfachwerk. Nach Bestimmung der Vorzeichen werden die Stabkräfte aus den beiden Lastfällen addiert.

Liegen mehrere belastete Innenknoten vor, müssen mehrere entsprechende Lastfälle überlagert werden.

Abschließend sei nochmals festgehalten, daß sich für einfache Fachwerke immer ein Cremonaplan zur grafischen Ermittlung der Stabkräfte zeichnen läßt (vgl. Fußnote auf S. 55).

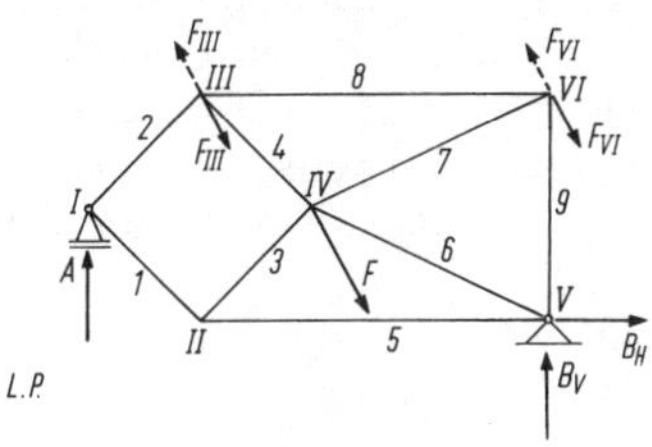

Bild 2.125 Fachwerk mit belastetem Innenknoten IV und Hilfskraftgruppen F_{III} und F_{VI}

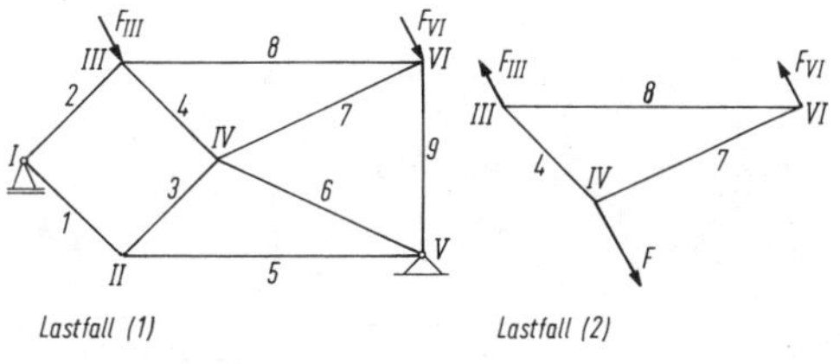

Bild 2.126 Methode der Belastungsumordnung

2.4.4 Nichteinfache Fachwerke (Grundfiguren)

Wie bereits erwähnt, handelt es sich bei den Grundfiguren ebenfalls um statisch bestimmte und stabile Fachwerke. Alle Stabkräfte können mit Anwendung des rechnerischen Knotenpunktgleichgewichtsverfahrens gewonnen werden. Die grafische Durchführung des Knotenpunktgleichgewichtsverfahrens mittels Cremonaplan hingegen ist nicht direkt möglich. Es gibt aber verschiedene Wege, diese Schwierigkeit zu umgehen um dann den Cremonaplan zeichnen zu können.

Nachdem man die Auflagerreaktionen bestimmt hat, kann man z. B. mit einem Ritter-Schnitt oder einem Schnitt durch mehr als drei Stäbe einzelne Stabkräfte berechnen und ist dann imstande, den Cremonaplan im wahren Maßstab zu beginnen und zu vollenden.

Ein Beispiel hierfür zeigt Bild 2.127. Mit dem angedeuteten Schnitt durch drei Stäbe lassen sich die Stabkräfte S_1, S_5 und S_6 berechnen. Bei bekanntem Krafteck der äußeren Kräfte kann der Cremonaplan entweder mit S_1 oder S_5 begonnen werden (der Cremonaplan „läuft dann durch").

Wegen der Symmetrie genügt hier die Betrachtung einer Hälfte. Analog zu behandeln ist das Beispiel in Bild 2.128. Hier ist kein Ritter-Schnitt durch drei Stäbe möglich, aber mit einem der angedeuteten Schnitte (1) und (2) läßt sich jeweils eine Stabkraft (S_6 oder S_{11}) berechnen. Damit kann wiederum der Cremonaplan vollständig konstruiert werden.

Einige weitere sehr zweckmäßige Verfahren sollen nachfolgend beschrieben werden.

2.4.4.1 Methode des unbestimmten Maßstabs

Diese ist sehr einfach durchzuführen, wenn nur eine einzige Last vorhanden ist. Man nimmt eine der Stabkräfte in beliebiger Größe (z. B. als Einheitskraft) an und konstruiert den Cremonaplan. Die Stabkräfte S_i^* ergeben sich daraus in einem zunächst unbekannten Maßstab. Auch die Last erscheint dann als F^* in bestimmter Größe und der Maßstabsfaktor m folgt aus dem Vergleich mit der wirklichen Größe der Last F, d. h. es gilt

$$\frac{F}{F^*} = m \quad \text{bzw.} \quad S_i = m \cdot S_i^* . \tag{2.64}$$

Dies ist an den Beispielen gemäß Bild 2.127 bzw. 2.128 jeweils im K.P. angedeutet, der Cremonaplan wird z. B. begonnen mit S_6 bzw. S_4, er läßt sich damit sofort zeichnen (und läuft auch durch).

Sind mehrere Lasten vorhanden, kann das Verfahren jeweils für eine der Lasten und anschließende Überlagerung der Teilergebnisse durchgeführt werden.

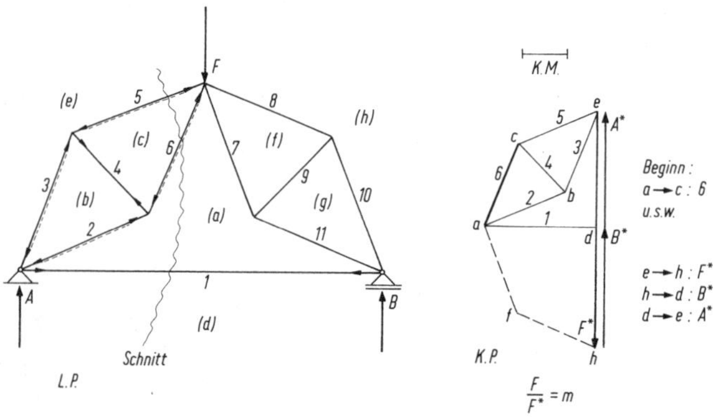

Bild 2.127 Grundfigur, Schnittverfahren bzw. Methode des unbest. Maßstabs

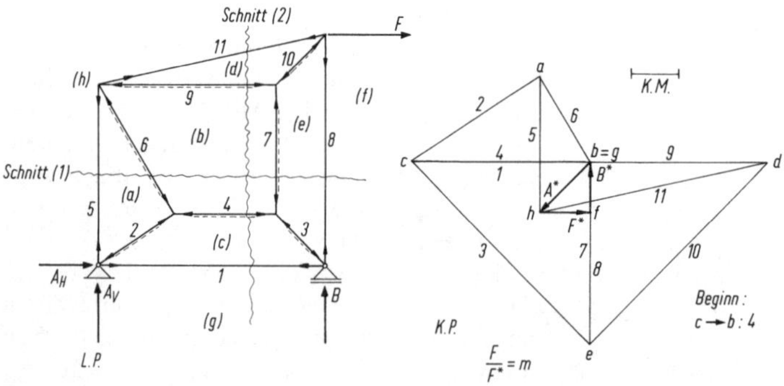

Bild 2.128 Grundfigur, Schnittverfahren bzw. Methode des unbest. Maßstabs

Auch für die in Bild 2.129 und 2.130 gezeigten Fachwerke (es sind mit $2k = s$ statisch bestimmte und stabile gelenkige Stabverbindungen, die durch mehr als drei Stäbe gelagert sind und die mitunter als *gestützte Fachwerke* bezeichnet werden) läßt sich ein Cremonaplan nicht direkt zeichnen. Die Methode des unbestimmten Maßstabs führt hier aber sofort zum Ziel, für das Beispiel in Bild 2.129 beginnt man z.B. mit $c \to b$:4. Ein weiteres Beispiel dieser Art zeigt Bild 2.130.

2.4.4.2 Hennebergsche Methode der Stabvertauschung (Ersatzstabverfahren)

Diese Methode läßt sich immer zur Behandlung statisch bestimmter, nichteinfacher Fachwerke anwenden. Zur Erläuterung betrachte man in Bild 2.131 nochmals die Grundfigur gemäß Bild 2.127. Zunächst wird durch Wegnahme eines Stabs (Tauschstab) und Einsetzen eines Ersatzstabs an geeigneter Stelle aus der Grundfigur ein stabiles einfaches Fachwerk erzeugt (manchmal fallen dabei weitere Stäbe weg). Dafür läßt sich nun ein erster Cremonaplan, sog. T-Plan zeichnen, der die äußeren Kräfte (Lasten und Auflagerreaktionen) erfaßt.

In Bild 2.131 a wurde Stab 1 zwischen den Knoten *I* und *II* entfernt, der Ersatzstab zwischen den Knoten *III* und *IV* eingesetzt. Für das entstandene Fachwerk kann der T-Plan leicht konstruiert werden (wegen der Symmetrie genügt die Betrachtung einer Hälfte).

Sodann wird ein zweiter Cremonaplan, sog. *U*-Plan [1]) für das ursprüngliche Fachwerk mit dem Ersatzstab, aber ohne äußere Kräfte gezeichnet, wobei zwischen den Knoten *I* und *II* (d.h. in Richtung des Tauschstabs 1) eine Kraft in beliebiger Größe (z.B. Einheitskraft) als Belastung angenommen wird (vgl. Bild 2.131 b).

Die sich aus den beiden Cremonaplänen ergebenden Stabkräfte werden derart überlagert, daß die Stabkraft des Ersatzstabs verschwindet. Hierzu müssen die Kräfte U_i mit einem Maßstabsfaktor (mit x bezeichnet) multipliziert werden, d.h. die wirklichen Stabkräfte ergeben sich gemäß

$$S_i = T_i + x U_i \tag{6.25}$$

wobei die Bedingung

$$S_E = T_E + x U_E = 0$$

den Maßstabsfaktor

$$x = -\frac{T_E}{U_E}$$

[1]) Die Bezeichnung *T*-Plan und *U*-Plan hat historische Gründe.

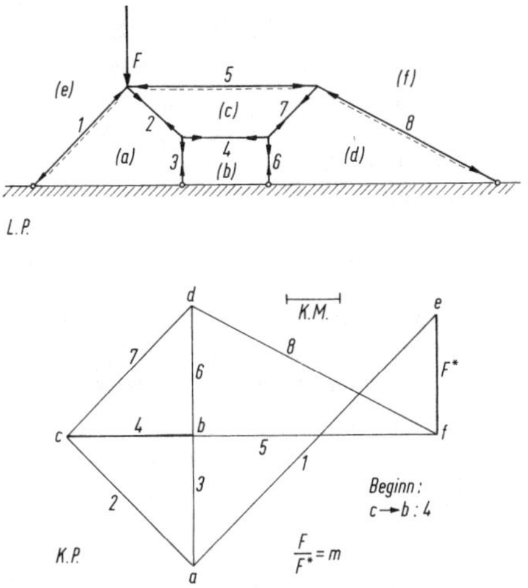

Bild 2.129 Gestütztes Fachwerk, Methode des unbestimmten Maßstabs

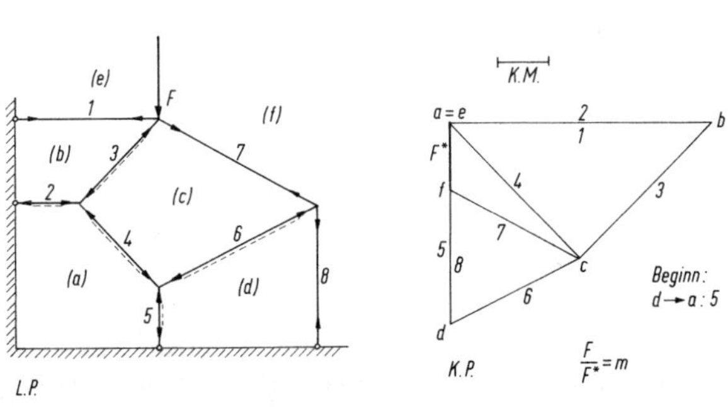

Bild 2.130 Gestütztes Fachwerk, Methode des unbestimmten Maßstabs

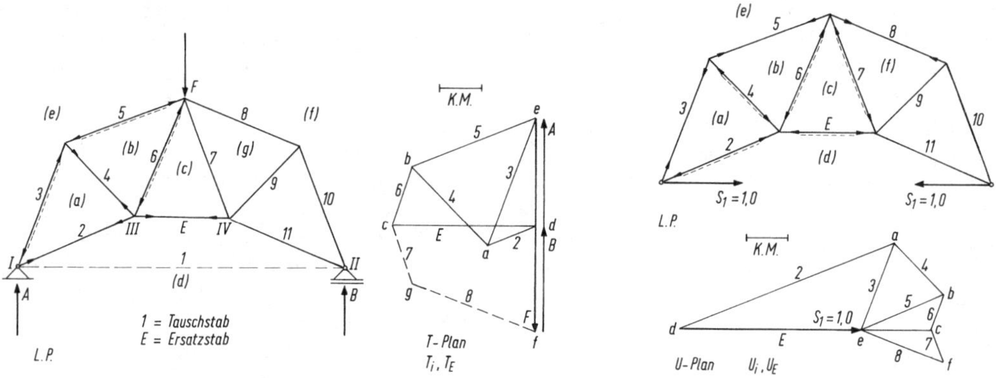

Bild 2.31 a) Methode der Stabvertauschung T-Plan, b) Methode der Stabvertauschung U-Plan

liefert. Die Durchführung der Rechnung erfolgt zweckmäßig tabellarisch nach folgendem Schema (Stab 1 sei Tauschstab)

i	T_i	U_i	xU_i	S_i
1	0	U_1	xU_1	xU_1
2	T_2	U_2	xU_2	$T_2 + xU_2$
⋮				
E	T_E	U_E	xU_E	0

Ein weiteres Beispiel ist in Bild 2.132 für ein gestütztes Fachwerk gezeigt. Nach Entfernung des Tauschstabs 6 wird der Ersatzstab E wie gezeichnet eingesetzt, die Stäbe 1 bis 5 fallen als Nullstäbe weg und der T-Plan liefert nur Kräfte im Stab 8 und im Ersatzstab. Diese werden mit den Kräften im U-Plan in der besprochenen Weise kombiniert.

Auch für das gestützte Fachwerk in Bild 2.129 läßt sich die Methode durchführen, z. B. mit 8 als Tauschstab und einem Ersatzstab E, der vom Lastangriffsknoten zum festen Untergrund eingesetzt wird (die Stäbe 2 bis 7 fallen dann weg). Bei komplizierten Grundfiguren ist es mitunter notwendig, die geschilderte Stabvertauschung mehrmals vorzunehmen. Es werden zwei Tauschstäbe herausgenommen und dafür an anderer Stelle zwei Ersatzstäbe eingesetzt.
Man zeichnet dann 3 Cremonapläne

- T-Plan für Fachwerk mit Ersatzstäben und äußeren Kräften
- U-Plan für Fachwerk mit Ersatzstäben ohne äußere Kräfte aber mit Einheitskraft in einem der herausgenommenen Tauschstäbe (S_1)
- V-Plan für Fachwerk mit Ersatzstäben ohne äußere Kräfte aber mit Einheitskraft im zweiten der herausgenommenen Tauschstäbe (S_2).

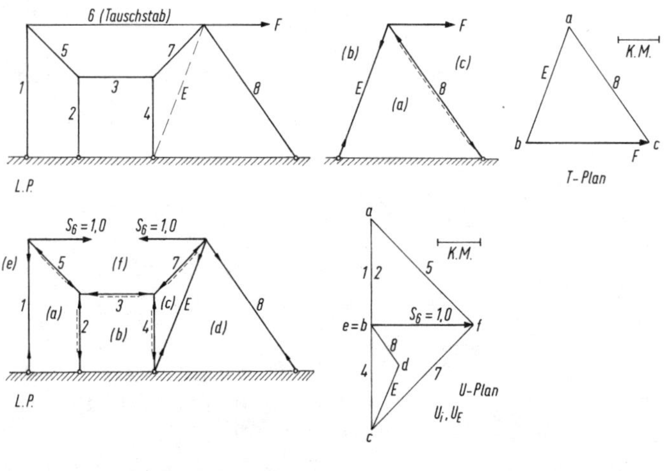

Bild 2.132 Gestütztes Fachwerk
Methode der Stabvertauschung

Für die wirklichen Stabkräfte gilt dann

$$S_i = T_i + x U_i + y V_i \qquad (2.66)$$

Die Maßstabsfaktoren x und y ergeben sich aus den Bedingungen für die beiden Ersatzstäbe (E_1 und E_2)

$$x U_{E1} + y V_{E1} = -T_{E1}$$
$$x U_{E2} + y V_{E2} = -T_{E2}$$

gemäß (Cramersche Regel)

$$x = \frac{\begin{vmatrix} -T_{E1} & V_{E1} \\ -T_{E2} & V_{E2} \end{vmatrix}}{\begin{vmatrix} U_{E1} & V_{E1} \\ U_{E2} & V_{E2} \end{vmatrix}}, \qquad y = \frac{\begin{vmatrix} U_{E1} & -T_{E1} \\ U_{E2} & -T_{E2} \end{vmatrix}}{\begin{vmatrix} U_{E1} & V_{E1} \\ U_{E2} & V_{E2} \end{vmatrix}}.$$

Voraussetzung für die Durchführbarkeit des Verfahrens ist das Nichtverschwinden der Determinante im Nenner, was übrigens auch das Kriterium für die Stabilität des Fachwerks ist (gilt auch, falls weitere Stabvertauschungen erforderlich sind).

2.5 Statik der Seile und Ketten

In Bild 2.133 ist ein sog. ebenes *Gelenkstangensystem* (Stabkette) dargestellt: starre Stäbe sind in idealen Gelenken miteinander verbunden, die äußersten Stäbe sind gelenkig fest aufgelagert. Vertikale, in einer Ebene liegende, äußere Kräfte greifen in den Gelenken an, so daß in den Stäben nur axiale Zugkräfte auftreten. Unter der Wirkung der Lasten stellt sich eine bestimmte ebene Gleichgewichtsform der Stabkette ein (die rechnerisch oder grafisch ermittelt werden kann).

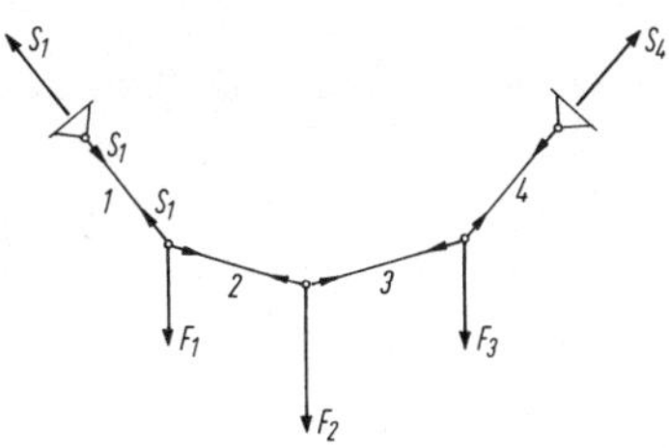

Bild 2.133 Gelenkstangensystem (Stabkette)

Läßt man die Zahl der starren Stangen bei kleiner werdender Stangenlänge beliebig anwachsen, ergibt sich ein ideales Gebilde, das als vollkommen biegsame undehnbare Kette oder Seil bezeichnet wird. Es können keine Biegemomente und Querkräfte, nur axiale Kräfte übertragen werden. Die sich einstellende Gleichgewichtsform ist eine gekrümmte Linie, die sog. *Seilkurve*, ihre Gestalt ist abhängig von der Belastung.
Gemäß Bild 2.134 wird ein zwischen den festen Punkten A und B ausgespanntes ideales Seil betrachtet, es wird eine stetig verteilte Vertikalbelastung (z. B. infolge Eigengewicht, Schnee- oder Eislast) angenommen. Zu ermitteln sind die sich einstellende Seilkurve sowie die Verteilung der Kräfte längs des Seils.

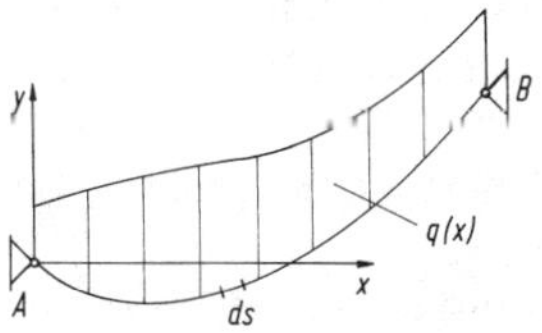

Bild 2.134 Seil unter beliebiger verteilter vertikaler Belastung

2.5.1 Differentialgleichung der Seilkurve

Gegeben ist eine vertikale kontinuierliche Seilbelastung $q(x)$, bezogen auf die Längeneinheit der Horizontalprojektion. Im Seil stellt sich eine Zugkraft ein, die tangential zur Seilkurve gerichtet ist.
Da die Seilkurve zunächst unbekannt ist, muß die Gleichgewichtsbetrachtung für ein infinitesimales Seilelement der Länge ds angestellt werden (Bild 2.135).

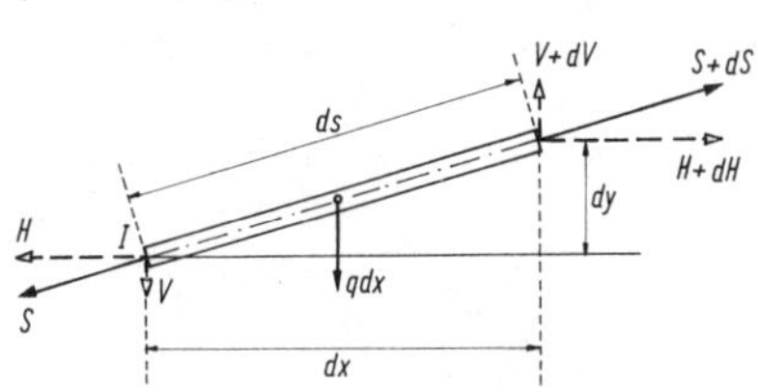

Bild 2.135 Kräftespiel am Seilelement

Mit H bzw. V als Horizontal- bzw. Vertikalkomponenten der Seilkraft S folgen zunächst

$$\left.\begin{aligned} &\rightarrow \; -H + H + \mathrm{d}H = 0 \\ &\uparrow \; -V + V + \mathrm{d}V - q(x)\,\mathrm{d}x = 0 \\ &\overset{\curvearrowleft}{I} \; (V + \mathrm{d}V)\,\mathrm{d}x - q\,\mathrm{d}x\,\frac{\mathrm{d}x}{2} \\ &\qquad\qquad - (H + \mathrm{d}H)\,\mathrm{d}y = 0. \end{aligned}\right\} \qquad (2.67)$$

Daraus ergeben sich (bei Vernachlässigung der von 2. Ordnung kleinen Glieder)

$$\left.\begin{aligned} H &= \text{konst. (sog. Horizontalzug)} \\ \frac{dV}{dx} &= V' = q(x) \\ \frac{V}{H} &= \frac{dy}{dx} = y'. \end{aligned}\right\} \quad (2.68)$$

Für die Seilkraft gilt somit

$$S = \sqrt{H^2 + V^2} = H\sqrt{1 + y'^2} \quad (2.69)$$

wobei der Horizontalzug H noch unbekannt ist. Ferner ergibt sich für das Linienelement der Seilkurve

$$ds = dx\sqrt{1 + y'^2}. \quad (2.70)$$

Aus (2.68) folgt die Diff. Gl. der Seilkurve

$$Hy'' = q(x). \quad (2.71)$$

Eine alternative Form dieser Gleichung unter Verwendung des sog. *Durchhangs* (d.h. dem Abstand zwischen der Seilkurve und der Verbindungsgeraden der Einspannpunkte, vgl. Bild 2.136)

$$\eta = \frac{h}{l}x - y \quad (2.72)$$

lautet

$$H\eta'' = -q(x). \quad (2.71\,a)$$

Für verschiedene Belastungsarten gewinnt man die Seilkurve durch Integration von (2.71) oder (2.71a) unter Berücksichtigung von Rand- oder Auflagerbedingungen.

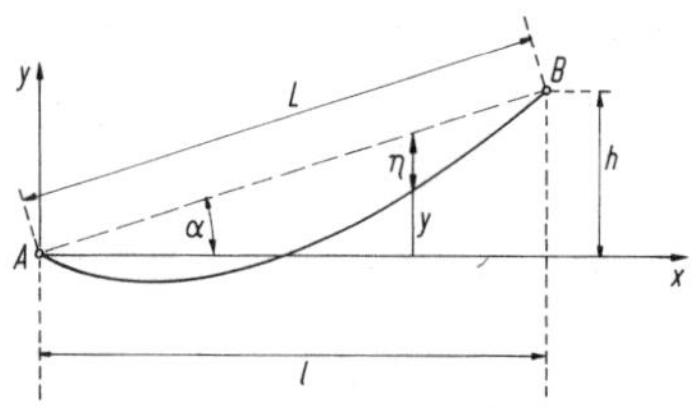

Bild 2.136 Durchhang η des Seils

Im folgenden sollen Lösungen für gleichförmige Belastung des Seils, z.B. infolge Eigengewicht, betrachtet werden. Hierbei hat man zu unterscheiden, ob die Belastungsamplitude auf die Längeneinheit der Horizontalprojektion oder auf die Längeneinheit des Seils bezogen ist.

2.5.1.1 Flach ausgespanntes Seil unter Eigengewicht

Vielfach hat man es bei praktischen Anwendungen mit flach gespannten Seilen (mit geringem Durchhang) zu tun. Hierfür genügt die Annahme einer gleichförmig über die Horizontalprojektion verteilten Last $q(x) = \text{konst.}$

Das Gesamtgewicht des Seils stellt sich dar als

$$Q = \gamma^* L^* \quad (2.73)$$

mit L^* als Seillänge ($L^* > L = \sqrt{l^2 + h^2}$) und γ^* als spezifischem Seilgewicht.

Für flach gespanntes Seil setzt man $Q \approx q \cdot l$, wobei q die auf die Längeneinheit der Horizontalprojektion bezogene Belastungsamplitude bedeutet.

Mit $H = \text{konst.}$ und $q = \text{konst.}$ erhält man aus (2.71) durch zweimalige Integration

$$y(x) = \frac{q}{H}\frac{x^2}{2} + C_1 x + C_2$$

bzw. mit den Randbedingungen

$$y(0) = 0, \quad y(l) = h$$

als Gleichung der Seilkurve

$$y(x) = \frac{h}{l}x + \frac{qx}{2H}(x - l) \quad (2.74)$$

d.h. die Gleichung einer Parabel 2. Grads (sog. parabolische Seilkurve). Der maximale Durchhang tritt stets in der Mitte zwischen den beiden Befestigungspunkten auf.

Aus (2.71a) folgt analog die Darstellung der Seilkurve in der Form

$$\eta(x) = \frac{qx}{2H}(l - x). \quad (2.74\,a)$$

Für den maximalen Durchhang erhält man aus $\eta' = 0$

$$\eta_{\max} = \frac{ql^2}{8H} \quad \text{für} \quad x_m = \frac{l}{2}. \quad (2.75)$$

Mit der Steigung der Seilkurve

$$y' = \frac{h}{l} + \frac{q}{H}\left(x - \frac{l}{2}\right)$$

ergibt sich die Vertikalkomponente der Seilkraft gemäß (2.68), sie hat in den Befestigungspunkten B und A die Werte

$$x = l: \quad V_B = H\frac{h}{l} + q\frac{l}{2} = V_{\max}$$

$$x=0: \quad V_A = H\frac{h}{l} - q\frac{l}{2}.$$

Die maximale Seilkraft

$$S_{\max} = \sqrt{H^2 + V_B^2} \tag{2.76}$$

tritt also im oberen Befestigungspunkt auf.
Die Berechnung der Seillänge erfolgt mit (2.70) gemäß

$$L^* = \int_0^{L^*} \mathrm{d}s = \int_0^l \sqrt{1+y'^2}\,\mathrm{d}x. \tag{2.77}$$

Eine exakte Integration ist nicht möglich, als Näherung für flachgespanntes Seil ergibt sich mittels Reihenentwicklung des Integranden der Ausdruck

$$L^* = L\left(1 + \frac{Q^2}{24H^2}\cos^4\alpha\right) \tag{2.78}$$

mit dem Seilgewicht $Q = ql$ und $\cos\alpha = \frac{l}{L}$.

Bisher ist über die Größe des Horizontalzugs H noch nichts ausgesagt, man erkennt aber, daß in allen maßgebenden Gleichungen H vorkommt. Bei der Lösung eines Seilproblems sind die geometrischen Größen l und h sowie die Belastungsamplitude (oder das Seilgewicht) vorab gegeben. Der Horizontalzug H folgt dann durch Vorgabe von $\eta_{\max}$ oder $S_{\max}$ oder L^* bzw. L nach den Beziehungen (2.75) oder (2.76) oder (2.78). Der Fall einer konstanten, auf die Horizontalprojektion bezogenen Seilbelastung liegt z.B. auch bei einer Hängebrücke (Bild 2.137) vor. Die Vertikalbelastung des Tragseils ergibt sich aus dem Gewicht des Brückendecks (bei Vernachlässigung des Seileigengewichts).

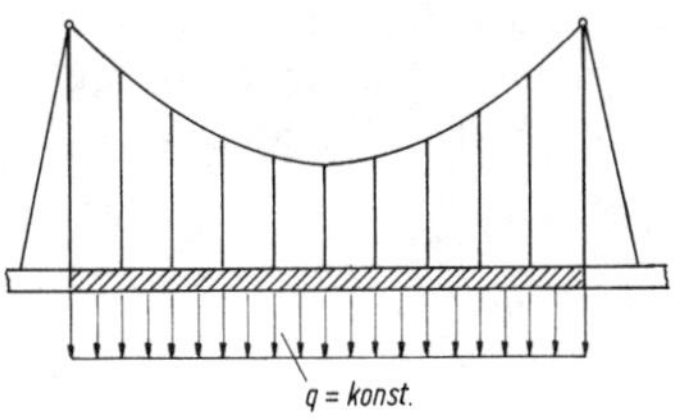

Bild 2.137 Belastung einer Hängebrücke

2.5.1.2 Seil mit beliebigem Durchhang unter Eigengewicht

Behandelt wird jetzt der allgemeine Fall (Bild 2.138), daß die verteilte Belastung (z.B. Eigengewicht) gemäß (2.73) bezogen auf die

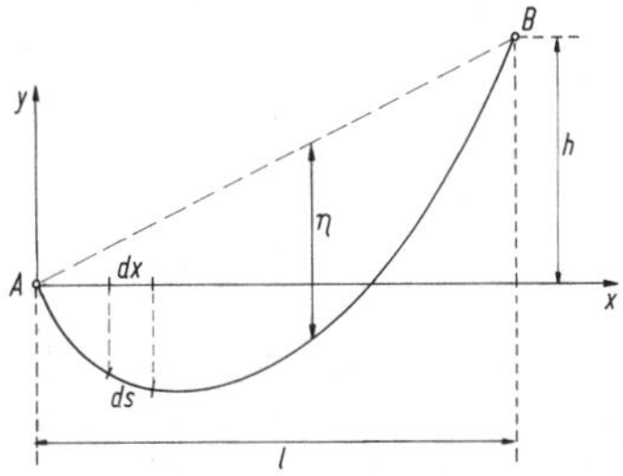

Bild 2.138 Seil mit großem Durchhang

Einheit der Seillänge (aber nicht mehr bezogen auf die Längeneinheit der Horizontalprojektion) konstant ist. Somit gilt

$$\gamma^*\,\mathrm{d}s = q(x)\,\mathrm{d}x$$

oder mit (2.70)

$$q(x) = \gamma^*\sqrt{1+y'^2}$$

und die Diff. Gl. der Seilkurve lautet nunmehr

$$y'' = \frac{\gamma^*}{H}\sqrt{1+y'^2}. \tag{2.79}$$

Es handelt sich um eine separierbare Diff. Gl. erster Ordnung für y'.
Mit der Substitution $y' = u$ folgt aus (2.79)

$$\frac{\mathrm{d}u}{\sqrt{1+u^2}} = \frac{\gamma^*}{H}\,\mathrm{d}x$$

und nach Integration

$$Ar\,sh\,u = \frac{\gamma^*}{H}(x - x_0)$$

bzw.

$$u = y' = sh\left[\frac{\gamma^*}{H}(x-x_0)\right].$$

Die nochmalige Integration nach x ergibt schließlich

$$y(x) = \frac{H}{\gamma^*}\left\{ch\left[\frac{\gamma^*}{H}(x-x_0)\right] + C\right\}.$$

Dies ist die Gleichung der hyperbolischen Seilkurve oder Kettenlinie (eine von der Parabel geringfügig abweichende Kurve).
Die Integrationskonstanten C und x_0 werden aus den Randbedingungen

$$y(0) = 0, \quad y(l) = h$$

bestimmt. Aus der ersten folgt

$$C = -ch\,\frac{\gamma^*}{H}\,x_0$$

die zweite liefert zunächst

$$\frac{\gamma^*}{H}\,h = ch\left[\frac{\gamma^*}{H}\,(l - x_0)\right] - ch\,\frac{\gamma^*}{H}\,x_0$$

und nach Umformung (mit den Additionstheoremen der Hyperbelfunktionen)

$$\frac{\gamma^* h}{2H sh\,\frac{\gamma^* l}{2H}} = sh\left[\frac{\gamma^*}{H}\left(\frac{l}{2} - x_0\right)\right].$$

Hieraus ist x_0 numerisch oder grafisch zu ermitteln. Die Gleichung der Kettenlinie lautet schließlich

$$y(x) = \frac{H}{\gamma^*}\left\{ch\left[\frac{\gamma^*}{H}\,(x - x_0)\right] - ch\,\frac{\gamma^*}{H}\,x_0\right\}. \tag{2.80}$$

Für den *Durchhang* des Seils ergibt sich

$$\eta(x) = \frac{h}{l}\,x - \frac{H}{\gamma^*}\left\{ch\left[\frac{\gamma^*}{H}\,(x - x_0)\right] - ch\,\frac{\gamma^*}{H}\,x_0\right\}$$

der Maximalwert tritt an der Stelle x_m auf, wo die Seiltangente parallel zur Verbindungsgeraden der Befestigungspunkte ist (Bild 2.139). Hierfür gilt

$$\tan\alpha = \frac{h}{l} = sh\left[\frac{\gamma^*}{H}\,(x_m - x_0)\right]$$

d.h.

$$\eta_{max} = \frac{h}{l}\,x_m - \frac{H}{\gamma^*}\left\{ch\left[\frac{\gamma^*}{H}\,(x_m - x_0)\right] - ch\,\frac{\gamma^*}{H}\,x_0\right\}. \tag{2.81}$$

Die Berechnung der *Seilkraft* gemäß (2.69) führt unter Benutzung von (2.80) auf

$$S = H\,ch\left[\frac{\gamma^*}{H}\,(x - x_0)\right] = \gamma^* y + H\,ch\,\frac{\gamma^*}{H}\,x_0$$

der Maximalwert tritt wieder am oberen Befestigungspunkt *B* auf und ist

$$S_{max} = \gamma^* h + H\,ch\,\frac{\gamma^*}{H}\,x_0\,. \tag{2.82}$$

Für die *Seillänge* ergibt sich nach (2.77)

$$L^* = \int_0^l ch\left[\frac{\gamma^*}{H}\,(x - x_0)\right]dx = \frac{H}{\gamma^*}\left\{sh\left[\frac{\gamma^*}{H}\,(l - x_0)\right] + sh\,\frac{\gamma^*}{H}\,x_0\right\} = \frac{H}{\gamma^*}\sqrt{2ch\,\frac{\gamma^* l}{H} + \left(\frac{h\gamma^*}{H}\right)^2 - 2}\,. \tag{2.83}$$

Man erkennt, daß zur Festlegung des Horizontalzugs *H* wieder eine der Beziehungen (2.81), (2.82), (2.83) herangezogen werden muß.

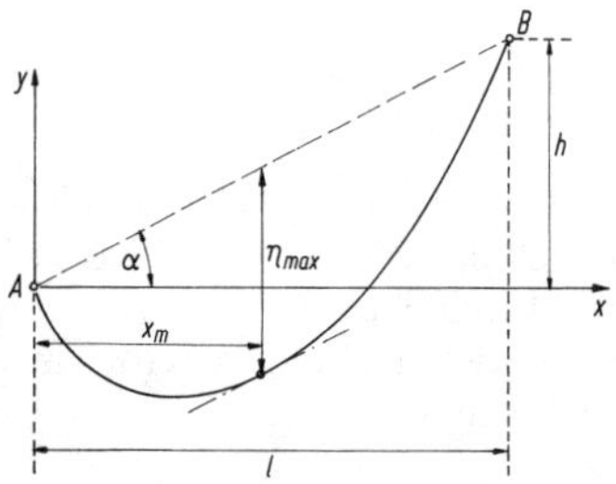

Bild 2.139 Maximaler Durchhang bei der hyperbolischen Seilkurve

2.6 Grundbegriffe der Raumstatik

Es werden jetzt beliebig im Raum gerichtete Kräfte betrachtet, die auf einen dreidimensionalen starren Körper einwirken. Zu den in der ebenen Statik besprochenen Gesetzmäßigkeiten wird jetzt eine dritte Dimension hinzugenommen.

2.6.1 Kräfte und Momente im Raum

Die Komponentendarstellung einer Kraft im Raum bei Bezugnahme auf ein Kartesisches Koordinatensystem (Bild 2.140) lautet

$$\vec{F} = \vec{e}_x F_x + \vec{e}_y F_y + \vec{e}_z F_z \tag{2.84}$$

mit den Komponenten

$$\left.\begin{aligned} F_x &= F\cos(x, F) \\ F_y &= F\cos(y, F) \\ F_z &= F\cos(z, F). \end{aligned}\right\} \tag{2.85}$$

Die auftretenden cos-Funktionen der Winkel

$$\sphericalangle(x, F) = \alpha, \quad \sphericalangle(y, F) = \beta, \quad \sphericalangle(z, F) = \gamma$$

bezeichnet man als die Richtungscosinus der Kraft $\vec{F}$. Es gilt hierfür

$$\cos^2\alpha + \cos^2\beta + \cos^2\gamma = 1. \tag{2.86}$$

Der Betrag der Kraft $\vec{F}$ ist

$$F = |\vec{F}| = \sqrt{F_x^2 + F_y^2 + F_z^2}. \tag{2.87}$$

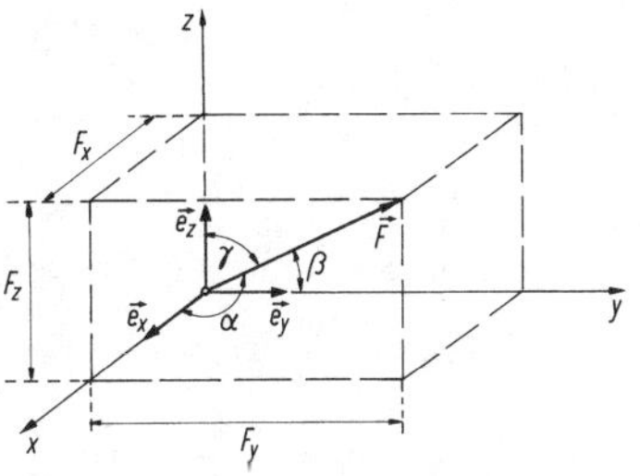

Bild 2.140 Komponenten einer Kraft im Raum

2.6.1.1 Zentrales Kräftesystem

Die Wirkungslinien der Kräfte schneiden sich in einem Punkt.
Die Zusammensetzung dreier Kräfte liefert die Resultierende

$$\vec{R} = \vec{F}_1 + \vec{F}_2 + \vec{F}_3$$

die sich als Diagonale des von den drei Kräften gebildeten Parallelepipeds (Spats) darstellt (Bild 2.141 a).
Entsprechend der Vektoraddition ergibt sich ein räumliches Kräftepolygon, bestehend aus zueinander windschiefen Geraden im Raum (Bild 2.141 b).

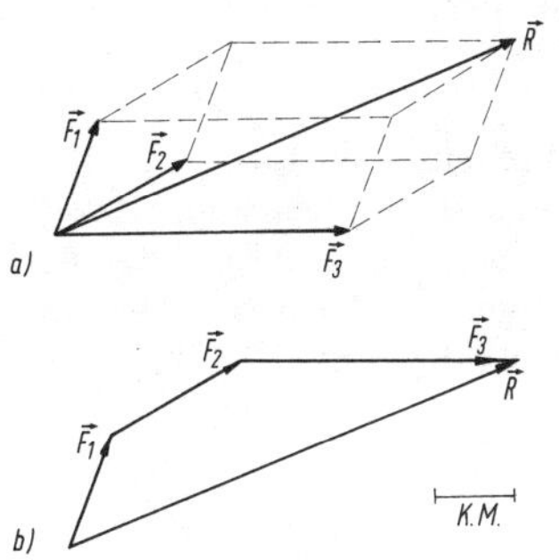

Bild 2.141 Zusammensetzung dreier zentraler Kräfte

Dies gilt ebenso für eine beliebige Anzahl zentraler Kräfte, es ist

$$\vec{R} = \sum_{i=1}^{n} \vec{F}_i \tag{2.88}$$

bzw. in Komponentendarstellung

$$R_x = \sum_{i=1}^{n} F_{ix}, \quad R_y = \sum_{i=1}^{n} F_{iy}, \quad R_z = \sum_{i=1}^{n} F_{iz}.$$

Die Bedingung dafür, daß sich ein zentrales Kräftesystem im Gleichgewicht befindet, lautet

$$\vec{R} = \sum_{i=1}^{n} \vec{F}_i = 0 \tag{2.89}$$

mit entsprechender Komponentendarstellung.
Die Bedingung (2.89) beinhaltet ein geschlossenes räumliches Kräftepolygon.
Eine Kraft $\vec{F}$ kann eindeutig nach drei Richtungen im Raum zerlegt werden, wenn sich die Richtungen mit der Kraft in einem Punkt schneiden und die drei Richtungen nicht in einer Ebene liegen.
Dies entspricht dem Problem des Bockgerüsts (Dreibein) gemäß Bild 2.142. Die Kräfte in den drei Stäben lassen sich rechnerisch oder grafisch (mit Methoden der Darstellenden Geometrie) bestimmen.

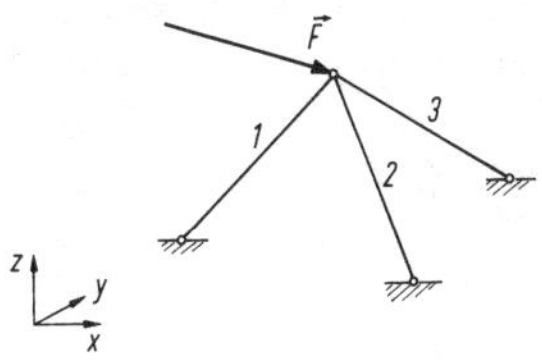

Bild 2.142 Bockgerüst

2.6.1.2 Moment einer Kraft im Raum

Zunächst wird das aus der ebenen Statik bereits bekannte *Moment in Bezug auf einen Punkt* (Pol) betrachtet.
Für das Moment bezüglich des Koordinaten-Nullpunkts gilt (vgl. Abschn. 1.6.2)

$$\vec{M}_{(0)} = \vec{r} \times \vec{F} \tag{2.90}$$

mit der Determinantendarstellung

$$\vec{M}_{(0)} = \begin{vmatrix} \vec{e}_x & \vec{e}_y & \vec{e}_z \\ x & y & z \\ F_x & F_y & F_z \end{vmatrix} = \vec{e}_x M_x + \vec{e}_y M_y + \vec{e}_z M_z$$

sowie

$$M_x = F_z y - F_y z \quad \text{usw.}$$

Für die Umrechnung des Moments bei Verschiebung des Bezugspunkts gilt (1.35) von Abschnitt 1.6.2 entsprechend.

Außerdem wird das Moment einer Kraft *in Bezug auf eine Achse* eingeführt. Es ist definiert als Moment der Kraftprojektion in eine zur Achse senkrechte Ebene bezüglich des Durchstoßpunkts 0 der Achse, Bild 2.143.

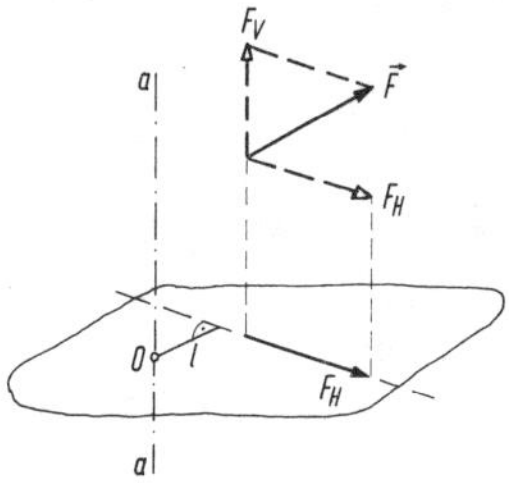

Bild 2.143 Moment der Kraft $\vec{F}$ bezüglich der Achse $a-a$

Der Betrag des Moments ist

$$M_{(a)} = F_H l$$

(die Kraft und die Achse liegen nicht in einer Ebene).

Aus dem Moment $\vec{M}_0 = \vec{r} \times \vec{F}$ einer Kraft bezüglich des Koordinaten-Nullpunkts ergibt sich das Moment bezüglich einer beliebigen Achse durch den Nullpunkt als Projektion des Vektors $\vec{M}_{(0)}$ auf diese Achse, vgl. Bild 2.144.

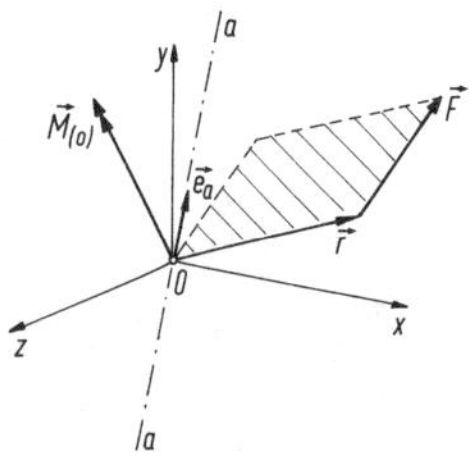

Bild 2.144 Moment einer Kraft bezüglich eines Punkts bzw. einer Achse

Ist $\vec{e}_a$ ein Einheitsvektor in Richtung der Achse $a-a$, so ist der Betrag des Moments bezüglich dieser Achse

$$M_{(a)} = \vec{e}_a \vec{M}_{(0)} = \vec{e}_a (\vec{r} \times \vec{F}) \tag{2.91}$$

d.h. $M_{(a)}$ ergibt sich als Spatprodukt

$$\vec{e}_a (\vec{r} \times \vec{F}) = \vec{e}_a \vec{r} \vec{F}$$

und stellt das Volumen des von den drei Vektoren $\vec{e}_a$, $\vec{r}$, $\vec{F}$ aufgespannten Spats dar.

Für den Momentenvektor $\vec{M}_{(a)}$ ergibt sich

$$\vec{M}_{(a)} = \vec{e}_a (\vec{e}_a \vec{M}_{(0)})$$

es handelt sich um einen Vektor, der in der Achse a–a liegt (bzw. parallel dazu, da ein Momentenvektor als freier Vektor im Raum beliebig parallel verschoben werden kann).

Das Moment einer Kraft bezüglich einer Achse im Raum verschwindet, wenn die Kraft parallel zur Achse gerichtet ist bzw. wenn die Kraftrichtung die Achsenrichtung schneidet.

2.6.1.3 Allgemeines räumliches Kräftesystem

Die Zusammensetzung eines räumlichen Kräftesystems liefert eine Resultierende

$$\vec{R} = \sum_{i=1}^{n} \vec{F}_i$$

die eine bestimmte Richtung und Lage im Raum hat. Ein Punkt ihrer Wirkungslinie hat den Ortsvektor $\vec{r}_R$ (Bild 2.145).

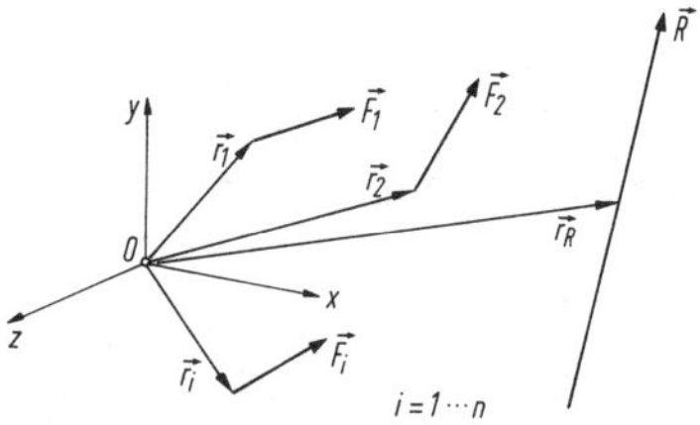

Bild 2.145 Beliebiges Kräftesystem im Raum ($i = 1 \ldots n$)

Verschiebt man diese Resultierende in der von den Vektoren $\vec{R}$ und $\vec{r}_R$ aufgespannten Ebene parallel zu sich selbst, so daß die Wirkungslinie von $\vec{R}$ durch den Koordinaten-Nullpunkt geht, hat dies das Auftreten eines Kräftepaares, d.h. eines Versetzungsmoments

$$\vec{M}_{(0)} = \vec{r}_R \times \vec{R}$$

zur Folge (vgl. Abschnitt 2.2.6.4).

Ein beliebiges räumliches Kräftesystem läßt sich somit auf eine resultierende Kraft $\vec{R}$ durch den Koordinaten-Nullpunkt und ein resultierendes Moment $\vec{M}_{(0)}$ zurückführen (Bild 2.146).

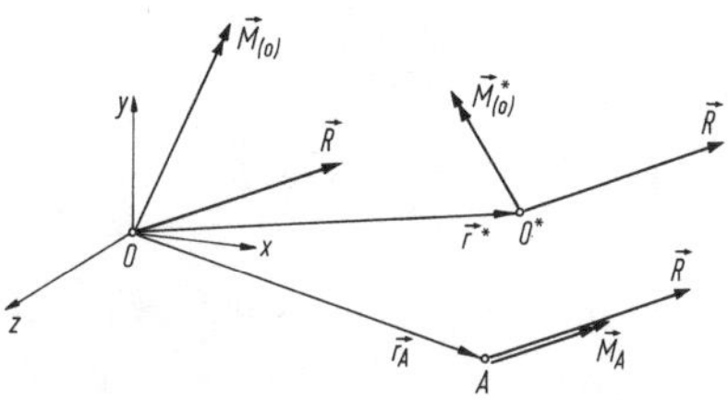

Bild 2.146 Dyname oder Kraftwinder im Koordinaten-Nullpunkt $\vec{R}$, $\vec{M}_{(0)}$ oder im Punkt 0* sowie Kraftschraube im Punkt A

Man bezeichnet das resultierende Größenpaar

$(\vec{R}, \vec{M}_{(0)})$ als *Dyname* oder *Kraftwinder*.

Die Zurückführung eines räumlichen Kräftesystems auf eine Dyname ist für jeden beliebigen Bezugspunkt immer möglich.
Hierbei ist $\vec{R}$ unabhängig vom Bezugspunkt, während das Moment gemäß (1.35)

$$\vec{M}_{(0)} = \vec{M}_{(0^*)} + \vec{r}_0 \times \vec{R}$$

von der Wahl des Bezugspunkts abhängt.
Wegen der beliebigen Wahl des Bezugspunkts gibt es unendlich viel Möglichkeiten, eine Dyname zu bilden. Ergibt sich für einen bestimmten Bezugspunkt $\vec{M} = 0$, so entspricht die Dyname einer Einzelkraft $(\vec{R}, 0)$, und das räumliche Kräftesystem ist durch eine einzige Resultierende durch den Momentenbezugspunkt ersetzbar.
Eine Dyname kann immer eindeutig auf eine sog. *Kraftschraube* zurückgeführt werden (Bild 2.146), d.h. es gibt einen und nur einen speziellen Bezugspunkt A (mit $\vec{r}_0 = \vec{r}_A$), für den $\vec{R}$ und $\vec{M}_{(A)}$ parallel sind. Man erhält $\vec{r}_A$ aus der Beziehung für parallele Vektoren

$$\vec{R} \times \vec{M}_{(A)} = \vec{R} \times (\vec{M}_{(0)} - \vec{r}_A \times \vec{R}) = 0 .$$

Hieraus folgt

$$\vec{r}_A = \frac{\vec{R} \times \vec{M}_{(0)}}{R^2},$$

die gemeinsame Achse von $(\vec{R}, \vec{M}_{(A)})$ heißt Zentralachse.
Ein zur Kraftschraube analoger Begriff wird in der Kinematik als Geschwindigkeitsschraube wieder auftauchen.

2.6.2 Gleichgewichtsbedingungen der Raumstatik

Ein beliebiges räumliches Kräftesystem (wirkend auf einen räumlichen starren Körper) ist im Gleichgewicht, wenn

$$\left.\begin{aligned} &\sum_{i=1}^{n} \vec{F}_i = 0 \\ &\sum_{i=1}^{n} \vec{M}_i = 0 \quad \text{(für beliebigen Bezugspunkt)} \end{aligned}\right\} \qquad (2.92)$$

oder wenn sich für jeden beliebigen Bezugspunkt die Dyname (0, 0) ergibt.

Den Vektorgleichungen (2.92) sind die sechs voneinander unabhängigen skalaren Komponentengleichungen

$$\left.\begin{aligned} &\sum_{i=1}^{n} F_{ix} = 0 \qquad &&\sum_{i=1}^{n} (F_{iz}\,y - F_{iy}\,z) = 0 \\ &\sum_{i=1}^{n} F_{iy} = 0 &&\sum_{i=1}^{n} (F_{ix}\,z - F_{iz}\,x) = 0 \\ &\sum_{i=1}^{n} F_{iz} = 0 &&\sum_{i=1}^{n} (F_{iy}\,x - F_{ix}\,y) = 0 \end{aligned}\right\} \qquad (2.93)$$

äquivalent. Die erste Spalte beinhaltet das Kräftegleichgewicht in Richtung der Koordinatenachsen, die zweite Spalte das Momentengleichgewicht bezüglich der Koordinatenachsen.
Alternative Möglichkeiten sind

- Erfüllung des Kräftegleichgewichts sowie Erfüllung des Momentengleichgewichts bezüglich zweier Pole und einer Achse (diese darf die Verbindungslinie der beiden Pole nicht schneiden),
- Erfüllung des Momentengleichgewichts bezüglich sechs beliebiger Achsen in allgemeiner Lage (mit Ausnahme gewisser Sonderfälle).

Ein freier starrer Körper im Raum besitzt sechs Bewegungsmöglichkeiten (oder Freiheitsgrade), drei Translationen und drei Rotationen. Der Zahl der Freiheitsgrade entspricht die Zahl der Gleichgewichtsbedingungen.
Für einen beliebig belasteten, im Raum gelagerten starren Körper lassen sich mit den sechs Gleichgewichtsbedingungen jeweils sechs unbekannte Auflagerreaktionen ermitteln.
Eine statisch bestimmte Lagerung liegt bei $a = 6$ Auflagerbindungen (Fesseln) vor, damit ist gemäß $f = 6 - a = 0$ auch die stabile Lagerung gegeben.

2.6.3 Einfache Beispiele der räumlichen Lagerung starrer Körper

Als Grundlage zur Behandlung gilt folgende fundamentale Zerlegungsaufgabe der räumlichen Statik: Eindeutige Zerlegung einer Kraft in sechs Teilkräfte, von deren Wirkungslinien höchstens drei in einer Ebene liegen und höchstens drei sich in einem Punkt schneiden dürfen.
Für die in Bild 2.147 gezeigte, mittels sechs Stützstäben statisch bestimmt gelagerte Platte kann man z.B. drei Kräftegleichgewichtsbedin-

gungen (in x-, y-, z-Richtung) sowie drei Momentengleichgewichtsbedingungen (um x-, y-, z-Achse bzw. dazu parallele Achsen *I*, *II*, *III*) verwenden, alternativ zwei Kräfte- und vier Momentengleichungen usw.

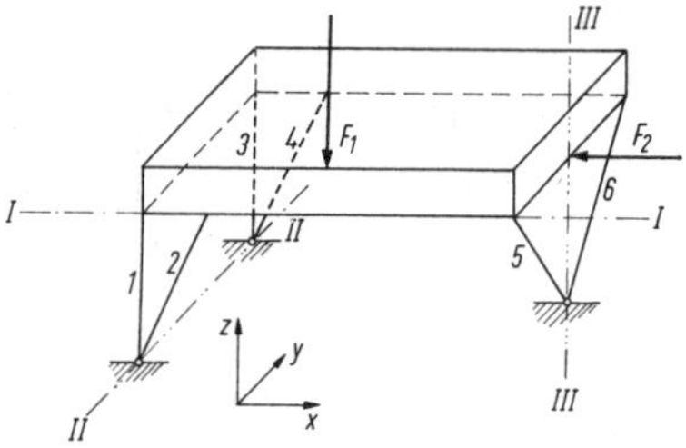

Bild 2.147 Starre Platte durch sechs Stäbe räumlich gestützt

Durch zweckmäßige Wahl der Bezugsachsen kann man erreichen, daß möglichst wenig Kräfte übrig bleiben, die ein Moment bezüglich der betreffenden Achse haben. Es lassen sich immer zwei Geraden finden, die vier der Stützungsstäbe schneiden, wodurch sich eine Vereinfachung der Rechenarbeit ergibt (man vgl. hierzu die Beispiele in Bild 2.148a, b, c). Bemerkenswert ist beim Beispiel in Bild 2.148c, daß mehrere Nullstäbe auftreten, wie man sofort erkennt, und daß die Stäbe 4 und 6 nichts von der Last F aufnehmen.

Mitunter, jedoch nicht in allen Fällen, kann man eine Gerade verwenden, die fünf der Stützungsstäbe schneidet (Bild 2.148d) und man erhält eine Momentengleichung, in der nur noch eine der unbekannten Stabkräfte vorkommt.

Sind bei einer Lagerung des starren Körpers im Raum die sechs Stützungsstäbe derart angeordnet, daß sich eine Gerade finden läßt, die alle sechs Stäbe schneidet, dann kann der starre Körper im allgemeinen nicht für beliebige Belastungen im Gleichgewicht sein (Ausnahmefall).

2.6.4 Bemerkungen zu den Raumfachwerken

Ein Raumfachwerk ist ein tragendes Gerüst aus starren Stäben, die in den Knotenpunkten gelenkig miteinander verbunden sind. Wie beim ebenen Fachwerk sollen auch beim Raumfachwerk die Belastungskräfte nur in den Knotenpunkten angreifen.

Die Ermittlung der Stabkräfte in Raumfachwerken ist im allgemeinen bedeutend komplizierter als bei ebenen Fachwerken.

Das Bockgerüst (Dreibein) als einfachstes Raumfachwerk wurde bereits erwähnt (vgl. Bild 2.142). Der Anschluß eines weiteren 3-stäbigen Knotens, wobei die drei Stäbe nicht in einer Ebene liegen, ist möglich. Auf diese Weise läßt sich ein einfaches Raumfachwerk oder *Tetraederfachwerk* aufbauen, das statisch bestimmt und stabil ist. Beispiele sind das in Bild 2.149 gezeigte Krangerüst sowie der Turm in Bild 2.150 (das Ausgangstetraeder besteht aus den Knoten *I* bis *IV* und den Stäben 1 bis 6).

Für jeden Knoten im Raum ergeben sich drei Gleichgewichtsbedingungen. Ein Raumfachwerk ist innerlich statisch bestimmt, wenn

$$s = 3k - a$$

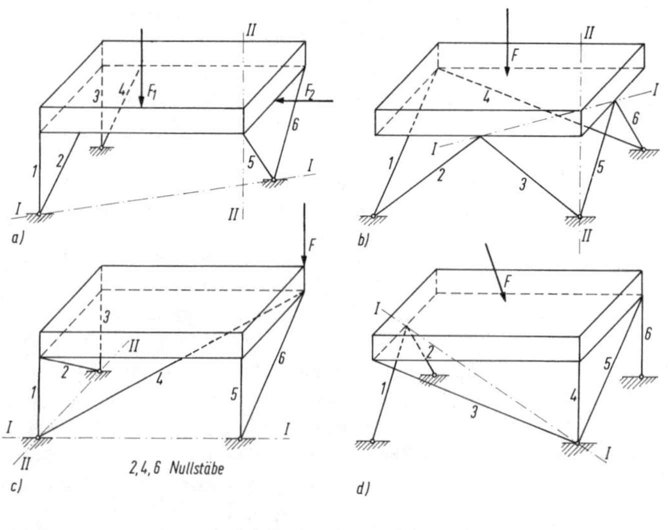

Bild 2.148 Beispiele gestützter starrer Platten

(mit den üblichen Bezeichnungen der Fachwerktheorie). Bei statisch bestimmter Lagerung ist $a = 6$, das statisch bestimmte Raumfachwerk muß also

$$s = 3k - 6$$

Stäbe besitzen. Dies ist auch die Mindeststabzahl, mit der man ein k-knotiges Fachwerk aufbauen kann, das stabil (kinematisch bestimmt) ist.
Übrigens ist nach *A. Föppl* jedes statisch bestimmte Fachwerk auch kinematisch bestimmt und stabil.[1])

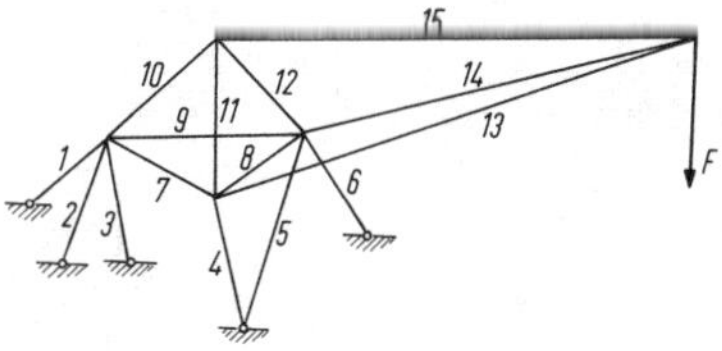

Bild 2.149 Räumliches Tetraederfachwerk

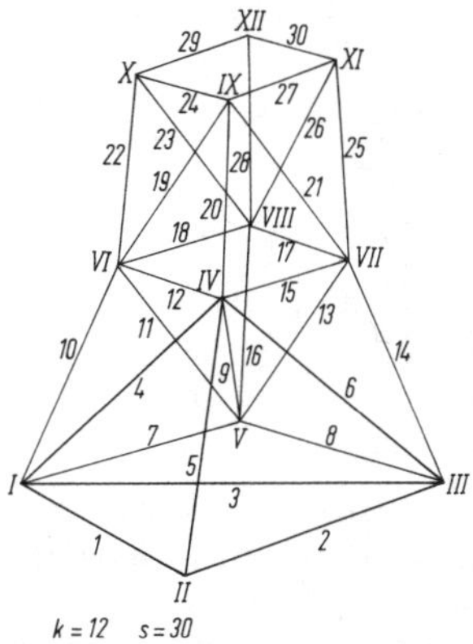

Bild 2.150 Statisch bestimmtes Tetraederfachwerk

Ein praktisches Beispiel für ein statisch bestimmtes sog. gestütztes Raumfachwerk zeigt Bild 2.151. Hingegen finden Fachwerke, die als Tetraederfachwerke gebildet sind, kaum praktische Verwendung.
Meist sind Raumfachwerke als Flecht- oder Netzwerke ausgebildet. Ein einfaches *Flechtwerk* ist in Bild 2.152 dargestellt. Hier wird ein einfach zusammenhängender Raum von einem System von Stäben umschlossen, die jeweils aneinandergrenzende Dreiecke bilden. Solche statisch bestimmten Flechtwerke besitzen immer die Stabzahl $s = 3k - 6$. Dies folgt, wenn man die bekannte Eulersche Regel, daß bei einem Polyeder die Zahl der Kanten stets um 2 kleiner ist als die Zahl der Ecken und Seitenflächen, auf einen nur aus Dreiecken bestehenden Polyeder anwendet.

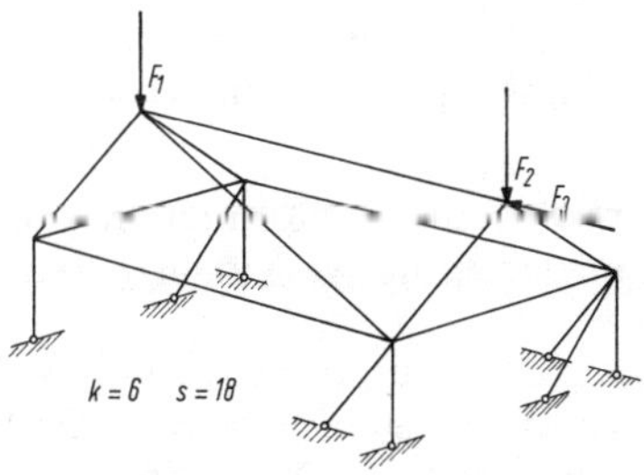

Bild 2.151 Statisch bestimmtes Raumfachwerk (gestütztes Fachwerk)

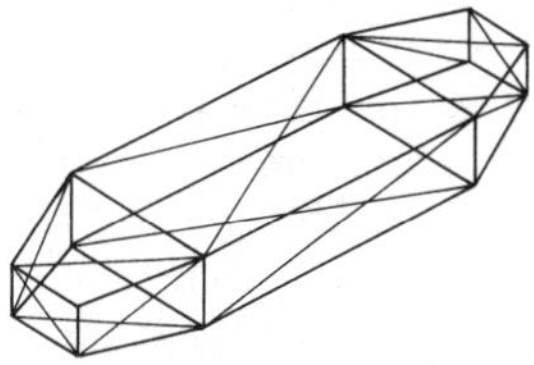

Bild 2.152 Einfaches Flechtwerk

Praktische Verwendung finden auch *Netzwerke*, die aus Dreiecken gebildet werden und auf dem Mantel z.B. einer Rotationsfläche liegen („Fachwerkskuppeln"), außerdem Tonnen- und Pyramidennetzwerke. Bei bestimmter verschieblicher Auflagerung sind solche Fachwerkgebilde stabil und statisch bestimmt.
Zur Ermittlung der Stabkräfte in Raumfachwerken stehen neben dem Knotenpunktgleichgewichtsverfahren Schnittmethoden und Stabvertauschungsmethoden zur Verfügung.
Bei der Berechnung komplizierter, auch meist hochgradig statisch unbestimmter Raumfachwerke (Freileitungsmasten, Krantürme etc.) wird heute mit Vorteil die sog. *Verschiebungsmethode* der Statik angewendet, die an den Einsatz automatischer Rechenanlagen (Computer) gekoppelt ist.

[1]) *A. Föppl*, Das Fachwerk im Raum, Leipzig 1892.

2.7 Prinzip der virtuellen Arbeit

Ein Prinzip ist ein weitreichender, heuristischer Satz (prägnant und kurz formuliert), der an die Spitze eines Wissensgebiets gestellt wird. Im eigentlichen Sinn ist ein Prinzip nicht beweisbar, wird aber durch die Erfahrung bestätigt (und kann den Charakter eines Axioms haben). [1])

2.7.1 Grundlegende Vorbemerkungen

In der Mechanik gibt es zwei Methoden, um zu entscheiden, wann sich ein System im Gleichgewicht befindet:

- Man betrachtet die einwirkenden Kräfte und untersucht, ob sie sich in ihrer Wirkung gegenseitig aufheben.
- Man wendet ein Arbeitsprinzip an und betrachtet die Arbeit, welche die Kräfte bei einer gedachten Änderung des Systems leisten würden. Aus dem Verschwinden dieser Arbeit kann dann auf das Gleichgewicht geschlossen werden.

Die erste Methode wurde bisher in der Statik angewendet, sie bedient sich der Gleichgewichtsbedingungen der Kräfte und Momente im ebenen bzw. räumlichen Fall [vgl. Abschnitt 2.2.7.3, Gln. (2.32) bzw. Abschnitt 2.6.2, Gln. (2.92)]. Der Vorteil der Anschaulichkeit wird allerdings etwas eingeschränkt durch die Notwendigkeit, außer den eingeprägten (äußeren) Kräften alle dadurch hervorgerufenen Reaktions- und Zwangskräfte sowie innere Kräfte in den Systemen mit zu betrachten.
Hingegen bietet die zweite Methode – wie sich zeigen wird – den Vorteil, daß Reaktions- und Zwangskräfte, weil leistungslos, nicht in die Betrachtung eingehen und daher außerachtgelassen werden können.
Das Arbeitsprinzip erweist sich als das allgemeinste, notwendige und hinreichende *Gleichgewichtsprinzip der Statik*. Die Anwendungsmöglichkeit ist nicht auf starre Körper beschränkt sondern gilt auch für verformbare Körper (Kontinua). Außerdem findet das Prinzip Anwendung in der Kinetik, ja, es kann sogar über die Grenzen der eigentlichen Mechanik hinaus verallgemeinert werden.
Zu den Anwendungen in der Statik starrer Körper gehört die Ermittlung der Gleichgewichtslagen mechanischer Systeme, die von Auflagerreaktionen gestützter Systeme sowie die Berechnung von Stabkräften in Fachwerken.

[1]) Die Newtonschen Axiome können durch allgemeine Prinzipien ersetzt werden (den Grundgleichungen äquivalent bzw. diese ergänzend), die mitunter für die Anwendungen Vorteile bringen, z. B. in der bequemeren Formulierung der Gleichungen.

2.7.2 Virtuelle Verschiebung, virtuelle Arbeit

Zunächst wird ein freier (ungebundener) materieller Punkt (in der Ebene bzw. im Raum) betrachtet, der sich unter der Wirkung zentraler Kräfte im Gleichgewicht befindet, vgl. Bild 2.153. Die Kräftegleichgewichtsbedingung fordert bei n Kräften

$$\sum_{i=1}^{n} \vec{F}_i = 0 \tag{2.94}$$

d.h. das Krafteck muß geschlossen sein.
Dem materiellen Punkt wird nun in Gedanken eine völlig beliebige Verschiebung $\delta\vec{r}$ erteilt, die man als virtuelle Verschiebung bezeichnet. Das Variationssymbol δ ist aus der Variationsrechnung übernommen.

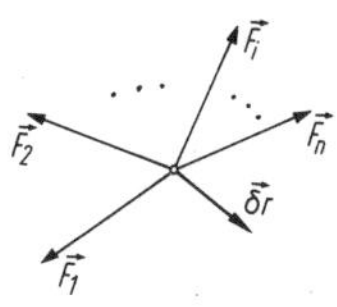

Bild 2.153 Zentrales Kräftesystem am materiellen Punkt, virtuelle Verschiebung $\delta\vec{r}$

Die virtuelle Verschiebung ist

- gedacht, d.h. sie muß nicht in Wirklichkeit eintreten und ist nicht die Folge der wirkenden Kräfte
- derart, daß die Konfiguration der wirkenden Kräfte erhalten bleibt, d.h. genügend klein (differentiell)
- zeitlos (d.h. unendlich große „Geschwindigkeit" der virtuellen Verschiebung)

ansonsten aber beliebig.
Wird (2.94) mit der virtuellen Verschiebung $\delta\vec{r}$ skalar multipliziert, ergibt sich ein Arbeitsausdruck (Arbeit der wirklichen Kräfte bei der virtuellen Verschiebung), der als *virtuelle Arbeit* bezeichnet wird. Es folgt somit

$$\sum_{i} \vec{F}_i \delta\vec{r} = \delta A_v = 0 \tag{2.95}$$

d.h. es gilt (Prinzip der virtuellen Arbeit):

- Wenn sich ein freier Massenpunkt im Gleichgewicht befindet, ist die gesamte virtuelle Arbeit bei einer beliebigen virtuellen Verschiebung gleich Null.

Bei der Umkehrung dieser Aussage ist Vorsicht geboten, man kann nicht aus dem Verschwinden der virtuellen Arbeit bei einer beliebigen virtuellen Verschiebung auf Gleichgewicht des materiellen Punkts schließen. Vielmehr müssen hierzu alle nur möglichen virtuellen Verschiebungen betrachtet werden. Bei einem materiellen Punkt sind entsprechend der Zahl der Verschiebungsfreiheitsgrade in der Ebene zwei, im Raum drei voneinander unabhängige virtuelle Verschiebungen erforderlich, um alle möglichen virtuellen Verschiebungen zu erfassen.
Das Prinzip der virtuellen Arbeit lautet dann:

- ein materieller Punkt ist dann und nur dann im Gleichgewicht, wenn die gesamte virtuelle Arbeit der einwirkenden Kräfte für jede unabhängige virtuelle Verschiebung gleich Null ist.

Für einen einzelnen materiellen Punkt ist das Prinzip der virtuellen Arbeit ohne Bedeutung und seine Anwendung bietet keine Vorteile.
Die Bedeutung des Arbeitsprinzips liegt vielmehr in seiner Anwendung auf Systeme materieller Punkte und starrer Körper, die gewissen Bindungen unterworfen sind (gebundene Systeme).
Die erstmalige Formulierung des Prinzips der virtuellen Arbeit stammt von *Joh. Bernoulli I.* (1717), der auch den Begriff der virtuellen Verschiebung geprägt hat. Schon im Altertum findet sich die Denkweise in etwas verschleierter Form bei *Archimedes* (Hebelgesetz).
Bei allgemeineren Formulierungen in der Kontinuumsmechanik unterteilt man das Prinzip der virtuellen Arbeit mitunter in zwei äquivalente (duale) Prinzipien, das Prinzip der virtuellen Verschiebungen (das den Gleichgewichtsbedingungen entspricht) und das Prinzip der virtuellen Kräfte. Die Bezeichnungsweisen sind in der Literatur jedoch nicht einheitlich.

2.7.3 Prinzip der virtuellen Arbeit für gebundene Systeme

Das vorgestellte Arbeitsprinzip hat auch Gültigkeit für Systeme materieller Punkte mit nichtverformbaren Bindungen. Durch die Bindungen wird die Anzahl der Bewegungsmöglichkeiten eingeschränkt, die möglichen virtuellen Verschiebungen sind dann nicht mehr voneinander unabhängig. Ihre Anzahl entspricht der Anzahl der Freiheitsgrade des Systems.
Als Grundpostulat gilt, daß die virtuelle Arbeit der Zwangskräfte (innere Kräfte aufgrund der Bindungen) null ist. Dies folgt nicht aus den Newtonschen Axiomen allein, sondern wird vielmehr als Postulat angesehen.
Im Gleichgewichtsfall verschwindet demnach die virtuelle Arbeit der äußeren Kräfte für alle virtuellen Verschiebungen, die mit den Bindungen im System verträglich sind.
Gleichermaßen gilt das Prinzip der virtuellen Arbeit für starre Körper und für Systeme starrer Körper, die sich unter der Einwirkung äußerer (eingeprägter) Kräfte im Gleichgewicht befinden.
Die innerhalb des Systems auftretenden Zwangskräfte bzw. Reaktionen (Auflager- und Stützreaktionen, Anschluß- und Bindungskräfte, Gelenkkräfte usw.) brauchen im einzelnen nicht bekannt zu sein. Man kann aussagen, daß ihre virtuelle Arbeit bei verträglichen virtuellen Verschiebungen null ist. [1])
In Erweiterung von (2.95) ergibt sich also

$$\delta A_v = \sum_i \vec{F}_i \delta \vec{r}_i = 0 \tag{2.96}$$

und das Prinzip der virtuellen Arbeit lautet:

> Notwendig und hinreichend für Gleichgewicht eines starren Systems ist das Verschwinden der gesamten virtuellen Arbeit der eingeprägten (äußeren) Kräfte für alle kinematisch möglichen (d.h. mit den Bindungen des Systems verträglichen) virtuellen Verschiebungen.

Im Ausdruck für die virtuelle Arbeit können auch eingeprägte (äußere) Momente vorkommen. Deren Arbeit bei virtuellen Drehungen ergibt sich als Produkt Moment mal Winkelweg.
Die Zwangskräfte bzw. Reaktionen spielen bei der Formulierung des Prinzips der virtuellen Arbeit keine Rolle. Vom betrachteten System braucht man nur soviel zu wissen, daß man die kinematisch möglichen virtuellen Verschiebungen angeben kann (da diese von den Bindungen des Systems bestimmt werden). Die oft ziemlich

[1]) Dies Grundpostulat braucht nicht allgemein bewiesen zu werden, man kann es vielmehr geradezu als Definition eines „mechanischen Systems" ansehen.

mühsame Ermittlung der Reaktionen und Zwangskräfte wird überflüssig.
Als alternative Formulierung des Prinzips der virtuellen Arbeit findet man manchmal die Aussage:

Zwei Kräftesysteme an einem starren Körper, welche die gleiche virtuelle Arbeit leisten, sind statisch äquivalent.

2.7.4 Anwendungsbeispiele des Prinzips der virtuellen Arbeit

Das Arbeitsprinzip ist immer dann vorteilhaft, wenn geometrische Aussagen einfacher als statische Aussagen sind.

2.7.4.1 Ermittlung der Gleichgewichtslage beweglicher Systeme (Hebel, Schubkurbelgetriebe, Differentialflaschenzug)

Der *Hebel* gemäß Bild 2.154 besitzt einen Freiheitsgrad, die Drehung um das feste Gelenk. Die einzig mögliche virtuelle Verschiebung ist eine Drehung $\delta\varphi$.

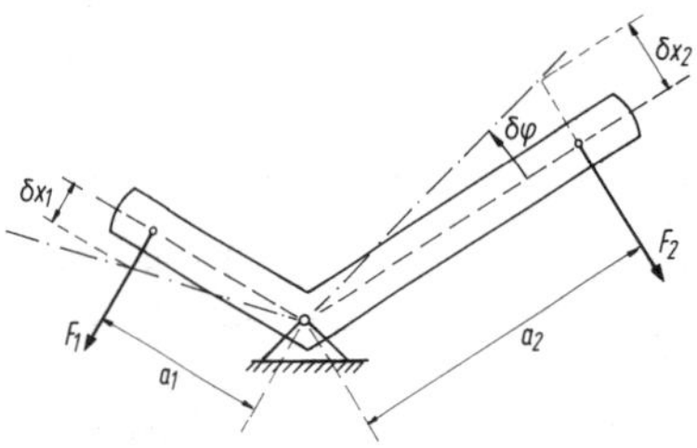

Bild 2.154 Gleichgewicht am Hebel

Die virtuellen Verschiebungen der Kraftangriffspunkte sind

$$\delta x_1 = a_1\,\delta\varphi, \qquad \delta x_2 = -a_2\,\delta\varphi.$$

Im Gleichgewichtsfall fordert (2.96)

$$\delta A_\text{v} = F_1\,\delta x_1 + F_2\,\delta x_2 = (F_1 a_1 - F_2 a_2)\,\delta\varphi = 0$$

also ergibt sich für beliebige $\delta\varphi$

$$F_1 a_1 = F_2 a_2$$

(als „Hebelgesetz“ bereits von *Archimedes* aufgestellt).
Die Auflagerkraft im festen Gelenk leistet bei der virtuellen Verschiebung keine Arbeit, sie braucht nicht bekannt zu sein (obwohl leicht zu ermitteln).

Beim *Schubkurbelgetriebe* (Bild 2.155) ist die Kenntnis der Beziehung zwischen der Kolbenkraft F und dem Drehmoment M an der Kurbelwelle wichtig. Wie man erkennt, sind F und M eingeprägte äußere „Kräfte“, die sich bei jeder Kurbelstellung im Gleichgewicht befinden.

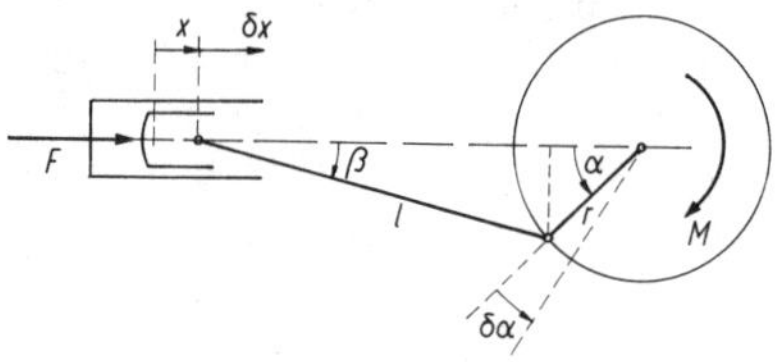

Bild 2.155 Schubkurbelgetriebe

Das System hat einen Freiheitsgrad entsprechend dem Kurbelwinkel α, die möglichen virtuellen Verschiebungen sind $\delta\alpha$ der Kurbel und δx des Kolbens.
Der Zusammenhang zwischen δx und $\delta\alpha$ ergibt sich aus der Geometrie. Zunächst ist

$$r + l - x = r\cos\alpha + l\cos\beta$$

oder $\quad x = r(1-\cos\alpha) + l(1-\cos\beta)$

und daraus mit $l\sin\beta = r\sin\alpha$

$$x = r(1-\cos\alpha) + l\left(1 - \sqrt{1 - \frac{r^2}{l^2}\sin^2\alpha}\right).$$

Den Zusammenhang zwischen den virtuellen Verschiebungen erhält man durch Differentation

$$\delta x = r\sin\alpha\left(1 + \frac{r}{l}\,\frac{\cos\alpha}{\sqrt{1 - \frac{r^2}{l^2}\sin^2\alpha}}\right)\delta\alpha.$$

Dann liefert (2.96) mit der eingeprägten Kraft und dem eingeprägten Moment

$$\delta A_\text{v} = F\delta x - M\delta\alpha = 0$$

und daraus die in der Maschinendynamik wichtige Beziehung

$$M = Fr\sin\alpha\left(1 + \frac{r}{l}\,\frac{\cos\alpha}{\sqrt{1 - \frac{r^2}{l^2}\sin^2\alpha}}\right).$$

Dieser komplizierte Zusammenhang ist verantwortlich für den sog. Ungleichförmigkeitsgrad bei Kolbenmotoren.
Der *Differentialflaschenzug* besteht aus einer festen Doppelrolle mit zwei verschiedenen Radien R und r sowie einer losen Rolle vom Radius

$\frac{R+r}{2}$. Über die Rollen läuft eine geschlossene („endlose") Kette, die in den Rollennuten nicht gleiten kann (Bild 2.156). Gesucht ist die Kraft F, die der Last Q das Gleichgewicht hält.

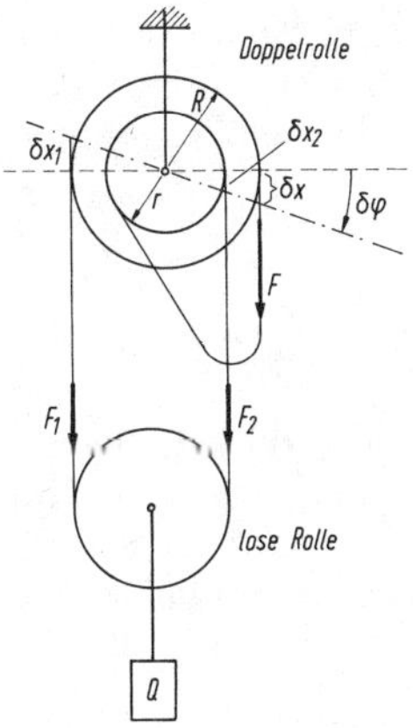

Bild 2.156
Differentialflaschenzug

Aus Symmetriegründen ist $F_1 = F_2 = \frac{Q}{2}$. Das System besitzt einen Freiheitsgrad entsprechend dem Drehwinkel $\delta\varphi$ der Doppelrolle.
Die virtuellen Verschiebungen der Kraftangriffspunkte sind

$$\delta x = R\,\delta\varphi = \delta x_1, \qquad \delta x_2 = r\delta\varphi.$$

Damit ergibt sich aus (2.96)

$$\delta A_v = F\delta x - F_1\,\delta x_1 + F_2\,\delta x_2 = 0$$

oder $\quad (F - F_1)\delta x + F_2\,\delta x_2 = 0.$

Mit $\delta x_2 = \frac{r}{R}\,\delta x$ gilt dann

$$\left[F - F_1\left(1 - \frac{r}{R}\right)\right]\delta x = 0$$

für beliebige δx. Also ergibt sich der gesuchte Zusammenhang

$$F = \frac{Q}{2}\left(1 - \frac{r}{R}\right).$$

2.7.4.2 Ermittlung der Auflagerreaktionen statisch bestimmt gelagerter Balken

Es handelt sich hier um nichtbewegliche Systeme und zunächst müssen Auflager gedanklich entfernt, d.h. Bindungen gelöst und durch äußere Kräfte ersetzt werden (sog. Befreiungsprinzip von *Lagrange*, vgl. Abschnitt 2.3.2).

Im Beispiel des Bilds 2.157a soll die Auflagerkraft B bestimmt werden. Dazu wird das Auflager B entfernt und die unbekannte Reaktion als äußere Kraft eingeführt. Das System ist nun beweglich, es besitzt einen Freiheitsgrad (Drehung um Gelenk A) und das Vorgehen erfolgt analog wie beim Hebel. Die virtuellen Verschiebungen der Kraftangriffspunkte sind

$$\delta x_1 = -a\delta\varphi, \quad \delta x_B = 2a\delta\varphi, \quad \delta x_2 = -4a\delta\varphi$$

und (2.96) liefert

$$\delta A_v = -F_1\,a\delta\varphi + B2a\delta\varphi - F_2 4a\delta\varphi = 0$$

bzw. daraus $\quad B = \frac{F_1 + 4F_2}{2}.$

Als weiteres Beispiel wird der Gerber-Träger gemäß Bild 2.157b betrachtet. Nach Entfernung des Auflagers B besitzt das System einen Freiheitsgrad und man erhält

$$\delta x_1 = -a\delta\varphi, \quad \delta x_B = 2a\delta\varphi, \quad \delta x_2 = -a\tfrac{3}{2}\delta\varphi.$$

Nach (2.96) ergibt sich

$$\delta A_v = -F_1\,a\delta\varphi + B2a\delta\varphi - F_2\tfrac{3}{2}a\delta\varphi = 0.$$

Die Gelenkkraft in G sowie die Auflagerkraft C liefern keinen Beitrag zur virtuellen Arbeit und es folgt

$$B = \frac{F_1}{2} + \frac{3}{4}\,F_2.$$

Man erkennt, daß die Ermittlung der Auflagerkraft B auf diesem Weg einfacher vor sich geht als die Ausrechnung mittels der Gleichgewichtsbedingungen. Dies gilt insbesondere dann, wenn man sich nur für eine bestimmte Auflagerkraft interessiert.

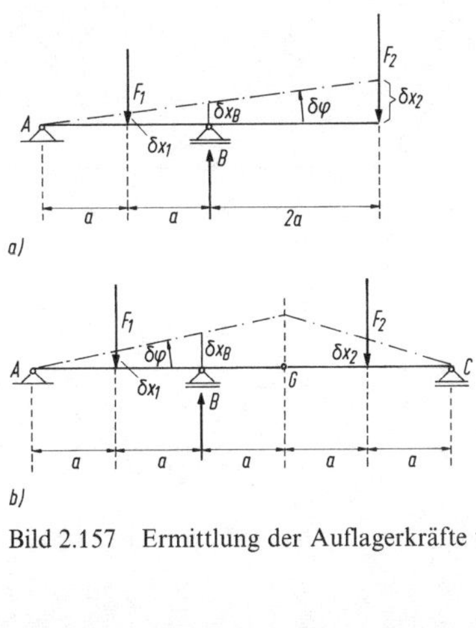

Bild 2.157 Ermittlung der Auflagerkräfte von Balken

2.7.4.3 Ermittlung von Stabkräften in Fachwerken

Im statisch bestimmten Fachwerk (Bild 2.158a) soll die Stabkraft im Stab k berechnet werden. Das zunächst starre System wird durch Wegnahme des Stabs k beweglich. Es entstehen zwei starre Scheiben, die im Knoten *I* gelenkig verbunden sind und die um *A* bzw. *B* die virtuellen Verdrehungen $\delta\varphi$ bzw. $\frac{1}{2}\delta\varphi$ ausführen können (Bild 2.158b).
Als Ersatz für den herausgenommenen Stab k werden an den Knoten *II* und *III* die Stabkräfte S_k (z.B. Zugkräfte) als äußere Kräfte angebracht.
Die horizontalen bzw. vertikalen Verschiebungen der Kraftangriffspunkte lassen sich durch $\delta\varphi$ ausdrücken, es folgen

$$\delta u_1 = \frac{a}{2}\,\delta\varphi, \quad \delta u_2 = \frac{a}{2}\frac{1}{2}\,\delta\varphi = \frac{a}{4}\,\delta\varphi$$

bzw.

$$\delta v_1 = \frac{a}{2}\,\delta\varphi, \quad \delta v_2 = \frac{3a}{2}\frac{1}{2}\,\delta\varphi = \frac{3a}{4}\,\delta\varphi.$$

Schließlich ergibt (2.96)

$$\delta A_v = F_1\,\frac{a}{2}\,\delta\varphi + F_2\,\frac{3a}{4}\,\delta\varphi + S_k\left(\frac{a}{2}+\frac{a}{4}\right)\delta\varphi = 0$$

und daraus

$$S_k = -\tfrac{1}{3}\,(2F_1 + 3F_2)$$

(es ist eine Druckkraft).

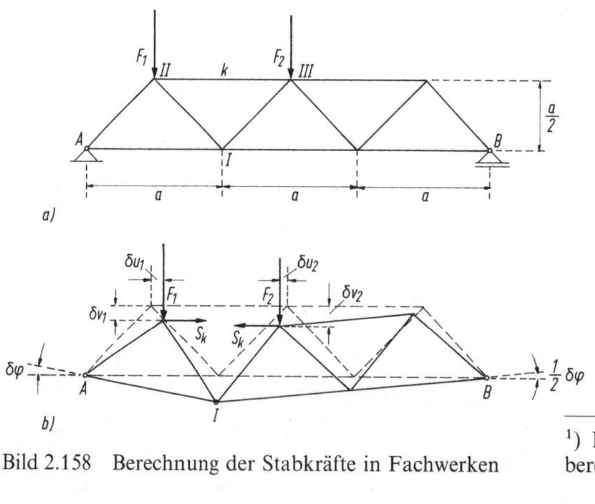

Bild 2.158 Berechnung der Stabkräfte in Fachwerken

Die Auflagerreaktionen in *A* und *B* werden bei der Rechnung nicht benötigt, da sie ebenso wie die im Knoten *I* übertragene Gelenkkraft nichts zur virtuellen Arbeit beitragen.
Man erkennt, daß die Anwendung des Arbeitsprinzips [1]) hier schneller zum Ziel führt als das früher besprochene Rittersche Schnittverfahren (vgl. Abschnitt 2.4.2.2). Dies gilt insbesondere dann, wenn nur gezielt einzelne Stabkräfte ermittelt werden sollen.

2.8 Schwerpunkt und Flächenträgheitsmomente

Der Begriff des Schwerpunkts spielt in der gesamten Mechanik eine wichtige Rolle, er wird insbesondere in der Kinematik und Kinetik verwendet. Speziell Flächenschwerpunkte und die Flächenträgheitsmomente treten in der Festigkeitslehre auf.

2.8.1 Schwerpunkt

2.8.1.1 Grundlegende Betrachtungen: Kräftemittelpunkt, Massenmittelpunkt, Satz der statischen Momente

Man betrachtet zunächst *n* beliebig im Raum verteilte Punkte A_i, deren Lage durch die Ortsvektoren $\vec{r}_i\,(i = 1 \ldots n)$ festgelegt ist (Bild 2.159). An diesen Punkten greifen jeweils Kräfte $\vec{F}_i$ an, die alle zueinander parallel sind (gebundene Kraftvektoren, da die Kräfte feste Angriffspunkte haben), d.h. es gilt

$$\vec{F}_i = \vec{e}\,F_i \tag{2.97}$$

[1]) Mitunter auch als kinematische Methode der Stabkraftberechnung in Fachwerken bezeichnet.

mit $\vec{e}$ als dem Einheitsvektor, der die Richtung der Kräfte kennzeichnet.
Das parallele Kräftesystem soll kein Gleichgewichtssystem sein, es besitzt somit die Resultierende

$$\vec{R} = \sum_i \vec{F}_i = \vec{e} \sum_i F_i$$

die eine bestimmte Lage im Raum hat.

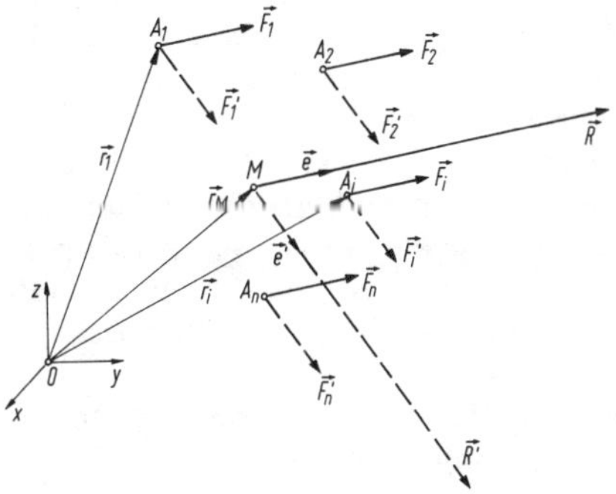

Bild 2.159 Mittelpunkt eines parallelen Kräftesystems

Denkt man sich alle Kräfte in ihren Angriffspunkten um den gleichen Winkel in die Lage $\vec{F}_i' = \vec{e}\,' F_i$ gedreht, so dreht sich auch die Resultierende um den gleichen Winkel in die Lage $\vec{R}' = \sum_i \vec{F}_i'$. Diese Drehung erfolgt um einen ganz bestimmten Punkt M, der als Mittelpunkt des parallelen Kräftesystems oder kurz *Kräftemittelpunkt* bezeichnet wird.
Die Lage dieses Punkts ergibt sich nach dem Momentensatz aus der Gleichheit der Momente der Einzelkräfte sowie der Resultierenden bezüglich eines beliebigen Punkts (z.B. Koordinatennullpunkt 0). Es gilt

$$\sum_i [\vec{r}_i \times (\vec{e} F_i)] = \vec{r}_M \times (\vec{e} R)$$

oder $\left(\vec{r}_M R - \sum_i \vec{r}_i F_i\right) \times \vec{e} = 0.$

Dies muß für beliebige Richtungen $\vec{e}$ erfüllt sein und es folgt (alle Summen von $i = 1 \ldots n$)

$$\vec{r}_M = \frac{\sum \vec{r}_i F_i}{\sum F_i} \tag{2.98}$$

bzw. in Komponenten

$$x_M = \frac{\sum x_i F_i}{\sum F_i},$$

$$y_M = \frac{\sum y_i F_i}{\sum F_i},$$

$$z_M = \frac{\sum z_i F_i}{\sum F_i}.$$

Betrachtet man ein System diskreter Massenpunkte $m_i (i = 1 \ldots n)$ mit Ortsvektoren $\vec{r}_i$ im Raum, so wirkt an ihnen jeweils die Schwerkraft (das Gewicht) $G_i = m_i g$ in bekannter Richtung (lotrecht), vgl. Bild 2.160. Der Kräftemittelpunkt dieses parallelen Kräftesystems wird als *Schwerpunkt* S bezeichnet, für seine Lage liefert (2.98)

$$\vec{r}_S = \frac{\sum_i \vec{r}_i m_i g}{\sum_i m_i g}. \tag{2.99}$$

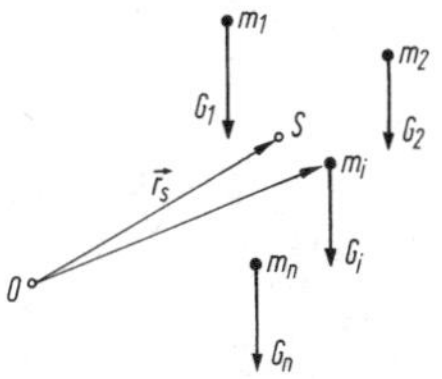

Bild 2.160 Schwerpunkt eines Systems von Massenpunkten

Für ein homogenes Schwerefeld (g = konst.) wird (2.99)

$$\vec{r}_S = \frac{\sum_i \vec{r}_i m_i}{\sum_i m_i} \tag{2.99a}$$

und man bezeichnet den Punkt S auch als *Massenmittelpunkt*.
Die in (2.99a) auftretenden vektoriellen Größen

$$\vec{r}_i m_i = \vec{S}_{i(0)}$$

bezeichnet man als statische Momente (Momente erster Ordnung) von m_i bezüglich 0. Für das gesamte Massenpunktsystem gilt $\left(\text{mit } \sum_i m_i = m\right)$

$$\vec{S}_{(0)} = \sum_i \vec{r}_i m_i = \vec{r}_S m \tag{2.100}$$

(Satz der statischen Momente). Wählt man als Bezugspunkt speziell den Schwerpunkt (Massenmittelpunkt), folgt aus (2.100) wegen $\vec{r}_S = 0$ die wichtige Beziehung

$$\vec{S}_{(S)} = 0.$$

2.8.1.2 Schwerpunkt von festen Körpern mit stetiger Massenverteilung

Läßt man beim System von Massenpunkten für kleiner werdende Massen $n \to \infty$ gehen, so daß unendlich viel, unendlich kleine Massenteilchen ein endliches Volumen stetig ausfüllen, gelangt man zum festen Körper mit einer stetigen Massendichte

$$\varrho(\vec{r}) = \frac{\mathrm{d}m}{\mathrm{d}V} \tag{2.101}$$

(Volumenelement $\mathrm{d}V$). Für homogene Körper ist $\varrho = \text{konst.}$ Statt der diskreten Massenpunkte betrachtet man nun differentielle Massenelemente $\mathrm{d}m$, deren Lage durch den Ortsvektor $\vec{r}$ beschrieben wird (Bild 2.161). Die Gesamtmasse des Körpers ist

$$m = \int\limits_{(m)} \mathrm{d}m = \int\limits_{(V)} \varrho\,\mathrm{d}V$$

wobei das Integral über den gesamten Körper bzw. das von ihm eingenommene Volumen zu erstrecken ist.

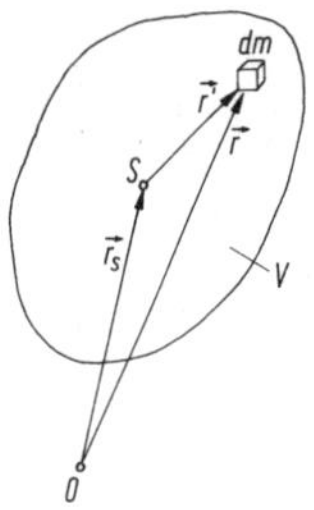

Bild 2.161 Schwerpunkt eines Körpers mit stetiger Massenverteilung

Für die Lage des Massenmittelpunkts (Schwerpunkts) gilt dann an Stelle von (2.99a)

$$\vec{r}_\mathrm{S} = \frac{\int \vec{r}\,\mathrm{d}m}{\int \mathrm{d}m} = \frac{\int \vec{r}\varrho\,\mathrm{d}V}{\int \varrho\,\mathrm{d}V}. \tag{2.102}$$

Der Satz der statischen Momente lautet nun

$$\vec{S}_{(0)} = \int \vec{r}\,\mathrm{d}m = \vec{r}_\mathrm{S} \int \mathrm{d}m = \vec{r}_\mathrm{S}\,\mathrm{m}$$

speziell für den Schwerpunkt S als Bezugspunkt folgt

$$\int \vec{r}\,'\,\mathrm{d}m = 0 \quad \text{oder} \quad \vec{S}_{(\mathrm{S})} = 0.$$

Diese Beziehung findet häufige Anwendung.
Für homogene Körper liefert (2.102) mit $\int \mathrm{d}V = V$

$$\vec{r}_\mathrm{S} = \frac{\int \vec{r}\,\mathrm{d}V}{V} \tag{2.102a}$$

und man erkennt, daß der Schwerpunkt dann eine rein geometrische Größe darstellt (sog. geometrischer Schwerpunkt).
Die Komponentendarstellung von (2.102a) ist

$$x_\mathrm{S} = \frac{\int x\,\mathrm{d}V}{V}, \quad y_\mathrm{S} = \frac{\int y\,\mathrm{d}V}{V}, \quad z_\mathrm{S} = \frac{\int z\,\mathrm{d}V}{V}. \tag{2.102b}$$

Die hier auftretenden Integrale sind jeweils über das gesamte Volumen des Körpers zu erstrecken.
Als *Schwerlinie* (oder Schwerachse) bezeichnet man jede durch den Schwerpunkt hindurchgehende Achse.
Anschaulich gesehen ist der Schwerpunkt eines materiellen Körpers ein körperfester Punkt, in dem man die gesamte Gewichtskraft (die ja in Wirklichkeit als Massen- bzw. Volumenkraft über den Körper verteilt ist) als eine Einzelkraft anbringen kann.
Zwei Beispiele für die Berechnung der Schwerpunktlage von homogenen materiellen Körpern:

Halbkugel (Bild 2.162a)

Der Schwerpunkt liegt auf der Symmetrieachse (z-Achse).

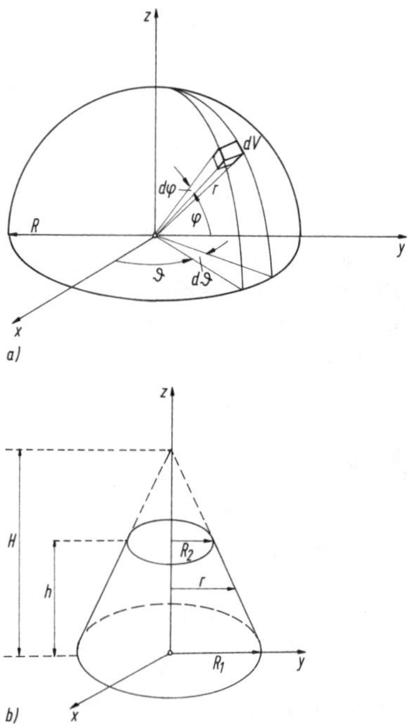

Bild 2.162 Schwerpunktberechnung von Körpern
a) Halbkugel,
b) Kreiskegelstumpf

Das Volumenelement ist

$$\mathrm{d}V = r\cos\varphi\,\mathrm{d}\vartheta\, r\,\mathrm{d}\varphi\,\mathrm{d}r$$

und es folgt

$$z_S = \frac{\iiint r\sin\varphi\, r\cos\varphi\,\mathrm{d}\vartheta\, r\,\mathrm{d}\varphi\,\mathrm{d}r}{\iiint r^2\,\mathrm{d}r\cos\varphi\,\mathrm{d}\varphi\,\mathrm{d}\vartheta}$$

$$= \frac{\int\limits_0^{2\pi}\mathrm{d}\vartheta\int\limits_0^{R} r^3\,\mathrm{d}r\int\limits_0^{\pi/2}\sin\varphi\cos\varphi\,\mathrm{d}\varphi}{\dfrac{2R^3\pi}{3}} = \frac{3R}{8}.$$

Kreiskegelstumpf (Bild 2.162b)

Es gelten

$$\frac{R_1}{H} = \frac{R_1 - R_2}{h}, \quad r(z) = R_2 + \frac{R_1 - R_2}{h}(h - z)$$

und damit für das Volumenelement

$$\mathrm{d}V = \pi r^2\,\mathrm{d}z = \pi\left[R_2^2 + \frac{2(R_1 - R_2)R_2}{h}(h - z) + \left(\frac{R_1 - R_2}{h}\right)^2 (h - z)^2\right]\mathrm{d}z.$$

Mit dem Volumen

$$V = \frac{\pi h}{3}(R_1^2 + R_1 R_2 + R_2^2)$$

folgt

$$z_S = \frac{1}{V}\int\limits_0^h \left[R_2^2 z + \frac{2(R_1 - R_2)}{h} hz - \frac{2(R_1 - R_2)R_2}{h} z^2 + \left(\frac{R_1 - R_2}{h}\right)^2 (h^2 z - 2hz^2 + z^3)\right]\mathrm{d}z$$

$$= \frac{h}{4}\,\frac{R_1^2 + 2R_1R_2 + 3R_2^2}{R_1^2 + R_1R_2 + R_2^2}.$$

2.8.1.3 Schwerpunkt von Flächen und Linien

Im folgenden wird jeweils der geometrische Schwerpunkt betrachtet.
Eine beliebige *Fläche* im Raum (Bild 2.163) hat die Parameterdarstellung

$$x = x(u, v), \quad y = y(u, v), \quad z = z(u, v)$$

wobei u, v die (im allgemeinen krummlinigen) Flächenkoordinaten bedeuten. Das Flächenelement ist $\mathrm{d}A = \mathrm{d}u\,\mathrm{d}v$ und es gilt in Analogie zu (2.102a) mit $A = \int \mathrm{d}A$

$$\vec{r}_S = \frac{\int \vec{r}\,\mathrm{d}A}{A} \tag{2.103}$$

bzw. in Komponenten

$$x_S = \frac{\int x\,\mathrm{d}A}{A}, \quad y_S = \frac{\int y\,\mathrm{d}A}{A}, \quad z_S = \frac{\int z\,\mathrm{d}A}{A}. \tag{2.103a}$$

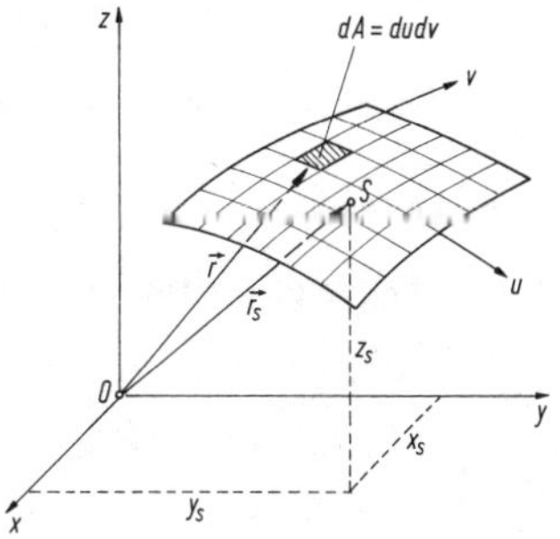

Bild 2.163 Schwerpunkt einer Fläche

Als Beispiel wird eine Halbkugelfläche (Bild 2.164) betrachtet. Der Schwerpunkt liegt auf der z-Achse und mit $\mathrm{d}A = R^2\cos\varphi\,\mathrm{d}\varphi\,\mathrm{d}\vartheta$ folgt

$$z_S = \frac{\iint R\sin\varphi\, R^2\cos\varphi\,\mathrm{d}\vartheta\,\mathrm{d}\varphi}{\iint R^2\cos\varphi\,\mathrm{d}\vartheta\,\mathrm{d}\varphi}$$

$$= \frac{1}{A}\int\limits_0^{2\pi}\int\limits_0^{\pi/2} R^3\sin\varphi\cos\varphi\,\mathrm{d}\vartheta\,\mathrm{d}\varphi = \frac{R}{2}.$$

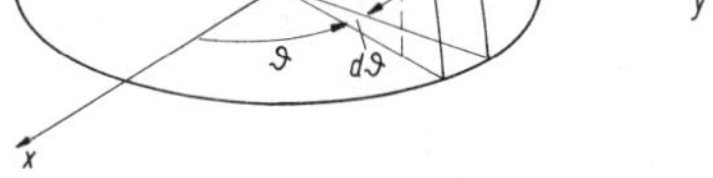

Bild 2.164 Schwerpunktberechnung für Halbkugelfläche

Die Gl. (2.103) gilt gleichermaßen für ebene Flächen, (Bild 2.165), hierbei genügen zur Angabe der Schwerpunktlage zwei Koordinaten, d.h.

$$x_S = \frac{\int x\,\mathrm{d}A}{A}, \quad y_S = \frac{\int y\,\mathrm{d}A}{A}. \tag{2.103b}$$

Die Größen $\int x\,\mathrm{d}A$ und $\int y\,\mathrm{d}A$ werden als statische Flächenmomente (oder Flächenmomente erster Ordnung) bezeichnet, es gilt wiederum mit $\vec{r} = \vec{r}_S + \vec{r}'$

$$\int \vec{r}'\,\mathrm{d}A = 0.$$

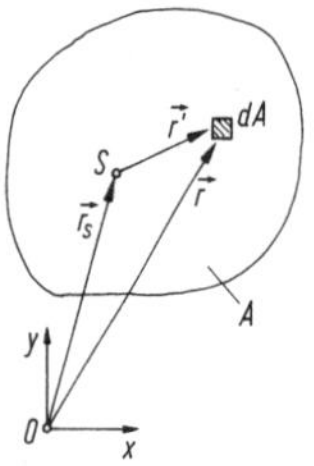

Bild 2.165 Schwerpunkt einer ebenen Fläche

Als Beispiel wird ein Kreissektor (Bild 2.166) betrachtet.
Mit $\mathrm{d}A = r\,\mathrm{d}\varphi\,\mathrm{d}r$ folgt

$$x_S = \frac{\iint r\cos\varphi\, r\mathrm{d}\varphi\,\mathrm{d}r}{\iint r\mathrm{d}\varphi\,\mathrm{d}r} = \frac{\int\limits_0^R r^2\,\mathrm{d}r \int\limits_{-\alpha}^{\alpha} \cos\varphi\,\mathrm{d}\varphi}{\int\limits_0^R r\mathrm{d}r \int\limits_{-\alpha}^{\alpha} \mathrm{d}\varphi} = \frac{2R\sin\alpha}{3\alpha}$$

speziell für den Halbkreis ($2\alpha = \pi$) ist $x_S = \dfrac{4R}{3\pi}$.

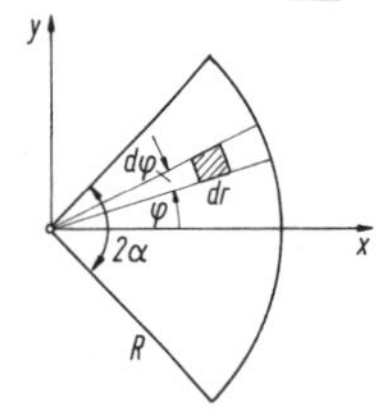

Bild 2.166 Schwerpunktberechnung beim Kreissektor

Zur Bestimmung der Schwerpunktlage zusammengesetzter Flächen macht man bei Kenntnis der Schwerpunktlage der Teilflächen vorteilhaft vom Satz der statischen Momente (manchmal als „Teilschwerpunktsatz" bezeichnet) Gebrauch. Es gilt

$$x_S = \frac{\sum\limits_i x_{Si} A_i}{\sum\limits_i A_i}, \quad y_S = \frac{\sum\limits_i y_{Si} A_i}{\sum\limits_i A_i}$$

wobei x_{Si} und y_{Si} die Koordinaten der Teilflächenschwerpunkte sind.
Für eine Kreisscheibe mit kreisförmiger Aussparung (Bild 2.167) ergibt sich somit ($A_1 = \pi r^2$, $A_2 = \pi R^2$, $x_{S1} = x_1$)

$$X_S = -\frac{x_1 A_1}{A_2 - A_1} = -\frac{\pi r^2 x_1}{\pi(R^2 - r^2)} = -\frac{r^2 x_1}{R^2 - r^2}$$

(das statische Moment der ausgesparten Fläche hat negatives Vorzeichen!).

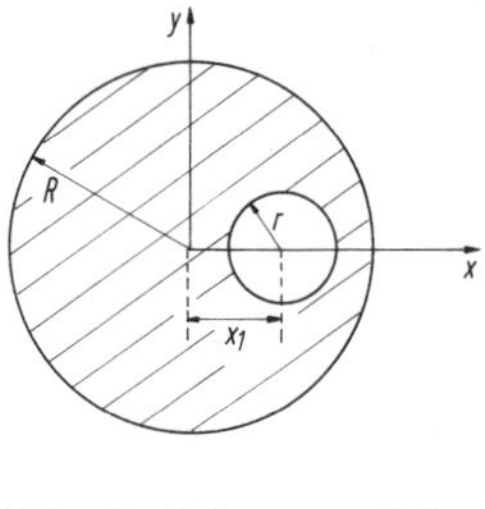

Bild 2.167 Schwerpunktberechnung einer Kreisscheibe mit Aussparung

Für die Schwerpunktlage einer Linie (Raumkurve) gilt (Bild 2.168)

$$\vec{r}_S = \frac{\int \vec{r}\,\mathrm{d}s}{\int \mathrm{d}s} \tag{2.104}$$

wobei die Integrale über das gesamte Kurvenstück (Abwicklungslänge L) zu erstrecken sind. In Komponenten ergibt sich

$$x_S = \frac{\int x\,\mathrm{d}s}{L}, \quad y_S = \frac{\int y\,\mathrm{d}s}{L}, \quad z_S = \frac{\int z\,\mathrm{d}s}{L}. \tag{2.104a}$$

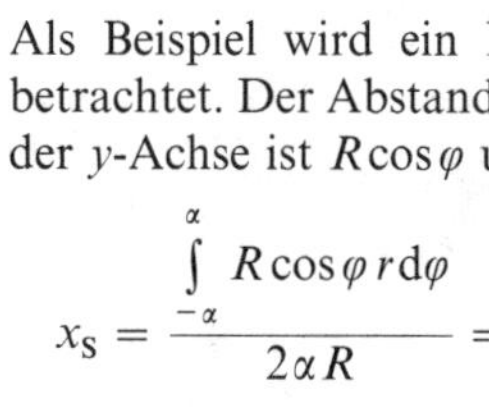

Bild 2.168 Schwerpunkt einer Raumkurve

Als Beispiel wird ein Kreisbogen (Bild 2.169) betrachtet. Der Abstand des Bogenelements von der y-Achse ist $R\cos\varphi$ und es folgt

$$x_S = \frac{\int\limits_{-\alpha}^{\alpha} R\cos\varphi\, r\mathrm{d}\varphi}{2\alpha R} = \frac{R\sin\alpha}{\alpha}$$

speziell für den Halbkreisbogen ($2\alpha = \pi$) ist $x_S = \dfrac{2R}{\pi}$.

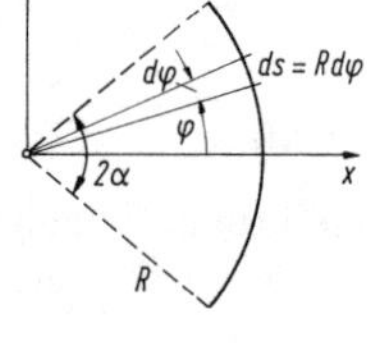

Bild 2.169 Schwerpunktberechnung beim Kreisbogen

2.8.1.4 Drehflächen und Drehkörper, Pappus-Guldinsche Regeln

Es gelten einfache Gesetzmäßigkeiten, mit denen sich die Oberflächen und Volumina von Drehflächen und Drehkörpern berechnen lassen. Eine *Drehfläche* entsteht, wenn ein Kurvenstück $y = y(x)$ in der x-y-Ebene (sog. Meridiankurve oder erzeugende Linie), das die x-Achse nicht schneidet, einmal um die x-Achse rotiert (Bild 2.170a). Der Oberflächeninhalt der Drehfläche ist dann (mit $\mathrm{d}s = \sqrt{\mathrm{d}x^2 + \mathrm{d}y^2}$ als dem Linienelement der Meridiankurve)

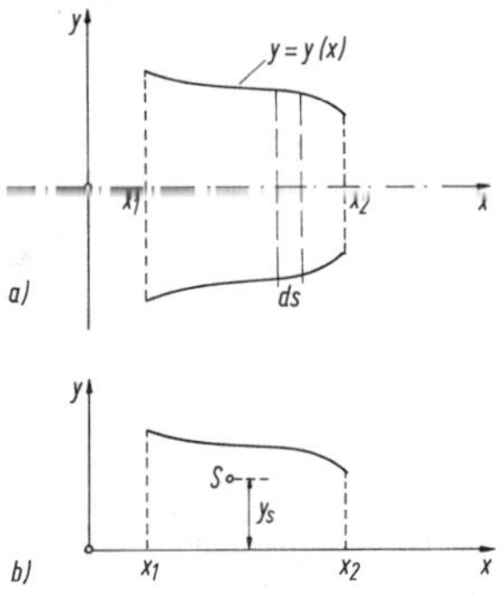

Bild 2.170 a) Drehfläche mit Meridiankurve $y = y(x)$, b) Schwerpunkt eines ebenen Kurvenstücks

$$A = \int_{x_1}^{x_2} 2\pi y(x)\,\mathrm{d}s$$

$$= 2\pi \int_{x_1}^{x_2} y(x) \sqrt{1 + \left(\frac{\mathrm{d}y}{\mathrm{d}x}\right)^2}\,\mathrm{d}x. \qquad (2.105)$$

Gemäß (2.103a) ergibt sich für die x-Koordinate des Drehflächenschwerpunkts

$$x_S = \frac{1}{A} \int_{(A)} x\,\mathrm{d}A$$

$$= \frac{2\pi}{A} \int_{x_1}^{x_2} x y(x) \sqrt{1 + y'^2}\,\mathrm{d}x.$$

Andererseits ist die y-Koordinate des Schwerpunkts eines ebenen Kurvenstückes $y = y(x)$ (Bild 2.170b) gegeben durch (2.104a)

$$y_S L = \int y\,\mathrm{d}s \qquad (2.106)$$

(L Abwicklungslänge des Kurvenstückes). Somit folgt, wenn man das Kurvenstück einmal um die x-Achse rotieren läßt, ein Zusammenhang zwischen dem Oberflächeninhalt der Drehfläche und dem Abstand des Kurvenschwerpunkts von der Drehachse.

Multiplikation von (2.106) mit 2π liefert

$$2\pi y_S L = 2\pi \int y\,\mathrm{d}s = A$$

wobei der Ausdruck $2\pi y_S$ auf der linken Seite den vom Kurvenschwerpunkt bei einer vollen Rotation um die x-Achse durchlaufenen Weg bedeutet.

Allgemein gilt die erste Pappus-Guldinsche Regel:

- der Oberflächeninhalt einer Drehfläche ergibt sich aus dem Weg des Schwerpunkts der Meridiankurve bei einer vollen Rotation (um die Drehachse) mal der Abwicklungslänge der Meridiankurve.

Umgekehrt läßt sich aus dieser Regel bei Kenntnis des Oberflächeninhalts einer Drehfläche der Schwerpunktabstand (Linienschwerpunkt der erzeugenden Linie) von der Drehachse ermitteln. Als Beispiel wird ein Halbkreisbogen betrachtet (Bild 2.171). Die entstehende Drehfläche ist eine Kugel mit der Oberfläche $A = 4\pi R^2$, also gilt

$$4\pi R^2 = 2\pi y_S \pi R \quad \text{oder} \quad y_S = \frac{2R}{\pi}$$

(vgl. die Ausrechnung im vorigen Abschnitt, sowie Bild 2.169).

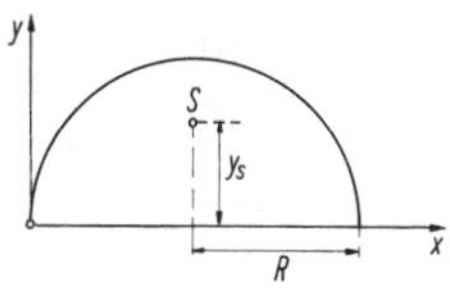

Bild 2.171 Beispiel zur ersten Pappus-Guldinschen Regel

Entsprechende Aussagen ergeben sich für einen *Drehkörper*. Ein solcher entsteht bei einer vollen Rotation eines in der x-y-Ebene oberhalb der x-Achse liegenden Flächenstücks um die x-Achse (Bild 2.172a). Der Volumeninhalt des Drehkörpers (Approximation durch kleine Kreiszylinder) ist

$$V = \int_{x_1}^{x_2} \pi [y(x)]^2\,\mathrm{d}x.$$

Gemäß (2.102b) ergibt sich für die x-Koordinate des Drehkörperschwerpunkts

$$x_S = \frac{1}{V} \int_{(V)} x\,\mathrm{d}V = \frac{1}{V} \int_{x_1}^{x_2} x [y(x)]^2\,\mathrm{d}x.$$

Für die y-Koordinate des Schwerpunkts eines ebenen Flächenstücks (Bild 2.172b) gilt gemäß (2.103b)

$$y_S A = \int_{(A)} y \, dA \qquad (2.107)$$

$\left(A = \int_{x_1}^{x_2} y \, dx\right)$. Multiplikation von (2.107) mit 2π liefert

$$2\pi y_S A = 2\pi \int_{(A)} y \, dA = 2\pi \int_{x_1}^{x_2} \frac{y^2}{2} \, dx = V.$$

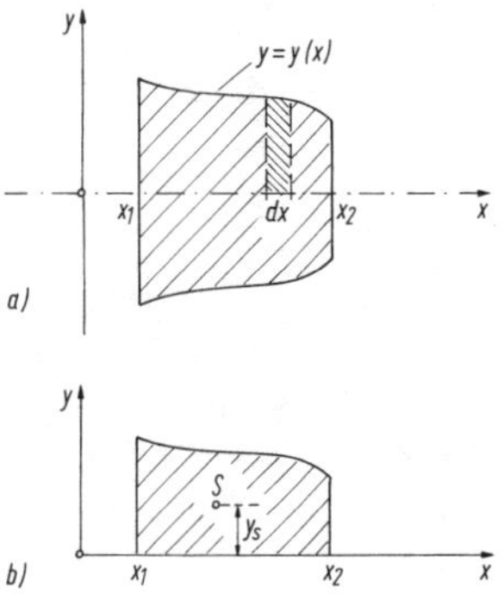

Bild 2.172 a) Drehkörper, b) Schwerpunkt eines ebenen Flächenstücks

Allgemein gilt die zweite Pappus-Guldinsche Regel:

- der Volumeninhalt eines Drehkörpers ergibt sich aus dem Weg des Schwerpunkts der von der Meridiankurve und der Drehachse eingeschlossenen Fläche bei einer vollen Rotation (um die Drehachse) mal dem Flächeninhalt dieser Fläche.

Aus dieser Regel läßt sich wiederum bei Kenntnis des Drehkörpervolumens der Schwerpunktabstand (Flächenschwerpunkt der erzeugenden Fläche) von der Drehachse ermitteln.
Als Beispiel wird eine Halbkreisfläche betrachtet (Bild 2.173). Das Volumen der entstehenden Kugel ist $V = \frac{4}{3}\pi R^3$, somit gilt

$$\frac{4}{3}\pi R^3 = 2\pi y_S \frac{\pi}{2} R^2$$

oder

$$y_S = \frac{4R}{3\pi}.$$

Schließlich wird als Beispiel die Oberfläche und das Volumen eines Torus (Bild 2.174) ermittelt. Aus den Pappus-Guldinschen Regeln folgen sofort

$$A = 2\pi R \, 2\pi r = 4\pi^2 Rr$$

sowie

$$V = 2\pi R \, \pi r^2 = 2\pi^2 Rr^2.$$

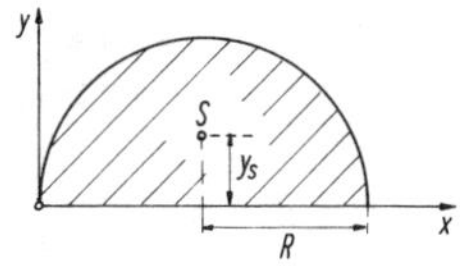

Bild 2.173 Beispiel zur zweiten Pappus-Guldinschen Regel

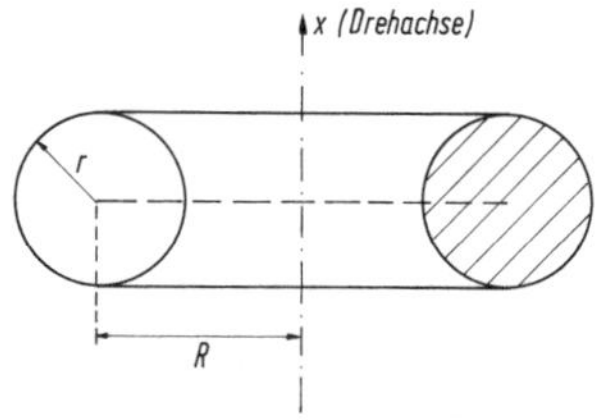

Bild 2.174 Toruskörper (Drehfläche und Drehkörper)

2.8.2 Flächenträgheitsmomente

2.8.2.1 Definitionen

Bei der Berechnung des Flächenschwerpunkts treten Flächenmomente erster Ordnung (sog. statische Momente bezüglich der Koordinatenachsen) auf, vgl. (2.103b).
Nunmehr werden Flächenmomente zweiter Ordnung bezüglich der Koordinatenachsen betrachtet. Allgemein definiert man (vgl. Bild 2.175a) als *axiales Flächenträgheitsmoment* [1]) einer beliebigen ebenen Fläche bezüglich einer beliebigen, in dieser Ebene liegenden, Achse $a - a$ das Flächenintegral

$$J_a = \int_{(A)} l^2 \, dA$$

wobei l den Abstand des Flächenelements von der Achse bedeutet.
Zweckmäßig werden die Flächenträgheitsmomente auf zwei orthogonale Schwerachsen der Fläche bezogen, Bild 2.175b.
Man definiert dann als axiale Flächenträgheitsmomente bezüglich der x- und y-Achse

[1]) Diese etwas unglückliche Bezeichnung ist aus der Kinetik übernommen, dort kommen bei der Drehbewegung starrer Körper analoge Ausdrücke als sog. Massenträgheitsmomente vor (vgl. Abschnitt 6.1).

$$J_{xx} = \int_{(A)} y^2 \, dA, \quad J_{yy} = \int_{(A)} x^2 \, dA \qquad (2.108)$$

sowie als Zentrifugalmoment (Deviationsmoment)

$$J_{xy} = J_{yx} = -\int_{(A)} xy \, dA \qquad (2.108\,a)$$

wobei die Integrale stets über die gesamte Fläche zu erstrecken sind. Die Summe der axialen Flächenträgheitsmomente

$$J_{xx} + J_{yy} = \int_{(A)} (y^2 + x^2) dA = \int_{(A)} r^2 dA = J_p \qquad (2.109)$$

liefert das polare *Flächenträgheitsmoment*.
Die axialen Flächenträgheitsmomente sowie das polare Flächenträgheitsmoment sind stets positiv definit während das Zentrifugalmoment positiv oder negativ sein kann.
Die Flächenträgheitsmomente (außer J_p) und das Zentrifugalmoment sind im allgemeinen abhängig von der Lage der Bezugsachsen. Wie noch gezeigt wird, handelt es sich bei den Größen J_{xx}, J_{yy} und J_{xy} um die Komponenten eines *Tensors 2. Stufe* (vgl. Abschnitt 1.2.3).

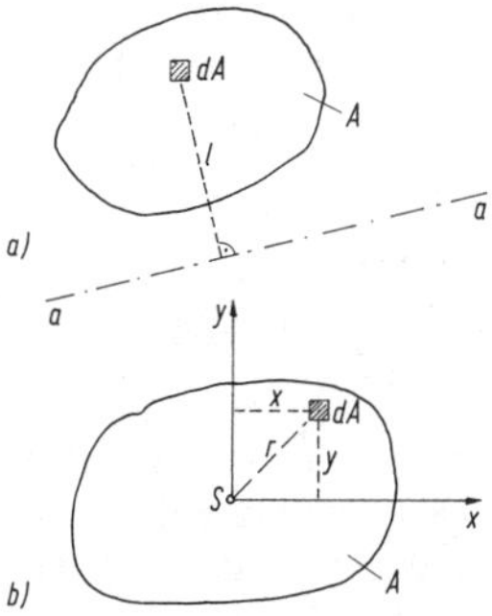

Bild 2.175 Zur Definition der Flächenträgheitsmomente

Die Beziehung (2.109) für die Summe der axialen Flächenträgheitsmomente bezüglich orthogonaler Schwerachsen gilt übrigens unabhängig von der Orientierung der Bezugsachsen. Dies erkennt man bei der Berechnung der Flächenträgheitsmomente für ein gedrehtes Koordinatensystem ξ, η gemäß Bild 2.176. Man erhält entsprechend der obigen Definition

$$J_{\xi\xi} = \int \eta^2 \, dA, \quad J_{\eta\eta} = \int \xi^2 \, dA, \quad J_{\xi\eta} = J_{\eta\xi} = -\int \xi\eta \, dA \qquad (2.110)$$

und damit wiederum

$$J_{\xi\xi} + J_{\eta\eta} = \int (\eta^2 + \xi^2) dA = \int r^2 dA = J_p. \qquad (2.109\,a)$$

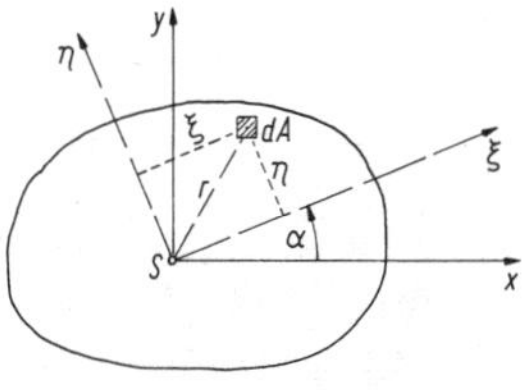

Bild 2.176 Drehung des Koordinatensystems

Als Beispiele für die Berechnung der Flächenträgheitsmomente werden eine Rechteck- und eine Kreisfläche betrachtet (Bild 2.177 a, b):

Rechteckfläche

$$J_{xx} = \int y^2 \, dA = \int_{-h/2}^{h/2} y^2 b \, dy = \frac{bh^3}{12},$$

$$\text{analog} \quad J_{yy} = \frac{hb^3}{12}$$

$$J_{xy} = -\int xy \, dA = -\int_{-b/2}^{b/2} x \, dx \int_{-h/2}^{h/2} y \, dy = 0$$

(letzteres folgt aus Symmetriegründen)

Kreisfläche

Die axialen Flächenträgheitsmomente für alle Schwerachsen sind gleich.

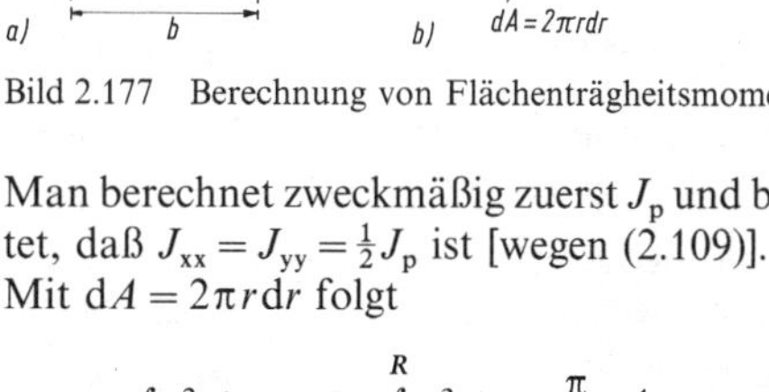

Bild 2.177 Berechnung von Flächenträgheitsmomenten

Man berechnet zweckmäßig zuerst J_p und beachtet, daß $J_{xx} = J_{yy} = \frac{1}{2} J_p$ ist [wegen (2.109)].
Mit $dA = 2\pi r dr$ folgt

$$J_p = \int r^2 \, dA = 2\pi \int_0^R r^3 dr = \frac{\pi}{2} R^4,$$

$$J_{xx} = J_{yy} = \frac{\pi}{4} R^4, \qquad J_{xy} = 0.$$

Für eine Kreisringfläche (Außen- bzw. Innenradius R_a bzw. R_i) ergibt sich entsprechend

$$J_p = \frac{\pi}{2}(R_a^4 - R_i^4).$$

2.8.2.2 Parallelverschiebung der Achsen

Aus den Flächenträgheitsmomenten J_{xx}, J_{yy} und J_{xy} bezüglich der Schwerachsen (Bild 2.178) lassen sich die entsprechenden Größen für parallelverschobene Achsen x^* und y^* berechnen.

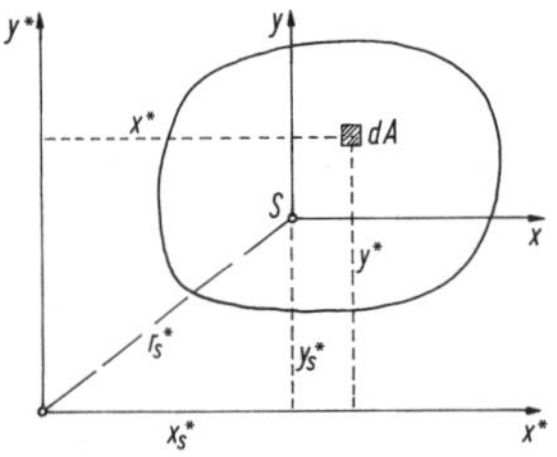

Bild 2.178 Parallelverschiebung der Achsen

Mit $y^* = y_S^* + y$ usw. folgt

$$\begin{aligned} J_{xx}^* &= \int y^{*2}\,\mathrm{d}A = \int (y_S^* + y)^2\,\mathrm{d}A \\ &= y_S^{*2}\int \mathrm{d}A + 2y_S^*\int y\,\mathrm{d}A + \int y^2\,\mathrm{d}A. \end{aligned}$$

Der Ausdruck $\int y\mathrm{d}A$ verschwindet als statisches Moment bezüglich einer Schwerachse und man erhält

$$J_{xx}^* = J_{xx} + y_S^{*2} A$$

analog

$$\begin{aligned} J_{yy}^* &= J_{yy} + x_S^{*2} A \\ J_{xy}^* &= J_{xy} - x_S^*\, y_S^*\, A. \end{aligned} \qquad (2.111)$$

Diese Beziehungen werden als Satz von *Steiner* bezeichnet. Entsprechend gilt für das polare Flächenträgheitsmoment

$$J_p^* = J_p + r_S^{*2} A. \qquad (2.111\,a)$$

Der Satz von *Steiner* lehrt, daß die Trägheitsmomente bezüglich der Schwerachsen

- jeweils die kleinsten aller möglichen,
- im allgemeinen einfacher berechenbar als alle anderen sind.

Bei *zusammengesetzten Flächen* werden die Flächenträgheitsmomente der einzelnen Teilflächen addiert, z.B. gemäß Bild 2.179:

$$J_{xxI} = J_{xxIII} = \frac{b_1 h_1^3}{12} + \left(\frac{h_1 + h_2}{2}\right)^2 b_1 h_1,$$

(Satz von *Steiner*)

$$J_{xxII} = \frac{b_2 h_2^3}{12}$$

also

$$\begin{aligned} J_{xx} &= 2J_{xxI} + J_{xxII} \\ &= b_1 h_1 \left[\frac{h_1^2}{6} + \frac{(h_1 + h_2)^2}{2}\right] + \frac{b_2 h_2^3}{12} \end{aligned}$$

usw.

Auf gleiche Weise werden die Flächenträgheitsmomente von Flächen mit Aussparungen berechnet.

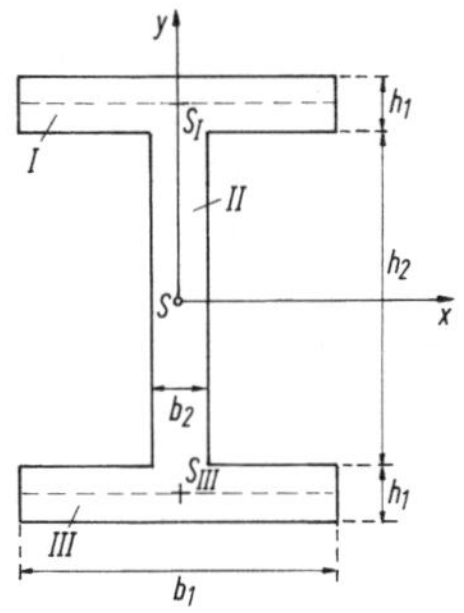

Bild 2.179 Zusammengesetzte Flächen

2.8.2.3 Flächenträgheitsmomente als Tensorkomponenten, Drehung des Koordinatensystems

Die Flächenträgheitsmomente und das Zentrifugalmoment erweisen sich als Komponenten einer nicht-skalaren Größe, die als symmetrischer Tensor 2. Stufe bezeichnet wird.

Zweckmäßig werden die Tensorkomponenten in Form einer Matrix (Komponentenmatrix) zusammengestellt.

$$\begin{bmatrix} J_{xx} & J_{xy} \\ J_{yx} & J_{yy} \end{bmatrix}$$

die Summe der Elemente auf der Hauptdiagonale, d.h. $J_{xx} + J_{yy} = J_p$ wird als „Spur" des Tensors bezeichnet.

Eine gemeinsame Formel für die Größen (2.108) lautet, wenn man die Koordinaten x und y durch kleine lateinische Buchstaben k, l usw. ersetzt

$$J_{kl} = \int_{(A)} (r^2 \delta_{kl} - kl)\,\mathrm{d}A \qquad (2.112)$$

dabei ist $r^2 = x^2 + y^2$ und die Größe δ_{kl} stellt den sog. *Kronecker*-Tensor dar, dessen Komponentenmatrix

$$\begin{bmatrix} 1 & 0 \\ 0 & 1 \end{bmatrix}$$

der Einheitsmatrix entspricht.
Die Beziehung (2.112) gilt als Tensorgleichung in allen Koordinatensystemen in gleicher Form, vgl. später (2.115).
Mit Bezug auf Bild 2.176 wurde bereits angedeutet, daß die Flächenträgheitsmomente von der Lage der Bezugsachsen abhängig sind. Dies bedeutet, daß bei der Drehung des Koordinatensystems die Flächenträgheitsmomente Funktionen des Winkels α sind.
Beim Übergang von den orthogonalen Schwerachsen x, y zu den gedrehten Achsen ξ, η gelten die bekannten Transformationsformeln (die sich leicht aus Bild 2.180 ablesen lassen)

$$\xi = x\cos\alpha + y\sin\alpha, \qquad \eta = y\cos\alpha - x\sin\alpha. \tag{2.113}$$

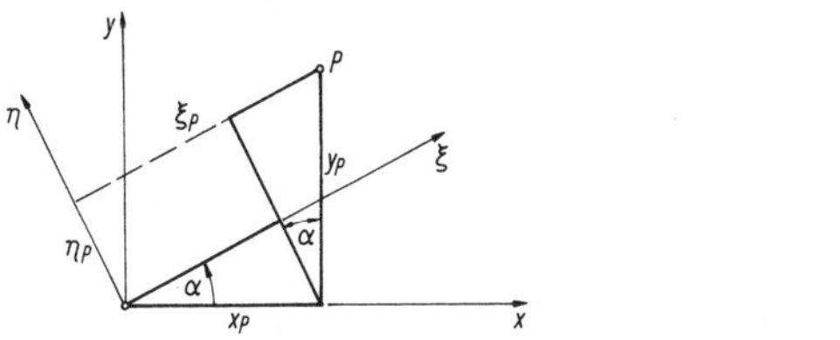

Bild 2.180 Koordinatentransformation bei Drehung des Koordinatensystems

Damit lassen sich die Flächenträgheitsmomente (2.110) ausrechnen, z.B.

$$J_{\xi\xi} = \int \eta^2 \,\mathrm{d}A = J_{yy} \sin\alpha^2 + J_{xx} \cos^2\alpha + 2J_{xy} \sin\alpha \cos\alpha$$

usw.
Mit Einführung des doppelten Winkels erhält man schließlich

$$\left.\begin{aligned} J_{\xi\xi} &= \frac{J_{xx}+J_{yy}}{2} + \frac{J_{xx}-J_{yy}}{2}\cos 2\alpha + J_{xy}\sin 2\alpha \\ J_{\eta\eta} &= \frac{J_{xx}+J_{yy}}{2} - \frac{J_{xx}-J_{yy}}{2}\cos 2\alpha - J_{xy}\sin 2\alpha \\ J_{\xi\eta} &= -\frac{J_{xx}-J_{yy}}{2}\sin 2\alpha + J_{xy}\cos 2\alpha. \end{aligned}\right\} \tag{2.114}$$

Diese Beziehungen stellen die allgemeinen Transformationsformeln für die Komponenten eines Tensors 2. Stufe bei Drehung des Koordinatensystems dar. Man erkennt, wie die Komponenten des Tensors der Flächenträgheits- und Zentrifugalmomente sich bei einer Drehung des Koordinatensystems ändern.
Aus (2.114) folgt sofort wieder die bereits bekannte Beziehung (2.109a), d.h. die Spur des Tensors bzw. das polare Flächenträgheitsmoment sind vom Winkel α unabhängig, sie stellen eine invariante Größe (Skalar) dar.
Als Tensorgleichung im gedrehten Koordinatensystem schreiben sich die Komponenten, wenn man die Koordinaten ξ und η durch griechische Buchstaben λ,μ ersetzt

$$J_{\lambda\mu} = \int_{(A)} (r^2 \delta_{\lambda\mu} - \lambda\mu)\,\mathrm{d}A \tag{2.115}$$

wobei $r^2 = \xi^2 + \eta^2 = x^2 + y^2$ ist und $\delta_{\lambda\mu}$ den *Kronecker*-Tensor mit den gleichen Komponenten [1]) wie δ_{kl} bedeutet. Man erkennt die Übereinstimmung von (2.115) mit (2.112).
Es zeigt sich, daß für bestimmte Richtungen der Achsen ξ, $\eta = 1, 2$ die Zentrifugalmomente verschwinden und außerdem die axialen Flächenträgheitsmomente einen größten bzw. kleinsten Wert J_1 bzw. J_2 annehmen (sog. Haupt-Flächenträgheitsmomente). Die zugehörigen Achsen bezeichnet man als Trägheitshauptachsen, Bild 2.181.

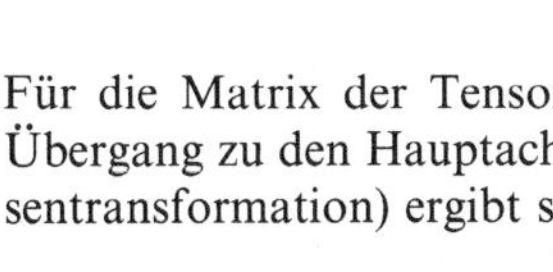

Bild 2.181 Lage der Hauptträgheitsachsen

Für die Matrix der Tensorkomponenten beim Übergang zu den Hauptachsen (sog. Hauptachsentransformation) ergibt sich

$$\begin{bmatrix} J_{\xi\xi} & J_{\xi\eta} \\ J_{\eta\xi} & J_{\eta\eta} \end{bmatrix} \to \begin{bmatrix} J_1 & 0 \\ 0 & J_2 \end{bmatrix}.$$

[1]) Als sog. isotroper Tensor hat der *Kronecker*-Tensor in allen Koordinatensystemen die gleiche Komponentenmatrix.

Die Lage der Hauptachsen, d.h. den Winkel α_H ermittelt man aus der Bedingung für die Extremwerte

$$\frac{dJ_{\xi\xi}}{d\alpha} = 0 \tag{2.116}$$

oder aus der mit (2.116) äquivalenten Bedingung

$$J_{\xi\eta} = 0 .$$

Dies führt auf

$$\tan 2\alpha_H = \frac{2J_{xy}}{J_{xx} - J_{yy}} \tag{2.117}$$

und da die Tangensfunktion die Periode π hat, ist ersichtlich, daß die beiden Achsenrichtungen, die den Extremalwerten der Flächenträgheitsmomente entsprechen, aufeinander senkrecht stehen, d.h.

$$\alpha_1 = \alpha_H, \quad \alpha_2 = \alpha_H + \frac{\pi}{2}.$$

Wenn $J_{xx} > J_{yy}$, ist der Winkel $\alpha_1 = \alpha_H$ (der sich aus dem Hauptwert der arc-tan-Funktion ergibt) derjenige Winkel, der zur Achse mit dem größten Hauptträgheitsmoment gehört.
Setzt man α_1 bzw. α_2 in die Ausdrücke für $J_{\xi\xi}$ usw. ein, erhält man die Hauptträgheitsmomente J_1 und J_2 (verabredungsgemäß ist $J_1 > J_2$).
Nach Elimination der Winkelfunktionen folgt für die Hauptflächenträgheitsmomente

$$J_{1,2} = \frac{J_{xx} + J_{yy}}{2} \pm \sqrt{\left(\frac{J_{xx} - J_{yy}}{2}\right)^2 + J_{xy}^2} . \tag{2.118}$$

Man findet wieder die Beziehung (2.109) bestätigt, d.h.

$$J_1 + J_2 = J_{xx} + J_{yy} = J_p$$

unabhängig von der Lage der Koordinatenachsen.
Besitzt eine Fläche eine Symmetrieachse, so ist diese stets eine Hauptträgheitsachse, ebenso die dazu orthogonale Achse durch den Schwerpunkt.
Die Flächenträgheitsmomente spielen später in der Festigkeitslehre eine Rolle bei der Biegung und Torsion von Balken und Stäben.
Die Aussagen über die invarianten Größen gelten allgemein: jeder Tensor 2. Stufe besitzt im Zweidimensionalen zwei sog. Invarianten (von der Orientierung des Koordinatensystems unabhängige Größen):

Erste Invariante (Spur des Tensors)

$$J_{xx} + J_{yy} = J_{\xi\xi} + J_{\eta\eta} = J_1 + J_2$$

Zweite Invariante
(Determinante der Komponentenmatrix)

$$\begin{vmatrix} J_{xx} & J_{xy} \\ J_{yx} & J_{yy} \end{vmatrix} = \begin{vmatrix} J_{\xi\xi} & J_{\xi\eta} \\ J_{\eta\xi} & J_{\eta\eta} \end{vmatrix} = J_1 \cdot J_2 .$$

Weitere Tensoren 2. Stufe (zwei- und auch dreidimensional) werden später als Verzerrungs- und Spannungstensor in der Festigkeitslehre auftreten.

2.9 Reibungserscheinungen bei festen Körpern

Reibungserscheinungen spielen in der gesamten Technik sowie im täglichen Leben eine wichtige Rolle. Der herkömmlichen Tradition folgend, werden sie im Rahmen der Statik behandelt, obwohl auch Bewegungsvorgänge einbezogen sind.

2.9.1 Reibungskräfte, Haft- und Gleitreibung

Reibungskräfte sind Tangentialkräfte, die in den Berührungsflächen fester Körper auftreten[1]). Die physikalische Ursache liegt in Unebenheiten der sich berührenden Oberflächen.
Man unterscheidet zwei Arten von Reibungserscheinungen, die *Haftreibung* (Haftung) oder Reibung der Ruhe und die *Gleitreibung* oder Reibung der Bewegung. Beide sind bei gleicher physikalischer Ursache in mechanischer Hinsicht durchaus verschieden.
Die Haftreibung ist eine Reaktionskraft, ähnlich einer Stützkraft und ihre Behandlung gehört in die Statik. Gleichwohl ist es üblich, im Anschluß daran die Gleitreibung zu betrachten, die sich als eingeprägte Kraft erweist und nur bei Bewegung auftritt. Wesentlich ist, daß die Gleitreibung mit Bewegungswiderständen verknüpft ist, die nahezu immer unerwünscht sind, weil sie zu Energieverlusten führen. Eine allgemeine Theorie, die

[1]) Reibungskräfte treten auch bei der Bewegung fester Körper in Fluiden auf, solche werden aber hier nicht betrachtet.

alle Widerstandserscheinungen umfaßt, gibt es bis heute nicht.
Allen Reibungskräften ist gemeinsam, daß sie quantitativ immer nur ungefähr angebbar sind.

2.9.2 Haftreibung

Die Erfahrung zeigt, daß zur Verschiebung eines Klotzes auf einer rauhen Unterlage eine bestimmte Mindestkraft erforderlich ist (Bild 2.182a). Für kleinere Kräfte bleibt der Klotz in Ruhe, da in der Berührungsfläche eine Haftreibungskraft auftritt, die eine Bewegung verhindert, den Klotz also im Gleichgewicht hält. Gleichermaßen bleibt ein Klotz vom Gewicht G auf einer schiefen Ebene (Bild 2.182b) bei nicht zu großem Winkel α in Ruhe, die Haftreibungskraft verhindert das Abrutschen.

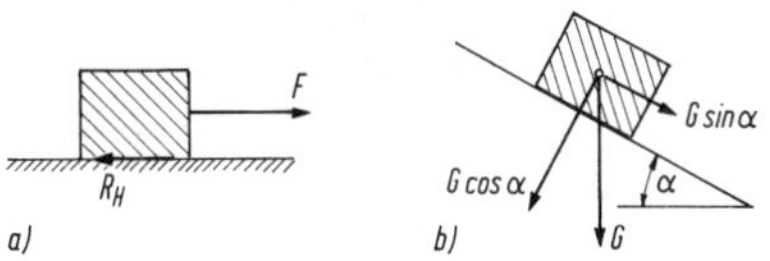

Bild 2.182 Haftreibung

Allgemein gilt, daß die Haftreibungskraft eine Reaktionskraft darstellt, sie kann innerhalb bestimmter Grenzen der Größe sowie der Richtung nach beliebige Werte annehmen. In manchen Fällen ist eine Berechnung der Haftreibungskraft mittels der Gleichgewichtsbedingungen möglich. Für die Situation gemäß Bild 2.182b ergibt die Gleichgewichtsbedingung ein geschlossenes Krafteck (Bild 2.183), die Reaktionskräfte sind

$N = G\cos\alpha$
(Normalkraft)

$R_{\mathrm{H}} = G\sin\alpha$
(Tangentialkraft oder Haftreibungskraft)

es folgt

$$R_{\mathrm{H}} = N\tan\alpha. \qquad (2.119)$$

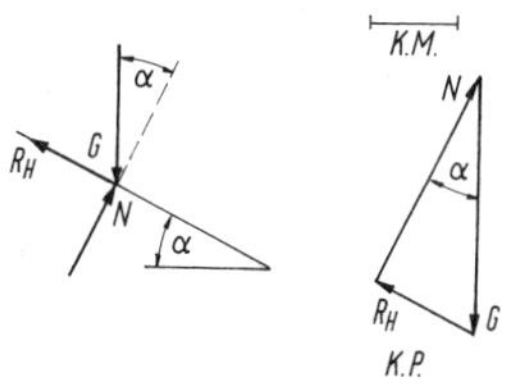

Bild 2.183 Gleichgewicht eines Klotzes auf der schiefen Ebene

Die Haftreibungskraft tritt als Reaktionskraft in solcher Größe und Richtung auf, daß Gleichgewicht vorhanden ist.
Auf der schiefen Ebene bleibt der Klotz in Ruhe, wenn

$$\alpha \leqslant \varrho_0$$

wobei ϱ_0 der sog. Grenzwinkel oder Haftreibungswinkel ist. Man bezeichnet allgemein

$$\tan\varrho_0 = \mu_0$$

als Haftreibungszahl, es ist eine experimentell zu ermittelnde Größe, die von der Beschaffenheit der einander berührenden Oberflächen (auch vom Material derselben) abhängt.
Der Winkel ϱ_0 entspricht dem sog. natürlichen Böschungswinkel, der beim Aufschütten pulveriger oder körniger Stoffe auftritt (z. B. etwa 30° für trockenen Sand, etwa 45° für Kohle und Erze).
Eine anschauliche Deutung findet der Haftreibungswinkel ϱ_0 als Reibungskegel (oder Reibungskeil im ebenen Fall). Man legt um die Berührungsnormale eines Körpers mit seiner Unterlage einen Kegel mit ϱ_0 als halbem Öffnungswinkel (Bild 2.184).
Gleichgewicht herrscht, solange die Wirkungslinie der Kraft F bzw. der Gewichtskraft G innerhalb des Reibungskegels (Reibungskeils) verläuft, wie die Beispiele in Bild 2.184 zeigen.

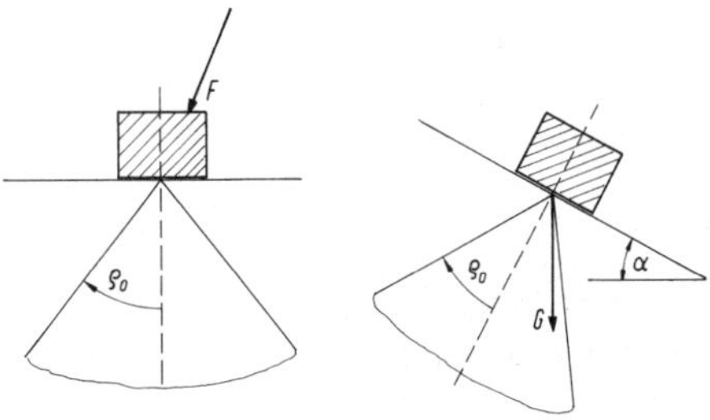

Bild 2.184 Reibungskegel bei Haftreibung

Einige charakteristische Zahlenwerte der Haftreibungszahl sind

Metall/Holz	$\mu_0 = 0{,}5$
Stahl/Stahl	0,2
Stahl/Eis	0,03.

Als Verallgemeinerung von (2.119) erhält man

$$R_{\mathrm{H}} \leqslant \mu_0 N \qquad (2.120)$$

(Coulombsches Haftreibungsgesetz) mit N als der Normalkraft. Die Haftreibungskraft kann somit beliebige Werte unterhalb dem Maximalwert $R_{H(max)}$ annehmen, der sich aus (2.120) mit dem Gleichheitszeichen ergibt.

Die Haftreibung ist von großer Bedeutung für die Fortbewegung von Lebewesen und Fahrzeugen auf der festen Erde. Erst durch das Vorhandensein einer tangentialen Haftreibungskraft zwischen Rad und Boden vermag ein auf die Radachse wirkendes Moment ein Fahrzeug fortzubewegen. Ohne Haftreibung würde das Rad unter der Wirkung des antreibenden Moments nur eine beschleunigte Drehbewegung ausführen ohne sich von der Stelle zu bewegen. Dies kann gelegentlich bei einem Fahrzeug vorkommen, wenn die Haftreibung zu gering (z.B. bei glatter Fahrbahn) oder der Achsdruck nicht groß genug ist. Abhilfe schafft eine Erhöhung der Bodenrauhigkeit durch Streuen von Sand u. dergl. bei vereister Fahrbahn. Beiläufig sei angemerkt, daß für Autoreifen auf normaler Straße ein Wert $\mu_0 \approx 0{,}8$ gilt.

In vielen Bereichen der Technik und des täglichen Lebens wird von der Haftreibung in vielfältiger Weise Gebrauch gemacht, z.B. bei der Befestigung mittels Schrauben und Muttern, Nägeln, Klemmverbindungen, Schraubzwingen usw.

2.9.2.1 Statikprobleme mit Haftreibung

Charakteristisch für diese Probleme ist, daß sich stets Bereiche für die möglichen Gleichgewichtslagen bzw. für die Kräfte, die Gleichgewicht herstellen, bei der Lösung ergeben.

Als Beispiel wird eine Leiter betrachtet, die an eine rauhe Wand (Haftreibungszahl μ_A) gelehnt und am Boden (Haftreibungszahl μ_B) unter einem Winkel α aufgestützt ist. Die Belastung der Leiter (Eigengewicht und zusätzliche Last) wird im Schwerpunkt angenommen (Bild 2.185). Es soll ermittelt werden, für welchen Winkel α Gleichgewicht herrscht, d.h. die Leiter nicht abrutschen kann.

Es treten vier unbekannte Reaktionskräfte A, B sowie die Haftreibungskräfte R_A, R_B auf. Das Problem ist 1-fach statisch unbestimmt, die Gleichgewichtsbedingungen lauten

$$\left.\begin{aligned} &\uparrow \; B + R_A - G = 0 \\ &\rightarrow \; A - R_B = 0 \\ &\curvearrowleft B \; \left(\frac{G}{2} - R_A\right) l\cos\alpha - A\,l\sin\alpha = 0. \end{aligned}\right\} \qquad (2.121)$$

Für die Haftreibungskräfte gelten

$$R_A \leqslant \mu_A A, \qquad R_B \leqslant \mu_B B. \qquad (2.122)$$

Eine eindeutige Lösung ist nur möglich für den Grenzfall der vollen Ausnützung der Haftreibung, d.h. kurz vor dem Abgleiten. In (2.122) gelten dann die Gleichheitszeichen und mit den ersten beiden Gleichgewichtsbedingungen (2.121) folgen

$$A = \frac{\mu_B}{1 + \mu_A \mu_B} G, \qquad B = \frac{1}{1 + \mu_A \mu_B} G.$$

Aus der dritten Gleichgewichtsbedingung (2.121) ergibt sich der durch die Grenzlage bestimmte Winkel, d.h. die Leiter befindet sich bei der angenommenen Belastung im Gleichgewicht, wenn

$$\tan\alpha \geqslant \frac{1 - \mu_A \mu_B}{2\mu_B}.$$

Die tägliche Erfahrung lehrt übrigens auch, daß die Leiter bei steilerer Lage weniger abrutschgefährdet ist.

Eine grafische Lösung des Problems ist mit Hilfe der Reibungskeile möglich. Insbesondere interessiert, in welchem Bereich außerhalb von S die Last angreifen kann, so daß noch Gleichgewicht herrscht (Bild 2.186).

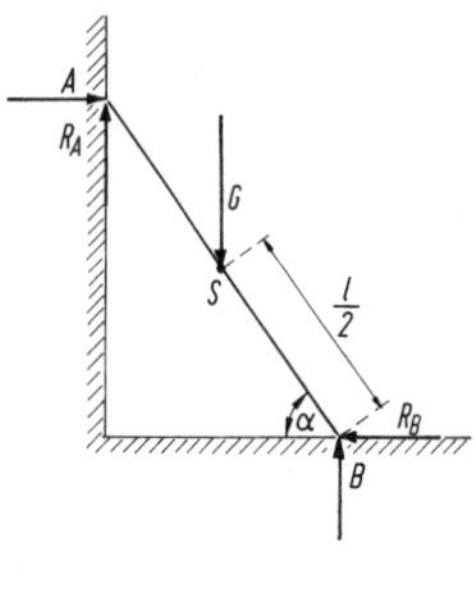

Bild 2.185 An die Wand gelehnte Leiter

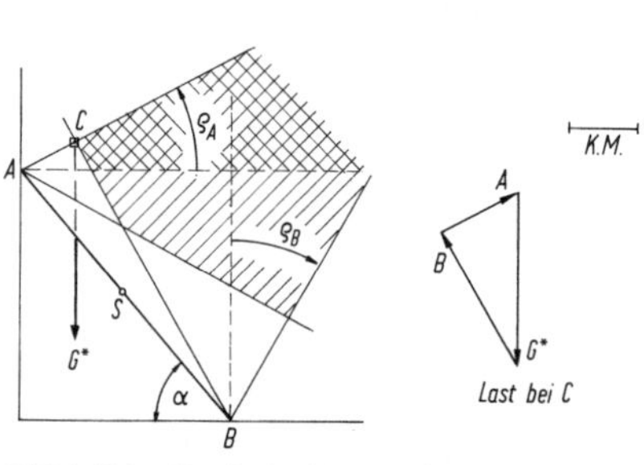

Bild 2.186 Grafische Lösung des Leiterproblems

Hierfür muß der Schnittpunkt der Wirkungslinien der Last und der Stützkräfte innerhalb des schraffierten Bereichs liegen. Man kann sich leicht überzeugen, daß nur der doppeltschraffierte Bereich maßgebend ist, da die Haftreibungskraft R_A nach oben gerichtet sein muß.
Die Grenzlage für die Wirkungslinie der Last G^* geht durch den Punkt C, hierfür gilt das geschlossene Krafteck in Bild 2.186.

2.9.3 Gleitreibung

Wie bereits erwähnt, handelt es sich um eine Erscheinung, die sich in mechanischer Hinsicht grundsätzlich von der Haftreibung unterscheidet.
Wenn bei der schiefen Ebene gemäß Bild 2.182b der Winkel α den Grenzwinkel ϱ_0 übersteigt, dann ist für den Klotz kein Gleichgewicht mehr möglich, d.h. er rutscht ab. Dabei tritt nun eine bewegungshemmende Gleitreibungskraft R_G auf, die nicht mehr aus den Gleichgewichtsbedingungen errechenbar ist. Vielmehr ist R_G eine eingeprägte Kraft, die erst bei der Bewegung entsteht und nach dem Erfahrungsgesetz von *Coulomb* den Betrag

$$R_G = \mu_G N \tag{2.123}$$

annimmt und deren Richtung als Widerstandskraft stets der Bewegungsrichtung entgegengesetzt ist.
Im Coulombschen Gleitreibungsgesetz (2.123) bedeutet N wiederum die Normalkraft auf die Unterlage, μ_G ist die Gleitreibungszahl (abhängig von der Oberflächenbeschaffenheit und dem Material der aufeinander gleitenden Körper aber auch von der Relativgeschwindigkeit).
Einige charakteristische Werte der Gleitreibungszahl (für sog. trockene, d.h. schmiermittelfreie Reibung) sind

Metall/Holz	$\mu_G = 0{,}2 \ldots 0{,}4$
Stahl/Stahl	$0{,}03 \ldots 0{,}1$
Stahl/Eis	$0{,}01$
Autoreifen/Straße	$\approx 0{,}7$

Bei großen Relativgeschwindigkeiten kann μ_G bis auf 25% seines Werts bei kleinen Geschwindigkeiten abnehmen (Ausnahme Leder/Eisen: μ_G nimmt mit der Geschwindigkeit zu).
Im allgemeinen ist $\mu_G < \mu_0$, was physikalisch einleuchtet, da infolge der Bewegung das Ineinandergreifen der Oberflächenunebenheiten verringert wird.
Gemäß der Beziehung

$$\mu_G = \tan \varrho_G \tag{2.124}$$

läßt sich übrigens auch bei der Gleitreibung ein Reibungskegel (Reibungskeil) einführen.
Die Gleitreibungskraft tritt bei der Bewegung stets in bekannter Größe *und* bestimmter Richtung, nämlich der Bewegungsrichtung entgegengesetzt, auf. Aus diesem Grund kann bereits eine kleine, zur Bewegungsrichtung des gleitenden Körpers senkrechte Kraft diesen seitlich ablenken. Dies ist z.B. beim unwillkommenen seitlichen Abrutschen eines gebremsten Kraftfahrzeugs der Fall. Die Reibungskraft ist dem Gleiten der blockierten Räder entgegengesetzt gerichtet, zur Verhinderung des seitlichen Abgleitens ist keine Reibungskomponente mehr verfügbar.
In allen Bereichen der Technik ist die Gleitreibung meist äußerst unerwünscht, da sie mit Verlusten mechanischer Energie (die in Wärme umgesetzt wird) und mit Verschleiß der aufeinander gleitenden Teile verbunden ist. Die Reibungs- und Verschleißforschung (Tribologie) ist daher von großer Bedeutung.
Zur Verringerung der Gleitreibung werden *Schmiermittel* angewendet. Zwischen den sich berührenden Oberflächen besteht dann ein Flüssigkeitsfilm und das Reibungsproblem wird damit im wesentlichen zu einem hydrodynamischen Problem, das nicht mehr mit den Ansätzen der trockenen Reibung behandelt werden darf.
Hierauf wird hier nicht näher eingegangen, es sei nur beiläufig erwähnt, daß schon eine sehr geringe Schmierung die Werte von μ_G um den Faktor 10 herabzusetzen vermag. Wasser ist übrigens kein geeignetes Schmiermittel und erhöht die Reibungszahl.

2.9.3.1 Einfache Bewegungsvorgänge mit Gleitreibung

Es wird das Beispiel eines Klotzes vom Gewicht G betrachtet, der auf einer schiefen Ebene unter der Wirkung einer Kraft F mit konstanter Geschwindigkeit (d.h. beschleunigungsfrei) hinaufgezogen bzw. herabgelassen werden soll (Bild 2.187). Die jeweils erforderliche Kraft F_{auf} bzw. F_{ab} ist zu ermitteln.
Es handelt sich um eine kräftefreie Bewegung, daher müssen sich alle beteiligten Kräfte im

Gleichgewicht befinden, d.h. ein geschlossenes Krafteck bilden.
Die Auflagerkraft A als Resultierende aus Normalkraft und Gleitreibungskraft ist jeweils unter dem Winkel ϱ_G [vgl. (2.124)] gegen die Berührungsnormale geneigt.
Es folgt $A = \dfrac{G \cos\alpha}{\cos\varrho_G}$ und aus Bild 2.187 läßt sich ablesen *bei Aufwärtsbewegung*

$$\begin{aligned} F_{\text{auf}} &= G \sin\alpha + A \sin\varrho_G \\ &= G(\sin\alpha + \mu_G \cos\alpha) \\ &= \frac{\sin(\alpha + \varrho_G)}{\cos\varrho_G} G \end{aligned}$$

entsprechend *bei Abwärtsbewegung* ($\alpha > \varrho_G$)

$$F_{\text{ab}} = G \sin\alpha - A \sin\varrho_G = \frac{\sin(\alpha - \varrho_G)}{\cos\varrho_G} G.$$

Man erkennt, daß beim Hinaufziehen des Klotzes auf der schiefen Ebene der Gleitreibungswiderstand mit überwunden werden muß, während beim Herablassen eine geringe Haltekraft genügt.
Ähnliche Probleme kommen bei der Seilreibung vor (vgl. Abschnitt 2.9.4.1).

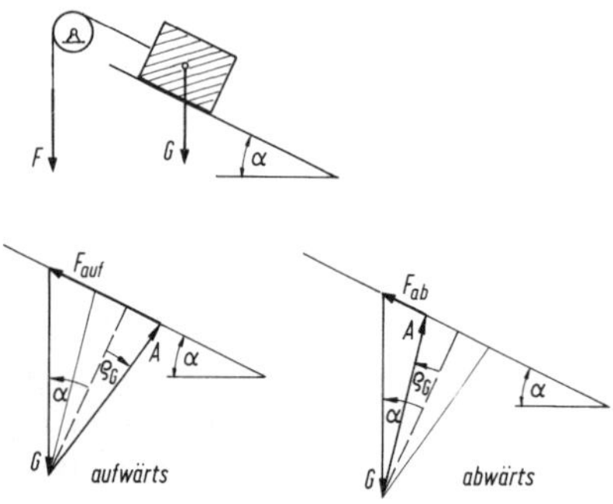

Bild 2.187 Bewegung auf der schiefen Ebene

2.9.4 Weitere Reibungserscheinungen

Einige besondere Fälle von Haft- und Gleitreibung sowie Reibungswiderständen sollen im folgenden kurz betrachtet werden.

2.9.4.1 Seilreibung

Wenn ein Seil sich in rauher Berührung mit einer drehbaren Rolle befindet, treten im Winkelbereich, in dem das Seil am Rollenumfang anliegt (sog. Umschlingungswinkel), Reibungskräfte auf. Ist die Seilkraft auf der Ablaufseite größer als auf der Anlaufseite, wird die Rolle in Drehung versetzt. Diese Möglichkeit zur Übertragung von Drehmomenten kann im Seil- oder Riementrieb ausgenützt werden.
Unter der Annahme eines völlig biegsamen Seils über einer feststehenden kreisförmigen Rolle beim Umschlingungswinkel α (Bild 2.188) soll der Zusammenhang von S_1 und S_2 ermittelt werden. Die Haftreibungszahl zwischen Seil und Rolle ist μ_0, ferner sei $S_1 > S_2$.

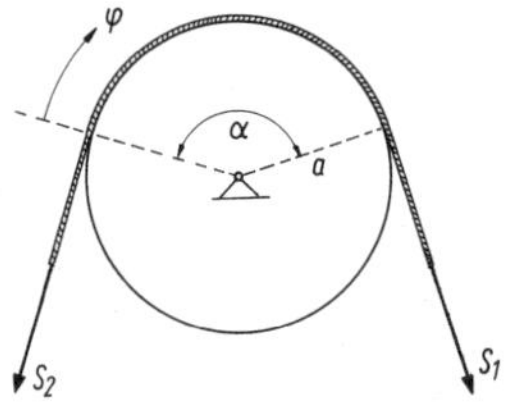

Bild 2.188 Seil in Berührung mit kreisförmiger Rolle

Es werden die Gleichgewichtsbedingungen an einem Seilelement $a\,d\varphi$ (bei Vernachlässigung kleiner Glieder höherer Ordnung) betrachtet. Die auftretende Reibungskraft ist dR und man erhält in tangentialer Richtung (Bild 2.189)

$$S + dS - S - dR = 0.$$

Wegen der Schrägstellung der Seilkräfte gilt in radialer Richtung

$$dN - S\,d\varphi = 0.$$

Aus den beiden Beziehungen

$$dR = dS, \qquad dN = S\,d\varphi \tag{2.125}$$

lassen sich die drei unbekannten Kräfte S, R und N nicht berechnen, das Problem ist statisch unbestimmt.

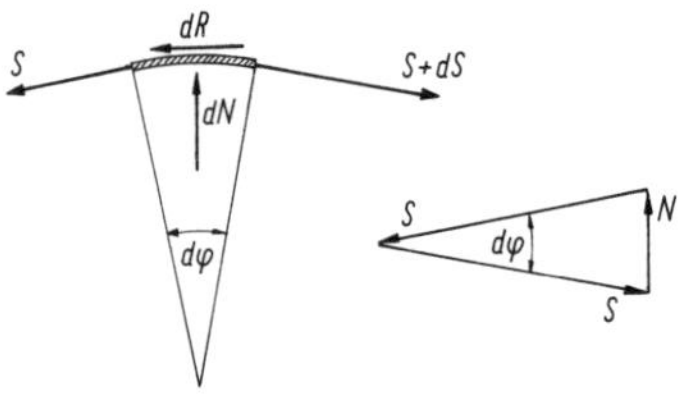

Bild 2.189 Kräftespiel am Seilelement

Eine Lösung ist möglich für den Grenzfall der maximalen Haftreibung (in dem das Seil gerade noch nicht gleitet), dann gilt

$$dR = \mu_0\, dN.$$

Es folgt damit aus (2.125)

$$\mathrm{d}S = \mu_0 \, S \, \mathrm{d}\varphi \quad \text{oder} \quad \frac{\mathrm{d}S}{S} = \mu_0 \, \mathrm{d}\varphi .$$

Die Integration liefert mit der Randbedingung $S = S_2$ für $\varphi = 0$

$$\ln\left(\frac{S}{S_2}\right) = \mu_0 \, \varphi \tag{2.126}$$

Für $\varphi = \alpha$ ist $S = S_1$ und man erhält den gesuchten Zusammenhang zwischen S_1 und S_2

$$S_1 = S_2 \, e^{\mu_0 \alpha} \tag{2.127}$$

(*Euler-Eytelwein*sche Formel).

Die gesamte, bei der Berührung von Seil und Rolle längs des Umschlingungswinkels α übertragene Reibungskraft ist

$$R = S_1 - S_2 = S_2 \, (e^{\mu_0 \alpha} - 1) = S_1 \left(1 - \frac{1}{e^{\mu_0 \alpha}}\right).$$

Zu beachten ist, daß (2.127) nur für den Grenzfall der maximalen Haftreibung zutrifft. Ist dieser Zustand noch nicht erreicht, gilt

$$\frac{S_1}{S_2} < e^{\mu_0 \alpha} \quad \text{bzw.} \quad R_H < S_2 \, (e^{\mu_0 \alpha} - 1) .$$

Als Beispiel für die Anwendung der Euler-Eytelweinschen Formel sei das beschleunigungsfreie Heben bzw. Senken einer Last G betrachtet, wobei das verwendete Seil um einen nicht drehbaren Holzzylinder (Bild 2.190) gelegt ist. Hierfür wird $\mu_0 = 0{,}25$ angenommen.

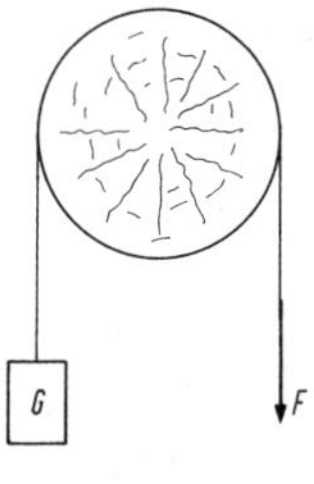

Bild 2.190 Heben bzw. Senken einer Last mit Seilreibung

Beim Heben der Last ergibt sich mit $S_1 = F$, $S_2 = G$, $\alpha = \pi$

$$F_{\text{Heben}} = G e^{\pi/4} = 2{,}19$$

beim Herablassen mit $S_1 = G$, $S_2 = F$, $\alpha = \pi$

$$F_{\text{Senken}} = \frac{G}{e^{\pi/4}} = 0{,}46 \, G .$$

Da der Grenzzustand der Haftreibung betrachtet wird, bleibt die Last in Ruhe für

$$0{,}46 \, G \leqslant F \leqslant 2{,}19 \, G$$

und man erkennt, daß sich die Reibung in diesem Beispiel beträchtlich bemerkbar macht.

Der Gleichgewichtsbereich wird erweitert, wenn man den Umschlingungswinkel vergrößert. Wird beim Herablassen der Last das Seil eineinhalb mal um den Zylinder geschlungen ($\alpha = 3\pi$), so ist hierfür nur noch die Haltekraft

$$F_{\text{Senken}} = \frac{G}{e^{3\pi/4}} = 0{,}095 \, G$$

erforderlich.

Sorgt man für hinreichend großen Umschlingungswinkel, können durch mehrmaliges Umschlingen des Seils um einen Holzpflock sehr große Lasten mittels der Reibung festgehalten werden (z. B. beim Festmachen von Schiffstauen).

Abschließend sei erwähnt, daß (2.127) auch für den Fall der Gleitreibung herangezogen werden kann, z. B. bei einer gegen ein festes Seil rotierenden Rolle (Bandbremse).

Anstelle der Haftreibungszahl ist dann die Gleitreibungszahl zu verwenden.

2.9.4.2 Trockene Zapfen- oder Lagerreibung

Tragzapfen sind wichtige Bauteile rotierender Maschinen (z. B. Wellen in Gleitlagern). Auf den in der Lagerschale rotierenden Tragzapfen wirkt senkrecht der Zapfendruck Q und längs des Zapfenumfangs treten in der Berührung mit der Lagerschale Reibungskräfte auf (Bild 2.191 a). Diese erzeugen ein Reibungsmoment, das dem antreibenden Drehmoment entgegenwirkt und die Drehung zu hemmen sucht.

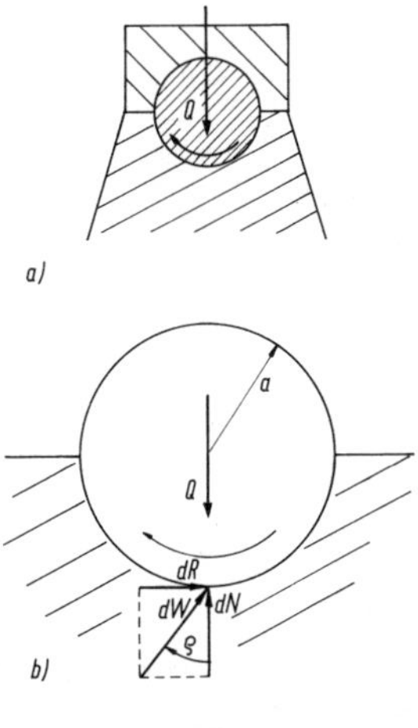

Bild 2.191 Gleitlager (Querdrucklager), schematische Darstellung (a), auftretende Kräfte an einem Umfangselement (b)

Nachfolgend wird ein Lagerzapfen (Radius a) betrachtet, der sich ohne Spiel in Berührung mit der umgebenden Lagerschale befindet (Bild 2.191 b).

An jedem Umfangselement des Zapfens wirken eine Normalkraft ΔN und eine Gleitreibungskraft ΔR. Die Reibungskräfte längs des Umfangs bewirken das bremsende Reibungsmoment

$$M_R = a \sum \Delta R \qquad (2.128)$$

wobei die Summe auf der rechten Seite die *algebraische* Summe der Reibungskräfte bedeutet. Nach dem Coulombschen Reibungsgesetz folgt $\sum \Delta R = \mu_G \sum \Delta N$ und damit wird das Reibungsmoment

$$M_R = a \mu_G \sum \Delta N. \qquad (2.129)$$

Setzt man hierin statt μ_G den Haftreibungskoeffizient μ_0 ein, ergibt (2.129) gerade das Moment, das im Grenzfall der maximalen Haftreibung Gleichgewicht liefert.

Wenn die genaue Verteilung der Normalkräfte ΔN über den Zapfenumfang bekannt wäre, ließe sich aus (2.129) das Reibungsmoment berechnen. Dies ist nicht der Fall, jedoch läßt sich eine untere Grenze für M_R in einfacher Weise angeben. [1])

Es folgt aus der vertikalen Gleichgewichtsbedingung, daß die *geometrische Summe* aller Resultierenden $\Delta \vec{W}$ aus den Normal- und Reibungskräften gleich dem Zapfendruck Q sein muß (Bild 2.192), d.h. vektoriell gilt

$$\sum \Delta \vec{W} = \vec{Q}.$$

Die Größe der einzelnen Kräfte $\Delta \vec{W}$ ist nicht bekannt, jedenfalls sind sie alle um den gleichen Winkel gegen die Normale geneigt.

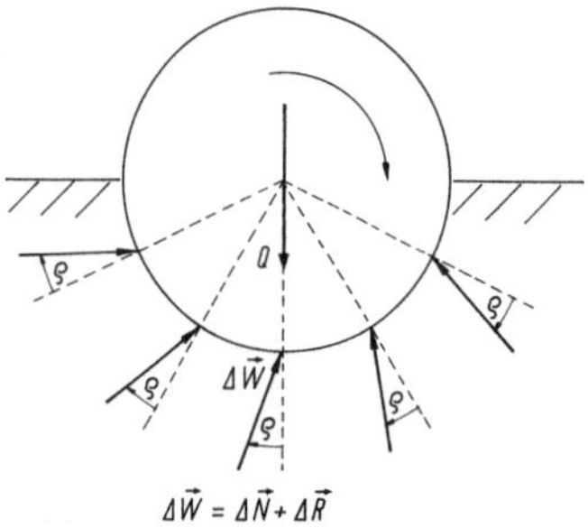

Bild 2.192 Kräftespiel an einem Tragzapfen $\Delta \vec{W} = \Delta \vec{N} + \Delta \vec{R}$

[1]) Diese Betrachtung geht auf *E. Mönch* zurück.

Da in einem Kräftepolygon (außer bei parallelen Kräften) die Summe der einzelnen Kräfte stets größer ist als die Schlußlinie des Kräftepolygons, d.h.

$$\sum |\Delta \vec{W}| > |\sum \Delta \vec{W}|$$

ist, folgt, daß die algebraische Summe der ΔW größer sein muß als der Zapfendruck Q

$$\sum \Delta W > Q. \qquad (2.130)$$

Andererseits ist

$$\Delta N = \Delta W \cos \varrho_G$$

wobei $\varrho_G = \arctan \mu_G$ den Reibungswinkel bedeutet [vgl. (2.124)]. Mit (2.129) und (2.130) erhält man

$$M_R > a \mu_G \cos \varrho_G Q. \qquad (2.131)$$

Dies läßt sich schreiben als

$$M_R = \beta a \sin \varrho_G Q$$

mit Einführung eines Zahlenfaktors $\beta > 1$, der empirisch ermittelt werden muß. Man kann β mit der Größe $\sin \varrho_G$, die gemäß

$$\sin \varrho_G = \frac{\mu_G}{\sqrt{1 + \mu_G^2}}$$

mit der Reibungszahl zusammenhängt, kombinieren und eine Zapfenreibungszahl

$$\mu_z = \beta \sin \varrho_G$$

definieren. Damit ergibt sich schließlich für das Zapfenreibungsmoment

$$M_R = \mu_z a Q = e Q \qquad (2.132)$$

wobei e der Radius des sog. Reibungskreises ist. Für eine bestimmte Tragzapfenanordnung muß der Wert von e empirisch bestimmt werden.

Bei einem Lager kann selbst bei geringem Zapfendruck ein sehr großes Reibungsmoment auftreten, wenn e sehr groß ist (z.B. bei einem stark „spannenden" Lager).

Ein Sonderfall liegt vor, wenn es sich um ein „eingelaufenes" Lager handelt, bei dem ein gewisses Spiel zwischen Zapfen und Lagerschale vorhanden ist.

Hierauf soll aber nicht näher eingegangen werden, ebenso nicht auf den Einfluß der Schmierung, da hierbei wesentlich Gesetze der Mechanik zäher Fluide eine Rolle spielen.

2.9.4.3 Rollende Reibung

Bei der rollenden Bewegung zylindrischer Körper (Walzen, Räder) tritt ein bewegungshemmender Widerstand auf, der als rollende Reibung bezeichnet wird.

Schon frühzeitig wurde erkannt, daß die rollende Reibung wesentlich geringer ist als die Gleitreibung. Für die Wirtschaftlichkeit der Fortbewegung war daher die Erfindung des rollenden Rads von großer Bedeutung. In der heutigen Technik wird die Tatsache der geringeren rollenden Reibung besonders in der Anwendung von Wälzlagern ausgenützt.

Es wurde bereits darauf hingewiesen, daß das Abrollen eines Rads auf einer Unterlage und die dadurch ermöglichte Fortbewegung von Fahrzeugen nur durch das Vorhandensein der Haftreibung in der Berührungsstelle zustandekommt.

Die Erfahrung lehrt, daß ein Zylinder (oder eine Kugel), auf einer schiefen Ebene bei nicht zu großem Neigungswinkel α ohne abzurollen in Ruhe bleibt (Bild 2.193). Daraus kann auf das Vorhandensein eines bewegungshemmenden Moments geschlossen werden. Man nennt es das Rollreibungsmoment.

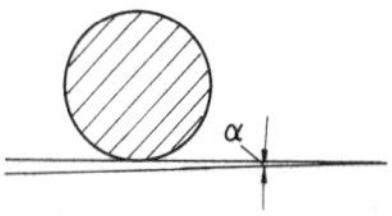

Bild 2.193
Auftreten rollender Reibung

Außerdem folgt, daß die Berührung von Zylinder und Unterlage nicht nur längs einer Geraden (bzw. bei der Kugel in einem Punkt) erfolgen kann, da die auftretenden Kräfte dann niemals im Gleichgewicht sein könnten.

Daraus erkennt man, daß beim Zustandekommen der rollenden Reibung Verformungen des rollenden Körpers sowie der Unterlage eine wesentliche Rolle spielen. [1])

Ein rollendes Rad berührt die Unterlage also in einer endlichen Fläche, die gegen den Drehsinn nach vorn (Anlaufseite) verschoben ist. Die bereits überrollten Teile der Unterlage hinter dem Rad kehren nicht ganz oder zumindest nicht sofort in den ursprünglichen Zustand zurück (Bild 2.194).

[1]) Die allgemeine Theorie der rollenden Reibung und der dabei auftretenden Begleiterscheinungen stellt ein sehr schwieriges Problem der Elastizitätstheorie dar und ist in voller Allgemeinheit bis heute ungelöst.

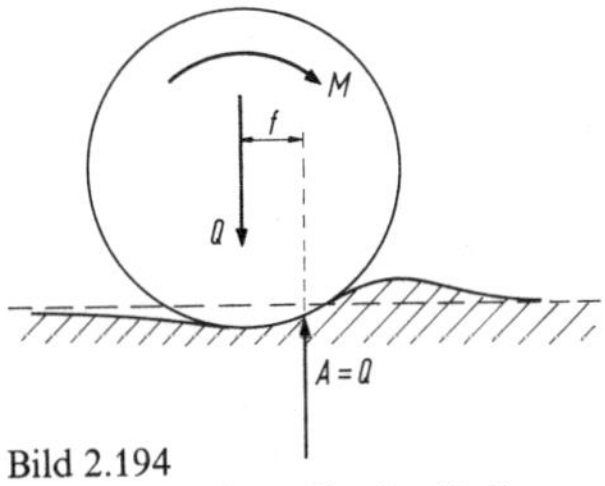

Bild 2.194
Entstehung der rollenden Reibung

Die Wirkungslinie der aus den Flächenkräften resultierenden Reaktionskraft A auf das Rad ist um eine gewisse Strecke f nach vorn verschoben. Das dadurch entstehende Moment wirkt der Drehung um den momentanen Berührungspunkt entgegen und ist das Rollreibungsmoment (mit Q als Radlast)

$$M_R = Q f.$$

Die Größe f ist der Hebelarm des Rollwiderstands, er ist umso kleiner, je geringer die beim Abrollen auftretenden Verformungen sind, d.h. je härter das Material von Rad und Unterlage ist. Die Bestimmung von f erfolgt auf experimentellem Weg.

Als zahlenmäßige Anhaltspunkte seien genannt

Stahl auf Stahl	$f = 0{,}005$ cm
Stahl in Kugellagern	0,0005 ... 0,001 cm
Gummiräder auf Wiesenboden	≈ 1 cm.

Hierzu ist jedoch zu bemerken, daß die Größe des Hebelarms f von der Radbelastung, dem Raddurchmesser und der Geschwindigkeit der Bewegung nicht unabhängig ist.

In der Praxis faßt man für ein Fahrzeug auf bestimmter Unterlage den Rollreibungswiderstand mit dem Lagerreibungswiderstand zusammen und setzt für den gesamten Fahrwiderstand (mit Q als gesamter Radlast)

$$W_{ges} = c_w Q$$

wobei die Widerstandszahl c_w empirisch ermittelt wird. Zu diesem Widerstand muß man im allgemeinen noch den Luftwiderstand in Anrechnung bringen.

Beiläufig sei erwähnt, daß in der Berührungsfläche von Rad und Unterlage stets noch eine gewisse Gleitung (Schlupf) stattfindet. Auch diese Probleme sind heute noch nicht völlig theoretisch geklärt.

3 Elastostatik und elementare Festigkeitslehre

In der Natur gibt es keine starren, d.h. unverformbaren Körper. Gleichwohl erweist sich als Abstraktion und Idealisierung in der Mechanik der Begriff des Starrkörpers als nützlich.
Eine wichtige Eigenschaft fester Körper, die in den Anwendungen ausgenützt wird, ist ihre mechanische „Stabilität", d.h. der Widerstand, den sie einer Änderung ihrer Größe und Gestalt durch äußere Kräfte (Lasten) entgegensetzen. Dies ist mit dem Auftreten innerer Kräfte verbunden, deren Existenz sich nur durch ihre Verknüpfung mit Verformungen erklären läßt.
Die Bezeichnung *Festigkeitslehre* (englisch: Strength of Materials) ist häufig und seit langem üblich, sie beschreibt aber die zu lösenden Probleme nicht ganz zutreffend. Untersucht wird nicht die Festigkeit (dies ist Aufgabe der Materialprüfung), vielmehr die Beanspruchung technischer Bauteile. Hierfür reicht die Idealisierung des starren Körpers nicht mehr aus und es muß die (wenn auch meist geringe) Verformbarkeit der festen Körper berücksichtigt werden. Aus dem großen Gebiet der Mechanik verformbarer Körper (dessen umfassende Behandlung in der Kontinuumsmechanik erfolgt) wird die Statik der elastisch verformbaren Körper, kurz *Elastostatik*, herausgegriffen.
Das elastische Materialverhalten als wichtige Idealisierung ist dadurch gekennzeichnet, daß alle Wirkungen der äußeren Kräfte nach der Entlastung wieder vollkommen verschwinden. Es ist nicht nur das einfachst mögliche Stoffgesetz sondern gilt mit guter Näherung für viele Metalle als der wichtigsten technischen Werkstoffe.
Hauptaufgabe aller festigkeitsmechanischer Berechnungen ist, das Unbrauchbarwerden von Bau- und Maschinenteilen z.B. infolge Zerstörung (oder auch durch unzulässig große Verformungen) zu verhindern. Daneben sind auch Aussagen über die Lebensdauer der Bauteile von Bedeutung.[1]) Letztlich besteht das Ziel darin, eine sichere und wirtschaftliche Bemessung technischer Konstruktionen zu erreichen.

[1]) Ein wichtiges Sondergebiet, das immer mehr an praktischer Bedeutung gewinnt, ist die sog. Bruchmechanik (vgl. *H.G. Hahn*, Bruchmechanik, Einführung in die theoretischen Grundlagen, Verlag B.G. Teubner Stuttgart 1976).

Die Grundlage zur Ermittlung der Beanspruchung ist die Berechnung der Spannungen (als örtliche innere Kraftwirkungen) und der Verformungen in festen Körpern infolge der Belastungen. Die allgemeinen Gesetze der Kontinuumsmechanik werden dazu in idealisierter bzw. vereinfachter Form herangezogen.
In einer, über die elementare Darstellung in den folgenden Abschnitten hinausgehenden „Höheren Festigkeitslehre" werden kompliziertere Bauteile, z.B. die als Flächentragwerke bezeichneten Platten und Schalen behandelt, ferner elastodynamische Probleme, z.B. elastische Schwingungen und schließlich die Erfassung nicht-elastischen Materialverhaltens. Sehr schwierig ist die exakte Behandlung räumlicher Körper, hierfür muß meistens auf die numerischen Lösungsverfahren zurückgegriffen werden (z.B. Methode der finiten Elemente).

3.1 Grundlegende Betrachtungen

3.1.1 Elementare Belastungs- und Verformungsarten

Die wichtigsten technischen Bauteile werden in der elementaren Festigkeitslehre als eindimensionale Gebilde, d.h. Stäbe und Balken bzw. zweidimensionale Gebilde, z.B. ebene Scheiben, idealisiert. Die aus der Statik starrer Körper bereits bekannten Stäbe bzw. Balken (Träger), gekennzeichnet durch kleine Querschnittsabmessungen gegenüber den Längsabmessungen, können Längskräfte bzw. Längs- sowie Querkräfte als auch Momente aufnehmen. Ebene Scheiben besitzen eine im Vergleich zum Umriß kleine Dicke, sie können Kräfte in ihrer Ebene als auch senkrecht dazu aufnehmen. Im letzten Fall treten Verbiegungen aus der Ebene heraus auf, man spricht dann von Plattenbiegung (die auch durch Momentenbelastung entstehen kann).
Die verschiedenen, in der Technik vorkommenden Belastungsarten der elementaren Bauteile können auf die folgenden Grundformen zurückgeführt werden (Bild 3.1).

Zug durch Kräfte in Richtung der Stabachse. Zwei Nachbarquerschnitte entfernen sich voneinander, der Stab wird länger. Die Zerstörung erfolgt durch Zerreißen.

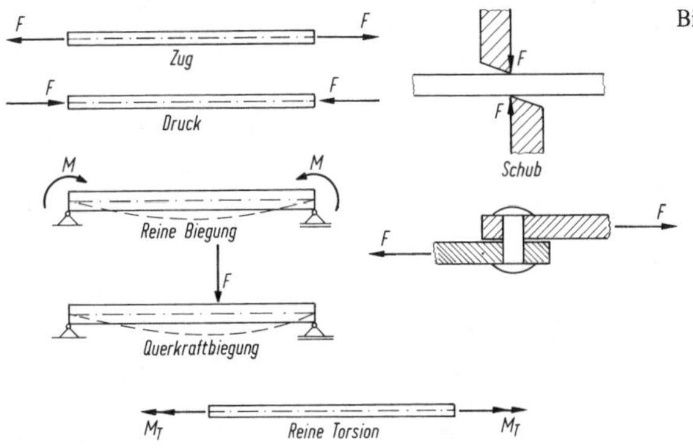

Bild 3.1 Elementare Belastungsarten

Druck ist im Prinzip der gleiche Vorgang, die Richtung der Kräfte ist umgekehrt. Zwei Nachbarquerschnitte nähern sich, Zerstörung tritt durch Zerquetschen ein.
Im Sonderfall schlanker druckbeanspruchter Stäbe muß die Gefahr des Ausknickens besonders beachtet werden.

Biegung durch Kräfte senkrecht zur Balkenachse bzw. durch Momentenbelastung (sog. Querkraftbiegung bzw. reine Biegung). Zwei Nachbarquerschnitte werden gegeneinander verdreht, ein Teil des Balkens wird verlängert, ein Teil verkürzt. Die Zerstörung erfolgt durch Zerbrechen. Bei der reinen Biegung ist das Biegemoment über die Balkenlänge konstant, die gebogene Balkenachse (Biegelinie) ist ein Kreisbogen.

Schub durch zwei Scherkräfte werden zwei Nachbarquerschnitte in ihren Ebenen gegeneinander verschoben. Zerstörung erfolgt durch Abscheren. Dieser Fall liegt auch vor bei gezogenen Niet- oder Klebverbindungen.

Torsion durch Torsions- oder Drillmomente senkrecht zur Stabachse werden zwei Nachbarquerschnitte in ihren Ebenen gegeneinander verdreht. Zerstörung erfolgt durch Abdrehen. Bei reiner Torsion ist das Torsionsmoment über die Stablänge konstant (Belastung nur durch Endmomente).

In praktischen Fällen liegt meist eine zusammengesetzte Belastung vor. Bei linearem Belastungs-Verformungsverhalten können die Einzelwirkungen überlagert werden.
Es sei an dieser Stelle nochmals betont, daß die meisten Metalle als wichtigste Konstruktionswerkstoffe in weitem Bereich linear-elastisches Materialverhalten zeigen. Diese Tatsache ist für die Berechnungsverfahren von großer Bedeutung.
Für die Belastungen von zwei- oder dreidimensionalen Bauteilen (Scheiben, Platten, Schalen) sind die Verhältnisse verwickelter als bei den Stäben und Balken.
Besonders zu beachten ist der zeitliche Verlauf der Lastaufbringung. In der elementaren Festigkeitslehre betrachtet man nur ruhende (statische) Belastungen, d.h. die Laststeigerung bis zum Endwert wird als (unendlich) langsam angesehen. In jedem Belastungsschritt liegt Gleichgewicht vor.
Bei einer bewegten oder dynamischen Belastung (z.B. durch Stoß) treten komplizierte Trägheitswirkungen auf, außerdem sind die eintretenden Verformungen größer als bei der statischen Belastung.
Sonderfälle liegen bei Dauerbeanspruchung z.B. infolge schwingender Belastung vor. Hierbei muß der Einfluß der Belastungsgeschichte berücksichtigt werden (das Material zeigt ein „Gedächtnis"), die Auswirkungen sind sehr stark vom Werkstoffverhalten abhängig, es kann „Ermüdung" aber auch „Erholung" des Materials eintreten.
In der elementaren Festigkeitslehre werden diese Erscheinungen, ebenso wie die Bruchvorgänge, nicht betrachtet.

3.1.2 Statisch unbestimmte Probleme

In der Statik starrer Körper werden solche Probleme behandelt, die mit den Gleichgewichtsbedingungen allein lösbar sind, z. B. die Ermittlung der Auflagerreaktionen und der Resultierenden der inneren Kräfte (Schnittkräfte und -momente) von Tragwerken. Die Verformbarkeit des Materials sowie die Abmessungen der Bauteile spielen hierbei keine Rolle. Reichen hingegen die Gleichgewichtsbedingungen nicht zur Lösung der Probleme aus (weil überzählige Unbekannte auftreten), liegt statische Unbestimmtheit (auch statische Unbestimmbarkeit genannt) vor und es müssen zusätzliche geometrische Bedingungen sowie die Verformungen berücksichtigt werden. Die Idealisierung des starren Körpers ist nicht mehr brauchbar.

Einfache Beispiele für statisch unbestimmte Probleme sind in Bild 3.2 und 3.3 gezeigt. Für den eingespannten Stab, der durch eine äußere Kraft F in einem beliebigen Querschnitt belastet ist, erschöpft sich die Statik in der Aussage $F = R_a + R_b$. Zur Ermittlung der Auflagerreaktionen muß die Verschiebung des Lastangriffspunkts ins Auge gefaßt werden.

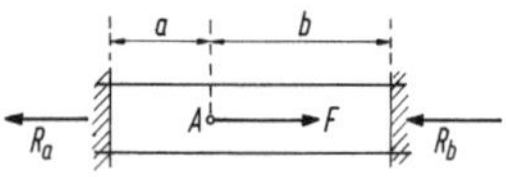

Bild 3.2 Eingespannter Stab (statisch unbestimmt)

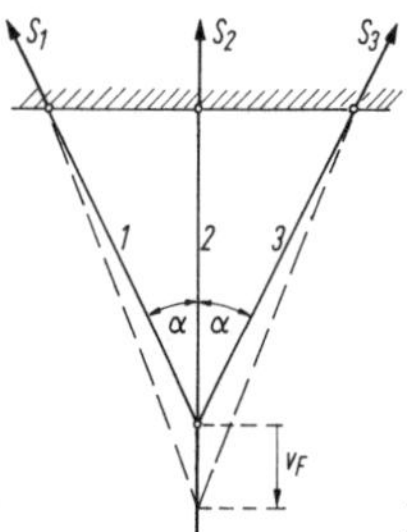

Bild 3.3 Einfachstes statisch unbestimmtes Fachwerk (Stabwerk)

Beim einfachsten statisch unbestimmten Fachwerk, das aus drei Stäben in einer Ebene besteht, ist einer der Stäbe überzählig. Die Aussagen der Statik liefern bei der gezeigten Anordnung

$$2S_1 \cos\alpha + S_2 = F, \quad S_1 = S_3.$$

Eine weitere Gleichung zur Bestimmung der Stabkräfte erhält man erst mit Berücksichtigung der Verschiebung v_F des Lastangriffspunkts.

Als weiteres Beispiel ist in Bild 3.4 ein einfach statisch unbestimmt gelagerter Balken betrachtet.

Es gibt verschiedene Lösungsmethoden, eine davon, die sog. Überlagerungsmethode, wird kurz erläutert. Man denkt sich eine der überzähligen Auflagerbindungen gelöst, z. B. durch Entfernung des Auflagers in B. Für das auf diese Weise entstandene statisch bestimmte sog. *Grundsystem* gemäß Bild 3.4 b läßt sich die an der Stelle B „nach unten" auftretende Balkendurchbiegung w_q infolge der äußeren Last berechnen. Im nächsten Schritt wird die infolge der zunächst unbekannten Auflagerkraft B (die nun als äußere Kraft angesehen wird) auftretende Durchbiegung w_B des Grundsystems „nach oben" berechnet. Die beiden Durchbiegungen an der Stelle B werden alsdann derart überlagert, daß sie sich beide gegenseitig aufheben, da im Auflager B des wirklichen Balkens keine Durchbiegung auftritt.

Zur Durchführung der Lösung bei den gezeigten und ähnlichen Problemen müssen zunächst weitere Erkenntnisse über die Verformungen gewonnen werden.

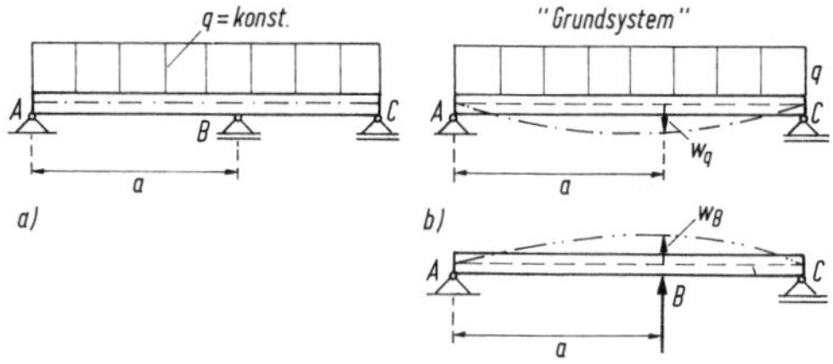

Bild 3.4 Statisch unbestimmt gelagerter Balken

3.2 Spannungen, Verzerrungen, Stoffgesetz

Zur Erfassung der inneren Kräfte und der Verformungen werden als wichtige Begriffe die Spannungen und die Verzerrungen eingeführt. Beide werden durch das materialspezifische Stoffgesetz miteinander verknüpft.

3.2.1 Spannung als innere Kraftwirkung

Äußere Kräfte (Lasten) rufen in festen Körpern innere Kräfte hervor. Deren Wirkungen werden in der Festigkeitslehre untersucht. Innere Kräfte sind für sich im Gleichgewicht (wie in der Statik bereits besprochen), sie treten erst in Erschei-

nung, wenn man sich den festen Körper an einer Stelle aufgeschnitten denkt.
Im Fall des einachsigen Zugs in einem prismatischen Stab (Querschnitt $A_0 = \text{konst.}$) führt ein gedachter Schnitt zur Aufdeckung der „inneren" Normalkraft N (vgl. Abschnitt 2.3.3.1, Bild 2.60), die als Resultierende der eigentlichen inneren Kräfte aufzufassen ist. Ihre Berechnung ist ein statisch bestimmtes Problem.
Als fundamentale Annahme für den Mechanismus der Kraftübertragung gilt, daß die innere Kraftwirkung gleichmäßig über den Stabquerschnitt verteilt erfolgt, d.h. alle Fasern des Stabs gleichmäßig an der Last tragen, Bild 3.5.

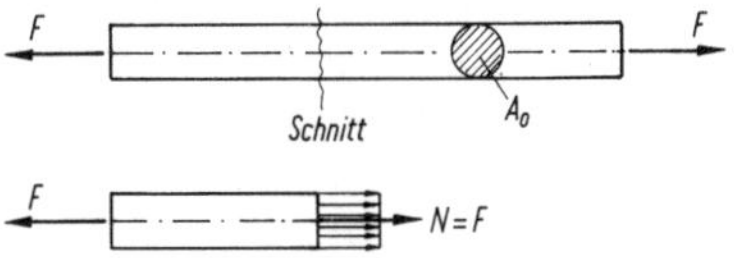

Bild 3.5 Gleichmäßige Spannungsverteilung im Zugstab

Als Intensität der inneren Kraft wird die Kraft pro Flächeneinheit, die Spannung

$$\sigma = \frac{F}{A_0} \tag{3.1}$$

mit der Einheit $\text{N/m}^2 = \text{Pascal (Pa)}$ bzw. $\text{N/cm}^2 = 10^4\,\text{Pa}$ oder $\text{N/mm}^2 = \text{MPa}$ definiert[1]).
Bei Stabverlängerung (Zugkraft) entstehen Zugspannungen, bei Stabverkürzung (Druckkraft) Druckspannungen, letztere werden durch negatives Vorzeichen gekennzeichnet.
Voraussetzung der Definition (3.1) ist die gleichmäßige Verteilung der Spannung über den Stabquerschnitt. Dies muß nicht zwingend der Fall sein, bei abrupten Querschnittsänderungen durch Rillen, Nuten, Kerben usw. wird die Spannungsverteilung ungleichmäßig, es tritt eine Spannungskonzentration oder Kerbwirkung auf[2]).
Bei nur schwach veränderlichem Querschnitt längs der Stabachse läßt sich (3.1) näherungsweise zur Berechnung der Spannung verwenden.

[1]) Es gelten die Umrechnungen zu den Einheiten des technischen Maßsystems $1\,\text{kp/cm}^2 \approx 10\,\text{N/cm}^2 = 0{,}1\,\text{MPa}$, $1\,\text{kp/mm}^2 \approx 10\,\text{N/mm}^2 = 10\,\text{MPa}$.
[2]) Diese, für die sichere Bemessung von Bauteilen sehr wichtige Erscheinung läßt sich nicht elementar behandeln.

3.2.2 Normal- und Schubspannungen

Zwischen den Materieteilchen fester Körper herrschen Kohäsivkräfte (atomare oder molekulare Bindungen) verschiedener Art. In der Makromechanik werden dafür Kraftmittelwerte über Bereiche eingeführt, die sehr viele Atome umfassen. Als mathematisches Modell für die in Wirklichkeit diskret aufgebaute Materie erweist sich ein *Kontinuum*, d.h. eine stetige, unendlich oft teilbare Materieverteilung innerhalb des Körpervolumens als zweckmäßig. Die Anwendbarkeit dieser Idealisierung kann allein durch Experimente entschieden werden, d.h. durch die Nachprüfbarkeit der aufgestellten Theorien und Hypothesen[1]).
Für das zugrundegelegte Kontinuum ist die Existenz einer stetigen Massendichte

$$\varrho(\vec{r}) = \lim_{\Delta V \to 0} \frac{\Delta m}{\Delta V}$$

$$\text{mit der Maßeinheit } \frac{\text{kg}}{\text{m}^3}$$

(Δm Massenteilchen im Volumen ΔV) kennzeichnend. Im folgenden wird stets ein homogenes Kontinuum mit $\varrho = \text{konst.}$ betrachtet. Unter Verwendung der Kontinuumshypothese läßt sich eine allgemeine Definition des Spannungsbegriffs gewinnen. Zunächst geht man davon aus, daß in einem beliebig belasteten Festkörper innere Kräfte und Momente auftreten. Diese werden durch gedankliches Aufschneiden freigelegt. Das bereits in der Balkenstatik angewendete Schnittprinzip deckt nun nicht nur die inneren Kräfte auf, es weist auch den Weg zu ihrer Berechnung und ist daher für die gesamte Festigkeitslehre von großer Bedeutung.
Gemäß Bild 3.6 wird durch einen verformbaren Körper, der sich unter Belastung im Gleichgewicht befindet, ein Schnitt gelegt (dieser braucht nicht eben zu sein). Wegen der stetigen Materieverteilung kann angenommen werden, daß auch die inneren Kräfte und Momente stetig über die Schnittfläche verteilt sind.

[1]) Eine umfassende Behandlung der Eigenschaften und des Verhaltens aller festen oder fluiden verformbaren Körper erfolgt unter einheitlichen Gesichtspunkten in der *Kontinuumsmechanik*.

An einem beliebig herausgegriffenen Flächenelement ΔA wirken eine innere Kraft $\Delta\vec{F}$ bzw. ein inneres Moment $\Delta\vec{M}$. Man definiert als *Spannungsvektor*

$$\lim_{\Delta A \to 0} \frac{\Delta\vec{F}}{\Delta A} = \frac{\mathrm{d}\vec{F}}{\mathrm{d}A} = \vec{\sigma} \qquad (3.2)$$

wobei $\Delta\vec{F}$ im allgemeinen von der Größe und der Orientierung von ΔA abhängig ist.

In der klassischen Elastizitätstheorie wird ferner angenommen, daß

$$\lim_{\Delta A \to 0} \frac{\Delta\vec{M}}{\Delta A} = 0 \qquad (3.3)$$

ist. [1])

Es gilt somit die wichtige Hypothese (Spannungsprinzip von *Euler* und *Cauchy*), daß an jeder gedachten Schnittfläche im Innern eines Körpers die Kraftübertragung durch flächenhaft verteilte Kräfte erfolgt. Eine Rechtfertigung für diese physikalisch plausible Annahme hat letztlich die Erfahrung zu liefern. Es ist nachgewiesen, daß alle auf dem Spannungsprinzip fußenden Folgerungen mit den experimentellen Befunden in Einklang stehen.

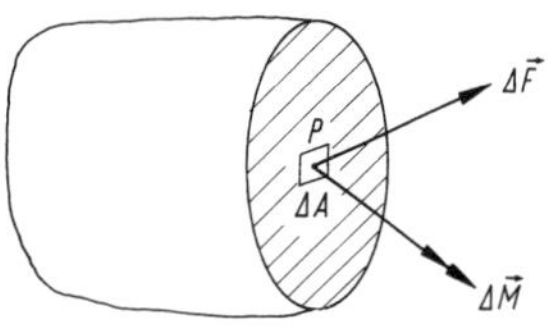

Bild 3.6 Zur Definition des Spannungsvektors im Punkt P

Hervorzuheben ist, daß es sich beim Spannungsvektor $\vec{\sigma}$ gemäß (3.2) um einen Vektor spezieller Art handelt. Er ist mit der Orientierung des Flächenelements, an dem er wirkt, verknüpft.

Für jeden Punkt der durch den Körper gelegten Schnittfläche gibt es unendlich viel solcher Spannungsvektoren, mit denen der Spannungszustand in dem betreffenden Punkt bestimmt ist. Es zeigt sich, daß diese Spannungsvektoren nicht voneinander unabhängig sind. Man kann sie berechnen, wenn man in einem Punkt die Spannungsvektoren für drei aufeinander senkrechte Schnittflächenelemente kennt. Hierin deutet sich an, daß die zur Beschreibung des Spannungszustands maßgebenden Größen Tensorcharakter haben.

Die innere Kraft $\Delta\vec{F}$ läßt sich in eine Komponente $\Delta \mathrm{N}$ *normal* zu ΔA sowie ΔT tangential zu ΔA zerlegen (Bild 3.7). Damit erhält man die beiden Größen (Komponenten des Spannungsvektors $\vec{\sigma}$).

Normalspannung

$$\sigma = \lim_{\Delta A \to 0} \frac{\Delta \mathrm{N}}{\Delta A} = \frac{\mathrm{dN}}{\mathrm{d}A}$$

Tangential- oder Schubspannung

$$\tau = \lim_{\Delta A \to 0} \frac{\Delta T}{\Delta A} = \frac{\mathrm{d}T}{\mathrm{d}A}$$

wobei es übrigens zweckmäßig ist, die Schubspannung in der Ebene von ΔA ebenfalls in zwei orthogonale Anteile zu zerlegen.

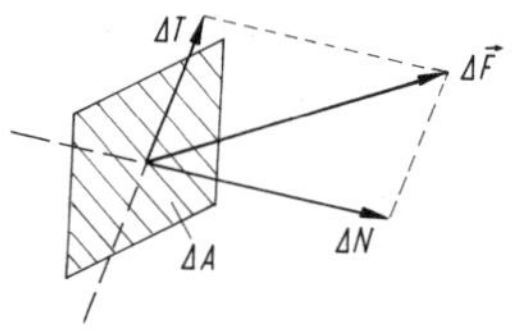

Bild 3.7 Zur Definition von Normal- und Schubspannung

Für prismatische Stäbe oder Balken können Normal- und Schubspannung in irgendeiner Weise über den Querschnitt verteilt sein, vgl. Bild 3.8, a, b. Schubspannungen treten auch z. B. in tangential beanspruchten Klebeverbindungen auf (Bild 3.8c).

Bei gleichmäßiger Kraftübertragung in prismatischen Stäben (homogener Spannungszustand) gelten die einfachen Beziehungen

$$\sigma = \frac{\mathrm{N}}{A}, \qquad \tau = \frac{Q}{A}$$

wobei N bzw. Q die belastende Normal- bzw. Querkraft bedeuten.

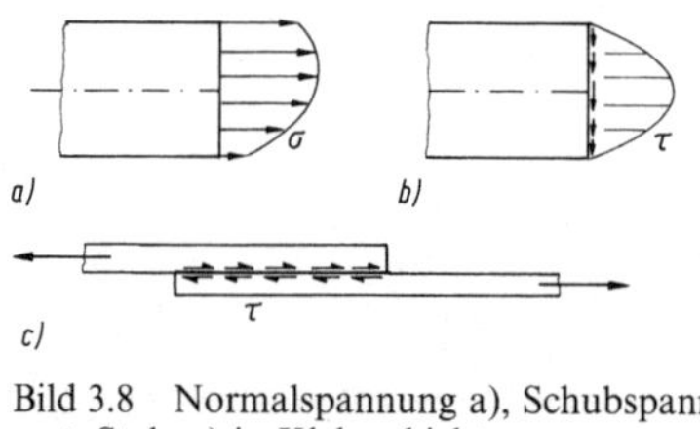

Bild 3.8 Normalspannung a), Schubspannung b) in prismat. Stab, c) in Klebeschicht

[1]) Ein allgemeineres Kontinuum ist denkbar, wenn ein endlicher Grenzwert (3.3) angenommen wird. Dann treten sog. Momentenspannungen auf. Die reale Existenz eines solchen Mediums wurde bisher noch nicht nachgewiesen.

3.2.3 Einachsiger Spannungszustand

Es wird ein prismatischer Zugstab z.B. mit Kreisquerschnitt betrachtet, in dem eine gleichmäßige Spannungsverteilung angenommen wird. Dies ist bei gerader Stabachse und zentrischem Kraftangriff realisierbar, wobei man von Störungen in der Spannungsverteilung an den Krafteinleitungsstellen absehen muß. [1])

Um die Abhängigkeit der Spannung von der Orientierung der Schnittfläche zu untersuchen, wird zunächst ein Normalschnitt senkrecht zur Stabachse (Bild 3.9a) geführt. Dabei ergibt sich

$$\sigma_0 = \frac{F}{A} \tag{3.4}$$

es treten also nur Normalspannungen auf.

Bei einem Schnitt unter dem Winkel α gegen den Normalschnitt (Bild 3.9b) treten in der Schnittfläche, die jetzt die Größe $A^* = \dfrac{A}{\cos\alpha}$ hat, auch Schubspannungen hinzu. Mit der Zerlegung der Kraft F in $F_N = F\cos\alpha$ und $F_T = F\sin\alpha$ folgen für Normal- und Schubspannung

$$\left.\begin{aligned} \sigma &= \frac{F_N}{A^*} = \frac{F}{A}\cos^2\alpha = \sigma_0\cos^2\alpha \\ \tau &= \frac{F_T}{A^*} = \frac{F}{A}\sin\alpha\cos\alpha = \sigma_0\sin\alpha\cos\alpha \end{aligned}\right\} \tag{3.5}$$

oder nach Übergang zum doppelten Winkel (mit $2\cos^2\alpha = 1 + \cos 2\alpha$, $2\sin\alpha\cos\alpha = \sin 2\alpha$)

$$\sigma = \frac{\sigma_0}{2}(1 + \cos 2\alpha), \qquad \tau = \frac{\sigma_0}{2}\sin 2\alpha. \tag{3.6}$$

Die maximale Schubspannung tritt bei $\alpha = 45°$ auf

$$\tau_{\max} = \frac{\sigma_0}{2}.$$

Bei schubempfindlichem Material verformt sich ein Stab in dieser Richtung, es findet Abgleitung statt (bei manchen zähen Metallen bilden sich beim Fließbeginn deutlich sichtbare Gleitbänder unter 45° gegen die Zugrichtung, sog. Lüderssche Linien).

Der eben beschriebene einachsige Spannungszustand liegt auch in einem entsprechend belasteten Flachstab (ebene Scheibe mit Einheitsdicke) vor, Bild 3.10.

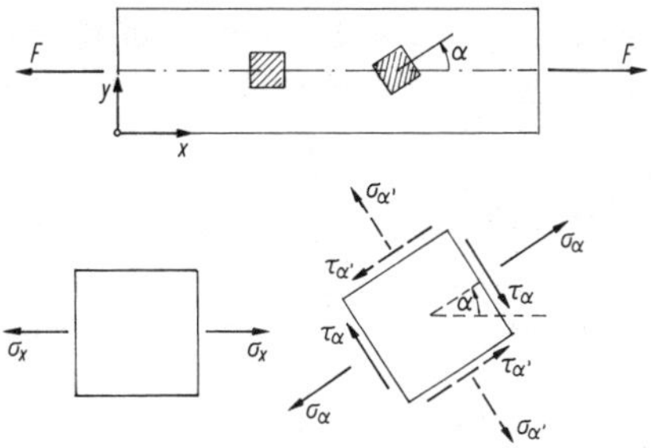

Bild 3.10 Einachsiger Spannungszustand (Flachstab)

Die Spannungen wirken an einem herausgeschnittenen Teilchen, wobei an gegenüberliegenden Kanten aus Gleichgewichtsgründen jeweils die entgegengesetzten Spannungen auftreten müssen.

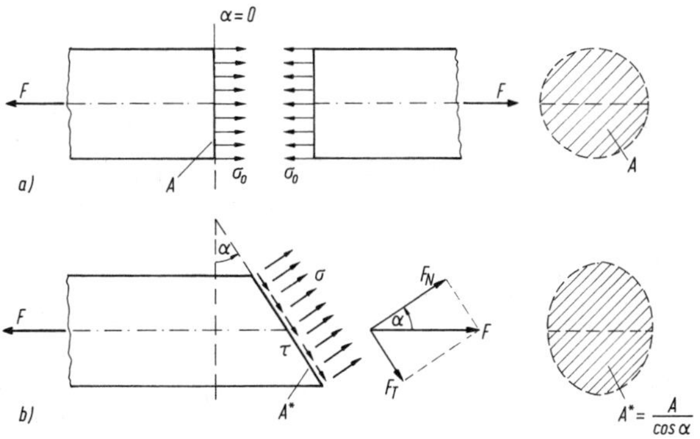

Bild 3.9 Einachsiger Spannungszustand

Mit $\sigma_0 = \sigma_x$ und $\sigma = \sigma_\alpha$, $\tau = \tau_\alpha$ wird aus (3.5)

$$\sigma_\alpha = \sigma_x\cos^2\alpha, \qquad \tau_\alpha = \sigma_x\sin\alpha\cos\alpha. \tag{3.7}$$

Am gedrehten Teilchen wirken in den Schnittflä-

[1]) Diese Störungen sind übrigens auf die unmittelbare Umgebung der Krafteinleitungsstellen begrenzt und klingen schnell ab. Diese Aussage entspricht dem Prinzip von *St. Venant*, das durch die Erfahrung bestens bestätigt wird.

chen $\alpha' = \alpha + \frac{\pi}{2}$ ebenfalls Normal- und Schubspannungen, diese folgen aus (3.7) zu

$$\left.\begin{aligned} \sigma'_\alpha &= \sigma_{\alpha+\frac{\pi}{2}} = \sigma_x \sin^2\alpha, \\ \tau'_\alpha &= \tau_{\alpha+\frac{\pi}{2}} = -\sigma_x \sin\alpha\cos\alpha. \end{aligned}\right\} \tag{3.8}$$

Man erkennt, daß sich σ_α und τ_α mit dem Winkel α ändern. Dabei gelten

$$\sigma_\alpha + \sigma'_\alpha = \sigma_x \quad \text{ferner} \quad \tau'_\alpha = -\tau_\alpha$$

d. h. die Summe der Normalspannungen auf zwei orthogonalen Schnittflächen ist konstant (vom Winkel α unabhängig), während bei den Schubspannungen in zwei orthogonalen Schnittflächen eine Vorzeichenumkehr stattfindet.
Hierin deutet sich eine wichtige Eigenschaft der Spannungen als Tensorkomponenten an.

3.2.4 Verschiebungen und Verzerrungen

Alle festen Körper ändern unter der Einwirkung von Kräften ihre Größe und Gestalt, es treten Verformungen auf. Diese sind je nach Materialverhalten unterschiedlich, sie können sichtbar (auch hörbar) oder nur mit sehr empfindlichen Meßgeräten nachweisbar sein.
Experimentell ist festgestellt, daß Normalspannungen nur mit Längenänderungen, Schubspannungen nur mit Winkeländerungen verknüpft sind (einige Ausnahmen existieren bei monoklinen Kristallen, z. B. Fixiersalz).
Da als idealisiertes Modell der Materie ein Kontinuum zugrunde liegt, sind die Vorgänge und Änderungen im Kontinuum ebenfalls stetig. Es können bei der Verformung keine Klaffungen auftreten, die Materie durchdringt sich auch nicht. [1]) Das Kontinuum wird im übrigen als homogen und isotrop (keine Richtungsabhängigkeiten der Eigenschaften) angesehen, außerdem wird die Unzerstörbarkeit der Materie vorausgesetzt.
Die kontinuumsmechanische Untersuchung der Verformung von Festkörpern ist ein rein kinematisches Problem (die Ursachen der Verformung sind dabei unwesentlich), im allgemeinen Fall erfordert dies die Anwendung von Erkenntnissen der Differentialgeometrie.

[1]) Ein wichtiger Sonderfall ist die Bildung neuer Oberflächen, z. B. bei Brucherscheinungen. Diese Vorgänge erfordern eine gesonderte Untersuchung (Bruchmechanik).

3.2.4.1 Verformung bei einachsigem Zug und bei reinem Schub

Im zugbeanspruchten Stab (z. B. eingespannt und mit F belastet gemäß Bild 3.11) erfährt jeder Stabquerschnitt eine Verschiebung $u = u(x)$ in x-Richtung. Für zwei Nachbarpunkte A und B mit dem Abstand $\mathrm{d}x$ *vor* der Verformung ergeben sich die Verschiebungen u bzw. $u + \mathrm{d}u$ in die Lage A' bzw. B', d. h. diese Punkte haben *nach* der Verformung den Abstand $\mathrm{d}x + \mathrm{d}u$.

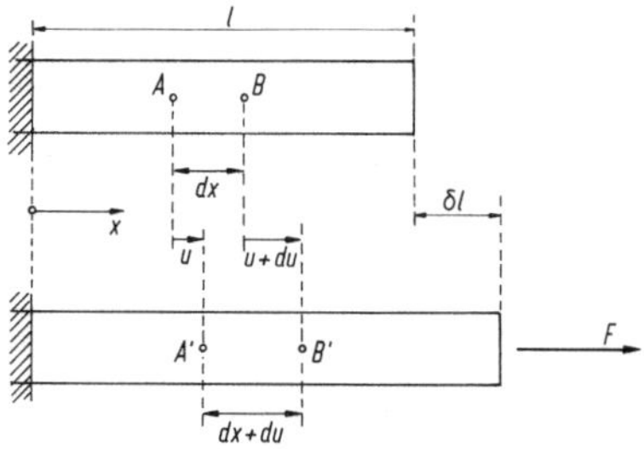

Bild 3.11 Verschiebungen bei einachsigem Zug

Als Maß für die Verformung wird die *Dehnung* als bezogene Längenänderung eingeführt mit der Definition

$$\text{Dehnung} = \frac{\text{Länge nachher} - \text{Länge vorher}}{\text{Länge vorher}}.$$

Die Dehnung wird mit ε bezeichnet, es ist eine dimensionslose Größe, die meist in % angegeben wird.
Für den betrachteten einachsigen Fall folgt

$$\varepsilon(x) = \frac{\mathrm{d}x + \mathrm{d}u - \mathrm{d}x}{\mathrm{d}x} = \frac{\mathrm{d}u(x)}{\mathrm{d}x} \tag{3.9}$$

d. h. die Dehnung ergibt sich als Ableitung der Verschiebung nach der Koordinate in Verschiebungsrichtung.
Die Gesamtverlängerung des Stabs wird mit δl bezeichnet und ergibt sich aus (3.9) durch Integration

$$\delta l = u(l) - u(0) = \int_{x=0}^{l} \varepsilon(x)\,\mathrm{d}x.$$

Speziell für den mit F belasteten Zugstab ist die Dehnung konstant und es gilt

$$\delta l = \varepsilon l \quad \text{oder} \quad \varepsilon = \frac{\delta l}{l} \tag{3.10}$$

(z.B. bei einem Fachwerkstab unter axialen Kräften an den Stabenden). Negative Dehnungen werden als Stauchungen bezeichnet.
Wie bereits erwähnt, sind die mit den Schubspannungen verknüpften Verformungen reine Winkeländerungen.
Zunächst wird ein würfelförmiges Teilchen betrachtet, in dem *reiner Schub* herrscht, d.h. keine Normalspannungen vorhanden sind (Bild 3.12a). Wenn in der rechten Seitenfläche eine Schubspannung τ (nach „oben") wirkt, dann tritt in der gegenüberliegenden Seitenfläche aus Gleichgewichtsgründen eine gleich große Schubspannung (nach „unten") auf. Da diese beiden Schubspannungen einem linksdrehenden Moment entsprechen, müssen in der oberen sowie der unteren Seitenfläche des Teilchens entgegengesetzt gerichtete, gleich große Schubspannungen wirken, damit Momentengleichgewicht besteht.

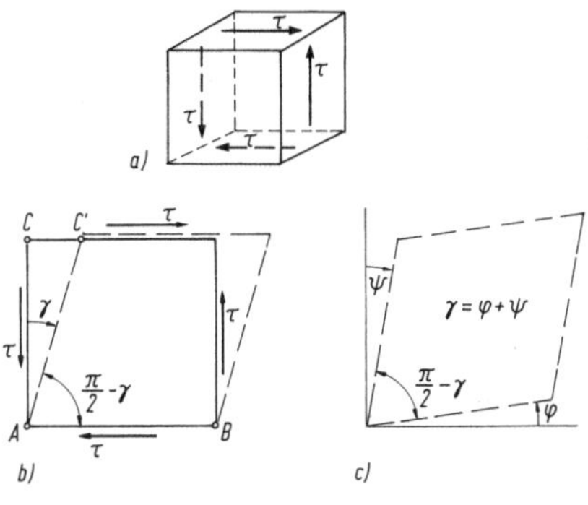

Bild 3.12 Schubverformung

Es gilt somit die wichtige Aussage, daß die Schubspannungen in zueinander senkrechten Schnittflächen gleich groß und stets derart orientiert sind, daß sie zur gemeinsamen Kante hin- oder davon weggerichtet sind. Dies ist der Satz von der *Gleichheit der einander zugeordneten Schubspannungen*, dem später eine allgemeinere Interpretation gegeben wird.
Die auftretende Schubverformung oder Schiebung ist in Bild 3.12b dargestellt, sie besteht nur aus einer Winkeländerung. Wird angenommen, daß z.B. die Seitenfläche AB festgehalten ist, erfährt der Punkt C eine Verschiebung nach C'. Es findet eine Verzerrung der ursprünglich rechtwinkligen Seitenflächen in einen Rhombus statt. Als Maß der Schubverformung dient der (kleine) Schub- oder Gleitwinkel γ gemäß

$$\gamma \approx \tan\gamma = \frac{\overline{CC'}}{\overline{AC}} \tag{3.11}$$

die Längenänderung infolge der Schiefstellung der Linie $\overline{AC'}$ ist wegen der vorausgesetzten kleinen Verformungen vernachlässigbar.
Eine alternative Darstellung der Schubverformung $\gamma = \varphi + \psi$ ist in Bild 3.12c gegeben.
Eine Realisierung des reinen Schubs ergibt sich bei Torsion prismatischer Stäbe (Abschnitt 3.5). Abschließend ist festzuhalten, daß die allgemeine Verformung eines festen Körpers aus einer Längen- und einer Winkeländerung besteht (Volumen- und Gestaltänderung), als Maß dafür gelten Dehnungen und Schiebungen, die zusammengenommen als Verzerrungen bezeichnet werden.

3.2.5 Stoffgesetz

Die bisherigen statischen und kinematischen Betrachtungen über Spannungen und Verformungen gelten unabhängig vom Material für alle verformbaren Körper. Für die weiteren Anwendungen ist der Zusammenhang zwischen Spannungen und Verformungen wichtig. Dieser muß durch geeignete Versuche experimentell ermittelt werden, die entsprechenden Verfahren werden in der Werkstoffprüfung behandelt und es wird hier nur kurz darauf eingegangen.
Es gibt viel verschiedene Materialien mit unterschiedlichem mechanischen Verhalten, deshalb ist eine Vielzahl von Stoffgesetzen denkbar, z.B. können sich feste Körper elastisch oder plastisch, ohne und mit Einfluß der Zeit und der Belastungsgeschichte verformen. Kein Stoffgesetz kann angegeben werden, mit dem sich einheitlich das mechanische Verhalten aller Werkstoffe unter den verschiedensten Bedingungen beschreiben ließe. Es müssen Idealisierungen eingeführt werden, außerdem dürfen die Stoffgesetze nicht zu kompliziert und unhandlich für die Anwendung sein.

3.2.5.1 Zugversuch, Spannungs-Dehnungskurve

Die Ermittlung des Verformungsverhaltens erfolgt im einachsigen Zugversuch mit einem genormten Probestab unter festgelegten Bedingungen. In einer Zerreißmaschine wird der Probestab quasi-statisch belastet und der Zusammenhang zwischen der Last und der Stabverlängerung $F = F(\delta l)$ gemessen. Das Ergebnis wird in einer Spannungs-Dehnungskurve $\sigma = \sigma(\varepsilon)$ dargestellt, das prinzipielle Aussehen für normalen Baustahl ist in Bild 3.13 gezeigt.

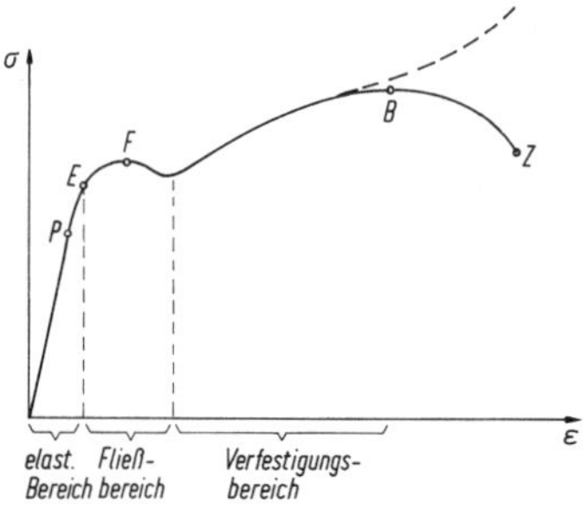

Bild 3.13 Spannungs-Dehnungskurve beim Zugversuch für Stahl (schematisch)

In der sog. technischen Spannungs-Dehnungskurve wird die jeweilige Spannung stets auf den Ausgangsquerschnitt A_0 (Nennquerschnitt) bezogen.
Für Stahl unterscheidet man folgende wichtigen Punkte der Kurve [1])

P	Proportionalitätsgrenze	σ_p
E	Elastizitätsgrenze	σ_E
F	Fließ- oder Streckgrenze	σ_F
B	Bruchgrenze	σ_B.

Bis zur Proportionalitätsgrenze herrscht ein linearer Zusammenhang zwischen Spannung und Dehnung, bei Belastung bis zur Elastizitätsgrenze liegt elastisches Verhalten vor, d.h. bei Entlastung gehen die Dehnungen wieder vollständig auf Null zurück (reversibler Vorgang). Praktisch fallen die Punkte P und E zusammen.
Die Dehnungen am Ende des elastischen Bereichs belaufen sich auf etwa 0,01%.
Beim Erreichen der Fließgrenze treten bleibende Verformungen ein, das Material beginnt zu fließen. Die Dehnungen wachsen bei gleichbleibender oder etwas abnehmender Spannung (manchmal werden obere und untere Fließgrenze unterschieden, es gibt aber auch Werkstoffe ohne ausgeprägte Fließgrenze). Wird nach Überschreitung der Fließgrenze der Probestab entlastet, so zeigen sich bleibende Dehnungen.
An den Fließbereich schließt sich der Verfestigungsbereich an, die Spannungskurve steigt wieder an. Kurz vor dem Erreichen der Bruchgrenze tritt an einer Stelle des Probestabs eine merkliche Einschnürung ein, die höchste Belastung wird erreicht. Die Spannungskurve fällt rasch ab, am Ende des Versuchs zerreißt der Probestab recht hörbar. Der Zerreißpunkt Z ist ohne praktische Bedeutung, vielmehr wird die bei B auftretende Spannung σ_B als Zugfestigkeit bezeichnet.
Wird die Spannung jeweils auf den momentanen (engsten) Querschnitt des Probestabs bezogen, erhält man die wirkliche Spannungs-Dehnungskurve, die ab dem Fließbereich einen monotonen steigenden Verlauf hat (in Bild 3.13 gestrichelt dargestellt).

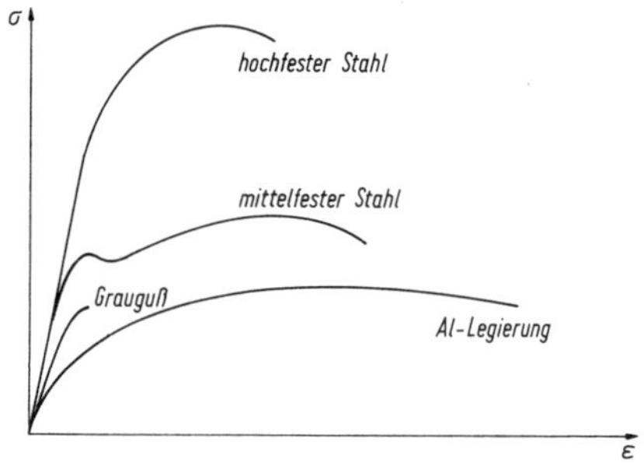

Bild 3.14 Spannungs-Dehnungskurven verschiedener Metalle

Verschiedene Werkstoffe zeigen verschiedene Spannungs-Dehnungskurven, z.B. fehlt bei zahlreichen Nichteisenmetallen eine deutlich erkennbare Fließgrenze, vgl. Bild 3.14. Als Anhaltspunkt für die Spannungswerte in der Kurve für normalen Baustahl (Bild 3.13) gelten in SI-Einheiten bzw. Einheiten des technischen Maßsystems

σ_E: 180 MPa $\approx$ 1800 kp/cm^2
σ_F: 240 MPa $\approx$ 2400 kp/cm^2
σ_B: 370 MPa $\approx$ 3700 kp/cm^2.

Zur praktischen Festlegung von Elastizitäts- und Fließgrenze werden sog. Dehngrenzen

$$\sigma_E = \sigma_{0,01} \quad \text{bzw.} \quad \sigma_F = \sigma_{0,2}$$

als die Spannungen definiert, bei denen als bleibende Dehnung $\varepsilon = 0{,}01\%$ bzw. $\varepsilon = 0{,}2\%$ auftreten.

[1]) In der Werkstoffprüfung werden als Normbezeichnungen $R_p = \sigma_p$, $R_E = \sigma_E$, $R_H = \sigma_F$, $R_m = \sigma_B$ verwendet.

3.2.5.2 Verschiedene Arten des Materialverhaltens

Das reale Verformungsverhalten technischer Werkstoffe kann auf verschiedene Weise idealisiert beschrieben werden. Wesentlich ist dabei eine möglichst gute Annäherung an die Wirklichkeit.
Beim *elastischen Verhalten* (Bild 3.15) treten keine bleibenden Verformungen auf, das Material kehrt nach Entlastung wieder in den Ausgangszustand zurück. Es liegt reversibles Verhalten vor, keine Energie wird dissipiert.
Die bei der Verformung aufgebrachte Arbeit findet sich als potentielle gespeicherte Energie wieder, bei langsamer Entlastung wird sie vollständig zurückgewonnen (Anwendung beim Federaufzugwerk).
Das elastische Verhalten kann linear oder nichtlinear sein, Belastungs- und Entlastungskurve sind dabei stets identisch. Auch im Druckbereich herrscht elastisches Verhalten, ein sog. Belastungszyklus führt in den Ausgangspunkt zurück.

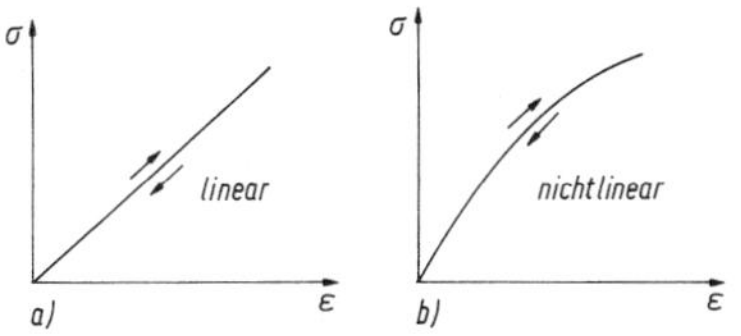

Bild 3.15 Elastisches Materialverhalten

Festzuhalten ist, daß beim elastischen Materialverhalten der Spannungszustand eindeutig vom Verzerrungszustand abhängt.
Dies ist beim *nicht-elastischen* Verhalten (Bild 3.16) nicht mehr gegeben. Außerdem wird der Ausgangszustand nach dem Entlasten nicht mehr erreicht, es treten bleibende Verformungen auf, d.h. das Material zeigt plastisches Verhalten.
Zur Beschreibung muß eine Plastizitätstheorie herangezogen werden.

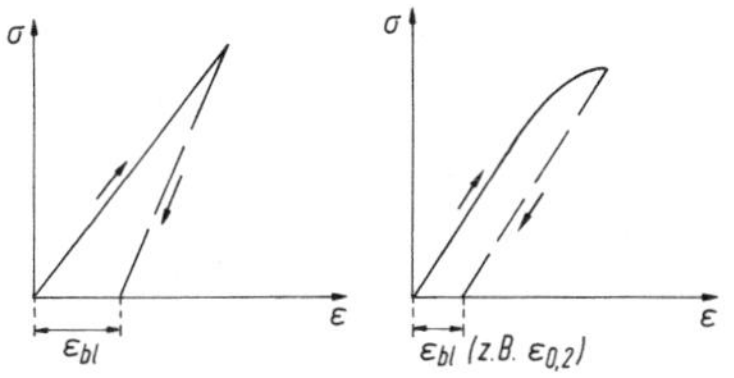

Bild 3.16 Nicht-elastisches (plastisches) Materialverhalten

Komplizierter ist nicht-elastisches Verhalten mit Zeiteinflüssen (z.B. visko-elastisches oder viskoplastisches Verformungsverhalten) zu beschreiben, da hierbei die jeweilige Belastungsgeschichte eine wichtige Rolle spielt.
Für technische Bauteile sind Bruch und beträchtliche bleibende Verformungen höchst unerwünscht. Es ist als ein glücklicher Umstand zu bezeichnen, daß die Metalle als die wichtigsten technischen Werkstoffe [1]) in einem weiten Belastungsbereich mit guter Genauigkeit linear-elastisches Verhalten zeigen.
Dies ist von großer Bedeutung, da ein lineares Spannungs-Dehnungsgesetz auch den mathematisch einfachst möglichen Zusammenhang darstellt.

3.2.5.3 Hookesches Gesetz

Der durch Zugversuche bei Drähten und Federn experimentell gefundene lineare Zusammenhang von Kraft und Verformung wurde (wahrscheinlich) erstmals von *R. Hooke* 1676 in Form des Anagramms *ceiiinosssttuv* bekanntgegeben, das den lateinischen Satz *ut tensio sic vis* (1678) beinhalten sollte. Dies bedeutet in der Übersetzung soviel wie Proportionalität von Zugkraft und Verlängerung. Für einachsigen Zug lautet das Hookesche Gesetz $F \sim \delta l$ oder ausgedrückt mit Spannung und Dehnung (Begriffe, die von *Hooke* noch nicht verwendet wurden)

$$\sigma = E\varepsilon. \qquad (3.12)$$

Dieser Zusammenhang wird im Spannungs-Dehnungsdiagramm (Bild 3.15a) durch die Hookesche Gerade dargestellt. Der Proportionalitätsfaktor E ist der *Elastizitätsmodul* (im englischen Schrifttum meist *Young's modulus* genannt), einige typische Werte sind in SI-Einheiten bzw. Einheiten des technischen Maßsystems

Stahl	$E = 2{,}1 \cdot 10^5$ MPa $\approx 2{,}1 \cdot 10^6$ kp/cm^2
Kupfer	$1{,}2 \cdot 10^5$ MPa $\approx 1{,}2 \cdot 10^6$ kp/cm^2
Messing	$0{,}8 \cdot 10^5$ MPa $\approx 0{,}8 \cdot 10^6$ kp/cm^2
Aluminium	$0{,}7 \cdot 10^5$ MPa $\approx 0{,}7 \cdot 10^6$ kp/cm^2.

Um einen Begriff von der Größe elastischer Verformungen zu erlangen, wird ein axial mit der

[1]) Stärkere Abweichungen können sich für bestimmte hochfeste Spezialwerkstoffe und für Kunststoffe sowie bei sehr hohen Temperaturen ergeben.

Kraft F gezogener Stahlstab vom Querschnitt A betrachtet. Aus (3.12) folgt zunächst $\frac{F}{A} = E\,\frac{\delta l}{l}$ bzw. daraus die einfache Formel für die Stabverlängerung

$$\delta l = \frac{Fl}{EA}. \tag{3.13}$$

Für einen Stahlstab von 1 m Länge ergibt sich bei einer Spannung von $16000\,\frac{\mathrm{N}}{\mathrm{cm}^2}$ (also unterhalb der Proportionalitätsgrenze im elastischen Bereich) eine Stabverlängerung $\delta l = 0{,}76$ mm oder eine Dehnung $\varepsilon < 1‰$.
Man erkennt, daß man bei vielen Betrachtungen meist die elastischen Längenänderungen ignorieren kann. Dies bedeutet, daß die Kräftekonfiguration an einem verformten Bauteil mit der am unverformten (starr gedachten) Bauteil gleichgesetzt werden kann.
Beim einachsigen Zugversuch werden neben der axialen Dehnung auch *Querdehnungen* (Stauchungen) beobachtet. Für den axial gezogenen Stab mit den Koordinaten x, y, z gemäß Bild 3.17 ergeben sich

$$\varepsilon_x = \frac{\sigma_x}{E} \qquad \text{ferner} \qquad \varepsilon_y = \varepsilon_z = -\nu\varepsilon_x = -\frac{\nu}{E}\,\sigma_x \tag{3.14}$$

wobei sich die als Querdehnzahl ν bezeichnete Größe (mitunter wird auch der Kehrwert $m = \frac{1}{\nu}$ verwendet und Poissonsche Zahl genannt) im elastischen Bereich als Konstante erweist.
Für die meisten Metalle ist $\nu = 0{,}3$, bei Glas ist $\nu = 0{,}2$, bei Gummi $\nu = 0{,}5$.
Der Wert $\nu = 0{,}5$ ist zugleich eine obere Grenze für die Querdehnzahl (es liegt dann sog. Inkompressibilität vor), außerdem kann ν niemals negativ sein.

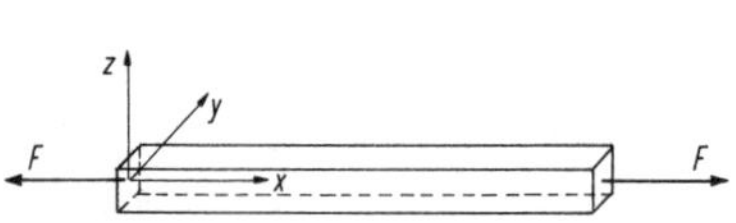

Bild 3.17 Axial gezogener Stab (Querschnitt beliebig)

Sehr nützlich ist der Begriff der *Volumendehnung*, der gebildet wird mit der Betrachtung der Dehnungen $\varepsilon_x, \varepsilon_y, \varepsilon_z$ in drei orthogonalen Richtungen (Bild 3.18).

Ein Würfel vom Ausgangsvolumen $\mathrm{d}V = \mathrm{d}x\mathrm{d}y\mathrm{d}z$ nimmt nach der Verformung (deren Ursache hier unwesentlich ist) das Volumen

$$\begin{aligned} \mathrm{d}V^* &= (\mathrm{d}x + \varepsilon_x \mathrm{d}x)\,(\mathrm{d}y + \varepsilon_y \mathrm{d}y)\,(\mathrm{d}z + \varepsilon_z \mathrm{d}z) \\ &= \mathrm{d}x\,\mathrm{d}y\,\mathrm{d}z\,(1 + \varepsilon_x + \varepsilon_y + \varepsilon_z) \end{aligned}$$

ein, (die auftretenden Dehnungsprodukte sind als klein von höherer Ordnung vernachlässigbar).
Als Volumendehnung definiert man

$$\frac{\mathrm{d}V^* - \mathrm{d}V}{\mathrm{d}V} = \varepsilon_x + \varepsilon_y + \varepsilon_z = e \tag{3.15}$$

wobei e auch als Dehnungssumme bezeichnet wird (vgl. Abschnitt 3.4.5.2). Inkompressibilität liegt vor, wenn die Volumendehnung Null ist, d.h. für einachsigen Zug

$$\varepsilon_x + \varepsilon_y + \varepsilon_z = \varepsilon_x - \nu\varepsilon_x - \nu\varepsilon_x = 0$$

woraus $1 - 2\nu = 0$ oder $\nu = 0{,}5$ folgt.
Auch zwischen Schubspannung und Schubverformung herrscht ein experimentell ermittelter linearer Zusammenhang, das Hookesche Gesetz bei Schub, das (wahrscheinlich) erstmals von *St. Venant* erwähnt wurde. Es gilt

$$\tau = G\gamma \tag{3.16}$$

wobei der Proportionalitätsfaktor G als Schub- oder Gleitmodul bezeichnet wird.
Für ein elastisch isotropes Material (d.h. wenn die Spannungs-Dehnungsbeziehung unabhängig von der Orientierung des Koordinatensystems ist) besteht zwischen den elastischen Konstanten E, G und ν der Zusammenhang [1])

$$E = 2G(1 + \nu). \tag{3.17}$$

Dies bedeutet, daß ein isotropes elastisches Material nur zwei unabhängige elastische Konstanten hat. Anisotrope Materialien dagegen haben mehr (bis zu 21) elastische Konstanten.

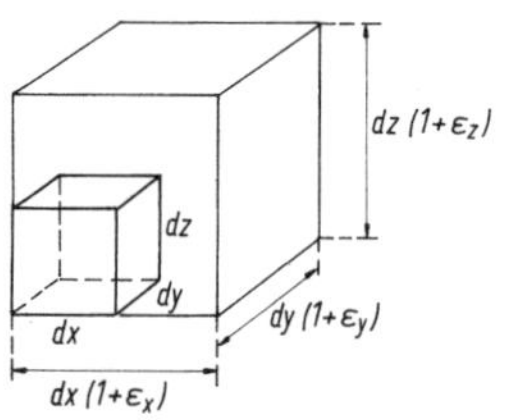

Bild 3.18 Zur Berechnung der Volumendehnung

[1]) Dieser wird in Abschnitt 3.4.6.1 hergeleitet.

Übrigens können alle vielkristallinen Metalle mit guter Genauigkeit als isotrop angesehen werden.
Auf dem Hookeschen Gesetz fußt die *lineare Elastizitätstheorie*, deren Gültigkeitsbereich sich auf elastisches Verhalten für kleine Verformungen (d.h. infinitesimale Verzerrungen) erstreckt.
Allgemeine Theorien, die nicht-linear elastisches Verhalten bzw. große Verformungen (d.h. physikalische bzw. geometrische Nichtlinearitäten) erfassen, finden in der elementaren Festigkeitslehre wenig Anwendung.

3.2.5.4 Wärmedehnung und Wärmespannung

Jedes Material dehnt sich bei Erwärmung aus, es vergrößert sein Volumen, sofern es nicht daran gehindert wird.
Für die Wärmedehnung oder thermische Dehnung bei einer Temperaturerhöhung um ΔT (Temperaturdifferenz gegen beliebige Bezugstemperatur) gilt das isotrope Gesetz

$$\varepsilon_{\text{th}} = \alpha \Delta T \tag{3.18}$$

wobei die lineare Wärmeausdehnungszahl α mit der Einheit $\frac{1}{\text{K}}$ weitgehend temperaturunabhängig ist. Einige charakteristische Werte sind

Aluminium	$\alpha = 2{,}4 \cdot 10^{-5}\ \frac{1}{\text{K}}$
Stahl	$1{,}5 \cdot 10^{-5}$
Porzellan	$0{,}4 \cdot 10^{-5}$
Quarzglas	$0{,}05 \cdot 10^{-5}$.

Die Wärmedehnungen können den elastischen Dehnungen (infolge von Spannungen) überlagert werden, die Gesamtdehnung ist dann

$$\varepsilon = \varepsilon_{\text{el}} + \varepsilon_{\text{th}} = \frac{\sigma}{E} + \alpha \Delta T. \tag{3.19}$$

Wird die Wärmedehnung von außen, z.B. durch die Auflagerung, nicht behindert, so sind mit den Wärmedehnungen keine Spannungen verknüpft (z.B. bei statisch bestimmter Lagerung), es sei denn, im betrachteten Körper ist eine ungleichmäßige Temperaturverteilung vorhanden. Mit dem letzteren Fall befaßt sich die Theorie der Thermoelastizität.
Bei Behinderung der Wärmedehnung hingegen treten Wärmespannungen auf, es gilt dann

$$\sigma = E(\varepsilon - \alpha \Delta T). \tag{3.20}$$

Für einen beidseitig fest eingespannten Stab, der gleichmäßig um ΔT erwärmt wird, ergibt sich aus (3.20) die Wärmespannung (Druckspannung) $\sigma = -E\alpha\Delta T$. Diese kann unter Umständen sehr beträchtlich sein.

3.3 Statisch unbestimmte Systeme mit Stäben

3.3.1 Vorbemerkung: Berechnung von Verformungen in einfachen Stabverbänden

Mit den bisher bekannten Gesetzmäßigkeiten für Zug und Druck lassen sich die Verformungen von statisch bestimmten Stabsystemen berechnen. Dies wird an einigen Beispielen für einen Zweistabverband gezeigt.
Der Einfachheit halber wird für alle Stäbe gleiches Material und gleicher Querschnitt angenommen, was keine Einschränkung der Allgemeingültigkeit der folgenden Betrachtungen bewirkt.
Gemäß Bild 3.19a wird ein symmetrischer Zweistabverband mit vertikaler Belastung im Punkt P betrachtet. Für die Stabkräfte gilt

$$S_1 = S_2 = \frac{F}{2\cos\alpha}$$

und das Hookesche Gesetz, vgl. (3.13), liefert mit den Stablängen $l_1 = l_2 = \frac{a}{\cos\alpha}$ die Stabverlängerungen

$$\delta l_1 = \delta l_2 = \frac{S_1 l_1}{EA} = \frac{Fa}{2EA\cos^2\alpha}.$$

Das verformte System ist (stark übertrieben) gestrichelt eingezeichnet, wegen der vorausgesetzten kleinen Verformungen ist in Wirklichkeit die Änderung des Winkels α vernachlässigbar.
Aus dem kleinen schraffierten Dreieck entnimmt man

$$\delta l_1 = v_{\text{F}} \cos\alpha$$

und man erhält für die Vertikalverschiebung des Lastangriffspunkts P schließlich

$$v_{\text{F}} = \frac{Fa}{2EA\cos^3\alpha}. \tag{3.21}$$

Beim horizontal belasteten Zweistabverband (Bild 3.19b) gilt für die Stabkräfte

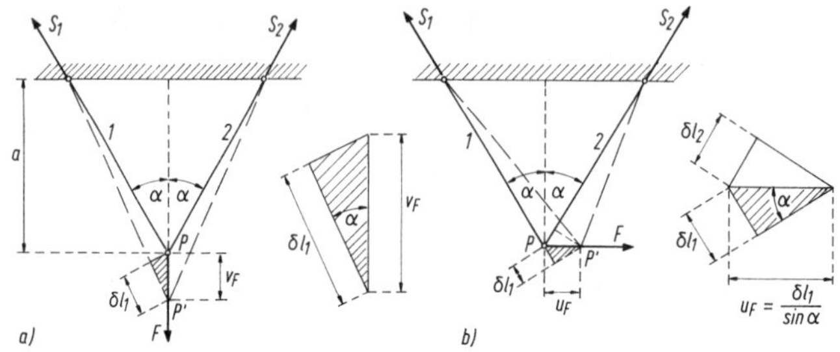

Bild 3.19 Symmetrischer Zweistabverband (vertikale und horizontale Last)

$$S_1 = -S_2 = \frac{F}{2\sin\alpha}$$

der Stab 1 wird gezogen und verlängert sich um den gleichen Betrag wie sich der gedrückte Stab 2 verkürzt, d.h.

$$|\delta l_1| = |\delta l_2| = \frac{S_1 l_1}{EA} = \frac{Fa}{2EA\sin\alpha\,\cos\alpha}.$$

Die Lage des verformten Systems ist wieder gestrichelt eingezeichnet. Die Kreisbögen, auf denen sich die unteren Endpunkte der Stäbe bei gedanklicher Loslösung im Punkt P bewegen können, werden durch gerade Linien approximiert. Ihr Schnittpunkt liefert die Lage des verschobenen Lastangriffspunkts P'.
Aus dem kleinen schraffierten Dreieck ergibt sich der Zusammenhang

$$\delta l_1 = u_F \sin\alpha$$

und es folgt für die Horizontalverschiebung des Lastangriffspunkts

$$u_F = \frac{Fa}{2EA\sin^2\alpha\,\cos\alpha}.$$

Der allgemeine Fall beliebiger Richtung der Last läßt sich durch Überlagerung erledigen.
Mit den gleichen Überlegungen wie bisher wird ein unsymmetrischer Zweistabverband, Bild 3.20 behandelt. Für die Stabkräfte gilt

$$S_1 = \frac{F}{\sin\alpha}, \qquad S_2 = -F\operatorname{ctg}\alpha$$

und man erhält für die Verlängerung des Stabs 1 bzw. die Verkürzung des Stabs 2

$$\delta l_1 = \frac{Fa}{EA\sin\alpha\cos\alpha} \quad \text{bzw.}$$

$$\delta l_2 = \frac{Fa}{EA}\operatorname{ctg}\alpha.$$

Wie aus dem kleinen schraffierten Dreieck ersichtlich, erfährt der Lastangriffspunkt die Vertikalverschiebung

$$v_F = \delta l_2 = \frac{Fa}{EA}\operatorname{ctg}\alpha$$

sowie die Horizontalverschiebung

$$\begin{aligned} u_F &= \frac{\delta l_1}{\sin\alpha} + \frac{v_F}{\tan\alpha} \\ &= \frac{Fa}{EA\sin^2\alpha\cos\alpha} + \frac{Fa\operatorname{ctg}\alpha}{EA\tan\alpha} \\ &= \frac{Fa}{EA}\,\frac{1+\cos^3\alpha}{\sin^2\alpha\cos\alpha}. \end{aligned}$$

Beiläufig sei erwähnt, daß bei einer Vertikalbelastung des Zweistabverbands gemäß Bild 3.20 die Stabkraft S_1 verschwindet und die Vertikalverschiebung des Lastangriffspunkts $v_F = \frac{Fa}{EA}$ beträgt.

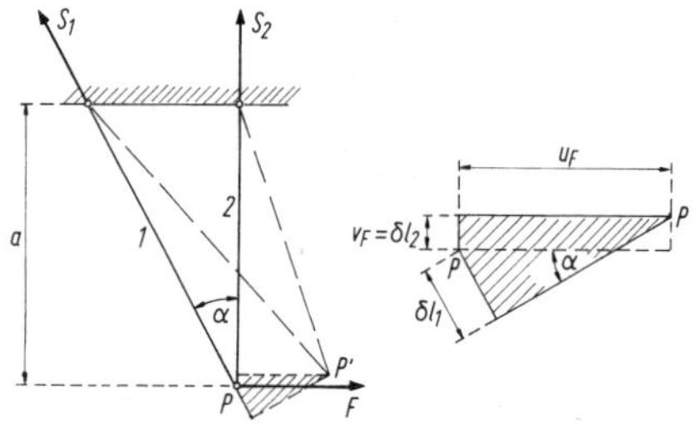

Bild 3.20 Unsymmetrischer Zweistabverband

3.3.2 Statisch unbestimmte Stabverbände

Die Berechenbarkeit der Verformungen liefert nunmehr die Möglichkeit zur Behandlung statisch unbestimmter Probleme (vgl. Abschnitt 3.1.2). Das allgemeine Vorgehen zur Lösung besteht aus folgenden Schritten

- Anwendung der statischen Beziehungen (dabei stellt sich heraus, daß die Gleichgewichtsbedingungen allein nicht ausreichen)
- Betrachtung der geometrischen (kinematischen) Bedingungen bei der Verformung
- Berücksichtigung des Verformungsgesetzes (Anwendung des Hookeschen Gesetzes).

Als einfaches Beispiel (mitunter bei mehreren Stäben als *Naviersches Problem* bezeichnet) wird ein ebener Dreistabverband nach Bild 3.21 betrachtet, der als einfachstes statisch unbestimmtes Fachwerk angesehen werden kann. Das System ist 1-fach statisch unbestimmt, einer der Stäbe ist überzählig. Werden die Stäbe als starr angesehen, so läßt sich nicht berechnen, wie sich die Last F auf die Stäbe verteilt. Die Gleichgewichtsbedingungen liefern für die Stabkräfte nur die beiden Gleichungen

$$S_1 = S_3, \quad (S_1 + S_3)\cos\alpha + S_2 = F \qquad (3.22)$$

die fehlende Information erlangt man durch Betrachtung der Verformung der Stäbe.
Es stehen hierzu verschiedene Lösungsmethoden zur Verfügung von denen zunächst nur zwei besprochen werden sollen.

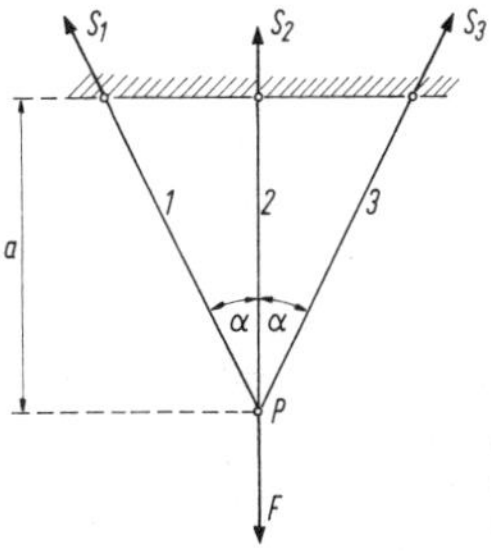

Bild 3.21 Dreistabverband als einfachstes statisch unbestimmtes Fachwerk (Naviersches Problem)

3.3.2.1 Verschiebungsmethode

Die Verformung des Stabwerks ist bekannt, wenn man die Verschiebung des Lastangriffspunkts P kennt.
Analoge Betrachtungen wie in Abschnitt 3.3.1 führen zu den Stabverlängerungen, es folgt gemäß Bild 3.22 aus dem kleinen schraffierten Dreieck

$$\delta l_1 = \delta l_3 = \delta l_2 \cos\alpha \qquad (3.23)$$

als kinematische Gleichung.
Mit dem Hookeschen Gesetz (3.13) ergeben sich mit den Stablängen $l_1 = l_3 = \dfrac{a}{\cos\alpha}$, $l_2 = a$ die Stabverlängerungen

$$\delta l_1 = \delta l_3 = \frac{S_1 a}{EA\cos\alpha}, \qquad \delta l_2 = \frac{S_2 a}{EA}.$$

Eingesetzt in (3.23) folgt

$$S_1 = S_2 \cos^2\alpha$$

als zusätzliche Gleichung zu den statischen Gleichungen (3.22).
Damit gewinnt man die gesuchten Stabkräfte

$$S_1 = S_3 = \frac{F\cos^2\alpha}{1 + 2\cos^3\alpha}, \qquad S_2 = \frac{F}{1 + 2\cos^3\alpha}$$

sowie direkt die Verschiebung des Lastangriffspunkts P

$$v_F = \delta l_2 = \frac{Fa}{EA(1 + 2\cos^3\alpha)}.$$

Beiläufig sei erwähnt, daß bei rein horizontaler Belastung des Dreistabverbands (Bild 3.21) die Stabkraft $S_2 = 0$ ist und sich die Kräfte S_1 und S_3 genauso groß wie beim Zweistabverband gemäß Bild 3.19b ergeben.

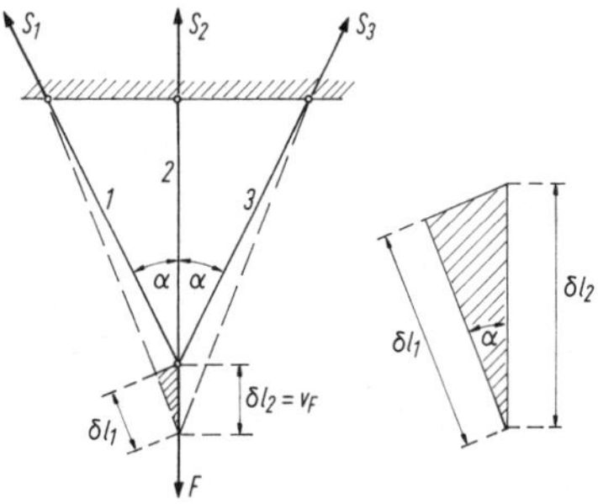

Bild 3.22 Verformungen beim Dreistabverband

3.3.2.2 Überlagerungsmethode (mitunter als Kraftmethode bezeichnet)

Man stellt zunächst fest, daß in dem Dreistabverband, Bild 3.21 einer der drei Stäbe überzählig ist, die zugehörige Stabkraft wird als statisch unbestimmte Kraft X eingeführt. Man kann einen beliebigen Stab auswählen, z.B. $S_2 = X$.
Das weitere Vorgehen [1]) besteht darin, aus dem statisch unbestimmten System durch Wegnahme des überzähligen Stabs ein statisch bestimmtes *Grundsystem* herzustellen, Bild 3.23. Dies Grundsystem wird zunächst (Bild 3.23a) durch

[1]) Vgl. hierzu Abschnitt 3.1.2.

die äußere Kraft, dann (Bild 3.23b) durch die statisch unbestimmte Kraft X (diese ersetzt die Wirkung des nicht vorhandenen Stabs) belastet. Beide Belastungsfälle werden unter Berücksichtigung geometrischer Bedingungen (Zusammenhalts- oder Verträglichkeitsbedingung) überlagert: die Gesamtverschiebung des Lastangriffspunkts infolge F und X muß gleich der Verlängerung des Stabs 2 infolge X sein.

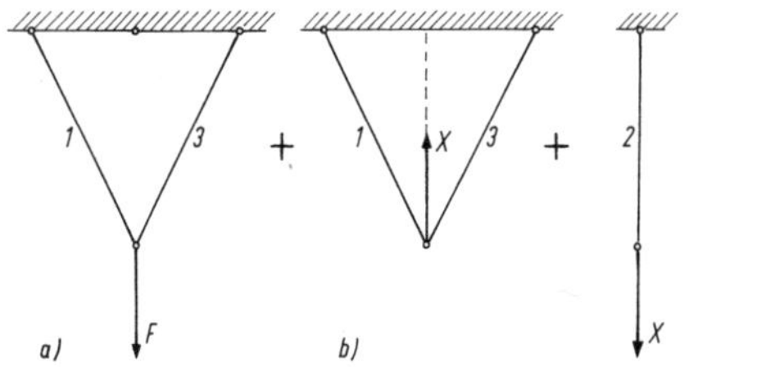

Bild 3.23 Überlagerungsmethode beim Dreistabverband

Für die Verformungen gilt nach (3.21) gemäß Bild 3.19

$$v_F = \frac{F\,a}{2EA\cos^3\alpha} \quad \text{„nach unten"}$$

$$v_X = \frac{X\,a}{2EA\cos^3\alpha} \quad \text{„nach oben".}$$

Die Verlängerung des Stabs 2 ist nach (3.13)

$$\delta l_2 = \frac{X\,a}{EA}$$

und die Überlagerungsbedingung lautet

$$v_F - v_X = \delta l_2 .$$

Die Auflösung nach der statisch unbestimmten Kraft liefert schließlich

$$X = \frac{F}{1+2\cos^2\alpha} = S_2 .$$

Mit den Gleichgewichtsbedinungen (3.22) für den gesamten Dreistabverband erhält man dann die Stabkräfte

$$S_1 = S_3 = \frac{F\cos^2\alpha}{1+2\cos^3\alpha}$$

wie früher. Die Verschiebung des Lastangriffspunkts ergibt sich zu

$$\delta l_2 = \frac{S_2\,a}{EA} = \frac{F\,a}{EA\,(1+2\cos^3\alpha)} .$$

Das Überlagerungsverfahren ist dann zweckmäßig anzuwenden, wenn die Verformungen des Grundsystems (sog. Grundlösungen) bekannt sind. Es läßt sich indes keine allgemeingültige Regel angeben, wann die Verschiebungs- oder die Überlagerungsmethode bevorzugt werden sollte. Abschließend ist festzuhalten, daß alle statisch unbestimmten Probleme bei Zug- und Druckbelastung (sowie in komplizierteren Fällen) mit der besprochenen Vorgehensweise gelöst werden können. Wie später gezeigt wird, gibt es aber effektivere Methoden, bei denen die geometrischen Überlegungen entfallen.

3.4 Mehrachsige Spannungs- und Verzerrungszustände

Die bisherigen Betrachtungen über Spannungen und Verzerrungen bei einachsigem Zug (Abschnitt 3.2) lassen sich für zwei- und dreidimensionale Verformungen erweitern.

3.4.1 Zweiachsiger Spannungszustand

In einer ebenen Scheibe (mit Einheitsdicke) entsteht ein zweiachsiger Spannungszustand aus der Überlagerung zweier einachsiger Spannungszustände (wie sie z. B. in einem gezogenen Flachstab gemäß Bild 3.10 auftreten) in x- und y-Richtung.
An den Schnittflächen x = konst. bzw. y = konst. wirken die Normalspannungen σ_x bzw. σ_y, vgl. Bild 3.24. Senkrecht zur Scheibenebene treten keine Spannungen auf. Die in einer um den Winkel α geneigten Schnittfläche auftretenden Normal- und Schubspannungen sollen berechnet werden.

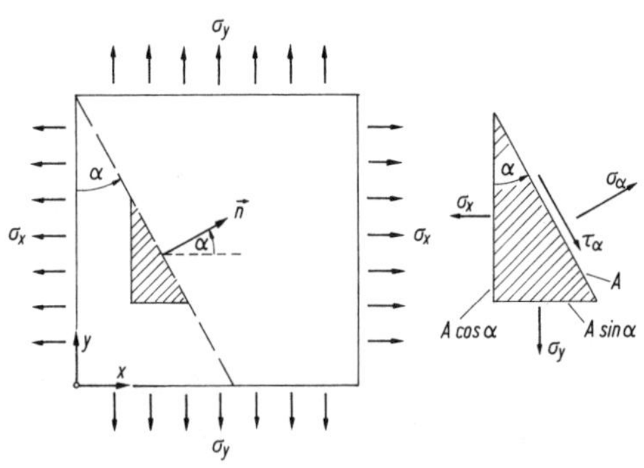

Bild 3.24 Zweiachsiger Spannungszustand

Die Kräftegleichgewichtsbedingungen für das herausgeschnitten gedachte schraffierte Dreieck lauten in Normal- sowie Tangentialrichtung zur Schnittfläche

$$\sigma_\alpha A - \sigma_x \cos\alpha \; A\cos\alpha - \sigma_y \sin\alpha \; A\sin\alpha = 0$$
$$\tau_\alpha A - \sigma_x \sin\alpha \; A\cos\alpha + \sigma_y \cos\alpha \; A\sin\alpha = 0$$

daraus folgen

$$\sigma_\alpha = \sigma_x \cos^2\alpha + \sigma_y \sin^2\alpha$$
$$\tau_\alpha = (\sigma_x - \sigma_y)\sin\alpha\cos\alpha$$

bzw. beim Übergang auf doppelte Winkel (vgl. Abschnitt 3.2.3)

$$\left.\begin{aligned} \sigma_\alpha &= \frac{\sigma_x + \sigma_y}{2} + \frac{\sigma_x - \sigma_y}{2}\cos 2\alpha \\ \tau_\alpha &= \frac{\sigma_x - \sigma_y}{2}\sin 2\alpha . \end{aligned}\right\} \qquad (3.24)$$

Die Spannungen σ_α und τ_α sind also abhängig von der Orientierung der Schnittfläche.

3.4.1.1 Sonderfälle

Gleichseitiger (oder allseitiger) Zug mit $\sigma_x = \sigma_y = \sigma$ (Bild 3.25). Stets ist $\sigma_\alpha = \sigma$ und $\tau_\alpha = 0$. Es handelt sich um einen radialen oder strahlenförmigen Spannungszustand, alle Radialschnitte sind schubspannungsfrei (aus Symmetriegründen).

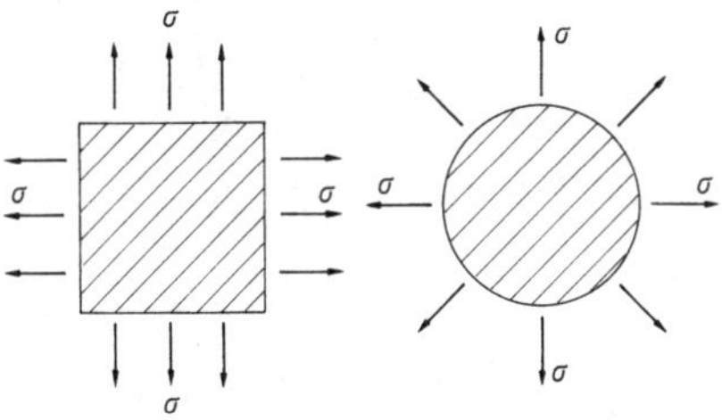

Bild 3.25 Allseitiger Zug

Die gleichen Verhältnisse liegen bei allseitigem Druck mit $\sigma_x = \sigma_y = -p$ vor (sog. ebener hydrostatischer Spannungszustand).

Reiner Schub mit $\sigma_x = -\sigma_y = \sigma$ (Bild 3.26). Aus (3.24) folgt

$$\sigma_\alpha = \sigma\cos 2\alpha, \qquad \tau_\alpha = \sigma\sin 2\alpha .$$

Die maximale Schubspannung $\tau_{max} = \sigma$ ergibt sich für $\alpha = 45°$, hierfür ist $\sigma_\alpha = 0$. In dem gestrichelt gezeichneten Quadrat in Bild 3.26 herrscht somit reiner Schub.

Reiner Schub liegt z.B. in der Oberfläche eines dünnwandigen tordierten Kreiszylinders vor.

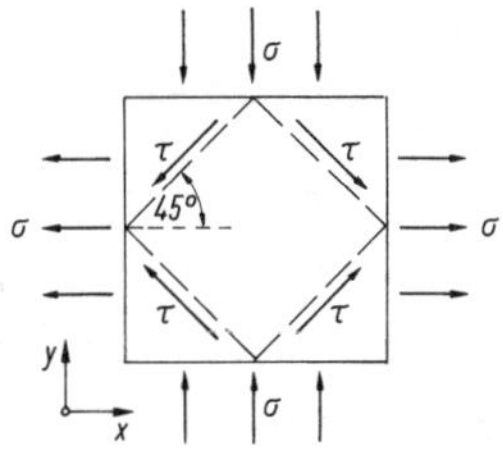

Bild 3.26 Reiner Schub

3.4.1.2 Realisierung des zweiachsigen Spannungszustands

Hierzu wird ein dünnwandiger (genügend langer) kreiszylindrischer Druckbehälter (Radius a) unter konstantem Innendruck p_0 betrachtet (Bild 3.27a), der durch Deckel an den Enden verschlossen ist (die Form der Deckel ist unwesentlich).

In der Oberfläche des Zylinders herrscht (wenn man von der Krümmung absieht) ein spezieller zweiachsiger Spannungszustand mit den Spannungen $\sigma_t = 2\sigma_l$. Diese lassen sich in einfacher Weise mit den Gleichgewichtsbedingungen am Rohr ermitteln. Es folgt für die Achsenrichtung (Bild 3.27b)

$$2\pi a h \sigma_l = p_0 \pi a^2$$

bzw. senkrecht dazu (für das halbaufgeschnittene Rohr gemäß Bild 3.27c)

$$2 l h \sigma_t = p_0 2 a l .$$

Hieraus ergeben sich die sog. Kesselformeln

$$\sigma_l = \frac{p_0 a}{2h}, \qquad \sigma_t = \frac{p_0 a}{h}. \qquad (3.25)$$

Man kann feststellen, daß zylindrische Druckbehälter bei Überbeanspruchung wegen $\sigma_t > \sigma_l$ stets in Längsrichtung aufreißen.

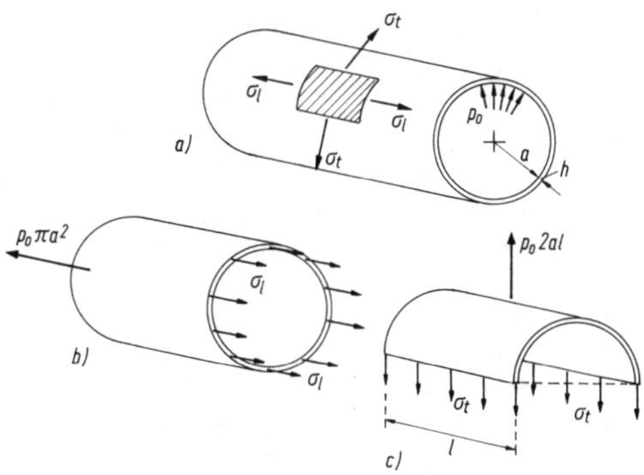

Bild 3.27 Dünnwandiger Kreiszylinder unter Innendruck p_0.

Das betrachtete kreiszylindrische Rohr ist ein Beispiel für eine *Schale*, in der sich ein sog. Membranspannungszustand (ohne Biegung) ausbildet. Beiläufig sei erwähnt, daß in der Nähe der Deckel ein komplizierterer Spannungszustand herrscht, der nicht mehr elementar behandelt werden kann.

Auf ähnlich einfache Weise wie beim kreiszylindrischen Rohr lassen sich die Spannungen in einer Kugelschale unter Innendruck berechnen. Hierfür ergibt sich (mit a als Kugelradius)

$$\sigma_1 = \sigma_t = \frac{p_0 a}{2h}$$

(wegen der Symmetrie ist die Spannung in allen Richtungen gleich).

3.4.2 Allgemeiner ebener Spannungszustand

Der bisher betrachtete zweiachsige Spannungszustand ist als spezieller Fall des allgemeinen ebenen (zweidimensionalen) Spannungszustands anzusehen, der sich in einer ebenen Scheibe (Bild 3.28) ausbildet. Die Scheibe ist geeignet aufgelagert und befindet sich unter Kräften in Scheibenebene im Gleichgewicht (es ist keine Belastung senkrecht zur Scheibe vorhanden).

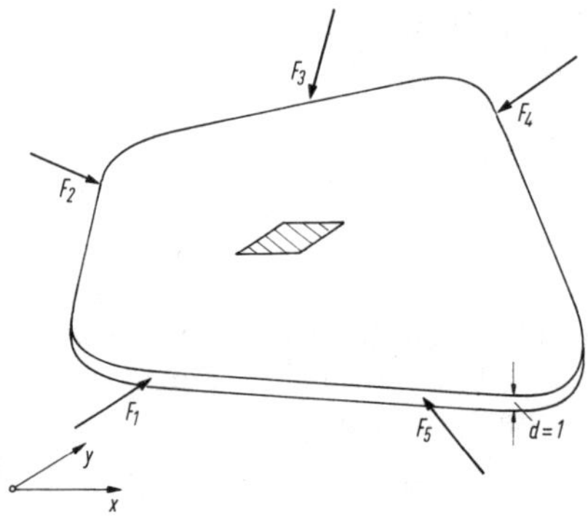

Bild 3.28 Ebene Scheibe

An einem aus der Scheibe parallel zur x- und y-Achse herausgeschnittenen Element wirken an den Schnittflächen $x =$ konst. bzw. $y =$ konst. zusätzlich zu den Normalspannungen σ_x bzw. σ_y nun noch die Schubspannungen τ_{xy} bzw. τ_{yx} (Bild 3.29). Senkrecht zur Scheibenebene treten keine Spannungen auf.

Die Schubspannungen

τ_{xy} wirken an der Fläche $x =$ konst. in y-Richtung

τ_{yx} an der Fläche $y =$ konst. in x-Richtung.

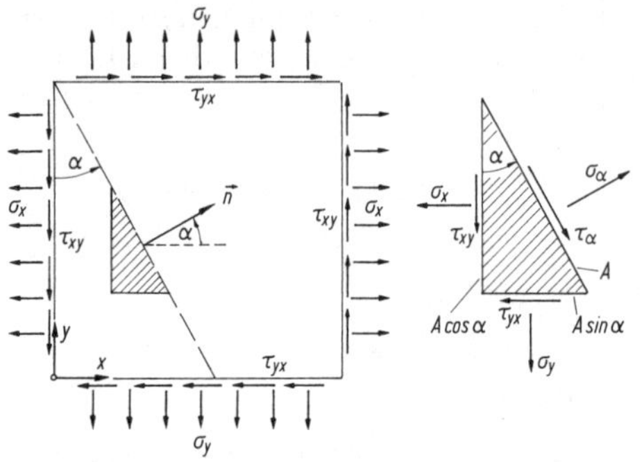

Bild 3.29 Allgemeiner ebener Spannungszustand

Wie man erkennt, fordert das Gleichgewicht gegen Verdrehung

$$\tau_{xy} = \tau_{yx} \tag{3.26}$$

d.h. die Gleichheit der in orthogonalen Schnittflächen einander zugeordneten Schubspannungen.

Die an einer um den Winkel α geneigten Schnittfläche auftretenden Normal- und Schubspannungen werden wiederum mit den Kräftegleichgewichtsbedingungen für das schraffierte Dreieck in Bild 3.29 berechnet. Es folgen für Normal- sowie Tangentialrichtung zur Schnittfläche

$$\sigma_\alpha A - \sigma_x \cos\alpha\, A\cos\alpha - \sigma_y \sin\alpha\, A\sin\alpha - \tau_{yx}\cos\alpha\, A\sin\alpha - \tau_{xy}\sin\alpha\, A\cos\alpha = 0$$

$$\tau_\alpha A - \sigma_x \sin\alpha\, A\cos\alpha + \sigma_y \cos\alpha\, A\sin\alpha - \tau_{yx}\sin\alpha\, A\sin\alpha + \tau_{xy}\cos\alpha\, A\cos\alpha = 0$$

und daraus (mit Übergang auf doppelte Winkel)

$$\left.\begin{aligned} \sigma_\alpha &= \frac{\sigma_x + \sigma_y}{2} + \frac{\sigma_x - \sigma_y}{2}\cos 2\alpha + \tau \sin 2\alpha \\ \tau_\alpha &= \frac{\sigma_x - \sigma_y}{2}\sin 2\alpha - \tau\cos 2\alpha . \end{aligned}\right\} \tag{3.27}$$

Für eine um den Winkel $\alpha + \frac{\pi}{2}$ gedrehte Schnittfläche gemäß Bild 3.30 erhält man aus (3.27) die Spannungen [1])

$$\left.\begin{aligned} \sigma'_\alpha &= \sigma_{\alpha+\frac{\pi}{2}} \\ &= \frac{\sigma_x + \sigma_y}{2} - \frac{\sigma_x - \sigma_y}{2}\cos 2\alpha - \tau_{xy}\sin 2\alpha \\ \tau'_\alpha &= \tau_{\alpha+\frac{\pi}{2}} = -\frac{\sigma_x - \sigma_y}{2}\sin 2\alpha + \tau_{xy}\cos 2\alpha \end{aligned}\right\} \tag{3.28}$$

[1]) Man vergleiche hierzu die Ausführungen zu Bild 3.10 in Abschnitt 3.2.3.

und es zeigt sich mit (3.27) und (3.28)

$$\sigma_\alpha + \sigma'_\alpha = \sigma_x + \sigma_y\,, \qquad \tau'_\alpha = -\tau_\alpha\,.$$

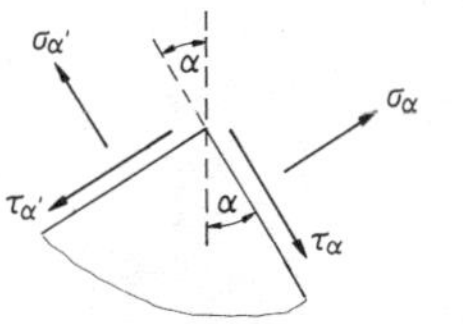

Bild 3.30 Spannungen in orthogonalen Schnittflächen $\alpha,\ \alpha' = \alpha + \frac{\pi}{2}$.

Für eine alternative Deutung der Beziehungen (3.27) und (3.28) wird eine Drehung des Koordinatensystems um den Winkel α zugrundegelegt, Bild 3.31.
Es sind dann

$$\sigma_\alpha = \sigma_x^*\,, \qquad \sigma'_\alpha = \sigma_{\alpha+\frac{\pi}{2}} = \sigma_y^* \tag{3.29}$$

und (aufgrund der Vorzeichenfestsetzung für die Schubspannungen gemäß Bild 3.29)

$$\tau_\alpha = -\tau_{xy}^*\,, \qquad \tau'_\alpha = \tau_{\alpha+\frac{\pi}{2}} = \tau_{yx}^*\,. \tag{3.30}$$

Die Indizes bei den Schubspannungen können wegen der Symmetriebedingung (3.26) weggelassen werden.
Die Transformationsformeln beim Übergang von den Koordinaten x, y zu den Koordinaten x^*, y^* lauten dann[1])

$$\left.\begin{aligned} \sigma_x^* &= \frac{\sigma_x+\sigma_y}{2} + \frac{\sigma_x-\sigma_y}{2}\cos 2\alpha + \tau\sin 2\alpha \\ \sigma_y^* &= \frac{\sigma_x+\sigma_y}{2} - \frac{\sigma_x-\sigma_y}{2}\cos 2\alpha - \tau\sin 2\alpha \\ \tau^* &= -\frac{\sigma_x-\sigma_y}{2}\sin 2\alpha + \tau\cos 2\alpha\,. \end{aligned}\right\} \tag{3.31}$$

Die Spannungsgrößen σ_x, σ_y und τ, die sich bei einer Drehung des Koordinatensystems nach (3.31) umrechnen, sind die Komponenten eines Tensors 2. Stufe, des zweidimensionalen *Spannungstensors*.
Es sei daran erinnert, daß ein Tensor eine nichtskalare Größe darstellt, die im allgemeinen mehr Komponenten als ein Vektor besitzt (vgl. Abschnitt 2.8.2.3).
Eine kürzere Schreibweise der Transformationsformeln (3.31) ergibt sich mit $i=\sqrt{-1}$ in komplexer Form

$$\sigma_x^* + \sigma_y^* = \sigma_x + \sigma_y\,,$$
$$\sigma_x^* - \sigma_y^* + 2i\tau^* = (\sigma_x - \sigma_y + 2i\tau)\,e^{-2i\alpha}$$

wobei (Eulersche Formel)

$$e^{\pm 2i\alpha} = \cos 2\alpha \pm i\sin 2\alpha\,.$$

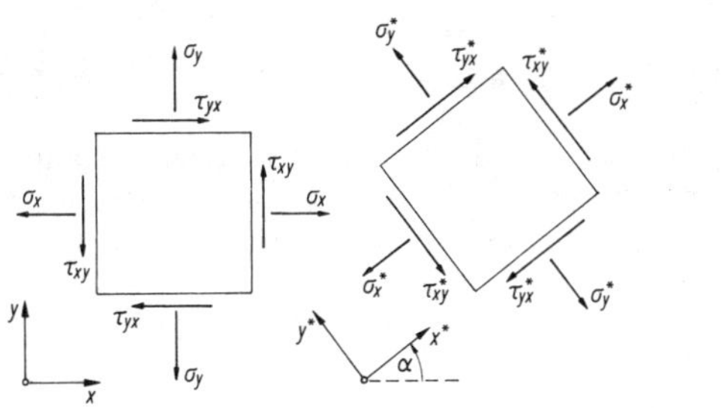

Bild 3.31 Spannungen bei Drehung des Koordinatensystems

3.4.2.1 Spannungstensor

Wie dargelegt, sind die Spannungskomponenten σ_x, σ_y und $\tau_{xy} = \tau_{yx} = \tau$ die Komponenten eines (zweidimensionalen) symmetrischen Tensors 2. Stufe. Mitunter werden die Spannungskomponenten mit Doppelindizes versehen, d. h. $\sigma_x = \sigma_{xx}$, $\sigma_y = \sigma_{yy}$, $\tau_{xy} = \sigma_{xy}$ (sog. tensorielle Schreibweise).
Der Spannungstensor beschreibt den Spannungszustand in einem Punkt einer ebenen Scheibe. Dies beinhaltet die Gesamtheit der Spannungen auf allen Flächenelementen, die durch diesen Punkt gelegt werden können.
Man pflegt die Komponenten des Spannungstensors in der Komponentenmatrix

$$\begin{pmatrix} \sigma_x & \tau \\ \tau & \sigma_y \end{pmatrix} \quad \text{oder} \quad \begin{pmatrix} \sigma_x^* & \tau^* \\ \tau^* & \sigma_y^* \end{pmatrix}$$

zusammenzufassen.
Wie jeder Tensor hat der Spannungstensor sog. Invarianten, d. h. von der Orientierung des Koordinatensystems unabhängige Größen.
Im zweidimensionalen Fall sind dies

erste Invariante (Spur oder Normalspannungssumme)

$$J_{\mathrm{I}} = \sigma_x + \sigma_y = \sigma_x^* + \sigma_y^*$$

zweite Invariante
(Determinante der Komponentenmatrix)

$$J_{\mathrm{II}} = \begin{vmatrix} \sigma_x & \tau \\ \tau & \sigma_y \end{vmatrix} = \sigma_x\sigma_y - \tau^2$$
$$= \begin{vmatrix} \sigma_x^* & \tau^* \\ \tau^* & \sigma_y^* \end{vmatrix} = \sigma_x^*\sigma_y^* - \tau^{*2}\,.$$

[1]) Man vgl. die entsprechenden Beziehungen (2.114) für die Flächenträgheitsmomente (Abschnitt 2.8.2.3).

In Abschnitt 2.8.2.3 wurde bereits die *Hauptachsentransformation* eines Tensors besprochen. Für den Spannungstensor bedeutet dies die Existenz einer bestimmten Schnittebenenrichtung $\alpha = \alpha_H$ (vgl. Bild 3.32) die zu einer Komponentenmatrix in der Form

$$\begin{pmatrix} \sigma_1 & 0 \\ 0 & \sigma_2 \end{pmatrix}$$

(Diagonalmatrix) führt.

In diesen Schnittebenen (Hauptebenen) treten keine Schubspannungen sondern nur Normalspannungen σ_1 und σ_2 auf, die sich als Extremwerte der Normalspannungen ergeben und nach *Cauchy* als *Hauptspannungen* bezeichnet werden.

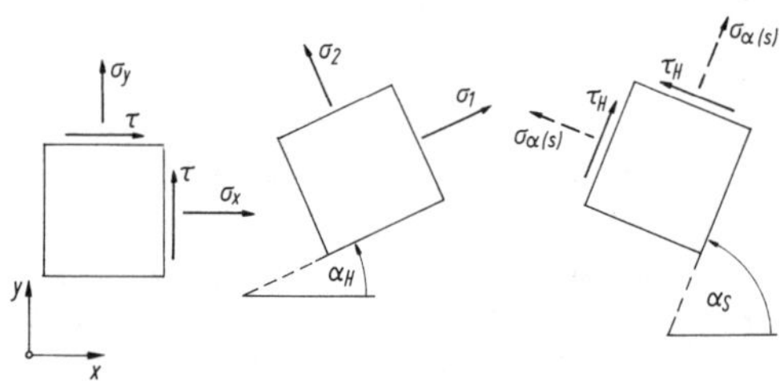

Bild 3.32 Zur Ermittlung der Hauptnormal- und Hauptschubspannungen

3.4.2.2 Haupt-Normalspannungen

Die Lage der Hauptebenen, d.h. den Winkel α_H findet man mit (3.27) aus der Bedingung für die Extremwerte

$$\frac{d\sigma_\alpha}{d\alpha} = 0$$

oder aus der gleichbedeutenden Bedingung $\tau_\alpha = 0$.

Zur Berechnung von $\alpha = \alpha_H$ folgt

$$\tan 2\alpha_H = \frac{2\tau}{\sigma_x - \sigma_y} \tag{3.32}$$

woraus sich gemäß $\tan 2\alpha_H = \tan 2\left(\alpha_H + \frac{\pi}{2}\right)$ zwei orthogonale Schnittebenen (Hauptnormalspannungsebenen) mit $\alpha_1 = \alpha_H$ bzw. $\alpha_2 = \alpha_H + \frac{\pi}{2}$ ergeben. Eingesetzt in (3.27) folgen die entsprechenden Hauptnormalspannungen

$$\sigma_{1,2} = \frac{\sigma_x + \sigma_y}{2} \pm \frac{\sigma_x - \sigma_y}{2} \cos 2\alpha_H \pm \tau \sin 2\alpha_H. \tag{3.33}$$

Für $\sigma_x > \sigma_y$ ist α_H der Winkel, der die Ebene der größten Normalspannung kennzeichnet.

Die Winkelfunktionen lassen sich aus (3.33) mittels (3.32) eliminieren, d.h. mit

$$\sin 2\alpha_H = \frac{2\tau}{\sigma_x - \sigma_y} \cos 2\alpha_H$$

und

$$\cos^2 2\alpha_H = 1 - \sin^2 2\alpha_H$$

folgen zunächst

$$\cos 2\alpha_H = \pm \frac{\sigma_x - \sigma_y}{\sqrt{(\sigma_x - \sigma_y)^2 + 4\tau^2}}$$

bzw.

$$\sin 2\alpha_H = \pm \frac{2\tau}{\sqrt{(\sigma_x - \sigma_y)^2 + 4\tau^2}}$$

und (3.33) wird

$$\sigma_{1,2} = \frac{\sigma_x + \sigma_y}{2} \pm \sqrt{\left(\frac{\sigma_x - \sigma_y}{2}\right)^2 + \tau^2}. \tag{3.34}$$

Es gilt wiederum

$$\sigma_1 + \sigma_2 = \sigma_x + \sigma_y$$

(Spur des Spannungstensors).

3.4.2.3 Haupt-Schubspannungen

Die Schnittrichtungen für die maximalen Schubspannungen, d.h. den Winkel α_S (vgl. Bild 3.32) findet man mit (3.27) aus der Bedingung

$$\frac{d\tau_\alpha}{d\alpha} = 0.$$

Dies liefert zur Berechnung von $\alpha = \alpha_S$

$$\operatorname{ctg} 2\alpha_S = -\frac{2\tau}{\sigma_x - \sigma_y} \tag{3.35}$$

wobei jedoch die dadurch festgelegten Hauptschubspannungsebenen im allgemeinen nicht normalspannungsfrei sind, es treten Spannungen $\sigma_{\alpha(S)}$ auf.

Aus dem Vergleich von (3.35) und (3.32) ergibt sich

$$\tan 2\alpha_H = -\operatorname{ctg} 2\alpha_S$$

und mit der allgemeinen Beziehung $\operatorname{ctg} 2\alpha = -\tan\left(2\alpha \pm \frac{\pi}{2}\right)$ folgt

$$\tan 2\alpha_H = \tan\left(2\alpha_S \pm \frac{\pi}{2}\right)$$

$$\text{oder} \quad 2\alpha_H = 2\alpha_S \pm \frac{\pi}{2}.$$

Man erkennt daraus, daß die Richtungen der Hauptschubspannungsebenen den Winkelhalbierenden zwischen den Hauptnormalspannungsebenen entsprechen.
Die Hauptschubspannungen berechnen sich gemäß

$$\tau_H = \frac{\sigma_x - \sigma_y}{2} \sin 2\alpha_S - \tau \cos 2\alpha_S$$

und nach Elimination der Winkelfunktionen (analog wie in Abschnitt 3.4.2.2) mittels

$$\sin 2\alpha_S = \sin\left(2\alpha_H + \frac{\pi}{2}\right) = \cos 2\alpha_H$$

$$= \pm \frac{\sigma_x - \sigma_y}{\sqrt{(\sigma_x - \sigma_y)^2 + 4\tau^2}}$$

$$\cos 2\alpha_S = \cos\left(2\alpha_H + \frac{\pi}{2}\right) = -\sin 2\alpha_H$$

$$= \mp \frac{2\tau}{\sqrt{(\sigma_x - \sigma_y)^2 + 4\tau^2}}$$

folgt

$$\tau_{1,2} = \pm\sqrt{\left(\frac{\sigma_x - \sigma_y}{2}\right)^2 + \tau^2}, \qquad \tau_H = |\tau_{1,2}|. \tag{3.36}$$

Die Hauptschubspannungen τ_H sind in den beiden orthogonalen Schnittebenen entgegengesetzt gleich.
Schließlich erhält man für die in diesen Ebenen wirkenden Normalspannungen aus (3.27) zunächst

$$\sigma_{\alpha(S)} = \frac{\sigma_x + \sigma_y}{2} + \frac{\sigma_x - \sigma_y}{2} \cos 2\alpha_S + \tau \sin 2\alpha_S$$

und nach Elimination der Winkelfunktionen

$$\sigma_{\alpha(S)} = \frac{\sigma_x + \sigma_y}{2},$$

d.h. die in den Hauptschubspannungsebenen auftretenden Normalspannungen sind gleich groß.
Aus dem Vergleich von (3.36) und (3.34) ergibt sich

$$\sigma_{1,2} = \frac{\sigma_x + \sigma_y}{2} \pm \tau_H$$

ferner gilt

$$\tau_H = \frac{\sigma_1 - \sigma_2}{2}.$$

Auf der letzteren Beziehung fußt die experimentelle Spannungsermittlung mit der sog. Spannungsoptik (die Hauptspannungsdifferenz $\sigma_1 - \sigma_2$ in durchsichtigen Materialien ist optisch meßbar).

3.4.2.4 Mohrscher Spannungskreis

Die Transformationsformeln (3.31) für die Komponenten des zweidimensionalen Spannungstensors lassen sich in einfacher Weise grafisch darstellen, wie erstmals von *C. Culmann* gezeigt wurde.
Aus den Beziehungen (3.27) folgen durch Quadrieren

$$\left(\sigma_\alpha - \frac{\sigma_x + \sigma_y}{2}\right)^2 = \left(\frac{\sigma_x - \sigma_y}{2} \cos 2\alpha + \tau \sin 2\alpha\right)^2$$

$$\tau_\alpha^2 = \left(\frac{\sigma_x - \sigma_y}{2} \sin 2\alpha - \tau \cos 2\alpha\right)^2$$

und nach Addition der linken und rechten Seiten

$$\left(\sigma_\alpha - \frac{\sigma_x + \sigma_y}{2}\right)^2 + \tau_\alpha^2 = \left(\frac{\sigma_x - \sigma_y}{2}\right)^2 + \tau^2. \tag{3.37}$$

Dies ist die Gleichung eines Kreises im σ_α, τ_α Koordinatensystem mit dem Mittelpunkt bei $\frac{\sigma_x + \sigma_y}{2}$ auf der σ_α-Achse und dem Radius $\sqrt{\left(\frac{\sigma_x - \sigma_y}{2}\right)^2 + \tau^2} = \tau_H$.
Man bezeichnet ihn als Mohrschen Spannungskreis.
Ausgedrückt in den Hauptspannungen, d.h. für $\sigma_x = \sigma_1$, $\sigma_y = \sigma_2$, $\tau = 0$ vereinfacht sich (3.37) zu

$$\left(\sigma_\alpha - \frac{\sigma_1 + \sigma_2}{2}\right)^2 + \tau_\alpha^2 = \left(\frac{\sigma_1 - \sigma_2}{2}\right)^2. \tag{3.38}$$

Bei gegebenen Hauptspannungen (für zweiachsigen Spannungszustand) läßt sich der Spannungskreis leicht konstruieren, Bild 3.33.
Auf der σ-Achse (der Index α kann entfallen), werden die Hauptspannungen σ_1 und σ_2 aufgetragen, diese Punkte entsprechen den Winkeln $\alpha = 0$ bzw. $\alpha = \frac{\pi}{2}$.

Der Kreismittelpunkt liegt bei $\frac{\sigma_1+\sigma_2}{2}$, der Spannungskreis schneidet die σ-Achse in den Punkten σ_1 und σ_2, sein Radius ist $|\tau_H|$.
Die Spannungen σ_α und τ_α für eine beliebige Schnittrichtung α lassen sich direkt am Spannungskreis ablesen: von M aus wird ein Radius unter dem Winkel 2α gegen die σ-Achse im Gegenuhrzeigersinn aufgetragen. Man erhält den Punkt A und damit die entsprechenden Größen σ_α und τ_α (letztere gemäß der in der Systemskizze Bild 3.33 angedeuteten Vorzeichenfestsetzung). Der Winkel α selbst ist übrigens auch am Spannungskreis darstellbar (als sog. Peripheriewinkel).

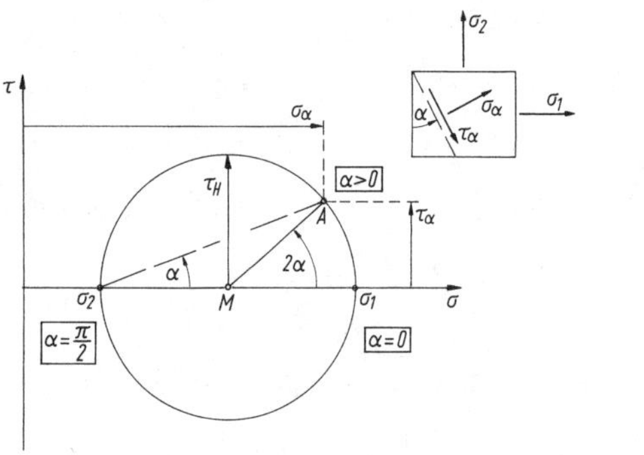

Bild 3.33 Mohrscher Spannungskreis bei gegebenen Hauptspannungen (zweiachsiger Spannungszustand)

Einige Sonderfälle sind in Bild 3.34 gezeigt. Bei *einachsigem Zug* mit $\sigma_x = \sigma_1$ und $\sigma_2 = 0$ berührt der Spannungskreis die τ-Achse im Koordinatennullpunkt von rechts (Bild 3.34a). Für die maximale Schubspannung ergibt sich der Winkel $\alpha_S = 45°$. Bei einachsigem Druck berührt der Spannungskreis die τ-Achse von links.
Bei *allseitigem Zug* mit $\sigma_1 = \sigma_2 = \sigma$ artet der Spannungskreis in einen Punkt auf der σ-Achse aus.
Der *reine Schub* entspricht $\sigma_1 = -\sigma_2 = \sigma$, der Mittelpunkt des Spannungskreises liegt im Koordinatennullpunkt (Bild 3.34b), der Winkel $\alpha_S = 45°$. Wie man erkennt, sind die Hauptschubspannungsebenen normalspannungsfrei.
Der Mohrsche Spannungskreis kann gemäß Bild 3.35 auch zur Ermittlung der Hauptspannungen beim allgemeinen ebenen Spannungszustand herangezogen werden.
Gegeben sind in einer Schnittebene $\alpha = 0$ die Spannungen σ_x und $-\tau_{xy}$ (entsprechend der vereinbarten Vorzeichenfestsetzung), bzw. in der Schnittebene $\alpha = \frac{\pi}{2}$ die Spannungen σ_y und τ_{yx} (angenommen ist $\sigma_x > \sigma_y$). Der Mittelpunkt M des Spannungskreises liegt bei $\frac{\sigma_x+\sigma_y}{2}$, der Punkt A ergibt sich aus σ_x und $-\tau_{xy}$. Der Radius des Spannungskreises ist die Strecke $\overline{MA} = \tau_H$,

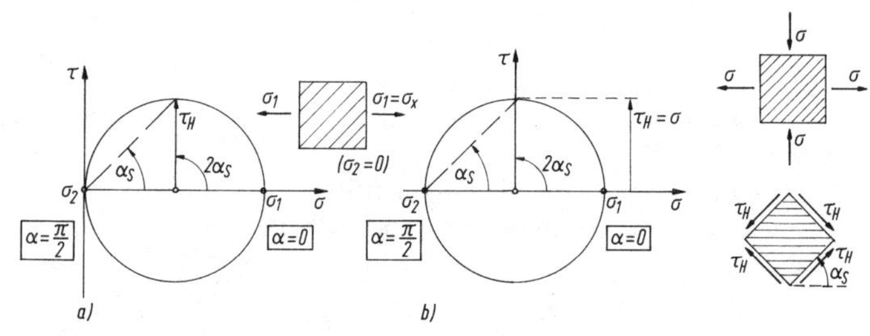

Bild 3.34 Sonderfälle des Mohrschen Spannungskreises
a) einachsiger Zug,
b) reiner Schub

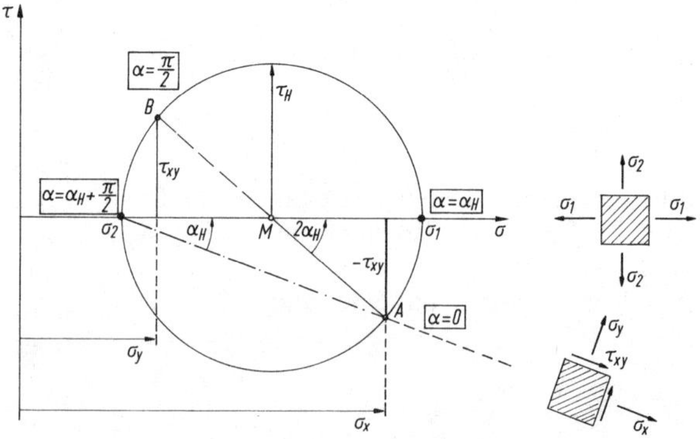

Bild 3.35 Mohrscher Spannungskreis zur Ermittlung der Hauptspannungen

damit kann der Kreis gezeichnet werden. Der Punkt B entspricht der Schnittebene $\alpha = \frac{\pi}{2}$.
Die Schnittpunkte des Spannungskreises mit der σ-Achse liefern die Hauptspannungen σ_1 und σ_2, der entsprechende Winkel α_H kann direkt abgelesen werden.
Die Spannungen für eine beliebige Schnittebene unter dem Winkel α ergeben sich wiederum, indem man von M aus einen gegen die Strecke $\overline{MA}$ um 2α im Gegenuhrzeigersinn gedrehten Radius aufträgt.

3.4.3 Gleichgewichtsbedingungen für ebenes Spannungsfeld

Bisher wurden die Änderungen der Spannungskomponenten in einem Punkt betrachtet, die durch Drehung der jeweiligen Schnittebenen bedingt sind.
Nunmehr werden die räumlichen Änderungen der Spannungskomponenten untersucht, wenn ein ebenes *Spannungsfeld* vorliegt, d.h. die Spannungen gemäß

$$\sigma_x = \sigma_x(x, y), \qquad \sigma_y = \sigma_y(x, y), \qquad \tau = \tau(x, y)$$

stetige Ortsfunktionen sind.
Den Sonderfall, daß alle Spannungen konstant sind, bezeichnet man als homogenen Spannungszustand.
Gemäß Bild 3.28 wird eine ebene Scheibe geringer Dicke betrachtet, die sich unter Kräften in der Scheibenebene im Gleichgewicht befindet. Ein aus der Scheibe gedanklich herausgeschnittenes Element ist dann unter den wirkenden Spannungen ebenfalls im Gleichgewicht.
Wird ein infinitesimales (differentielles) Element mit Einheitsdicke und den Kantenlängen dx und dy (Bild 3.36) betrachtet, so sind die Spannungs-

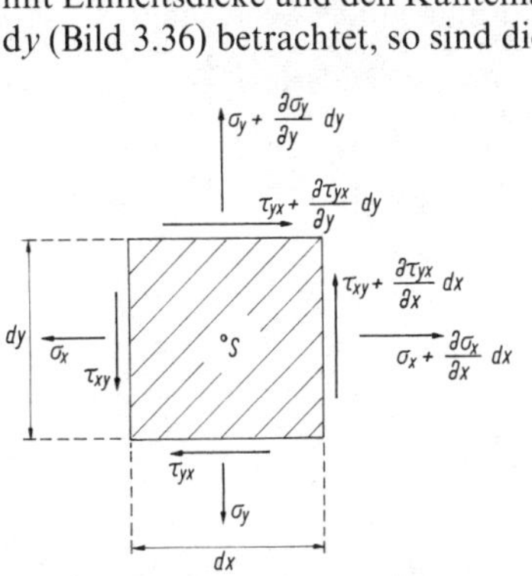

Bild 3.36 Differentielles ebenes Element

komponenten an den gegenüberliegenden Kanten nicht mehr gleich groß sondern unterscheiden sich um differentielle Größen.
Wie in der Analysis gezeigt wird, gilt für eine stetige und differenzierbare Funktion $f(x, y)$ allgemein [1])

$$\left.\begin{aligned} f(x+\mathrm{d}x, y) &= f(x, y) + \frac{\partial f(x, y)}{\partial x}\,\mathrm{d}x \\ f(x, y+\mathrm{d}y) &= f(x, y) + \frac{\partial f(x, y)}{\partial y}\,\mathrm{d}y \end{aligned}\right\} \qquad (3.39)$$

d.h. für die Änderung in x- bzw. y-Richtung ergeben sich

$$f(x+\mathrm{d}x, y) - f(x, y) = \frac{\partial f}{\partial x}\,\mathrm{d}x$$

$$f(x, y+\mathrm{d}y) - f(x, y) = \frac{\partial f}{\partial y}\,\mathrm{d}y .$$

Angewendet auf die Spannungskomponenten folgt z.B. für die Änderung von σ_x in x-Richtung

$$\sigma_x(x+\mathrm{d}x, y) - \sigma_x(x, y) = \frac{\partial \sigma_x}{\partial x}\,\mathrm{d}x$$

usw.
Die Kräftegleichgewichtsbedingungen am Element $\mathrm{d}x\,\mathrm{d}y$ in x- bzw. y-Richtung lauten

$$\left(\sigma_x + \frac{\partial \sigma_x}{\partial x}\,\mathrm{d}x\right)\mathrm{d}y + \left(\tau_{yx} + \frac{\partial \tau_{yx}}{\partial y}\,\mathrm{d}y\right)\mathrm{d}x - \sigma_x\,\mathrm{d}y - \tau_{yx}\,\mathrm{d}x = 0$$

$$\left(\sigma_y + \frac{\partial \sigma_y}{\partial y}\,\mathrm{d}y\right)\mathrm{d}x + \left(\tau_{xy} + \frac{\partial \tau_{xy}}{\partial x}\,\mathrm{d}x\right)\mathrm{d}y - \sigma_y\,\mathrm{d}x - \tau_{xy}\,\mathrm{d}y = 0 .$$

Es bleiben nur die Zuwächse übrig und man erhält

$$\frac{\partial \sigma_x}{\partial x} + \frac{\partial \tau_{yx}}{\partial y} = 0, \qquad \frac{\partial \sigma_y}{\partial y} + \frac{\partial \tau_{xy}}{\partial x} = 0 \qquad (3.40)$$

dies sind die Gleichgewichtsbedingungen der Spannungen für ein ebenes Spannungsfeld.
Die Momentengleichgewichtsbedingung

$$\tau_{xy} = \tau_{yx} \qquad (3.41)$$

[1]) Es handelt sich um die ersten Glieder einer *Taylor*-Reihenentwicklung.

wurde bereits benützt (Satz von der Gleichheit der zugeordneten Schubspannungen), man erhält sie sofort aus der Gleichgewichtsbedingung der Momente z. B. bezüglich des Schwerpunkts S des betrachteten Elements

$$\left[\tau_{xy}\,\mathrm{d}y + \left(\tau_{xy} + \frac{\partial \tau_{xy}}{\partial x}\,\mathrm{d}x\right)\mathrm{d}y\right]\frac{\mathrm{d}x}{2}$$

$$-\left[\tau_{yx}\,\mathrm{d}x + \left(\tau_{yx} + \frac{\partial \tau_{yx}}{\partial y}\,\mathrm{d}y\right)\mathrm{d}x\right]\frac{\mathrm{d}y}{2} = 0$$

bei Vernachlässigung der von höherer Ordnung kleinen Glieder.

Die Gln. (3.40) sind partielle Differentialgleichungen, die für die Spannungskomponenten in jedem Punkt im Innern einer ebenen Scheibe erfüllt sein müssen.

An den Rändern (Oberflächen) der belasteten Körper müssen ebenfalls Gleichgewichtsbedingungen, die sog. Randbedingungen der Spannungen bestehen (vgl. Abschnitt 3.4.7).

3.4.4 Verformungen im ebenen Fall, Verzerrungstensor

Bei der Verformung einer ebenen Scheibe erfährt im allgemeinen jeder Punkt der Scheibe eine Verschiebung, die durch den Verschiebungsvektor $\vec{u} = \vec{u}(x, y)$ gekennzeichnet ist.

Es liegt ein ebenes Verschiebungsfeld vor, die Verschiebungskomponenten in x- bzw. y-Richtung werden mit $u(x, y)$ bzw. $v(x, y)$ bezeichnet. Die Verformung eines Körpers besteht aus Längen- und Winkeländerungen, d.h. ursprünglich gerade und z. B. aufeinander senkrecht stehende „Materialfasern" werden zu stetigen Kurven, die sich unter einem beliebigen Winkel schneiden. [1])

Den Schlüssel zur Untersuchung der Verformung liefert die Betrachtung der Abstandsänderung zweier Punkte, d.h. es wird die Metrik im verformten und unverformten Körper verglichen. Dies ist unabhängig vom Verformungsverhalten und von den Verformungsursachen, somit handelt es sich um ein rein geometrisches Problem.

Als Maß für die Längen- und Winkeländerungen bei der Verformung werden die Verzerrungen (Dehnungen und Schubverformungen oder Schiebungen) eingeführt. Die Verhältnisse im eindimensionalen Fall wurden bereits in Abschnitt 3.2.4.1 betrachtet.

Wie in Bild 3.37 anschaulich dargestellt, verschiebt sich ein rechtwinkliges ebenes differentielles Element $\mathrm{d}x\,\mathrm{d}y$ und ändert außerdem seine Gestalt.

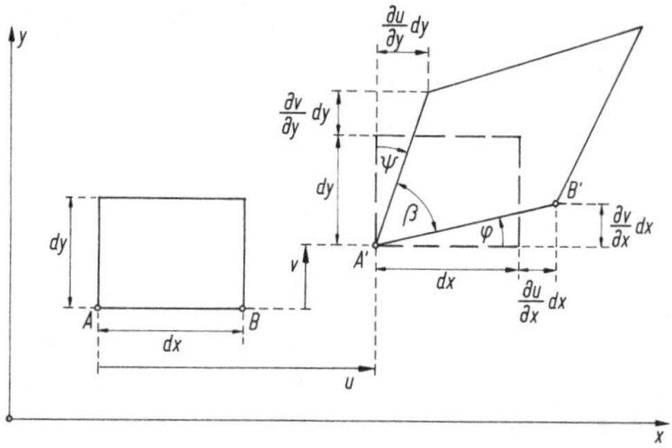

Bild 3.37 Verschiebungen und Verzerrungen im ebenen Fall

Der Eckpunkt A mit den Koordinaten x, y erfährt Verschiebungen u bzw. v in x- bzw. y-Richtung und gelangt nach A', entsprechend gelangt B nach B'.

Nach der allgemeinen Definition ergibt sich die Dehnung in x-Richtung (unter Vernachlässigung der Schiefstellung)

$$\varepsilon_x = \frac{\overline{A'B'} - \overline{AB}}{\overline{AB}} = \frac{\mathrm{d}x + \dfrac{\partial u}{\partial x}\,\mathrm{d}x - \mathrm{d}x}{\mathrm{d}x} = \frac{\partial u}{\partial x}$$

analog für die y-Richtung

$$\varepsilon_y = \frac{\mathrm{d}y + \dfrac{\partial v}{\partial y}\,\mathrm{d}y - \mathrm{d}y}{\mathrm{d}y} = \frac{\partial v}{\partial y}.$$

Als Schubverformung (oder Schiebung) γ_{xy} definiert man die Winkeländerung $\dfrac{\pi}{2} - \beta = \varphi + \psi$ wobei φ und ψ kleine Winkel sind, d.h. $\tan\varphi \approx \varphi$, $\tan\psi \approx \psi$ gesetzt werden kann. Man erhält damit

$$\gamma_{xy} = \varphi + \psi = \frac{\dfrac{\partial v}{\partial x}\,\mathrm{d}x}{\mathrm{d}x + \dfrac{\partial u}{\partial x}\,\mathrm{d}x} + \frac{\dfrac{\partial u}{\partial y}\,\mathrm{d}y}{\mathrm{d}y + \dfrac{\partial v}{\partial y}\,\mathrm{d}y}$$

$$= \frac{\partial v}{\partial x} + \frac{\partial u}{\partial y}$$

wobei $\dfrac{\partial u}{\partial x}\,\mathrm{d}x \ll \mathrm{d}x$ usw.

---

[1]) Allgemein kann die Verformung als eine affine Transformation aufgefaßt werden, die dem Übergang von einer Punktmenge zu einer anderen Punktmenge im Euklidschen Raum entspricht.

Die ebenen Verzerrungskomponenten sind also die Dehnungen und die Schiebung

$$\left.\begin{aligned} \varepsilon_x &= \frac{\partial u}{\partial x}, \quad \varepsilon_y = \frac{\partial v}{\partial y}, \\ \gamma_{xy} &= \gamma_{yx} = \frac{\partial v}{\partial x} + \frac{\partial u}{\partial y}. \end{aligned}\right\} \quad (3.42)$$

Diese Beziehungen, die rein auf geometrischen Betrachtungen fußen, werden mitunter als kinematische Gleichungen bezeichnet.
Die drei Verzerrungskomponenten $\varepsilon_x, \varepsilon_y, \gamma_{xy}$ sind nicht voneinander unabhängig. Es gelten die Beziehungen

$$\frac{\partial^2 \varepsilon_x}{\partial y^2} = \frac{\partial^3 u}{\partial x \partial y^2}, \quad \frac{\partial^2 \varepsilon_y}{\partial x^2} = \frac{\partial^3 v}{\partial y \partial x^2},$$

$$\frac{\partial^2 \gamma_{xy}}{\partial x \partial y} = \frac{\partial^3 u}{\partial y \partial x \partial y} + \frac{\partial^3 v}{\partial x^2 \partial y}$$

und wegen der Vertauschbarkeit der Reihenfolge der partiellen Ableitungen (auch als Satz von *Schwarz* bezeichnet) folgt die sog. Kompatibilitäts- oder Verträglichkeitsbedingung

$$\frac{\partial^2 \varepsilon_x}{\partial y^2} + \frac{\partial^2 \varepsilon_y}{\partial x^2} = \frac{\partial^2 \gamma_{xy}}{\partial x \partial y}. \quad (3.43)$$

Physikalisch beinhaltet diese Gleichung den stetigen Zusammenhalt des Materials bei der Verformung, d.h. es treten keine Klaffungen und keine Überlappungen auf.
Die Verzerrungsgrößen sind (wie die Spannungen) die Komponenten eines symmetrischen Tensors 2. Stufe, des zweidimensionalen Verzerrungstensors. Zweckmäßig verwendet man Doppelindizes, d.h. $\varepsilon_x = \varepsilon_{xx}$, $\varepsilon_y = \varepsilon_{yy}$, $\gamma_{xy} = 2\varepsilon_{xy}$. Die Komponentenmatrix ist

$$\begin{pmatrix} \varepsilon_x & \frac{1}{2}\gamma_{xy} \\ \frac{1}{2}\gamma_{yx} & \varepsilon_y \end{pmatrix} = \begin{pmatrix} \varepsilon_{xx} & \varepsilon_{xy} \\ \varepsilon_{yx} & \varepsilon_{yy} \end{pmatrix}$$

wobei man beachte, daß die halbe Winkeländerung die Tensorkomponente darstellt.
Wie jeder Tensor hat auch der Verzerrungstensor Invarianten, die erste Invariante (Spur) oder Dehnungssumme

$$I_I = \varepsilon_x + \varepsilon_y$$

sowie die Determinante der Komponentenmatrix

$$I_{II} = \varepsilon_x \varepsilon_y - \tfrac{1}{4}\gamma_{xy}^2.$$

Analog wie beim Spannungstensor existieren auch beim Verzerrungstensor Hauptrichtungen und Hauptdehnungen. Deren Ermittlung entspricht analog den Ausführungen des Abschnitts 3.4.2.2, so daß hier nicht weiter darauf eingegangen wird. Ein entsprechender Mohrscher Verzerrungskreis läßt sich gleichfalls konstruieren.

3.4.5 Dreiachsiger Spannungs- und Verzerrungszustand

Die bisherigen Betrachtungen werden jetzt für den räumlichen (dreidimensionalen) Fall erweitert.

3.4.5.1 Spannungen

Im allgemeinen herrscht in jedem Punkt innerhalb eines belasteten dreidimensionalen Körpers ein dreiachsiger Spannungszustand. An einem würfelförmigen Element (Bild 3.38) wirken

- Normalspannungen
  $\sigma_x,\ \sigma_y,\ \sigma_z$
- Schubspannungen
  $\tau_{xy} = \tau_{yx}, \quad \tau_{yz} = \tau_{zy}, \quad \tau_{zx} = \tau_{xz}.$

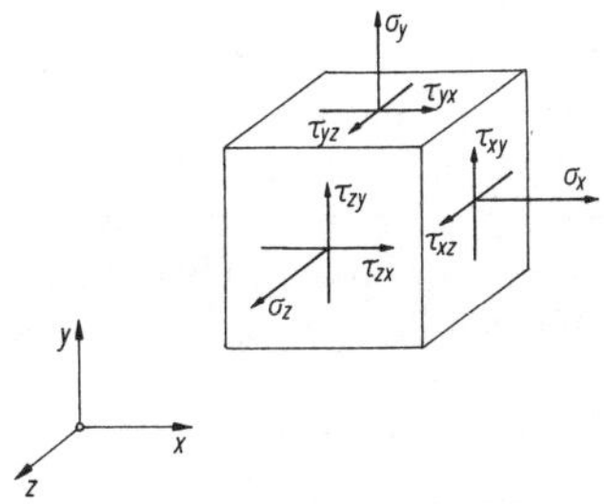

Bild 3.38 Dreiachsiger Spannungszustand

Diese neun (sechs) Spannungskomponenten beschreiben den Spannungszustand, es sind die Komponenten eines Tensors 2. Stufe mit der Komponentenmatrix

$$\begin{pmatrix} \sigma_x & \tau_{xy} & \tau_{xz} \\ \tau_{yx} & \sigma_y & \tau_{yz} \\ \tau_{zx} & \tau_{zy} & \sigma_z \end{pmatrix}.$$

Zum dreidimensionalen Spannungstensor gehören drei Invarianten

- erste Invariante:
  Spannungssumme (Spur)

$$J_I = \sigma_x + \sigma_y + \sigma_z = s \quad (3.44)$$

– zweite Invariante:
Summe der Unterdeterminanten der Komponentenmatrix

$$J_{II} = \begin{vmatrix} \sigma_x & \tau_{xy} \\ \tau_{yx} & \sigma_y \end{vmatrix} + \begin{vmatrix} \sigma_y & \tau_{yz} \\ \tau_{zy} & \sigma_z \end{vmatrix} + \begin{vmatrix} \sigma_x & \tau_{xz} \\ \tau_{zx} & \sigma_z \end{vmatrix} \tag{3.45}$$

– dritte Invariante:
Determinante der Komponentenmatrix

$$J_{III} = \begin{vmatrix} \sigma_x & \tau_{xy} & \tau_{xz} \\ \tau_{yx} & \sigma_y & \tau_{yz} \\ \tau_{zx} & \tau_{zy} & \sigma_z \end{vmatrix}. \tag{3.46}$$

Analog zum ebenen (zweiachsigen) Spannungszustand (vgl. Abschnitt 3.4.2.2, 3.4.2.3) existieren auch jetzt Hauptebenen, d.h. drei orthogonale Ebenen, die schubspannungsfrei sind und in denen nur *Hauptnormalspannungen* $\sigma_1 > \sigma_2 > \sigma_3$, mit $\sigma_1 = \sigma_{max}$ und $\sigma_3 = \sigma_{min}$ wirken (Bild 3.39a). Durch die Angabe der Hauptebenenrichtungen und der Hauptspannungen ist der Spannungszustand in einem Punkt des dreidimensionalen Körpers ebenfalls bestimmt.
Die Ermittlung dieser Größen ist aber verwickelter als im zweidimensionalen Fall, daher sollen die Gegebenheiten nur kurz und ohne Beweise dargestellt werden. [1])
Eine grafische Darstellung des dreiachsigen Spannungszustands kann mittels dreier Spannungskreise gemäß Bild 3.39b erfolgen. Die möglichen Normal- und Schubspannungswerte in beliebig orientierten Schnittflächen liegen allesamt in dem schraffierten Bereich (einschließlich der Kreisbögen).
Die Komponentenmatrix des Spannungstensors in Hauptachsenform lautet

$$\begin{pmatrix} \sigma_1 & 0 & 0 \\ 0 & \sigma_2 & 0 \\ 0 & 0 & \sigma_3 \end{pmatrix}$$

die Invarianten sind dementsprechend

$$J_I = \sigma_1 + \sigma_2 + \sigma_3 = s$$
$$J_{II} = \sigma_1 \sigma_2 + \sigma_2 \sigma_3 + \sigma_3 \sigma_1$$
$$J_{III} = \sigma_1 \sigma_2 \sigma_3 .$$

Die Hauptspannungen sind mathematisch gesehen die Eigenwerte des Spannungstensors, sie berechnen sich aus einer Gleichung dritten Grads (Eigenwertgleichung)

$$\begin{vmatrix} \sigma_x - \sigma & \tau_{xy} & \tau_{xz} \\ \tau_{yx} & \sigma_y - \sigma & \tau_{yz} \\ \tau_{zx} & \tau_{zy} & \sigma_z - \sigma \end{vmatrix} = 0 . \tag{3.47}$$

Da die Hauptspannungen von der Orientierung des Koordinatensystems unabhängig sind, müssen die Koeffizienten in der Eigenwertgleichung Invarianten sein. Es gilt also für (3.47)

$$\sigma^3 - J_I \sigma^2 + J_{II}\,\sigma - J_{III} = 0 \tag{3.48}$$

oder auch

$$(\sigma - \sigma_1)(\sigma - \sigma_2)(\sigma - \sigma_3) = 0$$

(nach dem Fundamentalsatz der Algebra).
Des weiteren existieren Ebenen, in denen die Schubspannungen extremale Werte annehmen. Diese *Hauptschubspannungen* sind

$$\tau_1 = \frac{\sigma_2 - \sigma_3}{2}, \quad \tau_2 = \frac{\sigma_1 - \sigma_3}{2}, \quad \tau_3 = \frac{\sigma_1 - \sigma_2}{2}$$

wobei sich mit der Festlegung $\sigma_1 > \sigma_2 > \sigma_3$ als größte Schubspannung

$$\tau_{max} = \tau_2 = \frac{\sigma_1 - \sigma_3}{2} = \tau_1 + \tau_3 \tag{3.49}$$

[1]) Weitere Einzelheiten können z.B. in *H. G. Hahn*, Elastizitätstheorie, *Lamm* Bd. 62, Teubner Verlag Stuttgart 1985 nachgelesen werden.

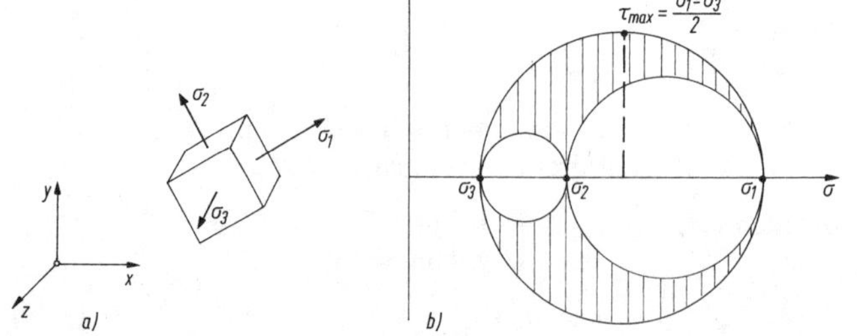

Bild 3.39 Dreiachsiger Spannungszustand,
a) Hauptspannungen, b) Darstellung mit Mohrschen Kreisen

ergibt. Sie wirkt in der Ebene, die den Winkel zwischen den Richtungen der größten und kleinsten Hauptnormalspannung halbiert.
Aus Bild 3.39b läßt sich die Größe (3.49) als Radius des größten Mohrschen Kreises ablesen. Übrigens stehen die Flächen, in denen die Hauptschubspannungen wirken, nicht aufeinander senkrecht, vielmehr bilden sie die Seiten eines regulären Dodekaeders.

3.4.5.2 Gleichgewichtsbedingungen für die Spannungen

Die Gleichgewichtsbedingungen für ein dreidimensionales Spannungsfeld mit $\sigma_x = \sigma_x(x, y, z) \ldots, \tau_{xy} = \tau_{xy}(x, y, z) \ldots$ usw. ergeben sich aus der Betrachtung des Kräftegleichgewichts an einem räumlichen Element (vgl. Bild 3.38) in Richtung der Koordinatenachsen, analog wie in Abschnitt 3.4.3.
Es folgen

$$\left.\begin{aligned} \frac{\partial \sigma_x}{\partial x} + \frac{\partial \tau_{xy}}{\partial y} + \frac{\partial \tau_{xz}}{\partial z} &= 0 \\ \frac{\partial \tau_{yx}}{\partial x} + \frac{\partial \sigma_y}{\partial y} + \frac{\partial \tau_{yz}}{\partial z} &= 0 \\ \frac{\partial \tau_{zx}}{\partial x} + \frac{\partial \tau_{zy}}{\partial y} + \frac{\partial \sigma_z}{\partial z} &= 0 \end{aligned}\right\} \tag{3.50}$$

außerdem gelten wieder $\tau_{xy} = \tau_{yx}$ usw. für die Schubspannungen.
Die Beziehungen (3.50) werden als statische Gleichungen bezeichnet, sie gelten unabhängig vom Materialverhalten für alle verformbaren Körper.
Eine kürzere Schreibweise gewinnt man durch Einführung von Doppelindizes $\sigma_x = \sigma_{xx} \ldots$, $\tau_{xy} = \sigma_{xy} \ldots$ usw. und Ersatz der Koordinaten x, y, z durch kleine Buchstaben $k, l \ldots$ usw. Damit ergibt sich

$$\sum_l \frac{\partial \sigma_{kl}}{\partial l} = 0 \qquad (k, l = x, y, z) \tag{3.51}$$

ferner gilt $\sigma_{kl} = \sigma_{lk}$ (Symmetrie des Spannungstensors).
Die Beziehung (3.51) bedeutet allgemein das Verschwinden der Divergenz des Spannungstensors, d.h. das Spannungsfeld ist quellenfrei.

3.4.5.3 Verschiebungen und Verzerrungen

Es liegt ein dreidimensionales Verschiebungsfeld vor, der Verschiebungsvektor $\vec{u} = \vec{u}(x, y, z)$ hat die Komponenten u, v, w in x-, y-, z-Richtung. Die Dehnungen sind

$$\varepsilon_x = \frac{\partial u}{\partial x}, \qquad \varepsilon_y = \frac{\partial v}{\partial y}, \qquad \varepsilon_z = \frac{\partial w}{\partial z} \tag{3.52}$$

die Schiebungen

$$\left.\begin{aligned} \gamma_{xy} = \gamma_{yx} &= \frac{\partial u}{\partial y} + \frac{\partial v}{\partial x} \\ \gamma_{yz} = \gamma_{zy} &= \frac{\partial v}{\partial z} + \frac{\partial w}{\partial y} \\ \gamma_{zx} = \gamma_{xz} &= \frac{\partial w}{\partial x} + \frac{\partial u}{\partial z}. \end{aligned}\right\} \tag{3.53}$$

Für die Verzerrungen gelten jetzt sechs kompliziertere Kompatibilitätsbedingungen.
Mit $u = u_x$, $v = u_y$, $w = u_z$ $(x, y, z = k, l)$ und Verwendung von Doppelindizes schreiben sich die kinematischen Gln. (3.52) und (3.53) als Tensorgleichung [1])

$$\varepsilon_{kl} = \frac{1}{2}\left(\frac{\partial u_k}{\partial l} + \frac{\partial u_l}{\partial k}\right). \tag{3.54}$$

Die Komponentenmatrix des Verzerrungstensors lautet

$$\begin{pmatrix} \varepsilon_{xx} & \varepsilon_{xy} & \varepsilon_{xz} \\ \varepsilon_{yx} & \varepsilon_{yy} & \varepsilon_{yz} \\ \varepsilon_{zx} & \varepsilon_{zy} & \varepsilon_{zz} \end{pmatrix} = \begin{pmatrix} \varepsilon_x & \frac{1}{2}\gamma_{xy} & \frac{1}{2}\gamma_{xz} \\ \frac{1}{2}\gamma_{yx} & \varepsilon_y & \frac{1}{2}\gamma_{yz} \\ \frac{1}{2}\gamma_{zx} & \frac{1}{2}\gamma_{zy} & \varepsilon_z \end{pmatrix}$$

($\varepsilon_{xy} = \frac{1}{2}\gamma_{xy}$ usw.).
Zum dreidimensionalen Verzerrungstensor gehören ebenfalls drei Invarianten. Eine physikalische Bedeutung als Volumendehnung hat die erste Invariante (Spur)

$$I_1 = \varepsilon_x + \varepsilon_y + \varepsilon_z = e$$

die auch als Dehnungssumme bezeichnet wird (vgl. Abschnitt 3.2.5.3 und Bild 3.18).

3.4.6 Verallgemeinertes Hookesches Gesetz

Viele reale Materialien sind homogen und isotrop, d.h. ihre mechanischen Eigenschaften sind in allen Punkten des verformbaren Körpers und in allen Richtungen gleich. Dies ist der einfachste und auch wichtigste Fall, auf den die folgenden Betrachtungen beschränkt bleiben sollen. Das

[1]) Eine Tensorgleichung hat die Eigenschaft, daß sie in beliebigen (auch krummlinigen) Koordinaten gilt.

Modell ideal isotropen Materials hat sich als sehr brauchbare und wichtige Näherung erwiesen. [1]) In der linearen Elastizitätstheorie stellt das Stoffgesetz einen linearen Zusammenhang zwischen dem Spannungs- und dem Verzerrungstensor dar. Ausgehend vom einachsigen Spannungszustand (Abschnitt 3.2.5.3) kann wegen der Superponierbarkeit die Gesamtdehnung infolge eines dreiachsigen Spannungszustands berechnet werden. Für die Dehnung ε_x in x-Richtung ergeben sich auf diese Weise neben dem von σ_x herrührenden Anteil $\frac{\sigma_x}{E}$ die Dehnungen infolge σ_y und σ_z, nämlich die Querdehnungen gemäß (3.14), d.h.

$$-\nu\varepsilon_y - \nu\varepsilon_z = -\frac{\nu}{E}(\sigma_y + \sigma_z).$$

Die Überlagerung liefert somit das verallgemeinerte Hookesche Gesetz

$$\left.\begin{aligned} \varepsilon_x &= \frac{1}{E}[\sigma_x - \nu(\sigma_y + \sigma_z)] \\ \varepsilon_y &= \frac{1}{E}[\sigma_y - \nu(\sigma_z + \sigma_x)] \\ \varepsilon_z &= \frac{1}{E}[\sigma_z - \nu(\sigma_x + \sigma_y)] \end{aligned}\right\} \qquad (3.55)$$

(mitunter als Poissonsche Gleichungen bezeichnet).
Für die Schiebungskomponenten gilt

$$\gamma_{xy} = \frac{\tau_{xy}}{G}, \quad \gamma_{yz} = \frac{\tau_{yz}}{G}, \quad \gamma_{zx} = \frac{\tau_{zx}}{G}. \qquad (3.56)$$

Man erkennt, daß im Fall der Isotropie nur zwei unabhängige elastische Konstanten[2]) auftreten, d.h. E und G oder ν, wobei der Zusammenhang (3.17) besteht, der nachher in Abschnitt 3.4.6.1 hergeleitet wird.
Die Gln. (3.55) lassen sich in folgender Weise umformen

$$\begin{aligned} \varepsilon_x &= \frac{1}{E}[\sigma_x + \nu\sigma_x - \nu\sigma_x - \nu(\sigma_y + \sigma_z)] \\ &= \frac{1}{E}[(1+\nu)\,\sigma_x - \nu s] \end{aligned}$$

wobei s die Spannungssumme (erste Invariante des Spannungstensors) bedeutet. Mit (3.17) ergeben sich dann

$$\left.\begin{aligned} \varepsilon_x &= \frac{1}{2G}\left(\sigma_x - \frac{\nu}{1+\nu}s\right) \\ \varepsilon_y &= \frac{1}{2G}\left(\sigma_y - \frac{\nu}{1+\nu}s\right) \\ \varepsilon_z &= \frac{1}{2G}\left(\sigma_z - \frac{\nu}{1+\nu}s\right). \end{aligned}\right\} \qquad (3.57)$$

Die Umkehrung dieser Beziehungen, d.h. die Auflösung nach den Spannungen erhält man mittels Addition

$$\begin{aligned} \varepsilon_x + \varepsilon_y + \varepsilon_z = e &= \frac{1}{2G}\left[\sigma_x + \sigma_y + \sigma_z - \frac{3\nu}{1+\nu}s\right] \\ &= \frac{1-2\nu}{1+\nu}\,\frac{s}{2G} \end{aligned}$$

wobei e die Dehnungssumme (erste Invariante des Verzerrungstensors) bedeutet. Wird

$$s = 2G\,\frac{1+\nu}{1-2\nu}\,e \qquad (\nu \neq 0{,}5) \qquad (3.58)$$

in $\sigma_x = 2G\varepsilon_x + \frac{\nu}{1+\nu}s$ usw. eingesetzt, folgen

$$\left.\begin{aligned} \sigma_x &= 2G\left(\varepsilon_x + \frac{\nu}{1-2\nu}e\right) \\ \sigma_y &= 2G\left(\varepsilon_y + \frac{\nu}{1-2\nu}e\right) \\ \sigma_z &= 2G\left(\varepsilon_y + \frac{\nu}{1-2\nu}e\right). \end{aligned}\right\} \qquad (3.59)$$

Für (3.56) und (3.57) ergibt sich eine gemeinsame Formel in tensorieller Schreibweise. Unter Verwendung von Doppelindizes $\sigma_x = \sigma_{xx} \ldots$, $\varepsilon_x = \varepsilon_{xx} \ldots$ usw. mit kleinen Buchstaben für die Koordinaten erhält man

$$\varepsilon_{kl} = \frac{1}{2G}\left(\sigma_{kl} - \frac{\nu}{1+\nu}\delta_{kl}\,s\right) \qquad (3.60)$$

wobei δ_{kl} der *Kronecker*-Tensor (isotroper Tensor 2. Stufe) mit den Komponenten

$$\delta_{kl} = \begin{cases} 1 & \text{für } k = l \\ 0 & \text{für } k \neq l \end{cases}$$

---

[1]) Dies trifft auch zu, wenn das Material aus einer Vielzahl wahllos angeordneter anisotroper Kristalle besteht (sog. vielkristalliner Zustand). Wegen der Mittelung über viele, beliebig orientierte Kristalle ergibt sich ein makroskopisch quasi-isotropes Verhalten.

[2]) Alternativ finden die beiden Laméschen Elastizitätskonstanten

$$\lambda = \frac{\nu E}{(1+\nu)(1-2\nu)}, \quad \mu = G \quad \text{Verwendung.}$$

ist (seine Komponentenmatrix ist eine Diagonalmatrix und entspricht der Einheitsmatrix).
Für (3.59) sowie die Umkehrung von (3.56) erhält man analog die Tensorgleichung

$$\sigma_{kl} = 2G\left(\varepsilon_{kl} + \frac{\nu}{1-2\nu}\,\delta_{kl}\,e\right). \qquad (3.61)$$

Die Gln. (3.60) und (3.61) behalten ihre Form in allen Koordinatensystemen bei.
Das Hookesche Gesetz läßt sich auch in Hauptdehnungen und Hauptspannungen formulieren, d.h. es gilt mit $i = 1, 2, 3$

$$\sigma_i = \frac{E}{1+\nu}\left(\varepsilon_i + \frac{\nu}{1-2\nu}\,e\right) \qquad (\nu \neq 0{,}5) \quad (3.62)$$

(unabhängig vom Koordinatensystem). Die Hauptachsen der Spannungen und Dehnungen fallen zusammen.

3.4.6.1 Zusammenhang zwischen den elastischen Konstanten bei Isotropie

Gemäß Bild 3.40a wird ein kleines Quadrat (Seitenlänge $a = 1$) für den speziellen Spannungszustand $\sigma_x = -\sigma_y$ betrachtet.

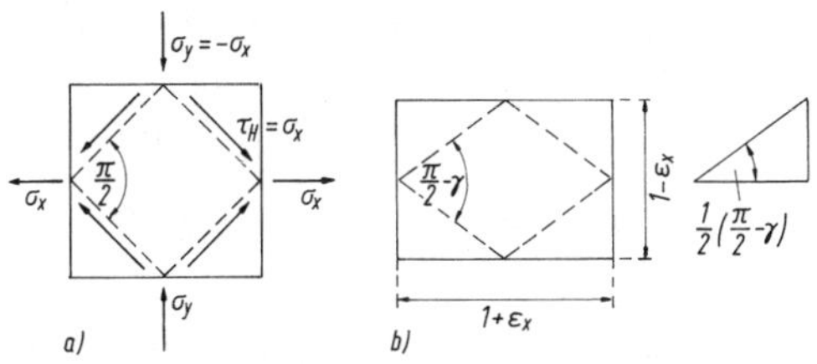

Bild 3.40 Zur Ermittlung des Zusammenhangs der elastischen Konstanten

Nach (3.55) gilt

$$\varepsilon_x = \frac{1}{E}(\sigma_x - \nu\sigma_y), \qquad \varepsilon_y = \frac{1}{E}(\sigma_y - \nu\sigma_x)$$

d.h. im hier betrachteten Fall

$$\varepsilon_x = \frac{1+\nu}{E}\,\sigma_x, \qquad \varepsilon_y = -\varepsilon_x.$$

Für die Schubverformung infolge τ_H gilt $\gamma = \frac{\tau_H}{G}$, sie läßt sich darstellen als (Bild 3.40b)

$$\tan\frac{1}{2}\left(\frac{\pi}{2} - \gamma\right) = \frac{\frac{1}{2}(1-\varepsilon_x)}{\frac{1}{2}(1+\varepsilon_x)}.$$

Andererseits gilt

$$\tan\frac{1}{2}\left(\frac{\pi}{2} - \gamma\right) = \tan\left(\frac{\pi}{4} - \frac{\gamma}{2}\right)$$

$$= \frac{\tan\frac{\pi}{4} - \tan\frac{\gamma}{2}}{1 + \tan\frac{\pi}{4}\tan\frac{\gamma}{2}} \approx \frac{1-\frac{\gamma}{2}}{1+\frac{\gamma}{2}}$$

wobei von der allgemeinen Beziehung $\tan(\alpha \pm \beta) = \frac{\tan\alpha \pm \tan\beta}{1 \mp \tan\alpha\tan\beta}$ Gebrauch gemacht und γ als kleiner Winkel angesehen wird.
Man erhält damit

$$\frac{1-\frac{\gamma}{2}}{1+\frac{\gamma}{2}} = \frac{1-\varepsilon_x}{1+\varepsilon_x} \quad \text{oder} \quad 2\varepsilon_x = \gamma.$$

Daraus folgt mit $\tau_H = \sigma_x$

$$2\,\frac{1+\nu}{E}\,\sigma_x = \frac{\tau_H}{G} = \frac{\sigma_x}{G}$$

bzw. der gesuchte Zusammenhang $\frac{1+\nu}{E} = \frac{1}{2G}$, vgl. (3.17).

3.4.6.2 Ebene (zweidimensionale) Sonderfälle

Man unterscheidet ebenen Spannungszustand (*ESZ*) und ebenen Verzerrungszustand (*EVZ*), das Hookesche Gesetz ist in beiden verschieden.
Der *ESZ*, der sich in einer ebenen dünnen Scheibe (vgl. Abschnitt 3.4.2) realisieren läßt, ist gekennzeichnet durch

$$\sigma_z = 0, \qquad \tau_{xz} = \tau_{yz} = 0$$

jedoch ist $\varepsilon_z \neq 0$. Dies bedeutet, daß ein ebener Spannungszustand einen räumlichen Verzerrungszustand erzeugt.
Von den allgemeinen Gln. (3.55) bleiben

$$\varepsilon_x = \frac{1}{E}(\sigma_x - \nu\sigma_y), \quad \varepsilon_y = \frac{1}{E}(\sigma_y - \nu\sigma_x) \qquad (3.63)$$

ferner ist $\varepsilon_z = -\frac{\nu}{E}(\sigma_x + \sigma_y)$.

Die Umkehrung lautet

$$\sigma_x = \frac{E}{1-\nu^2}(\varepsilon_x + \nu\varepsilon_y), \qquad \sigma_y = \frac{E}{1-\nu^2}(\varepsilon_y + \nu\varepsilon_x) \tag{3.64}$$

und es ist $\varepsilon_z = -\frac{\nu}{1-\nu}(\varepsilon_x + \varepsilon_y)$.

Für die Schubspannung gilt $\tau_{xy} = G\gamma_{xy}$.

Das Hookesche Gesetz läßt sich auch hier in Hauptdehnungen und Hauptspannungen formulieren, d.h. es gilt nach (3.62)

$$\sigma_1 = \frac{E}{1-\nu^2}(\varepsilon_1 + \nu\varepsilon_2)$$

$$\sigma_2 = \frac{E}{1-\nu^2}(\varepsilon_2 + \nu\varepsilon_1)$$

sowie

$$\varepsilon_1 = \frac{1}{E}(\sigma_1 - \nu\sigma_2), \qquad \varepsilon_2 = \frac{1}{E}(\sigma_2 - \nu\sigma_1)$$

(unabhängig vom Koordinatensystem). Die Hauptachsen der Spannungen und Dehnungen fallen zusammen.

Der *EVZ* ist realisierbar in einem langen zylindrischen Körper, der durch konstante Linienkräfte längs Mantellinien belastet ist. Er ist gekennzeichnet durch

$$w = \text{konst.} \quad \text{bzw.} \quad \varepsilon_z = 0, \quad \gamma_{yz} = \gamma_{xz} = 0$$

jedoch ist $\sigma_z \neq 0$.

Dann gelten

$$\left.\begin{aligned} \varepsilon_x &= \frac{1+\nu}{E}[(1-\nu)\sigma_x - \nu\sigma_y] \\ \varepsilon_y &= \frac{1+\nu}{E}[(1-\nu)\sigma_y - \nu\sigma_x] \end{aligned}\right\} \tag{3.65}$$

mit $\sigma_z = \nu(\sigma_x + \sigma_y)$.

Die Umkehrung lautet ($\nu \neq 0{,}5$)

$$\left.\begin{aligned} \sigma_x &= \frac{2G}{1-2\nu}[(1-\nu)\varepsilon_x + \nu\varepsilon_y] \\ \sigma_y &= \frac{2G}{1-2\nu}[(1-\nu)\varepsilon_y + \nu\varepsilon_x] \end{aligned}\right\} \tag{3.66}$$

ferner ist $\sigma_z = \frac{2G\nu}{1-2\nu}(\varepsilon_x + \varepsilon_y)$.

Für die Schubspannung gilt wiederum $\tau_{xy} = G\gamma_{xy}$.

3.4.6.3 Deviatorkomponenten der Spannungen und Verzerrungen

In der Festigkeitslehre ist mitunter eine Zerlegung der Tensorkomponenten in zwei Anteile zweckmäßig, die sich mit der Komponentenmatrix folgendermaßen darstellt:

$$\begin{pmatrix} \sigma_x & \tau_{xy} & \tau_{xz} \\ \tau_{yx} & \sigma_y & \tau_{yz} \\ \tau_{zx} & \tau_{zy} & \sigma_z \end{pmatrix} = \underbrace{\begin{pmatrix} s_x & \tau_{xy} & \tau_{xz} \\ \tau_{yx} & s_y & \tau_{yz} \\ \tau_{zx} & \tau_{zy} & s_z \end{pmatrix}}_{\text{Deviator}} + \underbrace{\begin{pmatrix} \bar{s} & 0 & 0 \\ 0 & \bar{s} & 0 \\ 0 & 0 & \bar{s} \end{pmatrix}}_{\text{Kugeltensor}}.$$

Der Spannungstensor wird zerlegt in den Spannungsdeviator und den Kugeltensor gemäß

$$\sigma_x = s_x + \bar{s}, \qquad \tau_{xy} = s_{xy} \quad \text{usw.}$$

wobei $\bar{s} = \frac{1}{3}s = \frac{\sigma_x + \sigma_y + \sigma_z}{3} = \frac{1}{3}J_1$ die mittlere Spannung bedeutet.

Allgemein gilt unter Verwendung von Doppelindizes für die Spannungs- bzw. Verzerrungsdeviatorkomponenten ($k, l = x, y, z$)

$$\left.\begin{aligned} s_{kl} &= \sigma_{kl} - \tfrac{1}{3}\delta_{kl}s \\ e_{kl} &= \varepsilon_{kl} - \tfrac{1}{3}\delta_{kl}e\,. \end{aligned}\right\} \tag{3.67}$$

Man erkennt, daß die Spur der Deviatoren jeweils verschwindet

$$s_{xx} + s_{yy} + s_{zz} = 0, \qquad e_{xx} + e_{yy} + e_{zz} = 0.$$

Wesentlich ist, daß der Deviator nur mit Gestaltänderungen verknüpft ist, während der Kugeltensor (d.h. die mittlere Spannung) nur Volumenänderungen erzeugt.

Für Hauptspannungen und -dehnungen gelten entsprechend

$$\sigma_i = s_i + \bar{s}, \quad \varepsilon_i = e_i + \bar{e}. \qquad (i = 1, 2, 3) \tag{3.67a}$$

Eingesetzt in das Hookesche Gesetz (3.62) ergibt sich damit

$$\sigma_i = s_i + \bar{s} = \frac{E}{1+\nu}\left(e_i + \bar{e} + \frac{\nu}{1-2\nu}e\right)$$

ferner

$$\varepsilon_i = e_i + \bar{e} = \frac{1}{2G}\left(s_i + \bar{s} - \frac{\nu}{1+\nu}s\right).$$

Man erkennt, daß eine Trennung in den Deviator- bzw. Kugeltensoranteil

$$s_i = \frac{E}{1+\nu}e_i = 2Ge_i$$

$$\text{bzw.} \quad \bar{s} = \frac{E}{1-2\nu}\bar{e} \quad \text{oder} \quad s = 3Ke$$

möglich ist.

Der Faktor $K = \frac{E}{3(1-2\nu)}$ wird als Kompressionsmodul bezeichnet. Inkompressibilität ist gekennzeichnet durch $\nu = 0{,}5$ oder $K = \infty$. Das Hookesche Gesetz lautet damit $(i = 1, 2, 3)$

$$\left.\begin{aligned} \sigma_i &= s_i + \bar{s} = 2Ge_i + Ke \\ \text{bzw.} \quad \varepsilon_i &= e_i + \bar{e} = \frac{s_i}{2G} + \frac{\bar{s}}{3K}. \end{aligned}\right\} \tag{3.68}$$

Die Deviatorkomponenten spielen eine Rolle bei der Formulierung von Festigkeitshypothesen (vgl. Abschnitt 3.12.3.3) sowie bei Fließgesetzen in der Plastizitätstheorie.

3.4.7 Grundgleichungen der ebenen Elastizitätstheorie

Die zur Lösung von Problemen zur Verfügung stehenden Gleichungen sind

Gleichgewichtsbedingungen (statische Gleichungen)

$$\frac{\partial \sigma_x}{\partial x} + \frac{\partial \tau}{\partial y} = 0, \qquad \frac{\partial \sigma_y}{\partial y} + \frac{\partial \tau}{\partial x} = 0$$

Kinematische Gleichungen

$$\varepsilon_x = \frac{\partial u}{\partial x}, \quad \varepsilon_y = \frac{\partial v}{\partial y}, \quad \gamma_{xy} = \frac{\partial u}{\partial y} + \frac{\partial v}{\partial x}$$

Verträglichkeitsbedingung

$$\frac{\partial^2 \varepsilon_x}{\partial y^2} + \frac{\partial^2 \varepsilon_y}{\partial x^2} = \frac{\partial^2 \gamma_{xy}}{\partial x \, \partial y}.$$

Hierzu kommen die Stoffgleichungen, d.h. das Hookesche Gesetz für *ESZ* oder *EVZ*.
Eine Lösung mit den statischen Gleichungen allein ist nicht möglich, das Problem ist statisch unbestimmt und die Verformungen müssen berücksichtigt werden.
Eliminiert man in der Verträglichkeitsbedingung die Verzerrungen mittels des Hookeschen Gesetzes, ergibt sich die (für *ESZ* und *EVZ* gleichermaßen geltende) wichtige Beziehung

$$\Delta(\sigma_x + \sigma_y) = 0 \tag{3.69}$$

wobei $\Delta(\ldots) = \left(\frac{\partial^2}{\partial x^2} + \frac{\partial^2}{\partial y^2}\right)(\ldots)$ den zweidimensionalen *Laplace*-Operator bedeutet. Die Diff. Gl. (3.69) wird als *Laplace*-Potentialgleichung bezeichnet, ihre Lösungen nennt man Potentialfunktionen (oder harmonische Funktionen).
Eine mögliche Vorgehensweise zur Lösung der Grundgleichungen besteht in der Einführung von Hilfsfunktionen, z.B. Spannungsfunktionen. Die Gleichgewichtsbedingungen werden identisch befriedigt durch den Ansatz

$$\sigma_x = \frac{\partial^2 F}{\partial y^2}, \qquad \sigma_y = \frac{\partial^2 F}{\partial x^2}, \qquad \tau_{xy} = -\frac{\partial^2 F}{\partial x \, \partial y}$$

mit der Airyschen Spannungsfunktion $F(x, y)$.
Mit Einführung der Spannungsfunktion ist das Tensorfeld der Spannungen auf ein Skalarfeld einer einzigen Funktion zurückgeführt.
Eingesetzt in (3.69) ergibt sich mit der Airyschen Spannungsfunktion die wichtige (erstmalig von *Maxwell* aufgestellte) Diff. Gl. vierter Ordnung

$$\Delta\Delta F(x, y) = 0 \tag{3.70}$$

die als Bipotentialgleichung oder biharmonische Gleichung bezeichnet wird.[1]) Ihre Lösungen sind Bipotentialfunktionen oder biharmonische Funktionen.
Die Aufgabe des sog. Randwertproblems der ebenen Elastizitätstheorie besteht in der Lösung von (3.70) innerhalb eines bestimmten ebenen Bereichs bei vorgegebenen Bedingungen am Rand dieses Bereichs (Gleichgewichtsbedingungen für die Randspannungen).
Da keine allgemeinen Lösungen der Grundgleichungen existieren und auch keine allgemein anwendbaren Lösungsmethoden bekannt sind, ist die exakte Behandlung elastischer Probleme nur in einfachen Sonderfällen möglich. Beispiele solcher Lösungen bzw. ihre Anwendungen für technisch wichtige Probleme werden in den folgenden Abschnitten behandelt.
Abschließend sei auf ein wichtiges Lösungsverfahren für spezielle Probleme hingewiesen, die auf *St. Venant* zurückgehende sog. *semi-inverse* Methode. Dabei werden nicht simultan alle Grundgleichungen erfüllt, vielmehr werden plausible Annahmen über Verformungs- oder Spannungsgrößen getroffen. Deren Einführung in die Grundgleichungen liefert einfachere Gleichungen, aus denen die noch fehlenden Bestimmungsgrößen ermittelt werden können.

[1]) Die Bipotentialgleichung ist eine – auch für die dreidimensionale Elastizitätstheorie – charakteristische Differentialgleichung.

3.5 Reine Torsion von Wellen

Als Wellen bezeichnet man prismatische Stäbe, die als wichtige technische Bauteile z.B. für die Übertragung von Drehmomenten oder als Achsen für rotierende Körper dienen.

Reine Torsion liegt vor, wenn ein Stab mit Kreisquerschnitt gemäß Bild 3.41a durch zwei entgegengesetzt gleich große Torsionsmomente M_T in den Endquerschnitten belastet wird. Der Verlauf des Torsionsmoments längs der Stabachse ist konstant, in jedem Querschnitt treten nur Schubspannungen auf. Zwei Nachbarquerschnitte werden gegeneinander verdreht (tordiert), ursprünglich gerade Mantellinien werden zu Schraubenlinien bzw. bleiben gerade, wenn nur kleine Verformungen betrachtet werden.

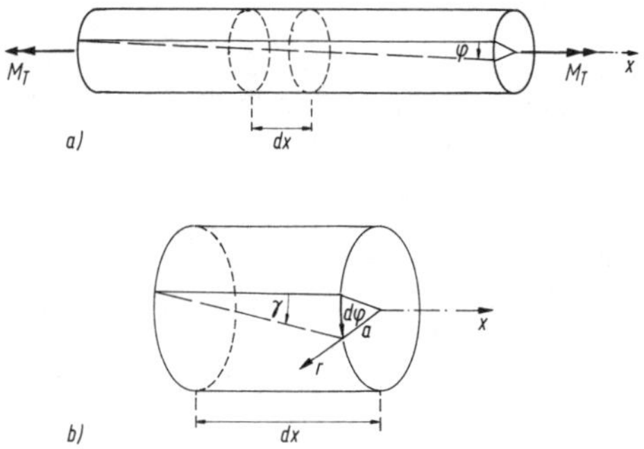

Bild 3.41 Reine Torsion einer Kreiswelle

3.5.1 Theorie von Coulomb für Kreis- und Kreisringquerschnitte

Zur Lösung werden zwei Annahmen für die Verformung zugrundegelegt:

- Die Querschnitte verdrehen sich wie starre Scheiben, d.h. sie bleiben unverzerrt. Es findet keine Radialverschiebung statt, die Umfangsverschiebung ist proportional dem Abstand von der Achse.
- Die Querschnitte bleiben eben, d.h. sie verwölben sich nicht. Es findet keine Verschiebung in Längsrichtung statt.

Diese plausiblen Annahmen fußen auf der Rotationssymmetrie der betrachteten Querschnitte und werden übrigens durch die exakte dreidimensionale Lösung des Torsionsproblems bestätigt.

Mit Bezug auf Bild 3.41b wird die Verformung an einem Wellenelement (Radius a) betrachtet. Es treten nur Winkeländerungen auf, mit der Verdrehung zweier Nachbarquerschnitte um $\mathrm{d}\varphi$ erhält man für die Schubverformungen am Rand

$$\gamma_a \approx \tan \gamma_a = \frac{a\,\mathrm{d}\varphi}{\mathrm{d}x}$$

bzw. allgemein

$$\gamma_{x\varphi} = r\,\frac{\mathrm{d}\varphi}{\mathrm{d}x} \qquad (3.71)$$

wobei r die Radialkoordinate bedeutet (Bild 3.42).

Die Größe $\frac{\mathrm{d}\varphi}{\mathrm{d}x} = \vartheta$ wird als spezifischer Drehwinkel oder Verdrillung bezeichnet, bei reiner Torsion ($M_T = \text{konst.}$) gilt $\vartheta = \frac{\varphi}{l} = \text{konst.}$, wobei l die Stablänge und φ die Gesamtverdrehung der Endquerschnitte bedeuten.

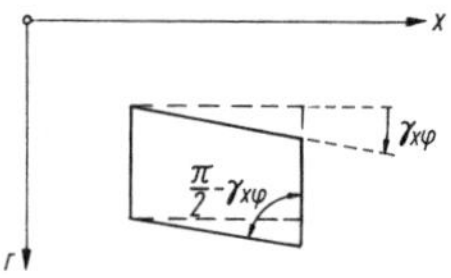

Bild 3.42 Schubverformung bei Torsion

Es folgt für die Schiebung $\gamma_{x\varphi} = r\vartheta = r\frac{\varphi}{l}$ bzw. am Rand $\gamma_a = a\,\frac{\varphi}{l}$.

Mit dem Hookeschen Gesetz bei Schub erhält man

$$\tau_{x\varphi} = G\gamma_{x\varphi} = G\vartheta r \qquad (3.72)$$

d.h. eine lineare Spannungsverteilung über den Radius (Bild 3.43a), $\tau_{x\varphi}(r) = \tau_a\,\frac{r}{a}$.

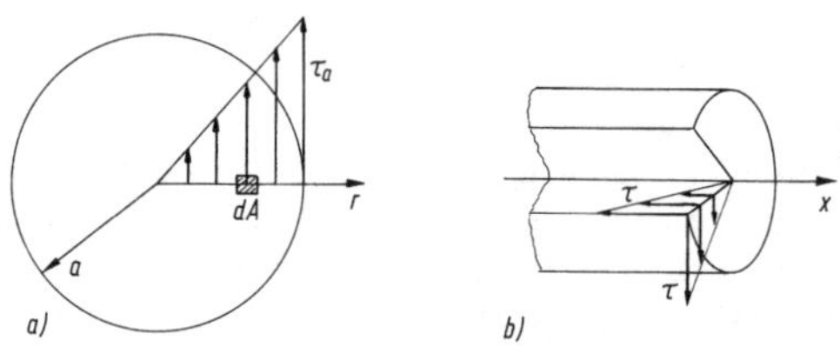

Bild 3.43 Schubspannungsverteilung bei Torsion

Das resultierende Moment der Schubspannungen entspricht dem Torsionsmoment, es gilt (Indizes bei τ können fortfallen)

$$M_T = \int_{(A)} \tau(r)\,r\,\mathrm{d}A = G\vartheta \int_{(A)} r^2\,\mathrm{d}A = G\vartheta J_p \qquad (3.73)$$

wobei $J_p = \int_{(A)} r^2 \, dA$ das polare Flächenträgheitsmoment des Querschnitts bedeutet (vgl. Abschnitt 2.8.2.1). Für einen Kreisquerschnitt mit Radius a ist $J_p = \frac{\pi}{2} a^4$.

Die Beziehung (3.73) gilt allgemein, sie beinhaltet das Verformungsgesetz bei Torsion

$$\frac{d\varphi}{dx} = \vartheta = \frac{M_T}{G J_p} \tag{3.74}$$

der Ausdruck $G J_p$ wird als Torsionssteifigkeit bezeichnet.

Für reine Torsion ergeben sich zwei nützliche Formeln, die Gesamtverdrehung ist

$$\varphi = \vartheta l = \frac{l}{G J_p} M_T = \delta_T M_T$$

mit δ_T als Torsionseinflußzahl bzw. daraus

$$M_T = \frac{G J_p}{l} \varphi = c_T \varphi$$

mit $c_T = \frac{1}{\delta_T}$ als Torsionsfederkonstante.

Die Schubspannungsverteilung in Abhängigkeit vom Torsionsmoment wird mit (3.72) und (3.74)

$$\tau(r) = \frac{M_T}{J_p} r. \tag{3.75}$$

Die maximale Schubspannung τ_{max} tritt am Rand auf, sie ist

$$\tau_{max} = \tau_a = \frac{M_T}{J_p} a = \frac{M_T}{W_T} \tag{3.76}$$

wobei $\frac{J_p}{a} = \frac{\pi a^3}{2}$ als Widerstandsmoment gegen Torsion bezeichnet wird. Gemäß Bild 3.43b treten in den Radialschnitten zugeordnete Schubspannungen auf.

Für einen Kreisringquerschnitt (sog. Hohlwelle, Bild 3.44) bleiben die bisherigen Formeln gültig, es muß nur das polare Flächenträgheitsmoment für den Kreisring

$$J_p = \int_{r_i}^{r_a} r^2 \, dA = \frac{\pi}{2} (r_a^4 - r_i^4)$$

eingesetzt werden.

Bei beliebig geformten nicht-rotationssymmetrischen Vollquerschnitten muß die Annahme vom Ebenbleiben der Querschnitte fallengelassen werden. Das Torsionsproblem ist nicht mehr elementar lösbar, es führt auf ein Randwertproblem der Potentialtheorie, d. h. die Lösung einer partiellen Differentialgleichung unter Erfüllung von Randbedingungen.

Die Beziehung (3.74) gilt gleichwohl in der Form

$$\vartheta = \frac{M_T}{G J_T} \tag{3.77}$$

wobei J_T das sog. Torsionsträgheitsmoment bedeutet. Stets ist $J_T < J_p$, läßt sich aber (außer in Sonderfällen, vgl. Abschnitt 3.5.2) nicht elementar berechnen.

Da es sich beim Torsionsproblem um ein Potentialproblem handelt, stehen verschiedene Analogieverfahren zur Ermittlung der Torsionsspannungen und der Verwölbung zur Verfügung. Diese Lösungsmethoden sind heute durch numerische Rechenverfahren weitgehend verdrängt.

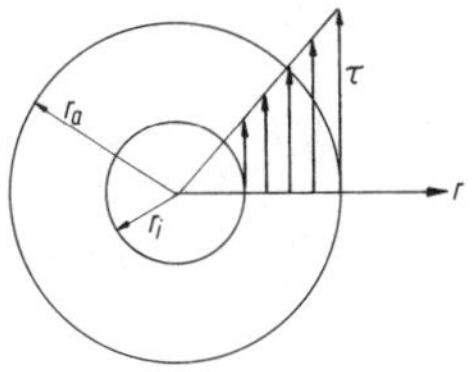

Bild 3.44
Spannungsverteilung für Kreisringquerschnitt (Hohlwelle)

3.5.2 Dünnwandige geschlossene Querschnitte

Die Ergebnisse für Kreisringquerschnitte vereinfachen sich, wenn ein dünnwandiger Kreisringquerschnitt vorliegt, wie er vielfach als Torsionsträger im Leichtbau verwendet wird, Bild 3.45a. Die Wandstärke $h = r_a - r_i$ ist klein gegen den mittleren Radius $r_m = \frac{r_a + r_i}{2} \approx r_a$, die Schubspannung τ ist praktisch konstant über die Wandstärke.

Für das Torsionsmoment gilt dann das Umlaufintegral

$$M_T = \oint \tau r_m h \, ds. \tag{3.78}$$

Als zweckmäßige Größe wird in Anlehnung an strömungsmechanische Vorgänge der *Schubfluß* $t = \tau h$ eingeführt, wegen $h =$ konst. ist er eine konstante Größe. Damit folgt

$$M_T = \tau r_m \oint ds = t r_m^2 \int_0^{2\pi} d\varphi = t r_m^2 2\pi$$

wobei $\pi r_m^2 = A$ die vom mittleren Radius $r_m \approx r_a$

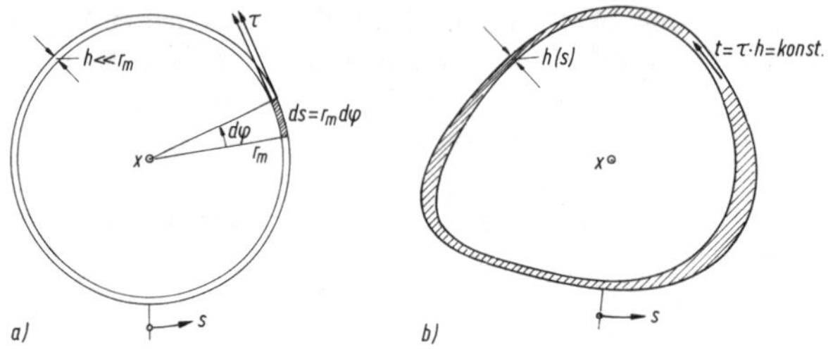

Bild 3.45 Dünnwandige geschlossene Querschnitte bei Torsion

umschlossene Fläche ist. Man erhält die einfache Beziehung

$$t = \tau h = \frac{M_T}{2A} \qquad (3.79)$$

die als *Erste Bredtsche Formel* bezeichnet wird.

Diese Formel gilt indes nicht nur für kreisringförmige Querschnitte gemäß der Herleitung, vielmehr auch für beliebig geformte dünnwandige Hohlquerschnitte (auch mit veränderlicher Wandstärke) vgl. Bild 3.45b.

Der Schubfluß ist hierbei ebenfalls konstant, was aus der Gleichgewichtsbedingung der Schubspannungen, bzw. der Stetigkeitsforderung für t folgt.

Bei beliebiger Form der Hohlquerschnitte bleiben jedoch die Querschnitte nicht mehr eben, es tritt eine Verschiebung in Achsrichtung, mithin eine *Verwölbung* auf.[1] Diese darf nicht behindert werden (z.B. durch eine feste Einspannung) sondern muß sich frei ausbilden können (sog. wölbunbehinderte oder freie Torsion), da andernfalls Normalspannungen in Achsrichtung auftreten.

Ein einfaches Beispiel für die Anwendung der Ersten Bredtschen Formel ist in Bild 3.46 gezeigt. Für den Schubfluß folgt $t = \frac{M_T}{\pi R^2}$, die maximale Schubspannung tritt für h_{min}, d.h. im kreisförmigen Teil auf und ist $\tau_{max} = \frac{M_T}{\pi R^2 h_2}$.

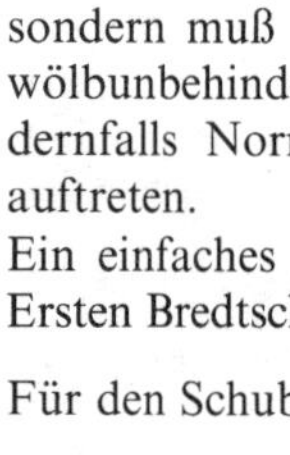

Bild 3.46 Dünnwandiger Hohlquerschnitt bei Torsion

[1]) Es gibt einige spezielle dünnwandige Hohlquerschnittsformen, die wölbfrei sind, z.B. Tangentenpolygone an einen Kreis (vgl. *H. Neuber*: Über wölbfreie Drillung. In Jahrb. der deutschen Luftfahrtforschung 1939, Bd. I, S. 419–425).

Abschließend sei auf die *Zweite Bredtsche Formel* hingewiesen. Sie verknüpft die Verdrillung mit dem Schubfluß bzw. dem Torsionsmoment und lautet

$$t \oint \frac{\mathrm{d}s}{h} = \frac{M_T}{2A} \oint \frac{\mathrm{d}s}{h} = 2GA\vartheta .$$

Näheres hierzu folgt in Abschnitt 3.8.1.

3.6 Spannungen bei Balkenbiegung

In der Balkenstatik (Abschnitt 2.3) wurde bereits der Balken oder Träger als wichtiges Linientragwerk betrachtet. Mit den Gleichgewichtsbedingungen konnten die Resultierenden der inneren Kräfte („Schnittkraftgruppe“) bestimmt werden. Im folgenden wird der Zusammenhang der Schnittkräfte und -momente mit den Spannungen und Verformungen hergestellt.

3.6.1 Übersicht

Unter einem Balken versteht man einen prismatischen Stab beliebigen Querschnitts, wobei die Querschnittsabmessungen klein gegen seine Länge sind und er Kräfte senkrecht zu seiner Längsachse aufnehmen kann. Dabei wird der Balken, dessen Achse im unbelasteten Zustand gerade ist, verbogen, d.h. die Balkenachse wird gekrümmt. Sind Kraftkomponenten in Richtung der Balkenachse vorhanden, kann deren Wirkung derjenigen der biegenden Kräfte superponiert werden.

Wie bereits in Abschnitt 3.1.1 angedeutet (vgl. Bild 3.1) unterscheidet man reine Biegung von der Querkraftbiegung. Erstere tritt auf bei Belastung durch entgegengesetzt gleiche biegende Momente in den Endquerschnitten (man vgl.

hierzu die reine Torsion), der Verlauf des Biegemoments ist konstant über die Balkenlänge.
Bei der Querkraftbiegung hingegen ist das Biegemoment über die Balkenlänge veränderlich, es treten Querkräfte auf, die Schubspannungen im Querschnitt erzeugen. Deren Berechnung ist in der elementaren Festigkeitslehre nur näherungsweise möglich (Abschnitt 3.6.3).
Zunächst wird nur die *gerade Biegung* (oder einachsige Biegung) behandelt. Gemäß Bild 3.47 ist eine vertikale Symmetrieebene des Querschnitts vorhanden, die Lasten (Streckenlast oder Einzelkräfte) wirken in dieser vertikalen Lastebene. Dies bedeutet, daß der Biegemomentenvektor senkrecht zur Lastebene orientiert ist. Die Biegeverformung erfolgt dann in der vertikalen Symmetrieebene.[1])

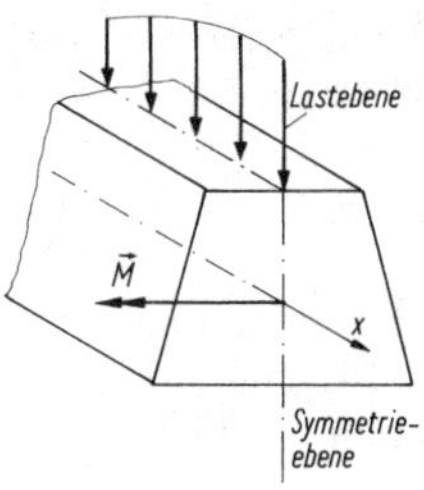

Bild 3.47 Gerade Biegung

Die exakte dreidimensionale Theorie der Balkenbiegung ist ein schwieriges Problem in der Elastizitätstheorie. Man gelangt indes mit der *technischen Balkenbiegelehre* unter vereinfachenden plausiblen Annahmen (im Sinn der semi-inversen Lösungsmethode) zu genügend genauen und praktisch brauchbaren Aussagen.

3.6.2 Reine oder querkraftfreie Biegung

Man legt ein Kartesisches Koordinatensystem zugrunde, die x-Achse (Balkenachse) verläuft durch die Querschnittsschwerpunkte. In jedem Balkenquerschnitt wirkt das konstante Biegemoment M_y in Richtung der y-Achse.
Gemäß Bild 3.48 treten im Balkenquerschnitt (y-z-Ebene) nur Normalspannungen σ_x auf, die sich über die Querschnittsbreite nicht ändern. Spannungen in y- und z-Richtung sind nicht vorhanden.

[1]) Der allgemeinere Fall der zweiachsigen Biegung („schiefe Biegung") wird in Abschnitt 3.8.2 betrachtet.

Die Spannungsresultierenden entsprechen den Schnittgrößen, d.h.

$$\int_{(A)} \sigma_x \, dA = N$$

bzw.

$$\int_{(A)} \sigma_x \, dA = 0 \quad \text{für} \quad N = 0 \tag{3.80}$$

$$\int_{(A)} \sigma_x z \, dA = M_y, \qquad \int_{(A)} \sigma_x y \, dA = 0 \,. \tag{3.81}$$

Damit sind die Aussagen der Statik erschöpft, es muß die Verformung berücksichtigt werden.

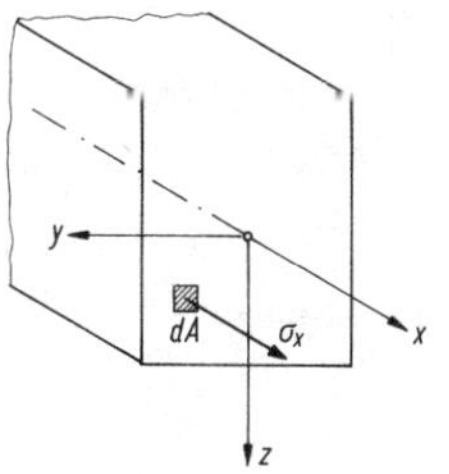

Bild 3.48 Spannungen bei reiner Biegung (Normalspannungen)

Die grundlegende Annahme der technischen Balkenbiegelehre ist die *Bernoullische Hypothese* vom Ebenbleiben der Querschnitte (Normalenhypothese)

- die vor der Verformung zur Balkenachse senkrechten Querschnitte bleiben bei der Verformung eben und normal zur Balkenachse (Bild 3.49).

Dies bedeutet, daß sich Nachbarquerschnitte gegeneinander verdrehen aber keine Verwölbung erfahren.
Ferner gilt das Hookesche Gesetz, d.h. $\sigma_x = E\varepsilon_x$ (einachsiger Spannungszustand).

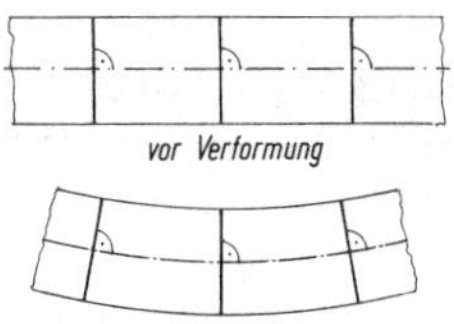

Bild 3.49
Bernoulli-Hypothese

Zur Berechnung der Dehnung betrachtet man zwei Nachbarquerschnitte im Abstand dx, die sich um den Winkel dφ verdrehen, Bild 3.50.
Die „oberen" Fasern des Balkens werden verkürzt, die „unteren" verlängert, dazwischen liegt die neutrale Schicht (erstmals erwähnt vom englischen Ingenieur *Tredgold*), die sich nicht verzerrt.

Aus Bild 3.50 liest man ab

$$dx = \varrho \, d\varphi \tag{3.82}$$

wobei ϱ den Krümmungsradius der gebogenen Balkenachse bedeutet.

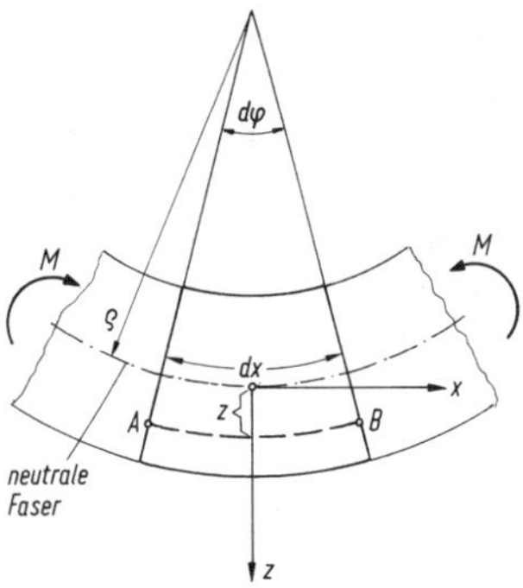

Bild 3.50 Zur Dehnung bei Balkenbiegung

Als Krümmung bezeichnet man

$$k = \frac{1}{\varrho} = \frac{d\varphi}{dx} = \varphi'$$

dieser Ausdruck ist bei reiner Biegung konstant, d.h. die verformte Balkenachse ist ein Kreisbogen. Die Länge einer Faser $\overline{AB}$ im Abstand z von der neutralen Schicht ergibt sich nach der Verformung mit (3.82) zu

$$\overline{AB} = (\varrho + z)\, d\varphi = \left(1 + \frac{z}{\varrho}\right) dx.$$

Damit folgt gemäß der allgemeinen Definition für die Dehnung in x-Richtung

$$\varepsilon_x = \frac{\overline{AB} - dx}{dx} = \frac{z}{\varrho}$$

d.h. für $z > 0$ entsteht Zug, für $z < 0$ Druck.
Die Betrachtung der Verformung ist ein rein geometrisches Problem, gilt also unabhängig vom Materialverhalten.
Mit dem Hookeschen Gesetz erhält man für die Spannungen

$$\sigma_x = E \frac{z}{\varrho} = E \frac{d\varphi}{dx} z \tag{3.83}$$

d.h. eine lineare Verteilung über die Balkenhöhe, Bild 3.51. Dieses sog. Naviersche Geradliniengesetz ist eine direkte Folge der Bernoullischen Normalenhypothese und des Hookeschen Gesetzes.

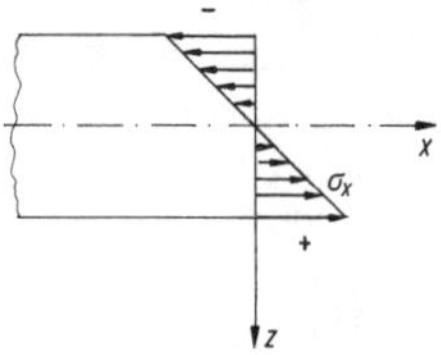

Bild 3.51 Geradliniengesetz der Biegespannungen

Für $z > 0$ ergeben sich Zugspannungen, für $z < 0$ Druckspannungen. Die neutrale Schicht $z = 0$ ist gekennzeichnet durch $\sigma_x = 0$.
Die Resultierenden der Spannungen entsprechen der Schnittkraft bzw. dem Schnittmoment.
Mit (3.83) folgt aus (3.80) für $N = 0$

$$\int_{(A)} \frac{E}{\varrho} z \, dA = 0 \quad \text{oder} \quad \int_{(A)} z \, dA = 0.$$

Dies bedeutet das Verschwinden des statischen Flächenmoments oder Moments erster Ordnung (vgl. Abschnitt 2.8.1.3) bezüglich der y-Achse. Diese Bedingung ist erfüllt, wenn die y-Achse eine Schwerachse ist. Die neutrale Schicht liegt also in der Ebene, die den Schwerpunkt der Querschnittsfläche enthält. [1])
Das resultierende Moment der Spannungen um die y-Achse entspricht dem Biegemoment, aus der ersten Gl. (3.81) erhält man mit (3.83)

$$\int_{(A)} \frac{E}{\varrho} z^2 \, dA = \frac{E}{\varrho} \int_{(A)} z^2 \, dA = \frac{E J_{yy}}{\varrho} = M_y. \tag{3.84}$$

Dabei ist $\int_{(A)} z^2 \, dA = J_{yy}$ das axiale Flächenträgheitsmoment (Moment zweiter Ordnung) der Querschnittsfläche bezüglich der y-Achse (vgl. Abschnitt 2.8.2.1).
Mit (3.84) folgt schließlich aus (3.83) für die Spannungsverteilung im Querschnitt (der Index bei M kann entfallen)

$$\sigma_x = \frac{M}{J_{yy}} z. \tag{3.85}$$

Die größte Biegespannung tritt in den Randfasern $z = |z_{max}|$ auf, man setzt allgemein

$$|\sigma_{max}| = \frac{|M|}{W_B}$$

wobei die Größe

$$W_B = \frac{J_{yy}}{|z_{max}|} \tag{3.86}$$

[1]) Die x-Achse als Balkenachse wird mitunter auch als neutrale Achse bezeichnet.

als Widerstandsmoment gegen Biegung bezeichnet wird.
Eine Übersicht über Flächenträgheits- und Widerstandsmomente verschiedener Querschnittsformen ist in Tab. 1 gegeben.
Beispiele für die Biegespannungsverteilung: Rechteck- und Kreisquerschnitt (Bild 3.52).

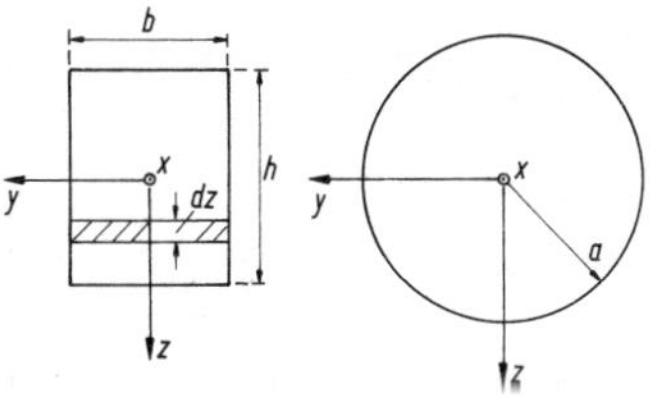

Bild 3.52 Rechteck- und Kreisquerschnitt

Beim Rechteck (Breite b, Höhe h) ist

$$J_{yy} = \int_{(A)} z^2 \, dA = \int_{-h/2}^{h/2} z^2 b \, dz = \frac{bh^3}{12}$$

und damit

$$\sigma_x = \frac{12M}{bh^3} z, \quad W_B = \frac{bh^2}{6}, \quad \sigma_{max} = \pm \frac{6M}{bh^2}.$$

Beim Kreis (Radius a) ist

$$J_{yy} = J_{zz} = \frac{1}{2} J_p = \frac{1}{2} \int_{(A)} r^2 \, dA = \frac{\pi a^4}{4}$$

und damit

$$\sigma_x = \frac{4M}{\pi a^4} z, \quad W_B = \frac{\pi a^3}{4}, \quad \sigma_{max} = \pm \frac{4M}{\pi a^3}.$$

Die Beziehung (3.84) zusammen mit (3.82) liefert das allgemeine Verformungsgesetz bei Biegung

$$\frac{d\varphi}{dx} = \frac{M}{EJ_{yy}} \tag{3.87}$$

der Ausdruck EJ_{yy} wird als *Biegesteifigkeit* bezeichnet. [vgl. die formale Übereinstimmung mit (3.74) bei reiner Torsion].
Die zweite Gl. (3.81) liefert übrigens mit (3.83)

$$\frac{E}{\varrho} \int_{(A)} zy \, dA = 0$$

wobei $\int_{(A)} zy \, dA = -J_{zy}$ das Zentrifugalmoment bedeutet.

Man bezeichnet allgemein Schwerachsen, für die das Zentrifugalmoment verschwindet, als *Biegehauptachsen.* Bei doppelt-symmetrischen Querschnitten (z.B. Rechteck) sind dies die Symmetrieachsen, für einfach-symmetrische Querschnitte (z.B. Trapez) die Symmetrieachse und die dazu orthogonale Schwerachse.
Beim Kreis- und Quadratquerschnitt sind alle Schwerachsen Biegehauptachsen.

Tabelle 1. Gerade Biegung, Trägheits- und Widerstandsmomente verschiedener Querschnittsformen

	Flächenträgheitsmoment Hauptachsen 1, 2	Widerstandsmoment gegen Biegung
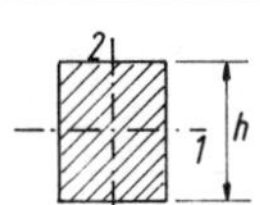	$J_1 = \frac{bh^3}{12}$ $J_2 = \frac{hb^3}{12}$	$W_1 = \frac{bh^2}{6}$ $W_2 = \frac{hb^2}{6}$
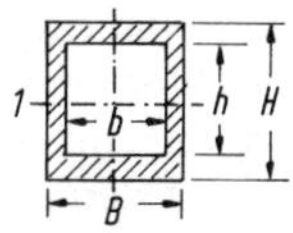	$J_1 = \frac{1}{12}(BH^3 - bh^3)$	$W_1 = \frac{1}{6H}(BH^3 - bh^3)$
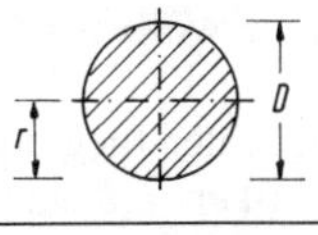	$J = \frac{\pi r^4}{4} = \frac{\pi D^4}{64} \approx \frac{D^4}{20}$	$W = \frac{\pi r^3}{4} = \frac{\pi D^3}{32} \approx \frac{D^3}{10}$

Tabelle 1. Fortsetzung

	Flächenträgheitsmoment Hauptachsen 1, 2	Widerstandsmoment gegen Biegung
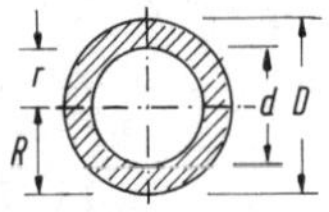	$J = \frac{\pi}{4}(R^4 - r^4) = \frac{\pi}{64}(D^4 - d^4)$	$W = \frac{\pi}{4R}(R^4 - r^4) = \frac{\pi}{32D}(D^4 - d^4)$
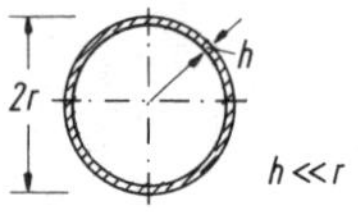	$J \approx \pi h r^3$	$W \approx \pi h r^2$
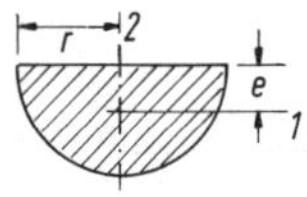	$J_1 = \left(\frac{\pi}{8} - \frac{8}{9\pi}\right) r^4 = 0{,}1098\, r^4$ $J_2 = \frac{\pi}{8} r^4 = 0{,}3927\, r^4$ $e = \frac{4}{3\pi} r = 0{,}4244\, r$	$W_1 = 0{,}1907\, r^3$ $W_2 = \frac{\pi}{8} r^3$
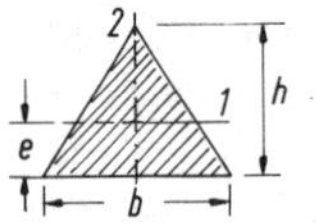	$J_1 = \frac{bh^3}{36} \quad J_2 = \frac{b^3 h}{48}$ $e = \frac{h}{3}$	$W_1 = \frac{bh^2}{24}$
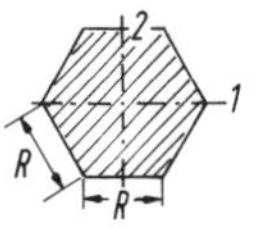	$J_1 = J_2 = \frac{5\sqrt{3}}{16} R^4 = 0{,}5413\, R^4$	$W_1 = 0{,}625\, R^3$ $W_2 = 0{,}5413\, R^3$
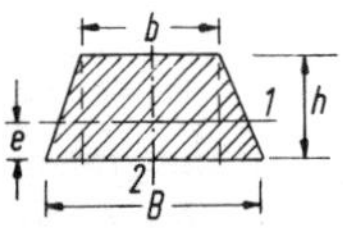	$J_1 = \frac{(B+b)^2 + 2Bb}{36(B+b)} h^3$ $J_2 = \frac{B^4 - b^4}{48(B-b)} h \quad e = \frac{B+2b}{B+b}\frac{h}{3}$	$W_1 = \frac{(B+b)^2 + 2Bb}{12(2B+b)} h^2$ $W_2 = \frac{B^4 - b^4}{24B(B-b)} h$
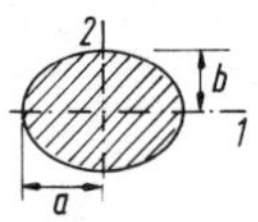	$J_1 = \frac{1}{4}\pi a b^3$ $J_2 = \frac{1}{4}\pi a^3 b$	$W_1 = \frac{1}{4}\pi a b^2$ $W_2 = \frac{1}{4}\pi a^2 b$

3.6.3 Querkraftbiegung

Bei der Querkraftbiegung wie z. B. beim eingespannten Balken mit Endlast (Bild 3.53a) ist das Biegemoment veränderlich über die Balkenlänge, es gilt (vgl. Abschnitt 2.3.3.5)

$$\frac{dM}{dx} = Q. \tag{3.88}$$

Infolge der Querkraft treten in jedem Querschnitt Schubspannungen auf, die am oberen und unteren Balkenrand wegen Lastfreiheit sowie der Gleichheit zugeordneter Schubspannungen verschwinden müssen, also nicht gleichförmig über die Querschnittshöhe verteilt sein können. Nach dem Hookeschen Gesetz ergibt sich dann eine veränderliche Schiebung, die Balkenquerschnitte bleiben nicht mehr eben sondern verwölben sich (Bild 3.53b).

Die *Bernoulli*-Hypothese, die bei reiner Biegung sehr einleuchtend ist, da der Balken an jeder

Stelle gleich gekrümmt wird, kann bei Querkraftbiegung nicht mehr gültig sein. Eine exakte Berechnung der Schubspannungsverteilung ist dann sehr schwierig.
Eine näherungsweise Berechnung der Schubspannungen ist möglich, wenn man die *Bernoulli*-Hypothese als gültig unterstellt, d.h. die Schubverformung in den Querschnitten ignoriert. Der Balken wird in z-Richtung als schubstarr angenommen.

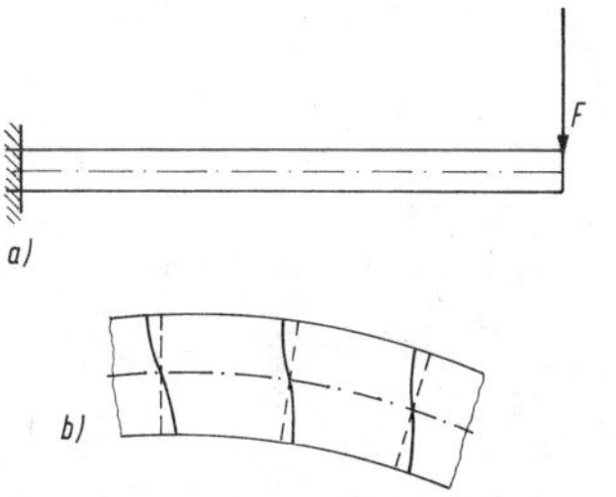

Bild 3.53 Verwölbung der Querschnitte bei Querkraftbiegung

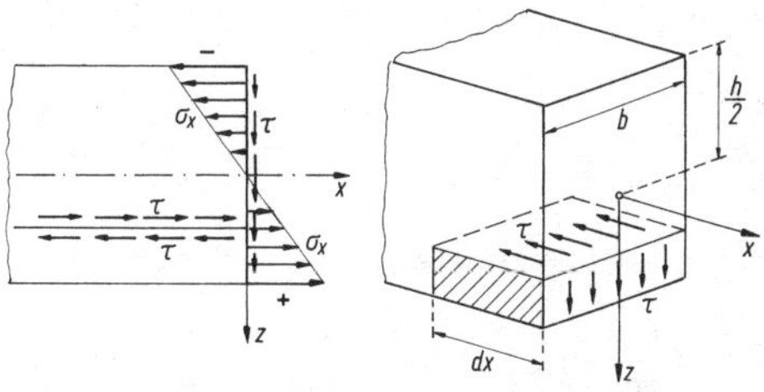

Bild 3.54 Normal- und Schubspannungen bei Querkraftbiegung

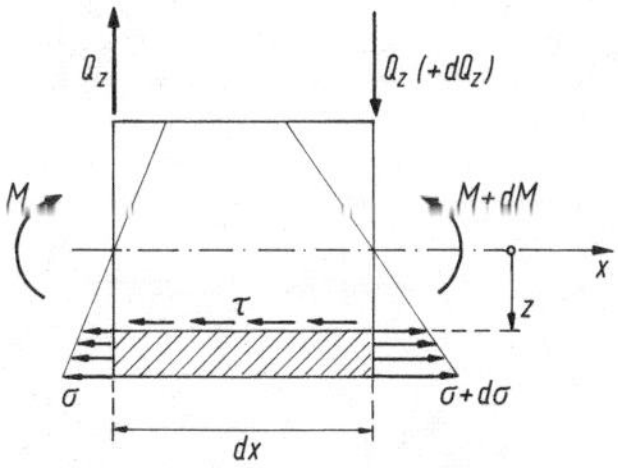

Bild 3.55 Zur Berechnung der Schubspannungsverteilung

Hingegen dürfen die Schubspannungen nicht vernachlässigt werden. Für ihre Resultierende gilt

$$\int_{(A)} \tau_{xz}\, \mathrm{d}A = Q_z .$$

Hierbei wurde bereits vorausgesetzt, daß die Schubspannungen parallel zur Querkraft gerichtet sind, [1]) außerdem sollen sie (wie die Normalspannungen) konstant über die Balkenbreite verteilt sein.
Ferner wird angenommen, daß die Normalspannung σ_x gemäß (3.85) die überwiegende Spannung ist, die von der Schubspannung nicht beeinflußt wird, da die Schiebung praktisch ohne Einfluß auf die Längsdehnung ist.
Wie aus Bild 3.54 ersichtlich, existiert an jeder Stelle $z =$ konst. im Querschnitt zur vertikalen Schubspannung eine zugeordnete horizontale Schubspannung.
Es wird ein Rechteckquerschnitt zugrundegelegt und man betrachtet das Gleichgewicht des schraffierten quaderförmigen Elements der Grundfläche $b\,\mathrm{d}x$ und der Höhe $\frac{h}{2} - z$ unter den wirkenden Normal- und Schubspannungen.

Die Normalspannungen am linken bzw. rechten Rand des Elements (Bild 3.55) sind mit (3.85) gegeben durch

$$\sigma_x = \frac{M}{J_{yy}}\, z \quad \text{bzw.} \quad \sigma_x + \mathrm{d}\sigma_x = \frac{M + \mathrm{d}M}{J_{yy}}\, z .$$

Mit (3.88) folgt daraus (der Index bei Q kann entfallen)

$$\sigma_x + \mathrm{d}\sigma_x = \frac{M + Q\,\mathrm{d}x}{J_{yy}}\, z \quad \text{oder} \quad \mathrm{d}\sigma_x = \frac{Q\,\mathrm{d}x}{J_{yy}}\, z$$

und das Kräftegleichgewicht in x-Richtung fordert

$$\int_z^{h/2} \frac{Q\,\mathrm{d}x}{J_{yy}}\, z\, \mathrm{d}A = \tau(z)\, b\, \mathrm{d}x .$$

Daraus erhält man für die Schubspannung in einer Schicht $z =$ konst. (bzw. die zugeordnete vertikale Schubspannung)

$$\tau_z = \frac{Q}{J_{yy}\, b}\, S(z) \tag{3.89}$$

wobei $S(z) = \int_z^{h/2} z\, \mathrm{d}A$ das statische Flächenmoment der Teilfläche A^* bezüglich der y-Achse darstellt (vgl. Bild 3.56).
Für einen Rechteckquerschnitt folgt

$$S(z) = \int_z^{h/2} z b\, \mathrm{d}z = \frac{b}{2}\left[\left(\frac{h}{2}\right)^2 - z^2\right] \tag{3.90}$$

[1]) Für den Rand von Querschnitten beliebiger Form gilt dies nicht mehr, wegen der Randbedingung müssen die Schubspannungen tangential zum Rand gerichtet sein (z.B. beim Kreisquerschnitt).

oder (nach dem Satz der statischen Momente)

$$S(z) = A^* \, z_s^*$$

mit $A^* = b\left(\frac{h}{2} - z\right)$ und $z_s^* = \frac{1}{2}\left(\frac{h}{2} + z\right)$.

Für den Rechteckquerschnitt ergibt sich somit

$$\tau(z) = \frac{6Q}{bh^3}\left[\left(\frac{h}{2}\right)^2 - z^2\right] \qquad (3.91)$$

d.h. eine in z parabolische Verteilung der Schubspannungen.

Für $z = 0$ ist $\tau_{max} = \frac{3}{2}\frac{Q}{bh}$, es gilt also $\left(\text{mit } \tau_{mittel} = \frac{Q}{bh}\right)$

$$\frac{\tau_{max}}{\tau_{mittel}} = \frac{3}{2}.$$

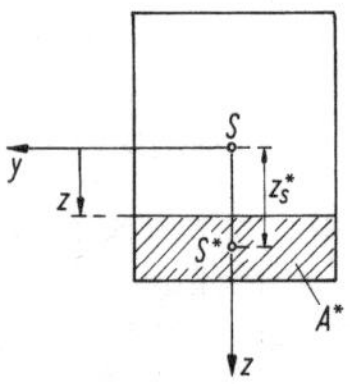

Bild 3.56 Zur Berechnung des statischen Moments

Es wird nochmals ausdrücklich darauf hingewiesen, daß die besprochene Lösung für Querkraftbiegung nicht exakt ist, auch nicht für den Rechteckquerschnitt [1]).

Gleichwohl stellt (3.89) eine recht brauchbare Näherung für nicht zu kurze Balken dar und ist auch anwendbar bei veränderlicher Querschnittsbreite $b(z)$.

In diesem Fall treten neben $\tau_{xz} = \tau_v$ auch Schubspannungen $\tau_{xy} = \tau_h$ auf, z.B. beim Trapezquerschnitt (Bild 3.57).

Die Schubspannung τ_h ist nicht elementar berechenbar, die Näherung (3.89) gilt nur für τ_v, das als konstant über die Querschnittsbreite vorausgesetzt ist.

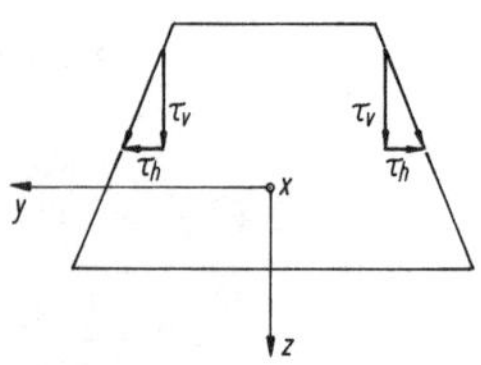

Bild 3.57 Querkraftbiegung bei Trapezquerschnitt

[1]) Die exakte dreidimensionale Elastizitätstheorie liefert die Lösung für den Rechteckquerschnitt in Form unendlicher Reihen.

Wesentlich ist, daß die Randschubspannung stets tangential zum Rand verläuft (wegen der Randbedingung lastfreier Oberfläche), d.h. die Randkontur selbst eine Schubspannungslinie darstellt.

Dies trifft auch für den Kreisquerschnitt (Bild 3.58) zu. Mit (3.89) erhält man die Näherung für die Schubspannung τ_v, die wiederum konstant längs einer Linie $z = \text{konst.}$ ist. Die Querschnittsbreite ist veränderlich gemäß $b(z) = 2\sqrt{a^2 - z^2}$.

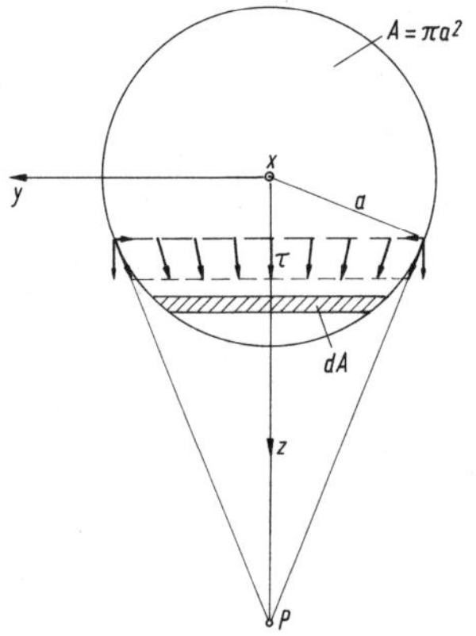

Bild 3.58 Querkraftbiegung bei Kreisquerschnitt

Das statische Flächenmoment der Teilfläche A^* wird nun

$$S(z) = \int_{(A^*)} z \, dA = 2\int_z^a z\sqrt{a^2 - z^2}\, dz$$
$$= \frac{2}{3}(a^2 - z^2)^{3/2}$$

und mit $J_{yy} = \frac{\pi a^4}{4}$ und der Querschnittsfläche $A = \pi a^2$ folgt

$$\tau_v = \frac{4}{3}\frac{Q}{\pi a^4}\frac{(a^2 - z^2)^{3/2}}{\sqrt{a^2 - z^2}} = \frac{4Q}{3A}\left(1 - \frac{z^2}{a^2}\right). \qquad (3.92)$$

Mit $\tau_{mittel} = \frac{Q}{A}$ ergibt sich daraus $\frac{\tau_{max}}{\tau_{mittel}} = \frac{4}{3} = 1{,}33$.

Aus Bild 3.58 ist ersichtlich, daß sich die Richtungen der Randschubspannungen für eine bestimmte Linie $z = \text{konst.}$ in einem Punkt P auf der z-Achse schneiden (die Lage von P ändert sich für verschiedene Linien $z = \text{konst.}$).

Es ist naheliegend, dies für die Schubspannungen in jedem Punkt längs der Linie $z = \text{konst.}$ anzunehmen. Damit erhält man näherungsweise die Verteilung der Schubspannungen.
Der Kreisquerschnitt gehört zu den Querschnitten, für die eine exakte Lösung [1]) bekannt ist. Es gelten hierfür

$$\tau_{xz} = \frac{3+2\nu}{2(1+\nu)} \frac{Q}{A} \left(1 - \frac{z^2}{a^2} - \frac{1-2\nu}{3+2\nu} \frac{y^2}{a^2}\right),$$

$$\tau_{xy} = -\frac{1+2\nu}{1+\nu} \frac{Q}{A} \frac{zy}{a^2}$$

bzw. längs des horizontalen Durchmessers $z = 0$ (neutrale Schicht)

$$(\tau_{xz})_{z=0} = \frac{3+2\nu}{2(1+\nu)} \frac{Q}{A} \left(1 - \frac{1-2\nu}{3+2\nu} \frac{y^2}{a^2}\right),$$

$$(\tau_{xy})_{z=0} = 0\,.$$

Für die exakte Lösung folgt $(\nu = 0{,}3)$ $\frac{\tau_{max}}{\tau_{mittel}} = 1{,}38$.
Auf die Schubspannungsverteilung in dünnwandigen Trägern wird in Abschnitt 3.8.3 näher eingegangen.

3.7 Verformungen bei Balkenbiegung

Die bisher gewonnenen Ergebnisse sind von großer Bedeutung zur Bemessung von Balken gegen zu hohe Beanspruchungen. Aber auch zu große Durchbiegungen dürfen meist nicht auftreten, daher ist die Kenntnis der Verformungen sehr wichtig. Überdies benötigt man die Verformungen zur Lösung statisch unbestimmter Probleme.

3.7.1 Biegelinie (elastische Linie) des Balkens

Gemäß Bild 3.59 bezeichnet man die (ursprünglich geradlinige) Balkenachse nach der Verformung als Biegelinie oder elastische Linie, die Verschiebung der Punkte auf der Balkenachse in z-Richtung ist die Durchbiegung w.
Zu den bereits in Abschnitt 3.6 getroffenen Annahmen für die technische Balkenbiegelehre kommt noch hinzu, daß die Durchbiegung w unabhängig von z sein soll, d.h. alle Punkte eines Balkenquerschnitts die gleiche Verschiebung erfahren, anders ausgedrückt, daß die Balkenhöhe sich bei der Verformung nicht ändert.

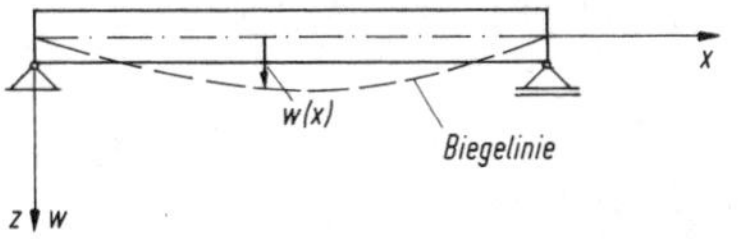

Bild 3.59 Durchbiegung und Biegelinie

Der Einfluß der Schubverformung auf die Durchbiegung wird vernachlässigt, außerdem wird kein Unterschied zwischen reiner Biegung und Querkraftbiegung gemacht.
In Bild 3.60 sind ein Teil der Biegelinie sowie zwei infinitesimal benachbarte, um den Winkel $d\varphi$ gegeneinander verdrehte, Querschnitte dargestellt. Die jeweiligen Durchbiegungen sind w bzw. $w + dw$.

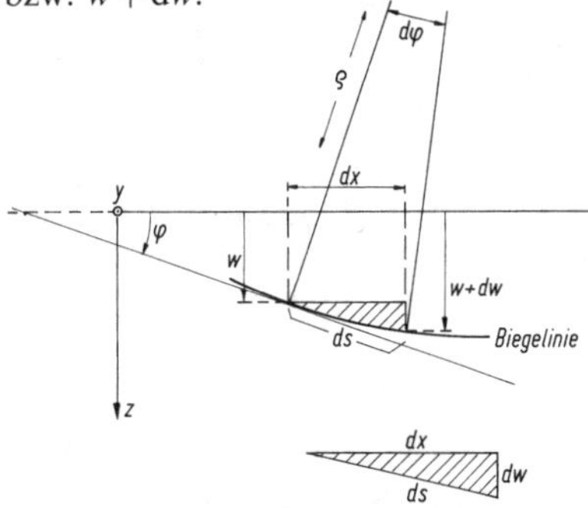

Bild 3.60 Zur Herleitung der Diff. Gl. der Biegelinie

Aus der Abbildung liest man ab (ds ist die Bogenlänge der Biegelinie)

$$\frac{1}{\varrho} = \frac{d\varphi}{ds}\,. \tag{3.93}$$

Dies ist die sog. natürliche Differentialgleichung (Diff. Gl.) der Biegelinie (*Bernoulli*, 1705), die nun in Kartesischen Koordinaten dargestellt werden soll.
Aus dem kleinen schraffierten Dreieck in Bild 3.60 folgt mit der Abkürzung $\frac{d}{dx}(\;) = (\;)'$

$$ds = \sqrt{(dx)^2 + (dw)^2} = dx\sqrt{1 + w'^2}$$

und man erkennt, daß für kleine Verformungen $ds \approx dx$ gesetzt werden darf, woraus sich Übereinstimmung von (3.93) mit (3.82) ergibt.

---
[1]) Vgl. *H.G. Hahn*, Elastizitätstheorie, *Lamm* Bd. 62, S. 186.

Die Krümmung einer ebenen Kurve $y = y(x)$, vgl. Bild 3.61, wird üblicherweise als negativ festgelegt, wenn die Kurve „nach unten" konkav ist. Damit gilt

$$k = \frac{1}{\varrho} = -\frac{y''}{(1+y'^2)^{3/2}}. \tag{3.94}$$

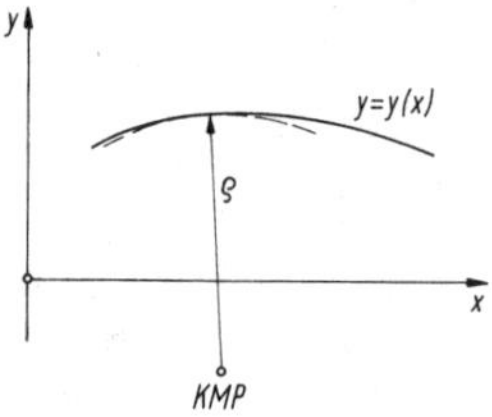

Bild 3.61 Zur Definition der Krümmung einer ebenen Kurve (KMP ist der Krümmungsmittelpunkt)

Angewendet auf die Biegelinie $w = w(x)$ erhält man

$$\frac{1}{\varrho} = -\frac{w''}{(1+w'^2)^{3/2}}$$

oder mit (3.84)

$$\frac{w''}{(1+w'^2)^{3/2}} = -\frac{M}{EJ}. \tag{3.95}$$

Dies ist die allgemeine, nicht-lineare Diff. Gl. der Biegelinie (aufgestellt 1744 von *Euler*).
Für kleine Durchbiegungen, d.h.

$$w' \ll 1, \quad ds \approx dx, \quad \frac{1}{\varrho} = -w'' = \varphi'$$

ergibt sich aus (3.95) die linearisierte Gleichung

$$w'' = -\frac{M}{EJ} \tag{3.96}$$

die in der technischen Balkenbiegelehre verwendet wird.
Die Vorzeichen sind derart festgelegt, daß sich für positives Biegemoment $w'' < 0$ ergibt (d.h. w' nimmt ab mit zunehmendem x).
Der Neigungswinkel der Biegelinie gegen die x-Achse (Verdrehung der Balkenquerschnitte) ist $\varphi = -w'$. Es folgt durch Integration von (3.96)

$$w' = -\int \frac{M}{EJ}\,dx + C_1. \tag{3.97}$$

Nochmalige Integration liefert die Durchbiegung, d.h. die *Gleichung der Biegelinie*

$$w = -\int \left[\int \frac{M}{EJ}\,dx\right] dx + C_1 x + C_2. \tag{3.98}$$

Die beiden Integrationskonstanten C_1 und C_2 müssen aus Randbedingungen (Auflagerbedingungen) ermittelt werden.
Man unterscheidet

- geometrische (kinematische) Bedingungen
  w oder w' vorgegeben
- statische (dynamische) Bedingungen
  M oder Q bzw. w'' oder w''' vorgegeben.

Die möglichen Bedingungen und ihre Vorgaben sind in Tabelle 2 zusammengestellt.

Tabelle 2. Rand- und Übergangsbedingungen bei der Balkenbiegung

Lagerungsart		geometrisch		statisch	
		w	w'	M	Q
frei		?	?	?	?
gelenkig	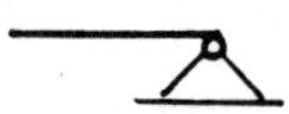	0	?	0	?
eingespannt	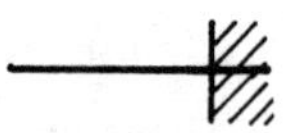	0	0	?	?
Stütze	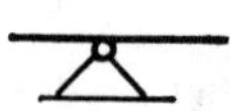	0	stetig	?	?
Gelenk		stetig	?	0	?

Wesentlich ist, daß im Definitionsbereich der Diff. Gl. (3.96) der Biegelinie keine Unstetigkeitsstellen wie Einzellasten, Auflager oder Zwischengelenke sowie keine Richtungsänderung des Balkens vorkommen. Andernfalls ist eine Aufteilung des Balkens in mehrere Bereiche erforderlich, wobei an den Bereichsgrenzen Übergangsbedingungen erfüllt sein müssen. In Bild 3.62 ist ein Beispiel (*Gerber*-Träger) mit vier Bereichen (1) ... (4) angedeutet, es treten insgesamt 8 Integrationskonstanten auf.

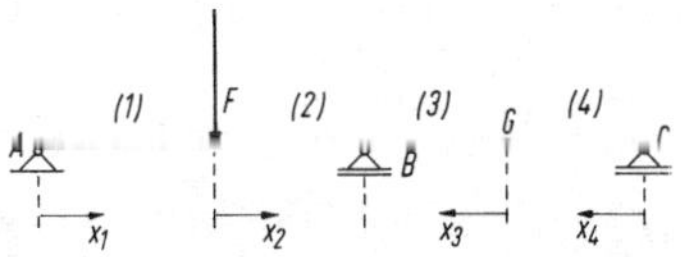

Bild 3.62 Mehrbereichsaufgabe beim Balkenproblem

Innerhalb eines Bereichs können die Koordinaten beliebig nach rechts oder links laufend gewählt werden.
Eine alternative Formulierung der Diff. Gl. (3.96) speziell für Streckenlasten ergibt sich mit den bekannten Beziehungen $M' = Q$, $Q' = -q$. Man erhält die Diff. Gl. vierter Ordnung

$$(EJw'')'' = q(x) \qquad (3.99)$$

wobei $q(x)$ die Belastungsordinate bedeutet. Bei der Integration treten vier Konstanten auf.

3.7.2 Beispiele zur Berechnung der Biegelinie von Balken

Konstante Streckenlast (Bild 3.63a)

Auflagerreaktionen

$$A = B = \frac{ql}{2}$$

Biegemoment

$$M(x) = Ax - q\,\frac{x^2}{2} = \frac{q}{2}\,(lx - x^2).$$

Für konstante Biegesteifigkeit EJ lautet die Diff. Gl. der Biegelinie

$$EJw'' = -M = \frac{q}{2}\,(x^2 - lx)$$

mit dem Definitionsbereich $0 \leq x \leq l$.
Schrittweise Integration liefert

$$EJw' = \frac{q}{2}\left(\frac{x^3}{3} - l\,\frac{x^2}{2}\right) + C_1$$

$$EJw = \frac{q}{2}\left(\frac{x^4}{12} - l\,\frac{x^3}{6}\right) + C_1 x + C_2.$$

Randbedingungen

$$w = 0 \begin{cases} x = 0 \;\rightarrow C_2 = 0 \\ x = l \;\rightarrow C_1 l = -\dfrac{q}{2}\left(\dfrac{l^4}{12} - \dfrac{l^4}{6}\right) \\ \qquad\qquad \text{oder} \quad C_1 = \dfrac{ql^3}{24}. \end{cases}$$

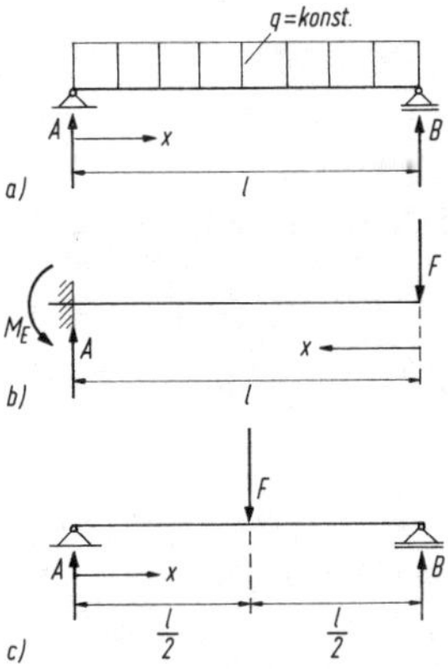

Bild 3.63 a) Balken unter Gleichlast, b) Eingespannter Balken unter Querkraft, c) Balkenprobleme, Einbereichsaufgaben

Gleichung der Biegelinie

$$w = \frac{q}{24EJ}\,(x^4 - 2lx^3 + l^3 x) \qquad (\text{für} \quad 0 \leqslant x \leqslant l)$$

bzw. daraus

$$w_{\max} = \frac{5ql^4}{384EJ} \qquad \text{bei} \quad x = \frac{l}{2}.$$

Die Verdrehung der Balkenquerschnitte ist

$$\varphi = -w' = -\frac{q}{24EJ}\,(4x^3 - 6lx^2 + l^3)$$

daraus folgen

$$\varphi_A = -w'(0) = -\frac{ql^3}{24EJ},$$

$$\varphi_B = -w'(l) = \frac{ql^3}{24EJ}.$$

Wegen der Symmetrie hätte man auch die geometrische Bedingung $w'\left(\frac{l}{2}\right) = 0$ verwenden können, die ebenfalls $C_1 = \frac{ql^3}{24}$ liefert.

Eingespannter Balken mit Einzelkraft (Bild 3.63b)
Man wählt die Koordinate x zweckmäßig vom freien Ende aus.
Biegemoment

$$M(x) = -Fx$$

Diff. Gl. der Biegelinie ($EJ = \text{konst.}$)

$$EJw'' = Fx \quad (\text{für } 0 \leqslant x \leqslant l)$$

Integration

$$EJw' = F\frac{x^2}{2} + C_1$$

$$EJw = F\frac{x^3}{6} + C_1 x + C_2 .$$

Randbedingungen

$$w'(l) = 0 \rightarrow C_1 = -F\frac{l^2}{2}$$

$$w(l) = 0 \rightarrow C_2 = -C_1 l - F\frac{l^3}{6} = F\frac{l^3}{3}$$

Gleichung der Biegelinie (für $0 \leqslant x \leqslant l$)

$$w = \frac{F}{6EJ}(x^3 - 3l^2 x + 2l^3)$$

daraus

$$w_{\max} = \frac{Fl^3}{3EJ} \qquad \text{bei} \quad x = 0$$

$$w'(0) = -\frac{Fl^2}{2EJ} = \varphi_{\max} \qquad \text{bei} \quad x = 0.$$

Balken auf zwei Stützen mit mittiger Einzelkraft (Bild 3.63c)
Es handelt sich um eine Zweibereichsaufgabe, wegen der Symmetrie genügt die Betrachtung einer Hälfte, der Definitionsbereich der Diff. Gl. ist $0 \leqslant x \leqslant \frac{l}{2}$.
Auflagerreaktionen

$$A = B = \frac{F}{2}$$

Biegemoment

$$M(x) = Ax = F\frac{x}{2}$$

Diff. Gl. ($EJ = \text{konst.}$)

$$EJw'' = -F\frac{x}{2}$$

Integration

$$EJw' = -F\frac{x^2}{4} + C_1$$

$$EJw = -F\frac{x^3}{12} + C_1 x + C_2$$

Randbedingungen

$$w(0) = 0 \rightarrow C_2 = 0$$

$$w'\left(\frac{l}{2}\right) = 0 \rightarrow C_1 = \frac{Fl^2}{16}$$

Gleichung der Biegelinie $\left(\text{für } 0 \leqslant x \leqslant \frac{l}{2}\right)$

$$w = \frac{F}{48EJ}(3l^2 x - 4x^3)$$

daraus

$$w_{\max} = \frac{Fl^3}{48EJ} \qquad \text{bei} \quad x = \frac{l}{2}$$

$$-\varphi_A = \frac{Fl^2}{16EJ},$$

$$\varphi_B = \frac{Fl^2}{16EJ} \quad \text{aus Symmetriegründen.}$$

Analog ergibt sich die Lösung bei Belastung durch ein mittiges Einzelmoment M_0 (z. B. linksdrehend).
Hierfür sind

$$A = \frac{M_0}{l} = -B, \qquad M(x) = Ax = \frac{M_0}{l}x$$

$$EJw'' = -\frac{M_0}{l}x \qquad \left(\text{für } 0 \leqslant x \leqslant \frac{l}{2}\right)$$

$$EJw' = -\frac{M_0}{l}\frac{x^2}{2} + C_1$$

$$EJw = -\frac{M_0}{l}\frac{x^3}{6} + C_1 x + C_2$$

Randbedingungen

$$w(0) = 0 \rightarrow C_2 = 0$$

$$w\left(\frac{l}{2}\right) = 0 \text{ (Punktsymmetrie)} \rightarrow C_1 = \frac{M_0 l}{24}$$

Gleichung der Biegelinie $\left(\text{für } 0 \leqslant x \leqslant \frac{l}{2}\right)$

$$w = \frac{M_0}{24EJl}(l^2 x - 4x^3)$$

$$-\varphi_A = \frac{M_0 l}{24EJ}, \quad \varphi\left(\frac{l}{2}\right) = \frac{M_0 l}{12EJ},$$

aus Symmetriegründen ist $-\varphi_B = \dfrac{M_0 l}{24EJ}$.

Balken auf zwei Stützen mit außermittiger Einzelkraft (Bild 3.64)

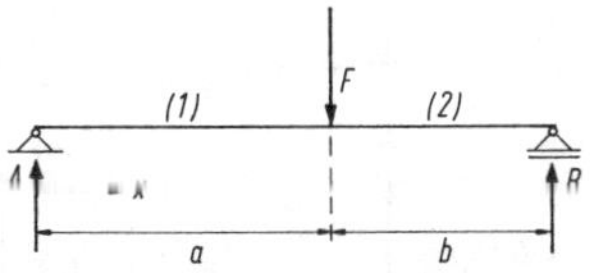

Bild 3.64 Zweibereichsaufgabe ohne Symmetrie

Auflagerreaktionen

$$A = F\frac{b}{l}, \quad B = F\frac{a}{l}.$$

Für die beiden Bereiche (1) und (2) folgen

(1) $0 \leqslant x \leqslant a$ (2) $a \leqslant x \leqslant l$

$$M = \frac{Fb}{l}x \qquad M = \frac{Fb}{l}x - F(x-a)$$

bzw. daraus

$$(1) \quad EJw'' = -\frac{Fb}{l}x$$

$$EJw' = -\frac{Fb}{l}\frac{x^2}{2} + C_1$$

$$EJw = -\frac{Fb}{l}\frac{x^3}{6} + C_1 x + C_2$$

$$(2) \quad EJw'' = -\frac{Fb}{l}x + F(x-a)$$

$$EJw' = -\frac{Fb}{l}\frac{x^2}{2} + F\frac{(x-a)^2}{2} + D_1$$

$$EJw = -\frac{Fb}{l}\frac{x^3}{6} + F\frac{(x-a)^3}{6} + D_1 x + D_2$$

(wegen $\dfrac{d}{dx}\left[\dfrac{(x-a)^2}{2}\right] = (x-a)$ kann der Klammerausdruck $(x-a)$ wie *eine* Veränderliche integriert werden).

Zur Ermittlung der vier Integrationskonstanten sind zwei Randbedingungen

$$w(0)_{(1)} = 0, \qquad w(l)_{(2)} = 0$$

sowie zwei Übergangsbedingungen

$$w(a)_{(1)} = w(a)_{(2)}, \qquad w'(a)_{(1)} = w'(a)_{(2)}$$

verfügbar. Daraus folgen

$$C_1 = D_1 = \frac{Fb}{6l}(l^2 - b^2), \quad C_2 = D_2 = 0$$

und die Gleichungen der Biegelinie bzw. für die Verdrehungen sind

$$(1) \quad w = \frac{Fb}{6EJl}[(l^2 - b^2)x - x^3]$$

$$w' = \frac{Fb}{6EJl}(l^2 - b^2 - 3x^2)$$

$$(2) \quad w = \frac{Fb}{6EJl}\left[\frac{l}{b}(x-a)^3 + (l^2 - b^2)x - x^3\right]$$

$$w' = \frac{Fb}{6EJl}\left[\frac{3l}{b}(x-a)^2 + l^2 - b^2 - 3x^2\right].$$

Die Durchbiegung unter der Last ergibt sich aus einer der beiden Gleichungen zu

$$w(a) = \frac{Fa^2 b^2}{3EJl}.$$

Die maximale Durchbiegung liegt für $a > b$ im Bereich (1). Aus $w'_{(1)} = 0$ folgt für die Lage von w_{max}

$$3x_m^2 = l^2 - b^2 \quad \text{oder} \quad x_m = \sqrt{\frac{l^2 - b^2}{3}}$$

und damit

$$w_{max} = \frac{Fb(l^2 - b^2)^{3/2}}{9\sqrt{3}\,EJl}.$$

Die maximale Durchbiegung liegt stets in der Nähe der Balkenmitte, der einfacher zu berechnende Wert $w\left(\dfrac{l}{2}\right) = \dfrac{Fb(3l^2 - 4b^2)}{48EJ}$ liefert eine sehr brauchbare Näherung für w_{max}.

Für verschiedene Lagerungs- und Belastungsfälle von Balken sind in Tabelle 3 die Ergebnisse für die Gleichung der Biegelinie sowie der maximalen Durchbiegung und Verdrehung zusammengestellt.

Tabelle 3. Biegelinien und Verformungen von Balken (EJ = konst.)

	Gleichung der Biegelinie (x vom linken Auflager aus)	Durchbiegungen	Verdrehungen $\varphi(x) = -w'(x)$
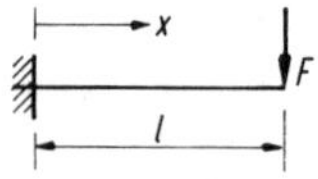	$w = \frac{F}{6EJ}(3lx^2 - x^3)$	$w(l) = w_{\max} = \frac{Fl^3}{3EJ}$	$\varphi(l) = -\frac{Fl^2}{2EJ}$
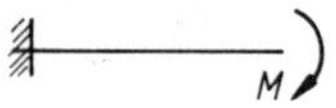	$w = \frac{M}{2EJ}x^2$	$w(l) = w_{\max} = \frac{Ml^2}{2EJ}$	$\varphi(l) = -\frac{Ml}{EJ}$
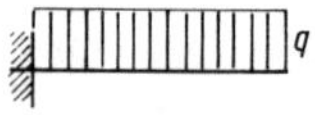	$w = \frac{q}{24EJ}(6l^2x^2 - 4lx^3 + x^4)$	$w(l) = w_{\max} = \frac{ql^4}{8EJ}$	$\varphi(l) = -\frac{ql^3}{6EJ}$
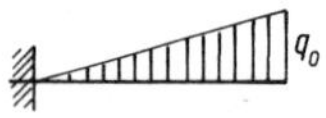	$w = \frac{q_0}{120EJl}(20l^3x^2 - 10l^2x^3 + x^5)$	$w(l) = w_{\max} = \frac{11q_0l^4}{120EJ}$	$\varphi(l) = -\frac{q_0l^3}{8EJ}$
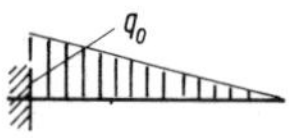	$w = \frac{q_0}{120EJl} \cdot (10l^3x^2 - 10l^2x^3 + 5lx^4 - x^5)$	$w(l) = w_{\max} = \frac{q_0l^4}{30EJ}$	$\varphi(l) = -\frac{q_0l^3}{24EJ}$
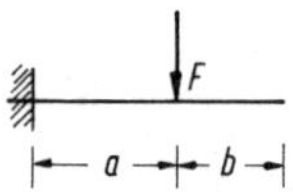	$w = \frac{F}{6EJ}(3ax^2 - x^3) \quad 0 \leqslant x \leqslant a$ $w = \frac{F}{6EJ}(3a^2x - a^3) \quad a \leqslant x \leqslant l$	$w(a) = \frac{Fa^3}{3EJ}$ $w(l) = \frac{F}{6EJ}(3la^2 - a^3)$	$\varphi(a) = -\frac{Fa^2}{2EJ}$ $\varphi(l) = -\frac{Fa^2}{2EJ}$
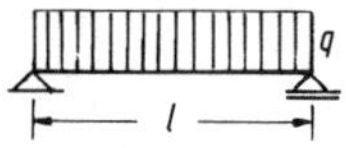	$w = \frac{q}{24EJ}(l^3x - 2lx^3 + x^4)$	$w\left(\frac{l}{2}\right) = w_{\max} = \frac{5ql^4}{384EJ}$	$-\varphi(0) = \varphi(l) = \frac{ql^3}{24EJ}$
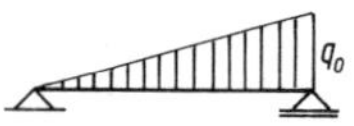	$w = \frac{q_0}{360EJl}(7l^4x - 10l^2x^3 + 3x^5)$	$w\left(\frac{l}{2}\right) = 0{,}00651\,\frac{q_0l^4}{EJ}$ $w_{\max} = 0{,}00652\,\frac{q_0l^4}{EJ}$ bei $x_m = 0{,}5193\,l$	$\varphi(0) = -\frac{7q_0l^3}{360EJ}$ $\varphi(l) = \frac{q_0l^3}{45EJ}$
	$w = \frac{M}{6EJl}(l^2x - x^3)$	$w\left(\frac{l}{2}\right) = \frac{Ml^2}{16EJ}$ $w_{\max} = \frac{Ml^2}{9\sqrt{3}EJ}$ bei $x_m = \frac{l}{\sqrt{3}}$	$\varphi(0) = -\frac{Ml}{6EJ}$ $\varphi(l) = \frac{Ml}{3EJ}$
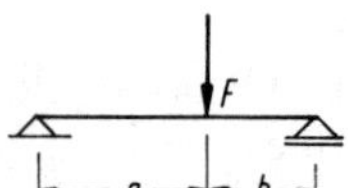	$w = \frac{Fb}{6EJl}(l^2x - b^2x - x^3) \quad 0 \leqslant x \leqslant a$ $w = \frac{Fb}{6EJl}\left[\frac{l}{b}(x-a)^3 + (l^2 - b^2)x - x^3\right]$ $a \leqslant x \leqslant l$	$w\left(\frac{l}{2}\right) = \frac{Fb}{48EJ}(3l^2 - 4b^2)$ $w_{\max} = \frac{Fb}{9\sqrt{3}EJl} \cdot (l^2 - b^2)^{3/2}$ bei $x_m = \sqrt{\frac{l^2 - b^2}{3}}$ $(a > b)$	$\varphi(0) = -\frac{Fab}{6EJl}(l+b)$ $\varphi(l) = \frac{Fab}{6EJl}(l+a)$

Tabelle 3. Fortsetzung

	Gleichung der Biegelinie (x vom linken Auflager aus)	Durchbiegungen	Verdrehungen $\varphi(x) = -w'(x)$
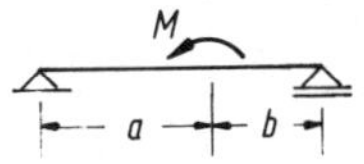 	$w = \frac{M}{6EJl}[(6al - 3a^2 - 2l^2)x - x^3]$ $0 \leqslant x \leqslant a$ $w = \frac{M}{6EJl}[3la^2 - (3a^2 + 2l^2)x + 3lx^2 - x^3]$ $a \leqslant x \leqslant l$	$w(a) = \frac{M}{3EJl}$ $\cdot (3a^2 l - 2a^3 - l^2 a)$	$\varphi(0) = -\frac{M}{6EJl}$ $\cdot (6al - 3a^2 - 2l^2)$ $\varphi(l) = \frac{M}{6EJl}$ $\cdot (l^2 - 3a^2)$
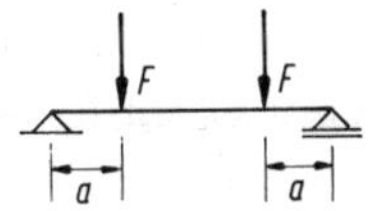 	$w = \frac{F}{6EJ}(3alx - 3a^2 x - x^3) \quad 0 \leqslant x \leqslant a$ $w = \frac{F}{6EJ}(3alx - 3ax^2 - a^3) \quad a \leqslant x \leqslant \frac{l}{2}$	$w\left(\frac{l}{2}\right) = w_{max}$ $= \frac{Fa}{24EJ}(3l^2 - 4a^2)$	$-\varphi(0) = \varphi(l)$ $= \frac{Fa}{2EJ}(l-a)$ $\varphi(a) = -\frac{Fa}{2EJ}$ $\cdot (l - 2a)$

3.7.3 Anwendung der Überlagerungsmethode zur Ermittlung von Durchbiegungen und Verdrehungen

Die Werte für die maximale Durchbiegung sowie Verdrehung für die in Bild 3.65 dargestellten Belastungsfälle eines eingespannten Balkens lassen sich leicht merken. [1]) Sie stellen die Grundlösungen für die Anwendung der Überlagerungsmethode bei statisch bestimmten sowie statisch unbestimmten Balkenproblemen dar. Durch wiederholte Anwendung der Grundlösungen können auch für komplizierte Fälle die Durchbiegungen und Verdrehungen (bei Belastung durch Einzelkräfte und -momente sowie konstante Streckenlasten) fast ohne Rechnung ermittelt werden.

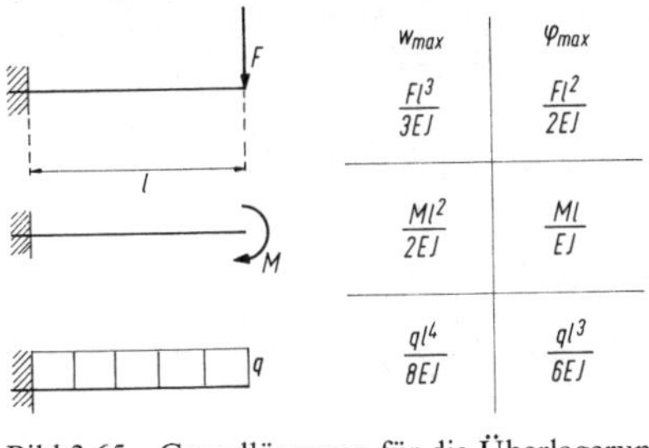

Bild 3.65 Grundlösungen für die Überlagerungsmethode (*Myosotis*-Formeln nach *J. P. Den Hartog*)

[1]) Nach Prof. J.P. *Den Hartog* als Myosotis-Formeln bezeichnet.

Bei linear-elastischen Verformungen ist die Superposition möglich, d.h. die Biegelinie eines Balkens infolge mehrerer Belastungen ergibt sich als Summe der Biegelinien infolge der einzelnen Belastungen. Wegen der als klein angenommenen Verformungen und geringen Neigungen können alle Durchbiegungswerte als orthogonal zur unverformten Balkenachse angesehen und addiert werden.

Einige Beispiele werden im folgenden dargestellt. Gemäß Bild 3.66a wird ein eingespannter Balken unter zwei Einzelkräften ($EJ =$ konst.) betrachtet. Die Kraft F_1 verformt nur den linken Balkenteil, der rechte Balkenteil bleibt gerade und ist nur nach unten geneigt. Die Gesamtdurchbiegung am rechten Balkenende ist somit

$$w_{max} = F_1 \left(\frac{a^3}{3EJ} + \frac{a^2}{2EJ} \cdot b\right) + F_2 \frac{l^3}{3EJ}.$$

Analog ergibt sich

$$\varphi_{max} = F_1 \frac{a^2}{2EJ} + F_2 \frac{l^2}{2EJ}.$$

Für einen eingespannten Balken mit abschnittsweise verschiedener Biegesteifigkeit (Bild 3.66b) besteht die Gesamtdurchbiegung am rechten Balkenende aus drei Beiträgen:

w_1 an der Stelle a infolge F und $M = Fb$

$$w_1 = F \frac{a^3}{3EJ_a} + Fb \frac{a^2}{2EJ_a}$$

w_2 am rechten Balkenende infolge der Verdrehung φ_1 an der Stelle a

$$w_2 = \varphi_1 \cdot b = \left(F \frac{a^2}{2EJ_a} + Fb \frac{a}{EJ_a}\right) \cdot b$$

w_3 am rechten Balkenende infolge F

$$w_3 = F \frac{b^3}{3EJ_b}$$

also folgt

$$w_{max} = w_1 + w_2 + w_3 .$$

Nun das etwas kompliziertere Beispiel des Balkens auf zwei Stützen mit außermittiger Einzelkraft (vgl. Bild 3.64)!
Man zeichnet zunächst gemäß Bild 3.67 die Biegelinie in ihrem ungefähren Verlauf und stellt

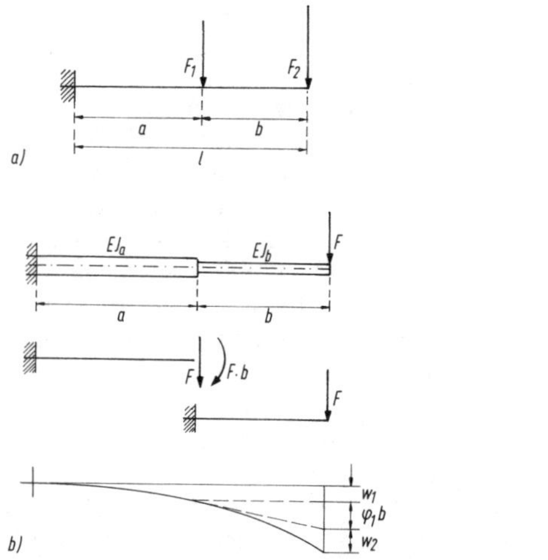

Bild 3.66 Zur Anwendung der Überlagerungsmethode

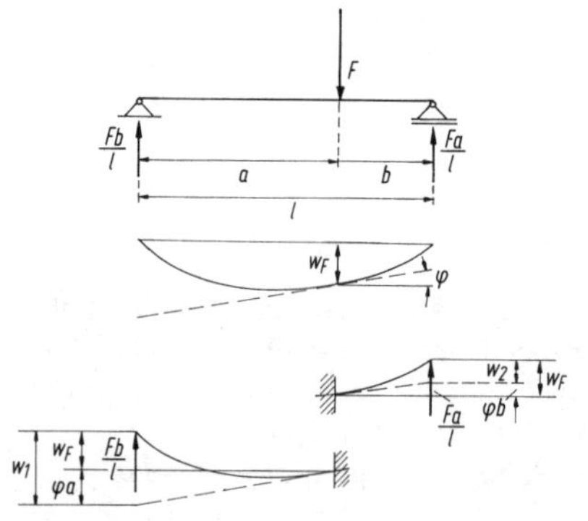

Bild 3.67 Überlagerungsmethode beim Balken mit außermittiger Einzelkraft

dabei fest, daß unter der Last eine vorläufig unbekannte Verdrehung φ auftritt. Gesucht ist die Durchbiegung w_F unter der Last. Der Balken wird in zwei Teilbalken aufgeteilt, die man sich an der Schnittstelle a unter dem Winkel φ eingespannt denken kann. Jeder der Teilbalken ist nur durch die Auflagerkräfte $F\frac{b}{l}$ bzw. $F\frac{a}{l}$ an den jeweiligen Enden belastet.
Aus dem Bild liest man ab

$$w_F = w_1 - \varphi \cdot a = w_2 + \varphi \cdot b$$

also ist

$$\varphi \cdot (a+b) = w_1 - w_2, \qquad \varphi = \frac{w_1 - w_2}{l}.$$

Für die Durchbiegung unter der Last folgt

$$w_F = w_1 \frac{b}{l} + w_2 \frac{a}{l}$$

wobei sich die Durchbiegungen w_1 und w_2 direkt mit den Grundlösungen anschreiben lassen. Man erhält schließlich

$$w_F = \frac{Fb}{l}\frac{a^3}{3EJ}\frac{b}{l} + \frac{Fa}{l}\frac{b^3}{3EJ}\frac{a}{l} = \frac{Fa^2 b^2}{3EJl}.$$

Auch Ort und Größe der maximalen Durchbiegung lassen sich sehr einfach ermitteln. Hierzu denkt man sich den Balken gemäß Bild 3.68 in zwei Teilbalken aufgeteilt, die man sich an der zunächst unbekannten Stelle x_m mit der maximalen Durchbiegung horizontal eingespannt denkt.
Die Durchbiegungen des linken bzw. rechten Teilbalkens entsprechen der maximalen Durchbiegung. Mit den Grundlösungen ergibt sich

$$F\frac{b}{l}\frac{x_m^3}{3EJ} = F\frac{a}{l}\frac{(l-x_m)^3}{3EJ} - F\frac{(a-x_m)^2}{2EJ} \cdot b - F\frac{(a-x_m)^3}{3EJ}$$

und daraus für die Lage von w_{max}

$$x_m = \sqrt{\frac{a(a+2b)}{3}} = \sqrt{\frac{l^2-b^2}{3}}$$

womit w_{max} leicht ausgerechnet werden kann.
Wie später gezeigt wird, ist die Überlagerungsmethode auch zur Lösung statisch unbestimmter Balkenprobleme sehr zweckmäßig.

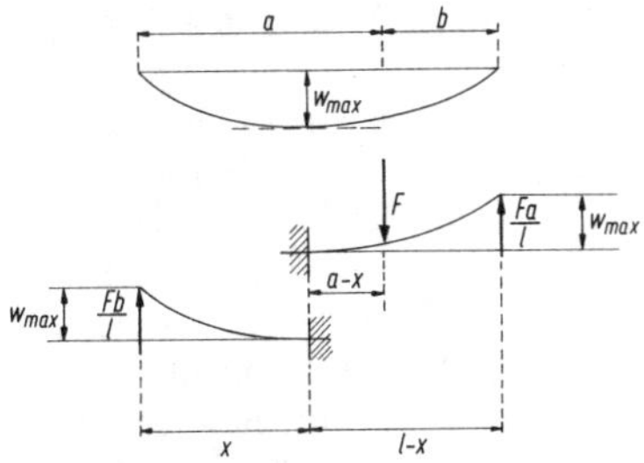

Bild 3.68 Ermittlung der maximalen Durchbiegung beim Balken mit außermittiger Einzelkraft (Überlagerungsmethode)

3.8 Ergänzungen zur Torsion und Biegung

3.8.1 Dünnwandige geschlossene und offene Profile bei Torsion

In Abschnitt 3.5.2 wurde bereits angedeutet, daß sich die Torsion beliebiger dünnwandiger geschlossener Profile (Hohlquerschnitte) elementar mit den Bredtschen Formeln behandeln läßt, wenn keine Verwölbungsbehinderung vorliegt.
Dem Torsionsmoment entspricht das Moment des gesamten Schubflusses bezüglich der x-Achse, die auch als Drillachse bezeichnet wird und deren Lage im Querschnitt übrigens beliebig sein kann. [1])
In Analogie zu Gl. (3.78) ergibt sich mit Bezug auf Bild 3.69

$$M_T = \oint t\, r_\perp \, ds \tag{3.100}$$

wobei $r_\perp$ den senkrechten Abstand eines Wandelements von der Drillachse bedeutet.
Das kleine schraffierte Dreieck in Bild 3.69 hat die Fläche $da = \frac{1}{2} r_\perp \, ds$ und es gilt unabhängig von der Lage der Drillachse

$$\oint r_\perp \, ds = 2A \tag{3.101}$$

wobei A wiederum die vom Profil (genauer von der Mittellinie des Profils) umschlossene Fläche ist. Somit folgt aus (3.100) die bereits bekannte Erste Bredtsche Formel (3.79).
Zur Herleitung der Zweiten Bredtschen Formel werden die Verschiebungen u bzw. v in Achsen- bzw. Umfangsrichtung (d.h. x- bzw. s-Richtung) in Betracht gezogen. Für die Schubverformung eines ursprünglich rechteckigen Wandelements $dx\,ds$ ergibt sich damit

$$\gamma_{xs} = \gamma = \frac{\partial v}{\partial x} + \frac{\partial u}{\partial s}. \tag{3.102}$$

Wegen der fundamentalen Annahme (Abschnitt 3.5.1), daß sich die Querschnitte bei Torsion wie starre Scheiben (ohne Verzerrung) verdrehen, gilt bei reiner Torsion

$$v = r_\perp \cdot \varphi = r_\perp \cdot \vartheta x$$

und mit dem Hookeschen Gesetz und (3.102) folgt

$$\tau = G\gamma = G\left(r_\perp \cdot \vartheta + \frac{\partial u}{\partial s}\right) \tag{3.103}$$

wobei die Verwölbung u für das folgende nicht bekannt zu sein braucht.
Die Eindeutigkeit der Verwölbung (Zusammenhaltsbedingung) fordert das Verschwinden des Umlaufintegrals längs der Kontur über $\frac{\partial u}{\partial s}$, d.h.

$$\oint \frac{\partial u}{\partial s}\, ds = 0.$$

Aus (3.103) ergibt sich dann mit $\vartheta = \text{konst.}$

$$\oint \tau \, ds = G\vartheta \oint r_\perp \, ds = 2GA\vartheta \tag{3.104}$$

wobei von (3.101) Gebrauch gemacht wurde.
Dies ist die Zweite Bredtsche Formel (auch Schubflusszirkulationsformel genannt), die mit Einführung des Schubflusses und der Ersten Bredtschen Formel

$$t \oint \frac{ds}{h} = \frac{M_T}{2A} \oint \frac{ds}{h} = 2GA\vartheta \tag{3.104a}$$

lautet. Zur Abkürzung setzt man mitunter $\oint \frac{ds}{h} = \Lambda$.

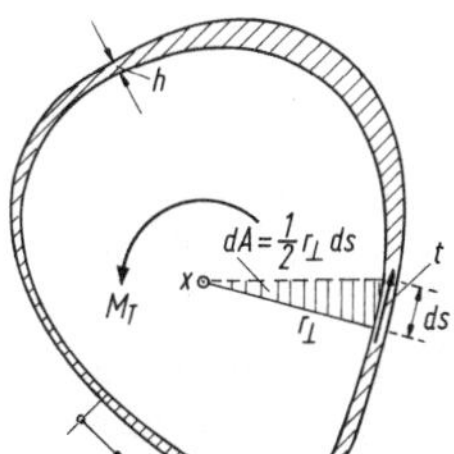

Bild 3.69 Torsion eines beliebigen dünnwandigen Hohlquerschnitts

[1]) Einer parallelen Verlagerung der Drillachse entspricht eine Rotation des Stabs als starrer Körper, die nichts zu den Spannungen und Verformungen beiträgt.

In der allgemeinen Beziehung (3.77) ist nach der Zweiten Bredtschen Formel bei allen dünnwandigen Hohlquerschnitten

$$J_{\mathrm{T}} = \frac{4A^2}{\oint \frac{\mathrm{d}s}{h}} = \frac{4A^2}{\Lambda}.$$

Es wird nochmals daran erinnert, daß für die Anwendung der Bredtschen Formeln freie, d.h. wölbunbehinderte Torsion vorausgesetzt ist.

Ist dies nicht der Fall, treten zusätzlich Normalspannungen in Achsenrichtung auf und man spricht von *Wölbkrafttorsion*. Hierauf wird aber nicht eingegangen.

Mit den Bredtschen Formeln (3.79) und (3.104) läßt sich die Schubflußverteilung in geschlossenen dünnwandigen Profilen mit Zwischenstegen (sog. mehrzellige Torsionsstäbe) in einfacher Weise ermitteln.

Dies wird am Beispiel eines Torsionsrohrs mit zwei Zellen (dreifach-zusammenhängender Querschnittsbereich) gemäß Bild 3.70 gezeigt.

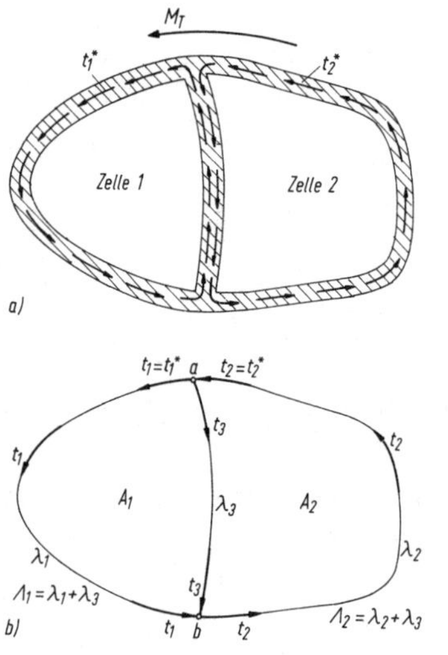

Bild 3.70 Zweizelliges Torsionsrohr

Der Einfachheit halber ist $h =$ konst. angenommen, was keine Einschränkung der Allgemeingültigkeit bedeutet.

Ohne Rechnung erkennt man sogleich (unter strömungsmechanischer Deutung des Schubflusses), daß im Fall zweier identischer Zellen, die symmetrisch durch einen Zwischensteg getrennt sind, dieser schubspannungsfrei bleibt. Im allgemeinen Fall sind die Schubflüsse in den Teilzellen verschieden.

Nützlich ist die von *Neuber* vorgeschlagene Einführung der Zellenschubflüsse, die mit t^* bezeichnet werden. Für jede Zelle wird ein konstanter Zellenschubfluß mit Umlaufsinn in Richtung des äußeren Torsionsmoments eingeführt, für alle Zellen gilt gleicher Umlaufsinn (Bild 3.70a). Folgende Bezeichnungen werden verwendet (Bild 3.70b)

$A_1, A_2 \ldots$	von den Zellen umschlossene Fläche
$\lambda = \int_0^s \frac{\mathrm{d}s}{h}$	z.B. $\lambda_1 = \int_a^b \frac{\mathrm{d}s}{h}$ usw.
$\Lambda = \oint \frac{\mathrm{d}s}{h}$	für geschlossenen Umlauf um eine Zelle z.B. $\Lambda_1 = \lambda_1 + \lambda_3$ usw.

An den Verzweigungsstellen a und b muß Gleichgewicht der Schubflüsse herrschen, d.h. es gilt eine *Knotenpunktbedingung*, wobei die ankommenden Schubflüsse positiv, die weggehenden negativ zu rechnen sind.

Für den Verzweigungspunkt a gilt dann

$$t_2 - t_1 - t_3 = 0 \quad \text{oder} \quad t_3 = t_2^* - t_1^*. \qquad (3.105)$$

Die Teilmomente in den beiden Zellen ergeben sich aus der Ersten Bredtschen Formel

$$M_1 = 2A_1\, t_1^*, \qquad M_2 = 2A_2\, t_2^*$$

und mit $M_1 + M_2 = M_{\mathrm{T}}$ folgt

$$2(A_1\, t_1^* + A_2\, t_2^*) = M_{\mathrm{T}} = GJ_{\mathrm{T}}\,\vartheta. \qquad (3.106)$$

Die Querschnitte verdrehen sich wie starre Scheiben, daher verlangt die Verformungsbedingung die Gleichheit der Verdrillung der Teilröhren und der gesamten Röhre, d.h. $\vartheta_1 = \vartheta_2 = \vartheta$.

Mit der Zweiten Bredtschen Formel erhält man für die beiden Zellen unter Verwendung von (3.105)

$$\begin{aligned} 2GA_1\,\vartheta = (t\Lambda)_1 &= t_1^*\,\lambda_1 - t_3\,\lambda_3 \\ &= t_1^*\,\Lambda_1 - t_2^*\,\lambda_3 \\ 2GA_2\,\vartheta = (t\Lambda)_2 &= t_2^*\,\lambda_2 + t_3\,\lambda_3 \\ &= t_2^*\,\Lambda_2 - t_1^*\,\lambda_3\,. \end{aligned} \qquad (3.107)$$

Aus den drei Gln. (3.106) und (3.107) lassen sich die Zellenschubflüsse sowie die Verdrillung ϑ berechnen. Damit ergibt sich auch das Torsionsträgheitsmoment J_{T} des vorliegenden Profils.

Man erkennt, daß sich das Rechenverfahren für Torsionsröhren mit beliebig vielen Zellen erweitern läßt.
Als einfaches Beispiel wird ein zweizelliger Kastenträger mit $h =$ konst. betrachtet (Bild 3.71).

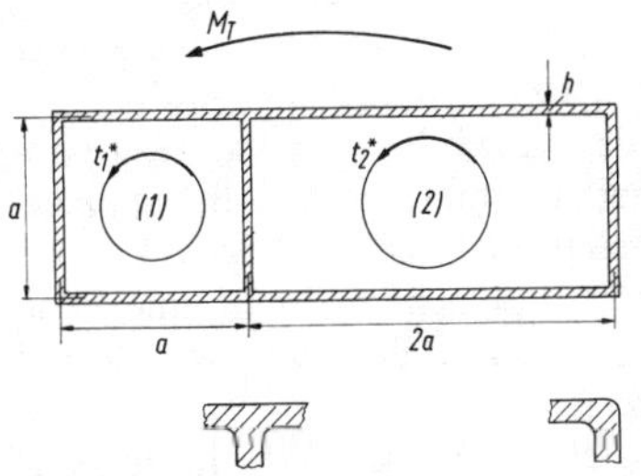

Bild 3.71 Beispiel für zweizelliges Torsionsrohr

Es ergeben sich

$$A_1 = a^2, \quad A_2 = 2a^2, \quad \Lambda_1 = 4\,\frac{a}{h}, \quad \Lambda_2 = 6\,\frac{a}{h}$$

$$\lambda_1 = 3\,\frac{a}{h}, \quad \lambda_2 = 5\,\frac{a}{h}, \quad \lambda_3 = \frac{a}{h}$$

und damit die Gleichungen

$$2a^2\,t_1^* + 4a^2\,t_2^* = M_\mathrm{T} = GJ_\mathrm{T}\,\vartheta$$

$$2Ga^2\,\vartheta = t_1^*\,4\,\frac{a}{h} - t_2^*\,\frac{a}{h}$$

$$4Ga^2\,\vartheta = t_2^*\,6\,\frac{a}{h} - t_1^*\,\frac{a}{h}.$$

Hieraus folgen die Schubflüsse

$$t_1^* = \frac{16}{23}\,G\vartheta ah, \quad t_2^* = \frac{18}{23}\,G\vartheta ah,$$

$$t_3 = t_2^* - t_1^* = \frac{2}{23}\,G\vartheta ah$$

oder mit $M_\mathrm{T} = \dfrac{104}{23}\,Ga^3 h\vartheta$

$$t_1^* = \frac{2M_\mathrm{T}}{13a^2}, \quad t_2^* = \frac{9M_\mathrm{T}}{52a^2}, \quad t_3 = \frac{M_\mathrm{T}}{52a^2}$$

sowie $\vartheta = \dfrac{23}{104}\,\dfrac{M_\mathrm{T}}{Ga^3 h}$ d.h. $J_\mathrm{T} = \dfrac{104}{23}\,a^3 h.$

Dünnwandige *offene Profile* (vgl. Bild 3.72) sind sehr wenig torsionssteif, gleichwohl kommen sie in der Technik vor, z.B. bei Dampfturbinenschaufeln.

Aus der exakten Lösung für den Rechteckquerschnitt [1]) erhält man bei einem sehr schmalen Rechteckquerschnitt (Bild 3.73) als Näherung für das Torsionsträgheitsmoment

$$J_\mathrm{T} = \tfrac{1}{3}\,ab^3 \tag{3.108}$$

wobei die eingezeichnete näherungsweise Schubspannungsverteilung zugrundegelegt ist. Wegen $b \ll a$ kann die Schubspannung in y-Richtung ignoriert werden.

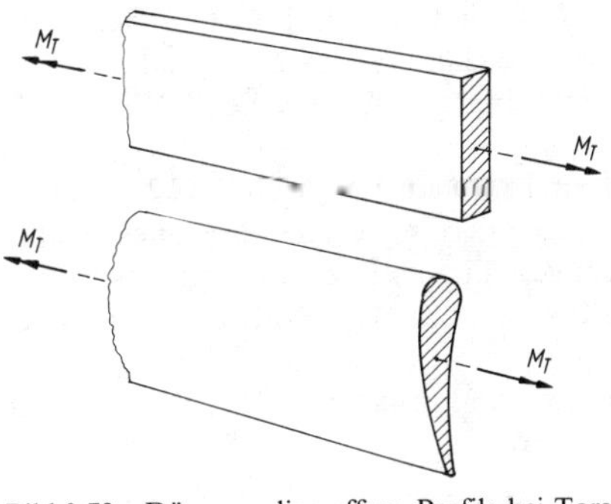

Bild 3.72 Dünnwandige offene Profile bei Torsion

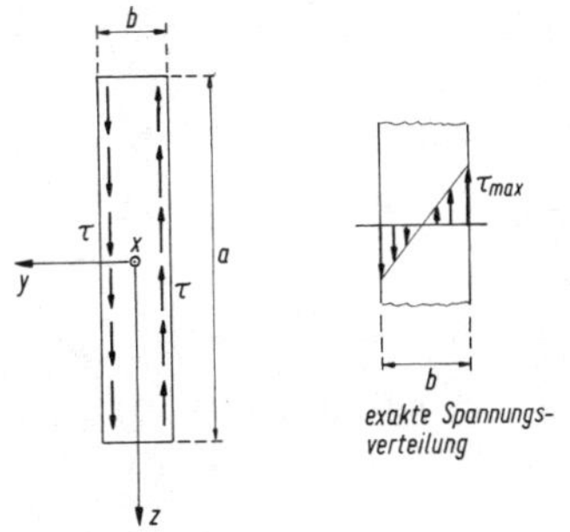

Bild 3.73 Schubspannungen beim schmalen Rechteckquerschnitt

Die Beziehung (3.108) läßt sich auch für offene Profile mit gekrümmter Mittellinie anwenden (Bild 3.74), wobei die Wandstärke h statt b und die Abwicklungslänge l statt a eingeführt werden.

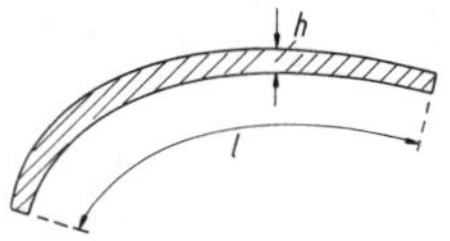

Bild 3.74 Offenes Profil mit gekrümmter Mittellinie

[1]) Vgl. z.B.: *H. G. Hahn*, Elastizitätstheorie (*Lamm* Bd. 62) 1985 Teubner Verlag, insbes. Abschnitt 7.4.5.4.

Es gilt dann

$$J_T = \tfrac{1}{3} l h^3, \qquad h \ll l. \tag{3.109}$$

Für ein offenes Profil, das aus mehreren schmalen Rechtecken zusammengesetzt ist (Bild 3.75), ergibt sich J_T additiv aus den einzelnen Beträgen, d.h.

$$J_T = \frac{1}{3} \sum_i l_i h_i^3$$

(Formel von *A. Föppl*).
Man erkennt, daß die in Bild 3.76 gezeigten Profile bei gleicher Wandstärke und gleicher Abwicklungslänge jeweils gleiche J_T-Werte aufweisen.
Abschließend wird ein Vergleich zwischen einem dünnwandigen Kreisring (geschlossenes Profil) und einem geschlitzten Kreisring (offenes Profil) mit Radius a und Wandstärke $h \ll a$ angestellt.
Für den Kreisring erhält man mit der Zweiten Bredtschen Formel

$$J_{T\,geschl} = \frac{4A^2}{\Lambda} = 2\pi a^3 h = J_p$$

beim geschlitzten Kreisring wird als Näherung (3.109) angewendet, d.h. es ist

$$J_{T\,offen} = \tfrac{1}{3} l h^3 = \tfrac{2}{3} \pi a h^3.$$

Der Vergleich zeigt

$$\frac{J_{T\,geschl}}{J_{T\,offen}} = 3 \left(\frac{a}{h}\right)^2 \gg 1$$

und lehrt, daß für torsionsbeanspruchte Träger zweckmäßig ein geschlossenes Profil verwendet werden sollte.

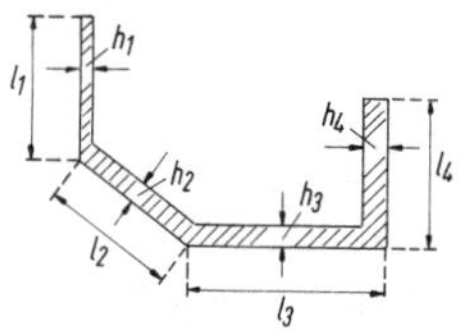

Bild 3.75 Anwendung der Formel von *A. Föppl*

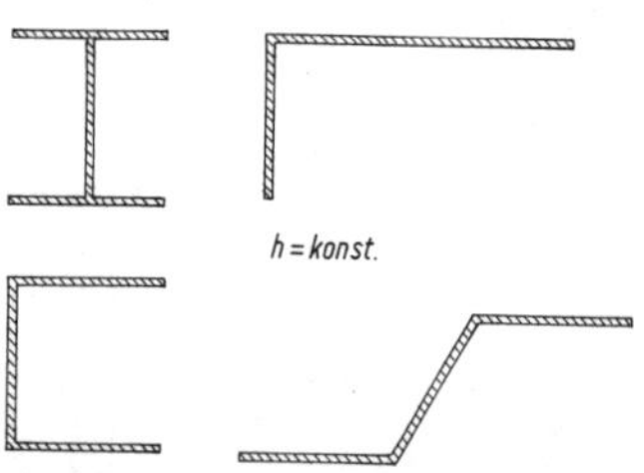

Bild 3.76 Offene Querschnitte mit gleichem Torsionsträgheitsmoment

3.8.2 Zweiachsige oder schiefe Biegung

Bei der *einachsigen* oder geraden Biegung (vgl. Abschnitt 3.6.1) wirkt das Biegemoment stets um eine der Hauptachsen des Querschnitts. Bei symmetrischen Balkenquerschnitten entsprechen diese sog. Biegehauptachsen den Symmetrieachsen des Querschnitts, die durch verschwindendes Zentrifugalmoment gekennzeichnet sind.
Zweiachsige oder schiefe Biegung kann bei symmetrischen oder unsymmetrischen Balkenquerschnitten auftreten. Ersterer Fall liegt vor, wenn die Lastebene (L. *E.*) nicht mehr in eine Symmetrieebene des Querschnitts fällt, wie dies in Bild 3.77a gezeigt ist.
Der auf der Lastebene jeweils senkrecht stehende Vektor des Biegemoments wirkt nicht mehr in Richtung einer Hauptachse. Gemäß Bild 3.77b kann diese zweiachsige Biegung als Überlagerung jeweils einachsiger Biegung um die Biegehauptachsen aufgefaßt werden.
Gesucht sind die Lage der neutralen Schicht, die nun nicht mehr wie bei einachsiger Biegung auf der Lastebene senkrecht steht, sowie Ort und Größe der maximalen Biegespannungen.
Entsprechend tritt zweiachsige Biegung bei unsymmetrischen Querschnitten auf, vgl. Bild 3.78a und b. Besondere Beachtung findet die Situation gemäß Bild 3.78c, da hier die Lage der Lastebene wesentlich ist, damit neben der Biegung nicht zusätzlich Torsion um die Balkenachse auftritt (die eine Kippinstabilität zur Folge hat, vgl. hierzu Abschnitt 3.8.3.3).
Bei schiefer Biegung für einen doppelt-symmetrischen Querschnitt (z.B. Rechteck) ist der $\vec{M}$-Vektor um den Winkel φ gegen die y-Achse geneigt (Bild 3.79), er wird zerlegt in

$$M_y = M \cos\varphi, \qquad M_z = M \sin\varphi \tag{3.110}$$

wobei die Momente in positiver Achsenrichtung als positiv gekennzeichnet werden.
In jedem Punkt des Querschnitts treten Normalspannungen σ_x auf und zwar erzeugt M_y Zugspannungen für $z > 0$, M_z Druckspannungen für $y > 0$. Die von den Momenten M_y und M_z erzeugten Spannungen werden getrennt berechnet und überlagert.
Es sind Normalspannungen in Richtung der Balkenachse, sie können addiert oder subtrahiert werden, je nachdem sich in einem Querschnittspunkt Zug oder Druck ergibt. Es gilt (3.85) entsprechend und man erhält

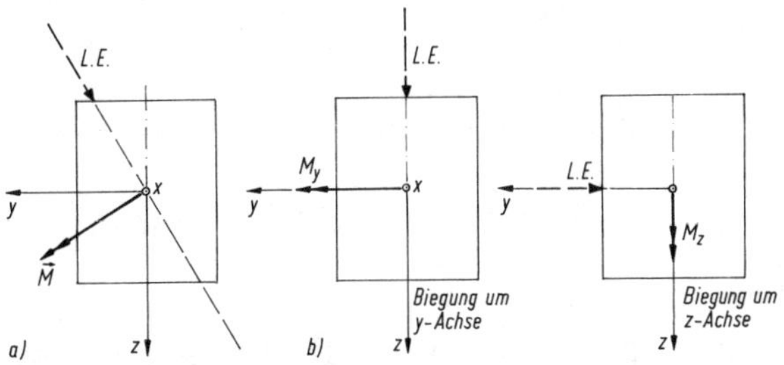

Bild 3.77 Zweiachsige Biegung als Überlagerung von einachsiger Biegung

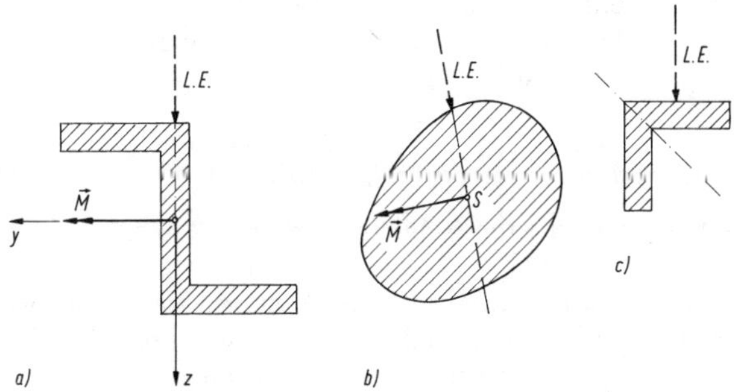

Bild 3.78 Verschiedene Fälle zweiachsiger Biegung

$$\sigma_x = \frac{M_y}{J_{yy}} z - \frac{M_z}{J_{zz}} y = M \left(\frac{\cos\varphi}{J_{yy}} z - \frac{\sin\varphi}{J_{zz}} y \right) \tag{3.111}$$

d.h. eine lineare Verteilung der Biegespannung über den Balkenquerschnitt.
Für die neutrale Schicht gilt $\sigma_x = 0$, es folgt für ihre Lage

$$\frac{z}{y} = \tan\beta = \frac{J_{yy}}{J_{zz}} \tan\varphi \tag{3.112}$$

und man erkennt, daß die neutrale Schicht nur bei gleichen Flächenträgheitsmomenten für die Hauptachsen senkrecht zur Lastebene liegt, z.B. bei Quadrat- oder Kreisquerschnitt.
Die maximalen Biegespannungen treten an den Stellen mit größtem Abstand von der neutralen Schicht auf (Bild 3.80a), d.h. beim Rechteckquerschnitt für $y = \pm\frac{b}{2}$, $z = \pm\frac{h}{2}$.
Die maximalen Zugspannungen im Punkt Z sind dann

$$\sigma_x = 6M \left(\frac{\cos\varphi}{bh^2} + \frac{\sin\varphi}{b^2 h} \right),$$

die maximalen Druckspannungen im Punkt D

$$\sigma_x = -6M \left(\frac{\cos\varphi}{bh^2} + \frac{\sin\varphi}{b^2 h} \right).$$

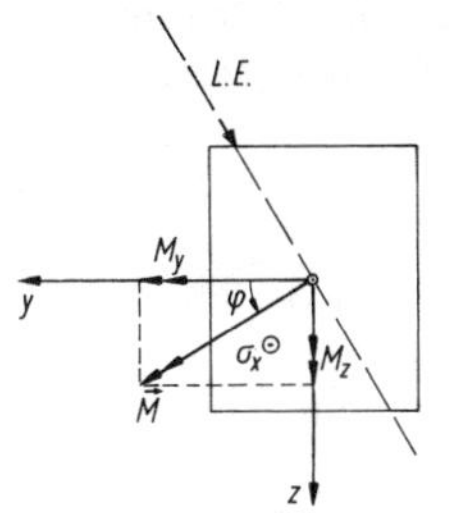

Bild 3.79 Zerlegung des Biegemoments

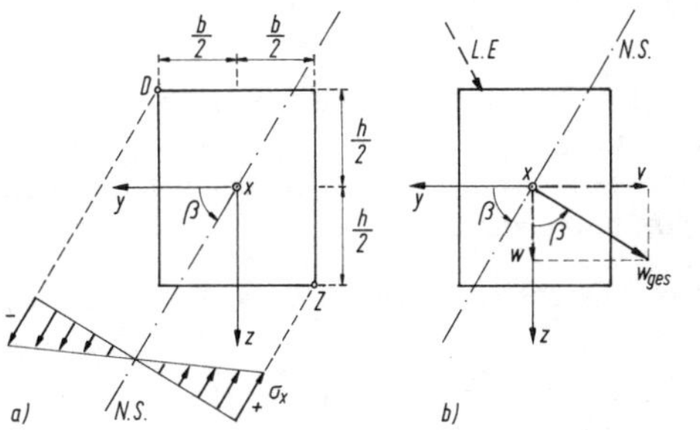

Bild 3.80 Maximale Spannungen sowie Gesamtdurchbiegung bei schiefer Biegung

Die Berechnung der Durchbiegung erfolgt ebenfalls für jede der Momentenkomponenten getrennt, die Überlagerung ergibt (Bild 3.80b)

$$w_{ges} = \sqrt{w^2 + v^2}$$

und die Biegelinie ist eine ebene Kurve in einer zur neutralen Schicht senkrechten Ebene. Die

Diff. Gln. der Biegelinie sind (unter Beachtung der Vorzeichen)

$$w''(x) = -\frac{M(x)\cos\varphi}{EJ_{yy}}, \quad v''(x) = \frac{M(x)\sin\varphi}{EJ_{zz}}.$$

Bei der Betrachtung eines unsymmetrischen Querschnitts (Bild 3.81) sind y- und z-Achse zwar orthogonale Schwerachsen, aber keine Hauptachsen.

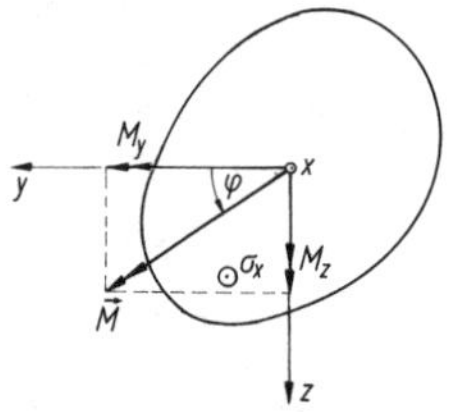

Bild 3.81 Zweiachsige Biegung bei unsymmetrischem Querschnitt

Das Biegeproblem läßt sich gleichwohl lösen ohne die Lage der Hauptachsen zu kennen, wenn man das Naviersche Geradliniengesetz zugrundelegt, also von einer linearen Verteilung der Spannung σ_x über den Querschnitt gemäß

$$\sigma_x = ay + bz \qquad (a,\ b \text{ konst.}) \qquad (3.113)$$

ausgeht.

Der Biegemomentenvektor ist wiederum um den Winkel φ gegen die y-Achse geneigt.

Die Kräftegleichgewichtsbedingung in x-Richtung lautet

$$\int_{(A)} \sigma_x \,\mathrm{d}A = a \int_{(A)} y\,\mathrm{d}A + b \int_{(A)} z\,\mathrm{d}A = 0$$

und ist erfüllt, wenn y- und z-Achse Schwerachsen sind.

Die Spannungsresultierenden entsprechen den Schnittmomenten, d.h.

$$M_y = M\cos\varphi = \int_{(A)} \sigma_x z\,\mathrm{d}A,$$

$$M_z = M\sin\varphi = -\int_{(A)} \sigma_x y\,\mathrm{d}A.$$

Mit (3.113) ergeben sich daraus zwei Gleichungen zur Bestimmung der Konstanten a und b

$$\int_{(A)} (ayz + bz^2)\,\mathrm{d}A = M_y,$$

$$\int_{(A)} (ay^2 + bzy)\,\mathrm{d}A = -M_z$$

und man erhält mit Einführung der Flächenträgheits- und Zentrifugalmomente

$$a = \frac{M_y J_{yz} - M_z J_{yy}}{J_{zz} J_{yy} - J_{yz}^2}, \quad b = \frac{M_y J_{zz} - M_z J_{yz}}{J_{zz} J_{yy} - J_{yz}^2}$$

Die Spannungsverteilung über den Querschnitt wird also

$$\sigma_x = \frac{(M_y J_{zy} - M_z J_{yy})y + (M_y J_{zz} - M_z J_{zy})z}{J_{zz} J_{yy} - J_{yz}^2}. \qquad (3.114)$$

Falls y- und z-Achse Hauptachsen sind, folgt daraus wieder (3.111) wie früher.

Die Lage der neutralen Schicht ergibt sich für $\sigma_x = 0$, d.h. es gilt

$$\frac{z}{y} = \tan\gamma = \frac{M_z J_{yy} - M_y J_{zy}}{M_y J_{zz} - M_z J_{zy}}$$

wobei γ die Neigung gegen die y-Achse bedeutet.

Die maximalen Biegespannungen treten wiederum an den Stellen des Querschnitts mit dem größten Abstand von der neutralen Schicht auf. Man kann alternativ auch zuerst die Hauptachsen für einen vorliegenden unsymmetrischen Querschnitt aufsuchen und dann derart verfahren, wie es im Anfang dieses Abschnitts gezeigt wurde.

3.8.3 Querkraftschub

Bei der Querkraftbiegung von Balken ist das Biegemoment längs des Balkens veränderlich, es wirken Querkräfte, die in Quer- und Längsschnitten Querschubspannungen zur Folge haben – analog wie dies bei der Torsion für die Torsionsschubspannungen zutrifft. In Abschnitt 3.6.3 wurden bereits die Schubspannungen für Vollquerschnitte (näherungsweise) betrachtet. Nun sollen als wichtige Sonderfälle dünnwandige Querschnitte untersucht werden, die im Leichtbau eine große Rolle spielen.

Bei nicht-symmetrischen Querschnitten kann zusätzlich zur Biegung Torsion auftreten, hierfür ist die Lage der Lastebene von Bedeutung (vgl. hierzu Bild 3.78c).

3.8.3.1 Dünnwandige geschlossene Profile

Gemäß Bild 3.82 wird ein Balken mit beliebigem dünnwandigem geschlossenen Querschnitt zugrundegelegt. Hierbei wird jedoch angenommen, daß die y- und z-Achse Hauptachsen sind (d.h. eine davon ist Symmetrieachse), s ist die von einem beliebigen Anfangspunkt zählende Wandkoordinate, die Wandstärke $h(s)$ ist klein gegen die Profilabmessungen.

Bei Querkraftbiegung treten neben den Biegenormalspannungen σ_x die Querschubspannungen $\tau_{xs} = \tau$ auf.

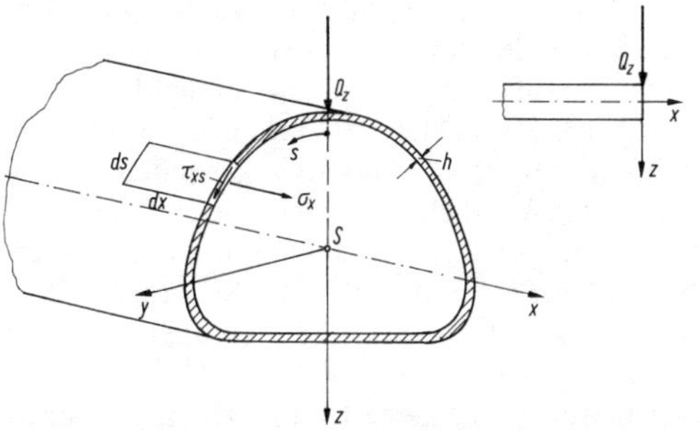

Bild 3.82 Dünnwandiges geschlossenes Profil bei Querkraftbiegung

Die Schubspannungen können als gleichmäßig über die geringe Wandstärke verteilt angenommen werden, wie bei der Torsion wird im Sinn eines Mittelwerts der Schubfluß $t = \tau h$ eingeführt, dieser ist tangential zum Profil gerichtet. [1])

Die Kräftegleichgewichtsbedingungen für ein Wandelement $h\,dx\,ds$ (Bild 3.83) liefern

in Umfangsrichtung

$$\frac{\partial}{\partial x}(\tau h)\,dx\,ds = 0 \qquad \text{oder} \qquad \tau h = t(s)$$

in Achsenrichtung

$$\frac{\partial}{\partial x}(\sigma_x h)\,dx\,ds + \frac{\partial}{\partial s}(\tau h)\,dx\,ds = 0.$$

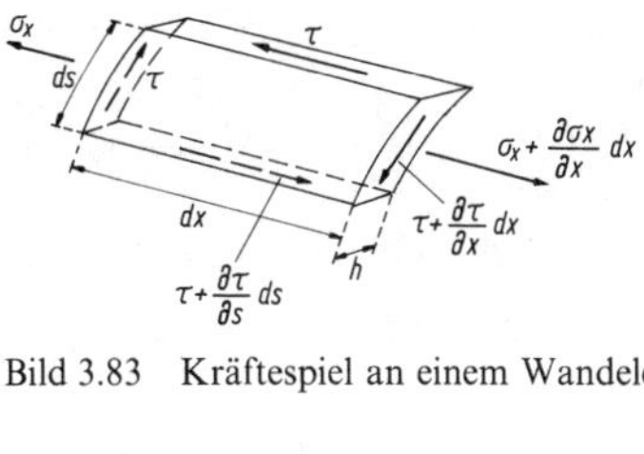

Bild 3.83 Kräftespiel an einem Wandelement

Aus letzterer Gleichung folgt durch Integration längs der Wandkoordinate s zunächst

$$t(s) = -\int_0^s \frac{\partial}{\partial x}(\sigma_x h)\,ds + t_0 \qquad (3.115)$$

wobei die auftretende Integrationskonstante t_0 unabhängig von x ist. Für die Biegenormalspannung gilt (mit den Annahmen wie in Abschnitt 3.6)

$$\sigma_x = \frac{M_y}{J_{yy}} z$$

und mit $\frac{dM_y}{dx} = Q_z$ folgt

$$\frac{\partial \sigma_x}{\partial x} = \frac{\partial M_y}{\partial x}\frac{z}{J_{yy}} = \frac{Q_z}{J_{yy}} z.$$

Damit ergibt sich aus (3.115) für den Schubfluß (h ist von x unabhängig)

$$t(s,x) = -\frac{Q_z}{J_{yy}} S(s) + t_0 \qquad (3.116)$$

mit der Abkürzung $S(s) = \int_0^s hz\,ds$ (statisches Moment bezüglich der y-Achse, vgl. Abschnitt 3.6.3).

Die angedeutete Abhängigkeit des Schubflusses von x kann durch $M_y = M_y(x)$ bzw. $Q_z = Q_z(x)$ gegeben sein.

Wichtig ist die Bestimmung der statisch unbestimmten Konstanten t_0 in (3.116), die den Schubfluß im (beliebig wählbaren) Anfangspunkt von s darstellt. Sie kann nicht aus den Gleichgewichtsbedingungen ermittelt werden, vielmehr dient zu ihrer Festlegung die Verformungsbedingung der drillfreien Biegung. Demnach darf keine Torsion auftreten, d.h. die Verdrillung ϑ muß verschwinden.

Dies kann mit der Zweiten Bredtschen Formel (3.104) ausgedrückt werden, es ergibt sich

$$\oint \tau\,ds = \oint \frac{t}{h}\,ds = 0$$

und damit erhält man für den Schubfluß schließlich

$$t(s,x) = -\frac{Q_z}{J_{yy}}\left[S(s) - \frac{\oint \frac{S(s)}{h}\,ds}{\oint \frac{ds}{h}}\right]. \qquad (3.117)$$

Diese Formel gilt für Profile mit stetiger Krümmungsänderung (sog. „stetige Profile“ ohne Ecken).

Bei Profilen mit vertikaler Symmetrieachse unter symmetrischer Belastung ist stets $t = 0$ auf der vertikalen Symmetrieachse. Zweckmäßig läßt

[1]) Im Unterschied zur Torsion dünnwandiger Profile ist jetzt der Schubfluß jedoch nicht mehr konstant.

man die Wandkoordinate s dort beginnen, dann ist $t_0 = 0$.
Als Beispiel wird ein Kreisprofil (Radius a, Wandstärke $h =$ konst.) betrachtet, vgl. Bild 3.84. Die Wandkoordinate s beginnt am obersten Punkt des Profils.

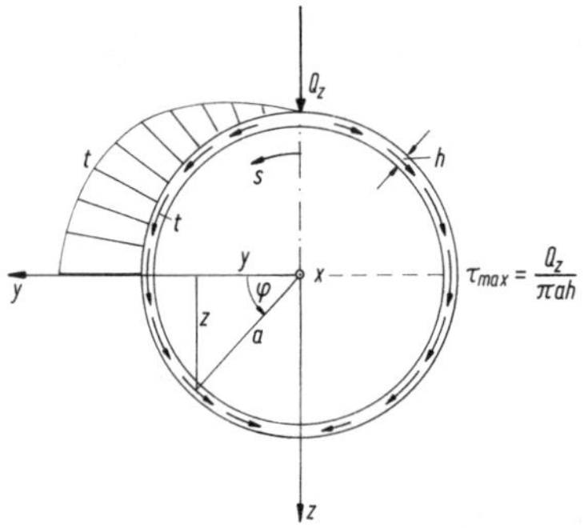

Bild 3.84 Kreisprofil bei Querkraftbelastung

Hierfür gelten

$$z = a \sin\varphi, \qquad ds = a\, d\varphi,$$

man erhält

$$S(s) = \int_0^s zh\, ds = \int_{-\pi/2}^{\varphi} a^2 h \sin\varphi\, d\varphi$$

$$= -a^2 h \cos\varphi \Big|_{-\pi/2}^{\varphi} = -a^2 h \cos\varphi$$

und es zeigt sich

$$\oint \frac{S(s)}{h}\, ds = -a^3 \int_0^{2\pi} \cos\varphi\, d\varphi = 0,$$

d.h. die Konstante t_0 verschwindet.
Der Schubfluß ist dann nach (3.117)

$$t(s) = -\frac{Q_z}{J_{yy}} S(s) = \frac{Q_z}{\pi a} \cos\varphi,$$

der Maximalwert der Schubspannung $\tau_{max} = \dfrac{Q}{\pi a h}$ tritt bei $\varphi = 0$ bzw. $\varphi = \pi$ auf.
Für das später zu betrachtende offene Halbkreisprofil ergibt sich übrigens die gleiche Schubflußverteilung.
Hat man es mit unstetigen Profilen zu tun, die Ecken im Wandverlauf aufweisen, muß eine Einteilung in entsprechende Bereiche vorgenommen werden. Die Formel (3.116) für den Schubfluß gilt dann für jeden der einzelnen Bereiche (numeriert mit $i = 1, 2, \ldots$)

$$t_i = -\frac{Q_z}{J_{yy}} S_i(s_i) + t_{0i}. \tag{3.118}$$

Auf einer vertikalen Symmetrieachse bei symmetrischer Belastung ist wiederum $t = 0$.
Es ist darauf hinzuweisen, daß an den Ecken die Schubflüsse zwar stetigen Verlauf zeigen (Eckenbedingung), die sich daraus ergebenden Schubspannungen jedoch nicht mehr gleichförmig verteilt sind. Es treten auf die unmittelbare Umgebung der Ecken beschränkte Störungen (sog. Spannungsspitzen) auf, die hier aber ignoriert werden.
Als Beispiel wird gemäß Bild 3.85 ein Quadratprofil (Kantenlänge 2a) betrachtet, für die einzelnen Bereiche (i) gelten (ausgedrückt in den Schwerpunktkoordinaten y und z)

(1) $z = -a, \quad ds_1 = dy, \quad S_1(y) = -shy$

(2) $z = z, \quad ds_2 = dz, \quad S_2(z) = \dfrac{h}{2}(z^2 - a^2)$

(3) $z = a, \quad ds_3 = -dy, \quad S_3(y) = -ah(y - a)$

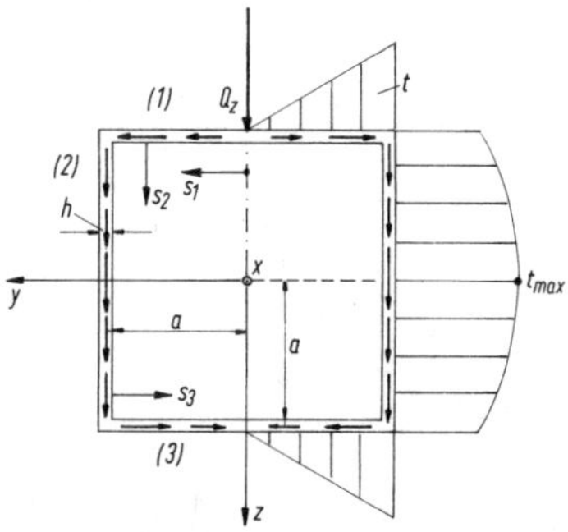

Bild 3.85 Quadratprofil bei Querkraftbelastung

usw. und damit die Schubflüsse aus (3.118)

(1) $t_1 = \dfrac{Q_z}{J_{yy}} ahy$ mit $t_{01} = 0$ (Symmetrie!)

(2) $t_2 = -\dfrac{Q_z}{J_{yy}} \dfrac{h}{2}(z^2 - a^2) + t_{02}$

wobei $t_{02} = t_1(a) = \dfrac{Q_z}{J_{yy}} a^2 h$

also $t_2 = -\dfrac{Q_z}{J_{yy}} \dfrac{h}{2}(z^2 - 3a^2)$

usw.

Die Schubflußverteilung ist symmetrisch, der maximale Schubfluß $t_{\max} = \frac{9}{32} \frac{Q_z}{a}$ tritt bei $z = 0$ auf.
Wie in Bild 3.86 angedeutet, können bei einem Kastenprofil die Wandstärken unterschiedlich sein (dünne Wandstärken sind allemal vorausgesetzt). Die Schubflußberechnung erfolgt stets unter der Annahme drillfreier Biegung. Hierfür muß die Querkraft eine bestimmte Wirkungslinie, nämlich durch den Schubmittelpunkt (dessen Lage bisher noch unbekannt ist) haben (Näheres hierzu in Abschnitt 3.8.3.3).

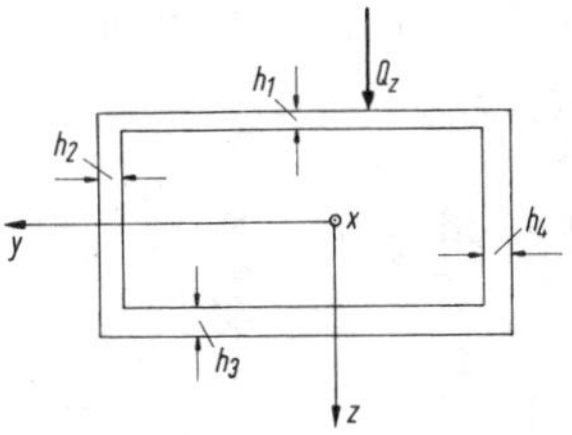

Bild 3.86 Kastenprofil mit unterschiedlichen Wandstärken

Wegen der Stetigkeit des Schubflusses müssen bei Wandstärkenänderungen bzw. bei Ecken stets die Kontinuitätsbedingungen $t_1 = t_2$ bzw. $\tau_1 h_1 = \tau_2 h_2$ erfüllt sein (vgl. Bild 3.87), die aus den Gleichgewichtsbedingungen der Schubspannungen resultieren. Auf die Bemerkung S. 146 bezüglich der gestörten Spannungszustände sei verwiesen.

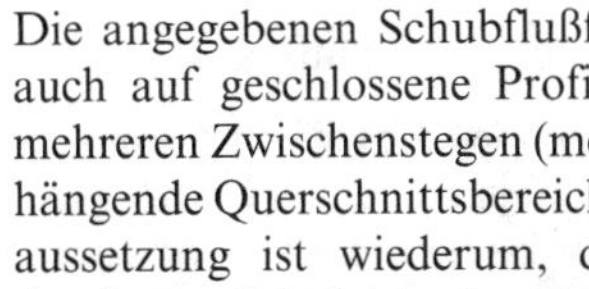

Bild 3.87 Zur Kontinuität des Schubflusses

Die angegebenen Schubflußformeln lassen sich auch auf geschlossene Profile mit einem oder mehreren Zwischenstegen (mehrfach zusammenhängende Querschnittsbereiche) anwenden. Voraussetzung ist wiederum, daß die Querkraft durch den Schubmittelpunkt verläuft.
Die Gln. (3.118) gelten für die einzelnen Profilbereiche, hinzu kommen die Kontinuitätsbedingungen der Schubflüsse an den Verzweigungspunkten (Knotenpunktbedingungen), um die Integrationskonstanten berechnen zu können.

3.8.3.2 Dünnwandige offene Profile

Gemäß Bild 3.88 wird ein beliebig geformtes offenes Profil betrachtet, die y- und z-Achse sind als Hauptachsen angenommen (d.h. die neutrale Schicht liegt in der x-y-Ebene) und drillfreie Biegung ist vorausgesetzt (Querkraft verläuft durch den Schubmittelpunkt).

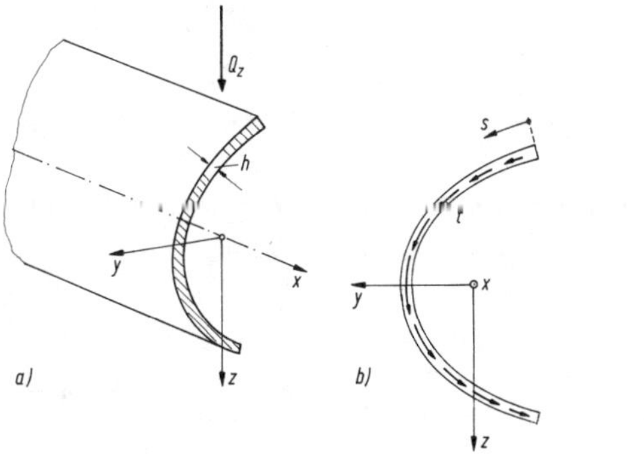

Bild 3.88 Dünnwandiges offenes Profil bei Querkraftbelastung

Für den Schubfluß gilt die Formel (3.116) genauso wie für geschlossene Profile, nur die Festlegung der Integrationskonstante erfolgt jetzt aus den Randbedingungen des lastfreien Rands (bei geschlossenen Profilen konnte keine statische Randbedingung angegeben werden, deshalb ergab sich t_0 als statisch unbestimmte Konstante). Zweckmäßig läßt man die Wandkoordinate s am Rand beginnen (Bild 3.88b), dann gilt für die lastfreien Ränder $t = 0$ für $s = 0$ bzw. $s = l$ (l ist die Abwicklungslänge des Profils) und somit $t_0 = 0$. Für den Schubfluß gilt wiederum bei stetigen Profilen

$$t(s) = -\frac{Q_z}{J_{yy}} S(s). \tag{3.119}$$

Als Beispiel wird ein Halbkreisprofil (Radius a, Wandstärke $h =$ konst.) betrachtet, vgl. Bild 3.89 (Querkraft verläuft durch den Schubmittelpunkt).
Mit

$$z = -a\cos\varphi, \qquad ds = a\,d\varphi, \qquad J_{yy} = \frac{\pi}{2} a^3 h$$

ergibt sich

$$S(s) = -ah \int_0^{\varphi} \cos\varphi \; a\,d\varphi = -a^2 h \sin\varphi$$

also ist der Schubfluß

$$t = \frac{Q_z}{J_{yy}} a^2 h \sin\varphi = \frac{2Q_z}{\pi a} \sin\varphi .$$

Die maximale Schubspannung ist $\tau_{max} = \frac{2Q_z}{\pi a h}$ bei $\varphi = \frac{\pi}{2}$ (d.h. $z=0$).

Der Schubflußverlauf ist der gleiche wie beim dünnwandigen geschlossenen Kreisprofil.

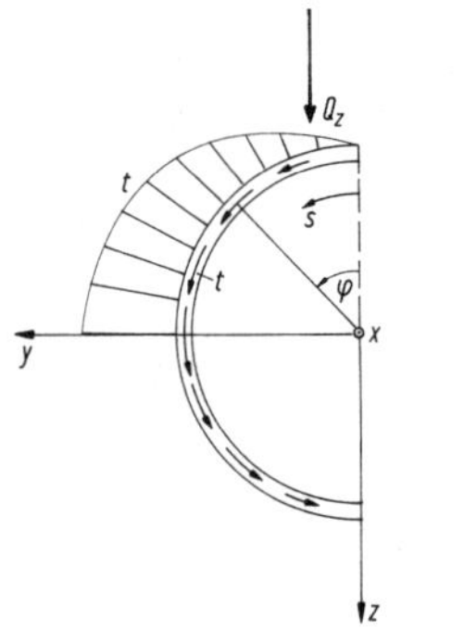

Bild 3.89 Halbkreisprofil bei Querkraftbelastung (vgl. Bild 3.84)

Bei nichtstetigen Profilen, d.h. Profile mit Verzweigungen oder Ecken, müssen für die einzelnen Bereiche die Integrationskonstanten mitberücksichtigt werden, sie sind dann durch Rand- oder Knotenpunktbedingungen festzulegen.
Für die Schubflüsse in den einzelnen Bereichen (i) gilt dann wieder (3.118), d.h.

$$t_i = -\frac{Q_z}{J_{yy}} S_i(s_i) + t_{0i} .$$

An freien Rändern ist $t_i = 0$, an Verzweigungsstellen muß die Summe der ankommenden und weglaufenden Schubflüsse verschwinden.
Als Beispiel wird ein I-Profil mit $h =$ konst. betrachtet, Bild 3.90. Es handelt sich um eine Mehrbereichsaufgabe, für jeden der fünf Bereiche werden die Wandkoordinaten s_i in beliebiger Richtung festgelegt, ihre Richtung bestimmt die Richtung positiven Schubflusses. Zweckmäßig läßt man die Wandkoordinaten an den freien Rändern beginnen. Es ergibt sich für die einzelnen Bereiche (i), ausgedrückt in den Bereichskoordinaten

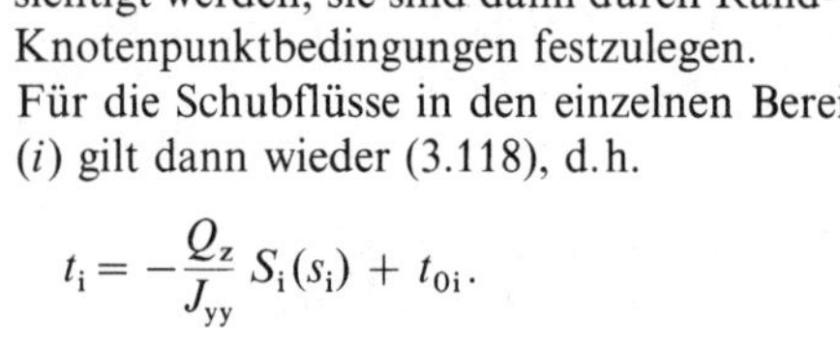

Bild 3.90 Offenes Profil mit Verzweigungen

$$S_1(s_1) = -\frac{ah}{2} s_1, \qquad t_1 = \frac{Q_z}{J_{yy}} \frac{ah}{2} s_1$$

$$S_2(s_2) = -\frac{ah}{2} s_2, \qquad t_2 = \frac{Q_z}{J_{yy}} \frac{ah}{2} s_2$$

$$S_3(s_3) = h \int_0^{s_3} z \, ds_3 = \frac{h}{2} s_3 (s_3 - a)$$

$$t_3 = -\frac{Q_z}{J_{yy}} \frac{h}{2} (s_3^2 - s_3 a) + t_{03}$$

mit der Knotenpunktbedingung

$$t_{03} = t_1 \left(s_1 = \frac{b}{2}\right) + t_2 \left(s_2 = \frac{b}{2}\right) = \frac{Q_z}{J_{yy}} \frac{ahb}{2}$$

$$t_3 = \frac{Q_z}{J_{yy}} \frac{h}{2} (ab - s_3^2 + s_3 a)$$

$$S_4(s_4) = \frac{ah}{2} s_4, \qquad t_4 = -\frac{Q_z}{J_{yy}} \frac{ah}{2} s_4$$

$$S_5(s_5) = \frac{ah}{2} s_5, \qquad t_5 = -\frac{Q_z}{J_{yy}} \frac{ah}{2} s_5$$

d.h. die wahre Richtung des Schubflusses ist entgegengesetzt gerichtet zu s_4 bzw. s_5.
Die sich ergebende Schubflußverteilung ist schematisch in Bild 3.90b dargestellt.
Es sei daran erinnert, daß die früher (Abschnitt 3.6.3) betrachtete Näherungslösung für die Schubspannung in Vollquerschnitten mit der Lösung für dünnwandige Profile (bis auf die Vorzeichenfestsetzung) übereinstimmt, wenn man setzt $\tau b = -\frac{Q}{J} S$.

3.8.3.3 Lage des Schubmittelpunkts

Die in den vorhergehenden Abschnitten ermittelten Schubflußverteilungen gelten, wie vorausgesetzt war, stets für drillfreie Biegung. Hierfür ist die Lage der Wirkungsebene der Querkraftbelastung wesentlich, sie muß nämlich durch den sog. *Schubmittelpunkt* gehen. Dieser ist bei nichtsymmetrischen Querschnitten im allgemeinen nicht mit dem Querschnittsschwerpunkt identisch.

Zur Erläuterung dieses Sachverhalts wird noch einmal auf einen Biegebalken mit unsymmetrischem Querschnitt in Bild 3.78c verwiesen.
Wie in Bild 3.91 dargestellt, findet bei beliebiger Lage der Querkraftwirkungslinie außer der Verschiebung in z- und y-Richtung auch eine Verdrehung des Balkenquerschnitts statt. Diese zusätzliche Torsion führt, wie man leicht erkennt, zu einem „Umkippen" des Balkens.

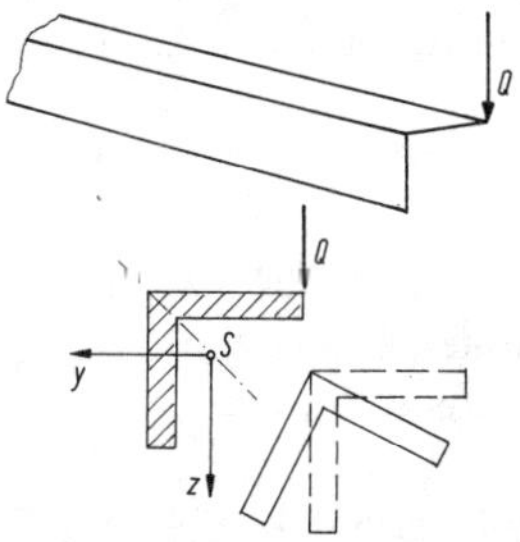

Bild 3.91 Balken mit unsymmetrischem Querschnitt bei Querkraftbiegung (Umkippen des Balkens)

Diese Erscheinung war den Ingenieuren bereits im 19. Jahrhundert bekannt, konnte aber nicht erklärt werden. Erst in den 20er Jahren unseres Jahrhunderts erbrachte die Theorie des Schubmittelpunkts [1]) darüber endgültigen Aufschluß.
Die Kenntnis des Schubmittelpunkts ist zur „richtigen" Anordnung der Lastebene bei Biegebalken mit unsymmetrischem Querschnitt von Bedeutung. Die ansonsten auftretende Torsion ist nicht nur wegen des Umkippens oder der damit verbundenen zusätzlichen Torsionsschubspannungen unerwünscht. Bei eingespannten Biegebalken können wegen der behinderten Querschnittsverwölbung auch zusätzliche Normalspannungen in Achsenrichtung auftreten (sog. Wölbkrafttorsion).
Zur Ermittlung der Lage des Schubmittelpunkts dient die Bedingung, daß das Momentengleichgewicht um die Balkenlängsachse (x-Achse) erfüllt sein muß.
Dies wird für einen dünnwandigen Balken mit U-Profil und konstanter Wandstärke, Bild 3.92, gezeigt.
Die Berechnung der Schubflußverteilung in den drei Bereichen führt auf dem in Abschnitt 3.8.3.2 gezeigten Weg zu

$$t_1 = \frac{Q_z}{J_{yy}} \frac{ah}{2} s_1$$

[1]) Unabhängig von *C. Weber* und *R. Maillart* aufgestellt.

$$t_2 = \frac{Q_z}{J_{yy}} \frac{h}{2} (ab - s_2^2 + s_2 a)$$

$$t_3 = -\frac{Q_z}{J_{yy}} \frac{ah}{2} s_3.$$

Die Verteilung ist schematisch in Bild 3.92b dargestellt.

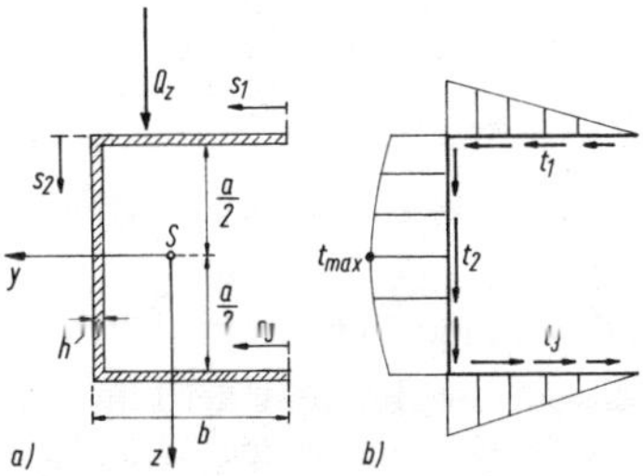

Bild 3.92 U-Profil bei Querkraftbelastung

Die in den drei Bereichen auftretenden Schubspannungen können durch resultierende Schubkräfte

$$T_1 = \int_0^b t_1 \, ds_1 = \frac{Q_z}{J_{yy}} \frac{ahb^2}{4} = T_3$$

$$T_2 = \frac{Q_z}{J_{yy}} \frac{a^3 h}{12} \left(1 + 6\frac{b}{a}\right) = Q_z$$

ersetzt werden (Bild 3.93).
Torsionsfreie Biegung ist nur vorhanden, wenn das Moment dieser resultierenden Schubkräfte dem Moment der äußeren Querkraft Q_z äquivalent ist.

Bild 3.93 Lage des Schubmittelpunkts beim U-Profil

Wenn die äußere Last z.B. durch den Schwerpunkt S des Querschnitts verlaufen würde, lieferten T_1, T_2 und T_3 ein linksdrehendes Moment um S, wodurch Torsionsschubspannungen im Querschnitt geweckt würden. Das Moment wird dagegen aufgehoben, wenn die Wirkungslinie der Querkraft durch den Schubmittelpunkt SM verläuft.

Bezüglich des Schubmittelpunkts verschwindet das Moment der Querkraft, also muß gelten

$$2T_1\frac{a}{2}-T_2e=0$$

und daraus erhält man für die Lage von SM im betrachteten Beispiel

$$e=\frac{T_1a}{Q_z}=\frac{a^2b^2h}{4J_{yy}}=\frac{3b^2}{a\left(1+6\frac{b}{a}\right)}$$

mit $J_{yy}\approx\frac{a^3h}{12}\left(1+6\frac{b}{a}\right)$.

Die Wahl eines beliebigen anderen Bezugspunkts liefert das gleiche Ergebnis.
Man erkennt, daß zur Bestimmung der Lage des Schubmittelpunkts die Kenntnis des Schubflußverlaufs erforderlich ist. Damit kann ebenso für nichtsymmetrische geschlossene Profile als auch für Profile mit mehr als 2-fach zusammenhängenden Bereichen die Lage des Schubmittelpunkts berechnet werden.
Geschlossene Profile besitzen im allgemeinen eine wesentlich größere Torsionssteifigkeit als offene Profile, daher ist bei ersteren (wie übrigens auch bei Vollquerschnitten) die Frage des Schubmittelpunkts von geringerer Bedeutung.
Einige Beispiele für die Lage von Schubmittelpunkten sowie Berechnungsbeispiele sind in Bild 3.94 und 3.95 angegeben.
Weist ein Querschnitt eine Symmetrieachse auf, so liegt der Schubmittelpunkt stets auf dieser.

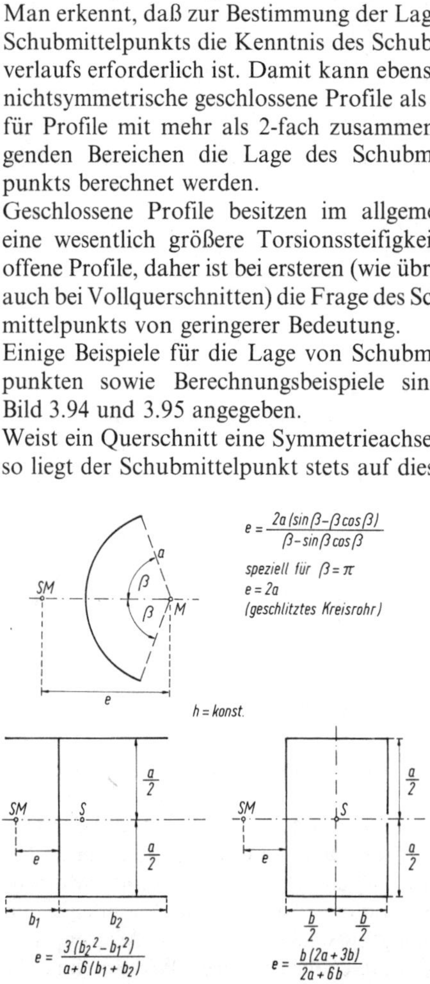

Bild 3.94 Berechnungsbeispiele zur Lage des Schubmittelpunkts

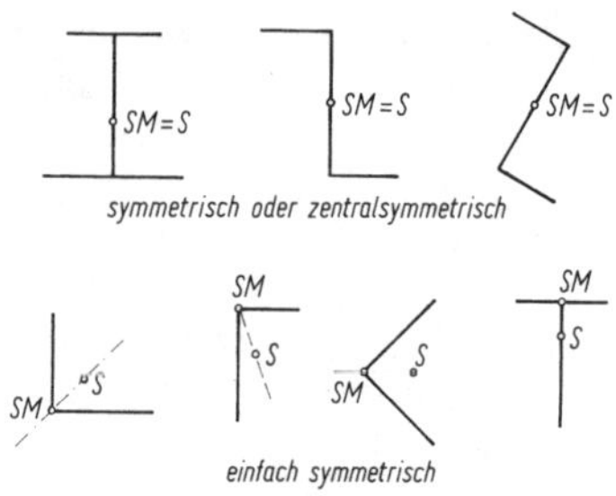

Bild 3.95 Lage des Schubmittelpunkts für dünnwandige Profile

3.9 Energiemethoden und Anwendungen

Die Begriffe Arbeit und Energie, die in der gesamten Mechanik eine wichtige Rolle spielen, sind definitionsmäßig miteinander verknüpft. Kräfte (und Momente) können in einem mechanischen System Arbeit leisten, das System kann Energie beinhalten. Auf der Betrachtung der Energie fußen zahlreiche Methoden in der Kontinuumsmechanik.

3.9.1 Verformungsarbeit und elastische Energie

Die äußeren Kräfte (oder Momente), die einen festen Körper verformen, leisten Arbeit, da sich die Kraftangriffspunkte verschieben. Diese Arbeit wird als Verformungs- oder Formänderungsarbeit bezeichnet.
Die belastenden Kräfte werden langsam (quasistatisch) von Null auf ihre Endwerte gesteigert, der belastete Körper durchläuft dabei lauter Gleichgewichtslagen. Die Temperaturänderungen infolge der Verformungen sind bei festen Körpern im allgemeinen vernachlässigbar. Es handelt sich um eine sehr schwache Wechselwirkung, die Verformungen können als „isotherm" angesehen werden.
Nach dem ersten Hauptsatz der Thermodynamik ist die Arbeit der äußeren Kräfte mit einer Zunahme der inneren Energie verbunden. Diese wird bei elastischem Materialverhalten als Verformungsenergie oder elastische Energie (auch als Verzerrungsenergie) bezeichnet. Sie ist als potentielle Energie im verformten Körper gespeichert und kann reversibel zurückgewonnen wer-

den[1]). Eine Umwandlung in kinetische Energie findet bei der quasi-statischen Belastung nicht statt.

3.9.1.1 Elastische Energiedichte bei einachsigem Zug und reinem Schub

Unter Voraussetzung linear-elastischen Materialverhaltens gemäß dem Hookeschen Gesetz wird die Verlängerung eines eingespannten Zugstabs (Bild 3.96a) betrachtet.
Zwischen Kraft und Verlängerung des Stabs besteht der lineare Zusammenhang $F=$ konst. u (Bild 3.96b), das Arbeitsdifferential ist $\mathrm{d}W = F\,\mathrm{d}u$. Die Verformungsarbeit bei quasistatischer Laststeigerung bis zum Endwert ergibt sich als

$$W = \int_{u=0}^{\delta l} F\,\mathrm{d}u = \text{konst.} \int_{u=0}^{\delta l} u\,\mathrm{d}u = \frac{1}{2} F\delta l \qquad (3.120)$$

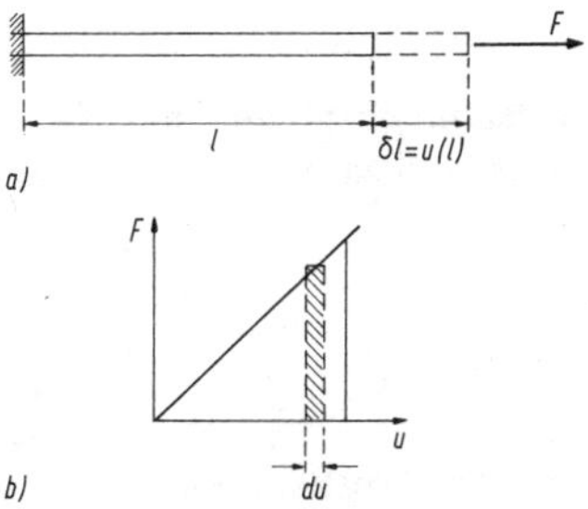

Bild 3.96 Einachsiger Zug

es ist die Dreieckfläche unter der Kurve in Bild 3.96b.
Die Verformungsarbeit W findet sich als elastische Energie U im verformten Zugstab wieder, bei Entlastung kann sie reversibel zurückgewonnen werden. Diese Tatsache wird in allen Federaufzugwerken ausgenützt.
Für die elastische Energie im Zugstab ergibt sich mithin, wenn die bekannte Formel für die Stabverlängerung

$$\delta l = \frac{Fl}{EA}$$

verwendet wird, der Ausdruck

$$U = \frac{1}{2} F\delta l = \frac{1}{2}\frac{F^2 l}{EA} \qquad (3.121)$$

der stets > 0, also eine positiv-definite Größe ist.
Mit dem Hookeschen Gesetz $\sigma = E\varepsilon$ und $\varepsilon = \frac{\delta l}{l}$ folgt daraus

$$U = \tfrac{1}{2}\sigma A\,\varepsilon l = \tfrac{1}{2}\sigma\varepsilon\,Al$$

und da Al das Stabvolumen ist, erhält man als *elastische Energiedichte* (oder spezifische elastische Energie) bei einachsigem Zug

$$\bar{U} = \frac{1}{2}\sigma\varepsilon = \frac{\sigma^2}{2E} = \frac{1}{2}E\varepsilon^2 \qquad (3.122)$$

Diese für linear-elastisches Materialverhalten gültige Beziehung wird als *Clapeyronsche Formel* bezeichnet.
Im Spannungs-Dehnungsdiagramm (Bild 3.97a) ergibt sich die elastische Energiedichte als Fläche unter der Hookeschen Geraden. Es gilt

$$\bar{U} = \int_0^{\varepsilon} \sigma\,\mathrm{d}\varepsilon = E\int_0^{\varepsilon} \varepsilon\,\mathrm{d}\varepsilon = \frac{1}{2}E\varepsilon^2.$$

In Bild 3.97a erkennt man außerdem die Fläche $\bar{U}^*$, die als elastische *Ergänzungsenergiedichte* bezeichnet wird[1]).
Diese Größe, die gemäß $\bar{U}^* = \int_0^{\sigma} \varepsilon\,\mathrm{d}\sigma$ zwar die Dimension einer Energie hat, selbst aber keine Energie ist, findet gleichwohl als Rechengröße Verwendung.
Im linear-elastischen Fall ist stets $\bar{U}^* = \bar{U}$, ein Unterschied ergibt sich dagegen bei nicht-linear elastischem Verhalten (Bild 3.97b). Die elastische Ergänzungsenergiedichte spielt dann (und bei allgemeinen Formulierungen) eine wichtige Rolle.

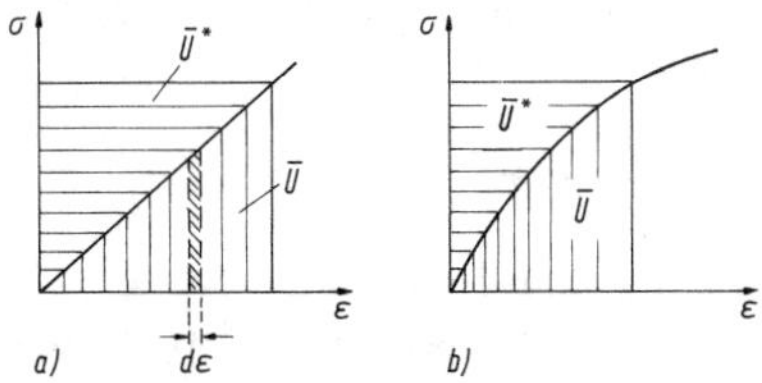

Bild 3.97 Elastische Energiedichte

[1]) Diese Aussage kann als Definition des (linearen oder nichtlinearen) elastischen Materialverhaltens aufgefaßt werden.

[1]) Die Flächen $\bar{U}$ und $\bar{U}^*$ ergänzen sich zur Rechteckfläche $\sigma \cdot \varepsilon$.

Für reinen Schub gilt die zu (3.122) analoge Formel

$$\bar{U}=\frac{1}{2}\tau\gamma=\frac{\tau^2}{2G}=\frac{1}{2}G\gamma^2. \tag{3.123}$$

3.9.1.2 Elastische Energie für Zugstab, Torsionsstab und Biegebalken

Die Stäbe bzw. Balken sind geradlinig und haben jeweils die Länge l und den Querschnitt A, die Längskoordinate ist x.
Für einen Zugstab mit veränderlichem Querschnitt $A(x)$ und veränderlicher Längskraft $N(x)$ ergibt sich aus (3.122) für die elastische Energiedichte

$$\bar{U}=\frac{\sigma^2}{2E}=\frac{N^2(x)}{2EA^2(x)}$$

und durch Integration über das Stabvolumen die elastische Energie

$$U_Z=\int\limits_{(l)}\int\limits_{(A)}\bar{U}\,\mathrm{d}A\,\mathrm{d}x=\frac{1}{2}\int\limits_{(l)}\frac{N^2\,\mathrm{d}x}{EA}. \tag{3.124}$$

Für einen Torsionsstab folgt entsprechend aus (3.123) mit der Schubspannung $\tau=\frac{M_T}{J_p}r$ für die elastische Energiedichte

$$\bar{U}=\frac{\tau^2}{2G}=\frac{M_T^2 r^2}{2GJ_p^2}$$

und daraus die elastische Energie

$$\begin{aligned}U_T&=\frac{1}{2}\int\limits_{(l)}\int\limits_{(A)}\frac{M_T^2 r^2}{GJ_p^2}\,\mathrm{d}A\,\mathrm{d}x\\&=\frac{1}{2}\int\limits_{(l)}\frac{M_T^2}{GJ_p^2}\,\mathrm{d}x\int\limits_{(A)}r^2\,\mathrm{d}A\\&=\frac{1}{2}\int\limits_{(l)}\frac{M_T^2\,\mathrm{d}x}{GJ_p}.\end{aligned} \tag{3.125}$$

Im Sonderfall der reinen Torsion $M_T=\text{konst.}$ wird

$$U_T=\frac{M_T^2 l}{2GJ_p}=\frac{1}{2}M_T\varphi$$

mit φ als dem Torsionsdrehwinkel.
Für einen Biegebalken folgt aus (3.123) mit der Biegespannung $\sigma_B=\frac{M_B}{J}z$ für die elastische Energie

$$U_B=\frac{1}{2}\int\limits_{(l)}\frac{M_B^2\,\mathrm{d}x}{EJ} \tag{3.126}$$

oder mit $M_B=-EJw''$

$$U_B=\frac{1}{2}\int\limits_{(l)}EJ(w'')^2\,\mathrm{d}x.$$

Im Sonderfall der reinen Biegung $M_B=\text{konst.}$ wird

$$U_B=\frac{M_B^2 l}{2EJ}=\frac{1}{2}M_B\varphi$$

wobei hier φ die Verdrehung der beiden Endquerschnitte gegeneinander bedeutet.
Der Querkraftschubanteil für die elastische Energie eines Balkens ergibt sich aus (3.123) mit der (angenäherten) Schubspannungsverteilung $\tau=\frac{QS(z)}{Jb}$ zu

$$U_Q=\frac{1}{2}\int\limits_{(l)}\int\limits_{(A)}\frac{Q^2 S^2}{GJ^2 b^2}\,\mathrm{d}A\,\mathrm{d}x=\frac{1}{2}\int\limits_{(l)}\frac{Q^2\kappa\,\mathrm{d}x}{GA} \tag{3.127}$$

wobei der abzuspaltende Ausdruck

$$\int\limits_{(A)}\frac{S^2\,\mathrm{d}A}{J^2 b^2}=\frac{\kappa}{A}$$

nur von der Querschnittsform abhängt. Man bezeichnet κ als Querschubzahl, es gilt

für Rechteckquerschnitt $\kappa=\frac{6}{5}$

für Kreisquerschnitt $\kappa=\frac{10}{9}$.

3.9.1.3 Anwendung des Arbeitssatzes

Die Tatsache, daß die Arbeit der äußeren Kräfte gleich der elastischen Energie ist, wird unter der Bezeichnung *Arbeitssatz* zur einfachen Berechnung von Verschiebungen bzw. Verdrehungen infolge einer Kraft bzw. eines Moments herangezogen.
Als Beispiel wird die maximale Durchbiegung eines eingespannten Balkens ($EJ=\text{konst.}$) unter einer Last F am freien Ende berechnet, Bild 3.98.
Die Arbeit der äußeren Kraft ist

$$W=\tfrac{1}{2}Fw_{\max}$$

für die elastische Energie im Balken gilt

$$U=\frac{1}{2EJ}\int\limits_{(l)}M^2\,\mathrm{d}x=\frac{1}{2EJ}\int\limits_{(l)}F^2x^2\,\mathrm{d}x=\frac{F^2l^3}{6EJ}.$$

Aus $W=U$ folgt das bekannte Ergebnis

$$w_{\max}=\frac{Fl^3}{3EJ}.$$

Entsprechend ergibt sich für die maximale Verdrehung φ_{max} infolge eines Moments M_0 am freien Ende

$$W = \frac{1}{2} M_0 \varphi_{max} \quad \text{sowie} \quad U = \frac{M_0^2 l}{2EJ}$$

und daraus

$$\varphi_{max} = \frac{M_0 l}{EJ}.$$

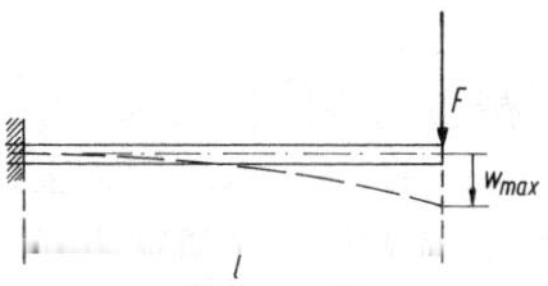

Bild 3.98 Zur Anwendung des Arbeitssatzes

3.9.1.4 Elastische Energiedichte bei allgemeinen Spannungszuständen

Die Verallgemeinerung der Clapeyronschen Formel (3.122) für den dreiachsigen Spannungszustand lautet (wegen der Linearität ist die Superponierbarkeit gegeben)

$$\bar{U} = \tfrac{1}{2} (\sigma_x \varepsilon_x + \sigma_y \varepsilon_y + \sigma_z \varepsilon_z + \tau_{xy}\gamma_{xy} + \tau_{yz}\gamma_{yz} + \tau_{zx}\gamma_{zx}). \quad (3.128)$$

Mit dem verallgemeinerten Hookeschen Gesetz läßt sich die elastische Energiedichte in den Verzerrungen bzw. in den Spannungen allein ausdrücken.
Es folgen dann

$$\bar{U} = \frac{E}{(1+\nu)(1-2\nu)} \cdot \left[\frac{1-\nu}{2} (\varepsilon_x^2 + \varepsilon_y^2 + \varepsilon_z^2) + \nu(\varepsilon_x\varepsilon_y + \varepsilon_y\varepsilon_z + \varepsilon_z\varepsilon_x)\right] + \frac{G}{2} (\gamma_{xy}^2 + \gamma_{yz}^2 + \gamma_{zx}^2)$$

$$= G\left[\frac{1-\nu}{1-2\nu} e^2 - 2(\varepsilon_x\varepsilon_y + \varepsilon_y\varepsilon_z + \varepsilon_z\varepsilon_x) + \frac{1}{2}(\gamma_{xy}^2 + \gamma_{yz}^2 + \gamma_{zx}^2)\right] \quad (3.129)$$

bzw.

$$\bar{U} = \frac{1}{2E} [\sigma_x^2 + \sigma_y^2 + \sigma_z^2 - 2\nu(\sigma_x\sigma_y + \sigma_y\sigma_z + \sigma_z\sigma_x)] + \frac{1}{2G} (\tau_{xy}^2 + \tau_{yz}^2 + \tau_{zx}^2)$$

$$= \frac{1}{4G}\left[\frac{s^2}{1+\nu} - 2(\sigma_x\sigma_y + \sigma_y\sigma_z + \sigma_z\sigma_x) + 2(\tau_{xy}^2 + \tau_{yz}^2 + \tau_{zx}^2)\right]. \quad (3.130)$$

mit $e = \varepsilon_x + \varepsilon_y + \varepsilon_z$, $s = \sigma_x + \sigma_y + \sigma_z$.
Eine alternative Form für (3.130) lautet

$$\bar{U} = \frac{1}{2E} [J_I^2 - 2(1+\nu) J_{II}]$$

mit den Invarianten J_I und J_{II} des Spannungstensors (vgl. Abschnitt 3.4.5.1).
Bildet man die partielle Ableitungen der in den Verzerrungen ausgedrückten elastischen Energiedichte (3.129) nach den Verzerrungen, ergeben sich die wichtigen Zusammenhänge

$$\frac{\partial \bar{U}}{\partial \varepsilon_x} = \frac{E}{(1+\nu)(1-2\nu)} \cdot [(1-\nu)\varepsilon_x + \nu(\varepsilon_y + \varepsilon_z)] = \sigma_x \quad \text{usw.}$$

$$\frac{\partial \bar{U}}{\partial \gamma_{xy}} = G\gamma_{xy} = \tau_{xy} \quad \text{usw.}$$

Entsprechend folgen aus (3.130)

$$\frac{\partial \bar{U}}{\partial \sigma_x} = \frac{1}{2E} [2\sigma_x - 2\nu(\sigma_y + \sigma_z)] = \varepsilon_x \quad \text{usw.}$$

$$\frac{\partial \bar{U}}{\partial \tau_{xy}} = \frac{\tau_{xy}}{G} = \gamma_{xy} \quad \text{usw.}$$

Die elastische Energiedichte wird mitunter auch als elastisches Potential bezeichnet.
Die allgemeinen Ausdrücke (3.129) und (3.130) lassen sich leicht für den ebenen Spannungs- und Verzerrungszustand spezialisieren. Auch mit den Hauptspannungen und Hauptdehnungen können die Beziehungen ausgedrückt werden.
Aus den Formeln erkennt man, daß die elastische Energiedichte nur vom Spannungs- bzw. Verzerrungszustand des verformten Körpers nach der Lastaufbringung abhängt. Die Reihenfolge mit der die Belastung durch die äußeren Kräfte erfolgt, ist dabei unwesentlich.
Abschließend wird der allgemeine Ausdruck zur Berechnung der elastischen Energiedichte (formuliert mit der Indizesschreibweise von Spannungs- und Verzerrungskomponenten) angegeben

$$\bar{U} = \sum_k \sum_l \int_0^{\varepsilon_{kl}} \sigma_{kl}\, d\varepsilon_{kl}. \quad (3.131)$$

Im linear-elastischen Fall folgt daraus wieder (3.128).

3.9.2 Sätze von *Castigliano*

Es handelt sich um wichtige Arbeitssätze, die zur Berechnung von Verformungen in statisch bestimmten Systemen sowie zur Ermittlung der Auflagerreaktionen in statisch unbestimmten Systemen von praktischer Bedeutung sind.

3.9.2.1 Vorbemerkung

In Bild 3.99 sind einige Beispiele elementarer Bauteile gezeigt. Für den Zugstab (Bild 3.99a) ergibt sich die elastische Energie

$$U = \frac{1}{2}\frac{F^2 l}{EA}$$

und durch Ableitung nach der äußeren Kraft folgt

$$\frac{\partial U}{\partial F} = \frac{Fl}{EA} = \delta l$$

d.h. die Stabverlängerung.
Entsprechend gilt für den Torsionsstab (Bild 3.99b)

$$U = \frac{M_T^2 l}{2GJ_p} \quad \text{und} \quad \frac{\partial U}{\partial M_T} = \frac{M_T l}{GJ_p} = \varphi$$

sowie für den Biegebalken (Bild 3.99c bzw. 3.99d)

$$U = \frac{F^2 l^3}{6EJ} \quad \text{und} \quad \frac{\partial U}{\partial F} = \frac{Fl^3}{3EJ} = w_{max}$$

bzw.

$$U = \frac{M_0^2 l}{2EJ} \quad \text{und} \quad \frac{\partial U}{\partial M_0} = \frac{M_0 l}{EJ} = \varphi_{max}.$$

Wie man erkennt, liefert jeweils die partielle Ableitung der elastischen Energie (ausgedrückt in den Lasten) nach der wirkenden Last die

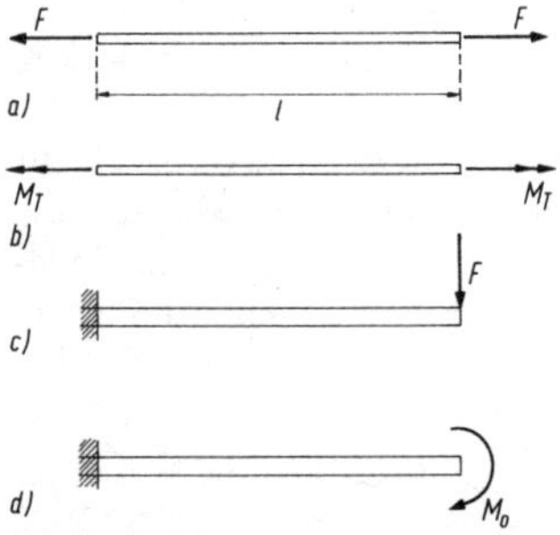

Bild 3.99 Beispiele zur Ermittlung von Verformungen bei Stäben und Balken

Verschiebung des Lastangriffspunkts in Richtung der Last (bei Momenten die Verdrehung in Richtung des Moments).
Diese Tatsache entspricht dem *Zweiten Satz von Castigliano* und gilt allgemein für linear-elastische Systeme zur einfachen Berechnung von Verformungen. Zwar lassen sich auf diesem Weg nur die Verformungen in diskreten Punkten eines Tragwerks ermitteln, bei praktischen Problemen wird aber häufig gerade das verlangt.

3.9.2.2 Zweiter Satz von *Castigliano*

Man betrachtet einen elastischen Körper, der aufgelagert ist und sich unter der Einwirkung äußerer Lasten (Einzelkräfte und -momente) im Gleichgewicht befindet, Bild 3.100.

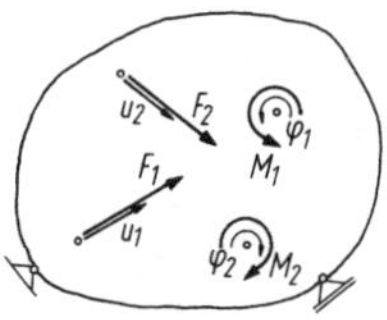

Bild 3.100 Elastischer Körper mit Einzelkräften und -momenten

Die Verschiebungen in Kraftrichtung F_i werden mit u_i bezeichnet, die Verdrehungen in Momentenrichtung M_i mit φ_i.
Wird die gesamte elastische Energie in den äußeren Kräften bzw. Momenten ausgedrückt, dann ergeben sich unter der Annahme kleiner Verformungen und bei Gültigkeit des Hookeschen Gesetzes die Beziehungen

$$\frac{\partial U}{\partial F_i} = u_i, \qquad \frac{\partial U}{\partial M_i} = \varphi_i \tag{3.132}$$

(Zweiter Satz von *Castigliano*).
Bei der partiellen Ableitung nach einer bestimmten Kraft bzw. einem Moment werden alle anderen konstant gehalten.
Die Sätze von *Castigliano* fußen auf dem universellen Prinzip der virtuellen Arbeit und lassen sich direkt daraus herleiten. Auf diese Betrachtung wird hier aber verzichtet, es wird später die Verifizierung bei Balkenproblemen gezeigt.
Der Zweite Satz von *Castigliano* erweist sich übrigens als eine spezielle Formulierung eines (später aufgestellten) allgemeinen Satzes von *Engesser*. Dieser lautet

$$\frac{\partial U^*}{\partial F_i} = u_i, \qquad \frac{\partial U^*}{\partial M_i} = \varphi_i \tag{3.133}$$

wobei U^* die elastische Ergänzungsenergie bedeutet. Die Beziehungen (3.133) gelten allgemein für nichtlineares Materialverhalten.
Ein Sonderfall des Zweiten Satzes von *Castigliano* ist der Satz von *Menabrea* zur Anwendung bei statisch unbestimmten Problemen (vgl. Abschnitt 3.10.3.2).

3.9.2.3 Erster Satz von *Castigliano*

Dieser Satz hat geringere praktische Bedeutung, kann aber z.B. auch zur Berechnung statisch unbestimmter Tragwerke herangezogen werden. Er lautet

$$\frac{\partial U}{\partial u_i} = F_i, \quad \frac{\partial U}{\partial \varphi_i} = M_i \tag{3.134}$$

wobei die elastische Energie in den Verschiebungen bzw. Verdrehungen ausgedrückt ist.
Der Erste Satz von *Castigliano* gilt auch für nichtlinear elastisches Materialverhalten sowie bei großen Verformungen (geometrische Nichtlinearität), wird jedoch meist nur im linear-elastischen Fall angewendet.

3.9.3 Einflußzahlen bei Balken

Man betrachtet einen Balken, der gemäß Bild 3.101a mit zwei Einzelkräften belastet ist. Zugrundegelegt ist die technische Balkenbiegetheorie, die Durchbiegungen unter den Lasten werden mit w_1 und w_2 bezeichnet.
Es gelten die linearen Beziehungen

$$\left.\begin{aligned} w_1 &= \alpha_{11} F_1 + \alpha_{12} F_2 \\ w_2 &= \alpha_{21} F_1 + \alpha_{22} F_2 \\ &\text{oder} \\ F_1 &= a_{11} w_1 + a_{12} w_2 \\ F_2 &= a_{21} w_1 + a_{22} w_2 \end{aligned}\right\} \tag{3.135}$$

die Faktoren α_{ik} bzw. a_{ik} werden als Nachgiebigkeitseinflußzahlen bzw. Steifigkeitseinflußzahlen (Federkonstanten) bezeichnet.

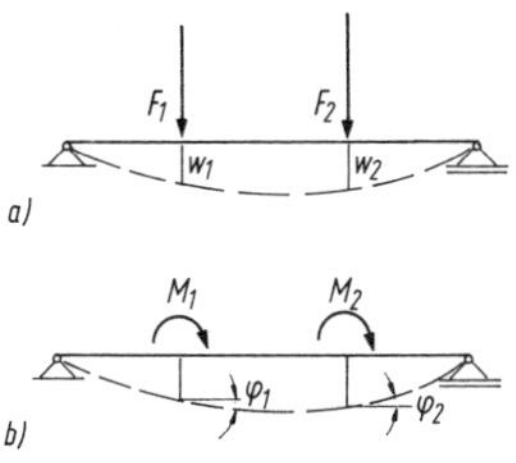

Bild 3.101 Zu den Einflußzahlen bei Balken

Für das Beispiel in Bild 3.101a gelten die Zusammenhänge

$$a_{11} = \frac{\alpha_{22}}{\alpha_{11}\alpha_{22} - \alpha_{12}\alpha_{21}}$$

$$a_{12} = -\frac{\alpha_{12}}{\alpha_{11}\alpha_{22} - \alpha_{12}\alpha_{21}}$$

$$a_{21} = -\frac{\alpha_{21}}{\alpha_{11}\alpha_{22} - \alpha_{12}\alpha_{21}}$$

$$a_{22} = \frac{\alpha_{11}}{\alpha_{11}\alpha_{22} - \alpha_{12}\alpha_{21}}$$

d.h. die a_{ik} sind die zu α_{ik} inversen Größen. Die Einflußzahlen sind stets symmetrisch, es gilt allgemein

$$\alpha_{ik} = \alpha_{ki}, \quad a_{ik} = a_{ki} \tag{3.136}$$

(Reziprozitätssatz von *Maxwell*).
Dies folgt aus der Gleichheit der Verformungsarbeiten bei beliebiger Reihenfolge der Kraftaufbringung. Mit Bezug auf Bild 3.102a ist die Arbeit der äußeren Kräfte, wenn zuerst mit F_1 dann mit F_2 belastet wird

$$W_{\mathrm{I}} = \tfrac{1}{2} F_1 \underbrace{\alpha_{11} F_1}_{w_1^{(1)}} + \tfrac{1}{2} F_2 \underbrace{\alpha_{22} F_2}_{w_2^{(2)}} + F_1 \underbrace{\alpha_{12} F_2}_{w_1^{(2)}}$$

Andererseits gilt, wenn zuerst mit F_2 dann mit F_1 belastet wird (Bild 3.102b)

$$W_{\mathrm{II}} = \tfrac{1}{2} F_2 \underbrace{\alpha_{22} F_2}_{w_2^{(2)}} + \tfrac{1}{2} F_1 \underbrace{\alpha_{11} F_1}_{w_1^{(1)}} + F_2 \underbrace{\alpha_{21} F_1}_{w_2^{(1)}}.$$

Die beiden Verformungsarbeiten W_{I} und W_{II} müssen gleich sein, im F-w-Diagramm stellt sich dies durch die Gleichheit der schraffierten Flächen dar (Bild 3.102). Es folgt also

$$F_1 F_2 \alpha_{12} = F_2 F_1 \alpha_{21}$$

und damit $\alpha_{12} = \alpha_{21}$ sowie $a_{12} = a_{21}$.

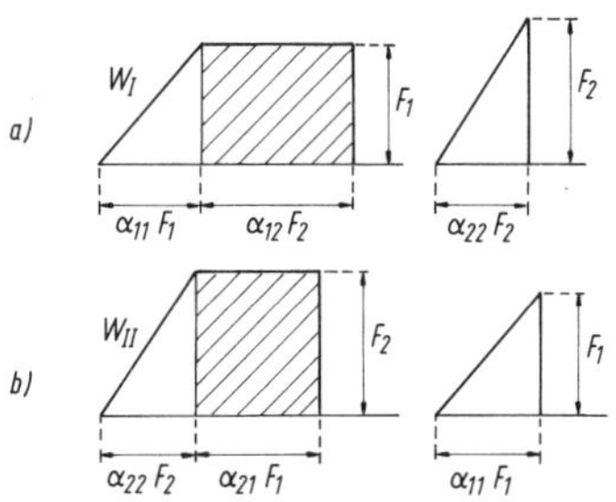

Bild 3.102 Zur Symmetrie der Einflußzahlen

Gleichermaßen können Einflußzahlen für einen Balken mit Einzelmomenten (Bild 3.101 b) definiert werden. Die Verdrehungen in Richtung der äußeren Momente werden mit φ_1 und φ_2 bezeichnet.
Dann gelten

$$\left.\begin{aligned} \varphi_1 &= \beta_{11} M_1 + \beta_{12} M_2 \\ \varphi_2 &= \beta_{21} M_1 + \beta_{22} M_2 \\ &\text{oder} \\ M_1 &= b_{11} \varphi_1 + b_{12} \varphi_2 \\ M_2 &= b_{21} \varphi_1 + b_{22} \varphi_2 \end{aligned}\right\} \qquad (3.137)$$

wobei wiederum $\beta_{12} = \beta_{21}$ und $b_{12} = b_{21}$.
Nun entstehen bei einem Biegebalken auch Verdrehungen infolge der Kräfte sowie Durchbiegungen infolge der Momente.

Hierfür gelten die linearen Beziehungen

$$\varphi_1 = \delta_{11} F_1 + \delta_{12} F_2$$
$$\varphi_2 = \delta_{21} F_1 + \delta_{22} F_2$$

oder

$$F_1 = c_{11} \varphi_1 + c_{12} \varphi_2$$
$$F_2 = c_{21} \varphi_1 + c_{22} \varphi_2$$

sowie

$$w_1 = \gamma_{11} M_1 + \gamma_{12} M_2$$
$$w_2 = \gamma_{21} M_1 + \gamma_{22} M_2$$

oder

$$M_1 = d_{11} w_1 + d_{12} w_2$$
$$M_2 = d_{21} w_1 + d_{22} w_2 .$$

Die hier auftretenden Einflußzahlen δ_{ik}, c_{ik}, γ_{ik} und d_{ik} sind *nicht* mehr symmetrisch (da die Ausdrücke $F_i \varphi_i$ und $M_i w_i$ keine Arbeiten darstellen).
Wenn Kräfte und Momente gleichzeitig wirken, werden die linearen Beziehungen übersichtlicher als Matrizengleichungen geschrieben. Für zwei Kräfte und Momente folgen

$$\begin{bmatrix} w_1 \\ w_2 \\ \varphi_1 \\ \varphi_2 \end{bmatrix} = \underbrace{\begin{bmatrix} \alpha_{11} & \alpha_{12} & \gamma_{11} & \gamma_{12} \\ \alpha_{21} & \alpha_{22} & \gamma_{21} & \gamma_{22} \\ \delta_{11} & \delta_{12} & \beta_{11} & \beta_{12} \\ \delta_{21} & \delta_{22} & \beta_{21} & \beta_{22} \end{bmatrix}}_{\text{Gesamtnachgiebigkeitsmatrix}} \begin{bmatrix} F_1 \\ F_2 \\ M_1 \\ M_2 \end{bmatrix} \qquad (3.138)$$

oder

$$\begin{bmatrix} F_1 \\ F_2 \\ M_1 \\ M_2 \end{bmatrix} = \underbrace{\begin{bmatrix} a_{11} & a_{12} & c_{11} & c_{12} \\ a_{21} & a_{22} & c_{21} & c_{22} \\ d_{11} & d_{12} & b_{11} & b_{12} \\ d_{21} & d_{22} & b_{21} & b_{22} \end{bmatrix}}_{\text{Gesamtsteifigkeitsmatrix}} \begin{bmatrix} w_1 \\ w_2 \\ \varphi_1 \\ \varphi_2 \end{bmatrix} . \qquad (3.139)$$

Die beiden in (3.138) bzw. (3.139) auftretenden Quadratmatrizen sind die Gesamtnachgiebigkeitsmatrix bzw. Gesamtsteifigkeitsmatrix.
Beide Matrizen sind stets symmetrisch und zueinander reziprok (d.h. eine Matrix ist die Inverse der anderen).
Für die Koeffizienten gelten somit

$$\begin{aligned} \alpha_{ik} &= \alpha_{ki}, & \beta_{ik} &= \beta_{ki}, & \gamma_{ik} &= \delta_{ki} \\ a_{ik} &= a_{ki}, & b_{ik} &= b_{ki}, & c_{ik} &= d_{ki} . \end{aligned} \qquad (3.140)$$

Die Erweiterung für beliebige Anzahl von Kräften und Momenten am Biegebalken liefert

$$\left.\begin{aligned} w_i &= \sum_k (\alpha_{ik} F_k + \gamma_{ik} M_k) \\ \varphi_i &= \sum_k (\delta_{ik} F_k + \beta_{ik} M_k) \end{aligned}\right. \qquad (3.141)$$

oder

$$\left.\begin{aligned} F_i &= \sum_k (a_{ik} w_k + c_{ik} \varphi_k) \\ M_i &= \sum_k (d_{ik} w_k + b_{ik} \varphi_k) . \end{aligned}\right. \qquad (3.142)$$

Falls linear-elastisches Materialverhalten vorausgesetzt wird, gelten die hier für den Biegebalken behandelten Zusammenhänge zwischen Belastungen und Verformungen bei allen Belastungsarten und man kann entsprechende Einflußzahlen definieren.
Praktische Bedeutung haben die Einflußzahlen z.B. bei der Berechnung von Schwingungen massebesetzter Biegebalken.

3.9.3.1 Beispiele für Einflußzahlen

Die Berechnung der Einflußzahlen kann z.B. mit der Gleichung der Biegelinie oder mit der Überlagerungsmethode (vgl. Abschnitt 3.7.3) erfolgen. Für den eingespannten Balken in Bild 3.103a ergeben sich folgende Werte der Durchbiegungen und Verdrehungen

Stelle (1) $\quad w(a) = \dfrac{Fa^3}{3EJ} + \dfrac{Ma^2}{2EJ}$

$$\varphi(a) = \frac{Fa^2}{2EJ} + \frac{Ma}{EJ}$$

Stelle (2) $$w(l) = \frac{Fa^3}{3EJ} + \frac{Fa^2 b}{2EJ} + \frac{Ml^2}{EJ}$$

$$\varphi(l) = \frac{Fa^2}{2EJ} + \frac{Ml}{EJ}$$

d.h. die Einflußzahlen sind

$$\alpha_{11} = \frac{a^3}{3EJ}, \quad \alpha_{21} = \frac{2a^3 + 3a^2 b}{6EJ},$$

$$\delta_{11} = \frac{a^2}{2EJ}, \quad \gamma_{22} = \frac{l^2}{EJ}$$

$$\beta_{12} = \frac{a}{EJ}, \quad \beta_{22} = \frac{l}{EJ}, \quad \gamma_{12} = \frac{a^2}{2EJ} = \delta_{21}.$$

Für den eingespannten Balken in Bild 3.103b ergeben sich entsprechend

$$w(l) = \frac{Fl^3}{3EJ} + \frac{Ml^2}{2EJ} = \alpha F + \gamma M,$$

$$\varphi(l) = \frac{Fl^2}{2EJ} + \frac{Ml}{EJ} = \delta F + \beta M$$

und damit die Einflußzahlen

$$\alpha = \frac{l^3}{3EJ}, \quad \beta = \frac{l}{EJ}, \quad \gamma = \frac{l^2}{2EJ} = \delta.$$

Man erkennt jeweils die Symmetrieeigenschaften gemäß (3.140).

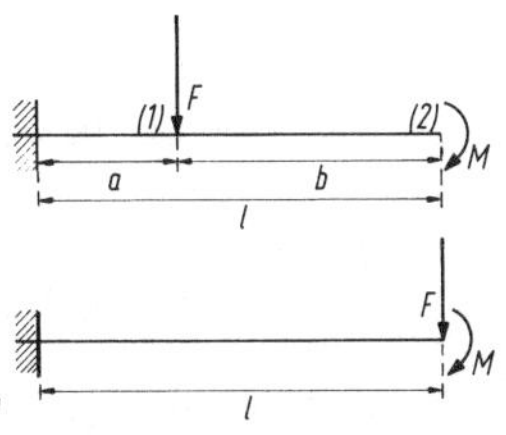

Bild 3.103 Beispiele für Einflußzahlen

3.9.3.2 Beweis des Zweiten Satzes von *Castigliano* für Biegebalken

Im folgenden wird ein formaler Beweis für den Zweiten Satz von *Castigliano* geliefert. Zugrundegelegt wird ein Biegebalken unter der Wirkung von n Einzelkräften bzw. Einzelmomenten (Bild 3.101).

Werden zunächst nur die Einzelkräfte betrachtet, wird nach der ersten Gl. (3.141) die elastische Energie, ausgedrückt in den Kräften (alle Summen laufen von $1 \ldots n$)

$$U = \frac{1}{2} \sum_i F_i w_i = \frac{1}{2} \sum_i F_i \sum_k \alpha_{ik} F_k$$
$$= \frac{1}{2} \sum_i \sum_k \alpha_{ik} F_i F_k.$$

Die partielle Ableitung nach einer bestimmten Kraft F_m (alle anderen Kräfte ändern sich nicht) liefert

$$\frac{\partial U}{\partial F_m} = \underbrace{\frac{1}{2} \sum_k \alpha_{mk} F_k}_{\text{aus } i\text{-Summe}} + \underbrace{\frac{1}{2} \sum_i \alpha_{im} F_i}_{\text{aus } k\text{-Summe}}. \qquad (3.143)$$

In der zweiten Summe auf der rechten Seite läßt sich der Summationsindex umbenennen, d.h.

$$\sum_i \alpha_{im} F_i = \sum_k \alpha_{km} F_k$$

und wegen der Symmetrie $\alpha_{mk} = \alpha_{km}$ folgt aus (3.143)

$$\frac{\partial U}{\partial F_m} = \sum_k \alpha_{mk} F_k = w_m.$$

Analog folgt für den Balken mit Einzelmomenten

$$U = \frac{1}{2} M_i \varphi_i = \frac{1}{2} \sum_i \sum_k \beta_{ik} M_i M_k$$

und daraus durch partielle Ableitung

$$\frac{\partial U}{\partial M_m} = \frac{1}{2} \sum_k \beta_{mk} M_k + \frac{1}{2} \sum_i \beta_{im} M_i$$

$$= \sum_k \beta_{mk} M_k = \varphi_m.$$

Damit ist der Zweite Satz von *Castigliano* für Balkenbiegung verifiziert.

Man erhält das gleiche Ergebnis, wenn Kräfte und Momente gleichzeitig wirken und die vollständigen Beziehungen (3.141) verwendet werden.

Anzumerken ist, daß bei der *Anwendung* des Zweiten Satzes von *Castigliano* die Kenntnis der Einflußzahlen nicht vonnöten ist. Wären die Einflußzahlen bekannt, würde sich die Anwendung des Satzes von *Castigliano* erübrigen.

Andererseits können erforderlichenfalls die Einflußzahlen mittels des Zweiten Satzes von *Castigliano* ausgerechnet werden.

Ausgehend von

$$\frac{\partial U}{\partial F_i} = w_i = \sum_k (\alpha_{ik} F_k + \gamma_{ik} M_k),$$

$$\frac{\partial U}{\partial M_i} = \varphi_i = \sum_k (\delta_{ik} F_k + \beta_{ik} M_k)$$

ergeben sich durch zweite Ableitung nach einer bestimmten Kraft F_l bzw. einem bestimmten Moment M_l

$$\left.\begin{aligned} &\frac{\partial^2 U}{\partial F_i \partial F_l} = \alpha_{il}, \quad \frac{\partial^2 U}{\partial M_i \partial F_l} = \delta_{il} \\ &\text{bzw.} \\ &\frac{\partial^2 U}{\partial F_i \partial M_l} = \gamma_{il}, \quad \frac{\partial^2 U}{\partial M_i \partial M_l} = \beta_{il}. \end{aligned}\right\} \tag{3.144}$$

3.9.4 Berechnung der Verformungen in statisch bestimmten elastischen Systemen

3.9.4.1 Verformung von Stabverbänden

Derartige Probleme wurden bereits in Abschnitt 3.3.1 auf anderem Weg gelöst. Bei der Anwendung des Zweiten Satzes von *Castigliano* sind kinematische Überlegungen nicht erforderlich.
Als Beispiel wird der einfache Zweistabverband Bild 3.104 betrachtet, gesucht ist die Verschiebung des Lastangriffspunkts.

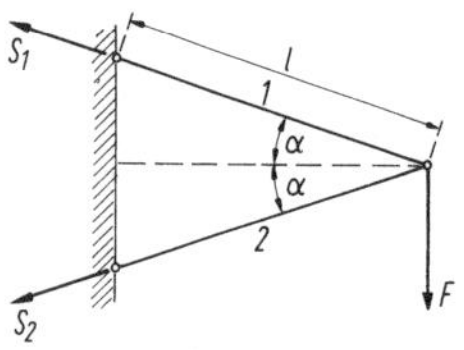

Bild 3.104
Einfacher Zweistabverband

Die beiden Stäbe haben gleichen Querschnitt A und gleichen Elastizitätsmodul (was keine Einschränkung der Allgemeingültigkeit des Vorgehens bedeutet).
Die Aussagen der Statik liefern

$$S_1 = -S_2, \qquad S_1 = \frac{F}{2\sin\alpha}.$$

Die elastische Energie für den einzelnen Stab (Stabkraft S) ist

$$U = \frac{1}{2} S\delta l = \frac{S^2 l}{2EA}.$$

Für den betrachteten Stabverband gilt dann

$$U = 2\frac{S_1^2 l}{2EA} = \frac{F^2 l}{4EA\sin^2\alpha}$$

und die Verschiebung u_F in Richtung der Kraft F folgt mit dem Zweiten Satz von *Castigliano*

$$u_F = \frac{\partial U}{\partial F} = \frac{Fl}{2EA\sin^2\alpha}.$$

In horizontaler Richtung tritt (aus Symmetriegründen) keine Verschiebung auf.
Mit dem Zweiten Satz von *Castigliano* lassen sich auch die Verschiebungen der Knotenpunkte in statisch bestimmten Fachwerken berechnen.

3.9.4.2 Verformung von Balken

Durchbiegungen und Verdrehungen an beliebigen Stellen eines Biegebalkens lassen sich mit dem Zweiten Satz von *Castigliano* viel einfacher als mit der Biegelinie bestimmen. Allerdings ist nur eine punktuelle Berechnung, nämlich an den Stellen, an denen Lasten wirken, möglich.
Im allgemeinen genügt es, bei Balkenproblemen nur die Formänderungsarbeit der Biegemomente zu berücksichtigen.
Das Berechnungsverfahren wird am Beispiel eines Balkens auf zwei Stützen mit außermittiger Einzellast gemäß Bild 3.105 erläutert.

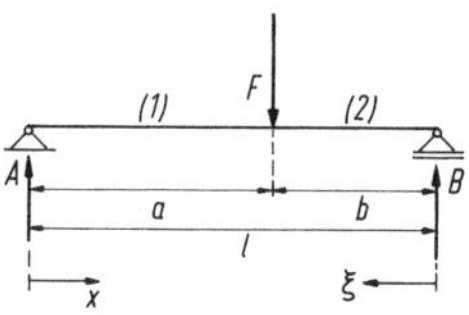

Bild 3.105 Balken auf zwei Stützen

Die im gebogenen Balken gespeicherte elastische Energie ist nach (3.126)

$$U = \frac{1}{2}\int_0^l \frac{M^2(x)\,dx}{EJ}$$

die Durchbiegung w_F unter der Last ergibt sich daraus (für $EJ = \text{konst.}$) zu

$$w_F = \frac{\partial U}{\partial F} = \frac{1}{EJ}\int_0^l M(x)\,\frac{\partial M(x)}{\partial F}\,dx \tag{3.145}$$

wobei die Integration über die gesamte Balkenlänge zu erstrecken ist.
Man teilt den Balken in zwei Bereiche (1) und (2) ein, die laufenden Koordinaten x und ξ werden zweckmäßig von den Auflagern aus gezählt.

Die Auflagerreaktionen sind $A = F\frac{b}{l}$, $B = F\frac{a}{l}$,

es ergeben sich damit die Biegemomente

Bereich (1) $\quad M(x) = Ax = F\frac{b}{l}x$

Bereich (2) $\quad M(\xi) = B\xi = F\frac{a}{l}\xi.$

Die weitere Ausrechnung erfolgt zweckmäßig in tabellarischer Form:

Bereich	M	$\frac{\partial M}{\partial F}$	$M\frac{\partial M}{\partial F}$	$\int M\frac{\partial M}{\partial F}\ldots$
(1) x_0^a	$F\frac{b}{l}x$	$\frac{b}{l}x$	$F\left(\frac{b}{l}\right)^2 x^2$	$F\left(\frac{b}{l}\right)^2\frac{x^3}{3}$
(2) ξ_0^b	$F\frac{a}{l}\xi$	$\frac{a}{l}\xi$	$F\left(\frac{a}{l}\right)^2 \xi^2$	$F\left(\frac{a}{l}\right)^2\frac{\xi^3}{3}$

$$w_F = \frac{1}{EJ}\int\ldots$$

Nach Einsetzen der Grenzen in die Integrale ergibt sich für die Durchbiegung unter der Last

$$w_F = \frac{Fa^2 b^2}{3EJl}.$$

Soll die Durchbiegung an einer beliebigen Stelle des Balkens, an der keine Last angreift, ermittelt werden, wird an dieser Stelle eine Hilfskraft (beliebiger Größe) H eingeführt. Dann wird die Rechnung mit H wiederholt, *nachträglich* wird die Hilfskraft gleich Null gesetzt.
Die Durchbiegung soll an der Stelle $x = c$ ermittelt werden, Bild 3.106. Der Balken wird jetzt in drei Bereiche (1), (2) und (3) eingeteilt.

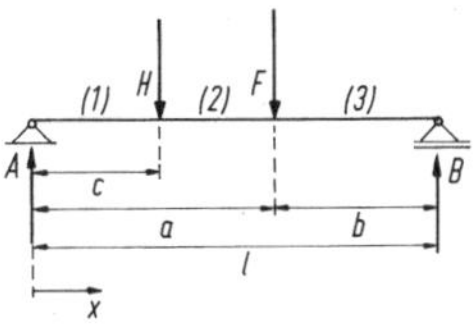

Bild 3.106 Hilfskraft beim Balken des Bildes 3.105

Die Auflagerreaktionen sind zunächst

$$A = F\frac{b}{l} + H\frac{l-c}{l}, \qquad B = F\frac{a}{l} + H\frac{c}{l}$$

es ergeben sich damit die Biegemomente

Bereich (1)

$$M(x) = Ax = F\frac{b}{l}x + H\frac{l-c}{l}x$$

Bereich (2)

$$M(x) = Ax - H(x-c)$$
$$= F\frac{b}{l}x + H\frac{l-c}{l}x - H(x-c)$$

Bereich (3)

$$M(x) = F\frac{b}{l}x + H\frac{l-c}{l}x - H(x-c) - F(x-a).$$

Für die Durchbiegung an der Stelle $x = c$ gilt

$$w(c) = \frac{\partial U}{\partial H} = \frac{1}{EJ}\int_0^l M\frac{\partial M}{\partial H}\,\mathrm{d}x\bigg|_{H=0} \qquad (3.146)$$

wobei die Integration wiederum über die gesamte Balkenlänge zu erstrecken ist.
Nachdem die Ableitung $\frac{\partial M}{\partial H}$ ausgeführt ist, kann im Produkt $M\frac{\partial M}{\partial H}$ die Hilfskraft gleich Null gesetzt werden. Für die Berechnung ist wieder die tabellarische Form zweckmäßig.
Auf analoge Weise wird die Verdrehung des Balkens an einer beliebigen Stelle berechnet, indem man an der betreffenden Stelle ein Hilfsmoment (beliebiger Größe) M_H einführt, das *nachträglich* gleich Null gesetzt wird.
Wird beispielsweise die Verdrehung an der Stelle des Kraftangriffs gesucht, vgl. Bild 3.107, sind die Auflagerreaktionen zunächst

$$A = F\frac{b}{l} - \frac{M_H}{l}, \qquad B = F\frac{a}{l} + \frac{M_H}{l}$$

und die Biegemomente werden

Bereich (1) $\quad M(x) = Ax = F\frac{b}{l}x - \frac{M_H}{l}x$

Bereich (2) $\quad M(\xi) = B\xi = F\frac{a}{l}\xi + \frac{M_H}{l}\xi.$

Für die Verdrehung am Lastangriffspunkt gilt

$$\varphi(a) = \frac{\partial U}{\partial M_H} = \frac{1}{EJ}\int_0^l M\frac{\partial M}{\partial M_H}\,\mathrm{d}x\bigg|_{M_H=0}. \qquad (3.147)$$

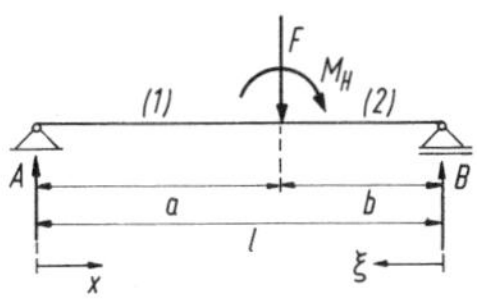

Bild 3.107 Hilfsmoment beim Balken des Bildes 3.105

Auf gleiche Weise lassen sich auch die Verdrehungen in den Auflagern ermitteln.
Die Anwendung der Hilfskraftmethode ist insbesondere zur Durchbiegungsberechnung bei Balken mit Streckenlasten erforderlich.

Als Beispiel wird ein eingespannter Balken mit konstanter Streckenlast betrachtet, Bild 3.108. Gesucht ist die Durchbiegung $w(0)$ am freien Ende.

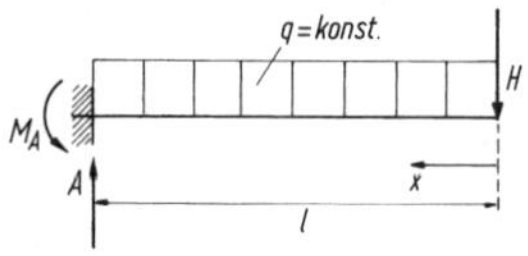

Bild 3.108 Hilfskraft beim Balken unter Streckenlast

Mit Einführung der Hilfskraft H ist das Biegemoment

$$M(x) = -q\frac{x^2}{2} - Hx$$

es folgt $\dfrac{\partial M}{\partial H} = -x$ und mit $H = 0$ wird $M\dfrac{\partial M}{\partial H} = q\dfrac{x^3}{2}$.

Damit folgt für die Durchbiegung

$$w(0) = \frac{1}{EJ}\int_0^l q\frac{x^3}{2}\,dx = \frac{ql^4}{8EJ}.$$

3.9.4.3 Verformung von Rahmen und Bogenträgern

Für den biegesteifen Rahmen gemäß Bild 3.109 soll die Durchsenkung des Lastangriffspunkts sowie die Verschiebung am rechten verschieblichen Auflager ermittelt werden ($EJ =$ konst.).

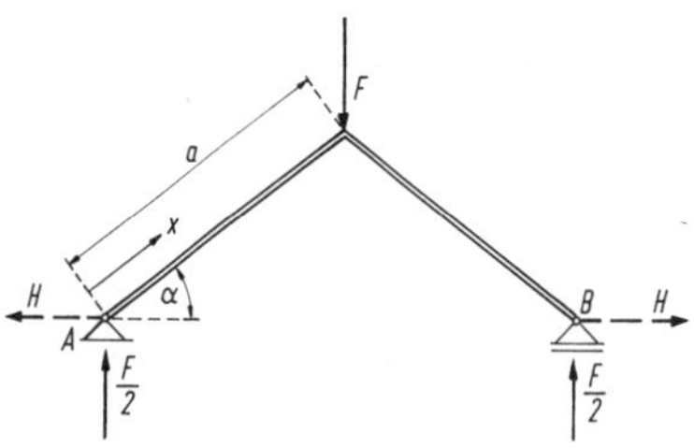

Bild 3.109 Biegesteifer Rahmen

Die Auflagerkräfte sind $A = B = \dfrac{F}{2}$, das Biegemoment, das aus Symmetriegründen in beiden Rahmenteilen gleich sein muß, ist $M(x) = \dfrac{F}{2}x\cos\alpha$.

Die Durchsenkung u_F des Lastangriffspunkts ergibt sich aus

$$u_F = \frac{\partial U}{\partial F} = \frac{2}{EJ}\int_0^a M\frac{\partial M}{\partial F}\,dx$$

wobei nur über eine Rahmenhälfte zu integrieren und das Ergebnis zu verdoppeln ist. Es folgt

$$u_F = \frac{F}{2EJ}\cos^2\alpha\int_0^a x^2\,dx = \frac{Fa^3\cos^2\alpha}{6EJ}.$$

Der Auflagerpunkt B kann sich nur horizontal verschieben. Zur Berechnung von u_B wird eine horizontale Hilfskraft H eingeführt, die im Auflager A eine entgegengerichtete Reaktionskraft hervorruft. Das Biegemoment ist

$M = \dfrac{F}{2}x\cos\alpha + Hx\sin\alpha$ und es gilt

$$u_B = \frac{\partial U}{\partial H} = \frac{2}{EJ}\int_0^a M\frac{\partial M}{\partial H}\,dx\bigg|_{H=0}$$

und daraus

$$u_B = \frac{F}{EJ}\cos\alpha\,\sin\alpha\int_0^a x^2\,dx = \frac{Fa^3\sin\alpha\cos\alpha}{3EJ}.$$

Analog zu behandeln ist ein symmetrisch belasteter Halbkreisbogenträger, Bild 3.110. Zweckmäßig werden Polarkoordinaten R und ψ verwendet, das Bogenelement ist $ds = R\,d\psi$.

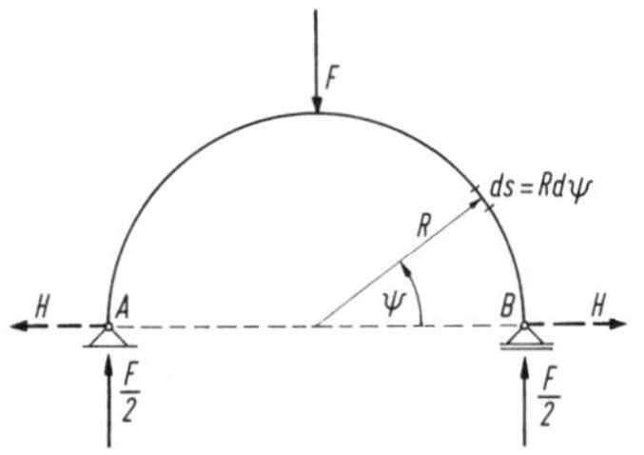

Bild 3.110 Symmetrisch belasteter Kreisbogenträger

Es genügt die Betrachtung einer Hälfte des Bogenträgers, das Biegemoment ist $M(\psi) = \dfrac{F}{2}R(1-\cos\psi)$ und mit $\dfrac{\partial M}{\partial F} = \dfrac{R}{2}(1-\cos\psi)$ folgt für die Durchsenkung des Lastangriffspunkts

$$u_F = \frac{2}{EJ}\int_0^{\pi/2} M\frac{\partial M}{\partial F}R\,d\psi = \frac{FR^3}{2EJ}\int_0^{\pi/2}(1-\cos\psi)^2\,d\psi$$

$$= \frac{FR^3}{EJ}\left(\frac{3\pi}{8} - 1\right).$$

Zur Berechnung der Verschiebung des Auflagers B wird wiederum die horizontale Hilfskraft H eingeführt. Das Biegemoment ist $M(\psi) = \frac{FR}{2}(1-\cos\psi) + HR\sin\psi$ und mit $\frac{\partial M}{\partial H} = R\sin\psi$ folgt

$$u_B = \frac{2}{EJ}\int_0^{\pi/2} M\frac{\partial M}{\partial H}R\,d\psi\bigg|_{H=0}$$

$$= \frac{FR^3}{EJ}\int_0^{\pi/2}(1-\cos\psi)\sin\psi\,d\psi = \frac{FR^3}{2EJ}.$$

Am Beispiel eines eingespannten Viertelkreisbogenträgers (Bild 3.111) wird noch gezeigt, daß auch bei gekrümmten Trägern Einflußzahlen definiert werden können. Die Verschiebungen u_v, u_h und die Verdrehung φ am freien Ende infolge der dort wirkenden Kräfte F_v, F_h und des Moments M_0 ergeben sich (für $EJ=$ konst.) zu

$$u_v = \frac{R^3}{4EJ}\left[(3\pi-8)F_v - 2F_h + \frac{2(\pi-2)}{R}M_0\right]$$

$$u_h = \frac{R^3}{4EJ}\left[-2F_v + \pi F_h + \frac{4}{R}M_0\right]$$

$$\varphi = \frac{R^3}{4EJ}\left[\frac{2(\pi-2)}{R}F_v + \frac{4}{R}F_h + \frac{2\pi}{R^2}M_0\right]$$

oder übersichtlich als Matrixgleichung

$$\begin{bmatrix} u_v \\ u_h \\ \varphi \end{bmatrix} = \frac{R^3}{4EJ}\begin{bmatrix} 3\pi-8 & -2 & \frac{2(\pi-2)}{R} \\ -2 & \pi & \frac{4}{R} \\ \frac{2(\pi-2)}{R} & \frac{4}{R} & \frac{2\pi}{R^2} \end{bmatrix}\begin{bmatrix} F_v \\ F_h \\ M_0 \end{bmatrix}.$$

Man erkennt wiederum die Symmetrie der Nachgiebigkeitsmatrix.

Da sich Verformungen sehr einfach mit dem Zweiten Satz von *Castigliano* berechnen lassen, stellt er unter den Verfahren zur Berechnung statisch unbestimmter Systeme eines der zweckmäßigsten dar (vgl. Abschnitt 3.10.3).

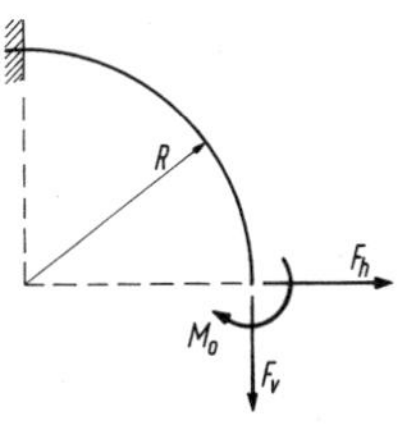

Bild 3.111 Viertelkreisbogenträger mit Belastung am freien Ende

3.10 Statisch unbestimmte Systeme

Wie bereits in Abschnitt 3.1.2 ausgeführt, liegen statisch unbestimmte Probleme vor, wenn die Gleichgewichtsbedingungen der Statik nicht zur Ermittlung der Auflagerreaktionen bzw. der inneren Kräfte ausreichen. Die Berücksichtigung der Verformbarkeit liefert dann die zusätzlichen Informationen, die zur Lösung erforderlich sind. Man unterscheidet äußerliche und innerliche statische Unbestimmtheit. Zu den äußerlich statisch unbestimmten Systemen gehören z. B. Tragwerke, die statisch unbestimmt gelagert sind, d. h. überzählige Auflager im Sinn der Statik aufweisen, vgl. Bild 2.50.

Innerlich statisch unbestimmte Systeme sind solche, bei denen zwar die Auflagerungen statisch bestimmt sein können, die inneren Kräfte aber nicht mehr mit den Gleichgewichtsbedingungen berechnet werden können. Dies ist z. B. der Fall bei geschlossenen Rahmen, außerdem bei den Fachwerken mit überzähligen Stäben (innerlich statisch unbestimmte Fachwerke).

Es gibt verschiedene Verfahren unterschiedlicher Effektivität zur Lösung statisch unbestimmter Probleme, von denen einige im folgenden besprochen werden.

3.10.1 Balkenprobleme, Lösung mittels der Gleichung der Biegelinie

Bei der Integration der Differentialgleichung der Biegelinie von Balken (vgl. Abschnitt 3.7.1) stehen stets mehr Randbedingungen zur Verfügung als zur Bestimmung der Integrationskonstanten benötigt werden. Auf diese Weise ergeben sich zusätzliche Bestimmungsgleichungen für die statisch unbestimmten Größen.

Das Vorgehen wird für den beidseitig eingespannten Balken mit mittiger Einzellast, Bild 3.112, erläutert. Aufgrund der Symmetrie ist das System 1-fach statisch unbestimmt.

Die Auflagerreaktionen sind $A = B = \frac{F}{2}$, die Einspannmomente $M_A = M_B = M_0$ sind gleich und

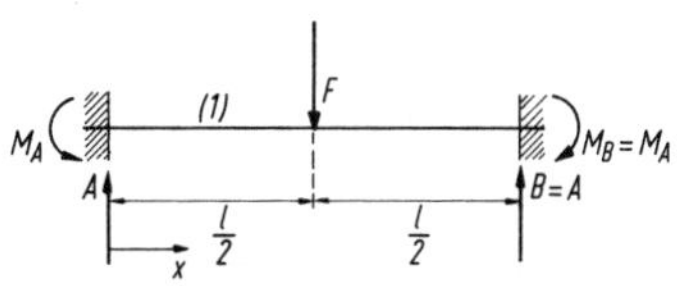

Bild 3.112 Einfach statisch unbestimmtes Balkenproblem

werden als statisch unbestimmte Unbekannte X eingeführt. Wegen der Symmetrie genügt die Betrachtung einer Balkenhälfte, d. h. Bereich (1).

Mit dem Biegemoment $M(x) = -M_0 + \frac{F}{2}x$ wird die Differentialgleichung der Biegelinie (EJ = konst.) für $0 \leqslant x \leqslant \frac{l}{2}$

$$EJw'' = M_0 - \frac{F}{2}x.$$

Integration liefert

$$EJw = M_0\frac{x^2}{2} - F\frac{x^3}{12} + C_1 x + C_2$$

aus den Randbedingungen $w(0) = 0$ und $w'(0) = 0$ folgen für die Integrationskonstanten $C_2 = C_1 = 0$.
Außerdem steht die Bedingung $w'\left(\frac{l}{2}\right) = 0$ zur Verfügung, sie liefert eine zusätzliche Gleichung $M_0\frac{l}{2} - \frac{Fl^2}{16} = 0$ aus der direkt die statisch unbestimmte Größe bestimmt werden kann. Es folgt $X = M_0 = \frac{Fl}{8}$ und damit lautet die Gleichung der Biegelinie für $0 \leqslant x \leqslant \frac{l}{2}$

$$w = \frac{Fl^3}{48EJ}\left(3\frac{x^2}{l^2} - 4\frac{x^3}{l^3}\right).$$

Ein weiteres Beispiel für einen 1-fach statisch unbestimmt gelagerten Balken mit konstanter Streckenlast ist in Bild 3.113 gezeigt.

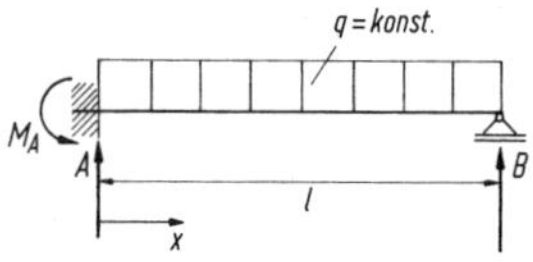

Bild 3.113 Statisch unbestimmt geleagerter Balken

Die Gleichgewichtsbedingungen lauten

$$A + B - ql = 0, \quad M_A - q\frac{l^2}{2} + Bl = 0$$

die Differentialgleichung der Biegelinie wird zweckmäßig in der Form (3.99) verwendet, d. h. $EJw'''' = q$ mit EJ = konst.
Die Integration liefert

$$EJw = q\frac{x^4}{24} + C_1\frac{x^3}{6} + C_2\frac{x^2}{2} + C_3 x + C_4,$$

zur Bestimmung der Integrationskonstanten stehen die geometrischen Bedingungen

$$w(0) = 0, \qquad w'(0) = 0$$

sowie die statischen Bedingungen

$$M(0) = -EJw''(0) = -M_A,$$
$$Q(0) = -EJw'''(0) = A$$

zur Verfügung. Aus ihnen ergeben sich

$$C_4 = 0, \quad C_3 = 0, \quad C_2 = M_A, \quad C_1 = -A.$$

Die weitere Bedingung $w(l) = 0$ führt auf

$$\frac{ql^4}{24} - A\frac{l^3}{6} + M_A\frac{l^2}{2} = 0 \quad \text{oder} \quad M_A = \frac{Al}{3} - \frac{ql^2}{12}.$$

Aus dieser Gleichung zusammen mit den Gleichgewichtsbedingungen folgen die gesuchten Größen

$$A = \frac{5}{8}ql, \quad M_A = \frac{ql^2}{8} \quad \text{sowie} \quad B = \frac{3}{8}ql.$$

Das dargelegte Verfahren kann, insbesondere bei Mehrbereichsaufgaben, etwas umständlich sein.

3.10.2 Lösung mit der Überlagerungsmethode

In den Grundzügen wurde diese Methode bereits bei der Behandlung statisch unbestimmter Stabwerke vorgestellt (vgl. Abschnitt 3.3.2.2). Ein wesentlicher Gesichtspunkt ist, daß man die Berechnung der Verformungen nicht jedesmal neu durchführen muß sondern vielmehr auf bekannte Ergebnisse zurückgreifen kann. [1])
Es wird noch einmal das Beispiel gemäß Bild 3.113 aufgegriffen. Durch Wegnahme einer statisch überzähligen Auflagerbindung (Fessel) wird zunächst ein statisch bestimmtes *Grundsystem* erzeugt, vgl. Bild 3.114a, wobei das Ein-

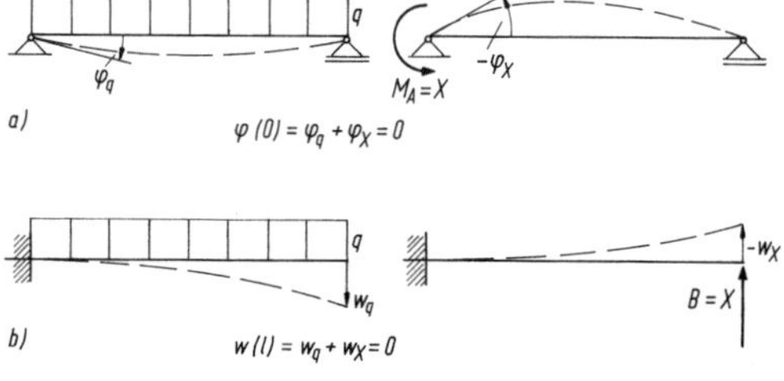

Bild 3.114 Überlagerungsmethode beim Balken Bild 3.113

[1]) Hierbei sei auf die Tabelle der Biegelinien hingewiesen (vgl. Tab. 3, Seite 136/137).

spannmoment $M_A = X$ als statisch unbestimmte Größe eingeführt wird.
Zunächst wird die Verformung des Grundsystems unter der vorgegebenen äußeren Belastung betrachtet. Danach belastet man das Grundsystem (ohne äußere Belastung) nur durch die statisch unbestimmte Last und ermittelt die auftretende Verformung. Beide Lastfälle werden sodann unter Beachtung einer Überlagerungsbedingung addiert.
Im vorliegenden Beispiel müssen sich die am linken Auflager ergebenden Verdrehungen aufheben, d.h. die Überlagerungsbedingung lautet

$$\varphi(0) = \varphi_q + \varphi_X = 0.$$

Mit den bekannten Ergebnissen („Grundlösungen")

$$\varphi_q = \frac{ql^3}{24EJ}, \qquad -\varphi_X = \frac{Xl}{3EJ}$$

folgt schließlich für das statisch unbestimmte Einspannmoment

$$X = M_A = \frac{ql^2}{8}.$$

Die übrigen Auflagerreaktionen findet man mittels der statischen Gleichgewichtsbedingungen.
Man kann das statisch bestimmte Grundsystem beliebig wählen. Eine alternative Möglichkeit beim betrachteten Beispiel ist in Bild 3.114b gezeigt, wobei die Auflagerreaktion $B = X$ als statisch unbestimmte Größe eingeführt wird. Die Überlagerungsbedingung lautet in diesem Fall

$$w(l) = w_q + w_X = 0$$

wobei mit den Grundlösungen

$$w_q = \frac{ql^4}{8EJ}, \qquad -w_X = \frac{Xl^3}{3EJ}$$

das bekannte Ergebnis $X = B = \frac{3}{8}ql$ folgt.

Zweckmäßig wird ein Grundsystem derart gewählt, daß die verwendeten Grundlösungen möglichst einfach sind.
Ganz entsprechend ist das Vorgehen bei mehrfach statisch unbestimmten Systemen, wie beim 2-fach statisch unbestimmten Balken gemäß Bild 3.115. Das statisch bestimmte Grundsystem wird z.B. wie in Bild 3.116 gewählt, die statisch unbestimmten Größen sind die Einspannmomente $M_A = X_1$, $M_B = X_2$.

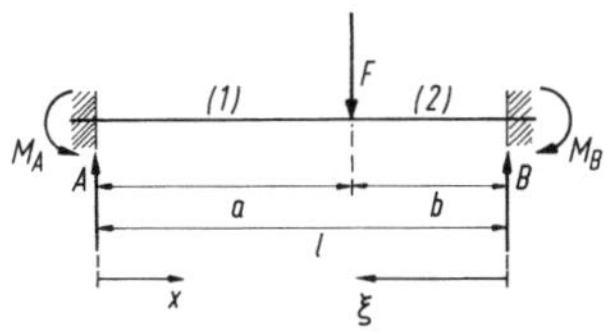

Bild 3.115 Zweifach statisch unbestimmtes Balkenproblem

Die Grundlösungen für die Verdrehungen in den Auflagern lauten

$$\varphi(0)_F = \frac{Fab(l+b)}{6EJl}, \qquad \varphi(l)_F = -\frac{Fab(l+a)}{6EJl}$$

sowie

$$\varphi(0)_{X_1} = -\frac{X_1 l}{3EJ}, \qquad \varphi(l)_{X_1} = \frac{X_1 l}{6EJ}$$

$$\varphi(0)_{X_2} = -\frac{X_2 l}{6EJ}, \qquad \varphi(l)_{X_2} = \frac{X_2 l}{3EJ}.$$

Es ergeben sich nun zwei Überlagerungsbedingungen

$$\varphi(0) = \varphi(0)_F + \varphi(0)_{X_1} + \varphi(0)_{X_2} = 0$$

$$\varphi(l) = \varphi(l)_F + \varphi(l)_{X_1} + \varphi(l)_{X_2} = 0$$

in denen sich das Verschwinden der Verdrehungen in den Auflagern ausdrückt.
Man erhält die beiden Gleichungen

$$\frac{X_1 l}{3} + \frac{X_2 l}{6} = \frac{Fab(l+b)}{6l},$$

$$\frac{X_1 l}{6} + \frac{X_2 l}{3} = \frac{Fab(l+a)}{6l}$$

mit den Lösungen

$$X_1 = M_A = \frac{Fab^2}{l^2}, \qquad X_2 = M_B = \frac{Fa^2 b}{l^2}.$$

Aus den Gleichgewichtsbedingungen folgen dann damit

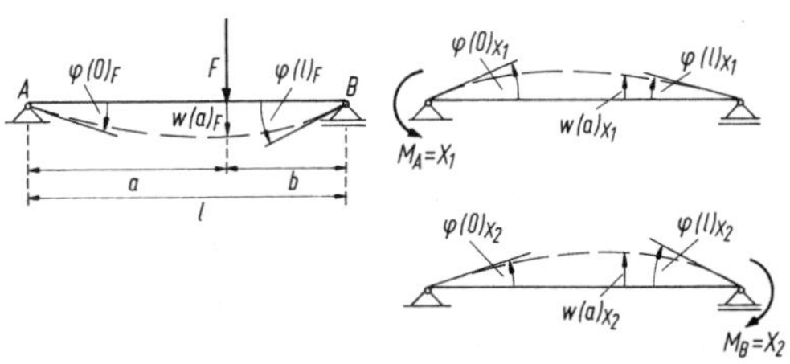

Bild 3.116 Grundlösungen für den Balken in Bild 3.115

$$A = \frac{Fb^2(l+2a)}{l^3}, \qquad B = \frac{Fa^2(l+2b)}{l^3}.$$

Mittels der Grundlösungen (vgl. Bild 3.116)

$$w_F = \frac{Fa^2 b^2}{3EJl},$$

$$w(a)_{M_A} = -\frac{M_A}{6EJl}(a^3 - 3la^2 + 2l^2 a),$$

$$w(a)_{M_B} = -\frac{M_B}{6EJl}(l^2 a - a^3)$$

läßt sich gleichfalls die Durchbiegung unter der Last ermitteln. Es folgt

$$w(a) = w(a)_F + w(a)_{M_A} + w(a)_{M_B} = \frac{Fa^3 b^3}{3EJl^3}.$$

Abschließend ist darauf hinzuweisen, daß in vielen Fällen bei statisch unbestimmten Balkenproblemen die zusätzlichen Verformungsbedingungen mittels der Grundlösungen in Bild 3.65 (Abschnitt 3.7.3) direkt angeschrieben werden können. Dies gilt auch für die Behandlung statisch unbestimmter Rahmen.

3.10.3 Anwendung der Sätze von *Castigliano*

Die Energiemethoden, insbesondere der Zweite Satz von *Castigliano*, sind sehr effektiv bei der Lösung statisch unbestimmter Probleme und führen meistens schneller zum Ziel als die Verfahren, die bisher vorgestellt wurden.
Zunächst wird noch einmal auf die Lösung des Navierschen Problems Bild 3.21 (Abschnitt 3.3.2) eingegangen und dabei werden die beiden Sätze von *Castigliano* einander gegenübergestellt.

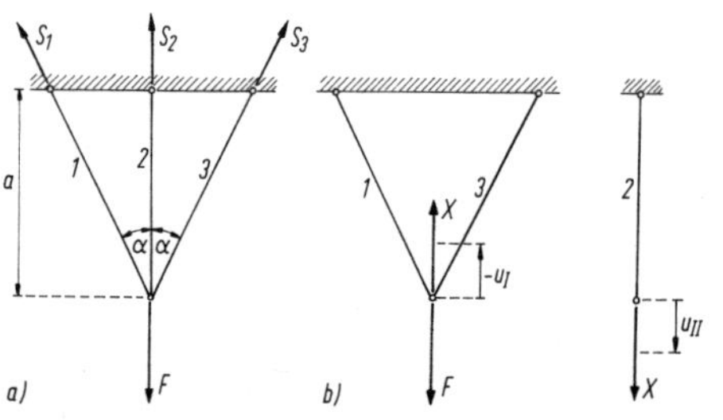

Bild 3.117 Anwendung des Zweiten Satzes von *Castigliano* für einfach statisch unbestimmtes Fachwerk

3.10.3.1 Statisch unbestimmter Stabverband

Zur Berechnung des einfachsten statisch unbestimmten Fachwerks, Bild 3.117a, wird der Zweite Satz von *Castigliano* herangezogen.
Die Aussagen der Statik sind

$$S_1 = S_3, \qquad 2S_1 \cos\alpha = F - S_2$$

als statisch unbestimmte Größe wird $S_2 = X$ gewählt (man kann alternativ auch S_1 wählen), dann ist

$$S_1 = \frac{F-X}{2\cos\alpha}.$$

Die elastische Energie ergibt sich als Formänderungsarbeit der Stäbe, d.h. mit $l_1 = \frac{a}{\cos\alpha}$ folgt

$$U = \sum_{i=1}^{3} \frac{S_i^2 l_i}{2EA} = 2\,\frac{(F-X)^2}{4\cos^2\alpha}\,\frac{a}{2EA\cos\alpha} + \frac{X^2 a}{2EA}$$
$$= U_I + U_{II}. \tag{3.148}$$

Die beiden Anteile U_I und U_{II} der elastischen Energie entsprechen den beiden Teilsystemen in Bild 3.117b.
Die Anwendung des Zweiten Satzes von *Castigliano* liefert die Verschiebungen $-u_I$ (entgegen der tatsächlichen Verschiebung des Lastangriffspunkts gerichtet) bzw. u_{II} gemäß

$$\frac{\partial U_I}{\partial X} = -u_I, \qquad \frac{\partial U_{II}}{\partial X} = u_{II}.$$

Die Verträglichkeit der Verschiebungen im Stabverband fordert $-u_I + u_{II} = 0$, d.h.

$$\frac{\partial U_I}{\partial X} + \frac{\partial U_{II}}{\partial X} = \frac{\partial U}{\partial X} = 0. \tag{3.149}$$

Als zusätzliche Gleichung liefert dies

$$-\frac{2(F-X)a}{4EA\cos^3\alpha} + \frac{2Xa}{2EA} = 0$$

und man erhält daraus direkt die statisch unbestimmte Größe

$$X = S_2 = \frac{F}{1+2\cos^3\alpha}.$$

Mit den Gleichgewichtsbedingungen folgt

$$S_1 = S_3 = \frac{F\cos^2\alpha}{1+2\cos^3\alpha}.$$

Man erkennt aus der Bestimmungsgleichung (3.149) für die statisch unbestimmte Größe X,

daß sich diese derart einstellt, daß die elastische Energie des Gesamtsystems einen Extremwert (Minimum) annimmt. Hierauf wird in Abschnitt 3.10.3.2 näher eingegangen.
Der Zweite Satz von *Castigliano liefert auch die Verschiebung* u_F des Kraftangriffspunkts. Hierbei ist zu bedenken, daß zwar die elastische Energie gemäß

$$U = U[F, X(F)]$$

eine Funktion von F und $X(F)$ darstellt und somit für die Verschiebung

$$u_F = \frac{\partial U}{\partial F} + \frac{\partial U}{\partial X}\frac{\partial X}{\partial F}$$

gilt. Der zweite Term entfällt jedoch bei der Ausrechnung, da die Bedingung $\frac{\partial U}{\partial X} = 0$ bereits erfüllt ist, vgl. (3.149).
Man braucht also im Ausdruck für die elastische Energie X nicht mehr durch F auszudrücken. Mithin folgt aus (3.148)

$$u_F = \frac{\partial U}{\partial F} = \frac{2(F-X)a}{4EA\cos^3\alpha} = \frac{Fa}{EA(1+2\cos^3\alpha)} = \frac{S_2 a}{EA}.$$

Es wird noch gezeigt, wie zur Lösung des vorangegangenen Problems auch der Erste Satz von *Castigliano* herangezogen werden kann (vgl. Bild 3.118).

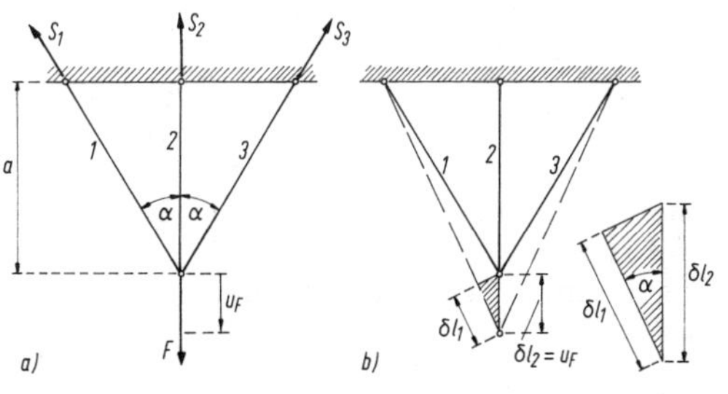

Bild 3.118 Anwendung des Ersten Satzes von *Castigliano* auf das Beispiel in Bild 3.117

Mit der zunächst unbekannten Vertikalverschiebung u_F des Lastangriffspunkts gelten für die Stabverlängerungen (Bild 3.118 b)

$$\delta l_1 = \delta l_3 = u_F \cos\alpha, \qquad \delta l_2 = u_F.$$

Die Stabkräfte sind $(i = 1, 2, 3)$ $S_i = EA\frac{\delta l_i}{l_i}$ und für die elastische Energie, ausgedrückt in den Verschiebungen (Stabverlängerungen) ergibt sich

$$U = \frac{1}{2}\sum_{i=1}^{3} S_i\,\delta l_i = \frac{EA}{2}\sum_i \frac{(\delta l_i)^2}{l_i}$$

$$\left(\text{mit } l_1 = l_3 = \frac{a}{\cos\alpha},\ l_2 = a\right)$$

und es folgt

$$U = \frac{EA}{2a}(2u_F^2\cos^3\alpha + u_F^2) = \frac{EA}{2a}u_F^2(1 + 2\cos^3\alpha).$$

Die Anwendung des Ersten Satzes von *Castigliano* liefert dann

$$\frac{\partial U}{\partial u_F} = F = \frac{EA}{a}u_F(1 + 2\cos^3\alpha)$$

d. h. man erhält direkt die Verschiebung des Lastangriffspunkts

$$u_F = \frac{Fa}{EA(1+2\cos^3\alpha)}.$$

Die statisch unbestimmte Stabkraft S_2 folgt dann gemäß

$$S_2 = EA\frac{u_F}{a} = \frac{F}{1+2\cos^3\alpha}.$$

Wie das Beispiel zeigt, kommt man bei der Anwendung des Ersten Satzes von *Castigliano* nicht ohne geometrische Betrachtungen aus, die hingegen bei der Anwendung des Zweiten Satzes entfallen.

3.10.3.2 Satz von *Menabrea* und Minimumprinzip

Die Anwendung des Zweiten Satzes von *Castigliano* für statisch unbestimmt gelagerte Balken wird an dem bereits betrachteten Beispiel in Bild 3.113 demonstriert.
Eine der drei Auflagerreaktionen wird als statisch unbestimmte Größe festgelegt, hier soll die Auflagerkraft $B = X$ gewählt werden.
Die Gleichgewichtsbedingungen lauten

$$A + X = ql, \qquad M_A + Xl = \frac{ql^2}{2},$$

der Zweite Satz von *Castigliano* liefert

$$\frac{\partial U}{\partial X} = 0 \qquad (3.150)$$

da im Auflager B keine Durchbiegung auftreten kann.
Die gesamte elastische Energie im Balken ergibt sich (mit $EJ =$ konst.) zu

$$U = \frac{1}{2EJ} \int_0^l M^2(x)\,dx$$

wobei für das Biegemoment

$$M(x) = Xx - \frac{q}{2} x^2 \qquad (3.151)$$

gilt. Hier und im folgenden wird nur der Energieanteil des Biegemoments berücksichtigt, demgegenüber der Energieanteil aus der Querkraft vernachlässigt werden kann.
Aus (3.150) folgt

$$\frac{\partial}{\partial X}\left[\frac{1}{2EJ} \int_0^l M^2(x)\,dx\right] = \frac{1}{EJ} \int_0^l M \frac{\partial M}{\partial X}\,dx = 0$$

und mit $\frac{\partial M}{\partial X} = x$ aus (3.151) erhält man

$$\int_0^l \left(Xx - q\frac{x^2}{2}\right) x\,dx = X\frac{l^3}{3} - \frac{ql^4}{8} = 0$$

als zusätzliche Gleichung zur direkten Bestimmung der statisch unbestimmten Größe. Es ergibt sich

$$X = B = \tfrac{3}{8} ql$$

und damit liefern die Gleichgewichtsbedingungen schließlich

$$A = \frac{5}{8} ql, \qquad M_A = \frac{ql^2}{8}.$$

Alternativ kann zur Lösung des Problems auch das Einspannmoment $M_A = X$ als statisch unbestimmte Größe festgelegt werden. Die Gleichgewichtsbedingungen lauten dann

$$A + B = ql, \qquad X + Bl = \frac{ql^2}{2}$$

das Biegemoment ergibt sich zu

$$M(x) = Bx - \frac{q}{2} x^2 = \frac{q}{2}(lx - x^2) - X\frac{x}{l}.$$

Da im Auflager A keine Verdrehung auftreten kann, liefert der Zweite Satz von *Castigliano* jetzt

$$\frac{\partial U}{\partial X} = 0 \qquad (3.152)$$

und mit $\frac{\partial M}{\partial X} = -\frac{x}{l}$ folgt

$$\frac{1}{EJ} \int_0^l M \frac{\partial M}{\partial X}\,dx$$

$$= \frac{1}{EJ} \int_0^l \left[\frac{q}{2}(lx - x^2) - X\frac{x}{l}\right]\left(-\frac{x}{l}\right) dx = 0.$$

Die Gleichung zur Bestimmung von X lautet also

$$\int_0^l \left[\frac{q}{2}\left(x^2 - \frac{x^3}{l}\right) - X\frac{x^2}{l^2}\right] dx = 0$$

oder

$$\frac{ql^3}{24} - \frac{Xl}{3} = 0$$

und daraus das bereits bekannte Ergebnis $X = M_E = \frac{ql^2}{8}$.

Wichtig ist in allen Fällen, daß vor der Anwendung des Zweiten Satzes von *Castigliano* die Gleichgewichtsbedingungen voll ausgeschöpft sein müssen. Dies bedeutet, daß im Ausdruck für die elastische Energie nur die äußere Last und die statisch unbestimmte Reaktionskraft vorkommen dürfen, d.h. $U = U(F, X)$.
Die sich aus der geometrischen Forderung bei der Anwendung des Zweiten Satzes von *Castigliano* ergebende Beziehung (3.150) bzw. (3.152) kann als Extremalbedingung angesehen werden und bedeutet (da die elastische Energie U eine sog. positive quadratische Form darstellt) allgemein

$$U = \text{Min.} \qquad (3.153)$$

Dieser Sachverhalt wird auch als Satz vom Minimum der Verformungsarbeit oder Satz von *Menabrea* bezeichnet[1]) und ist allgemein zur Lösung statisch unbestimmter Probleme anwendbar.

[1]) Der Satz wurde 1858 von *Menabrea* (ohne Beweis) angewendet, der Beweis wurde später von *Castigliano* nachgeholt.

Sind mehrere statisch überzählige Reaktionen (Kräfte oder Momente) vorhanden, ergibt sich die elastische Energie als Funktion derselben sowie der äußeren Lasten

$$U = U(X_1, X_2 \ldots, F_1, F_2 \ldots). \qquad (3.154)$$

Nach dem Satz von *Menabrea* stellen sich die statisch unbestimmten Größen derart ein, daß die elastische Energie ein Minimum wird. Man erhält dann mit (3.154) gemäß

$$\frac{\partial U}{\partial X_1} = 0, \quad \frac{\partial U}{\partial X_2} = 0, \quad \text{usw.} \qquad (3.155)$$

soviel zusätzliche Gleichungen als Unbekannte auftreten.

Der Satz von *Menabrea* läßt sich gleichermaßen für äußerlich und innerlich statisch unbestimmte Systeme anwenden.

Er ergibt sich als Sonderfall des allgemeingültigen Prinzips vom Minimum der gesamten potentiellen Energie (Green-Dirichletsches Minimumprinzip):

- Ein elastischer Körper befindet sich im Gleichgewicht, wenn seine gesamte potentielle Energie ein Minimum ist.

3.10.3.3 Anwendung für äußerlich statisch unbestimmte Systeme

Beim einfach statisch unbestimmt gelagerten Balken mit Einzellast (Bild 3.119) liegt eine Zweibereichsaufgabe vor. Als statisch unbestimmte Größe wird $B = X$ gewählt, die Gleichgewichtsbedingungen sind

$$A + X = F, \quad M_A + Xl - Fa = 0.$$

Die Ausrechnung erfolgt wieder zweckmäßig in tabellarischer Form ($EJ =$ konst.)

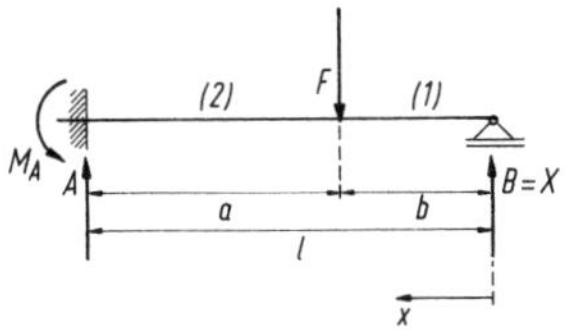

Bild 3.119 Statisch unbestimmte Zweibereichsaufgabe, Anwendung des Satzes von *Menabrea*

Aus der letzten Spalte ergibt sich nach Einsetzen der Integrationsgrenzen die Gleichung

$$X\frac{b^3}{3} + X\left(\frac{l^3 - b^3}{3}\right) - F\left(\frac{l^3 - b^3}{3} - b\,\frac{l^2 - b^2}{2}\right) = 0$$

und daraus

$$X = B = \frac{Fa^2(2a + 3b)}{2l^3}.$$

Mit den Gleichgewichtsbedingungen folgen die übrigen Auflagerreaktionen

$$A = F\left[1 - \frac{a^2(2a + 3b)}{2l^3}\right],$$

$$M_A = Fa\left[1 - \frac{a(2a + 3b)}{2l^2}\right].$$

Die Durchbiegung unter der Last ergibt sich aus

$$w_F = \frac{\partial U}{\partial F} = \frac{1}{EJ}\int_0^l M\,\frac{\partial M}{\partial F}\,dx$$

wobei (wie früher bereits bemerkt) die Differentiation nur nach der explizit in U vorkommenden Kraft F erfolgt.

Bereich	$M(x)$	$\frac{\partial M}{\partial X}$	$M\,\frac{\partial M}{\partial X}$	$\int \ldots dx$
(1) x_0^b	Xx	x	Xx^2	$X\frac{x^3}{3}$
(2) x_b^l	$Xx - F(x-b)$	x	$Xx^2 - F(x^2 - bx)$	$X\frac{x^3}{3} - F\left(\frac{x^3}{3} - b\,\frac{x^2}{2}\right)$

In tabellarischer Form ergibt sich

Bereich	$M(x)$	$\dfrac{\partial M}{\partial F}$	$M\dfrac{\partial M}{\partial F}$	$\dfrac{1}{EJ}\int \dots \mathrm{d}x$
(1) x_0^{b}	Xx	0	0	0
(2) x_{b}^{1}	$Xx - F(x-b)$	$-(x-b)$	$-X(x^2 - bx) + F(x-b)^2$	$\dfrac{1}{EJ}\left[-X\left(\dfrac{x^3}{3} - b\dfrac{x^2}{2}\right) + F\left(\dfrac{x^3}{3} - bx^2 + b^2 x\right)\right]$

mit dem Ergebnis

$$w_{\mathrm{F}} = \frac{Fa^3 b^2 (3a+4b)}{12 EJl^3}.$$

Zur Berechnung der Durchbiegung an beliebiger Stelle des Balkens ist die Hilfskraftmethode anzuwenden.
Ein zweifach statisch unbestimmtes System liegt beim beidseitig eingespannten Balken gemäß Bild 3.115 vor. Die Gleichgewichtsbedingungen lauten

$$A + B = F, \quad M_{\mathrm{A}} - M_{\mathrm{B}} - Fa + Bl = 0.$$

Zweckmäßig wählt man die Auflagerreaktionen $A = X_1$ und $M_{\mathrm{A}} = X_2$ als statisch unbestimmte Größen, dann gilt $B = F - X_1$ und $M_{\mathrm{B}} = X_2 + (F - X_1)l - Fa$.
Das Biegemoment in den Bereichen (1) und (2) (wobei die laufenden Koordinaten x bzw. ξ jeweils vom linken bzw. rechten Auflager aus gezählt werden) ist

(1) $M(x) = X_1 x - X_2$

(2) $M(\xi) = X_1 (l - \xi) - X_2 - F(b - \xi)$.

Der Satz von *Menabrea* liefert dann die beiden Gleichungen zur Ermittlung der statisch unbestimmten Größen (EJ = konst.)

$$\int_0^a M \frac{\partial M}{\partial X_1}\,\mathrm{d}x + \int_0^b M \frac{\partial M}{\partial X_1}\,\mathrm{d}\xi = 0,$$

$$\int_0^a M \frac{\partial M}{\partial X_2}\,\mathrm{d}x + \int_0^b M \frac{\partial M}{\partial X_2}\,\mathrm{d}\xi = 0.$$

Die Ausrechnung ergibt

$$X_1 = A = \frac{F(3a+b)b^2}{l^3}, \quad X_2 = M_{\mathrm{A}} = \frac{Fab^2}{l^2}$$

sowie

$$B = \frac{F(3b+a)a^2}{l^3}, \qquad M_{\mathrm{B}} = \frac{Fa^2 b}{l^2}.$$

Der beidseitig gelenkig gelagerte Halbkreisbogenträger (Bild 3.120) ist bei symmetrischer Belastung 1-fach statisch unbestimmt. Es gilt $A_{\mathrm{v}} = B_{\mathrm{v}} = \dfrac{F}{2}$, die statisch unbestimmte Reaktion ist $A_{\mathrm{h}} = B_{\mathrm{h}} = X$. Wegen der Symmetrie genügt die Betrachtung einer Hälfte des Bogenträgers. Mit Verwendung von Polarkoordinaten ist das Biegemoment

$$M(\psi) = \frac{FR}{2}(1 - \cos\psi) - XR\sin\psi.$$

Der Satz von *Menabrea* lautet (EJ = konst.)

$$\frac{\partial U}{\partial X} = \frac{1}{EJ}\int_0^{\pi/2} M \frac{\partial M}{\partial X} R\,\mathrm{d}\psi = 0$$

und liefert mit $\dfrac{\partial M}{\partial X} = -R\sin\psi$ die Gleichung

$$\int_0^{\pi/2}\left[-\frac{FR}{2}(1-\cos\psi)\,R\sin\psi + XR^2\sin^2\psi\right]R\,\mathrm{d}\psi = 0$$

aus der sich $X = A_{\mathrm{h}} = B_{\mathrm{h}} = \dfrac{F}{\pi}$ ergibt.

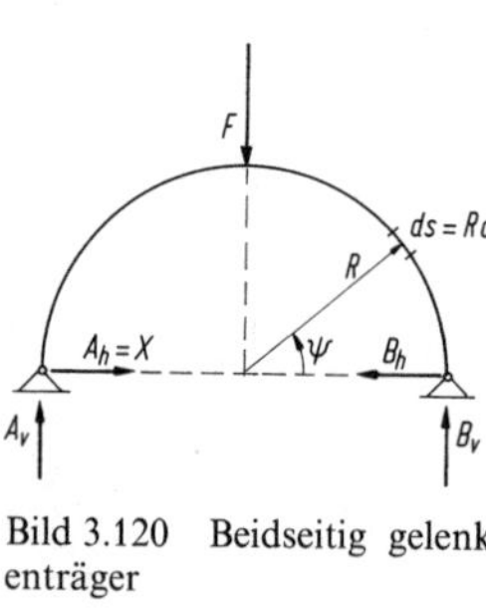

Bild 3.120 Beidseitig gelenkig gelagerter Halbkreisbogenträger

Für die Durchsenkung unter der Last erhält man nach dem Zweiten Satz von *Castigliano*

$$u_{\mathrm{F}}=\frac{\partial U}{\partial F}=\frac{2}{EJ}\int\limits_0^{\pi/2} M\,\frac{\partial M}{\partial F}\,R\,\mathrm{d}\psi$$

wobei zu beachten ist, daß nunmehr das Integral über den gesamten Bogenträger zu erstrecken ist (Faktor 2 vor dem Integral!). Es folgt

$$u_{\mathrm{F}}=\frac{FR^3}{EJ}\left(\frac{\pi}{2}-\frac{1}{2\pi}-1\right).$$

Ein interessantes Beispiel ist der beidseitig gelenkig gelagerte *Parabelbogenträger* unter einer auf die Horizontalprojektion bezogenen konstanten Streckenlast q mit dem Lastelement $q\,\mathrm{d}x$ (Bild 3.121). Mit der Vertikalkoordinate y vom Auflager A aus sowie der Scheitelhöhe h lautet die Gleichung der Mittellinie des Parabelbogens

$$y=\frac{4h}{l^2}\,(lx-x^2). \tag{3.156}$$

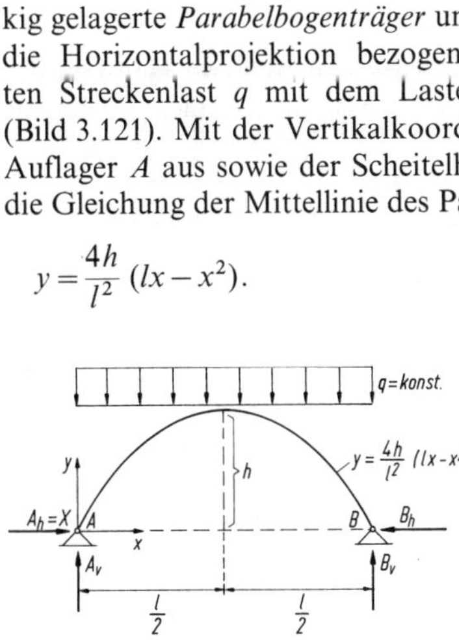

Bild 3.121 Parabelbogenträger

Die vertikalen Auflagerkräfte sind $A_{\mathrm{v}}=B_{\mathrm{v}}=\dfrac{ql}{2}$, die Horizontalkraft $A_{\mathrm{h}}=B_{\mathrm{h}}=X$ ist statisch unbestimmt.

Das Biegemoment an der Stelle x ist

$$M(x)=\frac{ql}{2}\,x-\frac{qx^2}{2}-Xy=\frac{q}{2}\,(lx-x^2)-Xy$$

mit (3.156) folgt

$$M(x)=\left(\frac{ql^2}{8h}-X\right)y. \tag{3.157}$$

Der Satz von *Menabrea* lautet ($EJ=$ konst.)

$$\frac{\partial U}{\partial X}=\frac{1}{EJ}\int\limits_0^{l^*} M\,\frac{\partial M}{\partial X}\,\mathrm{d}s$$

$$=\frac{1}{EJ}\int\limits_0^{l^*}\left(\frac{ql^2}{8h}-X\right)y\,(-y)\,\mathrm{d}s=0$$

wobei l^* die Abwicklungslänge des Parabelbogens bedeutet.

Die Forderung

$$\int\limits_0^{l^*}\left(\frac{ql^2}{8h}-X\right)y^2\,\mathrm{d}s=0$$

kann nur erfüllt werden, wenn der Klammerausdruck unter dem Integral verschwindet. Somit folgt

$$X=A_{\mathrm{h}}=B_{\mathrm{h}}=\frac{ql^2}{8h}.$$

Setzt man dies in (3.157) ein, erkennt man, daß für den gesamten Parabelbogenträger das Biegemoment Null ist. Ebenso tritt keine Querkraft auf. Der Bogenträger wird allein durch Längsdruckkräfte beansprucht, die Auflagerkräfte in A und B wirken tangential zur Bogenmittellinie. [1])

Man bezeichnet die Mittellinie von Bogenträgern, die äußere Kräfte ohne Biegemomente aufnehmen können, als *Stützlinie*. Dies ist von praktischer Bedeutung für Tragwerke aus Werkstoffen, die nur ein geringes Aufnahmevermögen für Zug- und damit Momentenbeanspruchung besitzen.

Für vertikale Belastung ist stets der Parabelbogen Stützlinie, dies gilt auch bei beidseitiger Einspannung oder bei ungleich hoch gelegenen Auflagern.

Der beidseitig fest eingespannte Halbkreisbogenträger gemäß Bild 3.122 ist bei symmetrischer Belastung 2-fach (bei beliebiger Belastung 3-fach) statisch unbestimmt gelagert.

Es gilt $A_{\mathrm{v}}=B_{\mathrm{v}}=\dfrac{F}{2}$ und neben den statisch unbestimmten Horizontalkräften $A_{\mathrm{h}}=B_{\mathrm{h}}=X_1$ treten

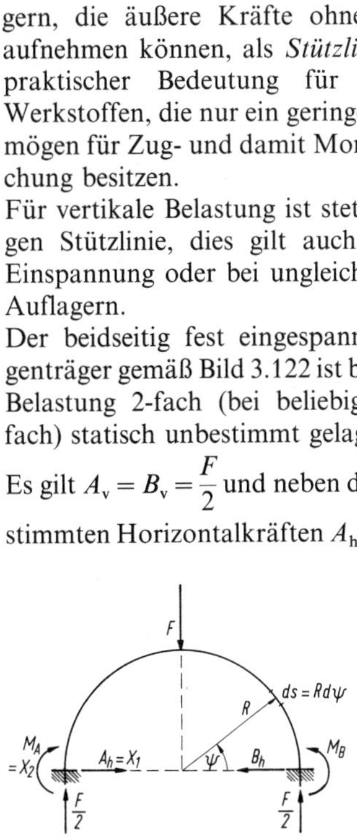

Bild 3.122 Beidseitig eingespannter Halbkreisbogenträger

[1]) Man erkennt einen Zusammenhang mit den Problemen der Seile, bei denen ebenfalls keine Biegemomente auftreten (vgl. Abschnitt 2.6).

die statisch unbestimmten Einspannmomente $M_A = M_B = X_2$ auf.
Wie beim Beispiel in Bild 3.120 werden Polarkoordinaten verwendet. Das Biegemoment ist

$$M(\psi) = \frac{FR}{2}(1-\cos\psi) - X_1 R\sin\psi + X_2 \qquad (3.158)$$

für die benötigten Ableitungen folgen

$$\frac{\partial M}{\partial X_1} = -R\sin\psi, \qquad \frac{\partial M}{\partial X_2} = 1.$$

Nach dem Satz von *Menabrea* gelten (EJ = konst.)

$$\frac{\partial U}{\partial X_1} = \frac{1}{EJ}\int_0^{\pi/2} M\frac{\partial M}{\partial X_1}R\,\mathrm{d}\psi = 0$$

bzw.

$$\frac{\partial U}{\partial X_2} = \frac{1}{EJ}\int_0^{\pi/2} M\frac{\partial M}{\partial X_2}R\,\mathrm{d}\psi = 0$$

oder

$$\int_0^{\pi/2}\left[\frac{FR}{2}(1-\cos\psi) - X_1 R\sin\psi + X_2\right]\sin\psi\,\mathrm{d}\psi = 0$$

bzw.

$$\int_0^{\pi/2}\left[\frac{FR}{2}(1-\cos\psi) - X_1 R\sin\psi + X_2\right]\mathrm{d}\psi = 0.$$

Die Ausrechnung liefert die beiden Gleichungen

$$\frac{X_1 R}{4}\pi - X_2 = \frac{FR}{4},$$

$$X_1 R - X_2\frac{\pi}{2} = \frac{FR}{2}\left(\frac{\pi}{2}-1\right)$$

zur Bestimmung der statisch unbestimmten Größen.
Daraus folgen

$$X_1 = A_h = B_h = \frac{4-\pi}{\pi^2-8}F,$$

$$X_2 = M_A = M_B = \frac{4+2\pi-\pi^2}{2(\pi^2-8)}FR$$

und der Momentenverlauf nach (3.158) wird

$$M(\psi) = FR\left[\frac{\pi^2-2\pi-4}{2(\pi^2-8)} - \frac{\cos\psi}{2} + \frac{4-\pi}{\pi^2-8}\left(\frac{\pi}{2}-\sin\psi\right)\right]$$

mit dem Maximalwert $M_{max} = FR\frac{2\pi-6}{\pi^2-8}$ im Lastangriffspunkt.
Der Zweite Satz von *Castigliano* liefert die Durchsenkung des Lastangriffspunkts

$$u_F = \frac{2}{EJ}\int_0^{\pi/2} M\frac{\partial M}{\partial F}R\,\mathrm{d}\psi$$

wobei aus (3.158) $\frac{\partial M}{\partial F} = \frac{R}{2}(1-\cos\psi)$ einzusetzen ist. Es folgt

$$u_F = \frac{FR^3}{EJ}\,\frac{\pi^3-20\pi+32}{2(\pi^2-8)}.$$

Wird der beidseitig eingespannte Halbkreisbogenträger symmetrisch durch eine *transversale* Kraft F belastet (Bild 3.123a), liegt nur noch eine 1-fach statisch unbestimmte Auflagerung vor, dafür tritt im Träger neben dem Biegemoment auch ein Torsionsmoment auf.

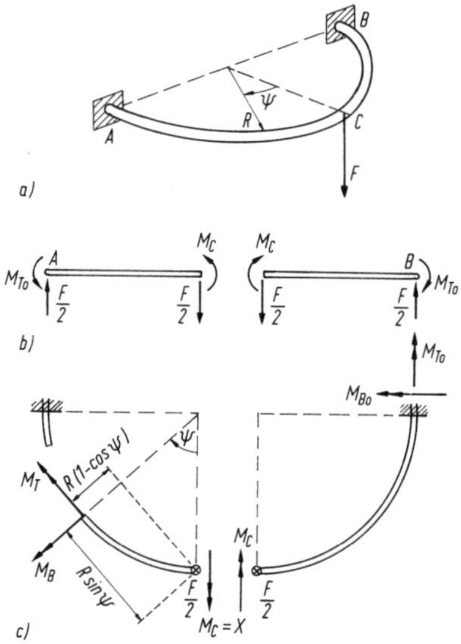

Bild 3.123 Eingespannter Halbkreisbogenträger mit transversaler Last

Die Auflagerreaktionen bei A und B sind die vertikalen Kräfte $A_v = B_v = \frac{F}{2}$ sowie die Einspannbiege- und Torsionsmomente M_{B_0} und M_{T_0}. Wegen der Symmetrie genügt die Betrachtung der Hälfte des Bogenträgers. Man denkt sich den Träger bei C aufgeschnitten (vgl. Seitenansicht Bild 3.123b), dann wirken an der

Schnittstelle die Kraft $\frac{F}{2}$ sowie das Biegemoment M_C, das als statisch unbestimmte Größe $M_C = X$ eingeführt wird. Deren Ermittlung erfolgt mit dem Satz von *Menabrea*, wobei zu beachten ist, daß bei der Berechnung der elastischen Energie sowohl der von der Biegung als auch der von der Torsion herrührende Anteil erfaßt werden muß.

Mit Bezug auf die Draufsicht Bild 3.123c ergeben sich für Biege- und Torsionsmoment

$$M_B(\psi) = X\cos\psi - \frac{FR}{2}\sin\psi,$$

$$M_T(\psi) = -X\sin\psi + \frac{FR}{2}(1-\cos\psi).$$

Der Satz von *Menabrea* lautet ($EJ = \text{konst.}$, $GJ_p = \text{konst.}$)

$$\frac{\partial U}{\partial X} = \frac{1}{EJ}\int_0^{\pi/2} M_B \frac{\partial M_B}{\partial X} R\,d\psi + \frac{1}{GJ_p}\int_0^{\pi/2} M_T \frac{\partial M_T}{\partial X} R\,d\psi = 0$$

wobei $\frac{\partial M_B}{\partial X} = \cos\psi$, $\frac{\partial M_T}{\partial X} = -\sin\psi$.

Die Ausrechnung ergibt

$$\frac{1}{EJ}\left(\frac{X}{2}\frac{\pi}{2} - \frac{FR}{4}\right) + \frac{1}{GJ_p}\left(\frac{X}{2}\frac{\pi}{2} - \frac{FR}{4}\right) = 0$$

und daraus $X = M_C = \frac{FR}{\pi}$.

Für die Einspannmomente erhält man somit

$$M_{B_0} = -\frac{FR}{2}, \qquad M_{T_0} = \frac{FR}{2}\left(1-\frac{2}{\pi}\right).$$

Die Durchsenkung an der Lastangriffsstelle C folgt aus dem Zweiten Satz von *Castigliano*

$$u_C = \frac{\partial U}{\partial F} = \frac{2}{EJ}\int_0^{\pi/2} M_B \frac{\partial M_B}{\partial F} R\,d\psi + \frac{2}{GJ_p}\int_0^{\pi/2} M_T \frac{\partial M_T}{\partial F} R\,d\psi$$

mit $\frac{\partial M_B}{\partial F} = -\frac{R}{2}\sin\psi$ und $\frac{\partial M_T}{\partial F} = \frac{R}{2}(1-\cos\psi)$.

Das Ergebnis lautet

$$u_C = \frac{FR^3}{EJ}\left(\frac{\pi}{8} - \frac{1}{2\pi}\right) + \frac{FR^3}{GJ_p}\left(\frac{3\pi}{8} - 1 - \frac{1}{2\pi}\right).$$

Auf ähnliche Weise wie bisher lassen sich mit dem Satz von *Menabrea* statisch unbestimmte Rechteckrahmen behandeln.

3.10.3.4 Innerlich statisch unbestimmte Systeme

Wie bereits erwähnt, bilden geschlossene Rahmen, die durch Kräfte in ihrer Ebene belastet werden, innerlich statisch unbestimmte Systeme, bei denen sich die inneren Schnittkräfte bzw. -momente mit den Gleichgewichtsbedinungen allein nicht berechnen lassen.

Als Beispiel wird der Rechteckrahmen gemäß Bild 3.124a betrachtet, der durch eine Gleichgewichtsgruppe symmetrisch belastet wird. Infolge der Symmetrie handelt es sich um ein 1-fach statisch unbestimmtes System.

Man denkt sich den Rahmen längs der vertikalen Symmetrieachse aufgeschnitten, dann wirken an den Schnittstellen die Normalkraft $\frac{F}{2}$ und das statisch unbestimmte Biegemoment $M_0 = X$, vgl. Bild 3.124b, Querkräfte treten dort aus Symmetriegründen nicht auf.

Die gesamte elastische Energie ist ($EJ = \text{konst.}$)

$$U = \frac{4}{2EJ}\left[\int_{(1)} X^2\,dx + \int_{(2)}\left(-X + \frac{F}{2}x\right)^2 dx\right] \tag{3.159}$$

wobei man sich bei der Integration auf ein Viertel des Rahmens [Bereiche (1) und (2)] beschränken kann.

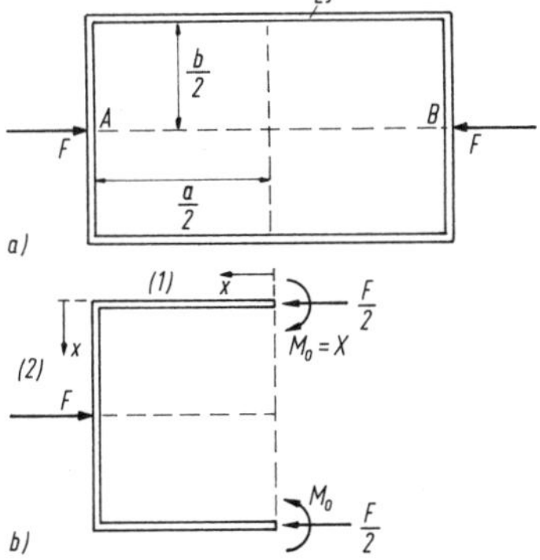

Bild 3.124 Innerlich statisch unbestimmter Rahmen

Nach dem Satz von *Menabrea* ist $\frac{\partial U}{\partial X} = 0$, die Ausrechnung erfolgt in der bekannten Weise tabellarisch

Bereich	$M(x)$	$\frac{\partial M}{\partial X}$	$M \frac{\partial M}{\partial X}$	$\int \ldots \mathrm{d}x = 0$
(1) $x_0^{a/2}$	$-X$	-1	X	Xx
(2) $x_0^{b/2}$	$-X+\frac{F}{2}x$	-1	$X-\frac{F}{2}x$	$Xx-\frac{F}{2}\frac{x^2}{2}$
				$X\left(\frac{a}{2}+\frac{b}{2}\right)-\frac{F}{2}\frac{b^2}{8}=0$

und liefert

$$X = M_0 = \frac{Fb^2}{8(a+b)}.$$

Um die Änderung $\delta(AB)$ des horizontalen Abstands zwischen A und B zu erhalten, geht man von (3.159) aus und wendet den Zweiten Satz von *Castigliano* an, es gilt

$$\delta(AB) = \frac{\partial U}{\partial F} = \frac{4}{EJ} \int_{(1)+(2)} M \frac{\partial M}{\partial F} \mathrm{d}x$$

$$= \frac{4}{EJ} \int_0^{b/2} \left(-M_0 + \frac{F}{2}x\right) \frac{x}{2} \mathrm{d}x$$

und die Ausrechnung ergibt

$$\delta(AB) = \frac{Fb^3}{4EJ} \frac{4a+b}{24(a+b)}.$$

Der in Bild 3.125 gezeigte Rahmen ist zwar statisch bestimmt gelagert und man kann die Auflagerkräfte bei A und B mit den Gleichgewichtsbedingungen allein berechnen. Infolge der beliebigen nicht-symmetrischen Belastung ist der Rahmen 3-fach innerlich statisch unbestimmt.

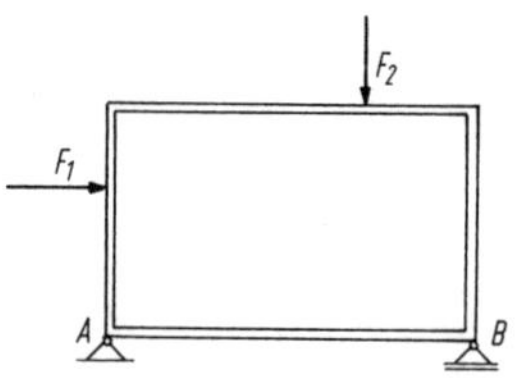

Bild 3.125 Unsymmetrisch belasteter Rahmen

Das Vorgehen zur Ermittlung der inneren Kräfte und Momente ist analog dem beim vorigen Beispiel: man denkt sich den Rahmen an einer beliebigen Stelle aufgeschnitten und bringt die Schnittkräfte und -momente als statisch unbestimmte Kräfte an den Schnittufern an.

Ein *geschlossener Kreisring* bei beliebiger Belastung ist ebenfalls 3-fach innerlich statisch unbestimmt. Beim symmetrisch (diametral) durch eine Gleichgewichtsgruppe belasteten Kreisring hingegen liegt ein 1-fach innerlich statisch unbestimmtes System vor, Bild 3.126a.

Denkt man sich den Ring längs des Durchmessers CD aufgeschnitten, dann wirken an der Schnittstelle (vgl. Bild 3.126b) die Kraft $\frac{F}{2}$ sowie das Biegemoment $M_0 = X$, das die statisch unbestimmte Größe darstellt. Querkräfte treten dort aus Symmetriegründen nicht auf.

Der Verlauf des Biegemoments ist (wegen der Symmetrie genügt es, den Bereich (1), d.h. $0 \leqslant \psi \leqslant \frac{\pi}{2}$, zu betrachten)

$$M(\psi) = \frac{FR}{2}(1-\cos\psi) - X. \qquad (3.160)$$

Der Satz von *Menabrea* liefert ($EJ = \text{konst.}$)

$$\frac{\partial U}{\partial X} = 0 \quad \text{oder} \quad \int_0^{\pi/2} M \frac{\partial M}{\partial X} \mathrm{d}s = 0$$

und mit $\frac{\partial M}{\partial X} = -1$ aus (3.160) ergibt sich

$$\int_0^{\pi/2} \left[\frac{FR}{2}(1-\cos\psi) - X\right] R \,\mathrm{d}\psi = 0.$$

Daraus folgt

$$\left(\frac{FR}{2} - X\right)\frac{\pi}{2} - \frac{FR}{2} = 0$$

oder die gesuchte Größe

$$X = M_0 = \frac{FR}{2}\left(1 - \frac{2}{\pi}\right) = 0{,}182\,FR.$$

Der Biegemomentenverlauf (3.160) wird damit

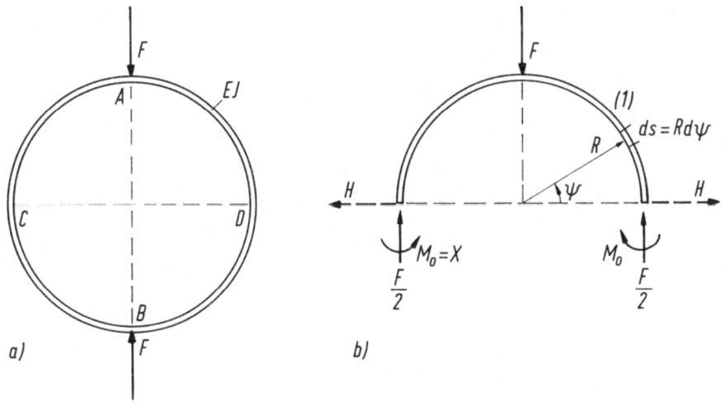

Bild 3.126 Diametral gedrückter Ring

$$M(\psi) = \frac{FR}{2}\left(\frac{2}{\pi} - \cos\psi\right) \quad \left(0 \leq \psi \leq \frac{\pi}{2}\right) \quad (3.161)$$

der Maximalwert tritt bei A für $\psi = \frac{\pi}{2}$ auf und ist

$$M_{\max} = \frac{FR}{\pi} = 0{,}318\,FR.$$

Im Biegemomentenverlauf findet bei $\psi = 50{,}46°$ ein Vorzeichenwechsel statt, das Moment für $\psi = 0$ ist $M(0) = \frac{FR}{2}\left(\frac{2}{\pi} - 1\right) = -M_0$.

Mit dem Zweiten Satz von *Castigliano* lassen sich die Durchmesseränderungen $\delta(AB)$ und $\delta(CD)$ berechnen.

Es gilt

$$\delta(AB) = \frac{\partial U_{\text{ges}}}{\partial F} = \frac{1}{EJ} \oint M \frac{\partial M}{\partial F}\, \mathrm{d}s$$

$$= \frac{4}{EJ} \int_0^{\pi/2} M \frac{\partial M}{\partial F} R\, \mathrm{d}\psi$$

wegen der Symmetrie genügt die Integration über den Viertelbogen und Multiplikation mit 4.

Aus (3.161) erhält man $\frac{\partial M}{\partial F} = \frac{R}{2}\left(\frac{2}{\pi} - \cos\psi\right)$ und damit folgt

$$\delta(AB) = \frac{FR^3}{EJ} \int_0^{\pi/2} \left(\frac{2}{\pi} - \cos\psi\right)^2 \mathrm{d}\psi$$

$$= \frac{FR^3}{EJ}\left(\frac{\pi}{4} - \frac{2}{\pi}\right) = 0{,}1488\,\frac{FR^3}{EJ}.$$

Zur Berechnung von $\delta(CD)$ wird die Hilfskraftmethode angewendet. Es genügt dabei die Betrachtung einer Bogenhälfte, gemäß Bild 3.126b werden bei C und D die Hilfskräfte H angebracht. Das Biegemoment ist nun

$$M(\psi) = \frac{FR}{2}\left(\frac{2}{\pi} - \cos\psi\right) + HR\sin\psi$$

und mit $\frac{\partial M}{\partial H} = R\sin\psi$ ergibt sich (Integration über den Viertelbogen und Verdopplung)

$$\delta(CD) = \frac{2}{EJ} \int_0^{\pi/2} \frac{FR}{2}\left(\frac{2}{\pi} - \cos\psi\right) R\sin\psi\, R\,\mathrm{d}\psi$$

$$= \frac{FR^3}{EJ}\left(\frac{2}{\pi} - \frac{1}{2}\right) = 0{,}1366\,\frac{FR^3}{EJ}.$$

Der betrachtete diametral gedrückte (oder gezogene) Ring findet Anwendung als Kraftmesser (Dynamometer).

Weitere Beispiele innerlich statisch unbestimmter Systeme finden sich bei statisch unbestimmten (ebenen und räumlichen) Fachwerken. Hierbei wird indes der sog. Verschiebungsmethode der Vorzug gegeben, die zu den Matrixmethoden der Elastostatik führt und die wiederum Ausgangspunkt für die Methode der finiten Elemente sind.

3.11 Elastische Stabilität, Ausknicken von Stäben

Stabilitätsbetrachtungen spielen auf vielen Gebieten der Mechanik starrer und verformbarer Körper eine wichtige Rolle, z. B. bei der Untersuchung der Stabilität von Bewegungen oder der Stabilität von Gleichgewichtslagen. Letzterer Fall wird hier betrachtet und dabei als elementares Stabilitätsproblem der Festigkeitslehre das Ausknicken elastischer Stäbe unter Druckbelastung behandelt.

3.11.1 Allgemeine Übersicht

Bisher wurden nur solche Belastungsfälle betrachtet, bei denen sich nach Aufbringung der Lasten stets eine eindeutige (sog. triviale) Gleichgewichtslage des Bauteils eingestellt hat. Die Frage nach der Stabilität tauchte dabei nicht auf.

Allgemein gilt eine Gleichgewichtslage als *stabil*, wenn durch kleine Störungen ausgelöste Abweichungen von dieser Lage beliebig klein bleiben. Dies ist gleichbedeutend damit, daß der betrachtete Körper das Bestreben hat, wieder in die Gleichgewichtslage zurückzukehren. Wenn dies nicht der Fall ist, liegt eine *instabile* oder eine *indifferente* (neutrale) Gleichgewichtslage vor.

Bei belasteten Bauteilen sind in speziellen Fällen neben der trivialen stabilen Gleichgewichtslage auch nicht-triviale Nachbarlagen möglich, in die das Bauteil auszuweichen vermag. Dabei kann ein kritischer Zustand eintreten, der für den Übergang von der stabilen zur instabilen Gleichgewichtslage kennzeichnend ist. In den Anwendungen der Festigkeitslehre sind solche Betrachtungen wichtig, denn ein Bauteil kann im Fall der Instabilität durchaus große Verformungen erfahren, so daß die Tragfähigkeit und mithin die Brauchbarkeit verlorengehen (ohne daß bereits eine Zerstörung, etwa durch Bruch eingetreten ist).

Von Bedeutung für das Erfassen eines kritischen instabilen Zustands ist die Kenntnis der *Stabilitätsgrenze*, die das sog. unterkritische Verhalten vom überkritischen Verhalten trennt und das Verlorengehen der Stabilität kennzeichnet. [1])

Zur elementaren Behandlung von Stabilitätsproblemen sind bisherige Vereinfachungen der linearen Theorie (auch Theorie 1. Ordnung genannt) aufzugeben. Zwar kann die Beschränkung auf kleine Verformungen beibehalten werden, wesentlich ist jedoch, daß jetzt die Gleichgewichtsbedingungen stets am verformten Bauteil formuliert werden müssen (Theorie 2. Ordnung).

Bei weitergehenden Betrachtungen, insbesondere für Untersuchungen des überkritischen Verhaltens (das in manchen Fällen von Interesse ist), müssen nichtlineare Gesetze herangezogen, d.h. endliche Verformungen betrachtet werden (Theorie 3. Ordnung). Die mathematische Behandlung wird dadurch sehr schwierig.

Erstmals wurde eine mathematische Untersuchung der Knickerscheinungen gedrückter elastischer Stäbe von *Euler* angestellt. Auf den sog. Eulerschen Knickstab sollen die nachfolgenden Betrachtungen beschränkt bleiben.

Zu erwähnen sind weitere technisch wichtige Stabilitätsprobleme, wie das Drillknicken bei Torsionsstäben, das Biegedrillknicken bei Stäben mit offenen dünnwandigen Querschnitten sowie das Ausbeulen von druckbeanspruchten Scheiben. Diese können hier nicht behandelt werden. [1])

3.11.2 Biegeknicken eines Balkens

Zur Vorbereitung auf die Behandlung des Eulerschen Knickstabs werden zunächst grundsätzliche Betrachtungen der instabilen Gleichgewichtslage für einen beidseitig gelenkig gelagerten Balken (Biegesteifigkeit EJ) unter exzentrischer Druckbelastung gemäß Bild 3.127 angestellt.

Die Kräfte wirken im Abstand e von der ursprünglich geraden Balkenachse, die Verformung soll in der x-z-Ebene erfolgen, die sich einstellende Biegelinie ist $w = w(x)$ und es gelten die Voraussetzungen der technischen Balkenbiegelehre (vgl. Abschnitt 3.7).

Das Biegemoment an der Stelle x des verformten Balkens ist

$$M = F(w + e)$$

und damit lautet die Differentialgleichung der Biegelinie[2]) $EJw'' = -F(w+e)$ oder

$$(w+e)'' + k^2(w+e) = 0 \tag{3.162}$$

mit der Abkürzung

$$k^2 = \frac{F}{EJ}. \tag{3.163}$$

[1]) Den Übergang vom stabilen in den instabilen Zustand bezeichnet man mitunter als Verzweigungsproblem, vgl. Seite 176.

[1]) Für weitergehende Studien wird z.B. auf die Standardwerke von *A. Pflüger*, Stabilitätsprobleme der Elastostatik, Springer Verlag 1975, und *H. Leipholz*, Stabilitätstheorie, *Lamm* Bd. 10, Teubner Verlag 1968 verwiesen.

[2]) Man erkennt, daß im Vergleich mit den früher (Abschnitt 3.7.1) besprochenen Anwendungen der Differentialgleichung der Biegelinie nunmehr das Biegemoment keine Funktion von x sondern eine Funktion der Durchbiegung w ist.

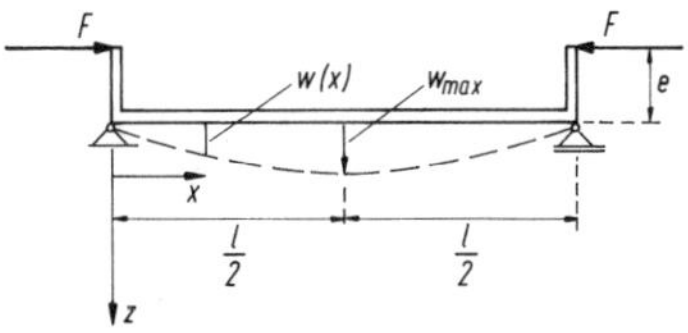

Bild 3.127 Biegeknicken eines Balkens

Die Gleichung (3.162) stimmt formal mit der Differentialgleichung eines linearen ungedämpften Schwingungssystems überein, die in Abschnitt 7 ausführlich behandelt wird.
Man überzeugt sich leicht, daß (3.162) durch trigonometrische Funktionen erfüllt wird. Die allgemeine Lösung lautet

$$w + e = A \sin kx + B \cos kx \qquad (3.164)$$

mit den Integrationskonstanten A und B, die sich aus den Randbedingungen $w = 0$ für $x = 0$ und $x = l$ bestimmen lassen. Es folgen

$$A = e\,\frac{1 - \cos kl}{\sin kl} = e \tan \frac{kl}{2}, \qquad B = e$$

und damit ergibt sich die Gleichung der Biegelinie

$$w = e\left(\tan \frac{kl}{2} \sin kx + \cos kx - 1\right).$$

Die maximale Durchbiegung tritt bei $x = \frac{l}{2}$ auf und ist

$$w_{max} = e\left(\tan \frac{kl}{2}\, sin \frac{kl}{2} + \cos \frac{kl}{2} - 1\right)$$

$$= e\left(\frac{1}{\cos \frac{kl}{2}} - 1\right). \qquad (3.165)$$

Für gegebene Werte von e und $F = EJk^2$ gemäß (3.163) läßt sich w_{max} berechnen, man erhält allerdings nichtlineare Kurven wie in Bild 3.128 gezeigt. Obwohl das lineare Hookesche Gesetz

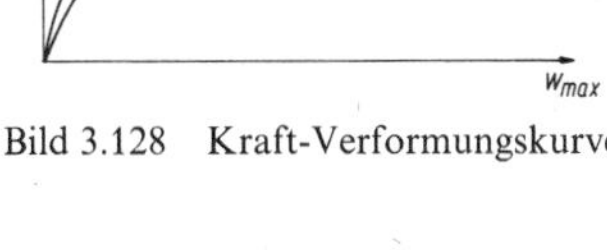

Bild 3.128 Kraft-Verformungskurven bei Biegeknicken

gilt, ergeben sich nichtlineare Kraft-Verformungsbeziehungen. Für verschiedene e-Werte haben alle Kurven eine gestrichelt eingezeichnete Asymptote (sie entspricht, wie man nachher erkennt, dem speziellen Wert $e = 0$).
Für $F = 0$, d.h. $k = 0$ folgt selbstverständlich $w_{max} = 0$, man erkennt indes aus (3.165), daß sich auch für $\cos \frac{kl}{2} = 1$, d.h. $kl = 4\pi$, und somit für eine Kraft $F > 0$ der Wert $w_{max} = 0$ ergibt. Die Lösung hängt also vom Parameter k (als Eigenwert bezeichnet) ab und es liegt beim Biegeknicken ein sog. *Eigenwertproblem* (genauer Randeigenwertproblem) vor.
Für $\cos \frac{kl}{2} = 0$, d.h. $kl = \pi$, wird der Klammerausdruck in (3.165) unendlich, dies bedeutet, daß w_{max} über alle Grenzen anwächst[1]), wenn die Kraft einen kritischen Wert

$$F_{kr} = EJ\left(\frac{\pi}{l}\right)^2 \qquad (3.166)$$

annimmt. Dieser Wert entspricht der Stabilitätsgrenze, es herrscht instabiles bzw. indifferentes Gleichgewicht.
Die bisherigen Feststellungen behalten ihre Gültigkeit auch für den Fall $e = 0$, wenn keine Exzentrizität des Kraftangriffspunkts, also rein axiale Druckbelastung vorliegt.
Für alle Werte $kl < \pi$ oder $F < F_{kr}$ ist der Klammerausdruck in (3.165) stets endlich und es folgt $w_{max} = 0$ entsprechend der trivialen Gleichgewichtslage. Für $kl = \pi$ hingegen ist $F = F_{kr}$ und es liegt für w_{max} ein unbestimmter Ausdruck $(0 \cdot \infty)$ vor, der beliebige Werte annehmen kann. Dies bedeutet, daß die Stabilität des Gleichgewichts nicht mehr gegeben ist. Wie vordem gilt für die kritische Last die Beziehung (3.166), wobei bemerkenswert ist, daß dieser Wert nur von der Geometrie des Balkens (Querschnittsform und Länge) sowie vom Elastizitätsmodul, nicht aber von einem Festigkeitsgrenzwert abhängig ist.
Die Untersuchung des Biegeknickens lehrt, daß, wie klein die Exzentrizität des Kraftangriffs immer auch ist, für F_{kr} die Durchbiegungen beliebig große Werte annehmen. Dies trifft auch für offensichtlich zentrisch belastete Druckstäbe

[1]) Dies ist hypothetisch zu verstehen, da bei der Betrachtung kleine Verformungen vorausgesetzt sind.

zu, im übrigen sind in der Realität kleine Exzentrizitäten (z. B. infolge Herstellungsungenauigkeiten) niemals vermeidbar.
Somit ist festzuhalten (bei $e = 0$)

- für $F < F_{kr}$ ist $w = 0$, d.h. die gerade Linie des gedrückten Stabs entspricht der stabilen Gleichgewichtslage
- für $F = F_{kr}$ ist w beliebig, d.h. die Eindeutigkeit der Lösung ist verloren und unendlich viel Nachbargleichgewichtslagen sind möglich, in denen der Stab gekrümmt ist (indifferente Gleichgewichtslage)
- für $F > F_{kr}$ ist zwar die gerade Form des Stabs ebenfalls eine mögliche Gleichgewichtslage, diese ist aber instabil und eine kleine Störung bewirkt ein katastrophales Anwachsen der Durchbiegung.

Der Übergang vom stabilen zum instabilen Gleichgewicht kann gemäß Bild 3.129 als *Verzweigungsproblem* dargestellt werden.
Im unterkritischen Bereich wird die vertikale Linie $w = 0$ durchlaufen, sie wird im Verzweigungspunkt *V.P.* bei F_{kr} verlassen. Die gestrichelt gezeichnete vertikale Linie wird nicht durchlaufen, vielmehr ist die horizontale Linie im überkritischen Bereich maßgebend.
Allgemein gilt, daß sich in einem Verzweigungspunkt die für ein Tragwerk charakteristische Kraft-Verformungskurve in verschiedene Äste verzweigt, von denen dann nur einer realisiert wird.

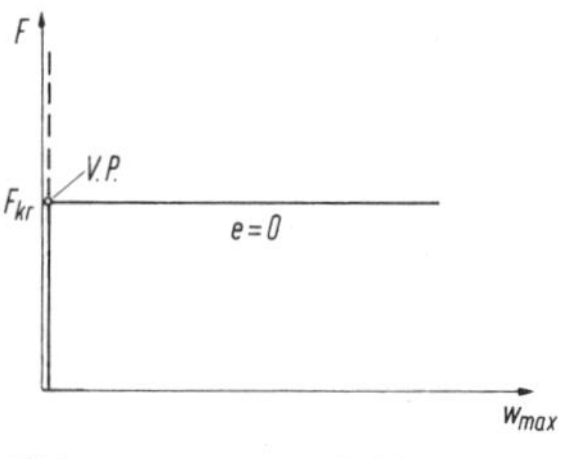

Bild 3.129 Zur Definition des Verzweigungspunkts

3.11.3 Eulerscher Knickstab

Der berühmte Mathematiker *Euler* hat 1744 („De curvis elasticis") erstmals das Ausknicken eines schlanken Druckstabs untersucht und hierfür eine kritische Knicklast ermittelt. [1])

Man spricht ihm zu Ehren vom Eulerschen Knickstab.
Mit einer (linearen) Theorie 2. Ordnung läßt sich die Stabilitätsgrenze, d.h. die kritische Last für das Ausknicken durch eine Gleichgewichtsbetrachtung bestimmen. Vorausgesetzt werden „ideale" prismatische Stäbe mit exakt gerader Achse und exakt zentrischem Lastangriff. Die belasteten Kräfte sollen konservativ, d.h. richtungstreu sein. Für das Verformungsverhalten wird die technische Balkenbiegelehre (schubstarrer Balken) zugrundegelegt, es gilt die linearisierte Differentialgleichung der Biegelinie, vgl. Abschnitt 3.7.1, Gl. (3.96). Die Gleichgewichtsbedingung wird am verformten Stab formuliert.
Solange die belastende Axialkraft F unter einem kritischen Wert F_{kr} liegt, wird der Stab nur axial gedrückt, er bleibt geradlinig und befindet sich in trivialer stabiler Gleichgewichtslage. Wenn also eine zusätzliche Querbelastung eine kleine Durchbiegung hervorruft, verschwindet diese wieder, sobald die Querbelastung weggenommen wird. Der Stab nimmt dann wieder seine gerade Lage ein.
Um die Stabilitätsgrenze zu finden, stellt man die Bedingungen auf, unter denen eine gekrümmte, von der geraden Linie abweichende, Gleichgewichtsform des Stabs möglich ist. Man definiert F_{kr} als die kleinste Last, bei der sich der ausgebogene Stab im Gleichgewicht befindet und bestimmt F_{kr} über die Biegelinie (analog dem Vorgehen in Abschnitt 3.11.2).
Je nach der Auflagerung der Stabenden ergeben sich verschiedene Fälle des Eulerschen Knickstabs, vgl. Bild 3.130, in der gleichfalls die möglichen gekrümmten Gleichgewichtsformen gestrichelt dargestellt sind.

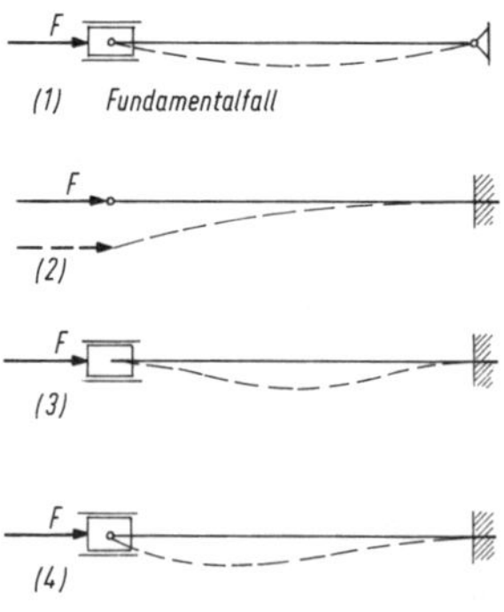

Bild 3.130 Die vier Lagerungsfälle beim Eulerschen Knickstab

[1]) In diesem Zusammenhang verdankt man *Euler* auch die erstmalige Lösung eines Eigenwertproblems.

3.11.3.1 Beidseitig gelenkige Lagerung

Diese Lagerungsart wird als *Fundamentalfall* des Eulerschen Knickstabs bezeichnet. Die in Bild 3.131 gezeigte nicht-triviale Gleichgewichtsform stellt sich bei der zu ermittelnden Last F_{kr} ein.

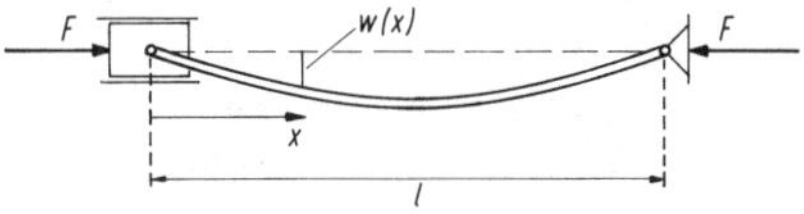

Bild 3.131 Fundamentalfall (1) des Eulerschen Knickstabs, beidseitig gelenkige Lagerung

Für das Biegemoment ergibt sich dabei

$$M(x) = Fw$$

damit führt die Differentialgleichung der Biegelinie $EJw'' = -M$ auf

$$w'' + k^2 w = 0 \qquad (3.167)$$

mit der bereits verwendeten Abkürzung $k^2 = \dfrac{F}{EJ}$, vgl. (3.163).

Die Gl. (3.167) stimmt mit (3.162) im vorigen Abschnitt überein, wenn $e = 0$ gesetzt wird, und es gilt die bekannte allgemeine Lösung

$$w = A \sin kx + B \cos kx.$$

Die Integrationskonstanten gewinnt man aus den Randbedingungen

$$w = 0 \quad \text{für} \quad x = 0 \text{ und } x = 1$$

es folgen

$$B = 0, \quad A \sin kl = 0.$$

Die zweite Beziehung ist (für beliebige $A \neq 0$) nur erfüllt, wenn

$$\sin kl = 0 \qquad (3.168)$$

d.h. für die Werte $kl = n\pi$ $(n = 1, 2, 3 \ldots)$.
Man bezeichnet (3.168) als die *Eigenwertgleichung* des vorliegenden Eigenwertproblems, die sich daraus ergebenden Eigenwerte sind

$$k_n = n \frac{\pi}{l} \quad (n = 1, 2, 3 \ldots). \qquad (3.169)$$

Die Gleichung der Biegelinie lautet somit

$$w = A \sin n \frac{\pi}{l} x$$

und man erkennt, daß nur die Form des gebogenen Stabs bestimmt werden kann, die Größe der Durchbiegungen aber unbekannt bleibt.
Kennzeichnend für das Rand-Eigenwertproblem ist, daß nur für bestimmte Parameter k_n gemäß (3.169) Lösungen existieren. Im vorliegenden Fall sorgt der Eigenwert dafür, daß die Lösung „paßt", d.h. die Randbedingung für $x = l$ erfüllt wird.
Von praktischer Bedeutung für das Stabilitätsproblem ist nur der niedrigste Eigenwert $k_1 = \dfrac{\pi}{l}$, der zur tiefsten kritischen Knicklast

$$F_{kr} = EJ \left(\frac{\pi}{l}\right)^2 \qquad (3.170)$$

führt.
Für $n = 2$ ergibt sich $k_2 = 2\,\dfrac{\pi}{l}$ und damit die nächsthöhere kritische Knicklast $4EJ\left(\dfrac{\pi}{l}\right)^2$. Dieser entspricht eine theoretisch mögliche indifferente Gleichgewichtslage des Stabs, wenn, wie in Bild 3.132 angedeutet, ein Ausweichen in Stabmitte verhindert wird.

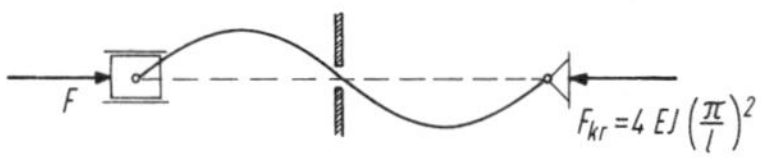

Bild 3.132 Mögliche Form des indifferenten Gleichgewichts für $F = F_{kr} = 4EJ\left(\dfrac{\pi}{l}\right)^2$

Ansonsten sind für das Knickproblem die höheren Eigenwerte ohne praktische Bedeutung.
Als Ergebnis folgt wiederum, daß für $F < F_{kr}$ gemäß (3.170) die einzig mögliche Gleichgewichtslage des Stabs die gerade Linie $w = 0$ ist. Allerdings ist dies auch für $F = F_{kr}$ möglich, da sich der Stab dann in der indifferenten Gleichgewichtslage befindet.
Für die Anwendungen ist die Frage wichtig, ob der gedrückte Stab tatsächlich bei F_{kr} ausknickt oder nicht. Die Theorie liefert hierüber keine Aussage. Da aber ein instabiler Zustand vorliegt, kann eine kleine Störung durchaus ein Ausknicken, d.h. eine katastrophale Vergrößerung der Verformung hervorrufen. Die Erfahrung zeigt außerdem, daß wegen immer vorhandener Vorkrümmung bei realen Stäben bzw. exzentrischem Kraftangriff tatsächlich ein Ausknicken in der Nähe der kritischen Last eintritt. Andererseits ist auch eine geringfügige Überschreitung

der Knicklast wegen stets vorhandener Reibung in den Auflagern nicht ausgeschlossen.
Das tatsächliche Ausknicken eines Druckstabs erfolgt um diejenige Querschnittsachse, die dem kleinsten Flächenträgheitsmoment entspricht, d.h. es gilt

$$F_{kr} = EJ_{min}\left(\frac{\pi}{l}\right)^2.$$

Mit Einführung des Trägheitsradius gemäß $i^2 = \frac{J}{A_{St}}$ der Stabquerschnittsfläche A_{St} erhält man als sog. *Knickspannung* (die eine Druckspannung ist, wobei meist auf das Minuszeichen verzichtet wird)

$$\sigma_K = (-)\frac{F_{kr}}{A_{St}} = \pi^2 E \frac{i^2_{min}}{l^2}.$$

Verwendet man den sog. Schlankheitsgrad[1]) $\lambda = \frac{l}{i_{min}}$, folgt der als Eulersche Knickspannung bezeichnete Ausdruck

$$\sigma_K = \frac{\pi^2 E}{\lambda^2}. \tag{3.171}$$

3.11.3.2 Weitere Lagerungsarten

Für die weiteren Lagerungsarten des Eulerschen Knickstabs resultieren aus einer analogen Betrachtung die entsprechenden Werte der Knicklast.
Beim *einseitig eingespannten* Stab (Bild 3.133) ist das Biegemoment $M(x) = -F(e-w)$, die Differentialgleichung der Biegelinie führt auf

$$(w-e)'' + k^2(w-e) = 0$$

mit der Lösung

$$w = A\sin kx + B\cos kx + e.$$

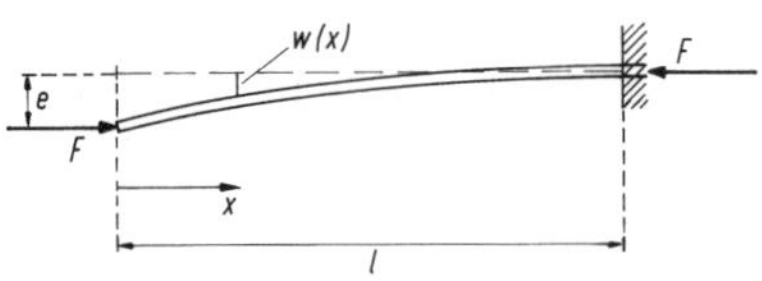

Bild 3.133 *Euler*-Fall (2): einseitig eingespannter Druckstab

[1]) Als Anhaltspunkt dient der Wert $\lambda \approx 100$ für einen Bleistift normaler Länge.

Aus den Randbedingungen $w = e$ für $x = 0$ sowie $w = 0$ und $w' = 0$ bei $x = l$ ergeben sich

$$B = 0, \quad A = -\frac{e}{\sin kl}, \quad Ak\cos kl = 0. \tag{3.172}$$

Die Gleichung der Biegelinie wird damit

$$w = e\left(1 - \frac{\sin kx}{\sin kl}\right)$$

wobei die Größe e unbestimmt bleibt.
Aus (3.172) folgt die Eigenwertgleichung

$$\cos kl = 0$$

die zu den Eigenwerten

$$k_n = (2n-1)\frac{\pi}{2l} \quad (n = 1, 2, 3 \ldots)$$

führt. Für diese Werte k_n ist übrigens $\sin kl = \pm 1$.
Mit dem niedrigsten Eigenwert k_1 folgt für die kritische Last[1])

$$F_{kr} = EJ\frac{\pi^2}{4l^2} \tag{3.173}$$

die also hier viermal kleiner ist als beim Fundamentalfall.
Man erhält (3.173) ohne Rechnung direkt aus dem entsprechenden Ausdruck (3.170) des Fundamentalfalls, wenn man darin $2l$ statt l einsetzt, vgl. Bild 3.134a.

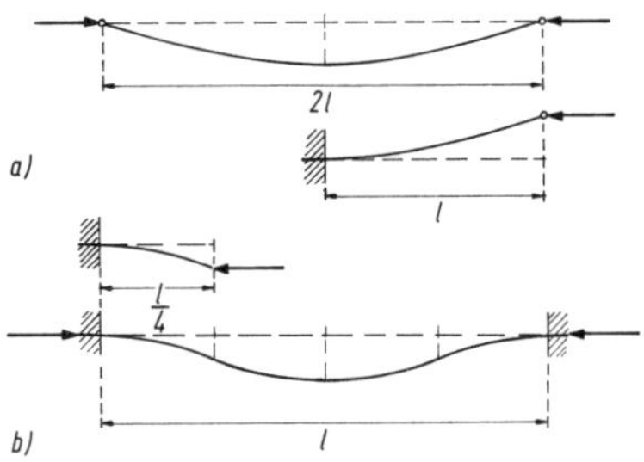

Bild 3.134 Zur Ermittlung der Knicklast aus dem Fundamentalfall des Eulerschen Knickstabs

Beim *beidseitig eingespannten* Stab (Bild 3.135) tritt ein (statisch unbestimmtes) Einspannmoment M_0 auf, das indes nicht ermittelt zu werden braucht. Für das Biegemoment ergibt sich

[1]) Dieser Wert für die kritische Last wurde 1744 von *Euler* (De curvis elasticis) angegeben.

$$M(x) = Fw - M_0$$

und die Differentialgleichung der Biegelinie lautet zunächst

$$w'' + k^2 w = \frac{M_0}{EJ} = k^2 \frac{M_0}{F}.$$

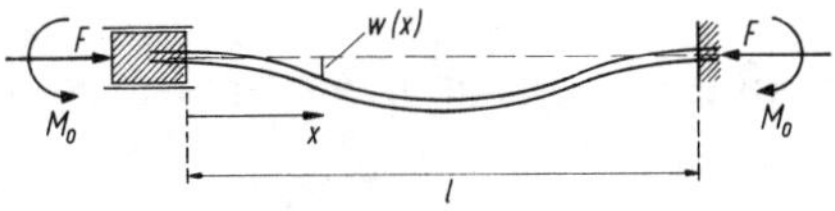

Bild 3.135 *Euler*-Fall (3): beidseitig eingespannter Druckstab

Daraus folgt

$$\left(w - \frac{M_0}{F}\right)'' + k^2 \left(w - \frac{M_0}{F}\right) = 0$$

mit der allgemeinen Lösung

$$w = A \sin kx + B \cos kx + \frac{M_0}{F}.$$

Aus den Randbedingungen $w = 0$ und $w' = 0$ für $x = 0$ erhält man

$$A = 0, \qquad B = -\frac{M_0}{F}$$

und damit die Gleichung der Biegelinie

$$w = \frac{M_0}{F}(1 - \cos kx).$$

Die weiteren Randbedingungen $w = 0$ und $w' = 0$ für $x = l$ liefern die Eigenwertgleichung

$$\cos kl = 1$$

mit den Eigenwerten

$$k_n = n\,\frac{2\pi}{l} \qquad (k = 1, 2, 3 \ldots)$$

sowie die Beziehung $\sin kl = 0$, die gleichfalls erfüllt ist.
Als Knicklast ergibt sich somit

$$F_{kr} = 4EJ\,\frac{\pi^2}{l^2} \tag{3.174}$$

ein Wert, der viermal größer ist als beim Fundamentalfall.
Ohne Rechnung findet man (3.174) aus dem Wert (3.173) des vorhergehenden Lagerfalls, wenn man darin $\frac{l}{4}$ statt l einsetzt, vgl. Bild 3.134b.

Beim *eingespannt-gelenkig* gelagerten Stab (Bild 3.136) tritt wegen des Moments bei der Einspannung im Gelenk eine Lagerkraft D_0 quer zum Stab auf, die *nicht* bekannt sein muß. Das Biegemoment erhält dadurch einen zu x proportionalen Anteil und ist

$$M(x) = Fw + D_0 x.$$

Die Differentialgleichung der Biegelinie wird damit inhomogen und führt auf

$$w'' + k^2 w = -k^2 \frac{D_0}{F} x. \tag{3.175}$$

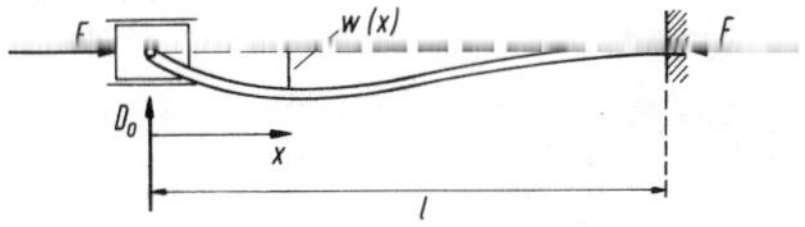

Bild 3.136 *Euler*-Fall(4): gelenkig-eingespannt gelagerter Druckstab

Nach der Theorie der linearen Differentialgleichungen setzt sich die allgemeine Lösung der inhomogenen Differentialgleichung (3.175) aus der allgemeinen Lösung der zugehörigen homogenen (oder verkürzten) Gleichung und einer einzelnen speziellen („partikulären") Lösung der inhomogenen Gleichung zusammen. Als partikuläre Lösung gilt hier $w^* = -\frac{D_0}{F}x$ und man erhält als allgemeine Lösung von (3.175)

$$w = A \sin kx + B \cos kx - \frac{D_0}{F} x.$$

Die Randbedingungen sind $w = 0$ für $x = 0$ und $x = l$. Daraus folgen

$$B = 0, \qquad A = \frac{D_0 l}{F \sin kl}$$

und die Gleichung der Biegelinie lautet

$$w = \frac{D_0}{F}\left(l\,\frac{\sin kx}{\sin kl} - x\right).$$

Die weitere Randbedingung $w' = 0$ für $x = l$ liefert

$$\frac{D_0\,kl \cos kl}{F \sin kl} - \frac{D_0}{F} = 0$$

und als Eigenwertgleichung folgt

$$\tan kl = kl.$$

Diese transzendente Gleichung muß z.B. numerisch gelöst werden und es ergibt sich als niedrigster Eigenwert $kl = 4{,}493$ mit dem brauchbaren Näherungswert $\pi\sqrt{2}$. Als Knicklast erhält man

$$F_{kr} = 20{,}19\,\frac{EJ}{l^2} = 2{,}045\,EJ\,\frac{\pi^2}{l^2} \qquad (3.176)$$

sie liegt gleichfalls höher als beim Fundamentalfall.

Die Knicklasten der behandelten vier Fälle (1) bis (4) des Eulerschen Knickstabs lassen sich in einer gemeinsamen Formel zusammenfassen. Hierzu bezieht man sich auf den Fundamentalfall (3.170) und führt die sog. reduzierte Knicklänge l_{red} ein. Dann gilt

$$F_{kr} = \alpha EJ\,\frac{\pi^2}{l^2} = EJ\,\frac{\pi^2}{l_{red}^2} \qquad (3.177)$$

mit den Werten

	α	l_{red}
(1)	1	l
(2)	$\frac{1}{4}$	$2l$
(3)	4	$\frac{l}{2}$
(4)	2,045	$\approx 0{,}7\,l$

In der Formel (3.171) ist damit für den Schlankheitsgrad jeweils $\lambda = \frac{l_{red}}{i_{min}}$ zu setzen.

Eine gemeinsame Differentialgleichung für die betrachteten Fälle des Eulerschen Knickstabs ergibt sich, indem man die jeweiligen Differentialgleichungen der Biegelinie zweimal nach x differenziert. Es folgt (für $EJ = \text{konst.}$)

$$w'''' + k^2 w'' = 0, \quad k^2 = \frac{F}{EJ}$$

als Differentialgleichung des Eulerschen Knickstabs mit der allgemeinen Lösung

$$w = A \sin kx + B \cos kx + Cx + D.$$

Hieraus lassen sich ebenfalls die Eigenwerte für die verschiedenen Fälle des Eulerschen Knickstabs ermitteln.

Abschließend ist nochmals festzuhalten, daß man aus der hier verwendeten Theorie 2. Ordnung nur die Aussage gewinnt, daß bei den Belastungen F_{kr} indifferente, von der geraden Form des Stabs abweichende Gleichgewichtslagen möglich sind. Zwar werden die Knicklasten exakt erfaßt, aber es ergibt sich kein Aufschluß über das Verhalten des Stabs im überkritischen Bereich. Die lineare Theorie liefert nur unbestimmte oder unendlich große Durchbiegungen bei der kritischen Last (d.h. im Verzweigungspunkt).

3.11.3.3 Gültigkeitsbereich und Anwendung der Eulerschen Knicktheorie

Die Anwendbarkeit der Eulerschen Theorie und der daraus ermittelten kritischen Knicklasten ist beschränkt. Für ein gegebenes Material stellt sich die Gl. (3.171) für die Eulersche Knickspannung in einem σ_K-λ-Diagramm als Hyperbel dar (Bild 3.137).

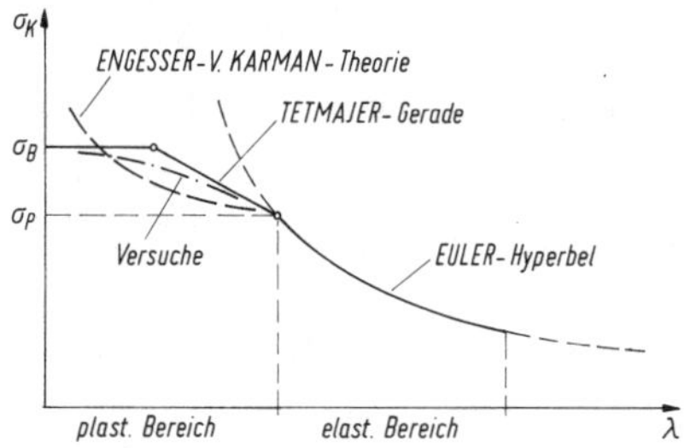

Bild 3.137 Gültigkeitsbereich der Eulerschen Knicktheorie

Nur ein begrenzter Zweig davon ist indes anwendbar, der nach niedrigen λ-Werten hin durch die Proportionalitätsgrenze σ_P festgelegt ist (da linear-elastisches Materialverhalten vorausgesetzt wurde). Als Grenzwert ergibt sich $\lambda_0 \geq \pi \sqrt{\frac{E}{\sigma_P}}$, z.B. für normalen Baustahl $\lambda_0 \approx 90$.

Bei größeren λ-Werten (> 200) handelt es sich um extrem schlanke Stäbe, die wegen ihrer zu geringen Steifigkeit für eine Verwendung nicht in Frage kommen. Eine Obergrenze wird hier durch Bemessungs- und Bauvorschriften festgelegt.

Im genannten Gültigkeitsbereich der *Euler*-Hyperbel stimmen die Knicklasten gut mit den experimentellen Befunden überein.

Im Bereich zwischen der Proportionalitätsgrenze σ_P und der Bruchspannung σ_B („Quetschgrenze") liegen die gemessenen Knickspannungen (genaueste Versuche von *L. v. Tetmajer*) in der Größenordnung der mit bleibenden Verformungen verknüpften Spannungen. Man spricht in diesem Fall von unelastischem (plastischen) Knicken. Eine plastische Knicktheorie stammt von *Engesser* und *v. Karman*, die Ergebnisse werden durch die Versuche sehr gut bestätigt. Als empirische Formel kann im unelastischen Bereich die lineare Beziehung

$$\sigma_K = \alpha - \beta\lambda$$

mit α und β als Materialkennwerten herangezogen werden (Tetmajersche Gerade), wobei sich eine untere Grenze gemäß $\sigma_K = \sigma_B$ ergibt.
Allgemein kann zur Dimensionierung von knickgefährdeten Stäben als Bemessungsvorschrift für die zulässige Druckspannung

$$\sigma_{zul} \leqslant \frac{\sigma_K}{S} \tag{3.178}$$

mit einem Sicherheitsbeiwert $S > 1$ angewendet werden.
Es sei noch auf ein (von der Deutschen Reichsbahn 1930 eingeführtes) Bemessungsverfahren, das sog. Omega-Verfahren, hingewiesen. Dies findet im Bereich des Stahlbaus (Hochbau, Brükkenbau) Verwendung und enthält einen von der Schlankheit abhängigen Sicherheitsbeiwert (Knickzahl) $S(\lambda) = \omega$, der im Gültigkeitsbereich der *Euler*-Hyperbel den Wert 2,5 hat (ω-Verfahren nach DIN 4114, Stabilität im Stahlbau). Im allgemeinen Maschinenbau ist indes dies Verfahren nicht zugelassen.

3.12 Festigkeitshypothesen

Die Festigkeitslehre stellt Methoden zur Verfügung um die Beanspruchung und Verformung von Bauteilen unter den auftretenden Belastungen zu ermitteln. Damit kann die „richtige" Dimensionierung der Bauteile vorgenommen werden, die zur sicheren und wirtschaftlichen Bemessung technischer Konstruktionen führt. Eng verknüpft ist damit die optimale Ausnutzung der mechanischen Eigenschaften der Werkstoffe. Die berechneten Spannungen werden mit zulässigen Spannungswerten verglichen, die aus Versuchen bekannt sind und materialspezifische Kenngrößen darstellen. [1])

[1]) Ein Beispiel dazu ist die Bemessungsformel (3.178) zur Verhinderung des Ausknickens von Druckstäben.

3.12.1 Versagen von Bauteilen

Eine technische Konstruktion wird dann unbrauchbar, wenn sie den ursprünglich vorgesehenen Zweck nicht mehr erfüllen kann. Der Vorhersage bzw. Verhinderung des Versagens und damit Unbrauchbarwerdens eines belasteten Bauteils kommt daher große praktische Bedeutung zu.
Unbrauchbarwerden kann z. B. eintreten infolge

- völliger Zerstörung durch Überbeanspruchung (Bruch)
- unzulässig großer Verformungen (plastisches Fließen)
- elastischer Instabilität (Ausknicken, Ausbeulen).

Das Bruchverhalten ist stark abhängig vom Werkstoffcharakter (spröd oder zäh), außerdem von der Art der Belastung (einmalige oder wiederholte Belastung), der Belastungsgeschwindigkeit (statische oder Stoßbelastung) usw.
Mit der Frage nach dem Bruchverhalten belasteter Körper und den dabei auftretenden Erscheinungen (z. B. der Ausbreitung von Ermüdungsrissen) befaßt sich die *Bruchmechanik*, ein noch ziemlich junges ingenieurwissenschaftliches Gebiet, das zwischen Festigkeitsmechanik (Kontinuumsmechanik) einerseits und Werkstoffwissenschaft andererseits vermittelt. [1])
Die elementare Festigkeitslehre gestattet nur die Berechnung der Spannungen bei elastischem Materialverhalten, d. h. bis zur Proportionalitätsgrenze. Die Frage wann oder an welcher Stelle eines belasteten Bauteils plastisches Fließen oder Bruch einsetzt, kann nur durch Versuche untersucht werden. Man ist dabei auf die Ergebnisse des einachsigen Zugversuchs angewiesen, der nur für den einfachen Probestab die Fließ- und Bruchspannung liefert. Diese Werte sagen zunächst aber nichts über die Widerstandsfähigkeit des Materials bei komplizierteren Spannungszuständen aus.

[1]) Bezüglich der theoretischen Grundlagen sei verwiesen auf *H. G. Hahn*: Bruchmechanik, *Lamm* Bd. 30, Teubner Verlag Stuttgart, 1985.

3.12.2 Zusammengesetzte Beanspruchung, Vergleichsspannung

In den meisten Fällen hat man es mit Bauteilen unter zusammengesetzter (überlagerter) Beanspruchung zu tun, z.B. Zug und Biegung, Biegung und Torsion usw.
Ganz allgemein wird sich dann im betrachteten Körper ein dreiachsiger Spannungszustand einstellen, der durch Angabe der drei Hauptspannungen $\sigma_1 \geqslant \sigma_2 \geqslant \sigma_3$ (vgl. Abschnitt 3.4.5.1) gekennzeichnet ist.
Hierfür können Fließ- und Bruchgrenze nicht mehr aus einfachen Versuchen bestimmt werden (schon ein zweiachsiger Zugversuch ist nicht einfach zu realisieren), man muß vielmehr brauchbare Vergleichsmöglichkeiten mit den Ergebnissen des einachsigen Zugversuchs schaffen. Es ist naheliegend, eine sog. *Vergleichsspannung* σ_V (auch Effektivspannung genannt) einzuführen, die in geeigneter Weise die Wirkungen der im Bauteil auftretenden Spannungen wiedergeben kann. Dies ist keine physikalische Gesetzmäßigkeit, vielmehr handelt es sich um Rechenvorschriften, die auf bestimmten Hypothesen fußen und Werte für die Vergleichsspannung liefern. [1])
Die Erstellung dieser Festigkeitshypothesen erfolgt in Einklang mit (z.T. schon lang bekannten) umfangreichen experimentellen Daten, die Anwendung der sich jeweils ergebenden Vergleichsspannung hängt von der, je nach den vorliegenden Bedingungen auftretenden, Versagensart (plastisches Fließen, Bruch) ab.
Allgemein dient dann zur praktisch brauchbaren Bemessung der Bauteile eine analog zu (3.178) gebildete Formel

$$\sigma_V \leqslant \frac{\sigma_{F,B}}{S_{F,B}} = \sigma_{zul} \qquad (3.179)$$

mit

σ_V Vergleichsspannung
σ_{zul} zulässige Spannung (z.B. durch Bauvorschriften vorgegeben)

und je nach der zugrundegelegten Bemessungsgrenze gegen Fließen bzw. Bruch

$\sigma_{F,B}$ Fließ- bzw. Bruchspannung (aus Zugversuch)
$S_{F,B}$ Sicherheitsbeiwert [1]) gegen Fließen bzw. Bruch ($S > 1$).

[1]) Die Festlegung eines einzigen Spannungswerts als Maß für die Beanspruchung trägt selbst hypothetischen Charakter.

3.12.3 Festigkeitshypothesen und zugehörige Vergleichsspannungen

Die drei am besten zu den experimentellen Befunden passenden und daher für die Anwendung wichtigsten Festigkeitshypothesen werden nachfolgend vorgestellt. Zugrundegelegt sind jeweils die in einem Bauteil vorliegenden Hauptnormalspannungen $\sigma_1 \geqslant \sigma_2 \geqslant \sigma_3$.

3.12.3.1 Hypothese der maximalen Normalspannung

Es handelt sich um die älteste Festigkeitshypothese, die schon von *Galilei* bei Bruchversuchen verwendet und später von *Lamé* und *Navier* vorgeschlagen wurde. Sie besagt, daß die größte auftretende Normalspannung (Zug oder Druck) für das Versagen maßgebend ist, d.h. es ergibt sich als Vergleichsspannung

$$\sigma_V = \sigma_{max} = \begin{cases} \sigma_1 & \text{(Zug)} \\ |\sigma_3| & \text{(Druck)} \end{cases}. \qquad (3.180)$$

Als Schwäche dieser Hypothese fällt auf, daß nur die maximale Hauptspannung unabhängig von den übrigen Hauptspannungen das Versagen bestimmt.
Außerdem würde allseitiger Zug oder Druck (hydrostatischer Spannungszustand) gleichermaßen zum Versagen führen wie einachsiger Zug oder Druck, was aber mit den Versuchen nicht in Einklang ist.
Da ferner durch allseitigen Druck (oder Zug) bei homogenem isotropen Material kein plastisches Fließen erzeugt werden kann, ist die Maximalspannungshypothese ungeeignet, um das Versagen infolge bleibender Verformung zu erfassen.
Hingegen ist die Hypothese gut anwendbar für Versagen infolge Materialtrennung senkrecht zur Richtung der größten Zugspannung, d.h. beim Zug-Trennbruch von spröden Werkstoffen.
Für das Bruchfestigkeitsverhalten gelten dann die Bedingungen

$$\sigma_1 \leqslant \sigma_{B(Zug)}, \qquad |\sigma_3| \leqslant |\sigma_{B(Druck)}|.$$

[1]) Manchmal spielt dieser die Rolle eines Unwissenheitsfaktors!

Übrigens wird mitunter die Gültigkeit der Hypothese der maximalen Normalspannung auf die größte Zug-Normalspannung, d.h. Werte $\sigma_1 > 0$, beschränkt.

3.12.3.2 Hypothese der maximalen Schubspannung

Diese Hypothese geht auf *Coulomb* und *St. Venant* zurück und wurde von *Tresca* als Fließbedingung [1]) in der Plastizitätstheorie eingeführt.
Maßgebend für die Versagensgrenze ist die größte auftretende Schubspannung, die nach (3.49) bzw. gemäß Bild 3.39b durch die Differenz der maximalen und der minimalen Hauptnormalspannungen gegeben ist. Als Vergleichsspannung gilt somit

$$\sigma_V = \sigma_1 - \sigma_3 = 2\tau_{max}. \tag{3.181}$$

Da plastische Verformungen (Fließen) als Gleitungen infolge von Schubspannungen entstehen, d.h. wenn die Hauptspannungen eine entsprechende Differenz aufweisen, ist die Hypothese der maximalen Schubspannungen sehr brauchbar für die Versagensarten Fließen und Gleitbruch.
Als Nachteil kann auch bei dieser Hypothese angesehen werden, daß die mittlere der drei Hauptnormalspannungen keine Berücksichtigung findet. Außerdem bleibt die Lage des größten Mohrschen Spannungskreises (dessen Radius τ_{max} entspricht) unbestimmt, d.h. ob der Mittelpunkt im Zug- oder Druckbereich liegt, immer ergibt sich die gleiche maximale Schubspannung.
Eine Modifikation der Schubspannungshypothese zur Beseitigung dieser Schwäche wurde von *Mohr* vorgenommen. Gemäß Bild 3.138 ist der Radius des jeweils größten Spannungskreises von der Lage seines Mittelpunkts und somit von der Beanspruchungsart abhängig.
Als maßgebend für die Versagensgrenze gilt dann die einhüllende Grenzkurve, die vom jeweiligen Spannungskreis berührt wird. Um die Lage der Grenzkurve genau zu bestimmen, sind umfangreiche Versuche bei verschiedenen Spannungszuständen erforderlich. Eine andere Möglichkeit besteht darin, die Form der Einhüllenden näherungsweise vorzugeben, z.B. wie in Bild 3.138 als Parabel, und diese durch entsprechende Festigkeitswerte festzulegen. An Stelle der Parabel kann auch ein Geradenzug treten.
Mit der modifizierten Schubspannungshypothese wird überdies der experimentelle Befund

$$|\sigma_{B(Druck)}| > \sigma_{B(Zug)}$$

berücksichtigt.

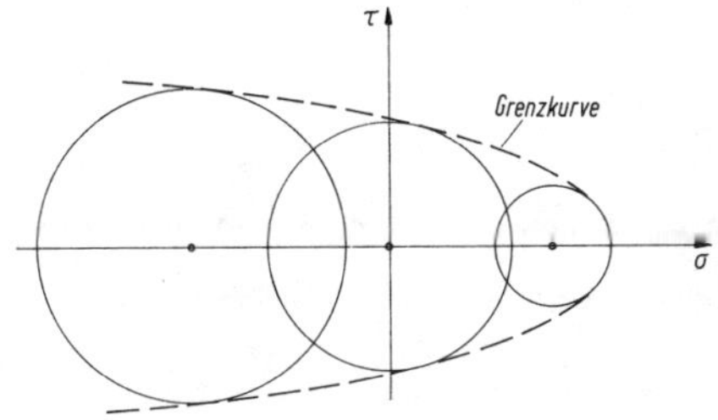

Bild 3.138 Mohrsche Modifikation der Schubspannungshypothese

3.12.3.3 Hypothese der maximalen Gestaltänderungsenergie (Oktaeder-Schubspannungshypothese)

Diese Festigkeitshypothese [1]) hat sich als beste bewährt und gilt außerdem als wichtigste Fließbedingung in der Plastizitätstheorie.
In Abschnitt 3.4.6.3 wurde gezeigt, daß der sog. Spannungsdeviator [vgl. (3.67)] nur mit Gestaltänderungen verknüpft ist, während unabhängig davon der Kugeltensor (mittlere Spannung $\bar{s}$) nur Volumenänderungen erzeugt. Fußend auf dieser Tatsache ist eine Aufspaltung der elastischen Energiedichte in zwei voneinander unabhängige Anteile möglich.
Ausgedrückt in den Hauptspannungen und -dehnungen lautet die elastische Energiedichte (3.128) zunächst

$$\bar{U} = \tfrac{1}{2}(\sigma_1\varepsilon_1 + \sigma_2\varepsilon_2 + \sigma_3\varepsilon_3). \tag{3.182}$$

Mit dem Hookeschen Gesetz gemäß (3.68) folgt

$$\varepsilon_1 = \frac{s_1}{2G} + \frac{\bar{s}}{3K} \quad \text{usw.}$$

außerdem ist nach (3.67a)

$$s_1 = \sigma_1 - \bar{s} = \frac{2\sigma_1 - \sigma_2 - \sigma_3}{3} \quad \text{usw.}$$

[1]) Die Fließbedingung tritt in der mathematischen Plastizitätstheorie als wichtige Beziehung neben den kinematischen und statischen Gleichungen auf.

[1]) Aufgestellt und weiterentwickelt von *Huber* (Warschau), *Hencky*, *v. Mises* und *Nadai*.

Eingesetzt in (3.182) erhält man

$$\bar{U}=\frac{1}{2}\left[\sigma_1\left(\frac{s_1}{2G}+\frac{\bar{s}}{3K}\right)+\ldots\right]$$

$$=\frac{\sigma_1}{4G}\,\frac{2\sigma_1-\sigma_2-\sigma_3}{3}+\frac{\sigma_1}{6K}\bar{s}+\ldots$$

und nach Ausrechnung aller Glieder

$$\bar{U}=\frac{1}{12G}[(\sigma_1-\sigma_2)^2+(\sigma_2-\sigma_3)^2+(\sigma_3-\sigma_1)^2]+\frac{s^2}{18K}. \qquad (3.183)$$

Es ergibt sich die Aufspaltung $\bar{U}=\bar{U}_{\text{GÄ}}+\bar{U}_{\text{VÄ}}$ der Energiedichte mit den beiden Anteilen Gestaltänderungsenergie

$$\bar{U}_{\text{GÄ}}=\frac{1+\nu}{6E}[(\sigma_1-\sigma_2)^2+(\sigma_2-\sigma_3)^2+(\sigma_3-\sigma_1)^2] \qquad (3.184)$$

und Volumenänderungsenergie

$$\bar{U}_{\text{VÄ}}=\frac{s^2}{18K}=\frac{(1-2\nu)}{6E}s^2.$$

Der allgemeine Ausdruck für die Gestaltänderungsenergiedichte in beliebig orientierten Kartesischen Koordinaten x, y, z lautet

$$\bar{U}_{\text{GÄ}}=\frac{1+\nu}{6E}[(\sigma_x-\sigma_y)^2+(\sigma_y-\sigma_z)^2+(\sigma_z-\sigma_x)^2+6(\tau_{xy}^2+\tau_{yz}^2+\tau_{zx}^2)]$$

wobei übrigens hier wie in (3.184) die Differenz der Normalspannungen durch die Differenz der Deviatoren ersetzt werden kann.

Die Festigkeitshypothese der maximalen Gestaltänderungsenergiedichte sagt aus, daß die Versagensgrenze erreicht wird, wenn $\bar{U}_{\text{GÄ}}$ einen kritischen Wert annimmt. Die Anwendung von (3.184) auf den einachsigen Spannungszustand liefert $\bar{U}_{\text{GÄ}(1)}=\dfrac{1+\nu}{6E}2\sigma_1^2$ und man erhält damit als Vergleichsspannung

$$\sigma_V=\sqrt{\tfrac{1}{2}[(\sigma_1-\sigma_2)^2+(\sigma_2-\sigma_3)^2+(\sigma_3-\sigma_1)^2]} \qquad (3.185)$$

Alle drei Hauptspannungen sind nach dieser Hypothese von Einfluß auf das Festigkeitsverhalten. Mit den Versuchsergebnissen herrscht gute bis ausgezeichnete Übereinstimmung.

Für ein beliebig orientiertes Kartesisches Koordinatensystem x, y, z ergibt sich die Vergleichsspannung

$$\sigma_V=\sqrt{s^2-3[(\sigma_x\sigma_y+\sigma_y\sigma_z+\sigma_z\sigma_x)-(\tau_{xy}^2+\tau_{yz}^2+\tau_{zx}^2)]}.$$

Wie *A. Nadai* gezeigt hat, läßt sich der dreiachsige Spannungszustand in einem Punkt eines belasteten Körpers anstatt durch die drei Hauptspannungen auch durch die Normal- und Schubspannungen beschreiben, die in den Flächen eines regulären Oktaeders (mit den Hauptrichtungen als Achsen) wirken, vgl. Bild 3.139. In allen acht Flächen sind diese Spannungen gleich groß.

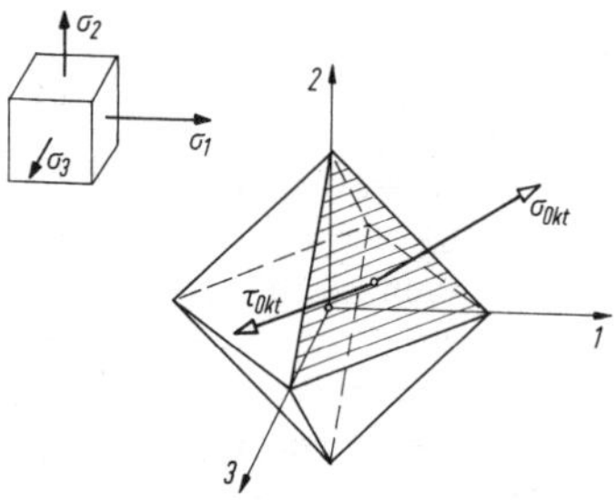

Bild 3.139 Oktaederspannungen (nur die Spannungen auf einer der Flächen sind eingezeichnet)

Aus Gleichgewichtsbetrachtungen folgen für die Normalspannungen auf jeder Oktaederfläche (sog. Oktaeder-Normalspannung)

$$\sigma_{\text{Okt}}=\bar{s}=\frac{\sigma_1+\sigma_2+\sigma_3}{3}$$

und entsprechend für die Oktaederschubspannungen

$$\tau_{\text{Okt}}=\sqrt{\tfrac{1}{3}(s_1^2+s_2^2+s_3^2)}=\sqrt{\tfrac{1}{3}[(\sigma_1-\bar{s})^2+\ldots]}=\tfrac{1}{3}\sqrt{(\sigma_1-\sigma_2)^2+(\sigma_2-\sigma_3)^2+(\sigma_3-\sigma_1)^2}=\tfrac{1}{3}\sqrt{(s_1-s_2)^2+(s_2-s_3)^2+(s_3-s_1)^2} \qquad (3.186)$$

Da die eckige Klammer in (3.184) bzw. (3.185) dem Quadrat der Oktaederschubspannung proportional ist, wird die Festigkeitshypothese der maximalen Gestaltänderungsenergiedichte mitunter als *Oktaederschubspannungshypothese* bezeichnet.

4 Kinematik von Punkten und starren Körpern

In den vorausgegangenen Abschnitten über Statik starrer und verformbarer Körper wurden bisher nur solche mechanischen Systeme betrachtet, die sich gegeneinander und zu ihrer Umgebung in Ruhe befinden.
In der Kinematik wird die Bewegung von Körpern, d.h. ihre Ortsveränderung in einer bestimmten Zeit, studiert. Dabei ist die Ursache der Bewegung unwichtig, es wird nur die Geometrie der Bewegung betrachtet. Die bereits bekannten Begriffe Kraft und Masse werden hierbei nicht benötigt.
Die Einteilung erfolgt nach der Struktur der bewegten Körper, d.h. in die Kinematik von Punkten, Punktsystemen und starren Körpern.
Als Sonderfall, der eine einfache anschauliche Darstellung zuläßt, wird die *ebene Bewegung* betrachtet.
Von besonderer Bedeutung ist die Kinematik der Relativbewegungen, wobei zur Beschreibung des Bewegungszustands eines Körpers gegeneinander bewegte Bezugssysteme verwendet werden.

4.1 Kinematische Grundbegriffe

Einige der in der Einleitung bereits erwähnten Begriffe werden nun etwas weitergehend erläutert.
Zur Beschreibung der Bewegungsvorgänge wird zunächst wieder das dem dreidimensionalen Euklidschen Raum angepaßte Kartesische Koordinatensystem (vgl. Bild 1.1) verwendet.
Es sei darauf hingewiesen, daß die Wahl des Bezugssystems völlig willkürlich ist. Z.B. kann das Koordinatensystem fest mit der Erde verbunden oder auch im Milchstraßensystem verankert sein. Alle diese Bezugssysteme sind nicht in Ruhe, andererseits kann ein absolut ruhendes System prinzipiell durch keinen physikalischen Versuch festgestellt werden.
Für die Belange der technischen Mechanik wird ein ruhendes Bezugssystem (absoluter Raum) postuliert.
Um die Lage eines Punkts im Raum anzugeben, wird bekanntlich der Ortsvektor $\vec{r}$ vom Koordinatennullpunkt aus eingeführt. Seine Komponenten entsprechen den kartesischen Koordinaten des Punkts.

Die drei Komponenten des Ortsvektors können immer beliebig und voneinander unabhängig gewählt werden, sie liefern stets eine mögliche Position des Punkts im Raum. Dies hängt damit zusammen, daß ein freier Punkt im Raum drei Bewegungsmöglichkeiten oder *Freiheitsgrade* besitzt. Der wichtige Begriff des Freiheitsgrads wurde bereits bei den Gleichgewichtsbedingungen für einen ebenen starren Körper (Abschnitt 2.2.7.3) eingeführt und auch weiterhin verwendet. Die Anzahl der Freiheitsgrade wird üblicherweise mit f bezeichnet.
Es sei an dieser Stelle daran erinnert, daß für einen ebenen starren Körper (z.B. eine ebene Scheibe) in der Ebene $f=3$ gilt. Es ergeben sich zwei Verschiebungsmöglichkeiten z.B. in zwei orthogonalen Richtungen (sog. Translationen) und eine Verdrehungsmöglichkeit um eine zur Ebene senkrechte Achse (sog. Rotation), vgl. Bild 2.36.
Für einen freien Punkt im Raum gilt $f=3$, entsprechend den drei Verschiebungsmöglichkeiten in drei zueinander orthogonalen Richtungen, Rotationen eines Punkts sind ohne Bedeutung.
Bei Einschränkung der Bewegungsmöglichkeiten eines Punkts wird die Zahl seiner Freiheitsgrade vermindert. Wird der Punkt gezwungen, auf einer Fläche zu bleiben (Bild 4.1a), sind seine Kartesischen Koordinaten nicht mehr voneinander unabhängig, sie müssen der Flächengleichung $f(x, y, z) = 0$ genügen. Dies bedeutet, daß auf der Fläche nur noch zwei Koordinaten beliebig angenommen werden können, für den Punkt gilt $f=2$.
Soll ein Punkt immer auf einer Kurve bleiben, ist $f=1$ und es gibt nur noch eine Verschiebungsmöglichkeit in Richtung des Kurvenverlaufs (Richtungsumkehr ist möglich und bedeutet keinen zusätzlichen Freiheitsgrad).
Zur eindeutigen Beschreibung der Lage eines Punkts können voneinander unabhängige Koordinaten verwendet werden. Diese werden als

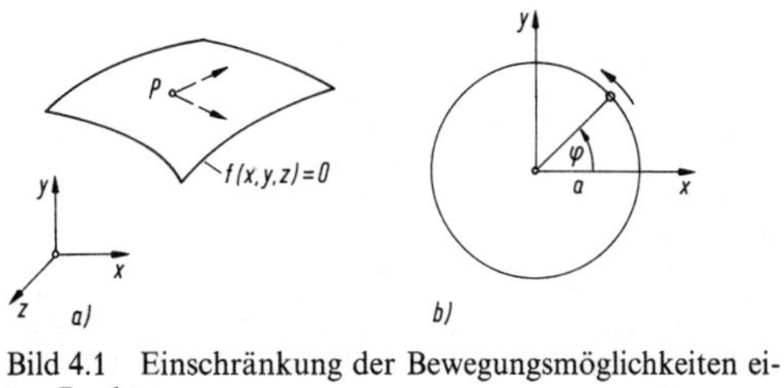

Bild 4.1 Einschränkung der Bewegungsmöglichkeiten eines Punkts

verallgemeinerte Koordinaten oder Lagekoordinaten bezeichnet, es können Strecken oder Winkel sein.

Z. B. genügt es, bei der Bewegung eines Punkts auf einer Kreisbahn (Bild 4.1 b) den Winkel φ als Lagekoordinate einzuführen. Damit ist die Lage des bewegten Punkts eindeutig darstellbar. Verwendet man dagegen die Kartesischen Koordinaten $x = a\cos\varphi$, $y = a\sin\varphi$, so erkennt man, daß diese nicht voneinander unabhängig sind.

Allgemein läßt sich feststellen, daß die Anzahl der voneinander unabhängigen Lagekoordinaten stets der Anzahl der Freiheitsgrade des bewegten Punkts entspricht.

Diese Aussage kann erweitert werden, sie gilt gleichermaßen für Systeme von Punkten, ferner für starre Körper (in der Ebene oder im Raum) sowie für Systeme starrer Körper.

Es wird ein einfaches Punktsystem aus drei starr miteinander verbundenen Punkten (materielle Punkte) gemäß Bild 4.2 im Raum betrachtet. Die drei mal drei Freiheitsgrade der Punkte werden um drei Abstandsbedingungen verringert, so daß sich $f = 6$ ergibt. Diese Freiheitsgrade entsprechen drei Translationen in drei orthogonalen Richtungen sowie drei Rotationen um drei orthogonale Achsen.

Dies ist die gleiche Anzahl von Freiheitsgraden, wie sie auch ein ausgedehnter starrer Körper im Raum besitzt. Das Punktsystem gemäß Bild 4.2 stellt demnach das einfachste Modell für einen starren Körper im Raum dar.[1])

Der Begriff des Freiheitsgrads spielt in der Kinematik eine wichtige Rolle und wird immer wieder auftreten.

Abschließend sei angemerkt, daß ein verformbarer Körper (z. B. Kontinuum) unendlich viel Freiheitsgrade besitzt.

Bei der *Bewegung eines Punkts* im Raum wird die stetige Aufeinanderfolge seiner Aufenthaltsorte als Bahn bezeichnet. Diese wird von den Endpunkten der jeweiligen Ortsvektoren durchlaufen (Bild 4.3). Wie bereits erwähnt, ist die Bestimmung der sog. Bahngleichung eines bewegten Punkts

$$\vec{r} = \vec{r}(t)$$

bzw. in Komponenten

$$x = x(t), \qquad y = y(t), \qquad z = z(t)$$

eine der Hauptaufgaben der Kinematik.

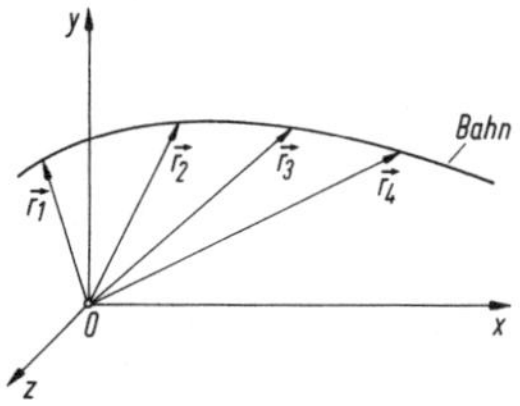

Bild 4.3 Bahn eines bewegten Punkts

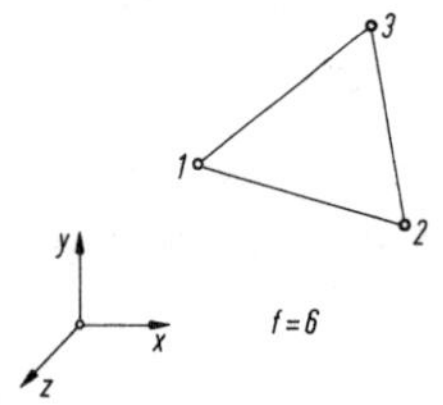

Bild 4.2 Einfachstes Modell eines starren Körpers im Raum

[1]) Zwei materielle Punkte, die durch eine starre Stange verbunden sind („Hantel"), stellen in diesem Sinn keinen starren Körper dar, da $f = 5$ ist.

Für einen *frei beweglichen starren Körper* im Raum gilt $f = 6$, er besitzt drei Translations- und drei Rotationsfreiheitsgrade. Demnach läßt sich die Lage eines starren Körpers im Raum durch 6 Lagekoordinaten angeben. Mit Bezug auf Bild 4.4 sind dies drei Koordinaten zur Festlegung eines beliebigen Punkts A, ferner zwei weitere Koordinaten eines Punkts P (der sich auf einer Kugelfläche um A bewegen kann) sowie eine Winkelkoordinate zur Beschreibung der Drehungsmöglichkeit des Körpers um die Achse AP.

Die Bewegungsmöglichkeiten eines starren Körpers sind anschaulich in Bild 4.5 und 4.6 dargestellt und zwar für den Sonderfall eines in der Ebene bewegten ebenen Körpers.

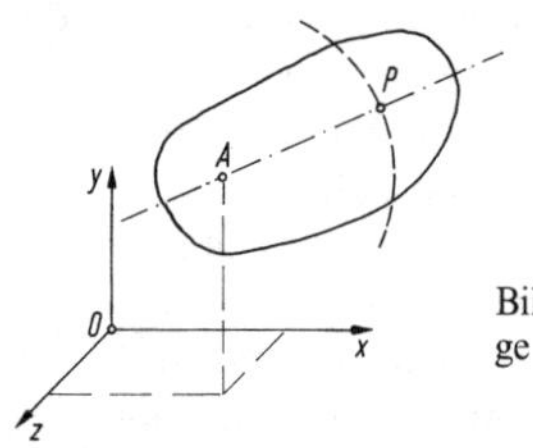

Bild 4.4 Festlegung der Lage eines starren Körpers

Die *Translation* entspricht einer Parallelverschiebung aller Punkte des Körpers, z. B. erfahren alle Eckpunkte des Dreiecks in Bild 4.5a die gleichen Verschiebungen um dieselben Strecken in derselben Richtung.

Man erkennt, daß sich die Verschiebungen vektoriell addieren, und daß demnach das Kommutativgesetz der Vektoraddition erfüllt ist, d.h.

$$\vec{u}_{Res} = \vec{u}_1 + \vec{u}_2 = \vec{u}_2 + \vec{u}_1 .$$

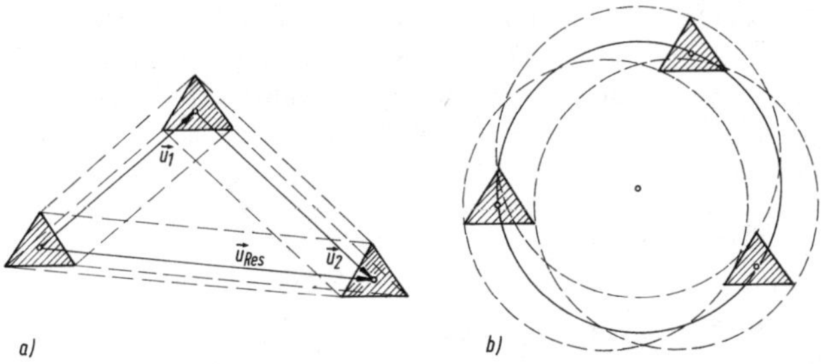

Bild 4.5 Translation eines ebenen starren Körpers

Bei der *Rotation* gemäß Bild 4.6 drehen sich alle Punkte des Körpers um dieselbe Achse. Der Abstand eines Punkts von der Drehachse ändert sich dabei nicht, jeder Punkt wird um den gleichen Winkel gedreht.

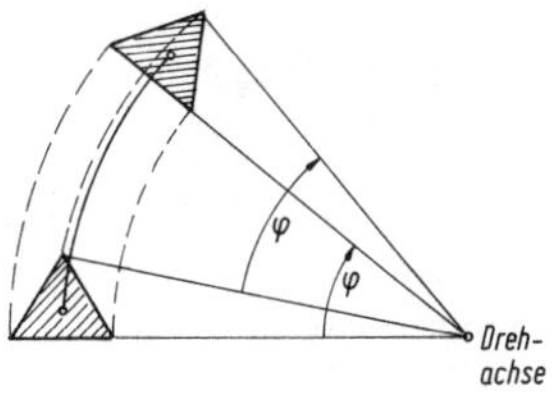

Bild 4.6 Rotation eines ebenen starren Körpers

Bei der in Bild 4.5b gezeigten Bewegung bewegen sich zwar alle Punkte des Körpers auf einem Kreis, jedoch existiert keine gemeinsame Drehachse. Jede Lage des Dreiecks geht aus einer anderen durch eine Parallelverschiebung hervor, mithin handelt es sich hier um eine reine Translation.
Die endlichen Drehwinkel bei der Rotation um verschiedene Achsen besitzen keinen Vektorcharakter, da das Kommutativgesetz nicht erfüllt ist. Dies läßt sich veranschaulichen gemäß Bild 4.7

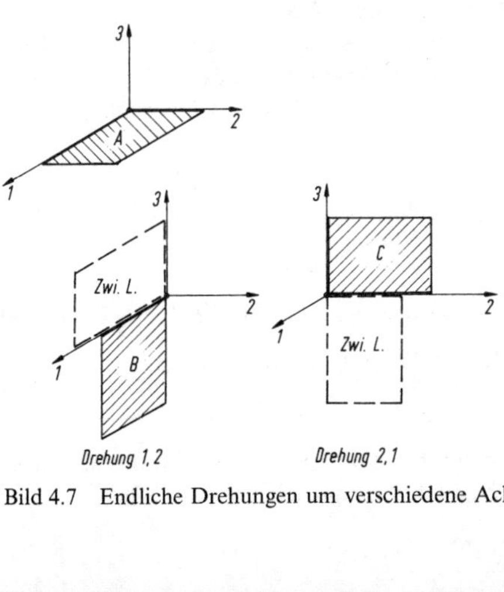

Bild 4.7 Endliche Drehungen um verschiedene Achsen

für die Drehung eines Rechtecks um zwei orthogonale Achsen. Je nach der Reihenfolge der Drehungen um die Achsen 1 und 2 ergeben sich aus der Anfangslage A des Rechtecks über die gestrichelten Zwischenlagen unterschiedliche Endlagen B und C.
Hingegen besitzen infinitesimale Drehwinkel sowie die daraus gebildeten Winkelgeschwindigkeiten Vektorcharakter. Hierauf kann erst später eingegangen werden (vgl. Abschnitt 4.3.5).

4.2 Bewegung von Punkten

Wenn auch von Punktbewegungen die Rede ist, sind die nachfolgenden Betrachtungen nicht auf den idealisierten Begriff des Massenpunkts beschränkt. Vielmehr gelten sie allgemein für die translatorische Bewegung materieller Körper, wobei jeweils der Ortsvektor $\vec{r}$ ausreichend zu deren Lagebeschreibung ist.
Rotationen kommen nicht vor, für einen Punkt sind diese in der Mechanik ohnehin bedeutungslos (vgl. Abschnitt 1.4.2).

4.2.1 Darstellung von Geschwindigkeit und Beschleunigung in verschiedenen Koordinatensystemen

Die Begriffe des Geschwindigkeits- bzw. Beschleunigungsvektors wurden bereits in Abschnitt 1.3.2 eingeführt, es gelten die Definitionen (1.22) bzw. (1.23). Zur Durchführung konkreter Rechnungen ist es wichtig, mit den Komponentendarstellungen der Vektoren zu operieren.

4.2.1.1 Kartesische Koordinaten

In Kartesischen Koordinaten (vgl. Bild 1.1 und 1.5a) mit den raumfesten orthogonalen Basisvektoren $\vec{e}_x$, $\vec{e}_y$, $\vec{e}_z$ ergibt sich für den Ortsvektor bekanntlich

$$\vec{r} = \vec{e}_x x + \vec{e}_y y + \vec{e}_z z. \tag{4.1}$$

Für die Geschwindigkeit erhält man durch Differentiation nach der Zeit

$$\vec{v} = \dot{\vec{r}} = \vec{e}_x \dot{x} + \vec{e}_y \dot{y} + \vec{e}_z \dot{z} \tag{4.2}$$

d.h. die Geschwindigkeitskomponenten sind

$$v_x = \dot{x}, \qquad v_y = \dot{y}, \qquad v_z = \dot{z}.$$

Der Betrag der Geschwindigkeit folgt damit zu

$$v = \sqrt{\dot{x}^2 + \dot{y}^2 + \dot{z}^2}$$
$$= \frac{1}{\mathrm{d}t}\sqrt{(\mathrm{d}x)^2 + (\mathrm{d}y)^2 + (\mathrm{d}z)^2} = \frac{\mathrm{d}s}{\mathrm{d}t} = \dot{s} \tag{4.3}$$

wobei s als Bahnkoordinate längs der Bahn von einem bestimmten Nullpunkt aus eingeführt ist.
Entsprechend erhält man für die Beschleunigung

$$\vec{a} = \dot{\vec{v}} = \ddot{\vec{r}} = \vec{e}_x \ddot{x} + \vec{e}_y \ddot{y} + \vec{e}_z \ddot{z}. \tag{4.4}$$

mit den Komponenten $a_x = \ddot{x}$ usw.
Der Betrag der Beschleunigung ist

$$a = \sqrt{\ddot{x}^2 + \ddot{y}^2 + \ddot{z}^2} \tag{4.5}$$

wobei angemerkt sei, daß im allgemeinen Fall $a \neq \ddot{s}$.

4.2.1.2 Zylinderkoordinaten

Für krummlinige räumliche Bewegungen werden Zylinderkoordinaten ϱ, φ, z (vgl. Bild 4.8) eingeführt. Die orthogonalen Basisvektoren $\vec{e}_\varrho$, $\vec{e}_\varphi$, $\vec{e}_z$ bilden wiederum ein Rechtssystem, d.h. es gelten die Beziehungen

$$\vec{e}_\varrho = \vec{e}_\varphi \times \vec{e}_z, \qquad \vec{e}_\varphi = \vec{e}_z \times \vec{e}_\varrho,$$
$$\vec{e}_z = \vec{e}_\varrho \times \vec{e}_\varphi. \tag{4.6}$$

Zu beachten ist, daß jetzt die Richtungen der Einheitsvektoren $\vec{e}_\varrho$ und $\vec{e}_\varphi$ mit dem Winkel φ veränderlich sind und nur noch $\vec{e}_z$ ein raumfester Basisvektor ist (Bild 4.8b).

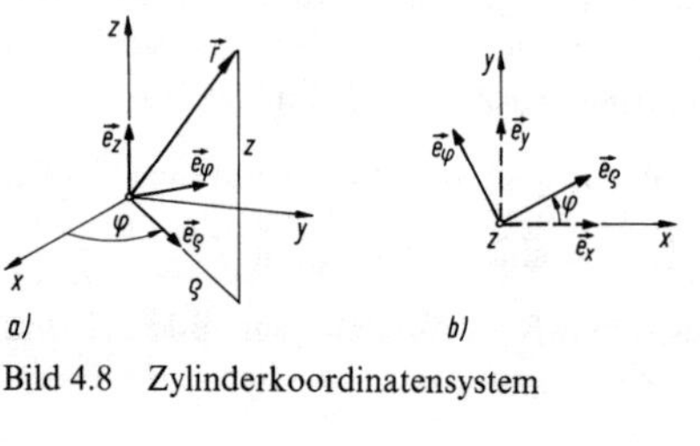

Bild 4.8 Zylinderkoordinatensystem

Für den Zusammenhang der Basisvektoren $\vec{e}_\varrho$ und $\vec{e}_\varphi$ mit den Kartesischen Basisvektoren $\vec{e}_x$ und $\vec{e}_y$ gelten die Transformationsformeln (2.113) bei Drehung des Koordinatensystems, d.h.

$$\left.\begin{aligned} \vec{e}_\varrho &= \vec{e}_x \cos\varphi + \vec{e}_y \sin\varphi, \\ \vec{e}_\varphi &= -\vec{e}_x \sin\varphi + \vec{e}_y \cos\varphi. \end{aligned}\right\} \tag{4.7}$$

Der Ortsvektor ist

$$\vec{r} = \vec{e}_\varrho \varrho + \vec{e}_z z \tag{4.8}$$

und es folgt für die Geschwindigkeit zunächst

$$\vec{v} = \dot{\vec{r}} = \vec{e}_\varrho \dot{\varrho} + \dot{\vec{e}}_\varrho \varrho + \vec{e}_z \dot{z}.$$

Aus (4.7) ergeben sich durch Zeitableitung

$$\left.\begin{aligned} \dot{\vec{e}}_\varrho &= (-\vec{e}_x \sin\varphi + \vec{e}_y \cos\varphi)\dot{\varphi} = \vec{e}_\varphi \dot{\varphi} \\ \dot{\vec{e}}_\varphi &= (-\vec{e}_x \cos\varphi - \vec{e}_y \sin\varphi)\dot{\varphi} = -\vec{e}_\varrho \dot{\varphi} \end{aligned}\right\} \tag{4.9}$$

und damit

$$\vec{v} = \vec{e}_\varrho \dot{\varrho} + \vec{e}_\varphi \varrho \dot{\varphi} + \vec{e}_z \dot{z}. \tag{4.10}$$

Die Geschwindigkeitskomponenten

$$v_\varrho = \dot{\varrho}, \qquad v_\varphi = \varrho\dot{\varphi}, \qquad v_z = \dot{z}$$

werden als Radial-, Quer- und Axialgeschwindigkeit bezeichnet.
Der Ausdruck für die Quergeschwindigkeit v_φ läßt sich umformen, wobei die zweite Beziehung (4.6) verwendet und der Ortsvektor gemäß (4.8) eingeführt wird. Es folgt

$$\vec{e}_\varphi \varrho \dot{\varphi} = (\vec{e}_z \dot{\varphi}) \times (\vec{e}_\varrho \varrho)$$
$$= (\vec{e}_z \dot{\varphi}) \times (\vec{e}_\varrho \varrho + \vec{e}_z z) = (\vec{e}_z \dot{\varphi}) \times \vec{r}$$

und man erkennt $\vec{e}_z \dot{\varphi}$ als Vektor, dessen Betrag gleich der sog. Winkelgeschwindigkeit $\dot{\varphi} = \omega$ (Drehung um die z-Achse) ist.
Der Winkelgeschwindigkeitsvektor $\vec{\omega} = \vec{e}_z \dot{\varphi}$ ist parallel zur z-Richtung und es ergibt sich damit für die Quergeschwindigkeit vektoriell

$$\vec{e}_\varphi \varrho \dot{\varphi} = \vec{\omega} \times \vec{r}. \tag{4.11}$$

Für die Beschleunigung folgt aus (4.10) mit (4.9)

$$\vec{a} = \dot{\vec{v}} = (\vec{e}_\varrho \dot{\varrho} + \vec{e}_\varphi \varrho \dot{\varphi} + \vec{e}_z \dot{z})^{\cdot}$$
$$= \vec{e}_\varrho(\ddot{\varrho} - \varrho\dot{\varphi}^2) + \vec{e}_\varphi(\varrho\ddot{\varphi} + 2\dot{\varrho}\dot{\varphi}) + \vec{e}_z \ddot{z}. \tag{4.12}$$

Die Beschleunigungskomponenten

$$a_\varrho = \ddot{\varrho} - \varrho\dot{\varphi}^2, \qquad a_\varphi = \varrho\ddot{\varphi} + 2\dot{\varrho}\dot{\varphi}, \qquad a_z = \ddot{z}$$

werden als Radial-, Quer- und Axialbeschleunigung bezeichnet. Speziell benannt sind

- Winkelbeschleunigung $\ddot{\varphi} = \dot{\omega}$
- Zentripetalbeschleunigung $-\varrho\dot{\varphi}^2 = -\varrho\omega^2$
- Coriolisbeschleunigung $2\dot{\varrho}\dot{\varphi} = 2v_\varrho\omega$.

4.2.1.3 Ebene Polarkoordinaten

Bei ebener Bewegung ($z =$ konst. bzw. $z = 0$) werden ebene Polarkoordinaten r, φ gemäß Bild 4.9 verwendet. Hierfür ergeben sich aus den Beziehungen für Zylinderkoordinaten

$$\left.\begin{aligned} \vec{r} &= \vec{e}_r r \\ \vec{v} &= \vec{e}_r \dot{r} + \vec{e}_\varphi r\dot{\varphi} \\ \vec{a} &= \vec{e}_r(\ddot{r} - r\dot{\varphi}^2) + \vec{e}_\varphi(r\ddot{\varphi} + 2\dot{r}\dot{\varphi}). \end{aligned}\right\} \quad (4.13)$$

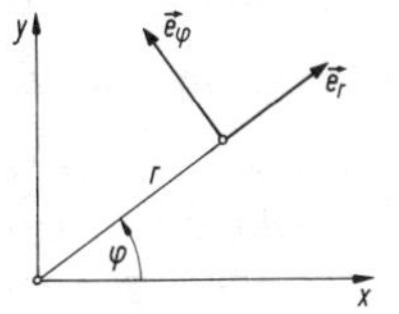

Bild 4.9 Ebenes Polarkoordinatensystem

Ein *Sonderfall* ebener Bewegung liegt vor, wenn nur eine Radialbeschleunigung und keine Querbeschleunigung vorhanden ist. Man bezeichnet dies als *Zentralbewegung*, weil $\vec{a}$ stets zentral auf einen Punkt (Beschleunigungszentrum Z) hin gerichtet und vom Abstand zu diesem abhängig ist. Die Bahn des bewegten Punkts braucht dabei nicht kreisförmig zu sein (Bild 4.10a).

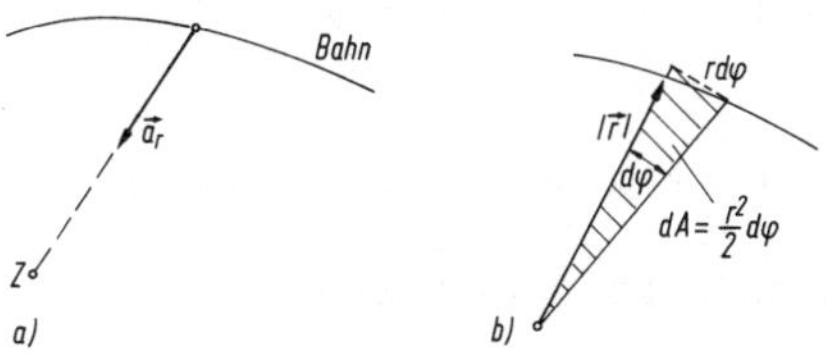

Bild 4.10 Zentralbewegung und Flächengeschwindigkeit

Es gilt dann

$$a_\varphi = r\ddot{\varphi} + 2\dot{r}\dot{\varphi} = \frac{1}{r}(r^2\dot{\varphi})^{\cdot} = 0$$

oder

$$r^2\dot{\varphi} = \text{konst}. \quad (4.14)$$

Der Ausdruck auf der linken Seite hängt mit der sog. Flächengeschwindigkeit $\frac{dA}{dt} = \dot{A}$ zusammen, diese entspricht der vom Ortsvektor in der Zeiteinheit überstrichene Fläche (Bild 4.10b). Für den differentiellen Flächeninhalt des schraffierten Dreiecks gilt

$$dA = \frac{1}{2} r^2 d\varphi$$

und daraus

$$\frac{dA}{dt} = \dot{A} = \frac{1}{2} r^2 \dot{\varphi}. \quad (4.15)$$

Bei der Zentralbewegung ist somit die Flächengeschwindigkeit konstant (mitunter als „Flächensatz" bezeichnet). Dies entspricht dem Inhalt des 2. Keplerschen Gesetzes der Planetenbewegung um die Sonne: der Ortsvektor überstreicht in gleichen Zeiten gleiche Flächen.

Ist bei der ebenen Bewegung $r = r_0 =$ konst., handelt es sich um eine *Kreisbewegung*, die Lage des bewegten Punkts ist allein durch $\varphi = \varphi(t)$ gegeben.

In diesem Fall gelten für die Komponenten von Geschwindigkeit und Beschleunigung

$$\left.\begin{aligned} v_r &= 0, \quad v_\varphi = r_0\dot{\varphi} = r_0\omega \\ a_r &= -r_0\dot{\varphi}^2 = -r_0\omega^2 \\ a_\varphi &= r_0\ddot{\varphi} = r_0\dot{\omega} \end{aligned}\right\} \quad (4.16)$$

dabei sind v_φ die Bahngeschwindigkeit, ω die Winkelgeschwindigkeit des Umlaufs, a_r die zum Kreismittelpunkt gerichtete Zentripetalbeschleunigung (Bild 4.11).

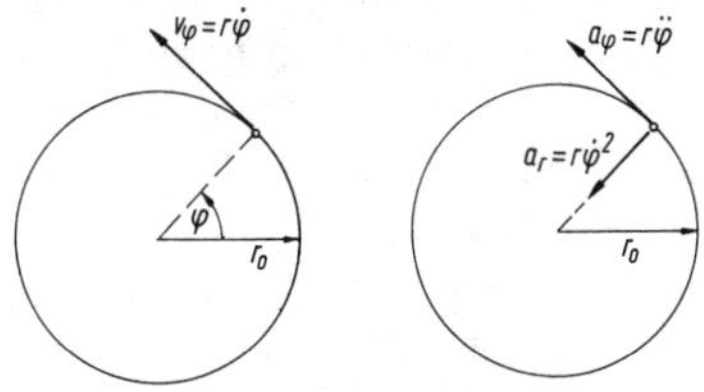

Bild 4.11 Kreisbewegung

Es tritt also auch bei gleichförmiger Umlaufgeschwindigkeit eine Beschleunigung auf, diese bewirkt die Änderung der Geschwindigkeitsrichtung.

4.2.1.4 Natürliche Koordinaten

Das sog. natürliche Koordinatensystem bietet eine weitere Darstellungsmöglichkeit der räumlichen Bewegung und zwar in Komponenten, die der jeweiligen Bahnkurve angepaßt sind (Bild 4.12).

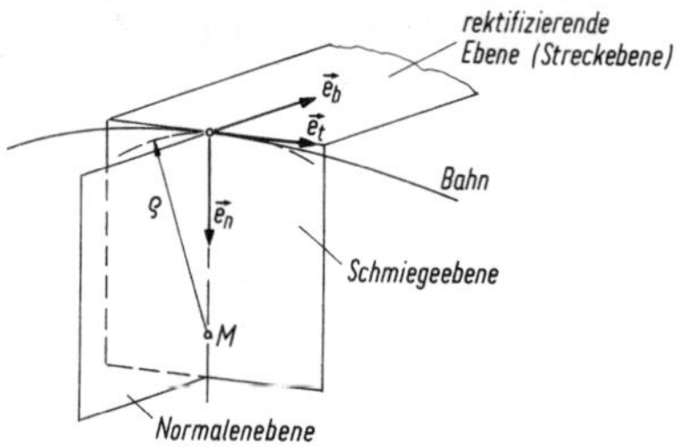

Bild 4.12 Natürliches Koordinatensystem, begleitendes Dreibein

Drei orthogonale Basisvektoren (Einheitsvektoren) $\vec{e}_t$, $\vec{e}_n$, $\vec{e}_b$ sind mit dem bewegten Punkt verbunden. Man bezeichnet sie als Tangentenvektor, Hauptnormalenvektor und Binormalenvektor, sie bilden das sog. begleitende Dreibein.
Es wird vereinbart, daß $\vec{e}_t$, $\vec{e}_n$, $\vec{e}_b$ in dieser Reihenfolge ein Rechtssystem bilden, mithin gelten die zu (4.6) analogen Beziehungen

$$\vec{e}_t = \vec{e}_n \times \vec{e}_b, \qquad \vec{e}_n = \vec{e}_b \times \vec{e}_t,$$
$$\vec{e}_b = \vec{e}_t \times \vec{e}_n.$$

Mit den Basisvektoren sind drei zueinander orthogonale Ebenen verbunden (die Bezeichnungen stammen aus der Kurventheorie, die ein Zweig der Differentialgeometrie ist)

- Schmiegeebene: Ebene durch drei unendlich benachbarte Bahnpunkte, in ihr liegt der Ersatzkreis (mit Krümmungsradius ϱ und Krümmungsmittelpunkt M), der sich der Bahnkurve im jeweiligen Punkt anschmiegt
- Normalebene: orthogonal zur Schmiegeebene enthält sie die Hauptnormale, auf der der Krümmungsmittelpunkt M liegt
- rektifizierende Ebene: (Streckebene) enthält die zur Hauptnormale orthogonale Binormale.

Wenn der Ortsvektor des bewegten Punkts als Funktion der Bahnkoordinate s bzw. der Zeit gegeben ist, d.h.

$$\vec{r} = \vec{r}[s(t)],$$

erhält man daraus den Tangenteneinheitsvektor gemäß

$$\vec{e}_t[s(t)] = \frac{d\vec{r}}{|d\vec{r}|} = \frac{d\vec{r}}{ds}. \tag{4.17}$$

Für die Geschwindigkeit folgt

$$\vec{v} = \dot{\vec{r}} = \frac{d\vec{r}}{ds}\frac{ds}{dt} = \vec{e}_t\,\dot{s} = \vec{e}_t\,v \tag{4.18}$$

der Betrag $|\vec{v}| = v$ ist die Bahngeschwindigkeit. Aus (4.18) ergibt sich für die Beschleunigung zunächst

$$\vec{a} = \dot{\vec{v}} = \ddot{\vec{r}} = (\vec{e}_t\dot{s})^{\cdot} = \vec{e}_t\ddot{s} + \dot{\vec{e}}_t\dot{s}. \tag{4.19}$$

Für die Zeitableitung des Tangentenvektors folgt aus der Bedingung $(\vec{e}_t)^2 = 1$ die Beziehung (Skalarprodukt!)

$$2\vec{e}_t \cdot \dot{\vec{e}}_t = 0 \tag{4.20}$$

bzw. daraus, daß die Änderung des Tangentenvektors auf diesem senkrecht steht.[1]) Es ist $\dot{\vec{e}}_t[s(t)] = \frac{d\vec{e}_t}{ds}\dot{s}$, wobei $\frac{d\vec{e}_t}{ds}$ einen Vektor in Normalenrichtung darstellt, der aber noch normiert werden muß, um einen Einheitsvektor zu ergeben. Gemäß Bild 4.13 gelten in der Schmiegebene

$$ds = \varrho\, d\varphi \quad \text{sowie} \quad |d\vec{e}_t| = d\varphi$$

und damit $\varrho \left|\frac{d\vec{e}_t}{ds}\right| = 1.$

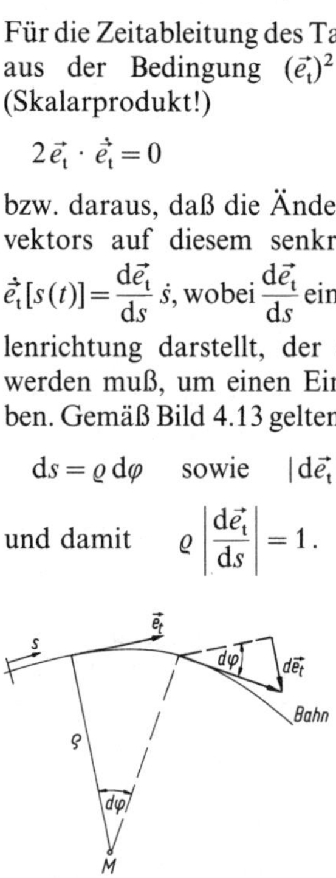

Bild 4.13 Änderung des Tangenteneinheitsvektors

Man erhält für den Normaleneinheitsvektor mithin

$$\vec{e}_n = \varrho\,\frac{d\vec{e}_t}{ds}. \tag{4.21}$$

Diese Beziehung entspricht einer der *Frenetschen Formeln* der Kurventheorie, von denen es übrigens zwei weitere gibt, nämlich

$$\frac{d\vec{e}_b}{ds} = -\kappa\,\vec{e}_n, \qquad \frac{d\vec{e}_n}{ds} = -\frac{1}{\varrho}\,\vec{e}_t + \kappa\,\vec{e}_b$$

[1]) Diese für alle Ableitungen eines Vektors konstanter Länge wichtige Tatsache ist anschaulich leicht einzusehen: der Endpunkt des Vektors kann sich nur auf einer Kugelfläche bewegen, der differentielle Zuwachs hat die Richtung der Kugeltangente, steht mithin senkrecht auf dem Vektor.

wobei κ als Windung (Torsion) einer Kurve bezeichnet wird. Für ebene Kurven ist $\kappa = 0$, hierfür gilt $\vec{e}_b = \text{konst.}$
Aus (4.21) ergibt sich $d\vec{e}_t = \vec{e}_n \, d\varphi$ und schließlich

$$\dot{\vec{e}}_t = \vec{e}_n \, \dot{\varphi}$$

also folgt für die Beschleunigung (4.19)

$$\vec{a} = \vec{e}_t \ddot{s} + \vec{e}_n \dot{s} \dot{\varphi} = \vec{e}_t \dot{v} + \vec{e}_n v \omega \qquad (4.22)$$

wobei $\dot{\varphi} = \omega$ die Winkelgeschwindigkeit der Drehung um die Binormale ist und der Zusammenhang

$$v = \varrho \omega \qquad (4.23)$$

besteht.
Man erkennt aus (4.22), daß der Beschleunigungsvektor immer in der Schmiegeebene liegt und seine Normalkomponente stets zum Krümmungsmittelpunkt *hin* gerichtet ist. Seine Komponenten sind

- Tangentialbeschleunigung $a_t = \dot{v}$ (Bahnbeschleunigung)
- Normalbeschleunigung $a_n = v\omega = \varrho \omega^2 = \dfrac{v^2}{\varrho}$ (tritt bei gekrümmter Bahn auch für $v = \text{konst.}$ auf).

Die Ergebnisse gelten auch für ebene Bewegung, hier entspricht die Schmiegeebene der Bahnebene, der Binormalenvektor steht senkrecht auf der Bahnebene. Im Sonderfall der Kreisbewegung mit $\varrho = r_0 = \text{konst.}$, $s = r_0 \varphi$ ergeben sich wieder die bekannten Ergebnisse von früher

$$v = \dot{s} = r_0 \omega, \qquad a_t = \dot{v} = r_0 \dot{\omega}$$

$$a_n = v\omega = r_0 \omega^2 = \frac{v^2}{r_0}.$$

4.2.2 Grafische Darstellung von Bewegungen

Die *topografische Darstellung* einer Bewegung entspricht der räumlichen Darstellung der Bahnkurve im Raum bzw. bei ebener Bewegung in der Bahnebene (vgl. Bild 4.3).

4.2.2.1 Weg-Zeit-Kurve

Von der Bahnkurve im Raum zu unterscheiden ist die Darstellung im Weg-Zeit-Diagramm. Die durchlaufene Strecke, gemessen durch die Bahnkoordinate s (Bogenlänge der Bahn) wird über der Zeit aufgetragen (Bild 4.14).

Aus dem Diagramm läßt sich die Bahngeschwindigkeit direkt erkennen: je steiler die Kurve verläuft, desto größer ist die Geschwindigkeit. Horizontale Kurvenstücke zeigen den Zustand der Ruhe an.
Früher fanden die Weg-Zeit-Kurven praktische Anwendung bei den grafischen Fahrplänen im Eisenbahnverkehr.

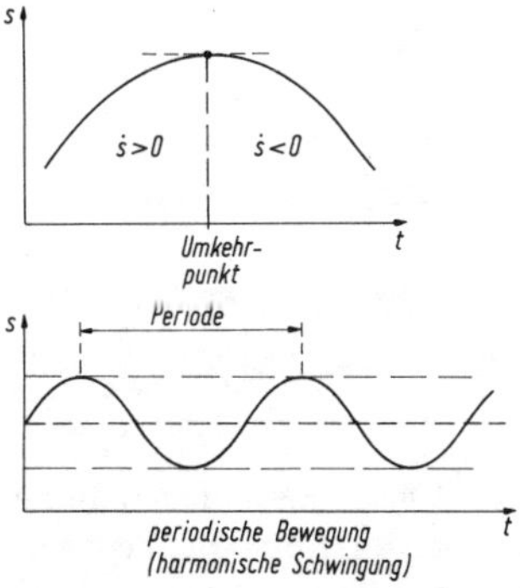

Bild 4.14 Weg-Zeit-Diagramme

4.2.2.2 Hodografenkurve

Trägt man die Geschwindigkeitsvektoren $\vec{v}(t)$ in einem „Geschwindigkeitsraum" (Kartesische Geschwindigkeitskomponenten als orthogonales Koordinatensystem) von einem gemeinsamen Nullpunkt ab, so durchläuft ihr Endpunkt die Hodografenkurve (besser: Polardiagramm der Geschwindigkeiten), Bild 4.15.
Während bei der Bewegung eines Punkts dieser die Bahnkurve durchläuft, wandert der Endpunkt des Geschwindigkeitsvektors auf der Hodografenkurve. Da die differentielle Änderung des Geschwindigkeitsvektors $d\vec{v} = \vec{a} \, dt$ ist, ergeben sich die Beschleunigungsvektoren aus der Hodografenkurve in gleicher Weise wie die Geschwindigkeitsvektoren aus der Bahnkurve: die $\vec{a}$-Vektoren sind tangential zur Hodografenkurve.
In entsprechender Weise läßt sich ein Polardiagramm der Beschleunigung zeichnen.

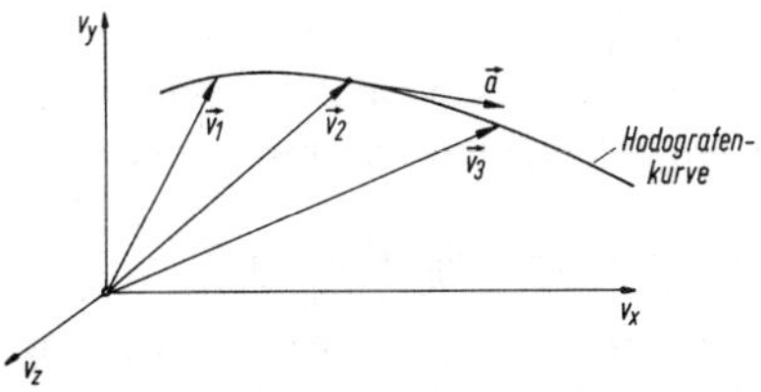

Bild 4.15 Hodograf einer Bewegung (Polardiagramm der Geschwindigkeit)

4.2.2.3 Phasendiagramm

Das Phasendiagramm eignet sich zur Darstellung eindimensionaler Bewegungen und wird vielfach in der Schwingungslehre angewendet. Die Ortskoordinate, z. B. x und die Geschwindigkeit $v_x = \dot{x}$ (mitunter stattdessen auch der Impuls $m\dot{x}$) sind die Koordinaten der sog. Phasenebene, Bild 4.16.

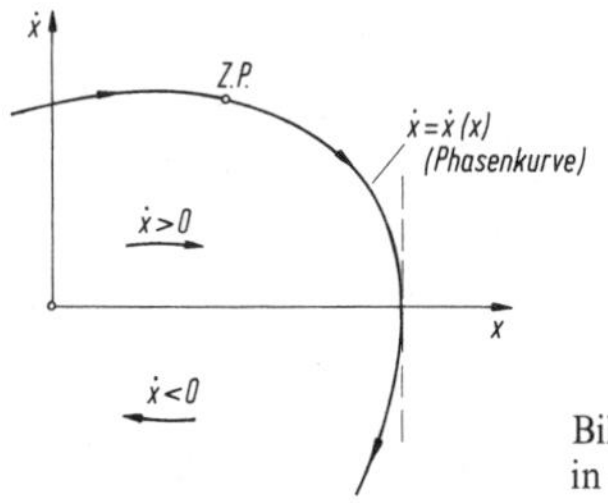

Bild 4.16 Phasenkurve in der Phasenebene

Jedem durch x und $\dot{x}$ gekennzeichneten Bewegungszustand zu einer bestimmten Zeit entspricht ein Punkt in der Phasenebene, der sog. Zustandspunkt. Dieser wandert mit der Zeit und beschreibt die Phasenkurve in der Phasenebene.

Es lassen sich einige allgemeine Eigenschaften der Phasenkurven angeben. In der oberen Halbebene ist $\dot{x} > 0$, dort kann der Phasenpunkt also nur von links nach rechts wandern, da x nur zunehmen kann. In der unteren Halbebene sind die Verhältnisse entgegengesetzt. Die Phasenkurve schneidet die x-Achse immer senkrecht, $\dot{x} = 0$ bedeutet einen Umkehrpunkt, d. h. die Bewegung x hat einen extremalen Wert und die Phasenkurve besitzt eine vertikale Tangente (mit Ausnahme sog. singulärer Punkte).

Für einen sog. harmonischen Schwinger (ungedämpftes lineares Schwingungssystem, vgl. Abschnitt 7.1.1), ist die Phasenkurve eine Ellipse (bzw. ein Kreis), bei einer gedämpften Schwingung ergibt sich eine Spirale, die im Nullpunkt einen singulären Punkt (Strudelpunkt) besitzt. Die Bedeutung der Phasenkurven liegt darin, daß sich in ihrer geometrischen Gestalt wesentliche Eigenschaften eines Schwingungssystems ausdrücken. Vor allem finden die Phasenkurven bei nicht-linearen Schwingungen Anwendung.

4.2.3 Grundaufgaben der Kinematik

Wie insbesondere in Abschnitt 4.2.1.1 gezeigt wurde, können bei gegebener Bahnkurve $\vec{r} = \vec{r}(t)$ der Bewegung die Geschwindigkeit und Beschleunigung durch Differentiation gewonnen werden.

Die Grundaufgaben der Kinematik beinhalten den wichtigeren umgekehrten Fall, d.h. das Integrationsproblem, wenn Aussagen der Kinetik die Beschleunigung (oder die Geschwindigkeit) vorgeben und die Bahnkurve gesucht ist. Hierbei sind folgende Abhängigkeiten möglich

$$\vec{a} = \vec{a}(t, \vec{v}, \vec{r}) \quad \text{bzw.} \quad \vec{v} = \vec{v}(t, \vec{r})$$

allgemein lösbar ist das Integrationsproblem jedoch nur in Sonderfällen.

Explizite Lösungen lassen sich bei der geradlinigen Bewegung von Körpern (Orts- oder Bahnkoordinate x, Geschwindigkeit $v = \dot{x}$, Beschleunigung $a = \dot{v} = \ddot{x}$) für die elementaren Fälle

$$v = v(t), \qquad v = v(x)$$

$$a = a(t), \qquad a = a(v), \qquad a = a(x)$$

angeben. Kompliziertere Fälle wie $a = a(x, v)$ sollen hier nicht behandelt werden.

Ausgangspunkt sind die beiden Differentialgleichungen 1. Ordnung

$$\frac{dx}{dt} = v \tag{4.24}$$

$$\frac{dv}{dt} = a \tag{4.24a}$$

denen die Diff. Gl. 2. Ordnung

$$\frac{d^2x}{dt^2} = a \tag{4.24b}$$

äquivalent ist.

Die Differentialgleichungen müssen gelöst werden, wobei bestimmte Anfangsbedingungen, d. h.

$$\left.\begin{array}{l} \text{Anfangslage } x_0 \\ \text{Anfangs-} \\ \text{geschwindigkeit } v_0 \end{array}\right\} \quad \begin{array}{l} \text{zur Anfangszeit } t_0 \\ (\text{meist } t_0 = 0) \end{array}$$

zu berücksichtigen sind.

Mathematisch handelt es sich um Anfangswertprobleme, die Anfangsbedingungen bestimmen die auftretenden Integrationskonstanten.[1]) Die Integrationen lassen sich durch eine sog. Quadra-

[1]) Man vergleiche hiermit die z. B. bei der Diff. Gl. der Biegelinie (Abschnitt 3.7.1) auftretende Situation. Dort bestimmen die Auflager- oder Randbedingungen die auftretenden Integrationskonstanten, man spricht von Randwertproblemen.

tur oder mittels der Methode der Trennung der Veränderlichen erledigen.

4.2.3.1 Konstante Beschleunigung $a = \text{konst.}$

Dies ist der einfachste Fall, die gleichförmig beschleunigte Bewegung.
Aus der Diff. Gl. (4.24a) folgt durch Integration (Quadratur)

$$v(t) = at + v_0 \tag{4.25}$$

wobei die Integrationskonstante v_0 der Anfangsgeschwindigkeit zur Zeit $t = 0$ entspricht.
Mit (4.25) liefert die Integration von (4.24)

$$x(t) = \tfrac{1}{2} at^2 + v_0 t + x_0 \tag{4.26}$$

mit x_0 als Anfangslage zur Zeit $t = 0$.
Wird speziell $x_0 = 0$ gewählt, stellt sich $x(t)$ im $v-t$-Diagramm (Bild 4.17) als die schraffierte Fläche dar.

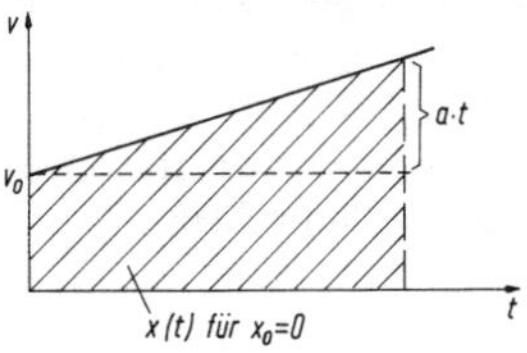

Bild 4.17 Darstellung der gleichförmig beschleunigten Bewegung im v-t-Diagramm

4.2.3.2 Zeitabhängige Beschleunigung $a = a(t)$

Die entsprechenden Integrationen der Diff. Gln. (4.24) und (4.24a) liefern

$$\left.\begin{aligned} v(t) &= \int a(t)\,\mathrm{d}t + C_v \\ x(t) &= \int \left[\int a(t)\,\mathrm{d}t\right] \mathrm{d}t + C_v t + C_x \end{aligned}\right\} \tag{4.27}$$

wobei die auftretenden Integrationskonstanten C_v und C_x aus den Anfangsbedingungen ermittelt werden.
Eine zu (4.27) alternative Darstellung ergibt sich mit bestimmten Integralen, wobei t^* als sog. Integrationsvariable im Intervall $[0, t]$ eingeführt wird. Es folgen auf diese Weise

$$\left.\begin{aligned} v(t) &= \int_{t^*=0}^{t} a(t^*)\,\mathrm{d}t^* + v_0 \\ x(t) &= \int_{t^*=0}^{t} v(t^*)\,\mathrm{d}t^* + x_0 . \end{aligned}\right\} \tag{4.27a}$$

Das letztere Integral läßt sich durch sog. *Produktintegration* [1]) umformen, es ergibt sich zunächst

$$\begin{aligned} x(t) &= v(t^*)\, t^* \Big|_0^t - \int_{t^*=0}^{t} t^* \frac{\mathrm{d}v(t^*)}{\mathrm{d}t^*}\,\mathrm{d}t^* + x_0 \\ &= v(t)\, t - \int_{t^*=0}^{t} t^* a(t^*)\,\mathrm{d}t^* + x_0 . \end{aligned}$$

Mit der ersten Gl. (4.27a) folgt

$$\begin{aligned} x(t) &= \left[\int_{t^*=0}^{t} a(t^*)\,\mathrm{d}t^* + v_0\right] t \\ &\quad - \int_{t^*=0}^{t} t^* a(t^*)\,\mathrm{d}t^* + x_0 \end{aligned}$$

und die beiden Integrale lassen sich zusammenfassen zu

$$x(t) = \int_{t^*=0}^{t} (t - t^*)\, a(t^*)\,\mathrm{d}t^* + v_0 t + x_0 \tag{4.28}$$

(t ist bei der t^*-Integration konstant!).
Man erkennt, daß in (4.28) die Anfangsbedingungen $x_0 = x(0)$ und $v_0 = v(0)$ bereits enthalten sind, die nachträgliche Bestimmung der Integrationskonstanten entfällt.

4.2.3.3 Geschwindigkeitsabhängige Beschleunigung $a = a(v)$

Aus (4.24a) ergibt sich zunächst durch Trennung der Veränderlichen

$$\mathrm{d}t = \frac{\mathrm{d}v}{a(v)} \tag{4.29}$$

d.h. links steht nur eine Funktion der Zeit, rechts nur eine Funktion der Geschwindigkeit. Die Integration beider Seiten liefert

$$t(v) = \int \frac{\mathrm{d}v}{a(v)} + C_t$$

und die Umkehrfunktion schließlich $v = v(t)$.
Aus (4.24) ergibt sich damit x durch einfache Quadratur bzw. mittels (4.29) aus

$$\mathrm{d}x = v\,\mathrm{d}t = \frac{v\,\mathrm{d}v}{a(v)}$$

---

[1]) Es gilt für zwei Funktionen Φ und ψ

$$\int \Phi\,\mathrm{d}\psi = \Phi\psi - \int \psi\,\mathrm{d}\Phi$$

(auch als partielle Integration bekannt).

zu

$$x=\int \frac{v\,\mathrm{d}v}{a(v)}+C_x. \tag{4.30}$$

Die auftretenden Integrationskonstanten C_t und C_x werden wieder durch Anfangsbedingungen festgelegt.
Die alternative Darstellung mit bestimmten Integralen (Integrationsvariable v^*) lautet

$$\left.\begin{aligned} t &= \int_{v^*=v_0}^{v} \frac{\mathrm{d}v^*}{a(v^*)}+t_0 \quad (\text{meist } t_0=0) \\ x &= \int_{v^*=v_0}^{v} \frac{v^*\,\mathrm{d}v^*}{a(v^*)}+x_0. \end{aligned}\right\} \tag{4.31}$$

4.2.3.4 Ortsabhängige Beschleunigung $a=a(x)$

Es wird wieder die Trennung der Veränderlichen durchgeführt. Aus (4.24a) ergibt sich zunächst unter Anwendung der Kettenregel des Differenzierens

$$a(x)=\frac{\mathrm{d}v}{\mathrm{d}t}=\frac{\mathrm{d}v}{\mathrm{d}x}\,\frac{\mathrm{d}x}{\mathrm{d}t}=\frac{\mathrm{d}v}{\mathrm{d}x}\,v,$$

daraus

$$v\,\mathrm{d}v=a(x)\,\mathrm{d}x$$

und nach Integration beider Seiten

$$\frac{v^2}{2}=\int a(x)\,\mathrm{d}x+C_v$$

oder

$$v=\sqrt{2\int a(x)\,\mathrm{d}x+2C_v}. \tag{4.32}$$

Aus (4.24) folgt

$$\mathrm{d}t=\frac{\mathrm{d}x}{v(x)}$$

und nach Integration

$$\begin{aligned} t &= \int \frac{\mathrm{d}x}{v(x)}+C_t \\ &= \int \frac{\mathrm{d}x}{\sqrt{2\int a(x)\,\mathrm{d}x+2C_v}}+C_t. \end{aligned} \tag{4.33}$$

Die Umkehrfunktion hiervon liefert schließlich $x=x(t)$.
Die alternative Darstellung mit den Integrationsvariablen v^* und x^* lautet

$$\int_{v^*=v_0}^{v} v^*\,\mathrm{d}v^* = \int_{x^*=x_0}^{x} a(x^*)\,\mathrm{d}x^*$$

oder nach Integration der linken Seite

$$\left.\begin{aligned} &\frac{v^2-v_0^2}{2} = \int_{x^*=x_0}^{x} a(x^*)\,\mathrm{d}x^* \\ &\text{bzw.} \\ &v^2 = 2\int_{x^*=x_0}^{x} a(x^*)\,\mathrm{d}x^*+v_0^2. \end{aligned}\right\} \tag{4.34}$$

Entsprechend gilt

$$t=\int_{x^*=x_0}^{x} \frac{\mathrm{d}x^*}{v(x^*)}+t_0 \quad (\text{meist } t_0=0)$$

wovon wieder die Umkehrfunktion zu bilden ist.
Abschließend ist festzuhalten, daß Probleme bei krummliniger Bewegung im allgemeinen schwieriger zu lösen sind. Bei reiner Zeitabhängigkeit $\vec{v}=\vec{v}(t)$ bzw. $\vec{a}=\vec{a}(t)$ lassen sich Lösungen krummliniger Bewegung z.B. in Kartesischen Koordinaten finden, indem der dargestellte Rechnungsgang für jede einzelne Komponente durchgeführt wird.
Im allgemeinen Fall, d.h. bei ganz beliebiger Abhängigkeit $\vec{a}(t,\vec{r},\vec{v})$ ist das Integrationsproblem, wie man sagt, unlösbar schwierig.

4.3 Bewegung starrer Körper

4.3.1 Systeme materieller Punkte und Übergang zum starren Körper

Im vorigen Abschnitt wurde die Bewegung eines einzelnen materiellen Punkts (rein translatorische Bewegung) betrachtet. Reale Systeme können als ein Verband beliebig vieler Punktmassen (Punktsystem oder Punkthaufen) aufgefaßt werden. Der Bewegungszustand eines solchen materiellen Systems ist bekannt, wenn Ort und Geschwindigkeit aller Punkte, d.h. $\vec{r}_i(t)$ und $\vec{v}_i(t)$ mit $i=1\ldots n$ für jeden Zeitpunkt gegeben sind (Bild 4.18).
Im allgemeinen sind die $\vec{r}_i$ und $\vec{v}_i$ nicht voneinander unabhängig, jeder reale Verband unterliegt einschränkenden Bedingungen. Solche Einschränkungen der Bewegungsmöglichkeit werden durch Beziehungen zwischen den Ortsvektoren ausgedrückt. Zur Darstellung der Bewegungsmöglichkeit dient bekanntlich der Begriff des *Freiheitsgrads*. Die Zahl f der Freiheitsgrade entspricht der Anzahl der unabhängigen Koordi-

naten (Lagekoordinaten), die zur eindeutigen Beschreibung der Lage eines Systems erforderlich sind.
Weitergehende Aussagen über die Bewegung von Punktsystemen lassen sich nur für *starre Systeme* (d.h. bei konstantem Abstand der Punkte) gewinnen. Durch den Übergang zu unendlich kleinen, infinitesimal benachbarten Punktmassen entsteht begrifflich ein starres Kontinuum, das als starrer Körper bezeichnet wird.
Es sei nochmals daran erinnert, daß absolut starre Systeme in der Natur nicht vorkommen, der starre Körper als Idealisierung in der Mechanik aber sinnvoll und sehr wichtig ist.

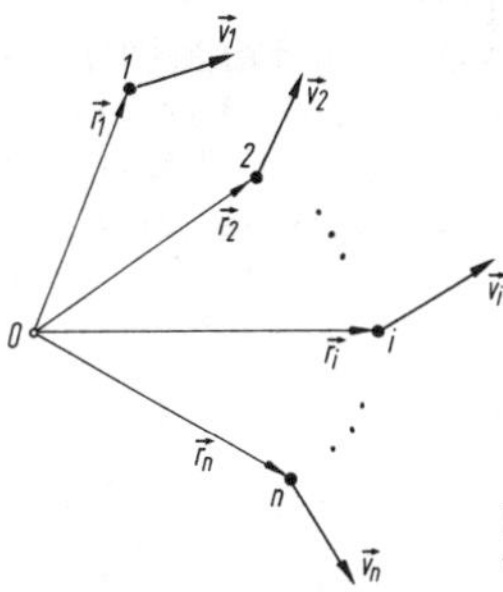

Bild 4.18 System von Punktmassen

4.3.2 Verschiedene Arten der Bewegung starrer Körper

Wie bereits bekannt, besitzt ein freibeweglicher starrer Körper im Raum 6 Freiheitsgrade ($f=6$) und zwar drei der Translation und drei der Rotation.
Folgende Einschränkungen der Bewegungsmöglichkeit sind beispielsweise möglich

- Bewegung mit Fixpunkt $f=3$
  ein Punkt des starren Körpers ist festgehalten, es sind nur noch drei Rotationen möglich.
- Bewegung mit zwei Fixpunkten $f=1$
  es ist nur noch eine Rotation um die Achse durch die Fixpunkte möglich.

Ein wichtiger Fall liegt vor, wenn es sich um die *ebene Bewegung* eines starren Körpers handelt. Alle Körperpunkte bewegen sich in parallelen Ebenen, d.h. alle Geschwindigkeitsvektoren sind zu einer festen Ebene parallel. Der starre Körper besitzt drei Freiheitsgrade, zwei der Translation in der Ebene sowie einen der Rotation um eine zur Ebene senkrechte Achse.
Dieser Fall wird in Abschnitt 4.4 noch ausführlich behandelt.

4.3.3 Allgemeine Bewegung des starren Körpers. Grundformel der Kinematik

Der allgemeine momentane Bewegungszustand eines starren Körpers besteht aus einer Translation und einer Rotation um eine momentane Drehachse. Die momentanen Geschwindigkeiten der Körperpunkte sind nicht voneinander unabhängig.
Zur allgemeinen Beschreibung des Geschwindigkeitszustands wählt man einen körperfesten Bezugspunkt A (Bild 4.19), die Lage beliebiger Körperpunkte P ist dann gegeben durch

$$\vec{r}_P = \vec{r}_A + \vec{r}_{PA} \quad \text{mit } |\vec{r}_{PA}| = \text{konst.} \tag{4.35}$$

Zunächst wird festgestellt, daß bei beliebiger Bewegung des starren Körpers die Geschwindigkeitsvektoren zweier Körperpunkte, z.B. A und P, stets gleiche Komponenten in Richtung ihrer Verbindungsgeraden haben, es gilt

$$\vec{v}_A \cdot \vec{r}_{PA} = \vec{v}_P \cdot \vec{r}_{PA} \tag{4.36}$$

(mitunter als Satz der projizierten Geschwindigkeiten bezeichnet).
Hierdurch kommt zum Ausdruck, daß die Punkte im starren Körper gleichbleibenden Abstand haben.

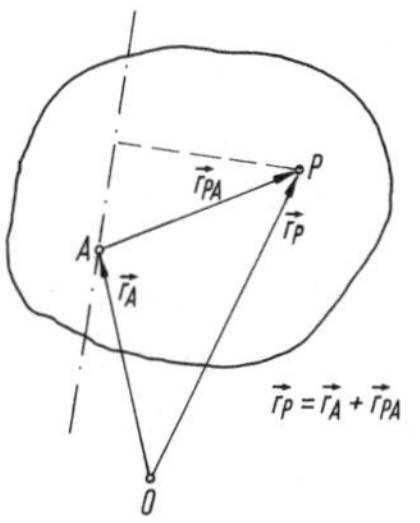

Bild 4.19 Starrer Körper

Wird der Punkt A momentan festgehalten ($\vec{v}_A = 0$), ergibt sich eine momentane Bewegung mit Fixpunkt. Dann kann die Bewegung von P nur eine Rotation um A sein, die Geschwindigkeit des Punkts P steht somit senkrecht auf $\vec{r}_{PA}$ und wird mit $\vec{v}_{PA}$ bezeichnet.
An Stelle von (4.36) gilt dann

$$\vec{v}_{PA} \cdot \vec{r}_{PA} = 0\,. \tag{4.37}$$

Man erkennt, daß sich die Verbindungslinie $\overline{AP} = |\vec{r}_{PA}|$ um den momentanen Fixpunkt A wie ein starrer Stab dreht, und alle Geschwindigkeitsvektoren der Punkte auf der Verbindungslinie parallel zu $\vec{v}_{PA}$ (Bild 4.20) sind.

In die Richtung der momentanen Drehachse durch A fällt der Drehgeschwindigkeitsvektor $\vec{\omega}$ (Winkelgeschwindigkeit).

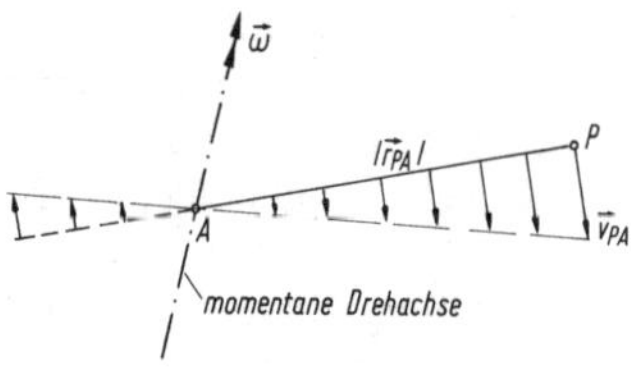

Bild 4.20 Rotation um den momentanen Fixpunkt A

Es gilt der wichtige Zusammenhang

$$\vec{v}_{PA} = \vec{\omega} \times \vec{r}_{PA}$$

der für viele Drehbewegungen um eine feste Achse eine Rolle spielt.
Eine anschauliche Herleitung dieser Beziehung ergibt sich gemäß Bild 4.21.

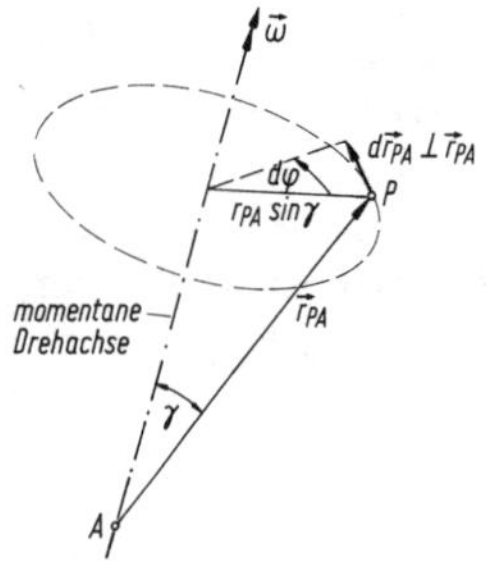

Bild 4.21 Drehung eines Vektors konstanter Länge

Der Endpunkt P des Vektors $\vec{r}_{PA}$ bewegt sich auf einem Kreis um die momentane Drehachse, wegen $|\vec{r}_{PA}| =$ konst. ist $d\vec{r}_{PA} \perp \vec{r}_{PA}$. Aus der Abbildung liest man ab (mit $d\varphi = \omega dt$)

$$|d\vec{r}_{PA}| = \omega \, dt \, |\vec{r}_{PA}| \sin\gamma = |\vec{\omega} \times \vec{r}_{PA}| \, dt$$

und gelangt damit zu

$$\frac{d\vec{r}_{PA}}{dt} = \vec{v}_{PA} = \vec{\omega} \times \vec{r}_{PA} \qquad (4.38)$$

wobei $\vec{v}_{PA}$, $\vec{\omega}$, $\vec{r}_{PA}$ in dieser Reihenfolge ein Rechtssystem bilden.
Bei einer beliebigen Bewegung des starren Körpers ist $\vec{v}_A \neq 0$ und es folgt aus

$$\vec{r}_P(t) = \vec{r}_A(t) + \vec{r}_{PA}(t)$$

(wobei der Vektor $\vec{r}_{PA}$ nur seine Richtung ändern kann) durch Zeitableitung

$$\dot{\vec{r}}_P = \vec{v}_P = \vec{v}_A + \vec{v}_{PA}\,.$$

Mit (4.38) erhält man daraus die Grundformel der Starrkörperkinematik (Eulersche Beziehung)

$$\vec{v}_P = \vec{v}_A + \vec{\omega} \times \vec{r}_{PA} \qquad (4.39)$$

die den momentanen Geschwindigkeitszustand eines starren Körpers beschreibt.
Die Grundformel (4.39) verdeutlicht, daß die allgemeine Bewegung des starren Körpers aus einer Translation $\vec{v}_A$ und einer Rotation $\vec{\omega} \times \vec{r}_{PA}$ um die momentane Drehachse durch A besteht.
Der Bewegungszustand ist somit durch zwei Vektoren bzw. durch 6 Komponenten festgelegt, die der Anzahl der Freiheitsgrade des starren Körpers im Raum entsprechen.
Die Geschwindigkeit eines Körperpunkts P muß unabhängig von der Wahl des (körperfesten) Bezugspunkts A sein. Mit Bezug auf Bild 4.22 ergibt sich für einen anderen Bezugspunkt A' mit

$$\vec{r}'_A = \vec{r}_A + \vec{d} \quad \text{und} \quad \vec{r}_{PA} = \vec{d} + \vec{r}'_{PA}$$

die Bedingungsgleichung

$$\vec{v}_P = \vec{v}_A + \vec{\omega} \times \vec{r}_{PA} = \vec{v}'_A + \vec{\omega}' \times \vec{r}'_{PA}$$

wobei nach der Eulerschen Beziehung $\vec{v}'_A = \vec{v}_A + \vec{\omega} \times \vec{d}$ einzusetzen ist. Man erhält

$$\vec{\omega}' \times \vec{r}'_{PA} = \vec{\omega} \times \vec{r}'_{PA}$$

und da dies für beliebige $\vec{r}'_{PA}$ gelten muß, folgt

$$\vec{\omega}' = \vec{\omega} \qquad (4.40)$$

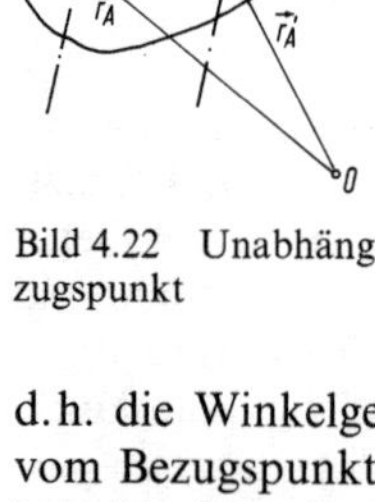

Bild 4.22 Unabhängigkeit der Geschwindigkeit vom Bezugspunkt

d.h. die Winkelgeschwindigkeit ist unabhängig vom Bezugspunkt oder die Winkelgeschwindigkeit ist für alle Punkte des starren Körpers dieselbe (die momentanen Drehachsen durch A und A' sind parallel).

4.3.4 Geschwindigkeitsschraube (Kinemate)

Die Bewegung des starren Körpers wird gemäß (4.39) durch die Vektoren $\vec{v}_A$ und $\vec{\omega}$ beschrieben, die im allgemeinen Fall ständig ihre Größe und Richtung ändern.
Es läßt sich in jedem Zeitpunkt der Bewegung ein Bezugspunkt derart finden, daß die Translationsgeschwindigkeit $\vec{v}$ die Richtung der momentanen Winkelgeschwindigkeit $\vec{\omega}$ hat. Der momentane Geschwindigkeitszustand des starren Körpers setzt sich damit zusammen aus einer Drehung um eine Achse (sog. Zentralachse) und einer Verschiebung in Richtung dieser Achse. Diese Bewegung im Sinn einer *Schraubung* wird Kinemate oder Geschwindigkeitsschraube genannt.
Die Lage des mit A^* bezeichneten Bezugspunkts der Kinemate (Bild 4.23) wird durch den Ortsvektor $\vec{r}^*$ festgelegt. Es gilt dann nach (4.39) für A^*

$$\vec{v}^* = \vec{v}_A + \vec{\omega} \times \vec{r}^* \tag{4.41}$$

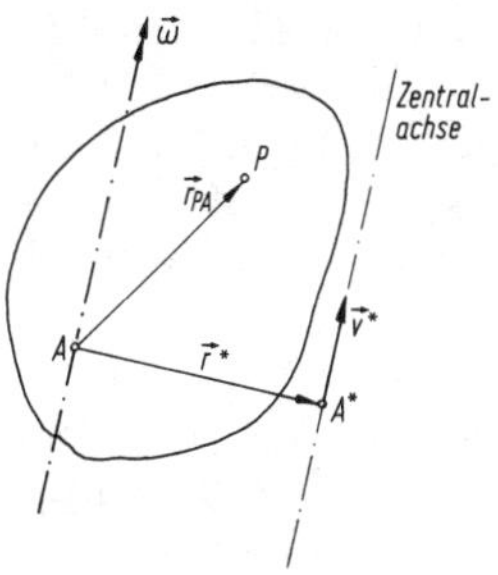

Bild 4.23
Geschwindigkeitsschraube (Kinemate)

und es soll $\vec{v}^* \parallel \vec{\omega}$ sein. Für zwei parallele Vektoren verschwindet deren Vektorprodukt, also gilt

$$(\vec{v}_A + \vec{\omega} \times \vec{r}^*) \times \vec{\omega} = 0$$

zur Bestimmung von $\vec{r}^*$. Man erhält

$$\vec{v}_A \times \vec{\omega} + (\vec{\omega} \times \vec{r}^*) \times \vec{\omega} = 0$$

und nach Auflösung des Tripelprodukts [1])

$$(\vec{\omega} \times \vec{r}^*) \times \vec{\omega} = \vec{r}^* \cdot \vec{\omega}^2 - \vec{\omega}(\vec{r}^* \vec{\omega})$$

wobei $\vec{r}^* \cdot \vec{\omega} = 0$ (weil $\vec{r}^* \perp \vec{\omega}$ gewählt wurde) schließlich

$$\vec{r}^* = \frac{\vec{\omega} \times \vec{v}_A}{\omega^2}. \tag{4.42}$$

[1]) Mit der bekannten Entwicklungsformel, vgl. Abschnitt 1.2.4.2, (1.17)
$(\vec{A} \times \vec{B}) \times \vec{C} = \vec{B}(\vec{C}\vec{A}) - \vec{A}(\vec{B}\vec{C})$.

Aus (4.41) ergibt sich mit (4.42) die Geschwindigkeit in Richtung der Zentralachse zu

$$\vec{v}^* = \frac{\vec{v}_A \vec{\omega}}{\omega^2} \vec{\omega} = m \vec{\omega} \tag{4.43}$$

wobei der Faktor $m = \dfrac{\vec{v}_A \vec{\omega}}{\omega^2}$ als Parameter der Kinemate bezeichnet wird.

4.3.5 Vektorcharakter infinitesimaler Drehwinkel

Im einleitenden Abschnitt 4.1 wurde festgestellt, daß endliche Verdrehungen um verschiedene Achsen nicht kommutativ sind und im Gegensatz zu den Verschiebungen keine Vektorgrößen darstellen.
Infinitesimale Drehwinkel und die sich daraus ergebenden Winkelgeschwindigkeiten hingegen besitzen Vektorcharakter, was jetzt gezeigt werden soll.
Wie in Bild 4.24a dargestellt, werden die Drehungen eines Vektors $\vec{r}$ mit konstantem Betrag um zwei sich schneidende Drehachsen mit den Winkelgeschwindigkeiten $\vec{\omega}_1$ bzw. $\vec{\omega}_2$ betrachtet. Wie in Bild 4.21 gezeigt, stehen die Änderungen des Vektors $\vec{r}$ infolge der Drehungen auf $\vec{r}$ senkrecht. Es gilt gemäß den Betrachtungen in Abschnitt 4.3.3

$$d\vec{r}_1 = \vec{\omega}_1 \times \vec{r}\, dt, \qquad d\vec{r}_2 = \vec{\omega}_2 \times \vec{r}\, dt \tag{4.44}$$

die geometrische Zusammensetzung der Verschiebungsvektoren liefert

$$d\vec{r}_1 + d\vec{r}_2 = d\vec{r} = (\vec{\omega}_1 + \vec{\omega}_2) \times \vec{r}\, dt = \vec{\omega} \times \vec{r}\, dt$$

und somit folgt

$$\vec{\omega}_1 + \vec{\omega}_2 = \vec{\omega}. \tag{4.45}$$

Die Winkelgeschwindigkeiten addieren sich gemäß dem Parallelogrammgesetz (Bild 4.24b) wobei das Kommutativgesetz gilt.

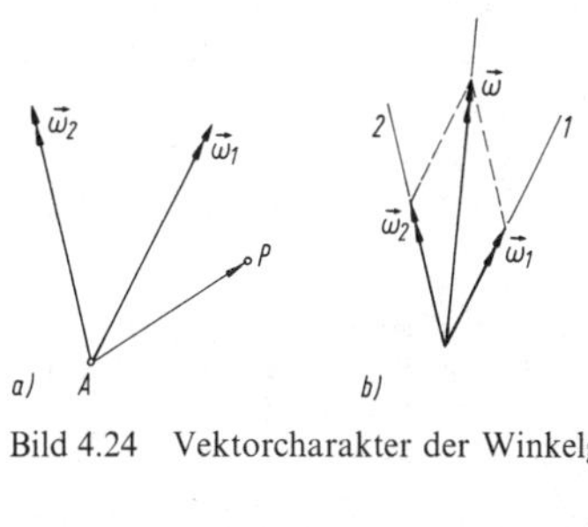

Bild 4.24 Vektorcharakter der Winkelgeschwindigkeiten

Entsprechendes gilt für die infinitesimalen Drehwinkel, statt (4.44) ergibt sich mit $d\vec{\varphi} = \vec{\omega}\, dt$

$$d\vec{r}_1 + d\vec{r}_2 = d\vec{\varphi}_1 \times \vec{r} + d\vec{\varphi}_2 \times \vec{r} = d\vec{\varphi} \times \vec{r}$$

d.h.

$$d\vec{\varphi}_1 + d\vec{\varphi}_2 = d\vec{\varphi}.$$

4.3.6 Beschleunigungszustand des starren Körpers

Die Zeitableitung der Eulerschen Beziehung (4.39) liefert die Beschleunigung eines Punkts P des starren Körpers

$$\vec{a}_P = \dot{\vec{v}}_P = \dot{\vec{v}}_A + \dot{\vec{\omega}} \times \vec{r}_{PA} + \vec{\omega} \times \dot{\vec{r}}_{PA}$$

bzw. mit (4.38)

$$\vec{a}_P = \vec{a}_A + \dot{\vec{\omega}} \times \vec{r}_{PA} + \vec{\omega} \times (\vec{\omega} \times \vec{r}_{PA})$$

Nach Auflösung des Tripelprodukts [1]) erhält man

$$\vec{a}_P = \vec{a}_A + \dot{\vec{\omega}} \times \vec{r}_{PA} + \vec{\omega}(\vec{r}_{PA}\vec{\omega}) - \vec{r}_{PA}\,\omega^2. \quad (4.46)$$

Hierbei sind speziell

Winkelbeschleunigung	$\dot{\vec{\omega}}$
Tangentialbeschleunigung	$\vec{\omega}(\vec{r}_{PA}\vec{\omega})$
Zentripetalbeschleunigung	$-\vec{r}_{PA}\,\omega^2$.

4.4 Ebene Bewegung starrer Körper

Es handelt sich um einen wichtigen Sonderfall in vielen Anwendungen, überdies lassen sich die ebenen Bewegungen starrer Körper anschaulicher studieren als dies bei der allgemeinen räumlichen Bewegung möglich ist. [2])

Die betrachteten starren Körper sind entweder räumlich ausgedehnte oder ebene Gebilde. Im ersten Fall beschreiben alle Körperpunkte ebene Bahnkurven in parallelen Ebenen (der Abstand aller Körperpunkte von einer festen Ebene bleibt konstant). Der Bewegungszustand ist bekannt, wenn man die Bewegung in einer dieser parallelen Ebenen (sog. Bewegungsebene) kennt. Der Körper kann auch als eine *starre Scheibe* geringer Dickenausdehnung angesehen werden, dann liegen alle Körperpunkte in der Bewegungsebene. Diese Bezeichnungsweise soll nachfolgend im wesentlichen verwendet werden.

Bekanntlich erfolgen die Bewegungen eines starren Körpers derart, daß der Abstand zweier beliebiger Körperpunkte unverändert bleibt. Dies ist in Bild 4.25 für eine Scheibe angedeutet. Bei beliebiger Verschiebung des Punkts A nach A' kann die Verschiebung des Punkts P nur zu einer Lage P' auf einem Kreisbogen um A' erfolgen.

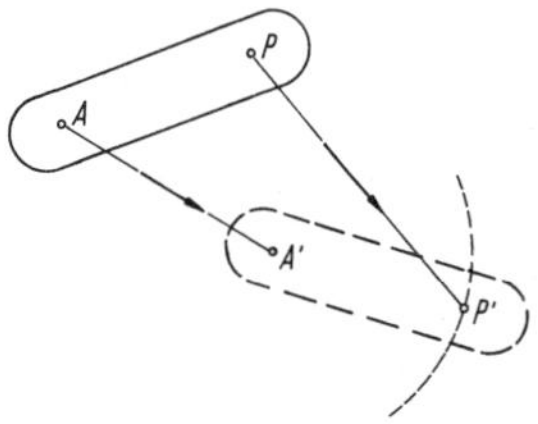

Bild 4.25 Ebene Bewegung einer starren Scheibe

Wie bereits erwähnt, besteht die allgemeine Bewegung der freien Scheibe aus zwei Translationen in der Bewegungsebene und einer Rotation um eine dazu senkrechte Achse. Es ist $f = 3$ und dementsprechend sind 3 unabhängige Lagekoordinaten erforderlich, um die Lage der Scheibe eindeutig anzugeben. Dies sind z.B. die Kartesischen Koordinaten x_A und y_A des Punkts A sowie der Drehwinkel φ zwischen der Verbindungsgeraden $\overline{AP} = l$ und der x-Achse (Bild 4.26).

Bild 4.26 Lagekoordinaten einer starren Scheibe

4.4.1 Eulersche Beziehung

Die Grundformel der Kinematik oder Eulersche Beziehung (4.39) gilt entsprechend, die Richtung von $\vec{\omega}$ ist konstant, d.h. $\vec{\omega} = \omega\,\vec{e}_z$ und die momentane Drehachse durch A ist senkrecht zur Bewegungsebene, vgl. Abb. 4.27.

Mithin gilt zur Beschreibung des Bewegungszustands einer starren Scheibe

$$\vec{v}_P = \vec{v}_A + \omega\,(\vec{e}_z \times \vec{r}_{PA}). \quad (4.47)$$

---

[1]) Es gilt $\vec{A} \times (\vec{B} \times \vec{C}) = \vec{B}(\vec{C}\,\vec{A}) - \vec{C}(\vec{A}\,\vec{B})$ vgl. (1.17).

[2]) Auch grafische Methoden spielen in der ebenen Kinematik eine praktische Rolle (hier muß auf die Spezialliteratur verwiesen werden).

In Kartesischen Koordinaten ist gemäß Bild 4.26 mit $\varphi = \omega t$ und $\overline{AP} = l$

$$\begin{aligned} x_P &= x_A + l \cos \omega t, \\ y_P &= y_A + l \sin \omega t \end{aligned} \tag{4.48}$$

und die Eulersche Beziehung lautet

$$\begin{aligned} \dot{x}_P &= \dot{x}_A - l\omega \sin \omega t, \\ \dot{y}_P &= \dot{y}_A + l\omega \cos \omega t. \end{aligned} \tag{4.49}$$

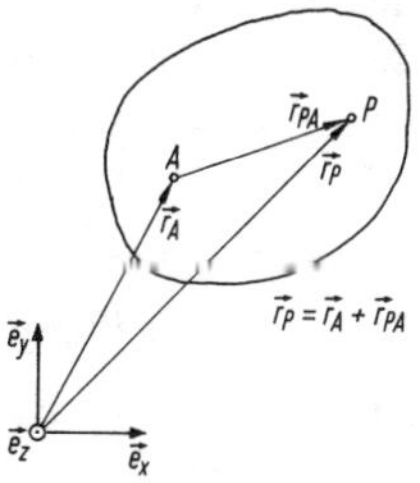

Bild 4.27 Zur Eulerschen Beziehung bei ebener Bewegung

4.4.2 Drehpol oder Geschwindigkeitspol

Bei der allgemeinen Bewegung einer starren Scheibe existiert stets ein Punkt G, dessen Momentangeschwindigkeit Null ist (dieser Punkt kann auch außerhalb der Scheibe liegen).
Dies läßt sich aus Bild 4.28 erkennen, in der die momentane Bewegung als Rotation um A und gleichzeitige Translation aller Körperpunkte dargestellt ist. Im Punkt G heben sich die beiden entgegengesetzt gleichen Geschwindigkeiten auf, d.h. dieser Punkt bleibt momentan in Ruhe.

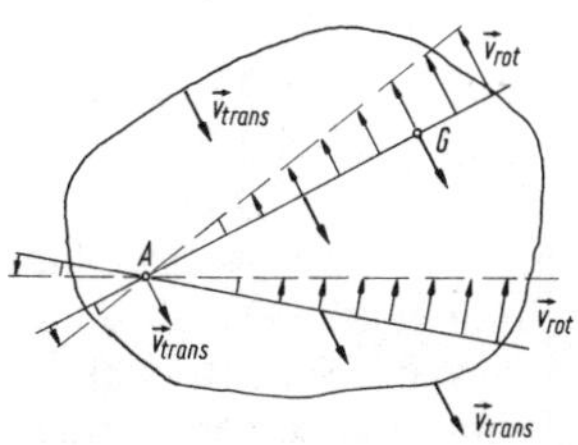

Bild 4.28 Zur Lage des Drehpols

Dies bedeutet, daß bei der Bewegung eine momentane Geschwindigkeitsverteilung vorliegt, in dem der Drehpol ein fester Punkt ist, um den sich die Scheibe momentan dreht.
Der Geschwindigkeitsvektor in einem beliebigen Punkt steht immer senkrecht auf der Verbindungslinie zum Drehpol (Bild 4.29a).
Umgekehrt kann der Drehpol aufgesucht werden, wenn man die Richtungen der Momentangeschwindigkeit für zwei Punkte der starren Scheibe kennt: die Lage des Drehpols ist der Schnittpunkt der zu den Geschwindigkeiten senkrechten Geraden (Bild 4.29b).

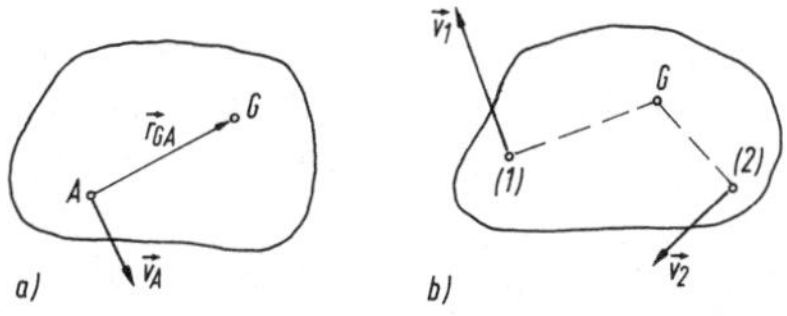

Bild 4.29 Bedeutung des Drehpols

Aus der Eulerschen Beziehung (4.47) ergibt sich mit $\vec{v}_P = 0$ die Lage des Drehpols G, es gilt

$$\vec{v}_A + \omega\,(\vec{e}_z \times \vec{r}_{GA}) = 0\,.$$

Zur Bestimmung von $\vec{r}_{GA}$ wird vektoriell mit $\vec{e}_z$ multipliziert

$$\vec{e}_z \times \vec{v}_A + \omega\,\vec{e}_z \times (\vec{e}_z \times \vec{r}_{GA}) = 0$$

dies liefert nach Auflösung des Tripelprodukts

$$\vec{e}_z \times \vec{v}_A + \omega\,[\vec{e}_z(\vec{r}_{GA} \cdot \vec{e}_z) - \vec{r}_{GA}] = 0\,.$$

Wegen $\vec{r}_{GA} \perp \vec{e}_z$ verschwindet $\vec{r}_{GA} \cdot \vec{e}_z$ und es folgt

$$\vec{r}_{GA} = \frac{\vec{e}_z \times \vec{v}_A}{\omega}\,. \tag{4.50}$$

In Kartesischen Komponenten ergibt sich aus (4.48) und (4.49) mit $\dot{x}_P = \dot{y}_P = 0$ für die Lage des Drehpols

$$x_G = x_A - \frac{\dot{y}_A}{\omega}, \qquad y_G = y_A + \frac{\dot{x}_A}{\omega}\,. \tag{4.51}$$

Für $\omega = 0$ (reine Translation) liegt der Drehpol im Unendlichen.

4.4.3 Rastpolbahn und Gangpolbahn

Der Drehpol G hat für einen bestimmten Zeitpunkt der Bewegung eine bestimmte Lage (und wird deshalb manchmal auch Momentanpol genannt). Im Lauf der Bewegung ändert G seine Lage und wandert sowohl in der festen Bewegungsebene als auch bezüglich des bewegten Körpers.
Markiert man aufeinanderfolgende Lagen des Drehpols in der Bewegungsebene sowie auf der bewegten Scheibe (d.h. bezüglich eines körperfesten Koordinatensystems), ergeben sich zwei Kurven

- Rastpolbahn (Spurkurve) oder R-Kurve
- Gangpolbahn (Polkurve) oder G-Kurve.

Damit läßt sich die ebene Bewegung anschaulich darstellen: die körperfeste Gangpolbahn rollt auf der raumfesten Rastpolbahn gleitungsfrei ab (Bild 4.30). Der Berührungspunkt der beiden Kurven entspricht der momentanen Lage des Drehpols.
Nachfolgend werden einige Beispiele von Rast- und Gangpolbahn betrachtet.

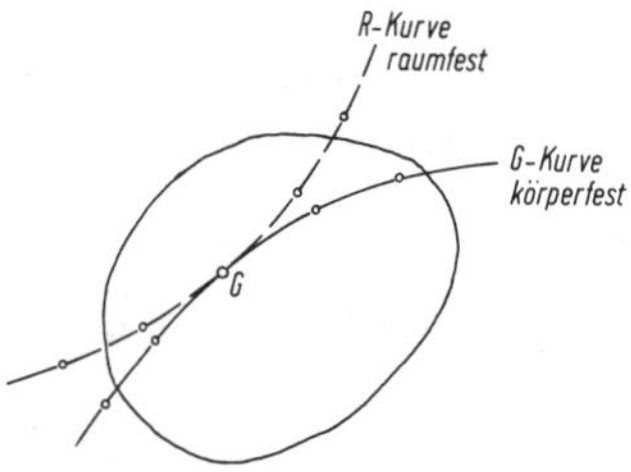

Bild 4.30 Rastpolbahn (R-Kurve) und Gangpolbahn (G-Kurve)

Rechtwinkliger Kreuzschieber
Ein starrer Stab der Länge l gleitet mit seinen Endpunkten A und B in zwei rechtwinkligen Führungen (Bild 4.31). Die Richtungen der Geschwindigkeiten v_A und v_B sind bekannt und die Lage des Drehpols läßt sich leicht konstruieren. Wie man erkennt, ist die raumfeste Rastpolbahn ein Kreis mit dem Radius l, die körperfeste Gangpolbahn ist ebenfalls ein Kreis mit Radius $\frac{l}{2}$ (sog. Thaleskreis über l).

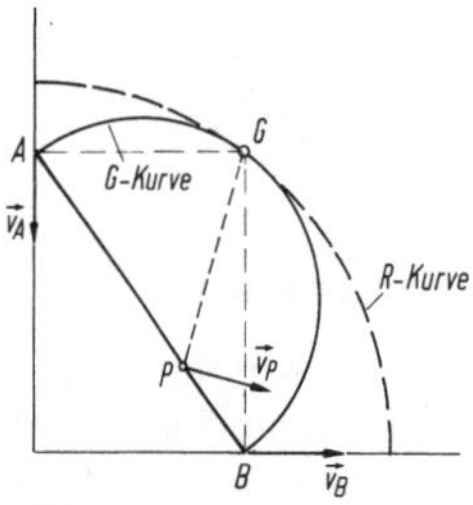

Bild 4.31 Rastpolbahn und Gangpolbahn beim Kreuzschieber

Bei der Bewegung rollt der kleinere Kreis innen auf dem größeren Kreis ab ohne zu gleiten [1]). Die Richtung der Momentangeschwindigkeit eines Punkts P des starren Stabs steht senkrecht auf der Verbindungslinie zum Drehpol.
In realen Getrieben sind R-Kurve und G-Kurve mitunter als Zahnkränze ausgebildet, die miteinander im Eingriff stehen.

Rollendes Rad
Auf einer horizontalen Fahrbahn rollt ein Rad (Radius a) ohne zu gleiten (vgl. Bild 4.32). Die Bewegung setzt sich zusammen aus einer Translation aller Radpunkte mit der Geschwindigkeit v sowie einer Rotation um den Mittelpunkt mit der Winkelgeschwindigkeit ω. Die Bedingung für reines Rollen des Rads lautet

$$v = \omega a \qquad (4.52)$$

und man erkennt, daß der Drehpol der Berührungspunkt von Rad und Fahrbahn ist.
Die R-Kurve ist die Fahrbahn, die G-Kurve der Radumfang. Die Momentangeschwindigkeiten beliebiger Radpunkte lassen sich leicht ermitteln.

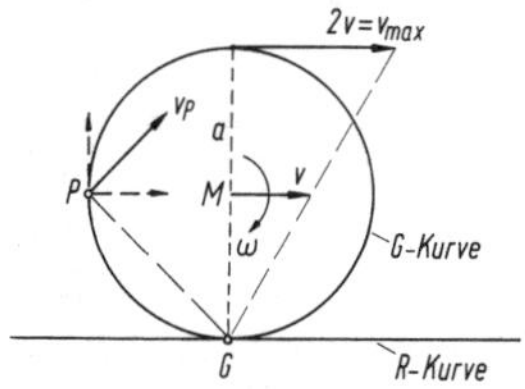

Bild 4.32 Rollendes Rad

Schubkurbelgetriebe
Für das in Kolbenmaschinen vorkommende Schubkurbelgetriebe (vgl. Abschnitt 2.7.4.1, Bild 2.155) läßt sich die Lage des Drehpols für jeden Kurbelwinkel ermitteln. Die Geschwindigkeitsrichtungen der Endpunkte A und B der Pleuelstange sind bekannt, der Schnittpunkt der auf den Geschwindigkeiten senkrechten Geraden liefert den Drehpol.
Rastpolbahn und Gangpolbahn sind verwickelte Kurven, die jeweils aus zwei unterschiedlichen Ästen bestehen, die aufeinander abrollen (Bild 4.33). Die Rastpolbahnen laufen jeweils durch den sog. oberen und unteren Totpunkt, die körperfesten Gangpolbahnen laufen durch den Endpunkt A (sog. Kreuzkopf) der Pleuelstange.

[1]) Übrigens sind Rastpol- und Gangpolbahn auch dann Kreise, wenn die beiden Führungen des Kreuzschiebers nicht aufeinander senkrecht stehen.

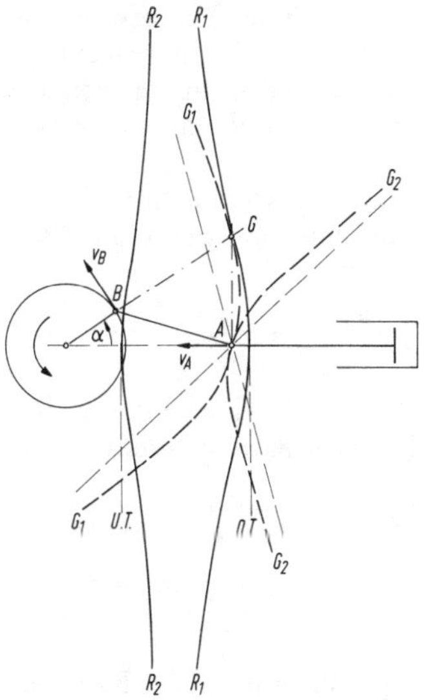

Bild 4.33 Schubkurbelgetriebe

4.4.4 Beschleunigungszustand

Mit Bezug auf Bild 4.27 ergibt sich aus der Zeitableitung von (4.47)

$$\vec{a}_P = \dot{\vec{v}}_P = \dot{\vec{v}}_A + \dot{\omega}\,(\vec{e}_z \times \vec{r}_{PA}) + \omega\,(\dot{\vec{e}}_z \times \vec{r}_{PA} + \vec{e}_z \times \dot{\vec{r}}_{PA})$$

bzw. mit $\dot{\vec{e}}_z = 0$ und $\dot{\vec{r}}_{PA} = \omega(\vec{e}_z \times \vec{r}_{PA})$ daraus

$$\begin{aligned}\vec{a}_P &= \vec{a}_A + \dot{\omega}\,(\vec{e}_z \times \vec{r}_{PA}) + \omega^2\,[\vec{e}_z \times (\vec{e}_z \times \vec{r}_{PA})]\\ &= \vec{a}_A + \dot{\omega}\,(\vec{e}_z \times \vec{r}_{PA}) - \omega^2\,\vec{r}_{PA}\end{aligned} \qquad (4.53)$$

wegen $\vec{r}_{PA} \perp \vec{e}_z$.
Der Beschleunigungsanteil $\vec{a}_{PA} = \dot{\omega}(\vec{e}_z \times \vec{r}_{PA}) - \omega^2\,\vec{r}_{PA}$ hat eine Tangential- und Normalkomponente (Bild 4.34), $a_n = -\omega^2\,|\vec{r}_{PA}|$ ist die sog. Zentripetalbeschleunigung.

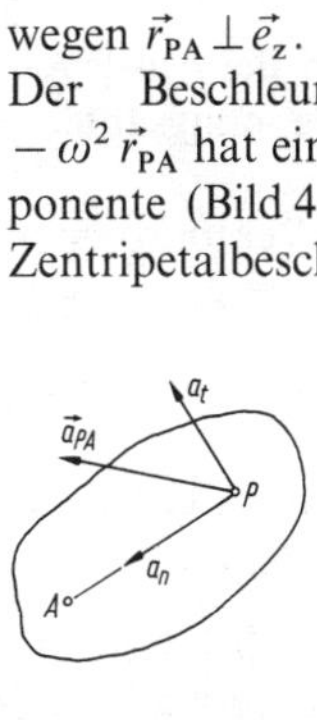

Bild 4.34 Tangential- (oder Quer-) und Normalbeschleunigung

Analog dem Geschwindigkeitspol existiert ein Momentanpol B der Beschleunigung, seine Lage ergibt sich aus (4.53) mit $\vec{a}_P = 0$ gemäß

$$\vec{a}_A + \dot{\omega}\,(\vec{e}_z \times \vec{r}_{BA}) - \omega^2\,\vec{r}_{BA} = 0\,.$$

Die Ausrechnung in Kartesischen Komponenten liefert

$$x_B = x_A + \frac{\omega^2\,\ddot{x}_A - \dot{\omega}\,\ddot{y}_A}{\dot{\omega}^2 + \omega^4}\,,$$

$$y_B = y_A + \frac{\omega^2\,\ddot{y}_A - \dot{\omega}\,\ddot{x}_A}{\dot{\omega}^2 + \omega^4}\,. \qquad (4.54)$$

Wenn $\omega \neq 0$ und/oder $\dot{\omega} \neq 0$, existiert stets ein Beschleunigungspol.
Die momentane Beschleunigungsverteilung bei der Bewegung ist derart, daß B ein fester Punkt ist, um den sich die Scheibe momentan beschleunigt dreht.
Wenn $\omega = \dot{\omega} = 0$ dann ist $\vec{a}_P = \vec{a}_A$ und es liegt rein translatorische Bewegung vor (vgl. Bild 4.35a).
Im Sonderfall der gleichförmigen Rotation z.B. einer Kreisscheibe um einen Fixpunkt (Bild 4.35b) ist nur eine vom Radius abhängige Normalbeschleunigung zum Mittelpunkt hin vorhanden. Der Mittelpunkt (Fixpunkt) M ist der Beschleunigungspol.

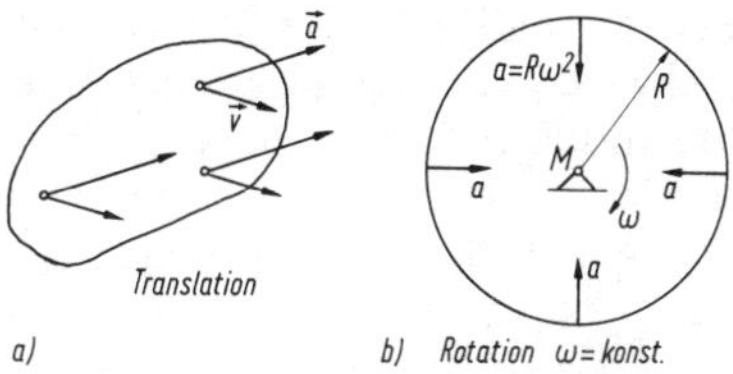

Bild 4.35 Beschleunigung bei Translation und Rotation

4.5 Kinematik der Relativbewegung

Die Gesetze der Kinetik sind im allgemeinen am einfachsten zu formulieren, wenn ein raumfestes (ruhendes) Bezugssystem verwendet wird.
Zur Beschreibung der Bewegung eines Körpers (Massenpunkts) ist es mitunter geboten oder bequem, von einem Bezugssystem (Koordinatensystem) zu einem dazu bewegten Bezugssystem überzugehen.
Entsprechend der verschiedenen Bezugssysteme stellt sich die Bewegung dann unterschiedlich dar. Als Beispiel sei der freie Fall in einem gleichförmig bewegten Fahrzeug betrachtet. Für einen *mitbewegten Beobachter* im Fahrzeug beschreibt der fallende Körper eine lotrechte Bahn.

Ein *ruhender* Beobachter außerhalb des Fahrzeugs hingegen nimmt eine gekrümmte Kurve als Bahn des fallenden Körpers wahr.
Zur Beschreibung der Bewegung müssen daher die Zusammenhänge zwischen den kinematischen Größen in gegeneinander bewegten Bezugssystemen aufgestellt werden.
Man bezeichnet das raumfeste (ruhende) Bezugssystem auch als *Absolutsystem*, das bewegte System als *Führungssystem*. Die Bewegung im Absolutsystem (d.h. die Betrachtung vom raumfesten Bezugspunkt 0 aus in den Koordinaten x, y, z) nennt man Absolutbewegung, dagegen die Bewegung im Führungssystem (d.h. Betrachtung vom bewegten Bezugspunkt 0′ aus in den Koordinaten x', y', z') Relativbewegung. Streng genommen ist eine Unterscheidung zwischen Absolut- und Relativbewegung nicht gerechtfertigt, da in der Physik überhaupt nur relative Bewegungen festgestellt werden können. Diese Tatsache war übrigens *Newton* bereits bekannt.
Gemäß Bild 4.36 wird ein Führungssystem betrachtet, das gegenüber dem Absolutsystem eine Translations- und Rotationsbewegung ausführt, die durch die Geschwindigkeit $\vec{v}_0 = \dot{\vec{r}}_0$ von 0′ und die Winkelgeschwindigkeit $\vec{\omega}$ gegeben sind. Wie bereits angedeutet, sollen Kartesische Koordinaten verwendet werden, im Absolutsystem bzw. Führungssystem werden die Basisvektoren $\vec{e}_x$, $\vec{e}_y$, $\vec{e}_z$ bzw. $\vec{e}_x'$, $\vec{e}_y'$, $\vec{e}_z'$, eingeführt.

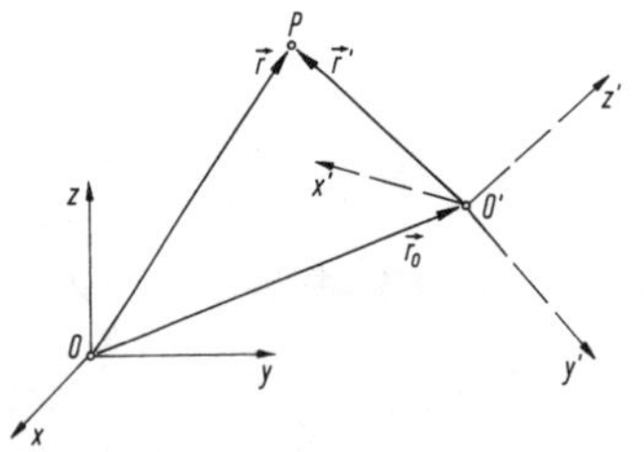

Bild 4.36 Gegeneinander bewegte Bezugssysteme

4.5.1 Zeitliche Änderung eines Vektors

Für einen beliebigen zeitabhängigen Vektor $\vec{A}(t)$ gilt im Absolut- bzw. Führungssystem jeweils die Komponentendarstellung

$$\left.\begin{aligned} &\vec{A}(t) = \vec{e}_x A_x + \vec{e}_y A_y + \vec{e}_z A_z \\ &\text{bzw.} \\ &\vec{A}(t) = \vec{e}_x{}' A_x' + \vec{e}_y' A_y' + \vec{e}_z' A_z'. \end{aligned}\right\} \qquad (4.55)$$

Die zeitliche Änderung dieses Vektors ist verschieden bei Betrachtung im Absolutsystem oder im Führungssystem, da die Komponenten bei der Bildung der Ableitung unterschiedlich sind.
Die *absolute Änderung* des Vektors $\vec{A}(t)$ ist bei Beschreibung im Absolutsystem (mit raumfesten Basisvektoren)

$$\frac{\mathrm{d}\vec{A}}{\mathrm{d}t} = \vec{e}_x \frac{\mathrm{d}A_x}{\mathrm{d}t} + \vec{e}_y \frac{\mathrm{d}A_y}{\mathrm{d}t} + \vec{e}_z \frac{\mathrm{d}A_z}{\mathrm{d}t}$$

hingegen bei der Beschreibung im Führungssystem (mit veränderlichen Basisvektoren)

$$\begin{aligned} \frac{\mathrm{d}\vec{A}}{\mathrm{d}t} &= \vec{e}_x' \frac{\mathrm{d}A_x'}{\mathrm{d}t} + \vec{e}_y' \frac{\mathrm{d}A_y'}{\mathrm{d}t} + \vec{e}_z' \frac{\mathrm{d}A_z'}{\mathrm{d}t} \\ &\quad + \frac{\mathrm{d}\vec{e}_x'}{\mathrm{d}t} A_x' + \frac{\mathrm{d}\vec{e}_y'}{\mathrm{d}t} A_y' + \frac{\mathrm{d}\vec{e}_z'}{\mathrm{d}t} A_z'. \end{aligned} \qquad (4.56)$$

Für die auftretenden Ableitungen der Basisvektoren im Führungssystem gilt (analog der Gl. (4.38) in Abschnitt 4.3.3 bei Herleitung der Eulerschen Beziehung)

$$\frac{\mathrm{d}\vec{e}_x'}{\mathrm{d}t} = \vec{\omega} \times \vec{e}_x' \quad \text{usw.} \qquad (4.57)$$

und somit wird (4.56)

$$\begin{aligned} \frac{\mathrm{d}\vec{A}}{\mathrm{d}t} &= \vec{e}_x' \frac{\mathrm{d}A_x'}{\mathrm{d}t} + \vec{e}_y' \frac{\mathrm{d}A_y'}{\mathrm{d}t} + \vec{e}_z' \frac{\mathrm{d}A_z'}{\mathrm{d}t} \\ &\quad + \vec{\omega} \times (\vec{e}_x' A_x' + \vec{e}_y' A_y' + \vec{e}_z' A_z') \end{aligned}$$

oder mit (4.55)

$$\frac{\mathrm{d}\vec{A}}{\mathrm{d}t} = \frac{\mathrm{d}'\vec{A}}{\mathrm{d}t} + \vec{\omega} \times \vec{A}. \qquad (4.58)$$

Hierbei bedeutet $\frac{\mathrm{d}'\vec{A}}{\mathrm{d}t}$ die sog. relative Änderung des Vektors $\vec{A}$ im Führungssystem, der Ausdruck $\vec{\omega} \times \vec{A}$ stellt eine Art „Mitschleppungsanteil“ dar.
Zu beachten ist, daß in (4.58) die Vektorkomponenten für die Bildung der Ableitungen vorgeschrieben sind: $\frac{\mathrm{d}\vec{A}}{\mathrm{d}t}$ kann nur mit den raumfesten Komponenten, $\frac{\mathrm{d}'\vec{A}}{\mathrm{d}t}$ nur mit jenen im bewegten System gebildet werden.
Als Sonderfall wurde (4.58) bereits bei der Darstellung der allgemeinen Starrkörperbewegung verwendet (Eulersche Beziehung). Hierbei wird ebenfalls die Drehung eines körperfesten gegen ein raumfestes System betrachtet.

4.5.2 Absolute und relative Geschwindigkeit und Beschleunigung

Die Beziehung (4.58) wird nun auf die *Punktbewegung* angewendet. Wie in Bild 4.36 angedeutet, gilt für die Ortsvektoren eines bewegten Punkts P

$$\vec{r} = \vec{r}_0 + \vec{r}\,'. \tag{4.59}$$

Die Absolutgeschwindigkeit von P ergibt sich als Änderung des Ortsvektors (4.59)

$$\vec{v} = \frac{\mathrm{d}\vec{r}}{\mathrm{d}t} = \frac{\mathrm{d}\vec{r}_0}{\mathrm{d}t} + \frac{\mathrm{d}\vec{r}\,'}{\mathrm{d}t} = \frac{\mathrm{d}\vec{r}_0}{\mathrm{d}t} + \frac{\mathrm{d}'\vec{r}\,'}{\mathrm{d}t} + \vec{\omega} \times \vec{r}\,' \tag{4.60}$$

wobei von (4.58) Gebrauch gemacht wird. Da der Ortsvektor $\vec{r}\,'$ nur im Führungssystem bekannt ist, kann hiervon nur die Ableitung $\frac{\mathrm{d}'\vec{r}\,'}{\mathrm{d}t}$ gebildet werden.
Statt (4.60) schreibt man

$$\vec{v} = \frac{\mathrm{d}\vec{r}}{\mathrm{d}t} = \frac{\mathrm{d}'\vec{r}\,'}{\mathrm{d}t} + \left(\frac{\mathrm{d}\vec{r}_0}{\mathrm{d}t} + \vec{\omega} + \vec{r}\,'\right) \tag{4.61}$$

oder kürzer

$$\vec{v} = \vec{v}\,' + \vec{v}_\mathrm{F}\,. \tag{4.61 a}$$

Es bedeuten

$\vec{v}$	die Absolutgeschwindigkeit
$\vec{v}\,'$	die Relativgeschwindigkeit ($\vec{v}_\mathrm{Rel}$)
$\vec{v}_\mathrm{F} = \vec{v}_0 + \vec{\omega} \times \vec{r}\,'$	die Führungsgeschwindigkeit.

In $\vec{v}_\mathrm{F}\left(\text{mit } \vec{v}_0 = \frac{\mathrm{d}\vec{r}_0}{\mathrm{d}t}\right)$ kommt die Translation und Rotation des Führungssystems zum Ausdruck. Die Führungsgeschwindigkeit entspricht der Absolutgeschwindigkeit eines bewegten Punkts, der im Führungssystem ruht.
Die Beschleunigung ergibt sich durch Zeitableitung aus der Geschwindigkeit (4.60)

$$\vec{a} = \frac{\mathrm{d}\vec{v}}{\mathrm{d}t} = \frac{\mathrm{d}}{\mathrm{d}t}\left(\frac{\mathrm{d}\vec{r}_0}{\mathrm{d}t} + \frac{\mathrm{d}'\vec{r}\,'}{\mathrm{d}t} + \vec{\omega} \times \vec{r}\,'\right)$$
$$= \frac{\mathrm{d}^2\vec{r}_0}{\mathrm{d}t^2} + \frac{\mathrm{d}\vec{v}\,'}{\mathrm{d}t} + \vec{\omega} \times \frac{\mathrm{d}\vec{r}\,'}{\mathrm{d}t} + \frac{\mathrm{d}\vec{\omega}}{\mathrm{d}t} \times \vec{r}\,'$$

bzw. daraus mit Anwendung der allgemeinen Beziehung (4.58) auf $\frac{\mathrm{d}\vec{r}\,'}{\mathrm{d}t}$ und $\frac{\mathrm{d}\vec{v}\,'}{\mathrm{d}t}$

$$\vec{a} = \frac{\mathrm{d}^2\vec{r}_0}{\mathrm{d}t^2} + \frac{\mathrm{d}'\vec{v}\,'}{\mathrm{d}t} + \vec{\omega} \times \vec{v}\,' + \vec{\omega} \times \left(\frac{\mathrm{d}'\vec{r}\,'}{\mathrm{d}t} + \vec{\omega} \times \vec{r}\,'\right) + \frac{\mathrm{d}\vec{\omega}}{\mathrm{d}t} \times \vec{r}\,' \tag{4.62}$$

hierbei ist $\frac{\mathrm{d}'\vec{v}\,'}{\mathrm{d}t} = \vec{a}\,'$ die Relativbeschleunigung.
Umordnung von (4.62) liefert

$$\vec{a} = \vec{a}\,' + \frac{\mathrm{d}^2\vec{r}_0}{\mathrm{d}t^2} + \frac{\mathrm{d}\vec{\omega}}{\mathrm{d}t} \times \vec{r}\,' + \vec{\omega} \times (\vec{\omega} \times \vec{r}\,') + 2(\vec{\omega} \times \vec{v}\,') \tag{4.63}$$

oder

$$\vec{a} = \vec{a}\,' + \vec{a}_\mathrm{F} + \vec{a}_\mathrm{C} \tag{4.63 a}$$

mit der Führungsbeschleunigung

$$\vec{a}_\mathrm{F} = \frac{\mathrm{d}^2\vec{r}_0}{\mathrm{d}t^2} + \frac{\mathrm{d}\vec{\omega}}{\mathrm{d}t} \times \vec{r}\,' + \vec{\omega} \times (\vec{\omega} \times \vec{r}\,')$$

und der Coriolisbeschleunigung

$$\vec{a}_\mathrm{C} = 2(\vec{\omega} \times \vec{v}\,')$$

die bereits in Abschnitt 4.2.1.2 eingeführt wurde. Der Ausdruck

$$\vec{\omega} \times (\vec{\omega} \times \vec{r}\,') = \vec{\omega}(\vec{\omega}\,\vec{r}\,') - \omega^2\,\vec{r}\,'$$

entspricht der Zentripetalbeschleunigung.
Übrigens liefert die Anwendung der allgemeinen Beziehung (4.58) für die Ableitung der Winkelgeschwindigkeit

$$\frac{\mathrm{d}\vec{\omega}}{\mathrm{d}t} = \frac{\mathrm{d}'\vec{\omega}}{\mathrm{d}t} + \vec{\omega} \times \vec{\omega} = \frac{\mathrm{d}'\vec{\omega}}{\mathrm{d}t}$$

d. h. absolute und relative Winkelbeschleunigung stimmen überein. Diese Tatsache wurde in (4.62) bereits verwendet.
Im Sonderfall der rein translatorisch gegeneinander bewegten Bezugssysteme ($\vec{\omega} = 0$) gelten die einfachen Umrechnungen

$$\vec{v} = \vec{v}\,' + \frac{\mathrm{d}\vec{r}_0}{\mathrm{d}t} \tag{4.64}$$

$$\vec{a} = \vec{a}\,' + \frac{\mathrm{d}^2\vec{r}_0}{\mathrm{d}t^2}. \tag{4.65}$$

Bei extrem großen Geschwindigkeiten (in der Größenordnung der Lichtgeschwindigkeit) gelten andere Gesetzmäßigkeiten (spezielle Relativitätstheorie).

5 Kinetik der Massenpunkte

Während in der Kinematik die Bewegung von Körpern studiert wird, ohne nach der Bewegungsursache zu fragen, ist die Kinetik (früher als Dynamik bezeichnet) die Lehre von den Kräften und den dadurch verursachten Bewegungen bzw. Bewegungsänderungen. Hierzu werden die Ergebnisse der Statik und der Kinematik benötigt und die dort eingeführten Begriffe verwendet.

Die Erforschung der verschiedenen in der Natur vorkommenden Kräfte gehört zu den Aufgaben der Physik. In der Mechanik werden die Kräfte als gegeben angesehen und ihre Wirkungen auf materielle Körper untersucht.

Grundlage der Kinetik sind die bereits besprochenen Newtonschen Axiome, insbesondere die kinetische Grundgleichung (Impulssatz). Bei der Betrachtung der Drehbewegung starrer Körper kommt später als weiteres grundlegendes Gesetz der Drehimpulssatz hinzu.

Die Einteilung der Kinetik erfolgt zweckmäßig (wie bereits in der Kinematik) nach der Struktur der bewegten Körper. Dieser Abschnitt beschäftigt sich zunächst mit der Kinetik des einzelnen Massenpunkts sowie des Massenpunktsystems. Als wichtiges Teilgebiet der Kinetik wird schließlich die Schwingungslehre in einem gesonderten Abschnitt behandelt. Eine alternative Formulierung der Bewegungsgleichungen wird mit den *Lagrange*-Gleichungen 2. Art gegeben.

5.1 Kinetik des einzelnen Massenpunkts

Als wichtige Idealisierung wurde bereits der materielle Punkt oder Massenpunkt eingeführt. Es handelt sich dabei nicht nur um einen mathematischen Punkt, dem eine endliche Masse zugeordnet ist. Vielmehr kann es auch ein materieller Körper beliebiger Größe sein, dessen Abmessungen als vernachlässigbar klein gegen die Ausmaße seiner Bewegungsbahn bzw. gegen seine Entfernung zu anderen Körpern anzusehen sind. Außerdem ist wesentlich, daß die Rotation des Körpers unbeachtet bleibt und nur die translatorische Bewegung seines Schwerpunkts (Massenmittelpunkts) betrachtet wird.

5.1.1 Inertialsystem, Galileisches Relativitätsprinzip

Die in Abschnitt 1.2.1 an den Anfang gestellten, auf *Newton* zurückgehenden Annahmen über den absoluten Raum und die absolute Zeit sollen im folgenden präzisiert werden.

Zur Beschreibung der Bewegung eines materiellen Körpers im Raum muß irgendein (willkürlich wählbares) Bezugssystem zugrundegelegt werden. Die Erfahrung lehrt, daß es Bezugssysteme gibt, in denen die mechanischen Gesetze mit guter Näherung bestätigt werden.

Man bezeichnet ein Bezugssystem, in dem das Galileische Trägheitsgesetz (erstes Newtonsches Axiom) Gültigkeit hat, als *Inertialsystem* oder Newtonsches System. In einem solchen System gilt auch die kinetische Grundgleichung

$$\vec{F} = m\vec{a} \tag{5.1}$$

d.h. gleichermaßen wie in einem ruhenden Bezugssystem stimmen die Berechnungen der Kräfte und Beschleunigungen gut mit den Messungen überein.

Wenn ein Inertialsystem vorliegt, dann sind alle dazu gleichförmig translatorisch (also beschleunigungsfrei) bewegten Bezugssysteme gleichfalls Inertialsysteme – unter der stillschweigend getroffenen Annahme, daß in allen Systemen das gleiche Zeitmaß existiert [1]). Es sind somit unendlich viel Inertialsysteme denkbar.

Translatorisch beschleunigte oder rotierende Bezugssysteme sind hingegen *keine* Inertialsysteme (vgl. Abschnitt 5.1.7.2).

Zur Beschreibung des Übergangs von einem Inertialsystem zu einem andern werden gemäß Bild 5.1 ein Kartesisches Koordinatensystem

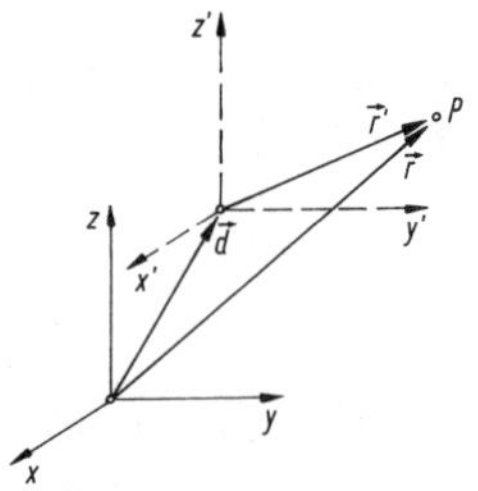

Bild 5.1 Inertialsysteme x, y, z bzw. x', y', z', gegeneinander translatorisch bewegt

[1]) Diese Annahme wird in der speziellen Relativitätstheorie revidiert bzw. präzisiert.

x, y, z und ein dazu gleichförmig translatorisch bewegtes System x', y', z' betrachtet.
Für die Umrechnung der Ortsvektoren gilt

$$\vec{r} = \vec{d} + \vec{r}' \quad \text{mit} \quad \vec{d} = \vec{v}_0 t \quad \text{und} \quad \vec{v}_0 = \text{konst.}$$

Daraus folgt für die Geschwindigkeit

$$\vec{v} = \dot{\vec{r}} = \dot{\vec{d}} + \dot{\vec{r}}' = \vec{v}_0 + \vec{v}' \tag{5.2}$$

und somit $\ddot{\vec{r}} = \ddot{\vec{r}}'$, $\vec{F} = m\ddot{\vec{r}} = m\ddot{\vec{r}}'$.
Im Sinn der Postulierung von absolutem Raum und absoluter Zeit bezeichnet man die Umrechnungsformeln

$$\vec{r} = \vec{v}_0 t + \vec{r}', \qquad t = t' \tag{5.3}$$
$$\vec{v} = \vec{v}_0 + \vec{v}'$$

als *Galilei-Transformation.*
Die Aussage, daß die auf ein gleichförmig translatorisch bewegtes Koordinatensystem bezogenen mechanischen Gesetze genauso lauten wie die auf ein ruhendes System bezogenen, beinhaltet das Galileische Relativitätsprinzip (oder Relativitätsprinzip der klassischen Mechanik). Es gilt der wichtige Satz:

- Die Gesetze der Mechanik sind invariant gegen Galilei-Transformationen.

Diese Feststellung gilt übrigens gleichermaßen für alle Gesetze der Physik, d.h. Inertialsysteme sind nicht voneinander zu unterscheiden. Es ist prinzipiell unmöglich, durch Experimente ein im Raum absolut ruhendes Bezugssystem festzulegen. Eine Absolutgeschwindigkeit ist nicht meßbar und daher nicht zu definieren.
Für die Anwendungen lehrt die Erfahrung, daß ein durch die Gesamtheit der Fixsterne festgelegtes Bezugssystem mit guter Genauigkeit die Eigenschaften eines Inertialsystems hat. Die Tatsache, daß es in Wirklichkeit keinen „kräftefreien Raum" gibt, wird von dieser Festlegung nicht berührt.
Im Bereich der technischen Mechanik wird ein Inertialsystem näherungsweise definiert. Ein mit der Erde fest verbundenes Bezugssystem ist (wegen der Rotation und des Sonnenumlaufs) sicher kein Inertialsystem, gleichwohl sind die auftretenden Beschleunigungen gering und in den meisten Fällen vernachlässigbar.
Die Bewegungen der Erde kann man genügend genau als geradlinig-gleichförmig ansehen und somit ein mit der Erde verbundenes Koordinatensystem annähernd als Inertialsystem verwenden. Ein Punkt auf der Erdoberfläche beschreibt infolge der Rotation in 60 Minuten den 24. Teil eines Kreises, also 15 Bogengrade, infolge des Sonnenumlaufs nur ca. 2 Bogensekunden. Die Erdrotation ist gleichförmig, der Umlauf nahezu gleichförmig und somit können beide Bewegungen für nicht allzu lange Zeiträume als geradlinig und gleichförmig gelten. Tatsächlich spüren die Menschen von der Translationsgeschwindigkeit der Erde (ca. 30 km/sek) überhaupt nichts.
Bei besonderen Vorgängen (z.B. der Betrachtung von Wind- und Meeresströmungen) müssen die Effekte der Erdrotation berücksichtigt werden. Außerdem findet man bei genauer Rechnung, z.B. beim freien Fall mit Berücksichtigung der Erdrotation, eine Ostabweichung. Diese und andere Effekte sind aber im allgemeinen sehr gering.
Aus dem Galileischen Relativitätsprinzip und der Tatsache, daß die Lichtgeschwindigkeit unabhängig von der Bewegung des Bezugssystems ist, ergeben sich Widersprüche. Diese führten zu einer Revision der Vorstellungen von Raum und Zeit und zur Aufstellung eines allgemeineren Relativitätsprinzips durch *Einstein.* Auf der physikalischen Nichtunterscheidbarkeit der Inertialsysteme und dem Prinzip von der Konstanz der Lichtgeschwindigkeit fußt die sog. spezielle Relativitätstheorie. Sie ist aber nur maßgebend, wenn extrem große Geschwindigkeiten (vergleichbar der Lichtgeschwindigkeit) auftreten, was in der technischen Mechanik nicht vorkommt.

5.1.2 Integration der kinetischen Grundgleichung

Die für die translatorische Bewegung eines materiellen Körpers (der in manchen Fällen als Massenpunkt idealisiert werden kann) maßgebende *kinetische Grundgleichung* (5.1) ist eine Differentialgleichung zweiter Ordnung. Aus ihr erhält man durch Integration die Gleichung für den Bewegungsablauf in einem endlichen Zeitraum, d.h. die Bahnkurve $\vec{r} = \vec{r}(t)$, sofern diese nicht bereits vorgegeben ist. Die Bewegung wird damit bei Berücksichtigung bestimmter Anfangsdaten vollkommen beschrieben.
Die Größe $\vec{F}$ auf der linken Seite von (5.1) bedeutet die Summe aller Kräfte, die auf den bewegten Körper einwirken. Diese muß nach den gegebenen Kraftabhängigkeiten zunächst bestimmt werden, damit die kinetische Grundgleichung integriert werden kann.

Man unterscheidet die *freie Bewegung* eines Körpers, bei der keine feste Bahn vorgegeben ist, von der *geführten Bewegung*, bei der sich der bewegte Körper in Kontakt mit anderen Körpern befindet, die Bahn also von vornherein festliegt. Für einen freien Massenpunkt gilt bekanntlich $f = 3$, diese Anzahl der Freiheitsgrade wird bei der geführten Bewegung eingeschränkt.
Der kinetischen Grundgleichung (5.1) als Vektorgleichung entsprechen bei Bezugnahme auf Kartesische Koordinaten die drei Komponentengleichungen

$$\left.\begin{aligned} F_x &= m a_x = m\dot{v}_x = m\ddot{x} \\ F_y &= m a_y = m\dot{v}_y = m\ddot{y} \\ F_z &= m a_z = m\dot{v}_z = m\ddot{z}. \end{aligned}\right\} \tag{5.4}$$

Mit Vorteil wird man bei der Integration der kinetischen Grundgleichung auf Koordinatensysteme Bezug nehmen, die dem betreffenden Problem angepaßt sind. Bei krummliniger Bewegung in der Ebene verwendet man z. B. die natürlichen Koordinaten

$$\left.\begin{aligned} &\text{tangential} \quad F_t = m a_t = m\ddot{s} \\ &\text{normal} \quad F_n = m a_n = m\frac{v^2}{\varrho} = m\frac{\dot{s}^2}{\varrho} \end{aligned}\right\} \tag{5.5}$$

(s = Bahnkoordinate, ϱ = Bahnkrümmungsradius).
Bei geradliniger Bewegung mit verschiedenen Kraftgesetzen läuft die Integration der kinetischen Grundgleichung auf die Lösung der kinematischen Grundaufgaben (Abschnitt 4.2.3) hinaus.
Bei beliebig vorgegebener Kraftabhängigkeit vom Ort, der Geschwindigkeit und der Zeit ist kein allgemeiner Satz für die Integration der kinetischen Grundgleichung bekannt. [1]) Es existieren dagegen bei speziellen Kraftabhängigkeiten allgemeine Sätze, z.B. der Arbeits- und Energiesatz, die das Integrationsverfahren erleichtern.
Verschiedene Anwendungen der kinetischen Grundgleichung werden im folgenden an einigen Beispielen besprochen.

[1]) Vgl. die Bemerkung am Ende von Abschnitt 4.2.3.4.

5.1.2.1 Bewegung auf rauher schiefer Ebene

Es handelt sich um eine geführte Bewegung, die geradlinige Bahn ist vorgegeben.
Ein Klotz der Masse m (Bild 5.2a) gleitet unter dem Einfluß der Schwerkraft auf einer rauhen schiefen Ebene abwärts, dabei tritt eine Gleitreibungskraft als eingeprägte Kraft auf (Abschnitt 2.9.3). Diese ist eine Widerstandskraft und als solche stets der Bewegung entgegengesetzt gerichtet. Ihre Größe wird gemäß dem Coulombschen Reibungsgesetz (2.123) angenommen. Der Klotz kann bei dieser Bewegung als Massenpunkt betrachtet werden (Bild 5.2b), die Bewegungskoordinate in Bahnrichtung ist mit s bezeichnet.

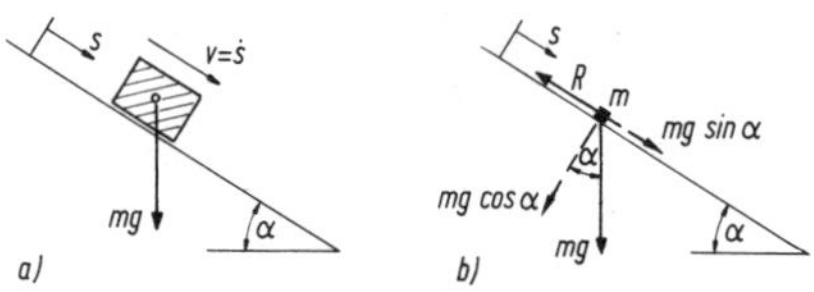

Bild 5.2 Bewegung auf schiefer Ebene

Die auf den Massenpunkt einwirkenden Kräfte sind in Bild 5.2b eingezeichnet, man erkennt, daß nur für $(mg\sin\alpha - R) > 0$ eine Abwärtsbewegung möglich ist.
Die kinetische Grundgleichung lautet zunächst

$$mg\sin\alpha - R = m\ddot{s}. \tag{5.6}$$

Mit der Gleitreibungskraft $R = \mu_G\, mg\cos\alpha$, wobei $\mu_G = \tan\varrho_G$ der Gleitreibungskoeffizient ist, folgt

$$mg(\sin\alpha - \mu_G\cos\alpha) = m\ddot{s}$$

d.h. es stellt sich eine konstante Abwärtsbeschleunigung

$$\ddot{s} = g(\sin\alpha - \mu_G\cos\alpha) = g\,\frac{\sin(\alpha - \varrho_G)}{\cos\varrho_G} \tag{5.7}$$

ein (dabei muß $\alpha > \varrho_G$ sein, damit eine Bewegung möglich ist).
Die Integration liefert (vgl. Grundaufgaben der Kinematik, Abschnitt 4.2.3)

$$v = \dot{s} = g\,(\sin\alpha - \mu_G\cos\alpha)\; t + v_0$$

bzw.

$$s = g(\sin\alpha - \mu_G\cos\alpha)\,\frac{t^2}{2} + v_0 t + s_0$$

mit den Anfangsbedingungen $v = v_0$ und $s = s_0$ für $t = 0$.
Mit $t = \dfrac{v - v_0}{g(\sin\alpha - \mu_G \cos\alpha)}$ kann die Zeit eliminiert werden und es folgt

$$s = \frac{v^2 - v_0^2}{2g(\sin\alpha - \mu_G \cos\alpha)} + s_0 .$$

Die Geschwindigkeit v_1 an einer Stelle s_1 ergibt sich zu

$$v_1 = \sqrt{2g(\sin\alpha - \mu_G \cos\alpha)(s - s_0) + v_0^2} . \tag{5.8}$$

Es sei angemerkt, daß bei komplizierteren kinetischen Problemen mit Reibungskräften zuerst untersucht werden muß, ob gleitende Bewegung eintreten kann oder der Fall der Haftreibung (ohne Bewegung) vorliegt.

5.1.2.2 Wurfbewegung ohne Luftwiderstand

Ein Massenpunkt wird mit einer bestimmten Anfangsgeschwindigkeit $\vec{v}_0$ unter einem Winkel α gegen die Horizontale abgeworfen (Bild 5.3) und unterliegt der Schwerkraft (sog. schiefer Wurf). [1])
Es handelt sich jetzt um die freie Bewegung des Massenpunkts, die Bahnkurve ist unbekannt und muß berechnet werden. Da nur die lotrechte Schwerkraft wirkt, ist die Bahn eine ebene Kurve in der x-y-Ebene.

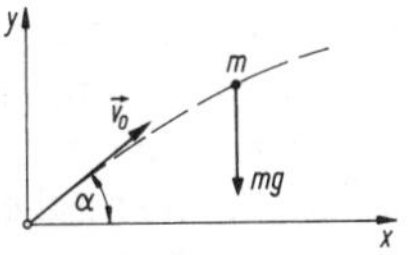

Bild 5.3 Schiefer Wurf

Man verwendet die Komponentendarstellung der kinetischen Grundgleichung, vgl. (5.4). Die auftretenden Kräfte sind

$$F_x = 0, \qquad F_y = -mg$$

und damit folgen

$$0 = m\ddot{x}, \qquad -mg = m\ddot{y}.$$

Die zweimalige Integration dieser Gleichungen liefert

$$\dot{x} = v_{0x}, \qquad \dot{y} = -gt + v_{0y} \tag{5.9}$$

bzw.

$$x = v_{0x} t + x_0 \tag{5.10}$$

$$y = -\tfrac{1}{2} g t^2 + v_{0y} t + y_0 . \tag{5.11}$$

Als Anfangsbedingungen gelten

$$t = 0 \quad \begin{cases} x_0 = y_0 = 0 \\ v_{0x} = v_0 \cos\alpha, \quad v_{0y} = v_0 \sin\alpha . \end{cases}$$

Mittels (5.10) kann die Zeit aus (5.11) eliminiert werden und es folgt die Gleichung der Bahnkurve im x-y-System

$$y = -\frac{g}{2v_0^2 \cos^2\alpha} x^2 + x \tan\alpha \tag{5.12}$$

(sog. Wurfparabel).
Im Auftreffpunkt A mit der *Wurfweite* $x = l$ wird $y = 0$, d.h. aus (5.12) ergibt sich für die Wurfweite

$$l = \frac{v_0^2 \sin 2\alpha}{g} \tag{5.13}$$

ihr Maximalwert bei vorgegebenem v_0 folgt für $\alpha = 45°$ (Bild 5.4).

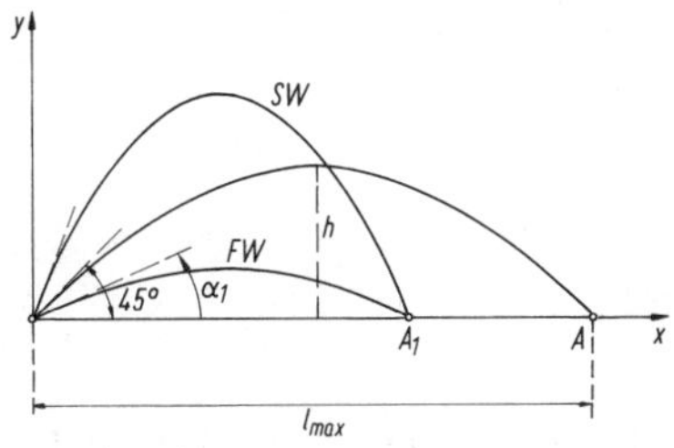

Bild 5.4 Wurfparabel
FW = Flachwurf, SW = Steilwurf

Man erkennt, daß ein beliebiger Auftreffpunkt A_1 mit $l < l_{max}$ durch einen *Flachwurf* (*FW*) unter einem Winkel $\alpha_1 < 45°$ oder durch einen *Steilwurf* (*SW*) unter dem Winkel $90° - \alpha_1$ bei jeweils gleicher Anfangsgeschwindigkeit v_0 erreicht werden kann.
Die *Wurfhöhe* h (entsprechend dem Scheitel der Wurfparabel) folgt aus

$$\frac{dy}{dx} = -\frac{g}{v_0^2 \cos^2\alpha} x + \tan\alpha = 0$$

zu

$$h = \frac{v_0^2 \sin^2\alpha}{2g} \tag{5.14}$$

[1]) Es wird angenommen, daß die Bewegung in der Nähe der Erdoberfläche stattfindet, d.h. mit g = konst. gerechnet werden kann.

und wird bei

$$x_h = \frac{v_0^2 \sin 2\alpha}{2g} = \frac{l}{2}$$

d.h. jeweils der halben Wurfweite, erreicht.

Als Sonderfall für $\alpha = \frac{\pi}{2}$ ergibt sich der *senkrechte Wurf* nach oben mit der Anfangsgeschwindigkeit $v_{0y} = v_0$. Die sich einstellende Wurfhöhe h folgt aus (5.14) zu

$$h = \frac{v_0^2}{2g}.$$

Der Massenpunkt kommt in dieser Höhe zur Ruhe und kehrt seine Bewegungsrichtung um. Für $y = 0$ besitzt er wieder die Geschwindigkeit v_0 nach abwärts. Es folgt, daß ein in beliebiger Höhe mit der Anfangsgeschwindigkeit Null losgelassener Massenpunkt nach dem Durchfallen einer vertikalen Strecke s die Geschwindigkeit

$$v = \sqrt{2gs} \tag{5.15}$$

erlangt hat.

Diese Erscheinung des *freien Falls* (ohne Berücksichtigung des Luftwiderstands) läßt sich mit den Ergebnissen für die Wurfbewegung behandeln, wenn man dort $v_0 = 0$ setzt.

Mit den Anfangsbedingungen

$$t = 0 \begin{cases} x_0 = 0 \\ y_0 = h \end{cases}$$

folgt aus (5.11)

$$y - h = -\tfrac{1}{2} g t^2$$

oder wenn mit $s = h - y$ die vertikal nach unten gerichtete Koordinate eingeführt wird, die Fallzeit

$$t = \sqrt{\frac{2(h-y)}{g}}.$$

Mit $\dot{s} = -\dot{y} = gt$ gemäß der zweiten Gl. (5.9) ergibt sich für die Fallgeschwindigkeit

$$v = \dot{s} = \sqrt{2g(h-y)} \tag{5.16}$$

in Einklang mit Gl. (5.15).

5.1.2.3 Freier Fall mit Luftwiderstand

Die bei einer Bewegung auftretenden Widerstandskräfte sind entweder konstant (wie bei der Coulombschen Reibung) oder in verschiedener Weise geschwindigkeitsabhängig.

In der technischen Mechanik verwendet man einfache (idealisierte) Widerstandsgesetze, z.B. gilt eine lineare Abhängigkeit von der Geschwindigkeit

$$|D| = k_1 v \tag{5.17}$$

genügend genau bei Bewegung in einem zähen Medium (sog. viskose Dämpfung) bei nicht zu großer Geschwindigkeit.

Eine quadratische Geschwindigkeitsabhängigkeit

$$|W| = k_2 v^2 \tag{5.18}$$

kann näherungsweise zur Beschreibung der Widerstandskraft bei schnellerer Bewegung in Flüssigkeiten oder Gasen mit geringer Zähigkeit verwendet werden.

Der Widerstandsfaktor k_2 mit der Dimension $\frac{Ns^2}{m^2}$ wird experimentell ermittelt und erweist sich als nahezu geschwindigkeitsunabhängig.

In allgemeinen Fällen läßt sich die Geschwindigkeitsabhängigkeit der Widerstandskräfte als *Taylor*-Reihe darstellen, wobei man sich auf einzelne Glieder beschränken kann.

Kennzeichnend für alle Widerstandskräfte ist, daß sie stets entgegengesetzt zur Geschwindigkeit der Bewegung gerichtet sind.

Bei der Bewegung von Körpern in der Luft wird das quadratische Widerstandsgesetz (5.18) verwendet.

Die Fallbewegung unter dem Einfluß der Schwerkraft [1]) ist eine eindimensionale Bewegung mit der Bahnkoordinate s in Richtung senkrecht zur Erdoberfläche („nach unten").

Gemäß Bild 5.5a ergibt sich für die kinetische Grundgleichung des fallenden Massenpunkts

$$mg - k_2 v^2 = ma$$

mit $a = \dot{v}$ bzw. $v = \dot{s}$. Daraus folgt

$$\dot{v} = g - \frac{k_2}{m} v^2 = g\left(1 - \frac{v^2}{c^2}\right) \tag{5.19}$$

mit Einführung der Konstanten $c = \sqrt{\frac{mg}{k_2}}$, welche die Dimension einer Geschwindigkeit hat.

Man erkennt, daß die Widerstandskraft mit zunehmender Geschwindigkeit der Bewegung anwächst und schließlich die Schwerkraft aufheben wird. Der Massenpunkt fällt dann *kräftefrei*,

[1]) Mit der Annahme $g = \text{konst.}$

d.h. mit konstanter Geschwindigkeit. Aus (5.19) erhält man sofort mit $\dot{v}=0$ die konstante Endgeschwindigkeit

$$v_\infty = c = \sqrt{\frac{mg}{k_2}}. \tag{5.20}$$

Die Integration von (5.19) entspricht der kinematischen Grundaufgabe für geschwindigkeitsabhängige Beschleunigung.
Trennung der Veränderlichen führt auf

$$\mathrm{d}t = \frac{1}{g}\frac{\mathrm{d}v}{1-\frac{v^2}{c^2}} \quad \text{oder} \quad \mathrm{d}t = \frac{c}{g}\frac{\mathrm{d}w}{1-w^2} \quad \text{mit} \quad w = \frac{v}{c}.$$

Die Integration liefert

$$t = \frac{c}{g}\int\frac{\mathrm{d}w}{1-w^2} + \text{konst.}$$
$$= \frac{c}{2g}\ln\frac{1+w}{1-w} + \text{konst.}$$
$$= \frac{c}{g}\,\mathrm{Ar\,tanh}\,w + \text{konst.}.$$

Die Umkehrfunktion ergibt schließlich mit der Anfangsbedingung $v_0=0$ für $t=0$

$$v = c\tanh\frac{gt}{c}. \tag{5.21}$$

Da die hyperbolische Tangensfunktion für $t\to\infty$ gegen 1 strebt, erhält man wieder das Ergebnis (5.20).
Die weitere Integration von (5.21) liefert das Weg-Zeit-Diagramm

$$s = \frac{c^2}{g}\ln\left(\mathrm{ch}\frac{gt}{c}\right) \quad \text{mit} \quad s_0 = 0 \quad \text{für} \quad t=0.$$

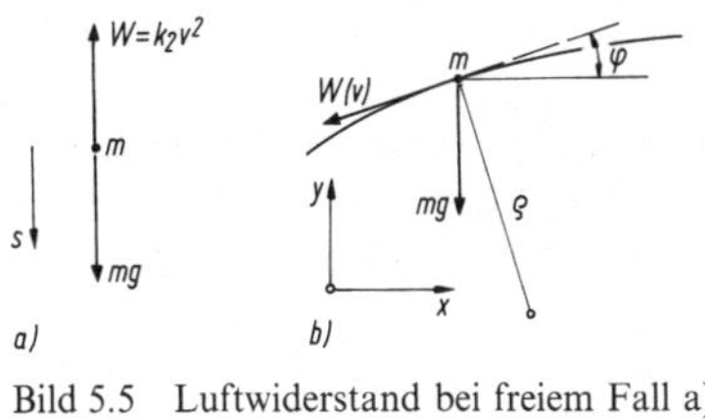

Bild 5.5 Luftwiderstand bei freiem Fall a), und beim Wurf b)

5.1.2.4 Wurfbewegung mit Luftwiderstand (ballistisches Problem)

Die Beziehung (5.13) für die ideale Wurfweite (ohne Luftwiderstand) liefert für $v_0 = 600\,\mathrm{m/s}$ und $\alpha = 32°$ einen Wert $l = 33\,\mathrm{km}$. Bei Berücksichtigung des Luftwiderstands ergeben die obigen Anfangsdaten nur eine Wurfweite von ca. 4 km! Man erkennt, daß der Luftwiderstand von erheblichem Einfluß ist.
Die Bewegungen eines geworfenen oder abgeschossenen Körpers unter dem Einfluß *aller* auf ihn einwirkenden Kräfte werden allgemein in der sog. äußeren Ballistik untersucht.
Nachfolgend sollen die Bewegungsgleichungen aufgestellt und die Bahnkurve betrachtet werden, wobei der bewegte Körper vereinfachend als Massenpunkt angenommen wird und die Bahn eine ebene Kurve ist.
Für den Luftwiderstand gilt (mit genügender Genauigkeit für kugelförmige Körper) allgemein

$$\vec{W} = -W(v)\frac{\vec{v}}{v}$$

wobei verschiedene Abhängigkeiten $W(v)$ möglich sind.
Die Bewegungsgleichungen lauten mit Bezug auf Bild 5.5b in Kartesischen Koordinaten

$$-W(v)\cos\varphi = m\dot{v}_x, \quad -mg - W(v)\sin\varphi = m\dot{v}_y \tag{5.22}$$

mit $v_x = v\cos\varphi$, $v_y = v\sin\varphi$
oder in natürlichen Koordinaten [vgl. (5.5)]

$$-mg\sin\varphi - W(v) = m\dot{v}, \quad mg\cos\varphi = m\frac{v^2}{\varrho}. \tag{5.23}$$

Mit $v = -\varrho\dot{\varphi}$ (wegen des Vorzeichens von $\dot{\varphi}$) folgt aus der zweiten Gleichung (5.23)

$$\dot{\varphi} = -g\frac{\cos\varphi}{v}. \tag{5.24}$$

Es ist $v = v(\varphi)$ und somit $\dot{v} = \frac{\mathrm{d}v}{\mathrm{d}\varphi}\dot{\varphi}$ und die erste Gl. (5.23) lautet

$$-\sin\varphi - \frac{W(v)}{mg} = \frac{1}{g}\frac{\mathrm{d}v}{\mathrm{d}\varphi}\dot{\varphi}.$$

Daraus ergibt sich mit (5.24) die sog. *ballistische Hauptgleichung*

$$\frac{\mathrm{d}v}{\mathrm{d}\varphi} = \frac{v}{\cos\varphi}\left[\frac{W(v)}{mg} + \sin\varphi\right] \tag{5.25}$$

die man auch ausgehend von (5.22) hätte gewinnen können.
Die Gl. (5.25) mit den Veränderlichen v und φ muß für die Anfangsbedingungen $\varphi = \varphi_0$, $v = v_0$ gelöst werden. Für beliebiges Widerstandsgesetz kann die Integration nur numerisch ausgeführt

werden (für lineare und quadratische Geschwindigkeitsabhängigkeit sind analytische Lösungen möglich).
In Bild 5.6 ist die prinzipielle Gestalt der Bahnkurve (sog. ballistische Kurve) dargestellt. Der aufsteigende Ast bis zum Scheitelpunkt S ist beträchtlich länger als der absteigende Ast. Letzterer besitzt außerdem eine im Endlichen gelegene vertikale Asymptote. Die Vertikalgeschwindigkeit des Körpers nähert sich einem konstanten Grenzwert.

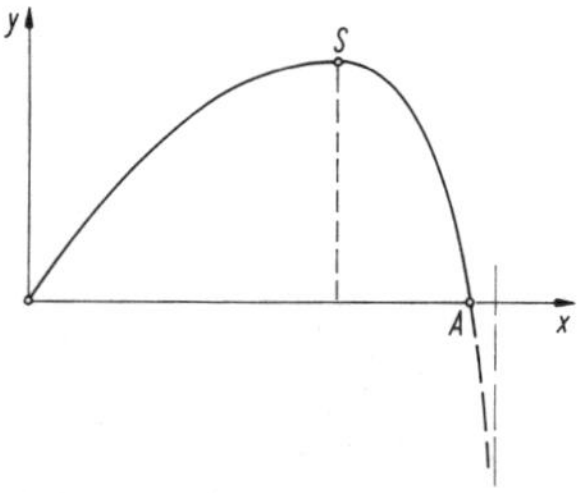

Bild 5.6 Ballistische Kurve

Bei genaueren Untersuchungen des ballistischen Problems müssen die Gestalt des bewegten Körpers (Geschoßform), seine Eigenrotation und die sich daraus ergebenden Luftkräfte berücksichtigt werden, die dann im allgemeinen auf eine nichtebene Flugbahn führen.

5.1.3 Energiesatz der Mechanik

Zu den in der Mechanik wichtigen Begriffen Arbeit und Leistung (vgl. Abschnitt 1.6.1) kommt jetzt die Energie als weitere Größe hinzu.

5.1.3.1 Arbeitssatz

Man geht aus von der Arbeit bei der Verschiebung eines Massenpunkts (Bild 5.7). Die hierfür maßgebende kinetische Grundgleichung wird skalar mit $\mathrm{d}\vec{r}$ multipliziert, es folgt

$$\vec{F}\mathrm{d}\vec{r} = m\frac{\mathrm{d}\vec{v}}{\mathrm{d}t}\mathrm{d}\vec{r} = m\vec{v}\mathrm{d}\vec{v} = \mathrm{d}\left(\frac{m}{2}\vec{v}^2\right). \qquad (5.26)$$

Die sich ergebende skalare Größe

$$T = \frac{m}{2}\vec{v}^2 = \frac{m}{2}v^2 \qquad (5.27)$$

mit der Dimension $\frac{\mathrm{kgm}^2}{\mathrm{s}^2}$ = Joule wird als *kinetische Energie* oder Bewegungsenergie bezeichnet. Es ist eine Eigenschaft, die einem bewegten Massenpunkt (oder translatorisch bewegten Körper) in jedem Bewegungszeitpunkt zukommt. [1])
Mit $\mathrm{d}A = \vec{F}\mathrm{d}\vec{r}$ als dem Arbeitsdifferential der Kraft bei der Verschiebung $\mathrm{d}\vec{r}$ lautet (5.26) kurz

$$\mathrm{d}A = \mathrm{d}T \qquad (5.28)$$

und wird als *Arbeitssatz* in differentieller Form bezeichnet.
Durch Integration ergibt sich für einen endlichen Bewegungsablauf

$$A_{12} = \int_{\vec{r}_1}^{\vec{r}_2} \vec{F}\mathrm{d}\vec{r} = \int_{\vec{v}_1}^{\vec{v}_2} \mathrm{d}\left(\frac{m}{2}v^2\right) = \frac{m}{2}(v_2^2 - v_1^2) = T_2 - T_1 \qquad (5.29)$$

und man bezeichnet

$$A_{12} = T_2 - T_1 \qquad (5.30)$$

als Arbeitssatz in integraler Form:

- Die bei einer endlichen Verschiebung eines Massenpunkts von den eingeprägten Kräften, einschließlich vorhandener Reibungskräfte, geleistete Arbeit entspricht der Änderung der kinetischen Energie.

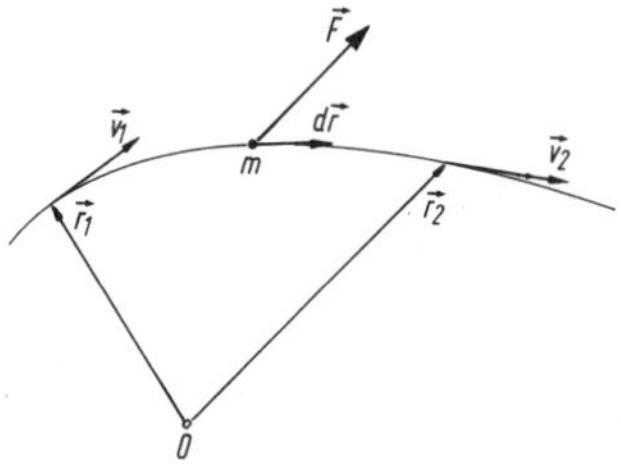

Bild 5.7 Arbeit bei der Verschiebung eines Massenpunkts

Da im Arbeitssatz nur Geschwindigkeiten vorkommen, bezeichnet man ihn als ein erstes Integral der kinetischen Grundgleichung.
Ist die Abhängigkeit der Kraft vom Verschiebungsweg bekannt, liefert der Arbeitssatz direkt den Geschwindigkeits-Wegzusammenhang. Außerdem kommen nur Anfangs- und Endzustand der Bewegung vor.
Zwar enthält der Arbeitssatz als skalare Gleichung gegenüber der vektoriellen kinetischen Grundgleichung weniger Information, gleich-

[1]) Die Arbeit hingegen ist eine Größe, die stets einem Zeitintervall zugeordnet ist.

wohl ist er zur Behandlung eindimensionaler Bewegungen nützlich.

Als Beispiel wird die Bewegung eines Massenpunkts auf einer rauhen schiefen Ebene (Bild 5.2) betrachtet. Gegeben ist die Abwärtsgeschwindigkeit v_1 an der Stelle s_1, gesucht ist die Geschwindigkeit v_2 an einer Stelle $s_2 > s_1$.

Die Änderung der kinetischen Energie ist

$$T_2 - T_1 = \frac{m}{2}(v_2^2 - v_1^2)$$

und mit der Arbeit

$$A_{12} = \int_{s_1}^{s_2} (mg \sin\alpha - \mu_G mg \cos\alpha)\, ds$$
$$= mg(\sin\alpha - \mu_G \cos\alpha)(s_2 - s_1)$$

erhält man das bereits bekannte Ergebnis (Abschnitt 5.1.2.1)

$$v_2 = \sqrt{2g(\sin\alpha - \mu_G \cos\alpha)(s_2 - s_1) + v_1^2}.$$

Auf ähnliche Weise ergibt sich die Steighöhe s, bei der ein mit der Anfangsgeschwindigkeit v_0 auf der schiefen Ebene aufwärts gestoßener Massenpunkt zur Ruhe kommt.

Der Arbeitssatz liefert hierfür

$$\int_0^s (-mg \sin\alpha - \mu_G mg \cos\alpha)\, ds = \frac{m}{2}(v^2 - v_0^2)$$

und daraus für $v = 0$ (Stillstand der Bewegung) die Steighöhe

$$s = \frac{v_0^2}{2g(\sin\alpha + \mu_G \cos\alpha)}.$$

5.1.3.2 Konservative Kräfte (Kraftfeld)

Im allgemeinen versteht man unter einem *Feld* ein (räumliches oder ebenes) Gebiet, in dem jedem Raumpunkt ein bestimmter Wert einer (meist stetig veränderlichen) Größe zugeordnet ist. Je nach der Art dieser Größe kann es sich um ein Skalarfeld oder ein Vektorfeld handeln.

Eines der wichtigsten Vektorfelder ist das *Kraftfeld* (der Begriff wurde von *Faraday* geprägt)

$$\vec{F} = \vec{F}(\vec{r}), \tag{5.31}$$

bei dem in jedem Feldpunkt eine bestimmte Kraft nach Größe und Richtung herrscht. Eine anschauliche Darstellung des Kraftfelds ist möglich, indem man die Kraftvektoren in einer Anzahl von Raumpunkten zeichnerisch durch Kraftpfeile angibt (Bild 5.8). Die Kraftvektoren lassen sich als Tangenten an die sog. Kraftlinien deuten, die jeweils die Kraftrichtung angeben.[1]) Ein Kraftfeld (5.31) als Vektorfeld ist drei Skalarfeldern, z. B. in Kartesischen Koordinaten

$$F_x = F_x(x, y, z)$$
$$F_y = F_y(x, y, z)$$
$$F_z = F_z(x, y, z)$$

äquivalent.

In bestimmten Fällen ist die Zurückführung eines Vektorfeldes auf ein Skalarfeld möglich, wodurch sich eine einfachere Beschreibung des betreffenden Vektorfelds ergibt.

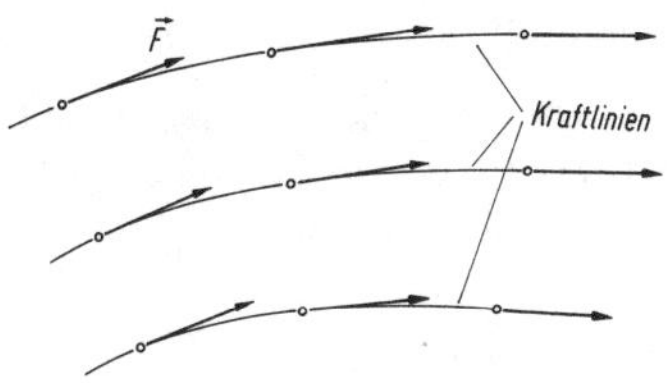

Bild 5.8 Darstellung eines Kraftfelds (die Pfeile entsprechen Kraftvektoren)

Zunächst wird die Arbeit bei der Verschiebung eines Massenpunkts von einer Stelle a zur Stelle b in einem Kraftfeld betrachtet (Bild 5.9). Für zwei beliebige Verschiebungswege *(1)* oder *(2)* werden sich dann im allgemeinen zwei verschiedene Arbeitsausdrücke

$$A_1 = (1)\int_a^b \vec{F}\, d\vec{r} \quad \text{bzw.} \quad A_2 = (2)\int_a^b \vec{F}\, d\vec{r} \tag{5.32}$$

ergeben. Wenn beide Arbeitsausdrücke gleich sind, dann ist die Arbeit bei der Verschiebung im Kraftfeld *wegunabhängig*. Dies ist ein wichtiger Sonderfall.

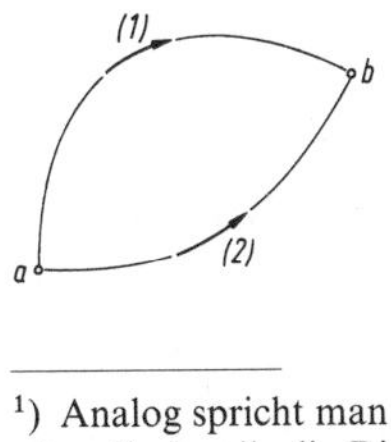

Bild 5.9 Verschiebung im Kraftfeld

[1]) Analog spricht man bei Strömungsfeldern von Stromlinien, die jeweils die Richtung der Strömungsgeschwindigkeit angeben.

Aus $A_1 - A_2 = 0$ folgt dann mit (5.32)

$$(1)\int_a^b \vec{F}\mathrm{d}\vec{r} - (2)\int_a^b \vec{F}\mathrm{d}\vec{r} = (1)\int_a^b \vec{F}\mathrm{d}\vec{r} + (2)\int_b^a \vec{F}\mathrm{d}\vec{r} = 0$$

oder, da ein geschlossener Verschiebungsweg vorliegt

$$\oint \vec{F}\mathrm{d}\vec{r} = 0 \,. \tag{5.33}$$

Bei einem verschwindenden Umlauflinienintegral (Ringintegral) der Kraft ergibt sich die Arbeit als unabhängig vom Verschiebungsweg und man bezeichnet das Kraftfeld als *konservativ*.

5.1.3.3 Kräftepotential

Für ein konservatives Kraftfeld gilt, daß es sich auf ein Skalarfeld $\Pi(\vec{r})$, das sog. *Kräftepotential*, zurückführen läßt, z.B. in Kartesischen Koordinaten gemäß

$$F_x = -\frac{\partial \Pi}{\partial x}, \quad F_y = -\frac{\partial \Pi}{\partial y}, \quad F_z = -\frac{\partial \Pi}{\partial z} \tag{5.34}$$

d.h. es folgt [1])

$$\vec{F}(\vec{r}) = -\left(\vec{e}_x \frac{\partial \Pi}{\partial x} + \vec{e}_y \frac{\partial \Pi}{\partial y} + \vec{e}_z \frac{\partial \Pi}{\partial z}\right) = -\operatorname{grad} \Pi(\vec{r}) \tag{5.35}$$

mit Einführung des vektoriellen Differentialoperators grad(...), gesprochen „Gradient von (...)". Dies läßt sich alternativ ausdrücken mit dem von *Hamilton* eingeführten symbolischen Vektor „Nabla"

$$\vec{\nabla}(\ldots) = \left(\vec{e}_x \frac{\partial}{\partial x} + \vec{e}_y \frac{\partial}{\partial y} + \vec{e}_z \frac{\partial}{\partial z}\right)(\ldots) \tag{5.36}$$

der überaus zweckmäßig ist.
Es läßt sich zeigen, daß mit dem Ansatz (5.35) die Bedingung (5.33) für die Existenz eines konservativen Kraftfelds erfüllt wird.
Man erhält

$$\oint \vec{F}\mathrm{d}\vec{r} = \oint (F_x \mathrm{d}x + F_y \mathrm{d}y + F_z \mathrm{d}z) = -\oint \left(\frac{\partial \Pi}{\partial x} dx + \frac{\partial \Pi}{\partial y} \mathrm{d}y + \frac{\partial \Pi}{\partial z} \mathrm{d}z\right) \tag{5.37}$$

[1]) Das Minuszeichen ist vorläufig noch ohne Belang, die Begründung erfolgt später.

wobei der Integrand auf der rechten Seite ein sog. totales Differential $\mathrm{d}\Pi$ darstellt, d.h. es gilt

$$\frac{\partial^2 \Pi}{\partial x \partial y} = \frac{\partial^2 \Pi}{\partial y \partial x} \quad \text{usw.}$$

Damit führt (5.37) auf

$$\oint \vec{F}\mathrm{d}\vec{r} = -\oint \mathrm{d}\Pi = -(\Pi_{\text{Ende}} - \Pi_{\text{Anfang}}) = 0 \,.$$

Eine äquivalente Darstellung der Bedingung für die Existenz eines Potentials ergibt sich aus

$$\frac{\partial^2 \Pi}{\partial x \partial y} = \frac{\partial^2 \Pi}{\partial y \partial x} \quad \text{oder} \quad -\frac{\partial F_x}{\partial y} = -\frac{\partial F_y}{\partial x} \quad \text{usw.}$$

Es folgen dann die 3 Gleichungen

$$\frac{\partial F_y}{\partial x} - \frac{\partial F_x}{\partial y} = 0$$

$$\frac{\partial F_z}{\partial y} - \frac{\partial F_y}{\partial z} = 0$$

$$\frac{\partial F_x}{\partial z} - \frac{\partial F_z}{\partial x} = 0$$

die sich als Vektorgleichung

$$\operatorname{rot} \vec{F} = \vec{\nabla} \times \vec{F} = 0 \tag{5.38}$$

schreiben lassen. Hierbei wird die vektorielle Differentialoperation rot(...), gesprochen „Rotor von (...)", eingeführt, die sich gleichfalls mit dem Nablavektor formulieren läßt.
Zur Berechnung der Rotorkomponenten in Kartesischen Koordinaten wendet man zweckmäßig die Determinantendarstellung des Vektorprodukts (vgl. 1.14) an

$$\operatorname{rot} \vec{F} = \vec{\nabla} \times \vec{F} = \begin{vmatrix} \vec{e}_x & \vec{e}_y & \vec{e}_z \\ \frac{\partial}{\partial x} & \frac{\partial}{\partial y} & \frac{\partial}{\partial z} \\ F_x & F_y & F_z \end{vmatrix} . \tag{5.39}$$

Die Bedingung (5.38) drückt aus, daß das konservative Kraftfeld *wirbelfrei* ist, wobei auf einen Begriff aus der Strömungsmechanik Bezug genommen wird.
Ein Beispiel für ein nicht-wirbelfreies ebenes Kraftfeld ist in Bild 5.10 gezeigt.

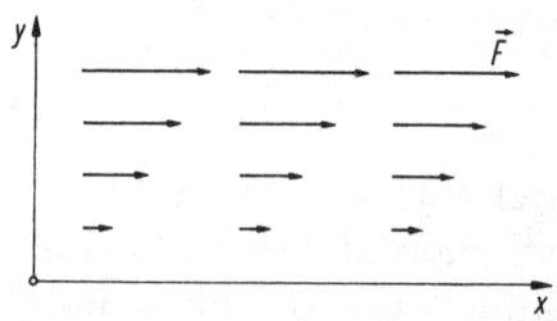

Bild 5.10 Nicht-wirbelfreies ebenes Kraftfeld

Die Äquivalenz von (5.33) mit (5.38) ergibt sich übrigens allgemein nach dem Integralsatz von *Stokes* (mit da als Flächenelement)

$$\oint_C \vec{F}\,\mathrm{d}\vec{r} = \int_A (\mathrm{rot}\,\vec{F})\,\vec{n}\,\mathrm{d}a \tag{5.40}$$

der die Umsetzung von Linienintegralen in Flächenintegrale (und umgekehrt) gestattet. Dabei ist A eine beliebige Fläche (mit Normaleneinheitsvektor $\vec{n}$), die durch die Kurve C begrenzt wird.
Die Bedeutung des Kräftepotentials (auch kurz Potential genannt) erhellt aus der Beziehung

$$\vec{F}\,\mathrm{d}\vec{r} = \mathrm{d}A = -\mathrm{d}\Pi. \tag{5.41}$$

Demnach drückt sich der Arbeitsaufwand bei Verschiebung eines Massenpunkts von einer (beliebigen) Stelle im Kraftfeld an eine andere Stelle durch eine Potentialdifferenz aus.
Die Berechnung des Potentials ergibt sich mittels Integration von (5.41), d.h.

$$\Pi(r) = -\int \vec{F}\,\mathrm{d}\vec{r} + \text{konst.} = -\int_{\vec{r}^* = \vec{r}_0}^{\vec{r}} \vec{F}\,\mathrm{d}\vec{r}^*. \tag{5.42}$$

Wie man erkennt, ergibt sich ein ortsabhängiger Arbeitsausdruck. Diese Arbeit kann gespeichert werden, sie wird als *Lageenergie* oder *potentielle Energie* bezeichnet.
Zur geometrischen Darstellung eines konservativen Kraftfelds (oder Potentialfelds) verwendet man im Raum Äquipotentialflächen $\Pi(x, y, z) = \text{konst.}$ (Bild 5.11).

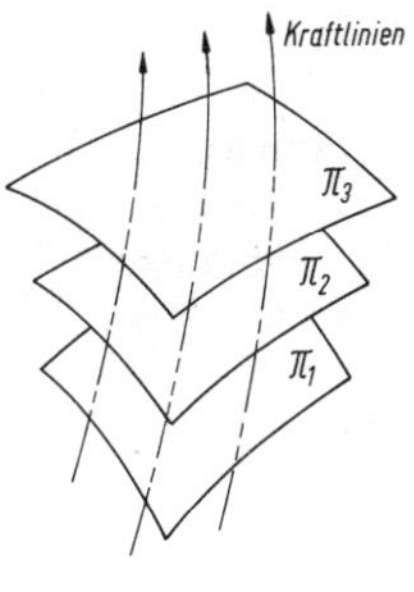

Bild 5.11 Äquipotentialflächen $\Pi = \text{konst.}$ und Kraftlinien

Auf diesen Flächen gilt

$$\mathrm{d}\Pi = -\vec{F}\cdot\mathrm{d}\vec{r} = 0 \quad \text{also} \quad \vec{F} \perp \mathrm{d}\vec{r}$$

d.h. die Kraftrichtung ist stets orthogonal zu allen Verschiebungselementen $\mathrm{d}\vec{r}$ in den Äquipotentialflächen. Die Kraftlinien durchstoßen die Äquipotentialflächen senkrecht.

In der Ebene hat man entsprechend Äquipotentiallinien, die mit den Kraftlinien ein orthogonales Netz bilden (Bild 5.12).

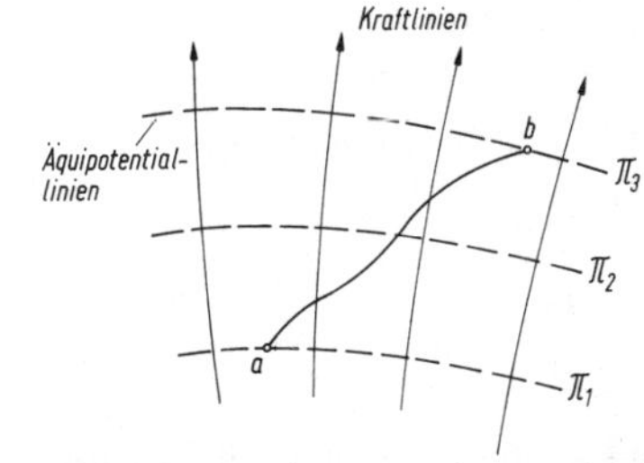

Bild 5.12 Äquipotentiallinien und Kraftlinien
$A_{ab} = \Pi_1 - \Pi_3$

Als Beispiel wird das Potential des Schwerefelds nahe der Erdoberfläche berechnet (Bild 5.13). Auf den Massenpunkt, der von *(1)* nach *(2)* verschoben werden soll, wirkt nur die Schwerkraft

$$F_y = -mg \quad \text{oder} \quad \vec{F} = -mg\,\vec{e}_y.$$

Damit wird die Arbeit

$$\int_1^2 \vec{F}\,\mathrm{d}\vec{r} = -mg\int_1^2 \vec{e}_y\,\mathrm{d}\vec{r} = -mg\int_1^2 \mathrm{d}y = -mg(y_2 - y_1)$$

und man erkennt, daß sie wegunabhängig ist.
Es folgt für das Potential

$$\Pi = -\int \vec{F}\,\mathrm{d}\vec{r} + \text{konst.} = mg\,y + \text{konst.}$$

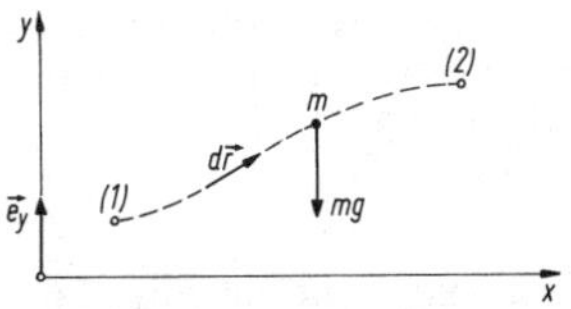

Bild 5.13 Berechnung des Schwerkraftpotentials

Zweckmäßig ist die (willkürliche) Festsetzung der Konstante derart, daß sich $\Pi = 0$ für $y = 0$, d.h. an der Erdoberfläche, ergibt.
Man erhält dann

$$\Pi = mg\,y. \tag{5.43}$$

Die gespeicherte Energie nimmt mit der Höhe über dem Erdboden zu, was anschaulich der potentiellen Energie entspricht.
Hierin findet das Minuszeichen im Ansatz (5.34) und (5.35) seine nachträgliche Rechtfertigung.

5.1.3.4 Energiesatz

Zum Energiesatz der Mechanik gelangt man, wenn man den Arbeitssatz (Abschnitt 5.1.3.1) für konservative Kräfte anwendet.
Aus (5.28) wird dann mit (5.41)

$$\mathrm{d}T - \mathrm{d}A = \mathrm{d}T + \mathrm{d}\Pi = \mathrm{d}(T + \Pi) = 0$$

bzw. nach Integration

$$T + \Pi = E_0 = \text{konst.} \qquad (5.44)$$

d.h. der Energiesatz:

- Bei konservativen Kräften bleibt die Summe aus kinetischer und potentieller Energie konstant.

Von dieser Energiekonstanz stammt die Bezeichnung für konservative (energie-erhaltende) Kräfte.
Man erkennt außerdem, warum das Kräftepotential als potentielle Energie, d.h. als Energieform angesehen werden kann: potentielle Energie kann vollkommen in kinetische Energie umgewandelt werden (und umgekehrt).
Reibungs- oder Widerstandskräfte hingegen sind nicht-konservative, sog. energiezerstreuende oder dissipative Kräfte. Hierbei findet eine teilweise Umwandlung der mechanischen Energie in nicht-mechanische Energieformen (z.B. Wärme- oder Schallenergie) statt.
In einem solchen Fall sind nicht alle Kräfte auf ein Potential zurückführbar, d.h. es gilt

$$\vec{F} = -\operatorname{grad} \Pi + \vec{F}^* \qquad (5.45)$$

wobei $\vec{F}^*$ den Anteil der nichtkonservativen Kräfte bedeutet. An Stelle von (5.44) gilt dann entsprechend

$$\dot{E}_0 = \vec{F}^* \dot{\vec{r}}. \qquad (5.46)$$

Die physikalische Erfahrung lehrt übrigens die Existenz eines allgemeinen Energiesatzes, der sämtliche physikalischen Energieformen – einschließlich der Masse als besonderer Erscheinungsform der Energie – umfaßt (Energieerhaltungssatz).
Der *Energiesatz der Mechanik* stellt (ähnlich wie der Arbeitssatz) ein erstes Integral der kinetischen Grundgleichung dar und ist sehr zweckmäßig zur Behandlung von Problemen, wenn konservative Kräfte vorkommen. Eindimensionale geradlinige Bewegungen oder Bewegungen auf vorgeschriebener Bahn können vollständig behandelt werden.

Als Beispiel wird die Bewegung eines Massenpunkts im Schwerefeld (freier Fall) in der Nähe der Erdoberfläche betrachtet (Bild 5.14). Es zeigt sich, daß die Größe der Geschwindigkeit leicht ermittelt werden kann, hingegen nicht die Richtung der Geschwindigkeit.

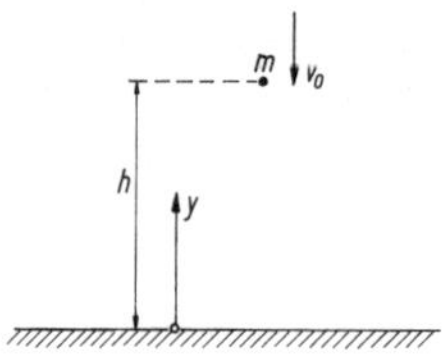

Bild 5.14 Freier Fall eines Massenpunkts im Schwerefeld

Der Massenpunkt hat in der Höhe h die vertikale Geschwindigkeit v_0. Gesucht ist die Geschwindigkeit an einer beliebigen Stelle $y = h - s$.
Der Energiesatz lautet

$$T + \Pi = \frac{m}{2} v_0^2 + mgh = \frac{m}{2} v^2 + mgy,$$

daraus folgt speziell für $v_0 = 0$

$$\frac{m}{2} v^2 = mgh - mgy$$

oder

$$v^2 = 2g(h - y) = 2gs.$$

Die Geschwindigkeit ist also nur abhängig von der durchfallenen Höhe s gemäß

$$v = \sqrt{2gs},$$

wie dies schon früher festgestellt wurde, vgl. (5.15) bzw. (5.16). Die Richtung der Geschwindigkeit ist in diesem Fall evident. Wie in Bild 5.15 gezeigt, sind auch andere Richtungen der Geschwindigkeit möglich, der Energiesatz liefert jeweils nur den Betrag der Geschwindigkeit.

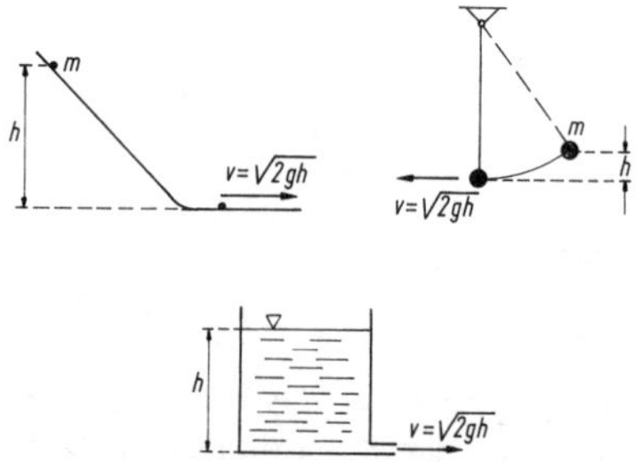

Bild 5.15 Anwendungen des Energiesatzes zur Ermittlung von Geschwindigkeiten

5.1.3.5 Vollständige Integration der kinetischen Grundgleichung mit dem Energiesatz

Der Energiesatz stellt übrigens nicht nur ein erstes Integral der kinetischen Grundgleichung dar, sondern gestattet bei ortsabhängigen Kräften auch die vollständige Integration der Bewegungsgleichung.
Für die eindimensionale Bewegung, z.B. in x-Richtung liefert der Energiesatz (5.44)

$$\frac{m}{2}\left(\frac{dx}{dt}\right)^2 + \Pi(x) = E_0$$

oder

$$\frac{dx}{dt} = \sqrt{\frac{2}{m}\left[E_0 - \Pi(x)\right]}. \qquad (5.47)$$

Nach Trennung der Veränderlichen folgt aus (5.47)

$$dt = \sqrt{\frac{m}{2[E_0 - \Pi(x)]}}\, dx$$

und nach Integration

$$t - t_0 = \sqrt{\frac{m}{2}} \int_{x^* = x_0}^{x} \frac{dx^*}{\sqrt{E_0 - \Pi(x^*)}}. \qquad (5.48)$$

Dies ist bereits die vollständig integrierte kinetische Grundgleichung in der Form $t = t(x)$, aus der sich durch Umkehrung $x = x(t)$ ergibt.
Als Beispiel wird das *mathematische Pendel* (Bild 5.16) betrachtet, das aus einem Massenpunkt m besteht, der an einem masselosen undehnbaren Faden der Länge l aufgehängt ist (und auch als Kreispendel bezeichnet wird).

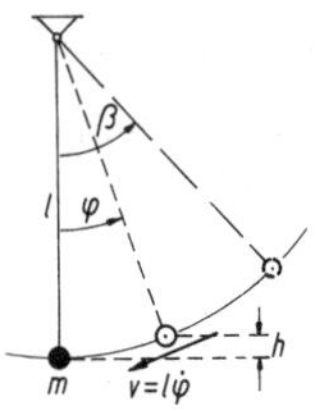

Bild 5.16 Kreispendel (mathematisches Pendel)

Nach der Auslenkung um den Winkel β führt das Pendel in einer vertikalen Ebene Schwingungen um die Ruhelage ($\varphi = 0$) aus.
Der Energiesatz lautet

$$\frac{m}{2}\, l^2 \dot{\varphi}^2 + m g\, l(1 - \cos\varphi) = E_0 \qquad (5.49)$$

die Energiekonstante E_0 bestimmt sich aus dem Maximalausschlag $\varphi_{max} = \beta$, hier ist $\dot{\varphi} = 0$ (Umkehrpunkt) und aus (5.49) folgt

$$E_0 = m g\, l(1 - \cos\beta).$$

Damit erhält man die (5.47) entsprechende Gleichung

$$\frac{d\varphi}{dt} = \sqrt{\frac{2g}{l}(\cos\varphi - \cos\beta)}$$

bzw.

$$dt = \frac{d\varphi}{\sqrt{\frac{g}{l}\, 2(\cos\varphi - \cos\beta)}}. \qquad (5.50)$$

Die Integration dieser nicht-linearen Differentialgleichung bietet keine Schwierigkeiten, wenn man sich auf kleine Winkelausschläge beschränkt, d.h. die Näherung $\sin\varphi \approx \varphi$ verwendet. Es ist dann

$$\cos\varphi = 1 - 2\sin^2\frac{\varphi}{2} \approx 1 - \frac{\varphi^2}{2},$$

$$\cos\beta = 1 - 2\sin^2\frac{\beta}{2} \approx 1 - \frac{\beta^2}{2}$$

und aus (5.50) wird

$$dt = \frac{d\varphi}{\sqrt{\frac{g}{l}(\beta^2 - \varphi^2)}} = \sqrt{\frac{l}{g}}\, \frac{d\left(\frac{\varphi}{\beta}\right)}{\sqrt{1 - \left(\frac{\varphi}{\beta}\right)^2}}.$$

Die Integration liefert

$$t = \sqrt{\frac{l}{g}}\, \arcsin\left(\frac{\varphi}{\beta}\right) + \text{konst.} \qquad (5.51)$$

und daraus folgt mit $\varphi = 0$ für $t = 0$ die Bewegungsgleichung

$$\varphi = \beta \sin\sqrt{\frac{g}{l}}\, t. \qquad (5.52)$$

Dies ist die Gleichung einer harmonischen Schwingung mit der Amplitude β.
Aus (5.51) ergibt sich die *Schwingungsdauer* τ bei Betrachtung einer Viertelschwingung, d.h. der Bewegung von $\varphi = 0$ bis $\varphi = \beta$

$$\frac{\tau}{4} = \sqrt{\frac{l}{g}}\, \arcsin\left(\frac{\varphi}{\beta}\right)\Bigg|_0^\beta = \sqrt{\frac{l}{g}}\, \frac{\pi}{2}$$

zu

$$\tau = 2\pi\sqrt{\frac{l}{g}}. \qquad (5.53)$$

Bemerkenswert ist, daß τ nicht von der schwingenden Masse, sondern nur von der Pendellänge abhängt. Für $l \approx 1$ m ergibt sich für eine Halbschwingung $\frac{\tau}{2} = 1$ sek (sog. Sekundenpendel).

Als *Frequenz* der Pendelschwingung bezeichnet man den Kehrwert der Schwingungsdauer

$$f = \frac{1}{\tau} = \frac{1}{2\pi}\sqrt{\frac{g}{l}} \tag{5.54}$$

wobei die Größe $\sqrt{\frac{g}{l}} = \omega$ Kreisfrequenz genannt wird.

Die Integration der Diff. Gl. (5.50) für beliebige Maximalausschläge β ist nicht mehr elementar möglich, sie führt auf ein elliptisches Integral erster Gattung, das in Funktionstafeln tabelliert ist.

Es ergibt sich damit [oder alternativ mittels Reihenentwicklung des Integranden in (5.50)] für die Schwingungsdauer eine Amplitudenabhängigkeit gemäß

$$\tau = 2\pi\sqrt{\frac{l}{g}}\left[1 + \frac{1}{4}\sin^2\left(\frac{\beta}{2}\right) + \frac{9}{64}\sin^4\left(\frac{\beta}{2}\right) + \ldots\right] \tag{5.55}$$

wobei man als brauchbare Näherung

$$\tau = 2\pi\sqrt{\frac{l}{g}}\left(1 + \frac{\beta^2}{16}\right)$$

verwenden kann (für Ausschläge $\beta = 20°$ bzw. $30°$ beträgt der Klammerausdruck 1,0076 bzw. 1,0173).

Die Schwingungsbewegungen werden später in Abschnitt 7 noch ausführlich behandelt.

5.1.4 Drehbewegung eines starren Körpers um eine feste Drehachse

Die Drehung eines starren Kreiszylinders (Rotor) um eine festgehaltene Drehachse ist eine Bewegung mit einem Freiheitsgrad. Daher ist ihre mathematische Behandlung der Kinetik des Massenpunkts völlig analog. Alle bisherigen Aussagen können direkt übernommen werden.

In Bild 5.17 ist ein Rotor dargestellt, der sich mit der Winkelgeschwindigkeit ω um die fest gelagerte Achse dreht, die Drehachse ist zugleich Symmetrieachse des Rotors.

Für ein Massenelement dm im Abstand r von der Drehachse ist die Tangentialgeschwindigkeit $v = r\dot{\varphi} = r\omega$ und die Tangentialbeschleunigung $a_t = \dot{v} = r\ddot{\varphi} = r\dot{\omega}$.

Die kinetische Grundgleichung für dm in tangentialer Richtung lautet dann

$$\mathrm{d}F_t = \mathrm{d}m\, a_t = r\ddot{\varphi}\,\mathrm{d}m.$$

Multiplikation mit r liefert das Moment bezüglich der Drehachse

$$\mathrm{d}F_t r = \mathrm{d}M = r^2\ddot{\varphi}\,\mathrm{d}m. \tag{5.56}$$

Da alle Momente (5.56) um dieselbe Achse drehen, können sie sämtlich summiert werden, d.h. es folgt durch Integration über den gesamten starren Körper

$$\int_{(m)} \mathrm{d}M = M = \int_{(m)} r^2\ddot{\varphi}\,\mathrm{d}m = \ddot{\varphi}\int_{(m)} r^2\,\mathrm{d}m \tag{5.57}$$

(die Winkelbeschleunigung der Drehbewegung ist für alle Punkte des starren Körpers gleich).

Das Integral

$$\int_{(m)} r^2\,\mathrm{d}m = \theta \tag{5.58}$$

wird als (polares) *Massenträgheitsmoment* bezüglich der Drehachse bezeichnet (Dimension kgm^2).

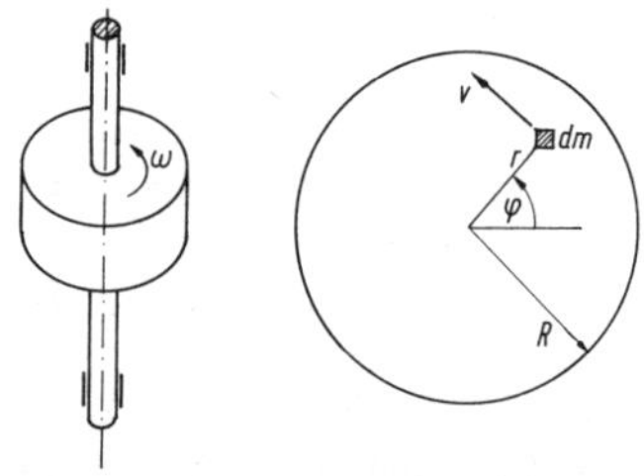

Bild 5.17 Drehbewegung eines Rotors um eine feste Achse

Für einen homogenen Kreiszylinder der Masse m, der Höhe H und dem Radius R ergibt sich (Bild 5.18) mit der Massendichte $\varrho =$ konst.

$$\mathrm{d}m = \varrho\,\mathrm{d}V = 2\pi r\,\mathrm{d}r\,H\varrho$$

und aus (5.58) folgt

$$\theta = 2\pi\varrho H\int_0^R r^3\,\mathrm{d}r = 2\pi\varrho H\frac{R^4}{4}$$

$$= \pi R^2 H\varrho\frac{R^2}{2} = m\frac{R^2}{2} \tag{5.59}$$

es ist ersichtlich, daß die Höhe des Zylinders nicht eingeht.

Manchmal schreibt man für $\theta = m\frac{R^2}{2}$ auch $\theta = m_{\text{Red}} R^2$ mit der reduzierten Masse $m_{\text{Red}} = \frac{m}{2}$. Zweckmäßig ist mitunter, den Trägheitsradius i gemäß

$$\theta = m i^2 \quad (5.60)$$

einzuführen. Für den Kreiszylinder ist $i = \frac{R}{\sqrt{2}}$.

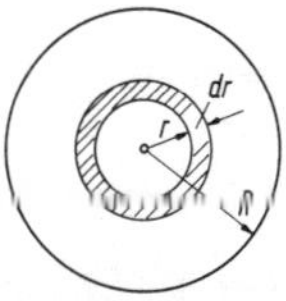

Bild 5.18 Berechnung des Massenträgheitsmoments

Man erhält aus (5.57) die kinetische Grundgleichung für die Drehbewegung eines starren Körpers um eine feste Drehachse

$$M = \theta \ddot{\varphi} \quad (5.61)$$

die der kinetischen Grundgleichung bei der translatorischen Bewegung eines Körpers (Massenpunkt) mathematisch entspricht.
Mit Einführung des Drehimpulses oder Dralls gemäß

$$D = \theta \dot{\varphi} = \theta \omega \quad (5.62)$$

ergibt sich (5.61) in der Form

$$M = \dot{D} \quad (5.63)$$

(sog. Moment- oder Drallsatz).
Bei der Gegenüberstellung von Bewegung eines Massenpunkts und Rotation eines starren Körpers um eine feste Drehachse ergeben sich die folgenden Entsprechungen:

Bei der Drehung eines starren Körpers um einen festen Punkt sind die genannten Analogien nicht mehr von Nutzen.
Bestimmte Verallgemeinerungen und weitere Sätze über die Drehbewegung werden in der Kinetik starrer Körper (Abschnitt 6) besprochen.

5.1.5 Anziehung materieller Körper, Gravitationsgesetz

Das Gravitationsgesetz wurde von *Newton* aufgrund der von *Kepler* experimentell gefundenen Planetengesetze formuliert. Es besagt, daß sich zwei Massenpunkte m_1 und m_2 im Abstand r mit der Kraft

$$F = \gamma \frac{m_1 m_2}{r^2} \quad (5.64)$$

gegenseitig anziehen (Bild 5.19). Das Gesetz gilt gleichermaßen für ausgedehnte Körper (z.B. Vollkugeln oder Hohlkugeln) und ist eines der Grundgesetze zur Beschreibung des mechanischen Geschehens.
Der Proportionalitätsfaktor

$$\gamma = 6{,}674 \cdot 10^{-11} \frac{\text{Nm}^2}{\text{kg}^2}$$

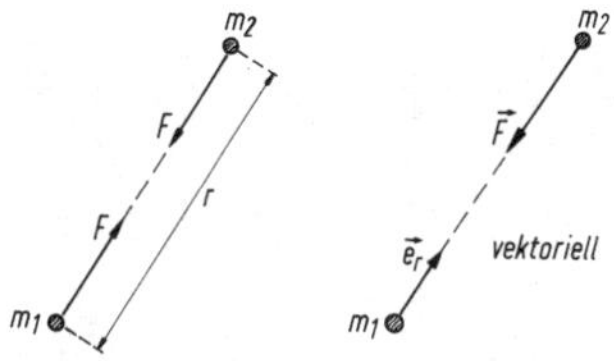

Bild 5.19 Gravitation

Weg	s	Drehwinkel	φ
Geschwindigkeit	$\dot{s} = v$	Winkelgeschwindigkeit	$\dot{\varphi} = \omega$
Kraft	F	Moment	M
Masse	m	Massenträgheitsmoment („Drehmasse")	θ
Impuls	$J = mv$	Drehimpuls	$D = \theta\omega$
ferner:			
Arbeit	$\mathrm{d}A = F\,\mathrm{d}s$	Arbeit	$\mathrm{d}A = M\,\mathrm{d}\varphi$
Leistung	$L = \frac{\mathrm{d}A}{\mathrm{d}t}$	Leistung	$L = \frac{\mathrm{d}A}{\mathrm{d}t}$
kinetische Energie	$T = \frac{m}{2} v^2$	kinetische Energie	$T = \frac{\theta}{2} \omega^2$

ist die universelle Gravitationskonstante, sie kann nicht aus astronomischen Daten ermittelt, sondern muß aus Messungen im Labor (erstmals 1798 von *Cavendish* mittels Drehwaage) bestimmt werden.
Die Ursache für das Auftreten der Gravitation ist unbekannt, verglichen mit den Kernkräften handelt es sich um eine sog. schwache Wechselwirkung (der Unterschied beträgt etwa 10^{40}!).
Eine vektorielle Darstellung von (5.64) gewinnt man mit $\vec{e}_r$ als dem zur Masse m_2 weisenden Einheitsvektor. Es ist dann

$$\vec{F} = -\vec{e}_r \gamma \frac{m_1 m_2}{r^2} \tag{5.65}$$

die von m_1 auf m_2 ausgeübte Anziehungskraft. Nach dem Wechselwirkungsgesetz ist die auf m_1 wirkende Kraft $-\vec{F}$.
Die Gravitationskraft ist eine *Zentralkraft* (nach einem Zentrum hin gerichtet und nur abhängig vom Abstand zu diesem) sie besitzt als solche ein Potential und es gilt

$$\vec{F} = -\operatorname{grad} \Pi = -\vec{e}_r \frac{d\Pi(r)}{dr}. \tag{5.66}$$

Die Schwerkraft (Gewicht) an der Erdoberfläche ist die dort wirkende Gravitationskraft, d.h.

$$G = mg = \gamma \frac{Mm}{R^2} \tag{5.67}$$

(M = Erdmasse, R = Erdradius, m = Masse eines fallenden Körpers).
Mit (5.67) ergibt sich eine Abschätzung der Erdmasse

$$M = \frac{gR^2}{\gamma} \approx 58{,}8 \cdot 10^{23}\,\text{kg}.$$

Dies ergibt eine mittlere Dichte von etwa $5500\,\frac{\text{kg}}{\text{m}^3}$ wobei aber zu bemerken ist, daß es sich bei der Erde nicht um einen homogenen Körper handelt.
Als Beispiel für die Anwendung des Gravitationsgesetzes wird der Fall eines Massenpunkts aus sehr großer (unendlicher) Höhe auf die Erde bei vernachlässigtem Luftwiderstand betrachtet.
Die Anziehungskraft auf den fallenden Massenpunkt m (z.B. Meteor) ergibt sich aus (5.65) bzw. (5.66) zu

$$F = -\gamma \frac{Mm}{r^2} = -\frac{d\Pi}{dr}.$$

und für das Potential folgt

$$\Pi(r) = -\int F\,dr = \gamma Mm \int \frac{dr}{r^2} = -\gamma \frac{Mm}{r} \tag{5.68}$$

wobei das Nullniveau für $r \to \infty$ festgelegt wird.[1]
Für verschwindende Anfangsgeschwindigkeiten des fallenden Körpers lautet der Energiesatz

$$T + \Pi = 0$$

mit $T = \Pi = E_0 = 0$ für $r \to \infty$.
Daraus folgt

$$\frac{m}{2} v^2 - \gamma \frac{Mm}{r} = 0.$$

Auf der Erdoberfläche ($r = R$) kommt der Meteor mit der Geschwindigkeit

$$v_R = \sqrt{2\gamma \frac{M}{R}} = \sqrt{2gR} \tag{5.69}$$

an. Diese Geschwindigkeit entspricht dem freien Fall eines Körpers aus der Höhe $h = R$ im Schwerefeld bei konstanter Fallbeschleunigung (Abschnitt 5.1.3.4).
Als Zahlenwert erhält man aus (5.69)

$$v_R = 11{,}8\,\frac{\text{km}}{\text{s}} \approx 40000\,\frac{\text{km}}{\text{Std}}.$$

Diese Geschwindigkeit wird auch als sog. *Fluchtgeschwindigkeit* (oder zweite astronautische Geschwindigkeit v_2) bezeichnet. Es ist dies die Mindestgeschwindigkeit, die einem auf der Erde abgeschossenen Körper erteilt werden muß, damit er den Anziehungsbereich der Erde verlassen und z.B. zum Mond gelangen kann.
Man kennt daneben eine erste astronautische Geschwindigkeit

$$v_1 = \sqrt{gR} \tag{5.70}$$

mit dem Zahlenwert

$$v_1 = 7{,}9\,\frac{\text{km}}{\text{s}} \approx 27000\,\frac{\text{km}}{\text{Std}}$$

die mindestens erforderlich ist, um einen künstlichen Satelliten auf einer erdnahen Umlaufbahn zu halten. Hierfür gilt in erster Näherung

[1]) Die Äquipotentialflächen sind konzentrische Kugelflächen, die Kraftlinien strahlen vom Erdmittelpunkt aus.

gemäß dem Gleichgewicht zwischen Anziehung und Fliehkraft

$$\frac{mv^2}{R} = mg$$

woraus v_1 folgt. Die Bedeutung dieser Geschwindigkeit war übrigens bereits *Newton* bekannt.

5.1.6 Impuls- und Drehimpulssatz

Neben dem Energiesatz gibt es weitere erste Integrale der kinetischen Grundgleichung, die mit den Größen Impuls und Drehimpuls verknüpft sind und deren Anwendung in bestimmten Fällen zweckmäßig ist.
Diese Sätze führen mitunter die Bezeichnung Impuls- bzw. Drehimpulssatz, wiewohl hier leider keine Einheitlichkeit im Schrifttum vorhanden ist.
Für den einzelnen Massenpunkt haben diese Formulierungen keine große Bedeutung, nützlich sind sie aber in der Verallgemeinerung für Systeme von Massenpunkten (Abschnitt 5.2) und für starre Körper (Abschnitt 6).

5.1.6.1 Impuls und Impulssatz

Der Impuls oder die Bewegungsgröße $\vec{J} = m\vec{v}$ wurde bereits in Abschnitt 1.4.2 bei der Formulierung der Newtonschen Axiome eingeführt.
Damit ergibt sich die kinetische Grundgleichung (Newtonsches Bewegungsgesetz)

$$\vec{F} = (m\vec{v})^{\cdot} = \dot{\vec{J}} \tag{5.71}$$

die man in dieser Form als *Impulssatz* bezeichnet.
In (5.71) umfaßt $\vec{F}$ die Summe aller auf den Massenpunkt wirkenden Kräfte; ist diese Null, folgt der Impulserhaltungssatz

$$\dot{\vec{J}} = 0 \quad \text{oder } \vec{J} = \overrightarrow{\text{konst.}}\,.$$

Der Impulssatz kann auch in integraler Form dargestellt werden.
Ist die Kraft als Funktion der Zeit gegeben, folgt aus (5.71) durch Trennung de Veränderlichen

$$\vec{F}(t)\,\mathrm{d}t = \mathrm{d}\,(m\vec{v})$$

und nach Integration

$$\int_{t_1}^{t_2} \vec{F}(t)\,\mathrm{d}t = \vec{J}_2 - \vec{J}_1\,. \tag{5.72}$$

Diese Beziehung (Satz von der Änderung des Impulses) stellt ein erstes Integral der kinetischen Grundgleichung dar und wird mitunter ebenfalls als Impulssatz bezeichnet (ebenso wie auch die linke Seite von (5.72) manchmal Impuls genannt wird).
Zweckmäßig ist für das in (5.72) auftretende Kraftintegral die Bezeichnung *Kraftstoß* (früher Kraftantrieb). Man erhält damit ein Maß für die Wirkung einer Kraft. Der Begriff ist insbesondere bei kurzzeitigen Vorgängen zu verwenden, wenn man den Verlauf der Kraft im einzelnen nicht kennt, z. B. bei Stoßvorgängen.
Manchmal kann der Kraftstoß durch eine mittlere Kraft und eine sehr kleine Stoßzeit ersetzt werden

$$\int F\,\mathrm{d}t = F_{\text{mittel}}\,\Delta t$$

(Bild 5.20).
Wesentlich ist, daß in (5.72) nur Anfangs- und Endwert des Impulses vorkommen und damit der Satz auch für veränderliche Massen anwendbar ist.

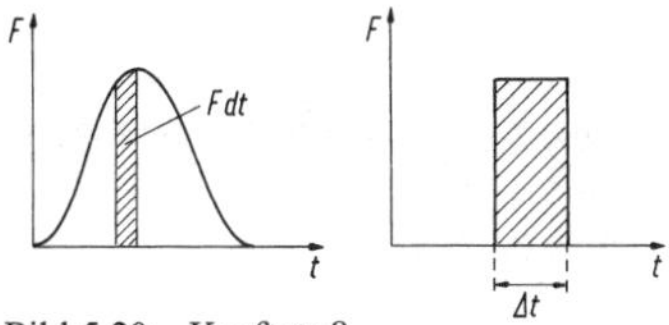

Bild 5.20 Kraftstoß

Bei verschwindendem Kraftstoß ergibt sich aus (5.72) wiederum der Impulserhaltungssatz.
Für geradlinige Bewegung mit konstanter Kraft sowie $v_1 = 0$ bei $t_1 = 0$ nimmt (5.72) die einfache Form

$$Ft = mv \tag{5.73}$$

an.
Mit dieser Beziehung läßt sich z. B. die Fallzeit eines um die Höhe h frei fallenden Massenpunkts (ohne Luftwiderstand) ermitteln.
Mit $t_2 = t$ und $v_2 = \sqrt{2gh}$ (aus dem Energiesatz) wird (5.73)

$$m\sqrt{2gh} = mgt$$

und daraus für die Fallzeit

$$t = \frac{\sqrt{2gh}}{g} = \sqrt{\frac{2h}{g}}\,.$$

5.1.6.2 Drehimpuls und Drehimpulssatz

Der Begriff Drehimpuls oder Drall wurde in spezieller Form bereits in Abschnitt 5.1.4 für die Drehbewegung eines starren Körpers um eine feste Achse eingeführt.
Zur allgemeinen Definition wird die Bewegung eines Massenpunkts m unter der Wirkung einer Kraft $\vec{F}$ betrachtet (Bild 5.21).

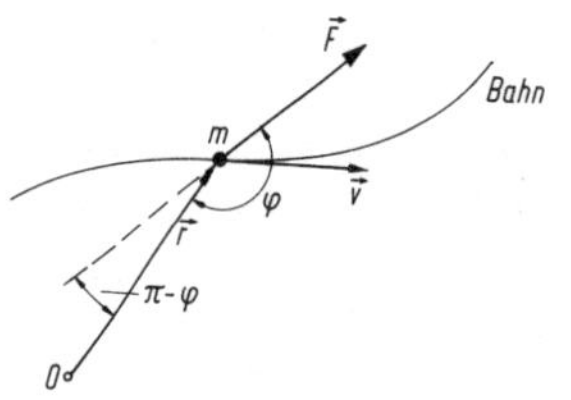

Bild 5.21 Begriff des Drehimpulses

Die vektorielle Multiplikation der maßgebenden kinetischen Grundgleichung mit dem Ortsvektor $\vec{r}$ liefert zunächst

$$\vec{r}\times\vec{F}=\vec{r}\times(m\dot{\vec{v}}) = \vec{r}\times\dot{\vec{J}} \qquad (5.74)$$

wobei

$$\vec{r}\times\vec{F}=\vec{M}_{(0)}$$

das auf den Koordinatennullpunkt bezogene Drehmoment der Kraft ist.
In Analogie dazu bezeichnet man

$$\vec{r}\times\vec{J}=\vec{D}_{(0)} \qquad (5.75)$$

als das auf den Koordinatennullpunkt bezogene *Impulsmoment*, auch Drehimpuls, oder kürzer Drall, genannt mit der Dimension $\frac{\text{kgm}^2}{\text{s}}$.
Es folgt damit aus (5.74)

$$\vec{M}_{(0)}=\vec{r}\times(m\dot{\vec{v}}) = m(\vec{r}\times\dot{\vec{v}})$$

und wegen $(\vec{r}\times\dot{\vec{v}})=(\vec{r}\times\vec{v})^{\cdot}$ ergibt sich

$$\vec{M}_{(0)}=(\vec{r}\times m\vec{v})^{\cdot}=(\vec{r}\times\vec{J})^{\cdot}=\dot{\vec{D}}_{(0)}. \qquad (5.76)$$

Dieser *Momenten- oder Drehimpulssatz* sagt aus, daß das Moment der äußeren Kräfte gleich der Dralländerung ist. Die Wahl des Bezugspunkts ist beliebig, jedoch müssen Moment und Drall stets auf denselben Punkt bezogen werden.
Verschwindet die Summe der äußeren Momente, folgt der Drallerhaltungssatz

$$\dot{\vec{D}}=0 \quad \text{oder } \vec{D}=\overrightarrow{\text{konst}}.$$

Eine einfache Form von (5.76) wurde bereits als kinetische Grundgleichung für die Rotation eines starren Körpers um eine feste Achse eingeführt, vgl. (5.63).
Man gelangt zu einer alternativen Formulierung des Momenten- oder Drallsatzes unter Verwendung der Flächengeschwindigkeit (vgl. Abschnitt 4.2.1.3).
Mit Bezug auf Bild 5.22 ergibt sich als Flächengeschwindigkeit (bezüglich des Punkts 0)

$$\dot{\vec{A}}=\frac{1}{2}\,\vec{r}\times\frac{\mathrm{d}\vec{r}}{\mathrm{d}t} \qquad (5.77)$$

d.h. die auf die Zeiteinheit bezogene vom Ortsvektor überstrichene Fläche.

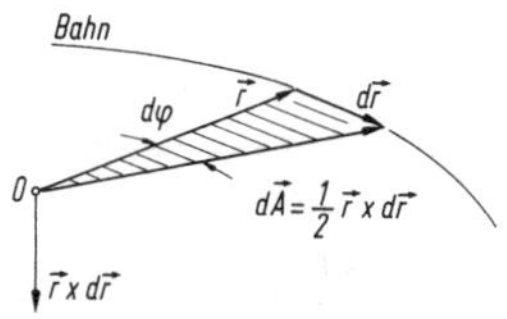

Bild 5.22 Flächengeschwindigkeit

Für den Drall folgt damit

$$\vec{D}=\vec{r}\times\vec{J}=m(\vec{r}\times\vec{v})=2m\dot{\vec{A}}$$

und man erhält den Drallsatz in der Form

$$\vec{M}=\dot{\vec{D}}=2m\ddot{\vec{A}} \qquad (5.78)$$

der dann auch als *Flächensatz* bezeichnet wird.
Bei der sog. Zentralbewegung ergibt sich (mit dem Zentrum als Bezugspunkt) $\vec{M}=0$ und daher ebenfalls der Drallerhaltungssatz

$$\vec{D}=\overrightarrow{\text{konst.}} \quad \text{bzw.} \quad \dot{\vec{A}}=\overrightarrow{\text{konst.}}$$

(zweites Keplersches Gesetz der Planetenbewegung[1]).
Die Konstanz des Flächengeschwindigkeitsvektors bedeutet, daß die Bahn eben ist.
Man erkennt übrigens leicht, daß bei der kräftefreien geradlinigen Bewegung eines Massenpunkts die Flächengeschwindigkeit für beliebige Bezugspunkte konstant ist. Gemäß Bild 5.23 sind Dreiecke mit gleicher Höhe und Grundlinie stets flächengleich.
In Analogie zum Impulssatz läßt sich auch der Drehimpulssatz in integraler Form darstellen. Aus (5.76) folgt

$$\int_{t_1}^{t_2}\vec{M}_{(0)}\,\mathrm{d}t=\vec{D}_{(0)2}-\vec{D}_{(0)1} \qquad (5.79)$$

[1]) *J. Kepler*: Astronomia Nova 1609.

und das Zeitintegral des Moments wird entsprechend als Momentenstoß bezeichnet.
Bei verschwindendem Momentenstoß ergibt sich aus (5.79) wiederum der Drallerhaltungssatz.
Abschließend sei angemerkt, daß die hier besprochenen Aussagen für den einzelnen Massenpunkt von geringer Bedeutung sind (Rotationen kommen bei Massenpunkten nicht vor, Dralländerungen entstehen nur infolge Translationsbewegung auf krummlinigen Bahnen).
In der Kinetik starrer Körper wird später (Abschnitt 6.2) gezeigt, daß der Drallsatz dort ein unabhängiges Grundgesetz darstellt, das nicht aus dem Impulssatz hergeleitet werden kann (diese Tatsache wurde bereits von *Euler* erkannt).

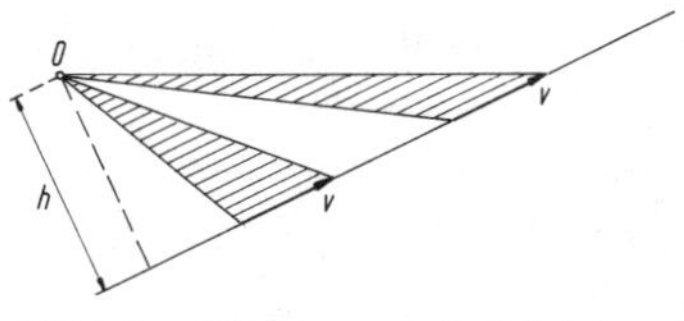

Bild 5.23 Flächengeschwindigkeit bei gleichförmig geradliniger Bewegung

5.1.7 Trägheitskräfte

Wird einem materiellen Körper durch Krafteinwirkung eine Beschleunigung erteilt, dann wirkt er infolge seiner Trägheit dem entgegen. Der Körper übt einen *Trägheitswiderstand* aus, dieser ist umso stärker, je größer Masse des Körpers und Beschleunigung sind. Diese Tatsache ist aus dem täglichen Leben hinlänglich bekannt (z.B. schnelles Aufheben eines Gewichts, Aufstoßen einer schweren Tür usw.).
Zur Formulierung dieser Erscheinungen wird zunächst die D'Alembertsche Hilfskraft eingeführt. Allgemein wird dann das Auftreten von Trägheitskräften im Zusammenhang mit beschleunigten Bezugssystemen behandelt.

5.1.7.1 D'Alembertsche Hilfskraft

Für die beschleunigte translatorische Bewegung eines Massenpunkts m infolge einer eingeprägten Kraft $\vec{F}$ gilt die kinetische Grundgleichung

$$\vec{F} = m\vec{a}. \qquad (5.80)$$

Wird angenommen, daß auf den Massenpunkt außer $\vec{F}$ eine zusätzliche Kraft $m\vec{a}$ entgegengesetzt zu $\vec{F}$ (oder $-m\vec{a}$ in Richtung von $\vec{F}$) wirkt, so befindet sich m offensichtlich unter diesen beiden Kräften im Gleichgewicht, vgl. Bild 5.24a.
Es gilt dann

$$\vec{F} + (-m\vec{a}) = 0 \qquad (5.81)$$

und man erkennt, daß diese Beziehung formal mit der Bedingung der Statik für Gleichgewicht der an einem materiellen Punkt wirkenden Kräfte [vgl. (2.27)] übereinstimmt.
Die zusätzlich eingeführte Kraft

$$\vec{F}_{\mathrm{Tr}} = -m\vec{a} \qquad (5.82)$$

ist die *Trägheitskraft* oder D'Alembertsche Hilfskraft. Ihre Richtung ist stets entgegengesetzt der Beschleunigung.
Entsprechende Überlegungen lassen sich für einen Massenpunkt m anstellen, der sich mit konstanter Geschwindigkeit v auf einer gekrümmten Bahn bewegt (Bild 5.24b). Um m auf diese Bahn zu zwingen, ist eine zum Krümmungsmittelpunkt hingerichtete Zentripetalkraft F_ϱ erforderlich. Mit dieser steht die vom Krümmungsmittelpunkt weggerichtete *Zentrifugalkraft* im Gleichgewicht, d.h. es gilt

$$F_\varrho + \left(-m\,\frac{v^2}{\varrho}\right) = 0 \qquad (5.83)$$

(ϱ = Bahnkrümmungsradius).
Die Zentrifugalkraft entspricht als Trägheitskraft dem Widerstand der Masse m gegen die Richtungsänderung der Geschwindigkeit.

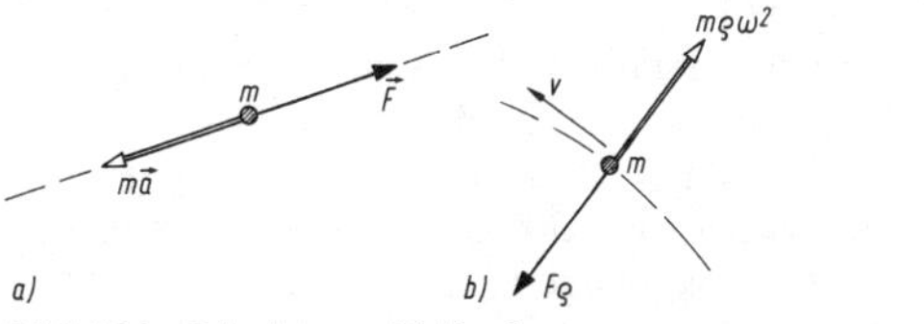

Bild 5.24 Prinzip von *D'Alembert*
a) translatorische Bewegung, b) Bewegung auf gekrümmter Bahn

Die Gln. (5.81) und (5.83) bedeuten

- bei der Bewegung eines Massenpunkts ist die Summe aller auf ihn einwirkenden Kräfte einschließlich der Trägheitskräfte gleich Null, oder
- ein bewegter Massenpunkt befindet sich im kinetischen Gleichgewicht unter allen auf ihn einwirkenden Kräften einschließlich der Trägheitskräfte.

Diese Aussagen (als Axiom verstanden) entsprechen dem Prinzip von *D'Alembert* im ursprünglichen Sinn und in der einfachsten Formulierung[1]). Mitunter wird heute die Einführung der Trägheitskräfte in Verbindung mit dem Prinzip der virtuellen Arbeit (vgl. Abschnitt 2.7) als Prinzip von *D'Alembert* verstanden, obwohl beide Prinzipien nichts miteinander zu tun haben. Man gewinnt durch die Einführung der D'Alembertschen Hilfskraft die formale Zurückführung eines kinetischen Problems auf ein Gleichgewichtsproblem der Statik, was manchmal in den Anwendungen vorteilhaft sein kann (sog. kinetostatische Methode).

Für den einzelnen Massenpunkt ist das Prinzip indes ohne großen Nutzen, seine Bedeutung liegt vielmehr in den Anwendungen auf Systeme materieller Körper.

Gemäß ihrer Einführung als Trägheitswirkung ist die D'Alembertsche Hilfskraft als eine fiktive Größe anzusehen, für die das dritte Newtonsche Axiom nicht gilt (d.h. es gibt keine „Gegenkraft").

Gleichwohl sollte nicht – wie dies manchmal geschieht – nur von „Scheinkräften" gesprochen werden, da die Trägheitskräfte durchaus fühlbare Wirkung haben können.[2])

Es muß schließlich noch klargestellt werden, im Prinzip von *D'Alembert* nicht eine bloße Umstellung der kinetischen Grundgleichung [von (5.80) nach (5.81)] zu sehen, wie dies leider manchmal geschieht. Wichtig ist vielmehr das „Denken in Kräften" aufgrund der Einführung der Trägheitskraft.

Einige elementare Beispiele zur Anwendung der D'Alembertschen Hilfskraft werden nachfolgend betrachtet. Man trägt dabei die Hilfskraft entgegen der formal positiven Koordinatenrichtung in das jeweilige Systembild ein.

1) *Freier Fall eines Massenpunkts* (Bild 5.25a)
Mit Einführung der Trägheitskraft $-m\ddot{x}$ ergibt sich die Bewegungsgleichung

$$mg - m\ddot{x} = 0 \qquad \text{oder} \qquad \ddot{x} = g$$

(es handelt sich um eine grundsätzlich andere Betrachtungsweise als wenn man von der kinetischen Grundgleichung ausgeht).

2) *Seilkraft beim Heben eines Gewichts* (Bild 5.25b)
Es erfolgt eine Aufwärtsbewegung mit konstanter Beschleunigung a.
Das Gewicht ist $Q = mg$ und es gilt

$$S - mg - ma = 0$$

und damit wird die Seilkraft

$$S = Q\left(1 + \frac{a}{g}\right)$$

(bei sehr schnellem Hochheben kann das Seil reißen).

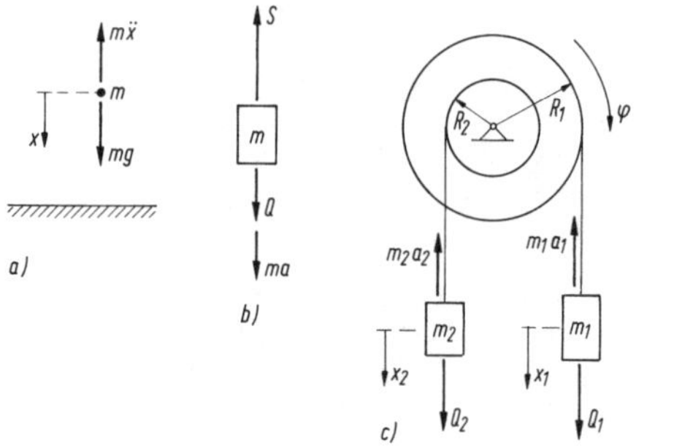

Bild 5.25 Anwendungen des Prinzips von *D'Alembert*

3) *Rolle mit Gewichten* (Bild 5.25c)
An einer masselosen Doppelrolle sind mit undehnbaren masselosen Seilen zwei Massen mit den Gewichten $Q_1 = m_1 g$ und $Q_2 = m_2 g$ aufgehängt. Das System hat einen Freiheitsgrad.
Gesucht sind die Beschleunigungen a_1 und a_2 der beiden Massen.
Es sind $a_1 = \ddot{x}_1 = R_1 \ddot{\varphi}$, $a_2 = \ddot{x}_2 = -R_2 \ddot{\varphi}$ und mit Einführung der Trägheitskräfte liefert das Momentengleichgewicht um den Drehpunkt

$$(Q_1 - m_1 a_1)\, R_1 = (Q_2 - m_2 a_2)\, R_2$$

bzw. daraus

$$\ddot{\varphi} = \frac{Q_1 R_1 - Q_2 R_2}{m_1 R_1^2 + m_2 R_2^2} = \frac{m_1 R_1 - m_2 R_2}{m_1 R_1^2 + m_2 R_2^2}\, g.$$

Somit folgt für die Beschleunigungen

---

[1]) Von *D'Alembert* (1743 Traite de dynamique) wegen der damaligen Terminologie in etwas schwerverständlicher Fassung als Satz vom Gleichgewicht der „verlorenen Kräfte" formuliert und an Beispielen für Systeme starrer Körper demonstriert. Eine ähnliche Denkweise findet sich bereits bei *Jakob Bernoulli*.

[2]) Man denke z.B. an die katastrophalen Folgen bei Kollisionen oder Auffahrunfällen von Fahrzeugen, da hier stets große Trägheitskräfte auftreten (ein Autofahrer ohne Gurt kann durch die Windschutzscheibe geschleudert werden).

$$a_1 = \frac{m_1 - m_2 \dfrac{R_2}{R_1}}{m_1 + m_2 \left(\dfrac{R_2}{R_1}\right)^2} g,$$

$$a_2 = -\frac{R_2}{R_1} a_1 = -\frac{m_1 \dfrac{R_1}{R_2} - m_2}{m_1 \left(\dfrac{R_1}{R_2}\right)^2 + m_2} g.$$

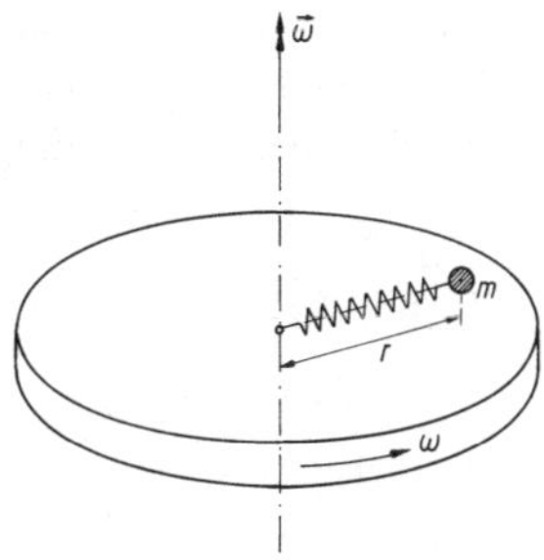

Bild 5.26 Massenpunkt auf rotierender Scheibe

5.1.7.2 Beschleunigte Bezugssysteme

Bei der Einführung der D'Alembertschen Trägheitskraft im vorigen Abschnitt wurde stillschweigend das zugrundegelegte Bezugssystem übergangen. Tatsächlich bedeutet die Anwendung des Prinzips von *D'Alembert* einen Wechsel des Bezugssystems in dem die Bewegung beschrieben wird.

Trägheitskräfte sind eine Eigentümlichkeit beschleunigter Bezugssysteme, sie treten nur in solchen auf und sind daher nur für mitbewegte Beobachter feststellbar. Wie bereits ausgeführt, sollten die Trägheitskräfte wegen ihrer realen Wirkungen nicht als „Scheinkräfte" bezeichnet werden.

Die bekanntesten Trägheitskräfte sind die in rotierenden Systemen auftretenden Zentrifugal- und *Coriolis*-Kräfte, deren Erscheinungen in Abschnitt 5.1.7.3 näher behandelt werden.

Zur Erläuterung der *Zentrifugalkraft* wird zunächst eine gleichförmig mit der Winkelgeschwindigkeit ω rotierende Scheibe („Drehscheibe") betrachtet, Bild 5.26. Auf ihr befindet sich im Abstand r von der Drehachse ein mitrotierender Massenpunkt m, der für einen zentralen Beobachter auf der Drehscheibe ruht. Der Beobachter auf der Scheibe merkt von der Rotationsbewegung direkt nichts, jedoch bleibt für ihn der Massenpunkt nur dann in Ruhe (d.h. im Gleichgewicht), wenn eine von der Rotationsachse ausgehende Haltekraft, z.B. durch ein Seil oder eine Feder aufgebracht wird. Diese muß die Zentrifugal- oder Fliehkraft kompensieren, die der bewegte Massenpunkt vermöge seiner Trägheit gegen die ihm aufgezwungene Beschleunigung ausübt.

Der Beobachter auf der Drehscheibe stellt mithin die Existenz einer „nach außen" gerichteten Kraft

$$F_Z = m r \omega^2 = m \frac{v^2}{r} \tag{5.84}$$

die sog. Zentrifugalkraft, fest. Es ist die Trägheitskraft, die nur für den mitrotierenden Beobachter – für diesen aber mit sehr realen Wirkungen – vorhanden ist.

Für einen außerhalb der Drehscheibe ruhenden Beobachter durchläuft der Massenpunkt eine Kreisbahn infolge der auf ihn wirkenden Zentripetalbeschleunigung.

Hört die Haltekraft plötzlich zu wirken auf, so verläßt für den mitrotierenden Beobachter der Massenpunkt die Drehscheibe radial nach außen. Für den ruhenden Beobachter hingegen führt der Massenpunkt eine geradlinige Weiterbewegung, tangential zur Drehscheibe mit der Geschwindigkeit $v = r\omega$ aus.

Man erkennt, daß die Beschreibung der Bewegung wesentlich vom verwendeten Bezugssystem abhängt. Insbesondere ist das Auftreten der Trägheitskräfte mit der Formulierung der Bewegungsgleichung in einem beschleunigten Bezugssystem verknüpft.

Ausgehend von einem „ruhenden" Bezugssystem (Absolutsystem oder Inertialsystem), in dem die kinetische Grundgleichung für die Bewegung eines Massenpunkts durch (5.80) gegeben ist, d.h.

$$\vec{F} = m\vec{a}$$

wird nun ein beschleunigtes (nicht-inertiales) Führungssystem betrachtet und die Bewegungsgleichung entsprechend modifiziert.

Die Transformationsformel für die Beschleunigung beim Übergang von einem ruhenden zu einem bewegten Bezugssystem wurde in Abschnitt 4.5 bereits hergeleitet. Demnach gilt

$$\vec{a} = \vec{a}' + \frac{d^2 \vec{r}_0}{dt^2} + \frac{d\vec{\omega}}{dt} \times \vec{r}' + \vec{\omega} \times (\vec{\omega} \times \vec{r}') + 2(\vec{\omega} \times \vec{v}') \tag{5.85)=(4.63}$$

wobei die auf das bewegte System bezogenen Größen mit einem Strich versehen sind.

Mit (5.85) wird die kinetische Grundgleichung (5.80)

$$\vec{F} = m\vec{a}' + m\,\frac{\mathrm{d}^2\vec{r}_0}{\mathrm{d}t^2} + m\,\frac{\mathrm{d}\vec{\omega}}{\mathrm{d}t} \times \vec{r}\,' + m\vec{\omega} \times (\vec{\omega} \times \vec{r}\,') + 2m(\vec{\omega} \times \vec{v}\,')$$

oder im bewegten Bezugssystem

$$\vec{F} - m\,\frac{\mathrm{d}^2\vec{r}_0}{\mathrm{d}t^2} - m\,\frac{\mathrm{d}\vec{\omega}}{\mathrm{d}t} \times \vec{r}' - m\vec{\omega} \times (\vec{\omega} \times \vec{r}') - 2m(\vec{\omega} \times \vec{v}') = m\vec{a}'. \tag{5.86}$$

Dies bedeutet, daß in der kinetischen Grundgleichung zur eingeprägten Kraft $\vec{F}$ zusätzliche Kräfte hinzutreten, die als Trägheitskräfte gemäß dem Prinzip von *D'Alembert* zu deuten sind.

Es sind die sog. *Führungskraft*

$$\vec{F}_\mathrm{F} = -m\,\frac{\mathrm{d}^2\vec{r}_0}{\mathrm{d}t^2} - m\,\frac{\mathrm{d}\vec{\omega}}{\mathrm{d}t} \times \vec{r}' - m\vec{\omega} \times (\vec{\omega} \times \vec{r}') \tag{5.87}$$

darunter speziell die *Zentrifugalkraft*

$$\vec{F}_\mathrm{Z} = -m\vec{\omega} \times (\vec{\omega} \times \vec{r}') \tag{5.88}$$

ferner die *Corioliskraft*

$$\vec{F}_\mathrm{C} = -2m\,(\vec{\omega} \times \vec{v}'). \tag{5.89}$$

Damit lautet (5.86)

$$\vec{F} + \vec{F}_\mathrm{F} + \vec{F}_\mathrm{C} = m\vec{a}'$$

und man erkennt, wie zusätzlich zur eingeprägten Kraft die Trägheitskräfte infolge der Beschleunigung des Bezugssystems hinzutreten.

Für ein gleichförmig bewegtes Bezugssystem entfallen die Beschleunigungsglieder und es gilt die *Galilei*-Transformation (vgl. Abschnitt 5.1.1).

5.1.7.3 Zentrifugalkraft, Corioliskraft

Der erste Anteil in der Führungskraft (5.87) tritt nur in einem translatorisch beschleunigten Bezugssystem auf. Im folgenden soll ein rein rotierendes Bezugssystem (z. B. die bereits erwähnte Drehscheibe) betrachtet werden. Bei gleichförmiger Rotation entfällt der zweite Anteil in der Führungskraft (5.87) und es verbleiben als Trägheitskräfte nur die Zentrifugal- sowie die Corioliskraft.

Man findet übrigens in vielen Darstellungen Unklarheiten über die Zentrifugal- oder Fliehkraft. Dies läßt sich vermeiden, wenn man stets daran denkt, daß es sich um eine Trägheitskraft im Sinn des Prinzips von *D'Alembert* handelt.

Die Wirkung der Zentrifugalkraft, die ein auf einer Drehscheibe befindlicher Massenpunkt m erfährt (vgl. Bild 5.26), wurde bereits im letzten Abschnitt erörtert.

Aus (5.88) ergibt sich bei der Kreisbewegung, wobei der Ortsvektor $\vec{r}'$ senkrecht zum Winkelgeschwindigkeitsvektor $\vec{\omega}$ ist, für die Zentrifugalkraft

$$\vec{F}_\mathrm{Z} = -m\vec{\omega} \times (\vec{\omega} \times \vec{r}') = m\vec{r}'\,\omega^2 \tag{5.90}$$

bzw. für deren Betrag

$$F_\mathrm{Z} = mr'\,\omega^2 = m\,\frac{v^2}{r'} \tag{5.91}$$

wobei v die Tangentialgeschwindigkeit bedeutet.

Alle Massenteilchen der Drehscheibe werden ebenfalls durch die Zentrifugal- oder Fliehkraft nach außen gezogen, das Material wird somit auf Zug beansprucht. Bei rotierenden Maschinenteilen, z. B. Turbinenschaufeln, muß dies berücksichtigt werden.

Sehr reale (und für die Insassen meist unangenehme) Wirkungen ergeben sich bei der Kurvenfahrt eines Fahrzeugs. Infolge der Zentrifugalkraft kann das Fahrzeug aus der Kurve „hinausgetragen" werden (wie man treffend sagt), falls die Zentripetalkraft infolge der Haftreibung auf der Fahrbahn nicht ausreicht, um die Fliehkraft zu kompensieren.

Ein Beobachter außerhalb des Fahrzeugs nimmt diese Erscheinung gemäß Bild 5.27 derart wahr, daß sich das in die Kurvenfahrt gezwungene Fahrzeug, seiner Trägheit folgend, geradlinig weiterbewegen möchte. Dies gilt auch für materielle Körper, die lose mit dem kurvenden Fahrzeug verbunden sind.

Die Gefahr des Umkippens eines Fahrzeugs in einer Kurve infolge der Zentrifugalkraft wird

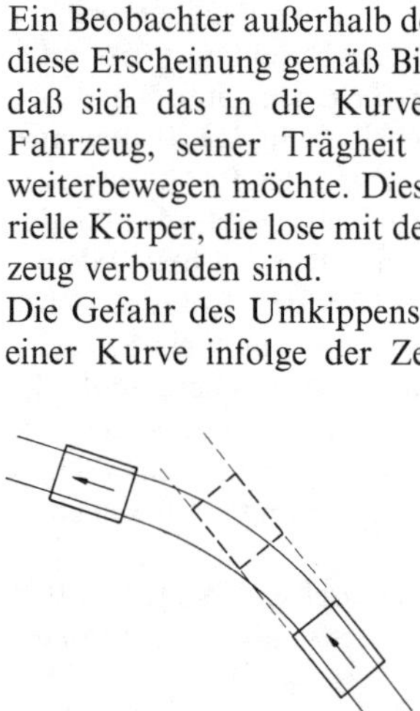

Bild 5.27 Fahrzeug in Kurvenfahrt

durch Fahrbahnerhöhung verhindert. Diese wird derart bemessen, daß für eine mittlere Bahngeschwindigkeit die Resultierende aus dem Gewicht des Fahrzeugs und der Zentrifugalkraft senkrecht auf der Fahrbahn steht. Mit Bezug auf Bild 5.28 (die Kräfte werden im Fahrzeugschwerpunkt angreifend gedacht) ergibt sich mit r als Kurvenradius für den Überhöhungswinkel

$$\tan\alpha = \frac{r\omega^2}{g} = \frac{v^2}{gr}.$$

Bei Schienenfahrzeugen wird auf diese Weise auch eine Überbelastung der kurvenäußeren Schiene vermieden.

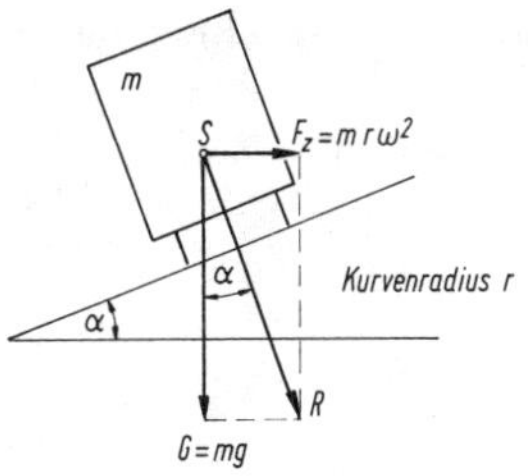

Bild 5.28 Überhöhung der Kurvenfahrbahn

Auf der Zentrifugalkraft beruht die Abplattung der Erde (sie weist am Äquator einen „Wulst" von immerhin 21 km Höhe auf), ferner eine geringfügige Abnahme der Schwerebeschleunigung von den Polen gegen den Äquator hin, da die Zentrifugalkraft der Schwerkraft entgegenwirkt. Technisch ausgenützt wird die Zentrifugalkraft bei Zentrifugalpumpen (Radialgebläse), zur Trennung von Stoffen verschiedener Dichte in sog. Zentrifugen und zur Trocknung von Textilien in Wäscheschleudern.
Als Beispiel für das Auftreten der Zentrifugalkraft sei noch das sog. *konische Pendel* (Bild 5.29) betrachtet.

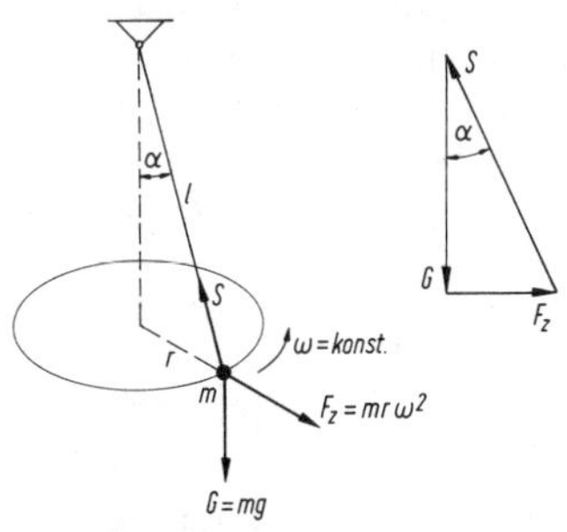

Bild 5.29 Konisches Pendel mit zugehörigem Krafteck

Ein Massenpunkt m an einem masselosen Faden der Länge l läuft in einer horizontalen Kreisbahn mit konstanter Geschwindigkeit $v = r\omega$ um. Es wird also ein Kegel beschrieben, für den sich ein bestimmter Öffnungswinkel $\alpha > 0$ einstellt.
Die auf den Massenpunkt einwirkenden Kräfte, die sich im kinetischen Gleichgewicht befinden, sind das Gewicht, die Fadenkraft sowie die Trägheitskraft. Es gelten (geschlossenes Krafteck in der r-l-Ebene)

$$mg - S\cos\alpha = 0 \quad \text{sowie} \quad mr\omega^2 - S\sin\alpha = 0.$$

Darauf folgen mit $r = l\sin\alpha$ für die Fadenkraft

$$S = ml\omega^2$$

und für den Öffnungswinkel

$$\cos\alpha = \frac{g}{l\omega^2}.$$

Man erkennt, daß eine bestimmte Mindestwinkelgeschwindigkeit erforderlich ist, damit sich ein Winkel $\alpha > 0$ einstellt. Hierfür muß $\frac{g}{l\omega^2} < 1$ gelten, d.h. ω muß größer sein als $\omega_0 = \sqrt{\frac{g}{l}}$ (was der Kreisfrequenz des ebenen mathematischen Pendels bei kleinen Ausschlägen entspricht).
Für die einem bestimmten Öffnungswinkel α entsprechende Umlaufzeit des konischen Pendels gilt

$$\tau = 2\pi\sqrt{\frac{l}{g}\cos\alpha}.$$

Zwei verschieden lange Pendel an einem gemeinsamen Aufhängepunkt durchlaufen Kreisbahnen in derselben horizontalen Ebene mit gleicher Umlaufzeit, wenn

$$\frac{l_1}{l_2} = \frac{\cos\alpha_2}{\cos\alpha_1}$$

ist.
Die Corioliskraft als weitere wichtige Trägheitskraft tritt auf, wenn eine Relativbewegung in einem rotierenden System stattfindet. Als Beispiel wird wieder die Drehscheibe mit der Winkelgeschwindigkeit ω betrachtet, auf der sich ein Massenpunkt m mit der Geschwindigkeit v' bewegt (Bild 5.30).
Aus (5.89) folgt für die auf den Massenpunkt m wirkende Corioliskraft

$$\vec{F}_C = -2m(\vec{\omega} \times \vec{v}') = 2m(\vec{v}' \times \vec{\omega}) \qquad (5.92)$$

mit dem Betrag

$$F_C = 2mv'\omega. \qquad (5.93)$$

Die Richtung ergibt sich gemäß dem Vektorprodukt stets senkrecht auf der Geschwindigkeitsrichtung, und zwar bei einer Rotation der Drehscheibe entgegen dem Uhrzeigersinn immer nach *rechts* (vgl. Bild 5.29). Bei Umkehr der Drehrichtung erfolgt eine Richtungsumkehr der Corioliskräfte.

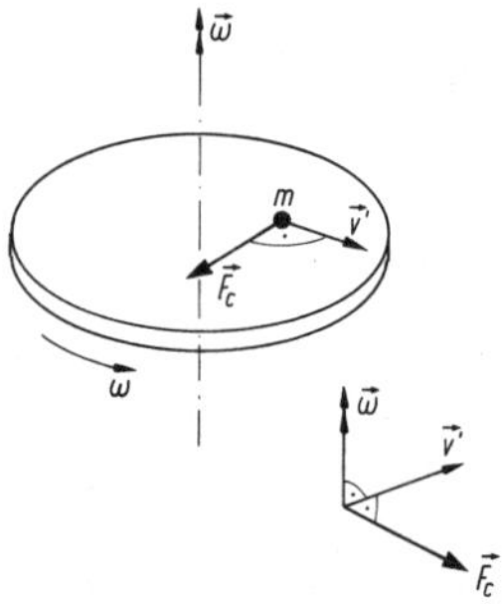

Bild 5.30 Corioliskraft auf der Drehscheibe

Gemäß Bild 5.31 kann man sich gedanklich auch eine Bewegung des Massenpunkts auf der Drehscheibenunterseite vorstellen. Auch dann ist beim angegebenen Drehsinn die Corioliskraft stets nach *rechts* gerichtet (in Bild 5.31 gestrichelt angedeutet).

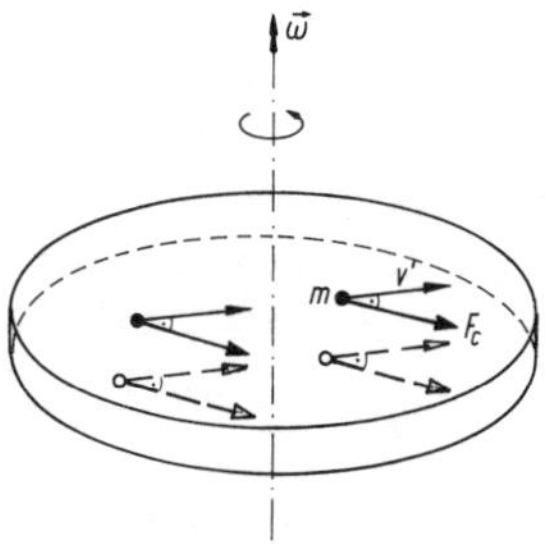

Bild 5.31 Corioliskräfte auf der Drehscheibe (Ober- und Unterseite)

Qualitativ gleiche Verhältnisse herrschen bei der Bewegung auf einer rotierenden Kugel (Bild 5.32), der Ober- bzw. Unterseite der Drehscheibe entsprechen z. B. Nord- bzw. Südhalbkugel der Erde.

Alle auf der Nordhemisphäre bewegten materiellen Körper erfahren durch die Corioliskraft eine Rechtsablenkung, auf der Südhemisphäre hingegen ergibt sich eine Linksablenkung.

Am Äquator ist bei Bewegung nach Norden oder Süden die Corioliskraft null, bei Bewegung nach Westen ist sie zum Erdmittelpunkt gerichtet.

Verschiedene Erscheinungen auf der Erdoberfläche und in der Erdatmosphäre gehen auf die Wirkung der Corioliskräfte zurück. Hier sind insbesondere die Ablenkung von Meeres- und Luftströmungen [1]) zu nennen. Das früher häufig genannte v. Baersche Gesetz, daß die Flußuferabtragung bei großen meridional verlaufenden Flüssen auf der Nordhalbkugel rechtsseitig größer ist (Steilufer-Flachufer), muß angezweifelt werden. Ebenso dürften sich kaum meßbare Effekte für die stärkere Abnutzung der rechten Eisenbahnschienen auf der N-Halbkugel ergeben. Eine wichtige technische Anwendung finden die Corioliskräfte bei Flüssigkeitskupplungen zur Übertragung von Drehmomenten oder als Drehmomentenwandler (automatische Getriebe bei Kraftfahrzeugen).

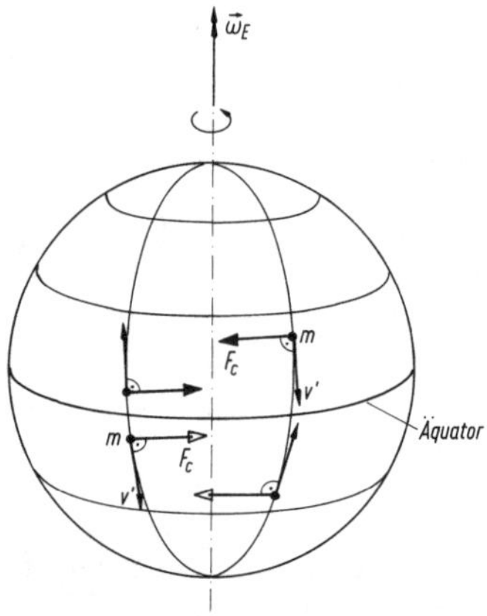

Bild 5.32 Corioliskräfte auf der Kugel (N- und S-Hemisphäre)

5.1.8 Geführte Bewegungen, Zwangskräfte

Ein Massenpunkt kann entweder frei beweglich oder einer geführten (erzwungenen) Bewegung unterworfen sein. Der freie Massenpunkt besitzt im Raum $f = 3$ Freiheitsgrade, bei der geführten Bewegung wird die Zahl der Freiheitsgrade eingeschränkt (vgl. Abschnitt 4.1).

Die Bahn eines Massenpunkts bei seiner freien Bewegung unter dem Einfluß beliebiger Kräfte ist zunächst unbekannt (vgl. Wurfparabel).

---

1) Vgl. das sog. Hadleysche Gesetz (1735) zur Erklärung der Passatwinde.

Ist dagegen der Massenpunkt während seiner Bewegung mit anderen Körpern (die einfachheitshalber als starr angesehen werden sollen) in Kontakt, handelt es sich um eine geführte Bewegung, bei der die Bahn von vornherein vorgeschrieben sein kann. [1])

Ein Massenpunkt kann z. B. gezwungen sein, auf einer Fläche bzw. auf einer Kurve im Raum zu bleiben (Bild 5.33). Auf diesen ist er noch eingeschränkt beweglich, die Zahl der Freiheitsgrade ist $f=2$ bzw. $f=1$.

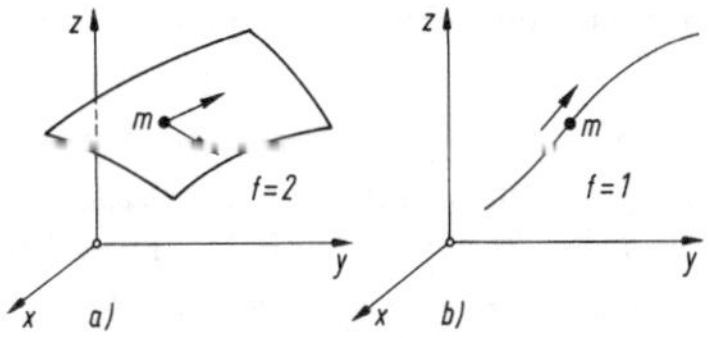

Bild 5.33 Geführte Bewegung eines Massenpunkts a) auf Fläche, b) auf Kurve

Die Wirkung von Führungen auf den Massenpunkt wird durch Führungs- oder Zwangsbedingungen beschrieben. Bei dem an eine Fläche gebundenen Massenpunkt gemäß Bild 5.33a bedeutet dies, daß während der Bewegung die Koordinaten stets die Flächengleichung, z. B. in der Form

$$f(x, y, z) = 0 \tag{5.94}$$

erfüllen müssen.

Man bezeichnet Zwangsbedingungen dieser Art, die sich als Gleichung zwischen den Koordinaten selbst (also nicht zwischen den Koordinatendifferentialen) ausdrücken, als *holonom*. Tritt außerdem die Zeit nicht explizit in den Bedingungen auf, nennt man sie skleronom, andernfalls rheonom.

Da nach den Newtonschen Axiomen jeder Einfluß auf die Bewegung eine Kraft als Ursache hat, bedeuten die Führungsbedingungen das Auftreten von *Zwangskräften*, die zu den eingeprägten Kräften hinzutreten.

Durch Einführung der Zwangskraft in die kinetische Grundgleichung kann die geführte Bewegung wie eine freie Bewegung behandelt werden. Mit $\vec{Z}$ als Zwangskraft gilt dann

$$\vec{F} + \vec{Z} = m\vec{a}. \tag{5.95}$$

[1]) In Abschnitt 5.1.2.1 wurde bereits ein einfaches Beispiel dieser Art betrachtet.

Bei der Bewegung auf der Fläche verhindert die Zwangskraft $\vec{Z}$ lediglich, daß der Massenpunkt die Fläche verläßt, für die Bewegung des Massenpunkts *auf* der Fläche ist $\vec{Z}$ nicht maßgebend. Somit muß die Zwangskraft auf der Fläche senkrecht stehen, d.h. es gilt mit dem zunächst unbekannten skalaren Faktor λ (sog. Lagrangescher Multiplikator)

$$\vec{Z} = \lambda \cdot \operatorname{grad} f(x, y, z) \tag{5.96}$$

da bekanntlich der Vektor $\operatorname{grad} f(x, y, z) = \vec{\nabla} f(x, y, z)$ in jedem Flächenpunkt senkrecht auf der durch (5.94) gegebenen Fläche steht. [1])

Bei der Lösung eines Bewegungsproblems treten hier vier unbekannte Größen, nämlich drei Lagekoordinaten sowie der Faktor λ, auf. Zu deren Ermittlung stehen vier Gleichungen zur Verfügung, d. h. die drei Komponentengleichungen der kinetischen Grundgleichung

$$\vec{F} + \lambda \operatorname{grad} f = m\vec{a}$$

sowie die Zwangsbedingung

$$f(x, y, z) = 0.$$

Ganz entsprechend gilt dies für die Bewegung eines Massenpunkts längs einer vorgegebenen Kurve. Hierbei kann zu der eingeprägten Kraft und der Zwangskraft bei rauher Bahn noch eine Gleitreibungskraft R_G hinzukommen (Bild 5.34), diese ist bei Coulombscher Reibung durch den Normaldruck, d.h. die Zwangskraft, gegeben und stets der Geschwindigkeit des Massenpunkts entgegengerichtet.

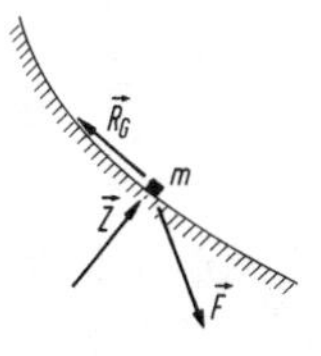

Bild 5.34 Bewegung auf rauher Bahn

Da die Zwangskräfte stets senkrecht zur Führung (Fläche oder Kurve) gerichtet sind, in der die Bewegung des Massenpunkts erfolgt, können sie keine Arbeit leisten, d.h. es ist allgemein

$$\vec{Z}\, d\vec{r} = 0 \tag{5.97}$$

[1]) Der Normaleneinheitsvektor auf der Fläche ist gegeben durch

$$\vec{n} = \frac{\operatorname{grad} f}{|\operatorname{grad} f|}.$$

oder Zwangskräfte sind leistungslos und haben keinen Einfluß auf die Energie.
Für die Zwangskräfte gilt das dritte Newtonsche Axiom. Somit wirkt auch vom bewegten Körper eine Gegenkraft auf die Bahn. Diese Kraft ist manchmal von Interesse.
Bei einer *einseitigen Führung*, z. B. in einer Rinne, kann der Massenpunkt (sofern er nicht am Abheben gehindert wird), die Bahn verlassen und sich frei weiterbewegen. Als Bedingung hierfür gilt das Verschwinden der Zwangskraft.
Als Beispiel hierfür wird die reibungsfreie Bewegung auf einer kreisförmigen Rinne (Radius a) im Schwerefeld betrachtet (Bild 5.35). Ein Massenpunkt (in der höchsten Stelle der Bahn in labilem Gleichgewicht) setzt sich in Bewegung und gleitet hinab. Die momentane Geschwindigkeit ist $v = a\dot{\varphi}$.

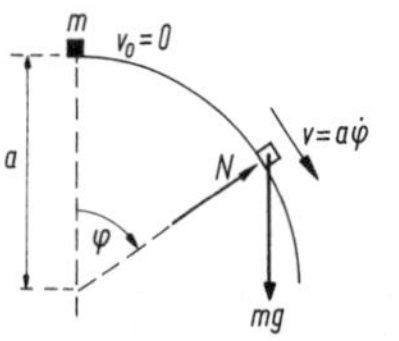

Bild 5.35 Bewegung auf Kreisbahn, einseitige Führung

Als Zwangskraft tritt die Normalkraft N auf, die kinetische Grundlgeichung lautet

tangential zur Bahn $\quad mg\sin\varphi = ma\ddot{\varphi}$

normal zur Bahn $\quad mg\cos\varphi - N = ma\dot{\varphi}^2.$

Um den Punkt des Abhebens von der Bahn zu ermitteln, wird zweckmäßig der Energiesatz verwendet. Die kinetische Energie entspricht der Abnahme der potentiellen Energie, d. h.

$$\frac{m}{2}(a\dot{\varphi})^2 = mga(1-\cos\varphi).$$

Man erhält daraus $a\dot{\varphi}^2 = 2g(1-\cos\varphi)$ und damit folgt für die Zwangskraft

$$N = mg\,(3\,cos\,\varphi - 2).$$

Diese wird Null für $\cos\varphi_0 = \frac{2}{3}$, der Massenpunkt verläßt also die Führung an einer Stelle, die um $\frac{a}{3}$ unterhalb des Ausgangspunkts liegt und bewegt sich dann nach den Gesetzen des schiefen Wurfs weiter.
Die Zwangskraft läßt sich auch in die Formulierung des Prinzips von *D'Alembert* (vgl. Abschnitt 5.1.7.1) einbringen. Es gilt dann statt (5.81) mit (5.82) die erweiterte Beziehung

$$\vec{F} + \vec{Z} + \vec{F}_{\mathrm{Tr}} = 0 \tag{5.98}$$

d. h. ein bewegter Massenpunkt befindet sich im kinetischen Gleichgewicht unter allen auf ihn einwirkenden Kräften einschließlich der Zwangskräfte und der Trägheitskräfte.

5.1.9 Prinzip der virtuellen Arbeit

Eine allgemeinere und für die Anwendungen nützliche Formulierung des Prinzips von *D'Alembert* wurde von *Lagrange* unter Heranziehung des Prinzips der virtuellen Arbeit (vgl. Abschnitt 2.7) für kinetische Probleme aufgestellt.
Die für die geführte Bewegung eines Massenpunkts maßgebende Gl. (5.98) wird mit einer virtuellen Verschiebung $\delta\vec{r}$ (gedachte, kleine, kinematisch mögliche Verschiebung, deren Ursache unwesentlich ist) multipliziert. Dann ist zunächst

$$(\vec{F} + \vec{Z} + \vec{F}_{\mathrm{Tr}})\,\delta\vec{r} = 0$$

und da die Zwangskräfte leistungslos sind, verschwindet auch ihre virtuelle Arbeit, d. h.

$$\vec{Z}\,\delta\vec{r} = 0.$$

Somit gilt für den bewegten Massenpunkt

$$(\vec{F} + \vec{F}_{\mathrm{Tr}})\,\delta\vec{r} = (\vec{F} - m\vec{a})\,\delta\vec{r} = 0 \tag{5.99}$$

d. h. die bei einer virtuellen Verschiebung von der resultierenden eingeprägten Kraft und der Trägheitskraft geleistete virtuelle Arbeit ist bei der wirklich eintretenden Bewegung gleich Null.
Diese Aussage wird mitunter als Prinzip von *D'Alembert* in der Fassung von *Lagrange* oder als Prinzip der virtuellen Arbeit bezeichnet.
Der entscheidende Vorteil des Prinzips liegt darin, daß die Zwangskräfte im Ausdruck für die virtuelle Arbeit nicht vorkommen.
Als einfaches Beispiel wird noch einmal die geführte Bewegung eines Massenpunkts auf einer Kreisbahn (Radius a) im Schwerefeld (ohne Abheben von der Bahn) betrachtet, vgl. Bild 5.36.

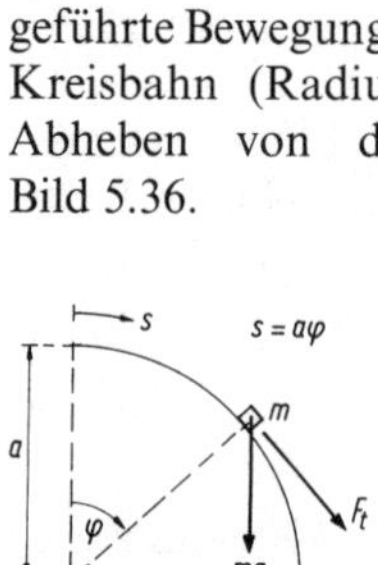

Bild 5.36 Geführte Bewegung auf Kreisbahn

Zur Aufstellung der Bewegungsgleichung wird das Prinzip der virtuellen Arbeit herangezogen. Die Zwangsbedingung lautet $s = a\varphi$, daraus $\ddot{s} = a\ddot{\varphi}$.
In tangentialer Richtung (Bahnkoordinate s) lautet dann (5.99)

$$(F_t - m\ddot{s})\,\delta s = (mg\sin\varphi - m\ddot{s})\,\delta s = 0$$

und da dies für beliebige virtuelle Verschiebungen $\delta s \neq 0$ gelten muß, folgt die Bewegungsgleichung

$$a\ddot{\varphi} - g\sin\varphi = 0$$

(die man natürlich auch auf anderem Weg gewinnen kann).
Abschließend ist noch einmal festzuhalten, daß sich das Prinzip der virtuellen Arbeit auf Systeme von Massenpunkten, starre Körper und Systeme starrer Körper erweitern läßt und hierin seine eigentliche Bedeutung liegt. Für die Bewegung eines einzelnen Massenpunkts sind diese Formulierungen trivial.

5.2 Kinetik des Massenpunktsystems

Eine endliche Anzahl von Massenpunkten m_i, deren Lage im Raum durch die Ortsvektoren $\vec{r}_i\,(i = 1\,\ldots\,n)$ festgelegt wird, bezeichnet man als *Massenpunktsystem* oder Punkthaufen (Bild 5.37), wie es bereits in der Kinematik (vgl. Abschnitt 4.3.1) definiert wurde.
Zwischen den einzelnen Massenpunkten können geometrische (kinematische) oder statische Bindungen bestehen. Dadurch wird im allgemeinen die Zahl der Freiheitsgrade des Systems eingeschränkt. Für ein System von n Massenpunkten im Raum mit einer Zahl z von Bindungen gilt dann $f = 3n - z$.

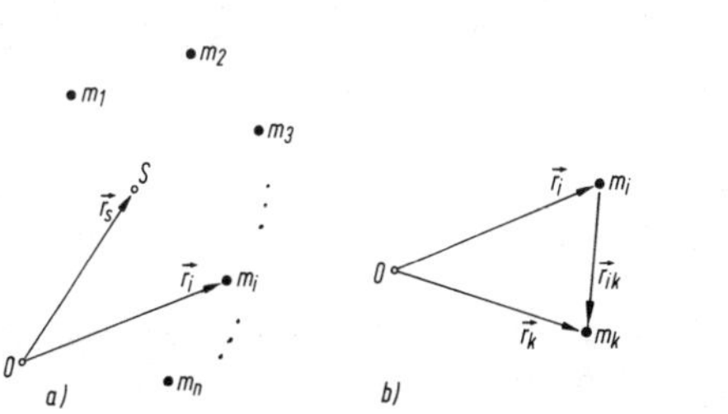

Bild 5.37 Massenpunktsystem:
a) Schwerpunkt, b) Abstand zweier Massenpunkte

Einen wichtigen Sonderfall stellt der starre Punkthaufen dar, bei dem die Abstände der Massenpunkte voneinander zeitlich konstant bleiben. Mit Bezug auf Bild 5.37b gilt hierfür

$$|\vec{r}_{ik}| = \text{konst.} \quad \text{mit} \quad \vec{r}_{ik} = \vec{r}_k - \vec{r}_i.$$

Durch einen Grenzübergang $n \to \infty$ entsteht aus dem starren Punkthaufen begrifflich der starre Körper (vgl. Abschnitt 6).
Die bisher für den einzelnen Massenpunkt besprochenen Gesetze werden jetzt für das Massenpunktsystem erweitert. Es wird sich später zeigen, daß die Aussagen (mit Einschränkungen) auch auf den starren Körper übertragen werden können.

5.2.1 Schwerpunktsätze, Impulssatz

Für den Massenmittelpunkt bzw. Schwerpunkt (vgl. Abschnitt 2.8.1.1) eines Massenpunktsystems, Bild 5.37a, gilt

$$m\vec{r}_S = \sum_{i=1}^{n} m_i \vec{r}_i \quad \text{mit} \quad m = \sum_{i=1}^{n} m_i. \tag{5.100}$$

Durch Zeitableitung ergibt sich für das bewegte Massenpunktsystem der sog. *erste Schwerpunktsatz* [1])

$$m\vec{v}_S = \sum_i m_i \vec{v}_i. \tag{5.101}$$

Mit Einführung des Impulsvektors $\vec{J}_i = m_i \vec{v}_i$ folgt für den Gesamtimpuls des Systems

$$\vec{J} = \sum_i \vec{J}_i = m\vec{v}_S \tag{5.102}$$

d.h. der erste Schwerpunktsatz sagt aus

- der Gesamtimpuls ist der Impuls der im Schwerpunkt konzentriert gedachten Gesamtmasse des Systems, wenn diese mit der Schwerpunktgeschwindigkeit bewegt wird.

Den sog. *zweiten Schwerpunktsatz* gewinnt man, indem für jeden Massenpunkt des Systems die kinetische Grundgleichung aufgestellt wird. Wie in Bild 5.38 für das Beispiel dreier Massenpunkte gezeigt, wirken auf jeden Massenpunkt neben den äußeren (eingeprägten) Kräften $\vec{F}_i^*$ die von den Bindungen herrührenden inneren Kräfte $\vec{H}_{ik}$.

[1]) Hierfür und im folgenden sind die Summen stets über alle Massenpunkte zu erstrecken.

Für diese gilt nach dem dritten Newtonschen Axiom

$$\vec{H}_{ik} = -\vec{H}_{ki} \quad \text{mit} \quad i \neq k. \tag{5.103}$$

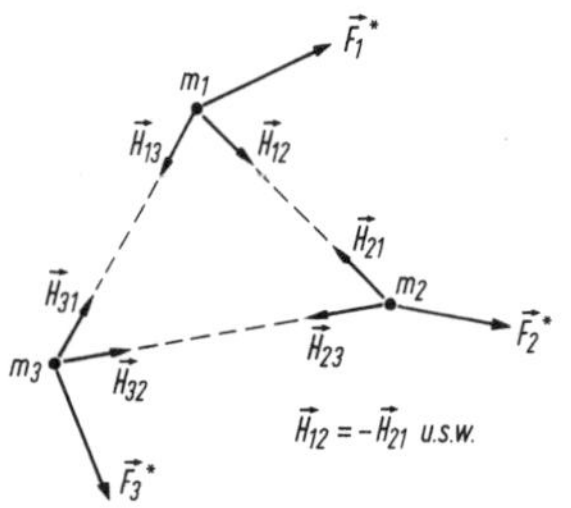

Bild 5.38 Massenpunktsystem mit äußeren und inneren Kräften

Aus der kinetischen Grundgleichung für einen isolierten Massenpunkt m_i (Bild 5.39)

$$\vec{F}_i = \vec{F}_i^* + \sum_{\substack{k=1 \\ k \neq i}}^{n} \vec{H}_{ik} = m_i \vec{a}_i \tag{5.104}$$

folgt durch Summation über alle Massenpunkte zunächst

$$\sum_i \vec{F}_i = \sum_i \vec{F}_i^* + \sum_i \sum_k \vec{H}_{ik} = \sum_i m_i \vec{a}_i$$

wobei wegen (5.103) die Doppelsumme ($i \neq k$) verschwindet.

Mit $\vec{R} = \sum_i \vec{F}_i = \sum_i \vec{F}_i^*$ als Resultierender der äußeren Kräfte im System ergibt sich

$$\vec{R} = \sum_i m_i \vec{a}_i$$

und mit $m\vec{a}_S = \sum_i m_i \vec{a}_i$ aus der Zeitableitung des ersten Schwerpunktsatzes schließlich

$$\vec{R} = m\vec{a}_S. \tag{5.105}$$

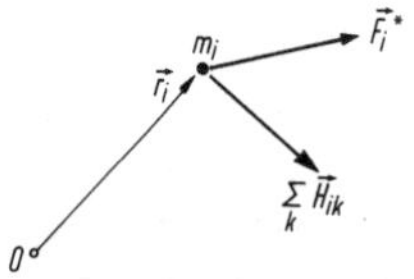

Bild 5.39 Isolierter Massenpunkt des Punkthaufens

Dieser zweite Schwerpunktsatz sagt aus

- der Schwerpunkt des Systems bewegt sich derart, als ob die resultierende äußere Kraft auf die im Schwerpunkt konzentriert gedachte Gesamtmasse einwirken würde.

Anmerkung:

die Resultierende $\vec{R}$ bestimmt zwar $\vec{a}_S$, greift aber nur bei reiner Translation im Schwerpunkt an. Im allgemeinen Fall wird zusätzlich eine Rotation des Punkthaufens auftreten.

Mit Einführung des Gesamtimpulses und Zeitableitung von (5.102) lautet (5.105)

$$\vec{R} = (m\vec{v}_S)^{\cdot} = \dot{\vec{J}} \tag{5.106}$$

und wird in dieser Form auch als *Impulssatz* bezeichnet.

Als Sonderfall ergibt sich für $\vec{R} = 0$ daraus der *Impulserhaltungssatz*

$$\vec{J} = \overrightarrow{\text{konst.}} \tag{5.107}$$

der z.B. für Stoßprobleme (vgl. Abschnitt 5.2.5) Anwendung findet.

Der zweite Schwerpunktsatz bzw. der Impulssatz sind direkt übertragbar auf die translatorische Bewegung starrer Körper.

5.2.2 Momenten- oder Drehimpulssatz (Drallsatz)

Dieser Satz beschreibt die Rotationsbewegung eines Massenpunktsystems. Die kinetische Grundgleichung (5.104) für den isolierten Massenpunkt m_i wird vektoriell mit dem Ortsvektor $\vec{r}_i$ multipliziert, es folgt zunächst

$$\vec{r}_i \times \vec{F}_i = \vec{r}_i \times \vec{F}_i^* + \vec{r}_i \times \sum_k \vec{H}_{ik} = \vec{r}_i \times (m_i \vec{a}_i)$$

und daraus durch Summation über alle Massenpunkte

$$\sum_i \vec{r}_i \times \vec{F}_i^* + \sum_i \left(\vec{r}_i \times \sum_k \vec{H}_{ik} \right) = \sum_i [\vec{r}_i \times (m_i \vec{a}_i)]. \tag{5.108}$$

Der erste Term auf der linken Seite ist das Moment $\vec{M}_{(0)}$ der äußeren Kräfte bezüglich des Koordinatennullpunkts, für den zweiten Term gilt wegen (5.103)

$$\sum_i \sum_k (\vec{r}_i \times \vec{H}_{ik}) = \frac{1}{2} \sum_i \sum_k (\vec{r}_i - \vec{r}_k) \times \vec{H}_{ik} = 0.$$

Dies bedeutet, daß die Momente der inneren Kräfte sich paarweise aufheben.

Die rechte Seite von (5.108) wird wegen $(\vec{r}_i \times \vec{a}_i) = (\vec{r}_i \times \vec{v}_i)^{\cdot}$

$$\sum_i m_i(\vec{r}_i \times \vec{v}_i)^{\cdot} = \sum_i (\vec{r}_i \times m_i \vec{v}_i)^{\cdot} = \sum_i (\vec{r}_i \times \vec{J}_i)^{\cdot}.$$

Mit Einführung des Drehimpuls- oder Drallvektors [vgl. (5.75)]

$$\vec{D}_i = \vec{r}_i \times \vec{J}_i, \qquad \sum_i \vec{D}_i = \vec{D}_{(0)}$$

ergibt sich schließlich aus (5.108) der *Momenten- oder Drallsatz*

$$\vec{M}_{(0)} = \dot{\vec{D}}_{(0)} \tag{5.109}$$

wobei stets Moment und Drall („Impulsmoment") auf denselben Punkt zu beziehen sind (dieser Punkt kann z.B. auch der Schwerpunkt des Systems sein).

Ausdrücklich sei darauf hingewiesen, daß der Momenten- oder Drallsatz für den Punkthaufen nicht ohne weitere Annahmen auf den starren Körper übertragen werden kann.

Hierfür ist vielmehr der Drallsatz als „kinetische Grundgleichung der Drehbewegung" ein selbständiger Satz, der gleichberechtigt neben die kinetische Grundgleichung bei Translation (Impulssatz) tritt. Diese Erkenntnis geht auf *Euler* zurück.

5.2.3 Arbeits- und Energiesatz

Die kinetische Grundgleichung (5.104) für einen isolierten Massenpunkt wird skalar mit $d\vec{r}_i$ multipliziert und es folgt

$$\vec{F}_i^* \, d\vec{r}_i + \sum_k \vec{H}_{ik} \, d\vec{r}_i = m_i \vec{a}_i \, d\vec{r}_i \tag{5.110}$$

wobei der erste Term auf der linken Seite das Arbeitsdifferential (Elementararbeit) der äußeren Kräfte dA_i^* bedeutet.

Die inneren Kräfte können gemäß

$$\vec{H}_{ik} = \vec{Z}_{ik} + \vec{E}_{ik} \tag{5.111}$$

aus Zwangskräften mit starren Bindungen sowie aus elastischen Bindungen bestehen.

Hierbei gilt

$$\sum_k \vec{Z}_{ik} \, d\vec{r}_i = 0 \tag{5.112}$$

während

$$\sum_k \vec{E}_{ik} \, d\vec{r}_i = dA_i^{**} \tag{5.113}$$

die differentielle Formänderungsarbeit bedeutet.

Die rechte Seite von (5.110) wird umgeformt gemäß

$$\vec{a}_i d\vec{r}_i = \dot{\vec{v}}_i \dot{\vec{r}}_i \, dt = \dot{\vec{v}}_i \vec{v}_i \, dt = d\left(\frac{\vec{v}_i^2}{2}\right)$$

ferner wird die kinetische Energie

$$T_i = \frac{m_i}{2} \vec{v}_i^2, \qquad \sum_i T_i = T$$

eingeführt (vgl. Abschnitt 5.1.3.1).

Die Summation von (5.110) für das gesamte System liefert

$$\sum_i d(A_i^* + A_i^{**}) = \sum_i d\, T_i$$

d.h. den Arbeitssatz in differentieller bzw. in integrierter Form

$$d(A^* + A^{**}) = dT$$

bzw.

$$(A^* + A^{**})_{12} = T_2 - T_1 \tag{5.114}$$

mit den gleichen Aussagen, wie sie früher für den einzelnen Massenpunkt besprochen wurden.

Aus dem Arbeitssatz folgt der *Energiesatz*, wenn die vorkommenden äußeren und inneren Kräfte konservativ, d.h. auf ein Potential zurückführbar sind

$$\vec{F}_i = \vec{F}_i^* + \sum_k \vec{E}_{ik} = -\vec{V}\Pi_i.$$

Damit ergibt sich für das gesamte System

$$d(A^* + A^{**}) = -\sum_i \vec{V}\Pi_i \, d\vec{r}_i = -d\Pi$$

$$\text{mit} \quad \sum_i \Pi_i = \Pi$$

und somit aus (5.114)

$$dT + d\Pi = 0 \quad \text{bzw.} \quad T + \Pi = E_0$$

(entsprechend wie beim einzelnen Massenpunkt).

Abschließend wird die gesamte *kinetische Energie* des Massenpunktsystems

$$T = \frac{1}{2} \sum_i m_i \vec{v}_i^2 = \frac{1}{2} \sum_i m_i \dot{\vec{r}}_i^2 \tag{5.115}$$

berechnet.

Ein isolierter Massenpunkt m_i hat den Ortsvektor $\vec{r}_i$ vom raumfesten Koordinatennullpunkt, bzw. den Ortsvektor $\vec{r}_i'$ vom Schwerpunkt S aus (Bild 5.40). Es gelten dann

$$\vec{r}_i = \vec{r}_S + \vec{r}_i' \quad \text{sowie} \quad \dot{\vec{r}}_i = \vec{v}_S + \dot{\vec{r}}_i'.$$

Aus (5.115) folgt

$$T=\frac{1}{2}\sum_i m_i(\vec{v}_S+\dot{\vec{r}}_i')^2$$
$$=\frac{1}{2}(m\vec{v}_S^2+2\vec{v}_S\sum_i m_i\dot{\vec{r}}_i'+\sum_i m_i\dot{\vec{r}}_i'^2).$$

Das mittlere Glied in der Klammer verschwindet, d.h.

$$\sum_i m_i\dot{\vec{r}}_i' = \sum_i (m_i\vec{r}_i')^{\cdot}=0$$

wegen $\sum m_i\vec{r}_i'=0$ (Schwerpunktdefinition).
Also bleibt

$$T=\frac{1}{2}m\vec{v}_S^2+\sum_i\frac{m_i}{2}\dot{\vec{r}}_i'^2. \qquad (5.116)$$

Speziell für ein starres Punktsystem bedeutet (5.116), daß die kinetische Energie in einen translatorischen und einem rotatorischen Anteil aufgespalten werden kann. Für alle Massenpunkte des Systems ist $\dot{\vec{r}}_i' \perp \vec{r}_i'$ (entspricht der Rotation um den Schwerpunkt S).

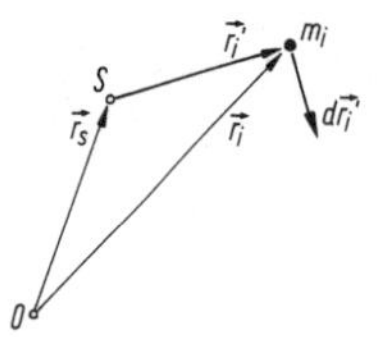

Bild 5.40 Berechnung der kinetischen Energie

5.2.4 Prinzip der virtuellen Arbeit

Für einen isolierten Massenpunkt m_i des Systems gilt mit Einführung der Trägheitskraft nach dem Prinzip von *D'Alembert* (vgl. Abschnitt 5.1.7.1)

$$\vec{F}_i^*+\sum_k\vec{H}_{ik}+\vec{F}_{Tr_i}=0 \qquad (5.117)$$

wobei entsprechend (5.111)

$$\sum_k\vec{H}_{ik}=\sum_k\vec{Z}_{ik}+\sum_k\vec{E}_{ik}$$

angenommen wird.
Multiplikation von (5.117) mit der virtuellen Verschiebung $\delta\vec{r}_i$ liefert die virtuelle Arbeit

$$\vec{F}_i^*\,\delta\vec{r}_i+\sum_k\vec{Z}_{ik}\,\delta\vec{r}_i+\sum_k\vec{E}_{ik}\,\delta\vec{r}_i+\vec{F}_{Tr_i}\,\delta\vec{r}_i=0$$

wobei der zweite Term gemäß (5.112) verschwindet, da die starren Bindungen keine Arbeit leisten.

Bei der Summation über alle Massenpunkte ist festzuhalten, daß die virtuellen Verschiebungen mit den Bindungen des Massenpunktsystems verträglich sein müssen.
In Übereinstimmung mit (5.113) ergibt sich

$$\sum_i\sum_k\vec{E}_{ik}\,\delta\vec{r}_i=\delta A^{**}$$

d.h. die elastischen Bindungen können eine virtuelle Arbeit leisten, die einer virtuellen Änderung der inneren Energie entspricht.
Man erhält schließlich das Prinzip der virtuellen Arbeit

$$\sum_i(\vec{F}_i^*+\vec{F}_{Tr_i})\,\delta\vec{r}_i+\delta A^{**}=0, \qquad (5.118)$$

das mitunter als Prinzip von *D'Alembert* in der Lagrangeschen Formulierung bezeichnet wird.
Das Prinzip ist auch für geführte Bewegungen anwendbar, da die virtuelle Arbeit der Führungskräfte stets verschwindet.
Als elementares Anwendungsbeispiel wird der in Bild 5.41 dargestellte einfache Flaschenzug betrachtet. Über eine lose und eine feste Rolle (beide als masselos angenommen) sind zwei Massen m_1 und m_2 verbunden, das Seil wird als undehnbar angenommen. Gesucht sind die Beschleunigungen der beiden Massen.

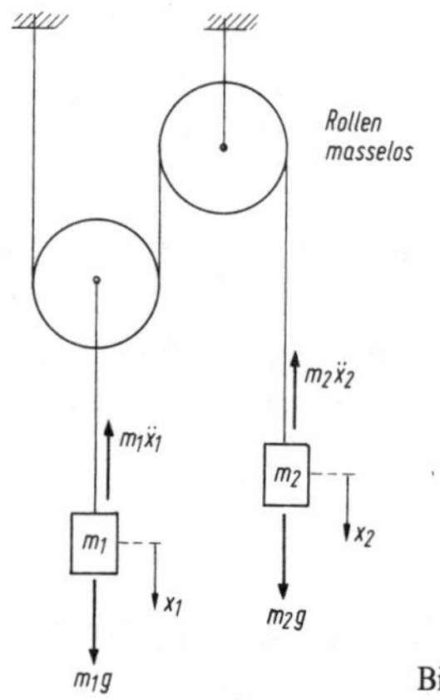

Bild 5.41 Flaschenzug

Für das undehnbare Seil ist $\delta A^{**}=0$ und (5.118) lautet zunächst

$$(m_1 g-m_1\ddot{x}_1)\,\delta x_1+(m_2 g-m_2\ddot{x}_2)\,\delta x_2=0$$

Das System besitzt einen Freiheitsgrad, es bestehen die Bedingungen

$$x_2=-2x_1 \quad \text{bzw.} \quad \delta x_2=-2\delta x_1.$$

Damit folgt

$$(m_1 g - m_1 \ddot{x}_1)\,\delta x_1 - 2(m_2 g + 2 m_2 \ddot{x}_1)\,\delta x_1 = 0$$

oder

$$(m_1 g - 2 m_2 g - m_1 \ddot{x}_1 - 4 m_2 \ddot{x}_1)\,\delta x_1 = 0$$

Für beliebige virtuelle Verschiebung δx_1 muß der Klammerausdruck verschwinden, für die Beschleunigungen ergeben sich

$$\ddot{x}_1 = \frac{m_1 - 2m_2}{m_1 + 4m_2}\, g, \qquad \ddot{x}_2 = 2\,\frac{2m_2 - m_1}{m_1 + 4m_2}\, g.$$

Man erkennt, daß sich die Lösung einfacher als mit Anwendung der kinetischen Grundgleichung ergibt.

Abschließend sei erwähnt, daß sich aus dem für ein starres Massenpunktsystem formulierten Prinzip der virtuellen Arbeit mit bestimmten Annahmen über die Struktur der inneren Kräfte der Übergang zur Anwendung für starre Körper gewinnen läßt. Hierauf wird später kurz eingegangen, (vgl. Abschnitt 6.4.2).

5.2.5 Stoßvorgänge

Wenn zwei (oder mehr) feste Körper bei ihrer Bewegung kurzzeitig in Berührung kommen, tritt eine Reihe von Erscheinungen auf, die als Stoßvorgänge bezeichnet werden. Aus der Vielfalt der möglichen Stoßvorgänge und der damit verbundenen Fragestellungen sollen hier nur die einfachsten Fälle herausgegriffen werden. Z. B. können zwei mit v_1 und v_2 bewegte Massenpunkte auf gerader Bahn bei $v_1 > v_2$ aufeinanderstoßen, vgl. Bild 5.42.

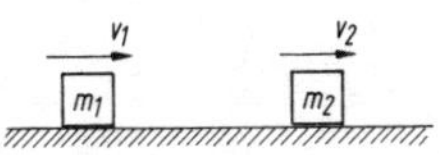

Bild 5.42 Stoß zweier fester Körper ($v_1 > v_2$)

Infolge der zwischen den sich berührenden Körpern auftretenden sehr großen Stoßkräfte ergeben sich plötzliche Bewegungsänderungen der Körper. In einer elementaren Stoßtheorie werden die physikalisch verwickelten Erscheinungen bei der Kraftübertragung während des Stoßes völlig ignoriert, es interessieren nur die sich nach dem Stoß einstellenden Geschwindigkeiten. Solche Aussagen können unter vereinfachenden Annahmen mit den bisher bekannten Gesetzen der Massenpunktkinetik gewonnen werden. Da ein Zusammenstoß von Punkten physikalisch nicht sinnvoll ist, werden die stoßenden Massen z. B. als Kugeln endlicher Abmessung angenommen, die verformbar sein sollen.[1])

Gegenüber den sehr großen Stoßkräften sind alle anderen vorkommenden äußeren Kräfte vernachlässigbar. Im Impulserhaltungssatz, der im wesentlichen für Stoßvorgänge maßgebend ist, treten überdies die Stoßkräfte als innere Kräfte nicht in Erscheinung. Wegen der sehr kurzen Stoßzeiten spielen auch die Lageänderungen der stoßenden Körper keine nennenswerte Rolle.

Die Berührung der stoßenden Körper erfolgt im Stoßpunkt P, der in der Berührungsebene (Tangentialebene) liegt, die Stoßnormale ist eine darauf senkrechte Gerade (Bild 5.43).

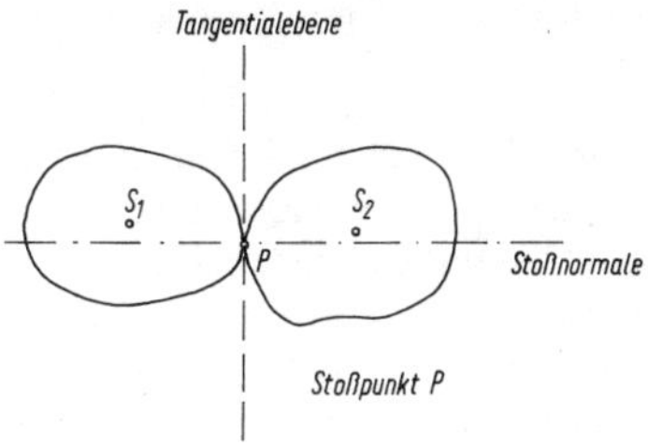

Bild 5.43 Stoßpunkt, Tangentialebene und Stoßnormale

Beim *zentrischen Stoß* verläuft die Stoßnormale durch die Schwerpunkte S_1 und S_2 der stoßenden Massen, beim *exzentrischen Stoß* hingegen verläuft die Stoßnormale nur durch einen oder keinen der Schwerpunkte. Es handelt sich um einen *geraden Stoß*, wenn die Geschwindigkeiten der stoßenden Körper auf der Stoßnormalen liegen (sonst spricht man vom schiefen Stoß). Zwei einfache Fälle des geraden zentrischen und exzentrischen Stoßes werden nachfolgend betrachtet.

5.2.5.1 Gerader zentrischer Stoß

Zwei Kugeln der Massen m_1 und m_2 bewegen sich gemäß Bild 5.44a translatorisch auf einer Geraden (Stoßnormale), mit den Geschwindigkeiten v_1 und v_2 ($v_1 > v_2$). Die Geschwindigkeiten nach dem Stoß werden mit v_1^* und v_2^* bezeichnet (Bild 5.44b).

---

[1]) Praktisch wichtige Fragen, die sich beispielsweise bei der Kollision zweier Kraftfahrzeuge ergeben, lassen sich mit diesen Idealisierungen allein nicht behandeln.

Da keine äußeren Kräfte wirken, liefert der Impulserhaltungssatz (5.107) hierfür

$$m_1 v_1 + m_2 v_2 = m_1 v_1^* + m_2 v_2^*$$

oder

$$m_1 (v_1 - v_1^*) = m_2 (v_2^* - v_2). \tag{5.119}$$

Die Stoßkräfte als innere Kräfte treten im Impulserhaltungssatz nicht in Erscheinung.

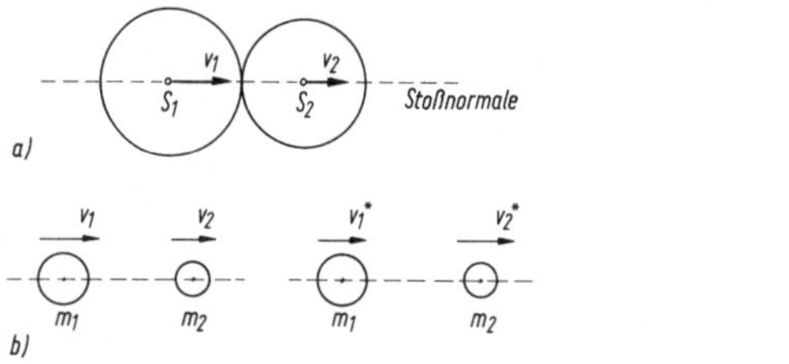

Bild 5.44 Gerader zentrischer Stoß, Geschwindigkeiten vor und nach dem Stoß

Zur Bestimmung der Geschwindigkeiten nach dem Stoß wird eine zweite Beziehung benötigt, wobei zwei Grenzfälle unterschieden werden, die den Energieverlust beim Stoßvorgang betreffen.

Für den *Stoß ohne Energieverlust* (ideal elastischer Stoß) gilt der Energiesatz. Es wird vereinfachend nur die kinetische Energie berücksichtigt, hierfür gilt

$$\frac{m_1}{2} v_1^2 + \frac{m_2}{2} v_2^2 = \frac{m_1}{2} v_1^{*2} + \frac{m_2}{2} v_2^{*2}$$

oder

$$m_1 (v_1^2 - v_1^{*2}) = m_2 (v_2^{*2} - v_2^2). \tag{5.120}$$

Die Massen können eliminiert werden, indem man (5.120) durch (5.119) dividiert. Dies liefert

$$v_2^* - v_1^* = v_1 - v_2 \tag{5.121}$$

und man erkennt daraus, daß die Relativgeschwindigkeit der beiden stoßenden Massen beim Stoß ohne Energieverlust „gespiegelt" wird, d.h.

$$v_2 - v_1 = -(v_2^* - v_1^*). \tag{5.121 a}$$

Für die Geschwindigkeiten nach dem Stoß ergeben sich aus (5.119) und (5.121) schließlich

$$\left.\begin{aligned} v_1^* &= \frac{m_1 v_1 + m_2(2v_2 - v_1)}{m_1 + m_2} \\ v_2^* &= \frac{m_2 v_2 + m_1(2v_1 - v_2)}{m_1 + m_2}. \end{aligned}\right\} \tag{5.122}$$

Als Beispiele werden zwei Sonderfälle betrachtet. Für $m_1 = m_2 = m$ und $v_2 = 0$ folgen $v_1^* = 0$ und $v_2^* = v_1$, d.h. es findet eine vollständige Übergabe der Energie beim Stoß statt.

Wird $m_1 = m$ und $m_2 \to \infty$ gesetzt und ist $v_2 = 0$, so folgen $v_2^* = 0$ und $v_1^* = -v_1$. Dies entspricht der Reflexion an einer starren Wand.

Für den *Stoß mit Energieverlust* (nicht ganz zutreffend mitunter als nicht-elastischer oder teilplastischer Stoß bezeichnet) wird die Beziehung (5.121) gemäß der Stoßhypothese von *Newton* durch

$$v_2^* - v_1^* = k(v_1 - v_2) \tag{5.123}$$

ersetzt. Dies stellt eine Idealisierung des Geschehens dar, die sog. Stoßzahl k ist abhängig vom Material und der Oberflächenbeschaffenheit der stoßenden Kugeln sowie von der Relativgeschwindigkeit und muß experimentell ermittelt werden.

Näherungsweise kann die Stoßzahl aus der Beobachtung der Rücksprunghöhe h_R einer aus der Höhe h auf eine horizontale Unterlage fallenden Kugel bestimmt werden. Die Auftreffgeschwindigkeit ist $v_1 = \sqrt{2gh}$, mit der Rücksprunggeschwindigkeit $v_R = v_1^* = -\sqrt{2gh_R}$ erhält man aus $k = -\dfrac{v_1^*}{v_1}$ gemäß (5.123) für die Stoßzahl

$$k = \sqrt{\frac{h_R}{h}}.$$

Es ist $0 < k < 1$, als Richtwerte gelten

Holz/Holz $k = 0{,}5$, Stahl/Stahl $k = 0{,}7$,
Glas/Glas $k = 0{,}9$.

Aus (5.119) und (5.123) erhält man für die Geschwindigkeiten nach dem Stoß

$$\left.\begin{aligned} v_1^* &= \frac{m_1 v_1 + m_2 v_2 + k m_2 (v_2 - v_1)}{m_1 + m_2} \\ v_2^* &= \frac{m_1 v_1 + m_2 v_2 + k m_1 (v_1 - v_2)}{m_1 + m_2}. \end{aligned}\right\} \tag{5.124}$$

Der Energieverlust ergibt sich aus dem Vergleich der kinetischen Energie vor und nach dem Stoß

$$T_V = T - T^* = \frac{m_1}{2} (v_1^2 - v_1^{*2}) + \frac{m_2}{2} (v_2^2 - v_2^{*2})$$

und es folgt mit (5.124)

$$T_V = \frac{1 - k^2}{2} (v_1 - v_2)^2 \frac{m_1 m_2}{m_1 + m_2}. \tag{5.125}$$

Es findet eine Umwandlung von mechanischer Energie in andere Energieformen (z.B. Wärme, Schallenergie) statt.
Wie man erkennt, entspricht $k = 1$ dem Grenzfall des Stoßes ohne Energieverlust.
Der Grenzfall $k = 0$ hingegen bedeutet Stoß mit maximalem Energieverlust, hierfür gilt

$$T_{\mathrm{V\,max}} = \frac{1}{2}(v_1 - v_2)^2 \frac{m_1 m_2}{m_1 + m_2}.$$

Aus (5.124) folgt für $k = 0$

$$v_1^* = v_2^* = \frac{m_1 v_1 + m_2 v_2}{m_1 + m_2} \tag{5.126}$$

d.h. die beiden Massen bewegen sich nach dem Stoß mit gemeinsamer Geschwindigkeit weiter. Diesen Sachverhalt kann man treffend als *verhakenden Stoß* bezeichnen, er entspricht dem vollkommenen plastischen Stoß. Eine Anwendung findet sich beim automatischen Einkuppeln von Eisenbahnwaggons, ferner im sog. ballistischen Pendel zur Ermittlung von Geschoßgeschwindigkeiten.

5.2.5.2 Gerader exzentrischer Stoß

Von den vielen Möglichkeiten des exzentrischen Stoßes wird im folgenden der Fall betrachtet, daß eine Kugel gegen eine in einer Ebene bewegliche Scheibe (dies kann z.B. auch ein Stab sein) stößt.
Zuerst wird angenommen, daß eine Kugel (Masse m_1) gegen einen Stab (Masse m, Länge l) stößt, der um eine feste Achse drehbar ist (Bild 5.45). Die Stoßnormale verläuft jetzt nur noch durch den Schwerpunkt der Kugel.

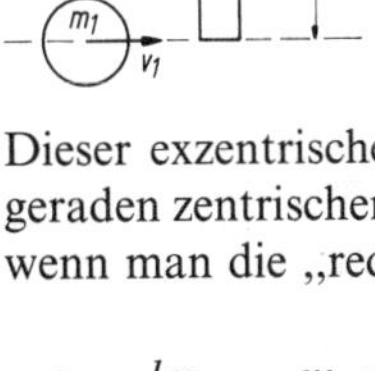

Bild 5.45 Stoß gegen Stab mit fester Achse

Dieser exzentrische Stoßvorgang kann auf den geraden zentrischen Stoß zurückgeführt werden, wenn man die „reduzierten" Größen

$$v_2 = l\omega, \qquad m_2 = \frac{\theta_A}{l^2} \tag{5.127}$$

einführt, wobei θ_A das Massenträgheitsmoment des Stabs bezüglich seines Drehpunkts bedeutet. (vgl. Abschnitt 6.1.3).
Es gilt

$$\theta_A = \frac{m}{3} l^2 \quad \text{und somit} \quad m_2 = \frac{m}{3}.$$

Nunmehr lassen sich die Formeln des Abschnitts 5.2.5.1 anwenden, insbesondere folgt aus (5.124) für die Geschwindigkeiten nach dem Stoß

$$v_1^* = \frac{(1+k)\,\theta_A l\omega + v_1 (m_1 l^2 - k\theta_A)}{\theta_A + m_1 l^2}$$

$$\omega^* = \frac{(1+k) m_1 l v_1 + \omega(\theta_A - k m_1 l^2)}{\theta_A + m_1 l^2}.$$

Die Beziehungen (5.125) und (5.126) können entsprechend umgerechnet werden.
Ein allgemeinerer exzentrischer Stoßvorgang liegt vor, wenn die stoßende Kugel auf einen in einer Ebene frei beweglichen Körper, z.B. einen Stab trifft (Bild 5.46).

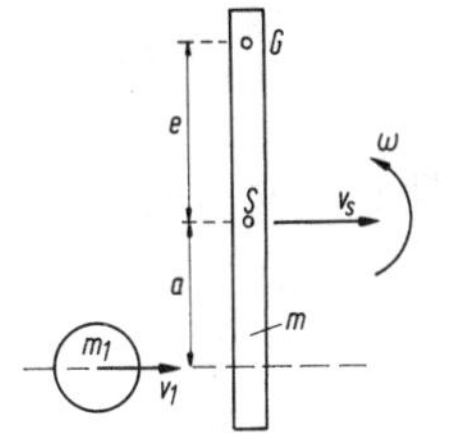

Bild 5.46 Gerader exzentrischer Stoß

Der gestoßene Stab (Masse m), hat vor dem Stoß die Schwerpunktgeschwindigkeit v_S und die Winkelgeschwindigkeit ω, die Geschwindigkeit der Kugel (Masse m_1) ist v_1.
Neben dem Impulserhaltungssatz

$$m_1 v_1 + m v_S = m_1 v_1^* + m v_S^* \tag{5.128}$$

gilt hier auch der Drallerhaltungssatz (mit z.B. auf den Schwerpunkt S des Stabs bezogenem Drall)

$$\theta_S \omega + m_1 v_1 a = \theta_S \omega^* + m_1 v_1^* a \tag{5.129}$$

wobei θ_S das Massenträgheitsmoment bezüglich des Schwerpunkts ist und a den Abstand des Stoßpunkts vom Schwerpunkt bedeutet.
Zur Bestimmung der Geschwindigkeiten v_1^*, v_S^* und ω^* nach dem Stoß wird gemäß der Newtonschen Stoßhypothese die Beziehung

$$v_S^* + a\omega^* - v_1^* = k(v_1 - v_S - a\omega) \tag{5.130}$$

benötigt.

Für den Sonderfall $v_S = \omega = 0$ erhält man aus den Gln. (5.128) bis (5.130) in einfacher Weise

$$v_1^* = \frac{\theta_S(m_1 - km) + m_2 m a^2}{\theta_S(m_1 + m) + m_1 m a^2} v_1$$

$$v_S^* = \frac{(1+k) m_1 \theta_S}{\theta_S(m_1 + m) + m_1 m a^2} v_1$$

$$\omega^* = \frac{(1+k) m_1 m a}{\theta_S(m_1 + m) + m_1 m a^2} v_1 .$$

Auch dieser Fall kann durch Einführung reduzierter Größen auf den geraden zentrischen Stoß zurückgeführt werden.

Der gestoßene freie Stab gemäß Bild 5.46 führt eine ebene Bewegung aus, der Momentanpol G (vgl. Abschnitt 4.4.2) unmittelbar nach dem Stoß wird als *Stoßmittelpunkt* bezeichnet. Er liegt auf einer zur Stoßnormale senkrechten Geraden durch den Schwerpunkt im Abstand e von diesem. Hierfür ergibt sich aus der Bedingung $v_S^* - e\omega^* = 0$ für die Lage des Stoßmittelpunkts

$$e = \frac{\theta_S}{ma} = \frac{i^2}{a} \tag{5.131}$$

wobei i den sog. Trägheitsradius (vgl. Abschnitt 6.1.1) bedeutet. [1])

Man erkennt, daß der ursprünglich freie Stab momentan im Stoßmittelpunkt G drehbar gelagert werden kann, ohne daß sich am Stoßvorgang etwas ändert. Während des Stoßes tritt in G keine Reaktionskraft auf, eine Tatsache, die man z.B. bei der Auslegung von Pendelschlagwerken ausnützt.

Auch bei der Benutzung von Schlagwerkzeugen (Hammer, Beil) ist dies von praktischer Bedeutung. Der Stoßmittelpunkt entspricht der Stelle, an der man den Hammerstiel zweckmäßig anzufassen hat, damit unangenehme Stoßwirkungen beim Schlag vermieden werden.

5.2.5.3 Drehstoß

Als Drehstoß bezeichnet man den Stoßvorgang zweier Körper, die um feste Drehachsen rotieren können (Bild 5.47). Auch dieser Sonderfall des exzentrischen Stoßes kann auf den geraden zentralen Stoß zurückgeführt werden.

Man denkt sich jeden der Körper durch kugelförmige Massen an masselosen Stangen der Längen l_1 und l_2 durch die Drehpunkte A_1 und A_2 ersetzt.

Aus den gegebenen Massenträgheitsmomenten θ_1 und θ_2 bezüglich der Drehachsen erhält man die reduzierten Massen

$$m_1 = \frac{\theta_1}{l_1^2}, \qquad m_2 = \frac{\theta_2}{l_2^2}$$

ferner gilt

$$v_1 = l_1 \omega_1, \qquad v_2 = l_2 \omega_2$$

und es lassen sich die Beziehungen von Abschnitt 5.2.5.1 direkt anwenden.

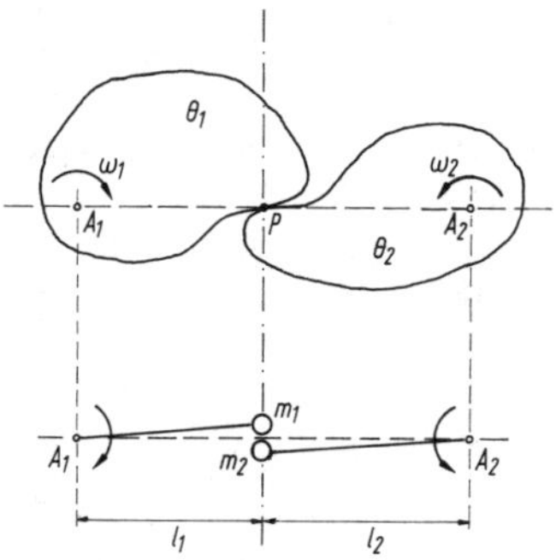

Bild 5.47 Drehstoß zweier rotierender Körper

Ein Sonderfall des Drehstoßes liegt vor, wenn zwei um eine feste Achse rotierende Scheiben miteinander gekuppelt werden, Bild 5.48.

Da nach dem Einkuppeln die beiden Scheiben die gemeinsame Winkelgeschwindigkeit ω^* besitzen, handelt es sich um einen verhakenden Stoß ($k = 0$).

Mit den Entsprechungen, die nach Abschnitt 5.1.4 zwischen der Bewegung von Massenpunkten und der Rotation starrer Körper um feste Drehachsen bestehen, lassen sich wiederum die Formeln von Abschnitt 5.2.5.1 anwenden.

Bei Vernachlässigung der Kupplungsmassen erhält man

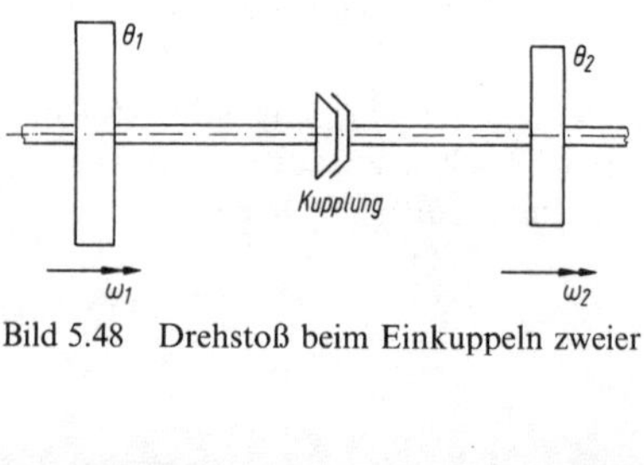

Bild 5.48 Drehstoß beim Einkuppeln zweier Rotoren

---

[1]) Die Größe e tritt beim sog. physikalischen Pendel (Abschnitt 7.1.5) zur Berechnung der reduzierten Pendellänge in Erscheinung.

$$\omega^* = \frac{\theta_1 \omega_1 + \theta_2 \omega_2}{\theta_1 + \theta_2}$$

wobei ω_1 und ω_2 die Winkelgeschwindigkeiten vor dem Stoß bedeuten.

Abschließend zu den Stoßvorgängen sei angemerkt, daß diese in der gesamten Technik eine große Rolle spielen. Einerseits sind Stöße meist mit Verlust an kinetischer Energie verbunden, sie sollten daher bei der Konstruktion von Maschinen weitgehend ausgeschaltet werden. Andererseits können aber durch den Stoß sehr starke Kräfte erzeugt werden, die z. B. beim Einschlagen von Nägeln, beim Einrammen von Pfählen und beim Schmieden erforderlich sind.

Die genaue theoretische Erfassung aller bei den Stoßvorgängen auftretenden Erscheinungen, wie z. B. der genaue Verlauf der Stoßkräfte, die vorübergehenden oder bleibenden Verformungen der Körper, die entstehenden Spannungswellen sowie die Schwingungen der Körper usw. ist nicht auf elementare Weise möglich.

5.3 Systeme mit veränderlicher Masse

Bei den bisherigen Betrachtungen gilt der Impulssatz in der Form (vgl. Abschnitt 5.2.1)

$$\vec{R} = \dot{\vec{J}} = \sum_i m_i \dot{\vec{v}}_i = m \dot{\vec{v}}_S \qquad (5.132)$$

für die translatorische Bewegung eines abgegrenzten Systems mit konstanter Gesamtmasse. Neben der Impulsänderung durch Änderung der Geschwindigkeit infolge eingeprägter Kräfte (bei $m = \text{konst.}$) kann eine Impulsänderung auch durch Änderung der Gesamtmasse, d.h. infolge diskreter oder kontinuierlicher Zu- bzw. Abfuhr von Massenteilchen eintreten.

Hierzu muß der Impulssatz erweitert werden, indem sowohl die zum System gehörenden und verbleibenden als auch die zu- oder abgeführten Massen getrennt zu berücksichtigen sind. Damit wird der Impulssatz anwendbar zur Behandlung von Bewegungen nach dem *Rückstoßprinzip*.

Zur Erläuterung dient ein einfaches Beispiel mit zwei beteiligten Massen (Bild 5.49). Aus einem anfangs ruhenden Boot (Masse m_B) wird eine Masse m' mit der Relativgeschwindigkeit $\vec{v}_{Rel} = \vec{v}\,' - \vec{v}_B$ heckwärts hinausgeschleudert. [1]) Es ist eine bekannte Tatsache, daß infolge der herausgeschleuderten Masse das Boot in Vorwärtsbewegung versetzt wird.

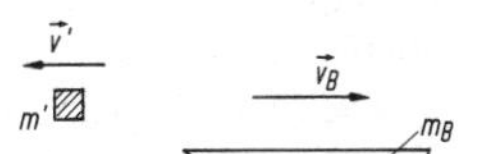

Bild 5.49 Zum Rückstoßprinzip

Widerstandskräfte werden vernachlässigt, das Wegschleudern der Masse wird als gleichförmige Bewegung angesehen. Dann lassen sich die Absolutgeschwindigkeiten $\vec{v}_B$ und $\vec{v}\,'$ von Boot und Masse berechnen. Die Kräfte zwischen Boot und geschleuderter Masse sind als innere Kräfte des Systems ohne Einfluß und es gilt nach dem Impulserhaltungssatz

$$\vec{J} = m_B \vec{v}_B + m' \vec{v}\,' = 0 .$$

Daraus folgen in einfacher Weise

$$\vec{v}\,' = \frac{m_B}{m_B + m'} \vec{v}_{Rel}, \qquad \vec{v}_B = -\frac{m'}{m_B + m'} \vec{v}_{Rel}$$

das Boot bewegt sich entgegen der Richtung der Relativgeschwindigkeit.

Praktische Anwendungen für das Rückstoßprinzip finden sich für die Bewegung von Raketen und Strahltriebwerken. Hierbei findet eine kontinuierliche Abstoßung von Masse entgegen der Bewegungsrichtung statt. Es entsteht ein Schub, der eine beschleunigte Bewegung bewirkt. Anders als z. B. beim Fahrzeugverkehr auf der Erde, der nur infolge der Haftreibung möglich ist, kann sich eine Rakete auch im luftleeren Raum fortbewegen. Unter stark vereinfachenden Annahmen werden nachfolgend die elementaren Bewegungsgesetze für Rückstoßfahrzeuge betrachtet.

5.3.1 Raketenbewegung

Bei der Rakete werden Verbrennungsgase, die durch kontrolliertes Abbrennen festen oder flüssigen Treibstoffs (der einschließlich der Oxydationsmittel von der Rakete mitgeführt werden muß) mit großer Geschwindigkeit entgegen der Bewegungsrichtung ausgestoßen (Bild 5.50).

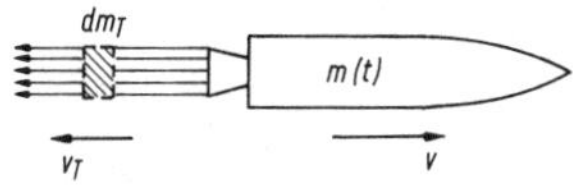

Bild 5.50 Raketenantrieb

[1]) An Stelle des Boots kann auch ein reibungsfrei auf horizontaler Bahn beweglicher Wagen ins Auge gefaßt werden.

Ein herausgegriffenes Massenelement dm_T des ausgestoßenen Gasstroms hat die Absolutgeschwindigkeit v_T, die relative Ausströmgeschwindigkeit gegenüber der Rakete (Strahlgeschwindigkeit) ist $v_{Rel} = c$. Die Rakete verliert während der Brenndauer ständig an Masse, dadurch wird wiederum die Rückstoßwirkung immer größer.
Vereinfachend wird angenommen, daß die Rakete sich translatorisch bewegt, die Strahlgeschwindigkeit c konstant bleibt und sich über den Austrittsquerschnitt nicht ändert.
Gemäß Bild 5.51 wird die Impulsänderung der mit der Geschwindigkeit v bewegten Rakete im Zeitraum dt betrachtet. Es gilt

$$\begin{aligned} dJ &= J_{t+dt} - J_t \\ &= (m - dm_T)(v + dv) + dm_T(v - c) - mv \end{aligned}$$

und mit Vernachlässigung des von zweiter Ordnung kleinen Glieds folgt die Impulsänderung

$$dJ = m(t)\,dv - dm_T\,c. \tag{5.133}$$

Der Impulssatz $\dot{J} = R$ lautet somit

$$m(t)\,\dot{v} - \dot{m}_T\,c = R. \tag{5.134}$$

Die zeitliche Massenänderung $\dot{m}_T = \mu$ mit der Dimension $\frac{\text{kg}}{\text{s}}$ wird als *Durchsatz* bezeichnet, der Massenabnahme der Rakete entspricht $\dot{m} = -\mu$. Im folgenden wird μ als konstant angenommen. Es folgt die Raketenbewegungsgleichung

$$m(t)\,\dot{v} = R + \mu c. \tag{5.135}$$

Die Größe $S = \mu c$ wird als Raketenschub bezeichnet, es ist die beschleunigende Kraft während R eine Widerstandskraft bzw. das beim senkrechten Start zu überwindende Anfangsgewicht $G_A = m_A g$ der voll beladenen Rakete ist. Ein Raketenstart ist nur möglich, wenn $\mu c > m_A g$ ist.
Die Integration von (5.135) liefert die Raketengeschwindigkeit, einige charakteristische Eigenschaften sollen diskutiert werden.

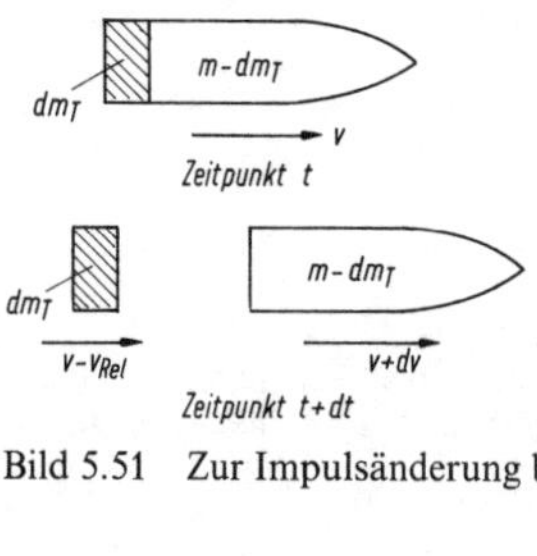

Bild 5.51 Zur Impulsänderung bei der Raketenbewegung

Hierzu wird $R = 0$ angenommen, d.h. die Rakete befinde sich außerhalb der Atmosphäre (dies gilt auch als Näherung für $S \gg G_A$).
Bei konstantem Durchsatz μ gilt für die Massenabnahme der Rakete

$$\dot{m}(t) = -\mu = \text{konst.}$$

oder nach Integration

$$m(t) = m_A - \mu t. \tag{5.136}$$

Die Brenndauer T ist definiert gemäß

$$m(T) = m_A - \mu T = m_L$$

wobei m_L die Leermasse der Rakete bei Brennschluß bedeutet und $m_T = \mu T$ die Treibstoffmasse (einschließlich der Oxydationsmittel) ist.
Damit wird (5.136)

$$m(t) = m_L + \mu(T - t) \tag{5.137}$$

speziell für die Anfangsmasse ist

$$m(0) = m_A = m_L + m_T.$$

Die Bewegungsgleichung (5.135) lautet mit (5.136)

$$\frac{dv}{dt} = \frac{\mu c}{m_A - \mu t}$$

und kann nach Trennung der Veränderlichen integriert werden.
Es folgt

$$v - v_0 = c \ln \frac{m_A}{m_L + \mu(T - t)} \tag{5.138}$$

Die maximale Geschwindigkeit wird beim Brennschluß $t = T$ erreicht, sie beträgt

$$v_{max} = v_0 + c \ln \frac{m_A}{m_L} \tag{5.139}$$

und man erkennt die wichtige Tatsache, daß v_{max} die Ausströmgeschwindigkeit der Gase übersteigen kann.
Maßgebend hierfür ist das Verhältnis (mitunter als *Ziolkovski*-Zahl bezeichnet)

$$\frac{m_A}{m_L} = \frac{m_L + m_T}{m_L} = 1 + \frac{m_T}{m_L}$$

dies bedeutet, daß $v_{max} > c$ für $\frac{m_T}{m_L} > 1{,}72$ eintreten kann. In diesem Grenzfall ergäbe sich (theoretisch für $v_0 = 0$) bei $c = 3000\,\text{m/s}$ eine Endgeschwindigkeit $v_{max} \approx 3\,\text{km/s}$. Dies ist für astronautische Verhältnisse gering, beträgt doch die sog. erste astronautische Geschwindigkeit (die theoretisch erforderlich ist, um einen künstlichen Satelliten auf einer erdnahen Umlaufbahn zu halten, vgl. Abschnitt 5.1.5) $v_1 \approx 8\,\mathrm{km/s}$. Bei $c = 3000\,\mathrm{m/s}$ ist hierfür bereits ein Wert $\frac{m_A}{m_L} \approx 15$ erforderlich, bei $c = 4000\,\mathrm{m/s}$ nur noch halb soviel.

Es sei aber festgehalten, daß diese Werte nur grobe Idealisierungen der Wirklichkeit darstellen. In der Praxis wird zur Erzielung höherer Endgeschwindigkeiten das sog. Stufenprinzip angewendet, d.h. es werden mehrere Teilraketen hintereinander gekoppelt und brennen nacheinander ab. Nach dem jeweiligen Brennschluß werden die ausgebrannten Raketenstufen abgetrennt. Die letzte Stufe trägt die Nutzlast.

Wie immer aber eine Rakete gebaut ist, stets gilt für die Maximalgeschwindigkeit einer Stufe die Beziehung (5.139).

Übrigens erhält man dafür eine sehr grobe Näherungsformel (bei $v_0 = 0$) aus dem Vergleich des Gesamtimpulses der ausgetretenen Verbrennungsgase $m_T c$ mit dem erreichten Endimpuls $m_L v_{max}$. Dies liefert

$$m_L v_{max} = m_T c$$

und daraus

$$v_{max} \approx c \frac{m_T}{m_L}.$$

5.3.2 Strahltriebwerk

Der Antrieb von Flugzeugen mittels Strahltriebwerken (Turbinen-Luftstrahltriebwerk) unterscheidet sich grundsätzlich vom Raketenantrieb. Während die Bewegung einer Rakete nicht auf das Vorhandensein einer Atmosphäre angewiesen ist, erfordert das Strahltriebwerk Luft als Arbeitsmittel. Durch diese Abhängigkeit von der Umgebung sind Flughöhe und -geschwindigkeit beim strahlgetriebenen Flugkörper beschränkt.

Beim Turbinen-Luftstrahltriebwerk wird Luft durch die Eintrittsöffnungen angesaugt, verdichtet und nach Erhitzung zusammen mit den Treibstoffverbrennungsgasen mit großer Geschwindigkeit ausgestoßen (Bild 5.52). Die Aufnahme der Luft bedeutet eine bremsende Wirkung.

Es gelten

$$\mathrm{d}m_G = \mathrm{d}m_{Lu} + \mathrm{d}m_T, \quad \dot{m}_G = \mu_G, \quad \dot{m}_{Lu} = \mu_{Lu}, \quad \dot{m}_T = \mu_T$$

(die Indizes G, Lu, T beziehen sich auf Ausstoßgase, Luft, Treibstoff) die Relativgeschwindigkeiten sind

$$v_{GRel} = c \qquad \text{(Strahlgeschwindigkeit)},$$
$$v_{LuRel} = -v.$$

Eine Betrachtung der Impulsänderung (ähnlich wie bei der Rakete) liefert

$$\mathrm{d}J = m\,\mathrm{d}v - \mathrm{d}m_G\, v_{GRel} - \mathrm{d}m_{Lu}\, v_{LuRel} \tag{5.140}$$

und der Impulssatz $\dot{J} = R$ lautet nun

$$m\dot{v} - \dot{m}_G\, v_{GRel} - \dot{m}_{Lu}\, v_{LuRel} = R$$

(die ersten beiden Terme der linken Seite entsprechen denen bei der Raketenbewegung, der dritte Term stellt einen verzögernden Anteil dar).

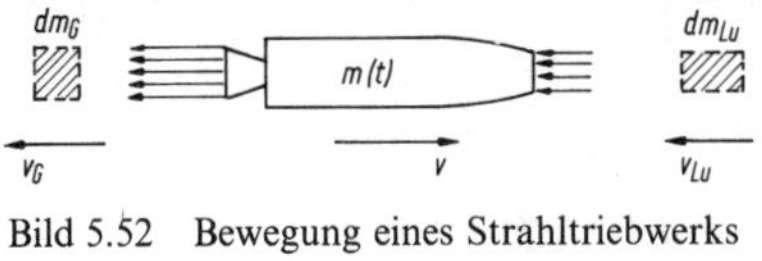

Bild 5.52 Bewegung eines Strahltriebwerks

Mit der Näherung

$$\mu_G = \mu_{Lu} + \mu_T = \mu_{Lu}\left(1 + \frac{\mu_T}{\mu_{Lu}}\right) \approx \mu_{Lu}$$

folgt als Bewegungsgleichung

$$m\dot{v} = R + \mu_G c - \mu_{Lu} v = R + \mu_{Lu}(c - v). \tag{5.141}$$

Man erkennt, daß die beschleunigende Schubkraft

$$S = \mu_{Lu}(c - v)$$

von der Fluggeschwindigkeit abhängt. Für $v = c$ ist $S = 0$, d.h. das Triebwerk kann nicht schneller werden als die Ausströmgeschwindigkeit der Gase (im Unterschied zum Raketentriebwerk). Leistungssteigerungen des Strahltriebwerks sind durch verschiedene Maßnahmen (z.B. Nachverbrennung) möglich, jedoch ohne Einfluß auf die Maximalgeschwindigkeit.

6 Kinetik starrer Körper

Der Begriff des starren Körpers als Idealisierung für reale Festkörper wurde bereits mehrfach verwendet. Es handelt sich um unendlich kleine infinitesimal benachbarte Massenpunkte innerhalb eines endlichen Volumens, die einem kontinuierlich mit Materie ausgefüllten Raum mit der Massendichte $\varrho(\vec{r}) = \frac{\mathrm{d}m}{\mathrm{d}V}$ entsprechen.[1])

Die bereits für das Massenpunktsystem bekannten Begriffe und Sätze werden erweitert und ergänzt für starre Körper und Systeme starrer Körper. Gleichwohl können manche der Aussagen auch für nicht starre Festkörper angewendet werden.

Die Gesamtmasse eines starren Körpers ergibt sich gemäß

$$m = \int_{(m)} \mathrm{d}m = \int_{(V)} \varrho \,\mathrm{d}V$$

wie dies bereits bei der Schwerpunktsdefinition fester Körper (Abschnitt 2.8.1.2) verwendet wurde.

6.1 Massenträgheitsmomente

Ein spezieller Fall des wichtigen (von *L. Euler* eingeführten) Begriffs Massenträgheitsmoment wurde bereits bei der Betrachtung der Drehbewegung eines starren Körpers um eine feste Achse definiert (vgl. Abschnitt 5.1.4).

Entsprechende Größen zur Kennzeichnung von ebenen Flächen für die Berechnung der Spannungsverteilung in Biegebalken oder Torsionsstäben wurden in Abschnitt 2.8.2 eingeführt.

6.1.1 Allgemeine Definition

Als Massenträgheitsmoment (Moment zweiter Ordnung) eines beliebigen Körpers der Masse m bezüglich einer beliebigen Achse A (Bild 6.1) bezeichnet man das Volumenintegral

$$\theta_A = \int_{(m)} l_A^2 \,\mathrm{d}m \quad \text{mit der Dimension kgm}^2 \tag{6.1}$$

das über die räumliche Ausdehnung des Körpers zu erstrecken ist, wobei l_A den Abstand des Massenelements von der Drehachse bedeutet.

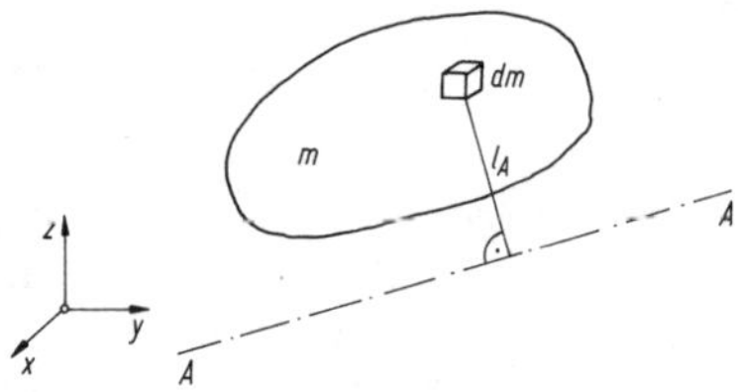

Bild 6.1 Definition des Massenträgheitsmoments

Zweckmäßig ist mitunter die Einführung des *Trägheitsradius i* gemäß (5.60). Es ist der Abstand der punktförmig gedachten Gesamtmasse m des Körpers von der Drehachse. Die Punktmasse besitzt dabei das gleiche Massenträgheitsmoment wie der ausgedehnte Körper, d.h.

$$\theta_A = m i^2 .$$

Bei Bezugnahme auf orthogonale Schwerachsen x, y, z gemäß Bild 6.2 gelten folgende Definitionen

Massenträgheitsmomente

$$\left.\begin{aligned} \theta_{xx} &= \int_{(m)} (y^2+z^2)\,\mathrm{d}m \\ \theta_{yy} &= \int_{(m)} (z^2+x^2)\,\mathrm{d}m \\ \theta_{zz} &= \int_{(m)} (x^2+y^2)\,\mathrm{d}m \end{aligned}\right\} \tag{6.2}$$

Zentrifugal- oder Deviationsmomente

$$\left.\begin{aligned} \theta_{xy} &= -\int_{(m)} xy\,\mathrm{d}m \\ \theta_{yz} &= -\int_{(m)} yz\,\mathrm{d}m \\ \theta_{zx} &= -\int_{(m)} zx\,\mathrm{d}m \end{aligned}\right\} \tag{6.3}$$

man erkennt, daß $\theta_{xy} = \theta_{yx}$, $\theta_{yz} = \theta_{zy}$, $\theta_{zx} = \theta_{xz}$.
Während die Massenträgheitsmomente stets positiv sind, können die Zentrifugalmomente auch negativ sein oder ganz verschwinden.

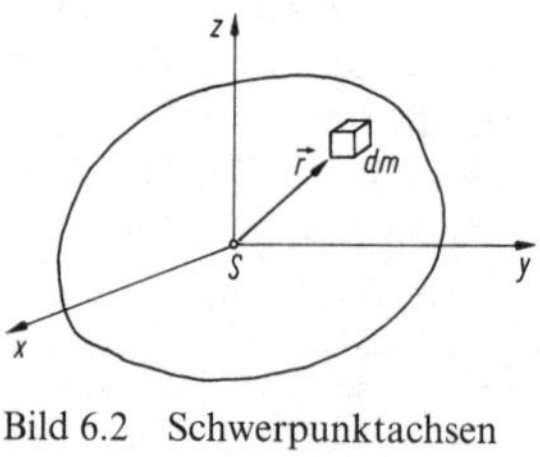

Bild 6.2 Schwerpunktachsen

[1]) Umgekehrt kann man einen festen Körper bei genügend feiner Unterteilung in massenbehaftete Volumenelemente als einem Massenpunktsystem (starr oder nicht starr) gleichwertig ansehen.

Es gilt ferner

$$\theta_{xx} + \theta_{yy} \geqslant \theta_{zz}$$

$$\theta_{yy} + \theta_{zz} \geqslant \theta_{xx}$$

$$\theta_{zz} + \theta_{xx} \geqslant \theta_{yy} .$$

Die sechs Größen (6.2) und (6.3) sind die Komponenten eines symmetrischen Tensors 2. Stufe und lassen sich in kompakter Form durch die Tensorgleichung (Kartesische Koordinaten) [1])

$$\theta_{kl} = \int_{(m)} (r^2 \delta_{kl} - k\,l)\,dm \tag{6.4}$$

darstellen, wobei allgemein für die Koordinaten x, y, z kleine lateinische Buchstaben k, l usw. geschrieben werden, ferner die Abkürzung $r^2 = x^2 + y^2 + z^2$ eingeführt ist und δ_{kl} den *Kronecker*-Tensor mit den Komponenten

$$\delta_{kl} = \begin{cases} 1 & \text{für } k = l \\ 0 & \text{sonst} \end{cases} \tag{6.5}$$

bedeutet.

Es ist üblich, die Gesamtheit der Komponenten des Tensors der Massenträgheitsmomente (kurz auch *Trägheitstensor* genannt und symbolisch mit $\underset{\sim}{\theta}$ bezeichnet) in der Komponentenmatrix

$$\underset{\sim}{\theta} = \begin{bmatrix} \theta_{xx} & \theta_{xy} & \theta_{xz} \\ \theta_{yx} & \theta_{yy} & \theta_{yz} \\ \theta_{zx} & \theta_{zy} & \theta_{zz} \end{bmatrix} \tag{6.6}$$

darzustellen. [2]) Bei einer Drehung des Kartesischen Koordinatensystems x, y, z in das gedrehte System ξ, η, ζ transformieren sich die Komponenten (vgl. Abschnitt 6.1.4) und es ergibt sich die Komponentenmatrix

$$\underset{\sim}{\theta} = \begin{bmatrix} \theta_{\xi\xi} & \theta_{\xi\eta} & \theta_{\xi\zeta} \\ \theta_{\eta\xi} & \theta_{\eta\eta} & \theta_{\eta\zeta} \\ \theta_{\zeta\xi} & \theta_{\zeta\eta} & \theta_{\zeta\zeta} \end{bmatrix} . \tag{6.7}$$

Der Tensor $\underset{\sim}{\theta}$ als physikalische Größe bleibt dabei derselbe.

[1]) Man vergleiche die analoge Darstellung der Flächenträgheitsmomente in Abschnitt 2.8.2.3.

[2]) Es ist zu beachten, daß einem Tensor zweiter oder höherer Stufe nicht (wie bei einem Vektor) eine „Größe" bzw. ein Betrag zugeschrieben werden kann. Allerdings gibt es bestimmte Ausdrücke, z. B. die Determinante der Komponentenmatrix (6.6), die sich bei einem Wechsel des Koordinatensystems invariant, d. h. wie ein Skalar verhält (vgl. Abschnitt 6.1.5).

6.1.2 Parallelverschiebung des Koordinatensystems, Satz von *Steiner*

Das Massenträgheitsmoment bezüglich einer Schwerachse läßt sich auf einfache Weise in den entsprechenden Wert bezüglich einer zur Schwerachse parallelen Achse umrechnen.

Ausgehend vom Schwerachsensystem x, y, z wird ein dazu parallel verschobenes (nicht gedrehtes) Koordinatensystem $\bar{x}, \bar{y}, \bar{z}$ mit dem Nullpunkt 0 betrachtet (Bild 6.3).

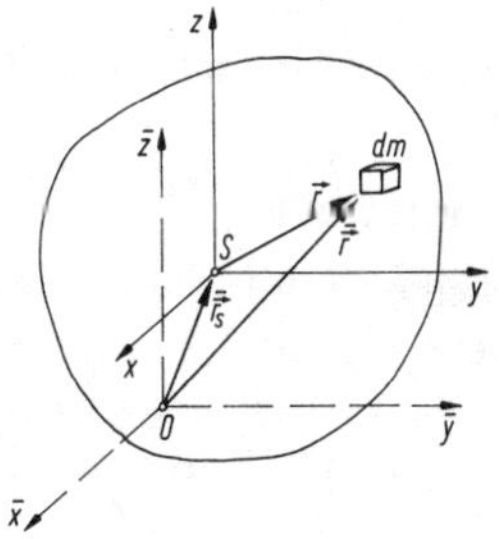

Bild 6.3 Parallelverschiebung des Koordinatensystem

Es gilt dann für die Ortsvektoren des Massenelements

$$\vec{\bar{r}} = \vec{\bar{r}}_S + \vec{r} \quad \text{oder} \quad \bar{x} = \bar{x}_S + x \quad \text{usw.}$$

und (6.4) lautet (als Tensorgleichung unverändert)

$$\theta_{\bar{k}\bar{l}} = \int_{(m)} (\bar{r}^2 \delta_{\bar{k}\bar{l}} - \bar{k}\bar{l})\,dm \tag{6.8}$$

mit

$$\bar{k} = \bar{k}_S + k \quad \text{usw.} \quad \bar{r}^2 = \bar{x}^2 + \bar{y}^2 + \bar{z}^2$$
$$= (\bar{x}_S + x)^2 + \ldots$$

wobei der *Kronecker*-Tensor als sog. isotroper Tensor seine Komponenten nicht ändert, d. h. $\delta_{\bar{k}\bar{l}} = \delta_{kl}$ ist.

Die Ausrechnung von (6.8) liefert unter Beachtung, daß die auftretenden Integrale

$$\int x\,dm \ldots \quad \text{bzw.} \quad \int k\,dm, \quad \int l\,dm$$

als statische Momente bezüglich des Schwerpunkts verschwinden, zunächst

$$\theta_{\bar{k}\bar{l}} = \int_{(m)} (r^2 \delta_{kl} - kl)\,dm + \bar{r}_S^2 \delta_{kl} \int_{(m)} dm - \bar{k}_S \bar{l}_S \int_{(m)} dm$$

oder, da der erste Term der rechten Seite θ_{kl} bezüglich der Schwerachsen bedeutet

$$\theta_{\bar{k}\bar{l}} = \theta_{kl} + (\bar{r}_S^2\,\delta_{kl} - \bar{k}_S\,\bar{l}_S)\,m \qquad (6.9)$$

(Satz von *Steiner*).

Ausführlich gelten $\left(m = \int\limits_{(m)} \mathrm{d}m\right)$

$$\theta_{\bar{x}\bar{x}} = \theta_{xx} + (\bar{y}_S^2 + \bar{z}_S^2)\,m \qquad \text{usw.}$$

$$\theta_{\bar{x}\bar{y}} = \theta_{xy} - \bar{x}_S\,\bar{y}_S\,m \qquad \text{usw.}$$

Man erkennt, daß die Massenträgheitsmomente bezüglich der Schwerachsen jeweils die kleinsten aller möglichen sind und daß sie oft einfacher als alle anderen zu berechnen sind.

Zu beachten ist, daß der Satz von *Steiner* nur beim Übergang von einer *Schwer*achse auf eine dazu parallele Achse, nicht aber beim Übergang zwischen beliebigen parallelen Achsen gilt.

Beim Beispiel einer Scheibe in Bild 6.4 sei θ_A bezüglich der Achse A gegeben und θ_B bezüglich der parallelen Achse B gesucht. Die Umrechnung kann nur über θ_S bezüglich der Schwerachse erfolgen, d.h. mit $\theta_A = \theta_S + a^2 m$ ergibt sich

$$\theta_B = \theta_S + b^2 m = \theta_A - a^2 m + b^2 m$$
$$= \theta_A + (b^2 - a^2)\,m.$$

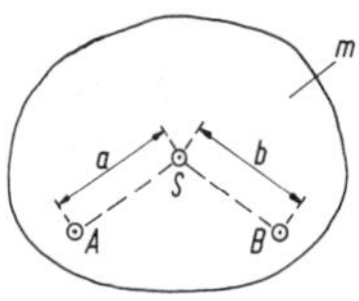

Bild 6.4 Zur Anwendung des Satzes von *Steiner*

6.1.3 Beispiele zur Berechnung der Massenträgheitsmomente

Prismatischer Stab (Bild 6.5a)
Länge l, Querschnitt A, Massendichte ϱ
Es folgt mit $\mathrm{d}m = \varrho A\,\mathrm{d}x$ und $z^2 \ll x^2$ (für schlanken Stab)

$$\theta_{yy} = \int\limits_{(m)} (z^2 + x^2)\,\mathrm{d}m = \varrho A \int\limits_{-l/2}^{l/2} x^2\,\mathrm{d}x$$
$$= \varrho A\,\frac{l^3}{12} = m\,\frac{l^2}{12} = \theta_{zz}$$

θ_{xx} kann vernachlässigt werden, die Zentrifugalmomente sind Null (wegen der Symmetrie).

Das Trägheitsmoment bezüglich einer zur Schwerachse y oder z parallelen Achse durch das Stabende (Bild 6.5b) ergibt sich nach dem Satz von *Steiner* gemäß

$$\theta_0 = \theta_S + m\left(\frac{l}{2}\right)^2 = m\,\frac{l^2}{3}.$$

Dünne Kreisscheibe (Bild 6.5c)
Radius R, Dicke h
Mit $\mathrm{d}m = \varrho h\,\mathrm{d}A$ folgt

$$\theta_{zz} = \int\limits_{(m)} (x^2 + y^2)\,\mathrm{d}m = \varrho h \int\limits_{(A)} r^2\,\mathrm{d}A = \varrho h J_p$$

dabei ist $J_p = \pi\,\frac{R^4}{2}$ das polare Flächenträgheitsmoment einer Kreisfläche (vgl. Abschnitt 2.8.2.1) und man erhält

$$\theta_{zz} = m\,\frac{R^2}{2}.$$

Es ergibt sich ferner mit $z^2 \ll y^2$ (dünne Scheibe)

$$\theta_{xx} = \int\limits_{(m)} (y^2 + z^2)\,\mathrm{d}m = \varrho h \int\limits_{(A)} y^2\,\mathrm{d}A = \varrho h J_{xx}$$

und mit dem axialen Flächenträgheitsmoment $J_{xx} = \pi\,\frac{R^4}{4}$ erhält man

$$\theta_{xx} = m\,\frac{R^2}{4} = \theta_{yy}.$$

Die Zentrifugalmomente sind Null.

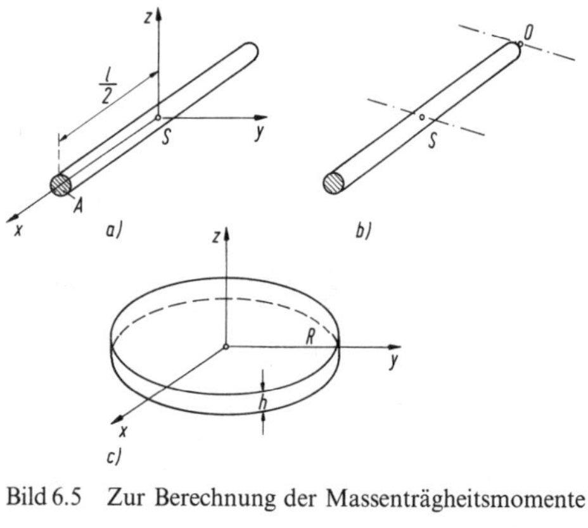

Bild 6.5 Zur Berechnung der Massenträgheitsmomente

Kreiszylinder (Bild 6.6)
Radius R, Höhe H
Wie bei der dünnen Kreisscheibe folgt $\theta_{zz} = m\,\frac{R^2}{2}$.

Zur Berechnung von $\theta_{xx} = \theta_{yy}$ kann der Satz von *Steiner* herangezogen werden. Für eine Scheibe der Dicke $\mathrm{d}z$ im Abstand z vom Schwerpunkt gilt nach dem Ergebnis für eine dünne Kreisscheibe mit $\mathrm{d}m = \varrho\pi R^2\,\mathrm{d}z$

$$\mathrm{d}\theta_{xx} = \frac{R^2}{4}\,\mathrm{d}m + z^2\,\mathrm{d}m = \varrho\pi R^2\left(\frac{R^2}{4} + z^2\right)\mathrm{d}z$$

und daraus

$$\theta_{xx} = \int_{(m)} \mathrm{d}\theta_{xx} = \varrho\pi R^2 \int_{-H/2}^{H/2}\left(\frac{R^2}{4} + z^2\right)\mathrm{d}z$$

$$= m\left(\frac{R^2}{4} + \frac{H^2}{12}\right).$$

Die Zentrifugalmomente sind wiederum Null.

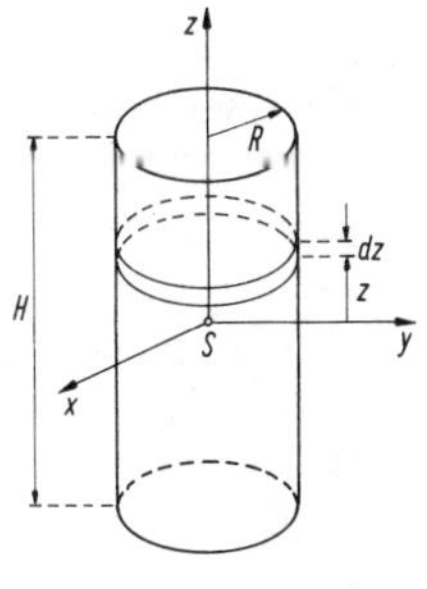

Bild 6.6 Zum Massenträgheitsmoment für Kreiszylinder

Quader (Bild 6.7)
Kantenlängen a, b, c parallel x, y, z-Richtung
Bezüglich der Schwerachse x gilt zunächst

$$\theta_{xx} = \int_{(m)} (y^2 + z^2)\mathrm{d}m = \int_{(m)} y^2\,\mathrm{d}m + \int_{(m)} z^2\,\mathrm{d}m.$$

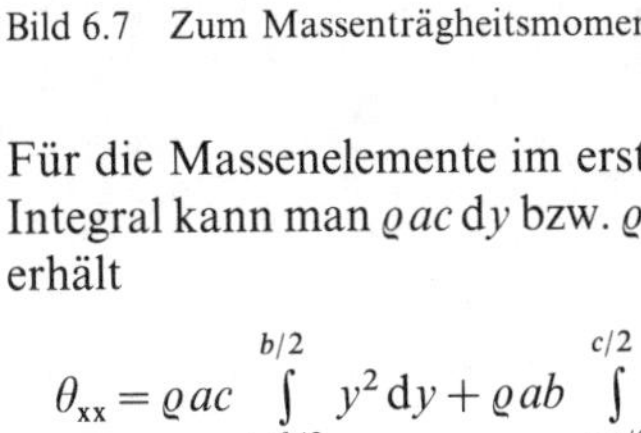

Bild 6.7 Zum Massenträgheitsmoment für Quader

Für die Massenelemente im ersten bzw. zweiten Integral kann man $\varrho ac\,\mathrm{d}y$ bzw. $\varrho ab\,\mathrm{d}z$ setzen und erhält

$$\theta_{xx} = \varrho ac \int_{-b/2}^{b/2} y^2\,\mathrm{d}y + \varrho ab \int_{-c/2}^{c/2} z^2\,\mathrm{d}z$$

$$= \varrho\,\frac{acb^3 + abc^3}{12}.$$

Mit der Gesamtmasse $m = abc\varrho$ folgt

$$\theta_{xx} = \frac{b^2 + c^2}{12}\,m$$

d.h. ein von der Kantenlänge a unabhängiger Ausdruck, der somit auch für eine dünne Scheibe der Grundfläche bc oder für einen langen prismatischen Stab mit Querschnitt bc gilt.

Analog folgen $\theta_{yy} = \frac{c^2 + a^2}{12}\,m$ und $\theta_{zz} = \frac{a^2 + b^2}{12}\,m$. Die Zentrifugalmomente sind Null.

Zur Berechnung der Trägheitsmomente bezüglich der Kanten, z.B. der x'-Achse, wird der Satz von *Steiner* angewendet. Es ergeben sich

$$\theta_{x'x'} = m\,\frac{b^2 + c^2}{12} + m\left(\frac{b^2}{4} + \frac{c^2}{4}\right) = m\,\frac{b^2 + c^2}{3}$$

$$\theta_{x'y'} = -m\,\frac{ab}{4} \quad \text{usw.}$$

Für einen Würfel ($a = b = c$) erhält man

$$\theta_{xx} = \theta_{yy} = \theta_{zz} = m\,\frac{a^2}{6}.$$

Kugel (Radius a)
Wegen der Kugelsymmetrie sind die Massenträgheitsmomente bezüglich aller Schwerachsen gleich, d.h. es gilt

$$\theta_{xx} = \theta_{yy} = \theta_{zz} = \theta_S = \int_{(m)} (y^2 + z^2)\,\mathrm{d}m$$

$$= \int_{(m)} (z^2 + x^2)\,\mathrm{d}m = \int_{(m)} (x^2 + y^2)\,\mathrm{d}m.$$

Somit ergibt sich

$$3\theta_S = \int_{(m)} 2(x^2 + y^2 + z^2)\,\mathrm{d}m = 2\int_{(m)} r^2\,\mathrm{d}m.$$

Als Massenelement wird eine Kugelschale mit Radius r und Dicke $\mathrm{d}r$ betrachtet und mit $\mathrm{d}m = \varrho\,4\pi r^2\,\mathrm{d}r$ folgt

$$3\theta_S = \varrho\,8\pi\int_0^a r^4\,\mathrm{d}r = \varrho\,\frac{8}{5}\,\pi a^5$$

oder mit der Kugelmasse $m = \varrho\frac{4}{3}\pi a^3$ schließlich [1])

$$\theta_S = m\,\frac{2a^2}{5}.$$

[1]) Dies θ_S ist zu unterscheiden vom polaren Massenträgheitsmoment

$$\theta_p = \int_{(m)} r^2\,\mathrm{d}m = \tfrac{3}{2}\theta_S.$$

6.1.4 Drehung des Koordinatensystems, Transformation der Tensorkomponenten

Die Transformationsformeln zur Umrechnung der Koordinaten bei der räumlichen Drehung des Kartesischen x, y, z-Systems in das ξ, η, ζ-System (Bild 6.8) lauten bekanntlich

$$\left.\begin{aligned}\xi &= x\cos(\xi,x) + y\cos(\xi,y) + z\cos(\xi,z)\\ \eta &= x\cos(\eta,x) + y\cos(\eta,y) + z\cos(\eta,z)\\ \zeta &= x\cos(\zeta,x) + y\cos(\zeta,y) + z\cos(\zeta,z).\end{aligned}\right\} \quad (6.10)$$

Als Transformationskoeffizienten treten die sog. *Richtungskosinus* $\cos(\xi, x)$ usw. auf, wobei die Beziehungen

$$\cos^2(\xi,x) + \cos^2(\xi,y) + \cos^2(\xi,z) = 1 \quad \text{usw.}$$

gelten. [1])

Schreibt man für die gedrehten Koordinaten ξ, η, ζ allgemein λ, μ, lautet (6.10)

$$\lambda = \sum_k k\cos(\lambda,k) \quad \text{oder} \quad \mu = \sum_l l\cos(\mu,l). \quad (6.11)$$

Bei der Drehung des Koordinatensystems ändern sich, wie bereits erwähnt, die Komponenten des Tensors der Massenträgheitsmomente.

Die Beziehung (6.4) gilt als Tensorgleichung unverändert im gedrehten System, sie lautet

$$\theta_{\lambda\mu} = \int_{(m)} (r^2\,\delta_{\lambda\mu} - \lambda\,\mu)\,\mathrm{d}m \quad (6.12)$$

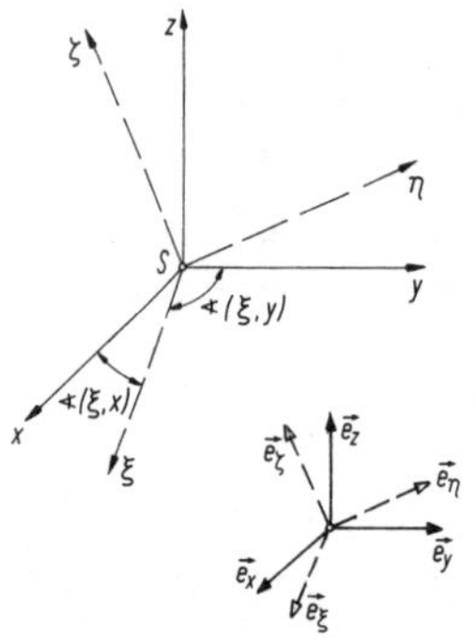

Bild 6.8 Drehung des Koordinatensystems

[1]) Im Sonderfall der Drehung eines ebenen Koordinatensystems (vgl. Bild 2.180) ergeben sich mit $\sphericalangle(\xi,x) = \alpha$, $\sphericalangle(\xi,y) = \frac{\pi}{2} - \alpha$, $\sphericalangle(\eta,x) = \frac{\pi}{2} + \alpha$, $\sphericalangle(\eta,y) = \alpha$ die bekannten Formeln

$$\xi = x\cos\alpha + y\sin\alpha, \qquad \eta = -x\sin\alpha + y\cos\alpha.$$

mit $r^2 = \xi^2 + \eta^2 + \zeta^2$ und dem (isotropen) *Kronecker*-Tensor $\delta_{\lambda\mu}$.

In derselben Weise wie die Koordinaten (als Komponenten des Ortsvektors) transformieren sich die Vektorkomponenten bei der Drehung des Koordinatensystems, es gilt allgemein

$$A_\lambda = \sum_k A_k \cos(\lambda,k)$$

speziell für die Kartesischen Basisvektoren

$$\vec{e}_\lambda = \sum_k \vec{e}_k \cos(\lambda,k) \quad \text{usw.} \quad (6.13)$$

Die bekannten Orthogonalitätsbedingungen für die Basisvektoren, vgl. (1.9), lauten

$$\vec{e}_k\,\vec{e}_l = \delta_{kl} \quad \text{bzw.} \quad \vec{e}_\lambda\,\vec{e}_\mu = \delta_{\lambda\mu}.$$

Mit (6.13) folgt daraus

$$\vec{e}_\lambda\,\vec{e}_\mu = \sum_k \sum_l \vec{e}_k\,\vec{e}_l \cos(\lambda,k)\cos(\mu,l)$$

oder

$$\delta_{\lambda\mu} = \sum_k \sum_l \delta_{kl} \cos(\lambda,k)\cos(\mu,l). \quad (6.14)$$

Man erkennt hierin das Transformationsgesetz für die Komponenten des *Kronecker*-Tensors.

In derselben Weise transformieren sich die Komponenten jedes Kartesischen Tensors 2. Stufe und es ergibt sich aus (6.12), wenn (6.14) und (6.11) eingesetzt werden

$$\begin{aligned}\theta_{\lambda\mu} &= \int_{(m)} \sum_k \sum_l [r^2\,\delta_{kl}\cos(\lambda,k)\cos(\mu,l)\\ &\qquad - k\,l\cos(\lambda,k)\cos(\mu,l)]\,\mathrm{d}m\\ &= \int_{(m)} \sum_k \sum_l (r^2\,\delta_{kl} - k\,l)\cos(\lambda,k)\cos(\mu,l)\,\mathrm{d}m\end{aligned}$$

oder

$$\theta_{\lambda\mu} = \sum_k \sum_l \theta_{kl}\cos(\lambda,k)\cos(\mu,l). \quad (6.15)$$

Ausgeschrieben lauten die Transformationsformeln (6.15)

$$\begin{aligned}\theta_{\xi\xi} = {} & \theta_{xx}\cos^2(\xi,x) + \theta_{yy}\cos^2(\xi,y)\\ & + \theta_{zz}\cos^2(\xi,z)\\ & + 2\,[\theta_{xy}\cos(\xi,x)\cos(\xi,y)\\ & \quad + \theta_{yz}\cos(\xi,y)\cos(\xi,z)\\ & \quad + \theta_{zx}\cos(\xi,z)\cos(\xi,x)]\end{aligned}$$

$$\begin{aligned}\theta_{\xi\eta} = \theta_{xx}\cos(\xi,x)\cos(\eta,x)\\ +\theta_{yy}\cos(\xi,y)\cos(\eta,y)\\ +\theta_{zz}\cos(\xi,z)\cos(\eta,z)\\ +\theta_{xy}[\cos(\xi,x)\cos(\eta,y)\\ +\cos(\xi,y)\cos(\eta,x)]\\ +\theta_{yz}[\cos(\xi,y)\cos(\eta,z)\\ +\cos(\xi,z)\cos(\eta,y)]\\ +\theta_{zx}[\cos(\xi,z)\cos(\eta,x)\\ +\cos(\xi,x)\cos(\eta,z)]\end{aligned}$$

die restlichen Gleichungen folgen durch zyklische Vertauschung der Indizes.

Die Beziehungen (6.15) beinhalten die algebraische Definition der Komponenten eines Kartesischen Tensors 2. Stufe. Ein Vektor wird übrigens auch als Tensor 1. Stufe bezeichnet.

6.1.5 Hauptträgheitsmomente

Wie bei jedem symmetrischen Tensor 2. Stufe (z.B. Spannungs- und Verzerrungstensor, vgl. Abschnitt 3.4.2) existieren für den Tensor der Massenträgheitsmomente bestimmte ausgezeichnete Bezugsachsen, die orthogonalen *Hauptachsen* $\xi^* = 1$, $\eta^* = 2$, $\zeta^* = 3$, mit verschwindenden Zentrifugalmomenten und gleichzeitig extremalen Werten für die Massenträgheitsmomente. Jeder starre Körper, wie unsymmetrisch auch immer, besitzt stets drei aufeinander senkrechte Hauptachsen, auch Trägheitshauptachsen genannt (Bild 6.9).

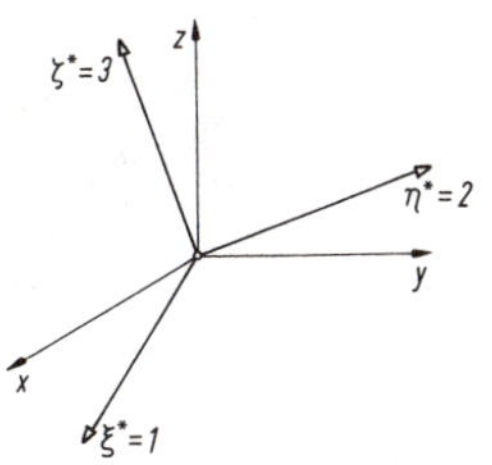

Bild 6.9 Hauptträgheitsachsen

Die Komponentenmatrix des Tensors der Massenträgheitsmomente nimmt dann die einfache Hauptachsenform

$$\underset{\sim}{\theta} = \begin{bmatrix}\theta_1 & 0 & 0\\ 0 & \theta_2 & 0\\ 0 & 0 & \theta_3\end{bmatrix} \qquad (6.16)$$

an, wobei θ_i $(i = 1, 2, 3)$ die 1755 von *J. A. Segner* eingeführten *Hauptträgheitsmomente* bedeuten. Mathematisch gesehen sind dies die Eigenwerte der allgemeinen Komponentenmatrix (6.6) oder (6.7), ihre Ermittlung entspricht der sog. Hauptachsentransformation.

Die Berechnung der θ_i erfolgt bei bekannten $\theta_{xx}\ldots$, $\theta_{xy}\ldots$ usw. mittels der Eigenwertgleichung (auf deren Herleitung verzichtet wird)

$$\begin{vmatrix}\theta_{xx}-\theta & \theta_{xy} & \theta_{xz}\\ \theta_{yz} & \theta_{yy}-\theta & \theta_{yz}\\ \theta_{zx} & \theta_{zy} & \theta_{zz}-\theta\end{vmatrix} = 0$$

und die sich als kubische Gleichung [1])

$$\theta^3 - T_{\mathrm{I}}\theta^2 + T_{\mathrm{II}}\theta - T_{\mathrm{III}} = 0 \qquad (6.17)$$

darstellen läßt. Als Koeffizienten treten die *Invarianten* des Tensors der Massenträgheitsmomente, d.h. drei von der Orientierung des Koordinatensystems unabhängige Größen, auf:

$$T_{\mathrm{I}} = \theta_{xx} + \theta_{yy} + \theta_{zz} = \theta_{\xi\xi} + \theta_{\eta\eta} + \theta_{\zeta\zeta} = \theta_1 + \theta_2 + \theta_3$$

(auch Spur des Tensors genannt)

$$\begin{aligned}T_{\mathrm{II}} &= \begin{vmatrix}\theta_{xx} & \theta_{xy}\\ \theta_{yx} & \theta_{yy}\end{vmatrix} + \begin{vmatrix}\theta_{yy} & \theta_{yz}\\ \theta_{zy} & \theta_{zz}\end{vmatrix} + \begin{vmatrix}\theta_{xx} & \theta_{xz}\\ \theta_{zx} & \theta_{zz}\end{vmatrix}\\ &= \begin{vmatrix}\theta_{\xi\xi} & \theta_{\xi\eta}\\ \theta_{\eta\xi} & \theta_{\eta\eta}\end{vmatrix} + \begin{vmatrix}\theta_{\eta\eta} & \theta_{\eta\zeta}\\ \theta_{\zeta\eta} & \theta_{\zeta\zeta}\end{vmatrix} + \begin{vmatrix}\theta_{\xi\xi} & \theta_{\xi\zeta}\\ \theta_{\zeta\xi} & \theta_{\zeta\zeta}\end{vmatrix}\\ &= \theta_1\theta_2 + \theta_2\theta_3 + \theta_3\theta_1\end{aligned}$$

$$\begin{aligned}T_{\mathrm{III}} &= \begin{vmatrix}\theta_{xx} & \theta_{xy} & \theta_{xz}\\ \theta_{yx} & \theta_{yy} & \theta_{yz}\\ \theta_{zx} & \theta_{zy} & \theta_{zz}\end{vmatrix} = \begin{vmatrix}\theta_{\xi\xi} & \theta_{\xi\eta} & \theta_{\xi\zeta}\\ \theta_{\eta\xi} & \theta_{\eta\eta} & \theta_{\eta\zeta}\\ \theta_{\zeta\xi} & \theta_{\zeta\eta} & \theta_{\zeta\zeta}\end{vmatrix}\\ &= \theta_1\theta_2\theta_3.\end{aligned}$$

Während sich bekanntlich ein Vektor (Tensor 1. Stufe) sehr anschaulich durch eine gerichtete Strecke darstellen läßt, ist dies bei einem Tensor höherer Stufe nicht so einfach möglich.

Wie *Poinsot* erstmals gezeigt hat, kann man einen symmetrischen Tensor 2. Stufe jedoch geometrisch durch eine Fläche zweiten Grads (allgemein Tensorfläche) veranschaulichen.

Für den Tensor der Massenträgheitsmomente ergibt sich auf diese Weise das Trägheitsellipsoid.

---

[1]) Für (6.17) schreibt man auch $(\theta-\theta_1)(\theta-\theta_2)(\theta-\theta_3) = 0$ und kann allgemein zeigen, daß diese Gleichung stets drei reelle positive Wurzeln besitzt.

Man geht vom Schwerachsensystem x, y, z (Bild 6.10) aus, für das die Trägheits- und Zentrifugalmomente $\theta_{xx} \ldots, \theta_{xy} \ldots$ bekannt sind. Für eine beliebige Schwerachse A mit gegebenen Richtungskosinus $\cos(A, x) \ldots$ usw. erhält man aus der ersten Gl. (6.15)

$$\begin{aligned}\theta_A = \theta_{xx}\cos^2(A,x) + \theta_{yy}\cos^2(A,y) \\ + \theta_{zz}\cos^2(A,z) \\ + 2\,[\theta_{xy}\cos(A,x)\cos(A,y) \\ + \theta_{yz}\cos(A,y)\cos(A,z) \\ + \theta_{zx}\cos(A,z)\cos(A,x)]\,. \qquad (6.18)\end{aligned}$$

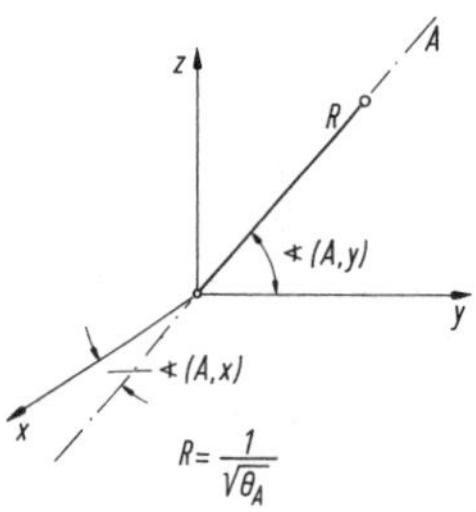

Bild 6.10 Zur Ermittlung des Trägheitsellipsoids für Schwerachsen

Auf der Achse A wird sodann vom Schwerpunkt aus die Strecke $R = \frac{1}{\sqrt{\theta_A}}$ (so gewählt wegen der Einfachheit der sich ergebenden Fläche) in geeignetem Maßstab aufgetragen. Für die Gesamtheit aller Schwerpunktachsen liegen die jeweiligen Endpunkte von R auf einer Fläche zweiten Grads. Mit den Koordinaten x, y, z gilt für die Richtungskosinus

$$\cos(A,x) = \frac{x}{R} = \sqrt{\theta_A}\,x$$

$$\cos(A,y) = \frac{y}{R} = \sqrt{\theta_A}\,y$$

$$\cos(A,z) = \frac{z}{R} = \sqrt{\theta_A}\,z$$

und man erhält aus (6.18) die Flächengleichung

$$\begin{aligned}\theta_{xx}x^2 + \theta_{yy}y^2 + \theta_{zz}z^2 \\ + 2\,(\theta_{xy}xy + \theta_{yz}yz + \theta_{zx}zx) = 1\,. \qquad (6.19)\end{aligned}$$

Die durch die Endpunkte von R gebildete Fläche liegt ganz im Endlichen (da alle materiellen Körper bezüglich keiner Achse ein verschwindendes Trägheitsmoment haben), es handelt sich um die Oberfläche eines dreiachsigen Ellipsoids, in Sonderfällen ist es ein Rotationsellipsoid oder eine Kugel.

Man bezeichnet es als *Poinsotsches Trägheitsellipsoid* oder Zentralellipsoid, wenn als Koordinatennullpunkt der Schwerpunkt gewählt wird. [1])

Eine einfachere Form nimmt die Gleichung des Trägheitsellipsoids mit den Hauptachsen ξ^*, η^*, ζ^* als Koordinaten an, die dann jeweils dem größten, mittleren und kleinsten Massenträgheitsmoment entsprechen. Dies hängt damit zusammen, daß es für jede Fläche zweiten Grads ein System dreier orthogonaler Hauptachsen gibt.

Aus (6.19) wird dann

$$\theta_1\xi^{*2} + \theta_2\eta^{*2} + \theta_3\zeta^{*2} = 1 \qquad (6.20)$$

oder

$$\left(\frac{\xi^*}{\frac{1}{\sqrt{\theta_1}}}\right)^2 + \left(\frac{\eta^*}{\frac{1}{\sqrt{\theta_2}}}\right)^2 + \left(\frac{\zeta^*}{\frac{1}{\sqrt{\theta_3}}}\right)^2 = 1$$

und man erkennt, daß die sog. Halbachsen des Trägheitsellipsoids die reziproken Wurzeln aus den Hauptträgheitsmomenten sind, Bild 6.11.

Meist sind die Massenträgheitsmomente gemäß $\theta_1 \geqslant \theta_2 \geqslant \theta_3$ geordnet. Es entspricht die kleinste bzw. größte Halbachse des Trägheitsellipsoids dem größten bzw. kleinsten Hauptträgheitsmoment.

Sind für einen starren Körper die Hauptträgheitsmomente mit den zugehörigen Trägheits-

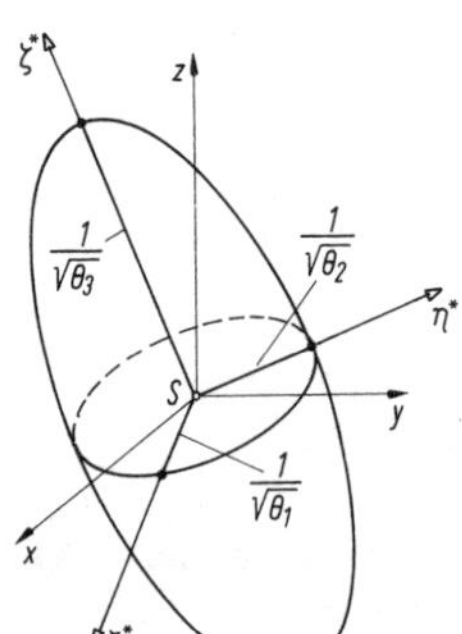

Bild 6.11 Trägheitsellipsoid mit Hauptachsen

[1]) Dies muß nicht notwendig der Fall sein, vgl. die Bemerkung am Ende dieses Abschnitts.

hauptachsen bekannt, so lassen sich damit die Trägheitsmomente bezüglich beliebiger Schwerachsen aus der (nun gegenüber (6.18) einfacheren) Beziehung

$$\theta_A = \theta_1 \cos^2(A, \xi^*) + \theta_2 \cos^2(A, \eta^*) + \theta_3 \cos^2(A, \zeta^*)$$

ermitteln, wobei $\cos(A, \xi^*)$ usw. die entsprechenden Richtungskosinus sind.

Die oben nur angedeutete, etwas umständliche Berechnung der Trägheitshauptachsenrichtungen läßt sich in den meisten praktischen Fällen umgehen, wenn man die Symmetrien des starren Körpers beachtet. Aufeinander senkrecht stehende Symmetrieachsen sind stets Hauptachsen, bei einem Quader z. B. die zu den Kanten parallelen Schwerachsen, bei Rotationskörpern die Rotationsachse und dazu orthogonale Achsen.

Für einen würfelförmigen Körper (Bild 6.12a) sind die Hauptträgheitsmomente gleich groß, das zugehörige Zentralellipsoid ist eine Kugel, wie dies auch bei einem kugelförmigen Körper und daneben bei den regulären Vielflächnern (außer Würfel sind dies Tetraeder, Oktaeder, Dodekaeder, Ikosaeder, die auch als platonische Körper bekannt sind) zutrifft. Es gilt dann $\theta_1 = \theta_2 = \theta_3$ und man bezeichnet solche Körper als *Kugelkreisel*.

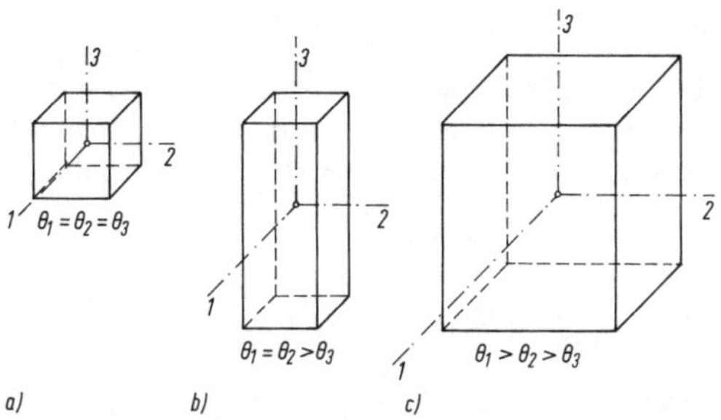

Bild 6.12 Hauptträgheitsachsen für Würfel, Prisma mit Quadratquerschnitt und Quader

Für ein Prisma mit Quadratquerschnitt (Bild 6.12b) ist das Zentralellipsoid ein Rotationsellipsoid, bei einem Quader (Bild 6.12c) liegt ein dreiachsiges Ellipsoid vor. Bei den in der Technik besonders wichtigen Rotationskörpern haben die Zentralellipsoide die Form von Rotationsellipsoiden. Man unterscheidet zwischen gestreckten und abgeplatteten Rotoren (Bild 6.13a, b), die entsprechenden Trägheitsellipsoide sind dann ebenfalls gestreckt oder abgeplattet.

Bei komplizierten Bauteilen ist eine experimentelle Bestimmung der Massenträgheitsmomente, z. B. aufgrund der Schwingungseigenschaften des Körpers notwendig (vgl. Hinweise in Abschnitt 7.1.5).

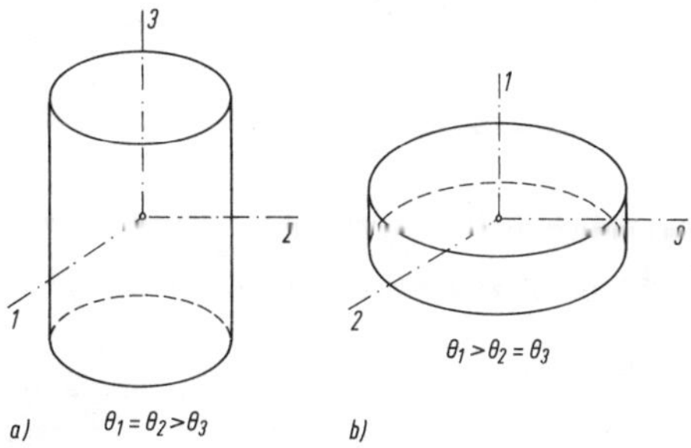

Bild 6.13 Hauptträgheitsachsen für
a) gestreckten, b) abgeplatteten Rotationskörper

Abschließend sei angemerkt, daß die Betrachtungen dieses Abschnitts nicht auf den Körperschwerpunkt als Bezugspunkt beschränkt sind, vielmehr für beliebige Punkte des starren Körpers gelten. Stets ist die Tensorfläche des Trägheitstensors ein Ellipsoid.

Durch jeden Punkt eines starren Körpers lassen sich drei Trägheitshauptachsen legen und somit kommt jedem Körperpunkt ein Trägheitsellipsoid zu. Deren Größe und Orientierung werden im allgemeinen verschieden sein, wie dies in Bild 6.14 schematisch gezeigt ist. Von allen möglichen Trägheitsellipsoiden ist immer das Zentralellipsoid das größte.

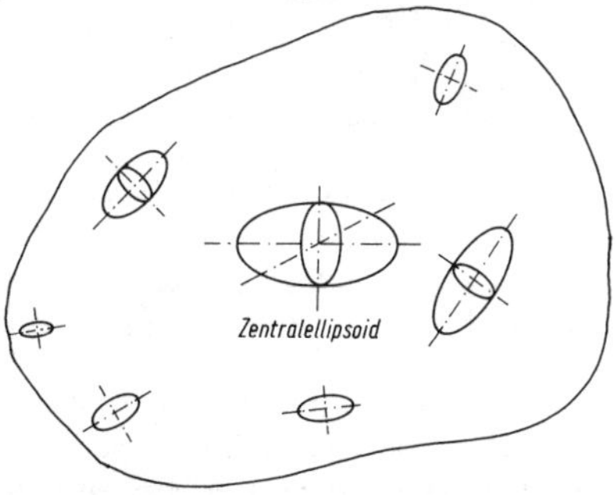

Bild 6.14 Trägheitsellipsoide eines starren Körpers

6.2 Grundgleichungen der Kinetik starrer Körper

Drei wichtige Begriffe der Kinetik, nämlich Impuls, Drehimpuls (oder Drall) sowie kinetische Energie wurden bereits in der Massenpunktkinetik definiert.
Als Vorbereitung auf dic folgenden Betrachtungen sei mit Bezug auf Bild 6.15 nochmals an einige Ergebnisse erinnert.

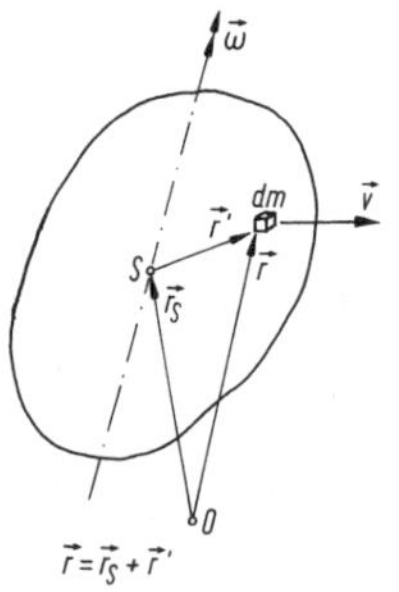

Bild 6.15 Geschwindigkeitszustand eines starren Körpers (vgl. Bild 2.161)

Die Schwerpunktlage (Abschnitt 2.8.1.2) ist gegeben durch

$$\vec{r}_S = \frac{\int \vec{r}\,dm}{\int dm}$$

speziell gilt (statisches Moment bezüglich des Schwerpunkts)

$$\int \vec{r}'\,dm = 0. \qquad (6.21)$$

Für den Bewegungszustand eines Punkts des starren Körpers (Abschnitt 4.3.3) gilt die Grundformel der Starrkörperkinematik (4.39), die jetzt mit dem Schwerpunkt als Bezugspunkt

$$\vec{v} = \vec{v}_S + \vec{\omega} \times \vec{r}' \qquad (6.22)$$

lautet. Dabei ist $\vec{\omega}$ die Winkelgeschwindigkeit des starren Körpers.

6.2.1 Impuls und Impulssatz

Gegenüber dem Massenpunktsystem ergeben sich keine prinzipiell neuen Aussagen. Nach Definition ist der Impuls eines Massenelements dm des starren Körpers (Bild 6.15) gegeben durch

$$d\vec{J} = \vec{v}\,dm,$$

die Integration über den Körper liefert den Gesamtimpuls

$$\vec{J} = \int_{(m)} \vec{v}\,dm.$$

Mit (6.22) folgt

$$\vec{J} = \int (\vec{v}_S + \vec{\omega} \times \vec{r}')\,dm = \vec{v}_S\,m$$

wobei (6.21) verwendet wurde. Diese Aussage entspricht dem ersten Schwerpunktsatz (5.102) für das Massenpunktsystem, d.h.

- bei der Bewegung eines starren Körpers ist der Gesamtimpuls der Impuls der im Schwerpunkt konzentriert gedachten Gesamtmasse, wenn diese sich mit der Schwerpunktgeschwindigkeit bewegt.

Der *Impulssatz* gilt für den bewegten starren Körper in gleicher Form wie für das Massenpunktsystem (zweiter Schwerpunktsatz oder kinetische Grundgleichung) mit $\vec{R}$ als Resultierender der äußeren Kräfte

$$\dot{\vec{J}} = m\vec{a}_S = \vec{R} \qquad (6.23)$$

- der Schwerpunkt des starren Körpers bewegt sich derart, als ob die resultierende äußere Kraft auf die im Schwerpunkt konzentriert gedachte Gesamtmasse einwirken würde.

Die inneren Kräfte sind ohne Einfluß auf die Schwerpunktbewegung, daher gilt der Impulssatz auch für beliebig verformbare Körper.

6.2.2 Drehimpuls oder Drall

Nach der Definition ist der Drehimpuls (Drall oder Impulsmoment) eines starren Körpers bezogen auf einen raumfesten Punkt 0 gegeben durch

$$\vec{D}_{(0)} = \int_{(m)} (\vec{r} \times \vec{v})\,dm \qquad (6.24)$$

Mit $\vec{r} = \vec{r}_S + \vec{r}'$ sowie (6.22) folgt

$$\vec{D}_{(0)} = \int_{(m)} (\vec{r}_S + \vec{r}') \times (\vec{v}_S + \vec{\omega} \times \vec{r}')\,dm$$
$$= m(\vec{r}_S \times \vec{v}_S) + \int_{(m)} \vec{r}' \times (\vec{\omega} \times \vec{r}')\,dm \qquad (6.25)$$

wobei von (6.21) Gebrauch gemacht wurde.
Wie ersichtlich, ergeben sich zwei Drallanteile, nämlich translatorischer Drall

$$\vec{D}_{\text{trans}} = m\,(\vec{r}_S \times \vec{v}_S) = \vec{r}_S \times (m\vec{v}_S) = \vec{r}_S \times \vec{J} \qquad (6.26)$$

rotatorischer Drall (mitunter als Eigendrall des starren Körpers bezeichnet)

$$\vec{D}_{\text{rot}} = \int_{(m)} \vec{r}' \times (\vec{\omega} \times \vec{r}')\,dm. \qquad (6.27)$$

Wird als Bezugspunkt für den Drall der körperfeste Schwerpunkt gewählt (d.h. $\vec{r}_S = 0$), verschwindet der translatorische Drall, der Körper besitzt nur rotatorischen Drallanteil. Dieser wird später noch eingehender untersucht.

Der Drall ist analog wie das Moment einer Kraft [1]) vom Bezugspunkt abhängig. Zur Aufstellung der Umrechnungsformel beim Wechsel von einem raumfesten Bezugspunkt 0 zu einem beliebig bewegten Bezugspunkt 0* (vgl. Bild 6.16) gelten $\vec{r} = \vec{r}_0 + \vec{r}^*$ sowie $\vec{v} = \dot{\vec{r}}_0 + \dot{\vec{r}}^* = \vec{v}_0 + \vec{v}^*$. Aus (6.24) folgt zunächst

$$\vec{D}_{(0)} = \int\limits_{(m)} (\vec{r}_0 + \vec{r}^*) \times \vec{v} \mathrm{d}m$$
$$= \int\limits_{(m)} (\vec{r}_0 \times \vec{v}) \mathrm{d}m + \int\limits_{(m)} \vec{r}^* \times (\vec{v}_0 + \vec{v}^*) \mathrm{d}m.$$

Die Umformung der beiden rechtsstehenden Integrale ergibt

$$\int\limits_{(m)} (\vec{r}_0 \times \vec{v}) \mathrm{d}m = \vec{r}_0 \times \vec{J}$$

sowie

$$\int\limits_{(m)} \vec{r}^* \times (\vec{v}_0 + \vec{v}^*) \mathrm{d}m$$
$$= \left(\int\limits_{(m)} \vec{r}^* \mathrm{d}m \right) \times \vec{v}_0 + \int\limits_{(m)} (\vec{r}^* \times \vec{v}^*) \mathrm{d}m.$$

Mit $\int\limits_{(m)} \vec{r}^* \mathrm{d}m = m\vec{r}_S^*$ (Schwerpunktdefinition!) sowie $\int\limits_{(m)} (\vec{r}^* \times \vec{v}^*) \mathrm{d}m = \vec{D}_{(0^*)}$ erhält man die gesuchte Umrechnungsformel

$$\vec{D}_{(0^*)} = \vec{D}_{(0)} - \vec{r}_0 \times \vec{J} - m\,(\vec{r}_S^* \times \vec{v}_0). \qquad (6.28)$$

Im Sonderfall, daß 0* ein raumfester Punkt ist ($\vec{v}_0 = 0$), gilt

$$\vec{D}_{(0^*)} = \vec{D}_{(0)} - \vec{r}_0 \times \vec{J}. \qquad (6.29)$$

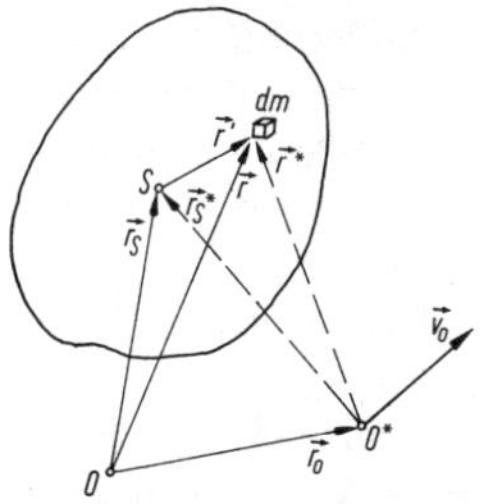

Bild 6.16 Wechsel des Drallbezugspunkts

[1]) Vgl. die alternative Bezeichnung Impulsmoment für den Drall.

Der Drallbezugspunkt 0* kann auch ein mitbewegter körperfester Punkt A sein (Bild 6.17). Es gelten dann

$$\vec{r}_0 = \vec{r}_A, \quad \vec{r} = \vec{r}_A + \vec{r}_A', \quad \vec{r}_S^* = \vec{r}_{AS}, \quad \vec{v}_0 = \vec{v}_A$$

und (6.28) wird

$$\vec{D}_{(A)} = \vec{D}_{(0)} - \vec{r}_A \times \vec{J} - m(\vec{r}_{AS} \times \vec{v}_A) \qquad (6.30)$$

mit $\vec{v}_S = \vec{v}_A + \vec{\omega} \times \vec{r}_{AS}$.

Ferner ist

$$\vec{D}_{(A)} = \int\limits_{(m)} \vec{r}_A' \times (\vec{\omega} \times \vec{r}_A') \mathrm{d}m$$

der „Relativdrall" bezüglich des bewegten körperfesten Punkts A.

Wird speziell $A = S$ gewählt ($\vec{r}_{AS} = 0$), vereinfacht sich die Umrechnungsformel (6.30) zu

$$\vec{D}_{(S)} = \vec{D}_{(0)} - \vec{r}_S \times \vec{J}. \qquad (6.31)$$

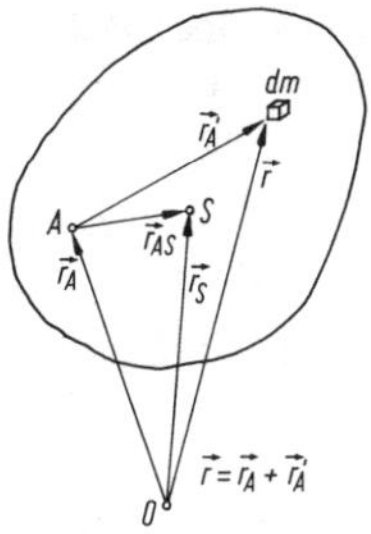

Bild 6.17 Zur Drallberechnung bezüglich eines körperfesten Punkts

6.2.3 Rotatorischer Drallanteil (Eigendrall)

Nach (6.27) gilt, bezogen auf ein körperfestes Kartesisches Schwerachsensystem x', y', z'

$$\vec{D}_{\mathrm{rot}} = \int\limits_{(m)} \vec{r}' \times (\vec{\omega} \times \vec{r}') \mathrm{d}m.$$

Die Ausrechnung des Integranden mittels der Determinantendarstellung ergibt (die Striche bei den Koordinaten können jetzt wegfallen)

$$\vec{r} \times (\vec{\omega} \times \vec{r})$$
$$= \begin{vmatrix} \vec{e}_x & \vec{e}_y & \vec{e}_z \\ x & y & z \\ \omega_y z - \omega_z y & \omega_z x - \omega_x z & \omega_x y - \omega_y x \end{vmatrix}$$
$$= \vec{e}_x [\omega_x (y^2 + z^2) - \omega_y xy - \omega_z xz]$$
$$+ \vec{e}_y [\omega_y (z^2 + x^2) - \omega_z yz - \omega_x yx]$$
$$+ \vec{e}_z [\omega_z (x^2 + y^2) - \omega_x zx - \omega_y zy].$$

Nach der Integration erhält man

$$\vec{D}_{\text{rot}} = \vec{e}_x D_x + \vec{e}_y D_y + \vec{e}_z D_z,$$

die dabei auftretenden Integrale sind die Massenträgheits- bzw. Zentrifugalmomente (vgl. Abschnitt 6.1)

$$\int_{(m)} (y^2 + z^2)\,\mathrm{d}m = \theta_{xx} \ldots, \qquad \int_{(m)} xy\,\mathrm{d}m = -\theta_{xy} \ldots$$

und es folgt schließlich für die Drallkomponenten

$$\left.\begin{aligned} D_x &= \theta_{xx}\,\omega_x + \theta_{xy}\,\omega_y + \theta_{xz}\,\omega_z \\ D_y &= \theta_{yx}\,\omega_x + \theta_{yy}\,\omega_y + \theta_{yz}\,\omega_z \\ D_z &= \theta_{zx}\,\omega_x + \theta_{zy}\,\omega_y + \theta_{zz}\,\omega_z . \end{aligned}\right\} \tag{6.32}$$

Besonders wird darauf hingewiesen, daß die hier vorkommenden Trägheits- und Zentrifugalmomente zeitunabhängige Größen sind.

Die Beziehungen (6.32) lassen sich kompakt in Tensorschreibweise darstellen, mit kleinen Buchstaben k, l an Stelle der Koordinaten x, y, z (vgl. Abschnitt 6.1.1) ergibt sich [1])

$$D_k = \sum_l \theta_{kl}\,\omega_l \tag{6.33}$$

oder symbolisch $\vec{D} = \underset{\sim}{\theta}\vec{\omega}$, wobei $\underset{\sim}{\theta}$ den Trägheitstensor bedeutet.

Die Komponenten des Drallvektors können auch bezüglich der Trägheitshauptachsen dargestellt werden, d.h.

$$\left.\begin{aligned} D_1 &= \theta_1\,\omega_1 \\ D_2 &= \theta_2\,\omega_2 \\ D_3 &= \theta_3\,\omega_3 \end{aligned}\right\} \tag{6.34}$$

mit den Hauptträgheitsmomenten $\theta_i\,(i = 1, 2, 3)$. Im allgemeinen fallen die Richtungen von $\vec{D}$ und $\vec{\omega}$ (Drallachse und Drehachse) nicht zusammen, wie im Beispiel von Bild 6.18 für die Rotation eines starren Körpers um die Hauptachsen 1 und 2 dargestellt ist.

Drall- und Drehachse sind nur dann identisch, wenn die Drehachse ständig mit einer Hauptträgheitsachse zusammenfällt [2]) oder wenn die drei Hauptträgheitsmomente einander gleich sind (sog. Kugelkreisel, vgl. Abschnitt 6.1.5).

[1]) Man erkennt hier die Bedeutung eines Tensors 2. Stufe, der eine lineare Vektorabbildung vermittelt.

[2]) Dies entspricht dem einfachen Sonderfall der Drehbewegung eines Rotors um eine festgelagerte Drehachse, Abschnitt 5.1.4.

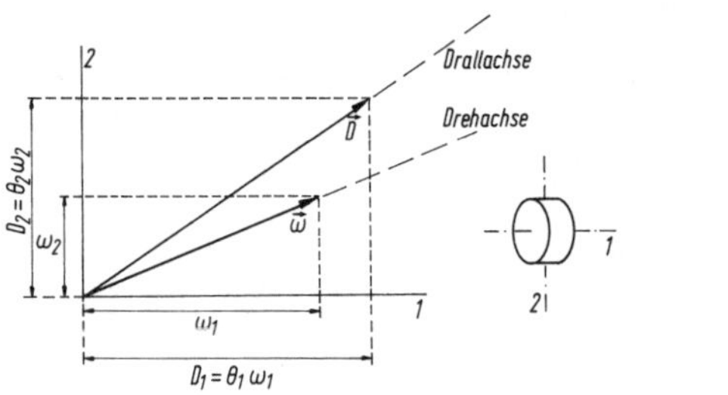

Bild 6.18 Drehachse und Drallachse

6.2.4 Drehimpuls- oder Drallsatz

Dieser Satz tritt als selbständiges Grundgesetz für die Drehbewegung starrer Körper (axiomatisch) neben den für die translatorische Bewegung maßgebenden Impulssatz. Diese wichtige Tatsache wurde bereits von *Euler* erkannt.

Der Drallsatz, der übrigens auch für beliebig verformbare Körper gilt, läßt sich nicht ohne zusätzliche Annahmen über die inneren Kräfte auf die Newtonschen Grundgesetze zurückführen und wird daher als wichtiges Axiom der Kinetik starrer Körper angesehen. Man wird erkennen, daß der Drallsatz für den starren Körper formal mit Gl. (5.109) für das Massenpunktsystem übereinstimmt. Gleichwohl ist auch hieraus ohne die erwähnten Zusatzannahmen der Drallsatz für den starren Körper nicht herleitbar.

Je nach dem gewählten Bezugspunkt gibt es verschiedene Formulierungen für den Drallsatz.

Bezogen auf einen raumfesten Punkt 0 lautet der Drallsatz [1])

$$\dot{\vec{D}}_{(0)} = \frac{\mathrm{d}}{\mathrm{d}t} \int_{(m)} (\vec{r} \times \vec{v})\,\mathrm{d}m = \vec{M}_{(0)} \tag{6.35}$$

d.h. die absolute zeitliche Änderung des Dralls ist gleich dem Moment der Summe der äußeren Kräfte sowie der Summe der äußeren Momente. Innere Kräfte zwischen den Materieteilchen des Körpers fallen heraus, dies bedeutet (analog wie beim Impuls), daß der Drall durch innere Kräfte nicht geändert werden kann.

Der Drallsatz kann auch bezogen auf einen beliebig bewegten Bezugspunkt 0* formuliert

[1]) Stets müssen Drall und Moment auf denselben Punkt bezogen werden!

werden. Aus (6.35) folgt mit der Umrechnungsformel (6.28) beim Übergang von 0 zu 0* zunächst

$$\dot{\vec{D}}_{(0*)} + (\vec{r}_0 \times \vec{J})^{\cdot} + m(\vec{r}_S^{\,*} \times \vec{v}_0)^{\cdot} = \vec{M}_{(0*)} + \vec{r}_0 \times \vec{R} \qquad (6.36)$$

wobei für den Wechsel des Momentenbezugspunkts [vgl. Abschnitt 1.6.2, Gl. (1.35) oder Abschnitt 2.6.1.3]

$$\vec{M}_{(0)} = \vec{M}_{(0*)} + \vec{r}_0 \times \vec{R}$$

verwendet wurde. Es ergibt sich dann

$$\dot{\vec{D}}_{(0*)} + \vec{r}_0 \times \dot{\vec{J}} + \dot{\vec{r}}_0 \times \vec{J} + m(\dot{\vec{r}}_S^{\,*} \times \vec{v}_0) + m(\vec{r}_S^{\,*} \times \dot{\vec{v}}_0) = \vec{M}_{(0*)} + \vec{r}_0 \times \vec{R}$$

wobei nun

$$\vec{r}_0 \times \dot{\vec{J}} = \vec{r}_0 \times \vec{R}$$

ferner (mit $\dot{\vec{r}}_S^{\,*} = \vec{v}_S - \vec{v}_0$)

$$m(\dot{\vec{r}}_S^{\,*} \times \vec{v}_0) = -\vec{v}_0 \times (m\vec{v}_S - m\vec{v}_0) = -\vec{v}_0 \times \vec{J}.$$

Damit wird aus (6.36) der Drallsatz

$$\dot{\vec{D}}_{(0*)} + m(\vec{r}_S^{\,*} \times \dot{\vec{v}}_0) = \vec{M}_{(0*)}. \qquad (6.37)$$

Für einen nicht beschleunigten Bezugspunkt 0* (d.h. $\dot{\vec{v}}_0 = 0$) gilt

$$\dot{\vec{D}}_{(0*)} = \vec{M}_{(0*)} \qquad (6.38)$$

d.h. der Drallsatz in gleicher Form wie (6.35). Bezogen auf den Schwerpunkt des starren Körpers ($0* \to S$), wobei der Schwerpunkt auch beschleunigt bewegt sein kann, gilt

$$\dot{\vec{D}}_{(S)} = \vec{M}_{(S)}. \qquad (6.39)$$

Falls ein beliebig mitbewegter körperfester Punkt A (vgl. Bild 6.17) ein Fixpunkt ist ($\vec{v}_A = 0$), gilt der Drallsatz ebenfalls in der Form (6.39). Der Fixpunkt kann auch der Schwerpunkt sein. Es liegt in diesen Fällen eine sog. Kreiselbewegung vor.

6.2.5 Dynamische Eulersche Kreiselgleichungen

Die allgemeine freie Bewegung eines starren Körpers, die aus Translation und Rotation besteht (Satz von *Chasles*), wird durch Impuls- und Drallsatz bestimmt. Diese liefern sechs skalare Gleichungen entsprechend den sechs Freiheitsgraden des starren Körpers. [1])

Wesentliche Vereinfachungen ergeben sich für die ebene Bewegung ($f = 3$). Der Drallsatz soll jetzt für Rotationsbewegungen eines starren Körpers mit Fixpunkt (Kreiselbewegung) angewendet werden.

Die allgemeinen Darstellungen des Drallsatzes enthalten die absolute zeitliche Änderung des Drallvektors (zu berechnen aus den Koordinaten eines raumfesten Bezugssystems). Dies ist sehr unzweckmäßig, da sich der Bewegungszustand des starren Körpers im allgemeinen ständig ändert. Die Trägheits- und Zentrifugalmomente würden zu zeitabhängigen Größen.

Die Rechnungen vereinfachen sich bei Verwendung mitbewegter Koordinaten, deren Nullpunkt z.B. in den Fixpunkt oder den Schwerpunkt gelegt wird, wie dies bereits in Abschnitt 6.2.3 beim Eigendrall praktiziert wurde.

Zur Umrechnung der absoluten Zeitableitung wird an die Betrachtungen in Abschnitt 4.5.1 erinnert, wobei sich für ein mit $\vec{\omega}$ rotierendes Führungssystem die Beziehung (4.58)

$$\frac{d\vec{A}}{dt} = \frac{d'\vec{A}}{dt} + \vec{\omega} \times \vec{A}$$

ergab (mit $\vec{A}$ als beliebigem Vektor).

Angewendet auf den Drallvektor folgt für den mit $\vec{\omega}$ rotierenden starren Körper

$$\frac{d\vec{D}}{dt} = \frac{d'\vec{D}}{dt} + \vec{\omega} \times \vec{D}$$

wobei jetzt die relative zeitliche Änderung $\frac{d'\vec{D}}{dt} = \left(\frac{d\vec{D}}{dt}\right)_{KF} = (\dot{\vec{D}})_{KF}$ die Änderung im körperfesten mitrotierenden Bezugssystem bedeutet. Der Drallsatz (6.39), bezogen auf den Schwerpunkt [2]) lautet damit

$$(\dot{\vec{D}})_{KF} + \vec{\omega} \times \vec{D} = \vec{M}. \qquad (6.40)$$

Mit dem körperfesten Schwerachsensystem x', y', z' analog wie zur Berechnung des Eigendralls in Abschnitt 6.2.3 folgt für das Vektorprodukt in (6.40)

[1]) Im Sonderfall der Ruhe entsprechen Impuls- und Drallsatz den Gleichgewichtsbedingungen.

[2]) Der Bezugsindex (S) ist jetzt weggelassen.

$$\vec{\omega} \times \vec{D} = \begin{vmatrix} \vec{e}_x & \vec{e}_y & \vec{e}_z \\ \omega_x & \omega_y & \omega_z \\ D_x & D_y & D_z \end{vmatrix}$$

$$= \vec{e}_x (D_z \omega_y - D_y \omega_z) + \vec{e}_y (D_x \omega_z - D_z \omega_x) + \vec{e}_z (D_y \omega_x - D_x \omega_y)$$

(die Striche bei den Koordinaten können wieder entfallen).
Ferner ist

$$(\dot{\vec{D}})_{KF} = \vec{e}_x \dot{D}_x + \vec{e}_y \dot{D}_y + \vec{e}_z \dot{D}_z$$

mit $D_x = \theta_{xx} \omega_x + \theta_{xy} \omega_y + \theta_{xz} \omega_z$ usw.
Für die x-Koordinatengleichung des Drallsatzes (6.40) erhält man damit

$$\begin{aligned} &\theta_{xx} \dot{\omega}_x + \theta_{xy} \dot{\omega}_y + \theta_{xz} \dot{\omega}_z \\ &\quad + (\theta_{zx} \omega_x + \theta_{zy} \omega_y + \theta_{zz} \omega_z) \omega_y \\ &\quad - (\theta_{yx} \omega_x + \theta_{yy} \omega_y + \theta_{yz} \omega_z) \omega_z = M_x \end{aligned} \qquad (6.41)$$

die beiden anderen Gleichungen folgen durch zyklische Vertauschung der Indizes.
Beim Übergang auf körperfeste Hauptachsen verschwinden die Zentrifugalmomente und es bleiben nur die Hauptträgheitsmomente θ_1, θ_2, θ_3 sowie die Winkelgeschwindigkeiten ω_1, ω_2, ω_3 um die Hauptachsen übrig. Es ergeben sich die dynamischen Eulerschen Kreiselgleichungen (aufgestellt 1765)

$$\left.\begin{aligned} \theta_1 \dot{\omega}_1 - (\theta_2 - \theta_3) \omega_2 \omega_3 &= M_1 \\ \theta_2 \dot{\omega}_2 - (\theta_3 - \theta_1) \omega_3 \omega_1 &= M_2 \\ \theta_3 \dot{\omega}_3 - (\theta_1 - \theta_2) \omega_1 \omega_2 &= M_3 . \end{aligned}\right\} \qquad (6.42)$$

Es sind drei gekoppelte nichtlineare Differentialgleichungen zur Ermittlung der Bewegungen eines starren Körpers um einen festen Punkt (Fixpunkt oder Schwerpunkt bei sog. kardanischer Lagerung des starren Körpers).
Die Gleichungen sind aber auch dann anwendbar, wenn sie auf den (beliebig) bewegten Schwerpunkt eines starren Körpers bezogen werden.
Im Drallsatz bzw. in den Eulerschen Gleichungen kommt stets das äußere Moment der Kräfte auf den starren Körper vor. Nach dem Wechselwirkungsgesetz übt der starre Körper ein gleichgroßes, entgegengesetzt gerichtetes Moment auf seine Umgebung aus. Hierin äußern sich die sog. *Kreiselwirkungen rotierender Körper*, die in der Technik sowohl nützlich als auch unerwünscht sein können.

Die allgemeine Lösung der dynamischen Eulerschen Gleichungen ist ein schwieriges mathematisches Problem und führt auf elliptische Funktionen. In manchen einfachen Fällen lassen sich die Winkelgeschwindigkeiten in Abhängigkeit von der Zeit ermitteln. Damit wird aber nur der Geschwindigkeitszustand des rotierenden starren Körpers bekannt. Das weitergehende Problem umfaßt auch die Lagebestimmung des Körpers. Hierauf wird aber nicht weiter eingegangen. [1])
Aus den Eulerschen Gln. erkennt man sogleich, wann eine stationäre gleichförmige Rotation eines starren Körpers um eine feste Achse ohne Einwirkung äußerer Kräfte möglich ist.
Kennzeichnend dafür ist $\vec{\omega} =$ konst. bei $\vec{M} = 0$ [d. h. Verschwinden der rechten Seiten und der ersten Terme der linken Seiten von (6.42)], diese Bedingung ist für $\theta_1 \neq \theta_2 \neq \theta_3$ erfüllt, wenn

$$\omega_2 \omega_3 = \omega_3 \omega_1 = \omega_1 \omega_2 = 0$$

also zwei der drei Winkelgeschwindigkeitskomponenten verschwinden.
Nur wenn der Winkelgeschwindigkeitsvektor ständig in eine der Hauptrichtungen fällt, kann ein starrer Körper ohne äußere Einflüsse gleichförmig rotieren.
Man bezeichnet aus diesem Grund die Hauptträgheitsachsen eines starren Körpers als *freie Achsen* [2]), eine Rotation ist möglich ohne daß die Drehachsen in festen Lagern gehalten werden müssen.
Eine genauere Stabilitätsuntersuchung der Rotation eines nicht symmetrischen Körpers ($\theta_1 > \theta_2 > \theta_3$, vgl. Bild 6.12c) um freie Achsen ergibt, daß nur die Drehungen um die Achse des größten sowie des kleinsten Trägheitsmoments stabil sind, die Drehung um die Achse des mittleren Trägheitsmoments hingegen labil ist.
Diese Tatsachen sind für Turner, Jongleure, pirouettendrehende Balletteusen oder fallende Katzen (die immer auf die Füße kommen) von Bedeutung.
Bei rotationssymmetrischen Körpern ist nur die Drehung um die Symmetrieachse (auch Figurenachse genannt) stabil.

---

[1]) Zum weiteren Studium sei verwiesen auf *K. Magnus*: Der Kreisel. 1971 Springer-Verlag Berlin.
[2]) Der Begriff wurde von *Euler* eingeführt.

6.2.6 Kinetische Energie

Mit Bezug auf Bild 6.16 ist die kinetische Energie eines Massenelements des starren Körpers

$$\mathrm{d}T = \tfrac{1}{2}\vec{v}^2\,\mathrm{d}m$$

die Integration über den Körper liefert die gesamte kinetische Energie

$$T = \frac{1}{2}\int_{(m)} \vec{v}^2\,\mathrm{d}m = \frac{1}{2}\int_{(m)} \vec{v}\,\mathrm{d}\vec{J}. \qquad (6.43)$$

Mit der Eulerschen Beziehung (6.22) folgt

$$T = \frac{1}{2}\int_{(m)} [\vec{v}_S^2 + 2\vec{v}_S(\vec{\omega}\times\vec{r}\,') + (\vec{\omega}\times\vec{r}\,')^2]\,\mathrm{d}m$$

der mittlere Term im Integral verschwindet wegen (6.21) und man erhält

$$T = \frac{1}{2}m\vec{v}_S^2 + \frac{1}{2}\int_{(m)}(\vec{\omega}\times\vec{r}\,')^2\,\mathrm{d}m$$
$$= T_{\text{trans}} + T_{\text{rot}} \qquad (6.44)$$

d.h. die kinetische Energie besteht aus einem translatorischen und einem rotatorischen Anteil.[1]) Bei ersterem ist die gesamte Masse des starren Körpers im Schwerpunkt konzentriert gedacht, dieser bewegt sich mit der Schwerpunktgeschwindigkeit $\vec{v}_S$.

Zur Berechnung der Rotationsenergie T_{rot} um den Schwerpunkt (Bezug auf körperfeste Schwerachsen x', y', z' wobei die Striche nachfolgend wieder weggelassen werden) bildet man

$$\vec{\omega}\times\vec{r} = \begin{vmatrix} \vec{e}_x & \vec{e}_y & \vec{e}_z \\ \omega_x & \omega_y & \omega_z \\ x & y & z \end{vmatrix}$$
$$= \vec{e}_x(\omega_y z - \omega_z y) + \vec{e}_y(\omega_z x - \omega_x z) + \vec{e}_z(\omega_x y - \omega_y x)$$

bzw. daraus

$$(\vec{\omega}\times\vec{r})^2 = (\omega_y z - \omega_z y)^2 + (\omega_z x - \omega_x z)^2 + (\omega_x y - \omega_y x)^2$$
$$= \omega_x^2(y^2 + z^2) + \ldots - 2(\omega_x\omega_y xy + \ldots).$$

[1]) Wählt man zur Darstellung des Geschwindigkeitszustands des starren Körpers anstatt des Schwerpunkts einen beliebigen körperfesten Punkt, so tritt noch ein gemischter Term in der kinetischen Energie auf.

Bei der Integration treten wiederum die Massenträgheits- und Zentrifugalmomente auf und es folgt schließlich

$$T_{\text{rot}} = \tfrac{1}{2}[\theta_{xx}\omega_x^2 + \theta_{yy}\omega_y^2 + \theta_{zz}\omega_z^2 + 2(\theta_{xy}\omega_x\omega_y + \theta_{yz}\omega_y\omega_z + \theta_{zx}\omega_z\omega_x)] \qquad (6.45)$$

oder mit den Drallkomponenten (6.32)

$$T_{\text{rot}} = \tfrac{1}{2}(D_x\omega_x + D_y\omega_y + D_z\omega_z) \qquad (6.46)$$

symbolisch geschrieben $T_{\text{rot}} = \tfrac{1}{2}\vec{D}\vec{\omega}$.

In Tensorschreibweise (mit kleinen Buchstaben k, l anstatt der Koordinaten x, y, z lauten (6.45) und (6.46) mit (6.33)

$$T_{\text{rot}} = \frac{1}{2}\sum_k\sum_l \theta_{kl}\omega_l\omega_k = \frac{1}{2}\sum_k D_k\omega_k. \qquad (6.47)$$

Ein weiterer Zusammenhang zwischen T_{rot} und den Drallkomponenten ergibt sich direkt aus (6.45)

$$\frac{\partial T_{\text{rot}}}{\partial\omega_x} = D_x, \quad \frac{\partial T_{\text{rot}}}{\partial\omega_y} = D_y, \quad \frac{\partial T_{\text{rot}}}{\partial\omega_z} = D_z \qquad (6.48)$$

oder $\dfrac{\partial T_{\text{rot}}}{\partial\omega_k} = D_k$. Man kann übrigens auch zeigen, daß $\dfrac{\partial T_{\text{rot}}}{\partial D_k} = \omega_k$ gilt.

Bezogen auf Schwerpunkthauptachsen ergeben sich die Beziehungen

$$T_{\text{rot}} = \frac{1}{2}(\theta_1\omega_1^2 + \theta_2\omega_2^2 + \theta_3\omega_3^2)$$
$$= \frac{1}{2}(D_1\omega_1 + D_2\omega_2 + D_3\omega_3)$$
$$= \frac{1}{2}\left(\frac{D_1^2}{\theta_1} + \frac{D_2^2}{\theta_2} + \frac{D_3^2}{\theta_3}\right). \qquad (6.49)$$

Als Beispiel für die Anwendung des Energiesatzes (der auch für starre Körper gilt, vgl. Abschnitt 6.4.1) wird eine kreiszylindrische Walze (Masse m, Radius R, Trägheitsmoment θ_S) betrachtet, die unter dem Einfluß der Schwerkraft längs einer schiefen Ebene ohne Gleiten rollt (Bild 6.19).

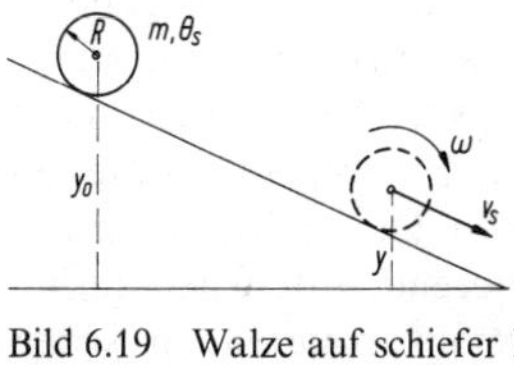

Bild 6.19 Walze auf schiefer Ebene

Haftreibung muß vorhanden sein, damit reines Rollen möglich ist (die Haftreibungskräfte leisten keine Arbeit), die geometrische Rollbedingung lautet $v_S = R\,\omega$.
Der Energiesatz $T + \Pi = \text{konst.}$ liefert (Ausgangshöhe y_0)

$$mg y_0 = \tfrac{1}{2} m v_S^2 + \tfrac{1}{2}\Theta_S \omega^2 + mg y,$$

daraus ergibt sich mit dem Trägheitsradius (vgl. Abschnitt 6.1.1) gemäß $\Theta_S = m i^2$ sowie der Rollbedingung

$$v_S^2 + i^2\,\frac{v_S^2}{R^2} = 2g(y_0 - y) = 2gh$$

also für die Geschwindigkeit der Walze in der Höhe y

$$v_S = R\sqrt{\frac{2gh}{R^2 + i^2}}\,.$$

Eine dünnwandige Hohlwalze mit gleicher Masse (anderes Material) und gleichem Radius besitzt ein größeres i und erlangt daher eine geringere Geschwindigkeit. Die Rotationsenergie ist also wesentlich von der Massenverteilung im starren Körper abhängig.

6.3 Kreiselbewegungen

Als Kreisel bezeichnet man in der Mechanik einen beliebig gestalteten starren Körper, der eine Drehbewegung um einen Punkt ausführt. Die Drehung kann rasch (z.B. bei Rotoren schnell-laufender Maschinen) oder langsam $\left(\text{z.B. Erddrehung mit } \omega_E = \frac{2\pi}{86400}\,\frac{1}{s}\right)$ erfolgen.
Charakteristisch ist für die Kreiselbewegung, daß die Richtung der momentanen Drehachse sowie die Drallachse (Richtungslinie des Drallvektors) sich innerhalb des Körpers als auch im Raum ständig ändern.
Die bei der Kreiselbewegung auftretenden Kreiselwirkungen (teils nützlich, teils unerwünscht) spielen in der Technik eine große Rolle und finden zahlreiche Anwendungen. Streng genommen gelten die Kreiselgesetze nur für starre Körper, die es in der Natur bekanntlich nicht gibt. Gleichwohl sind die Ergebnisse mit ausreichender Genauigkeit auch dann gültig, wenn die Verformungen der rotierenden Körper gering bleiben (z.B. bei Luftreifen, rotierenden Seilen und Ketten oder gekochten Eiern). Nur für rotierende Flüssigkeiten gelten kompliziertere Gesetze.
Je nach den Hauptträgheitsmomenten (vgl. Abschnitt 6.1.5) unterscheidet man

- Kugelkreisel mit $\Theta_1 = \Theta_2 = \Theta_3$
- rotationssymmetrische (kürzer symmetrische) Kreisel mit $\Theta_1 \neq \Theta_2 = \Theta_3$
- unsymmetrische Kreisel mit $\Theta_1 \neq \Theta_2 \neq \Theta_3$.

Eine alternative Einteilung der Kreisel kann nach der Art der äußeren Einwirkungen vorgenommen werden, z.B. momentenfreier Kreisel oder Kreisel unter Schwerkraftmomenten (sog. schwerer Kreisel[1]).
Der bekannte Spiel- oder Kinderkreisel entspricht übrigens nicht der Kreiseldefinition im Sinn der Mechanik. Es findet die Bewegung um seine Spitze statt, die wiederum auf einer Fläche beweglich ist und somit fünf Freiheitsgrade vorliegen.

6.3.1 Kreiselwirkungen

Einige einfache Beispiele von Kreiselbewegungen, die auch technische Bedeutung haben, sollen nachfolgend besprochen werden.

6.3.1.1 Rollendes Rad (Fahrzeug) in der Kurve

Gemäß Bild 6.20 wird ein aufrecht rollendes Rad (Kreisscheibe mit Radius r und Hauptträgheitsmoment Θ_1) betrachtet, das auf einer Kreisbahn (Radius R) z.B. eine Linkskurve beschreibt. Die Symmetrieachse (Figurenachse) des Rads liegt parallel zur Bahnebene.

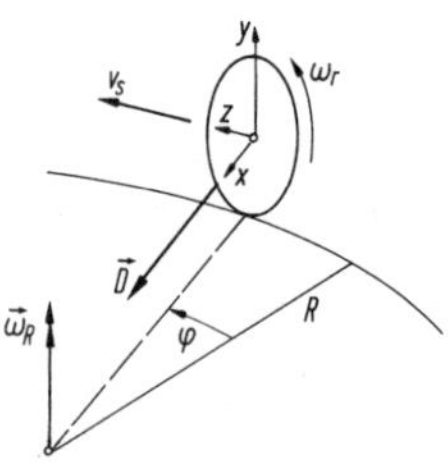

Bild 6.20 Rollendes Rad in der Kurve

[1]) Eine allgemeine Lösung für einen schweren unsymmetrischen Kreisel bei beliebiger Bewegung ist mathematisch außerordentlich schwierig und bisher noch nicht gelungen.

Der Radschwerpunkt bewegt sich mit der Geschwindigkeit $v_S = r\omega_r = r\dot{\psi}$, die Drehung des Rads bei der Kurvenfahrt ist durch $\omega_R = \dot{\varphi} = \frac{v_S}{R}$ gegeben.

Zur Behandlung des Problems werden zwei Koordinatensysteme eingeführt: ein im Radschwerpunkt fixiertes x, y, z-System, dessen z-Achse ständig mit der Richtung v_S zusammenfällt bzw. das körperfeste Hauptachsensystem 1, 2, 3.

Die entsprechenden Winkelgeschwindigkeiten sind dann

$$\omega_x = \omega_r, \quad \omega_y = \omega_R, \quad \omega_Z = 0$$

bzw.

$$\omega_1 = \omega_r = \dot{\psi}, \qquad \omega_2 = \omega_R \cos\psi$$
$$\omega_3 = -\omega_R \sin\psi$$

wobei ω_R durch die Kurvenfahrt aufgezwungen wird. Als Reaktion auf diesen Zwang wird das rollende Rad eine Kreiselwirkung auf die Umgebung ausüben.

Die Zeitableitung der Winkelgeschwindigkeiten liefert

$$\dot{\omega}_1 = 0, \quad \dot{\omega}_2 = -\omega_R\,\omega_r \sin\psi$$
$$\dot{\omega}_3 = -\omega_R\,\omega_r \cos\psi$$

und damit lauten die *Euler*schen Gln. (6.42)

$$M_1 = 0$$
$$M_2 = -\theta_1\,\omega_R\,\omega_r \sin\psi$$
$$M_3 = -\theta_1\,\omega_R\,\omega_r \cos\psi\,.$$

Man erkennt, daß der Momentenvektor im x, y, z-System nur eine Komponente

$$M_Z = -\theta_1 \frac{\omega_r v_S}{R}$$

aufweist.

Dies entspricht dem äußeren Moment auf das Rad, das Gegenmoment oder Kreiselmoment ist dann

$$M_{Kr} = -M_z = \theta_1 \frac{\omega_r v_S}{R},$$

es versucht, das Rad nach dem Kurvenäußeren zu kippen.

Analoge Erscheinungen ergeben sich bei der Kurvenfahrt eines Wagens, die Kreiselwirkungen der Räder liefern ein Kippmoment, das sich zum Kippmoment der Zentrifugalkraft addiert (allerdings wesentlich geringer als dieses ist).

Bei Schienenfahrzeugen kommen außerdem Kreiselwirkungen der Räder vor, wenn Unregelmäßigkeiten in der horizontalen Gleisführung („Gleisbuckel“) vorhanden sind. Die Kreiselmomente versuchen, den Radsatz aus den Schienen herauszuwinden und pressen die Radkränze abwechselnd an die eine oder andere Schiene.

Kreiselwirkungen der genannten Art treten ferner bei einmotorigen Propellerflugzeugen auf. Je nach der Drehrichtung des Propellers wird auf dessen Drall bei Rechts- oder Linkskurven eine Zwangsdrehung ausgeübt, die das Flugzeug nach oben oder unten kippen läßt.

6.3.1.2 Satz vom gleichsinnigen Parallelismus der Drehachsen

Eine qualitative Beschreibung der genannten Kreiselwirkungen ist durch einen von *Foucault* formulierten Satz [1]) in einfacher Weise möglich:

– Ein Kreisel verhält sich unter dem Einfluß einer Zwangsdrehung (bzw. eines Zwangsmoments) derart, daß sich die „Kreiselachse“, d.h. die Drallachse, auf dem kürzesten Weg gleichsinnig parallel mit der Achse der Zwangsdrehung (bzw. des Zwangsmoments) zu stellen sucht.

Mit diesem Satz läßt sich sofort die Richtung der auftretenden Kreiselwirkungen bestimmen, wie dies in Bild 6.21 a und 6.21 b für das Rad in der Kurve und das erwähnte Propellerflugzeug (Drall für rechtslaufenden Propeller, bei Rechtskurvenflug kippt das Flugzeug nach unten) dargestellt ist.

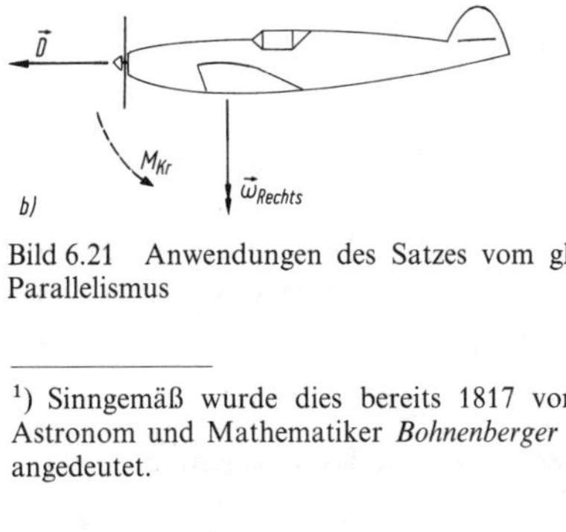

Bild 6.21 Anwendungen des Satzes vom gleichsinnigen Parallelismus

---

[1]) Sinngemäß wurde dies bereits 1817 vom deutschen Astronom und Mathematiker *Bohnenberger* (1765–1831) angedeutet.

Ebenso kann man die Kreiselwirkung beim Vorderrad eines Fahrrads beschreiben (Bild 6.21c zeigt das isoliert betrachtete Rad). Wenn der Fahrer leicht nach rechts kippt, tritt ein Zwangsmoment $\vec{M}$ auf. Der Drallvektor sucht dem Momentenvektor zu folgen, eine Drehung $\vec{\omega}_{\text{Rechts}}$ ist die Folge.

Zwar sind die Kreiselwirkungen bei einem Fahrrad gering, aber sie leisten einen wesentlichen Beitrag zur Stabilität des Fahrzeugs. Die Kreiselgesetze gestatten das (polizeilich nicht erlaubte) Freihändigfahren durch geringe Verlagerungen des Oberkörpers des Radfahrers. Dies geht umso leichter, je größer die Fahrgeschwindigkeit ist. Beiläufig sei darauf hingewiesen, daß ein Fahrrad nur stabil ist, wenn das Vorderrad lose, d.h. um eine nahezu vertikale Achse drehbar ist. Bei einem festgeklemmten Vorderrad ist das Radfahren nicht möglich.

Der sehr nützliche Satz vom gleichsinnigen Parallelismus der Drehachsen wird später noch gelegentlich herangezogen werden.

6.3.1.3 Kreiselwirkung bei Rotoren

In der Technik kommen vielfach rotierende Scheiben vor, die sich um festgelagerte Achsen drehen. Es treten auch hierbei Kreiselwirkungen auf, die zwar nicht direkt beobachtbar sind, sich aber in zusätzlichen Beanspruchungen der Lager äußern und meistens unerwünscht sind.

Gemäß Bild 6.22 wird eine gleichförmig rotierende Kreisscheibe (abgeplatteter Rotor, $\theta_1 > \theta_2$) betrachtet, deren Symmetrie- oder Figurenachse um einen kleinen Winkel α gegen die Drehachse geneigt ist (sog. „schief aufgekeilte Scheibe"). Dies kann im allgemeinen durch Herstellungsungenauigkeiten bedingt sein.

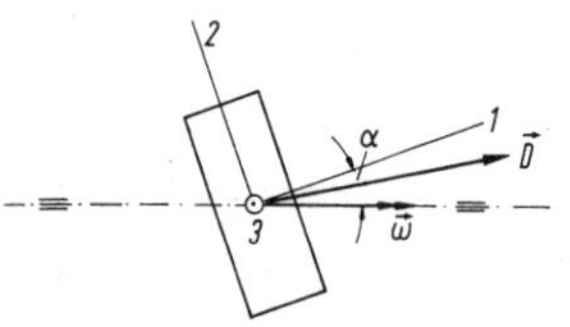

Bild 6.22 Abgeplatteter Rotor auf fest gelagerter Welle

Der Winkelgeschwindigkeitsvektor $\vec{\omega}$ hat stets die Richtung der festen Drehachse, seine Komponenten sind

$$\omega_1 = \omega \cos\alpha, \quad \omega_2 = \omega \sin\alpha, \quad \omega_3 = 0 \quad (6.50)$$

der Drallvektor hat die Komponenten

$$D_1 = \theta_1\, \omega \cos\alpha, \qquad D_2 = \theta_2\, \omega \sin\alpha \qquad (6.51)$$

und liegt zwischen der Drehachse und der Hauptachse 1 (Symmetrieachse).

Bei gleichförmiger Rotation ist $\dot{\omega} = 0$, von den Eulerschen Gleichungen (6.42) ist nur die dritte maßgebend

$$-(\theta_1 - \theta_2)\, \omega^2 \sin\alpha \cos\alpha = M_3 .$$

Somit ist das äußere Moment

$$M_3 = -\tfrac{1}{2}(\theta_1 - \theta_2)\, \omega^2 \sin 2\alpha$$

d.h. das Kreiselmoment

$$M_{\text{Kr}} = -M_3 = \tfrac{1}{2}(\theta_1 - \theta_2)\, \omega^2 \sin 2\alpha . \qquad (6.52)$$

Dies Moment läuft mit der Winkelgeschwindigkeit ω um und ruft periodisch wechselnde zusätzliche Lagerkräfte hervor, die bei schnell laufenden Rotoren möglichst vermieden werden sollen.

Die Richtung des Kreiselmoments läßt sich wiederum mit dem Satz vom gleichsinnigen Parallelismus der Drehachsen ermitteln (Bild 6.23): der Drallvektor hat die Tendenz, sich zum Winkelgeschwindigkeitsvektor parallel zu stellen und es ergibt sich ein Kreiselmoment, das bestrebt ist, den Winkel α zu verringern.

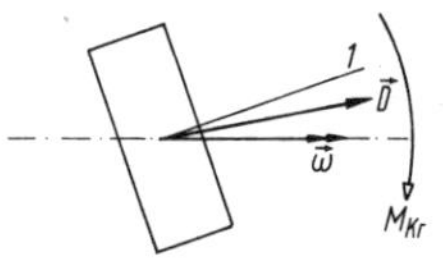

Bild 6.23 Richtung des Kreiselmoments beim abgeplatteten Rotor

Dieser Effekt wird zur Selbstzentrierung rotierender Scheiben auf elastischen Wellen ausgenützt (sog. *Laval*-Welle mit „fliegend gelagerter" Scheibe).

Etwas andere Verhältnisse liegen beim gestreckten Rotor mit $\theta_2 > \theta_1$ vor (Bild 6.24).

Es gelten wiederum die Beziehungen (6.50) und (6.51) jedoch liegt jetzt der Winkelgeschwindigkeitsvektor zwischen Symmetrieachse und Drallachse. Die Richtung des Kreiselmoments ist derart, daß es den Winkel α zu vergrößern sucht,

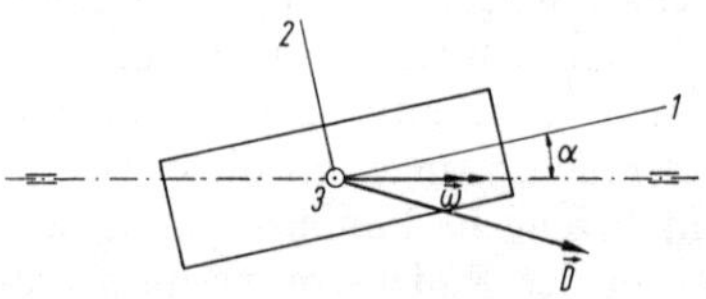

Bild 6.24 Gestreckter Rotor auf fest gelagerter Welle

wie mit dem Satz vom gleichsinnigen Parallelismus der Drehachsen zu erkennen ist.
Die genannten Erscheinungen spielen eine Rolle im Zusammenhang mit dem sog. *Auswuchten* rotierender Körper (Rotoren, Räder).
Beim statischen Auswuchten wird dafür gesorgt, daß der Schwerpunkt des Rotors auf der Drehachse liegt, mithin die Exzentrizität des Schwerpunkts verringert wird. Dies kann am stillstehenden Rotor durch Anbringung kleiner Zusatzmassen geschehen.
Beim dynamischen Auswuchten wird dafür gesorgt, daß die Figurenachse des Rotors mit der Wellenachse übereinstimmt, d.h. der Schiefstellungswinkel α verringert wird. Dies geschieht am laufenden Rotor dadurch, daß die zusätzlichen Lagerkräfte zum Verschwinden gebracht werden.
Die Beseitigung statischer sowie dynamischer Unwuchten ist bei schnellbewegten Rotoren von großer Wichtigkeit.
Bei den sog. *biegekritischen Drehzahlen* von Wellen, die mit Rotoren besetzt sind, treten ebenfalls Kreiselwirkungen auf, die zu interessanten Erscheinungen führen (z.B. synchroner Gleichlauf und Gegenlauf). Diese Probleme gehören in das Sondergebiet der Maschinendynamik und werden hier nicht weiter behandelt.

6.3.2 Momentenfreier symmetrischer Kreisel, Nutationsbewegung

Wenn die auf den Kreisel wirkenden äußeren Kräfte ein Gleichgewichtssystem bilden, ist kein resultierendes Moment vorhanden und man spricht vom momentenfreien Kreisel.
Dieser Fall liegt z.B. bei einem im Schwerpunkt reibungsfrei gelagerten symmetrischen Kreisel (Bild 6.25a) oder bei der sog. Kardanischen Lagerung[1]) (Bild 6.25b) vor.
Der Drallsatz liefert $\vec{M} = \dot{\vec{D}} = 0$ und somit ändert der Drallvektor seine Größe und Richtung im Raum nicht. Es besteht eine Analogie zum ersten Newtonschen Axiom (Trägheitsgesetz von *Galilei*) bei der Translationsbewegung.
Bei Unterstützung des Kreisels im Schwerpunkt wird Arbeit weder zu- noch abgeführt, d.h. die kinetische Energie ist konstant.

[1]) Benannt nach dem Mathematiker und Arzt *G. Cardano* (1501–1576) obwohl im 12. Jahrh. bereits bekannt.

Dies folgt aus den Eulerschen Gleichungen (6.42) bei Momentenfreiheit

$$\left.\begin{aligned} \theta_1\dot{\omega}_1 - (\theta_2-\theta_3)\,\omega_2\,\omega_3 &= 0 \\ \theta_2\dot{\omega}_2 - (\theta_3-\theta_1)\,\omega_3\,\omega_1 &= 0 \\ \theta_3\dot{\omega}_3 - (\theta_1-\theta_2)\,\omega_1\,\omega_2 &= 0 \end{aligned}\right\} \qquad (6.53)$$

durch Multiplikation der drei Gleichungen mit ω_1, ω_2, ω_3 und Addition.
Zunächst ergibt sich

$$\theta_1\omega_1\,\mathrm{d}\omega_1 + \theta_2\omega_2\,\mathrm{d}\omega_2 + \theta_3\omega_3\,\mathrm{d}\omega_3 = 0$$

und daraus durch Integration

$$\tfrac{1}{2}(\theta_1\omega_1^2 + \theta_2\omega_2^2 + \theta_3\omega_3^2) = T = \text{konst.}$$

Ein einfacher Fall liegt beim Kugelkreisel ($\theta_1 = \theta_2 = \theta_3 = \theta$) vor. Der Drall ist

$$\vec{D} = \vec{e}_1\,\theta\omega_1 + \vec{e}_2\,\theta\omega_2 + \vec{e}_3\,\theta\omega_3 = \text{konst.}$$

es folgt

$$\omega_1 = \text{konst.}, \qquad \omega_2 = \text{konst.}, \qquad \omega_3 = \text{konst.}$$

Drall- und Winkelgeschwindigkeitsvektor fallen dauernd zusammen, d.h.

$$\vec{\omega} = \vec{e}_\omega\,\omega, \qquad \vec{D} = \vec{e}_\omega\,\theta\omega$$

$$\left(\text{mit } \vec{e}_\omega = \frac{\vec{\omega}}{\omega} \text{ als Einheitsvektor}\right).$$

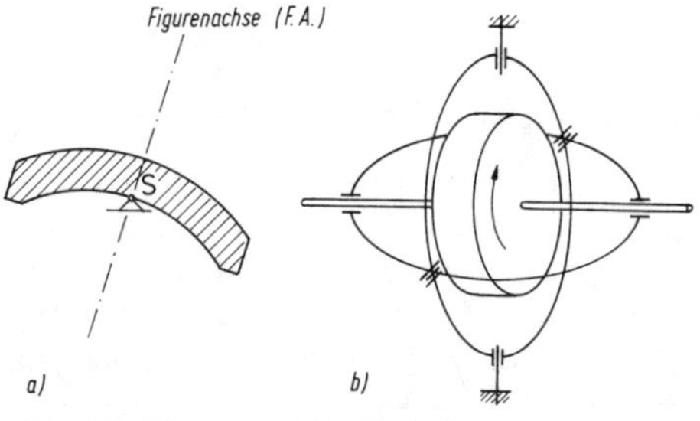

Bild 6.25 Momentenfreier Kreisel
a) mit Schwerpunkt gelagert, b) in Kardanischer Lagerung

In der Technik kommen fast immer rotationssymmetrische Kreisel vor, die Symmetrieachse (Hauptachse 1) wird als *Figurenachse* bezeichnet.
Beim abgeplatteten Kreisel ist $\theta_1 > \theta_2 = \theta_3$, beim verlängerten oder gestreckten Kreisel $\theta_1 < \theta_2 = \theta_3$. Es gilt allgemein

$$0 < \left(\frac{\theta_1}{\theta_2}\right) \leqslant 2.$$

Der Sonderfall der *einfachen Rotation* tritt nur auf, wenn der Drallvektor in der Figurenachse liegt. Es ist $\vec{D} \parallel \vec{\omega}$ und der Kreisel rotiert stabil rechts- oder linksherum mit $\omega = \text{konst.}$, Bild 6.26.

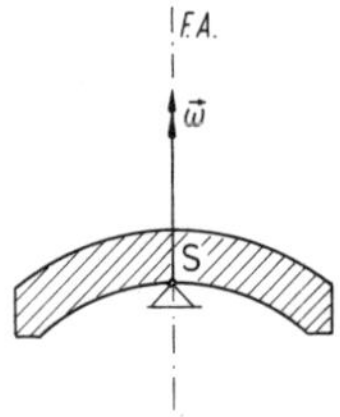

Bild 6.26 Stabile Rotation eines symmetrischen Kreisels um die Figurenachse

Dies kann auch mit der in Bild 6.27 dargestellten Versuchsanordnung („Fahrradkreisel") gezeigt werden. Das Kreiselrad mit seiner Achse ist durch ein Gegengewicht G ausbalanziert, die Lagerung erfolgt im Schwerpunkt.
Das Verhalten dieser Anordnung wird später (Abschnitt 6.3.3) noch einmal betrachtet, wenn durch Anhängen eines Übergewichts ein Moment aufgebracht wird.

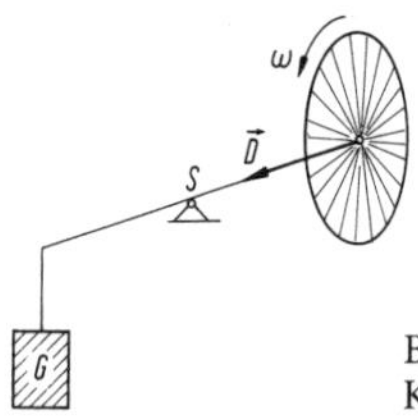

Bild 6.27 Momentenfreier Kreisel („Fahrradkreisel")

6.3.2.1 Allgemeine Bewegung, Nutation

Bei der allgemeinen Bewegung des Kreisels erfolgt die Rotation nicht um die Figurenachse, Bild 6.28. Die $\vec{\omega}$-Achse als momentane Drehachse ändert ihre Lage im Kreisel und im Raum dauernd, auch die Figurenachse wandert im Raum, nur der Drallvektor $\vec{D}$ bleibt raumfest. [1])

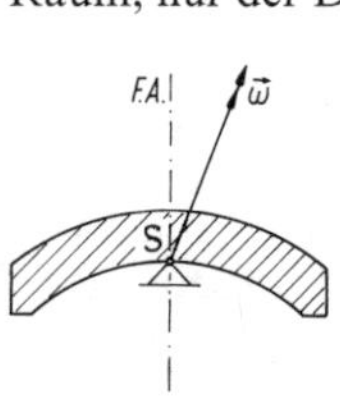

Bild 6.28 Allgemeine Bewegung eines symmetrischen Kreisels

[1]) Die Drallachse ist nicht direkt beobachtbar. Da ein Kreisel in den meisten Fällen sehr schnell um seine Figurenachse rotiert (mit der sog. Eigenschnelle ω_e), hat der $\vec{D}$-Vektor stets annähernd die Richtung der Figurenachse und auch der Winkel zwischen $\vec{\omega}$-Vektor und Figurenachse ist im allgemeinen klein.

Der rotierende Kreisel führt Eigenbewegungen aus, die durch das Zusammenwirken von Trägheits- und Kreiselkräften entstehen. Man bezeichnet sie als *Nutationsbewegung*, oder kurz Nutation (in der älteren Literatur auch reguläre Präzession genannt).
Die durch den Vektor $\vec{\omega}$ gegebene momentane Drehachse wandert um die raumfeste Drallachse $\vec{D}$, der Kreisel selbst rotiert um die $\vec{\omega}$-Achse. Anders ausgedrückt beschreibt die Figurenachse des Kreisels einen Kreiskegel (sog. Nutationskegel) um die raumfeste $\vec{D}$-Achse mit der Nutationswinkelgeschwindigkeit Ω, hinzukommt eine Eigendrehung des Kreisels mit der Winkelgeschwindigkeit ω_e um seine Figurenachse (als „Eigendrehschnelle" bezeichnet). Wie noch gezeigt wird, gilt vektoriell $\vec{\omega} = \vec{\Omega} + \vec{\omega}_e$.
Figurenachse, Drall- und Drehachse liegen stets in einer gemeinsamen Ebene (Nutationsebene) und ändern ihre Lage zueinander nicht. Die Nutationsebene dreht sich mit konstanter Winkelgeschwindigkeit Ω um die raumfeste Drallachse.
Die Kinematik der Nutation läßt sich anschaulich durch das Abrollen zweier Kreiskegel aufeinander beschreiben. Man kann in Analogie zu Gangpol- und Rastpolkurve bei der ebenen Bewegung starrer Körper (vgl. Abschnitt 4.4.3) die räumliche Bewegung eines starren Körpers um einen festen Punkt durch das gleitungsfreie Abrollen eines körperfesten Gangpolkegels (Pol- oder Herpolhodiekegel) auf einem raumfesten Rastpolkegel (Spur- oder Polhodiekegel) darstellen. Die Berührungsgerade beider Kegel gibt dann die Richtung der momentanen Drehachse ($\vec{\omega}$-Vektor) an.
Dies ist in Bild 6.29a für den Fall eines gestreckten Kreisels ($\theta_1 < \theta_2$) gezeigt. Der Gangpolkegel K_G rollt außen auf dem Rastpolkegel K_R ab, die Figurenachse durchläuft den Nutationskegel K_N. Die Spitzen dieser drei Kegel [1]) liegen im Schwerpunkt S.
Man erkennt, daß die Drehachse und die Figurenachse auf derselben Seite der Drallachse liegen. Ferner ergibt sich geometrisch aus dem Abrollvorgang, daß die Eigenrotation des Kreisels um seine Figurenachse und die Nutation im gleichen Drehsinn erfolgen (sog. gleichsinnige

[1]) Man beachte übrigens, daß keiner dieser drei Kegel etwa den Kreisel selbst darstellt!

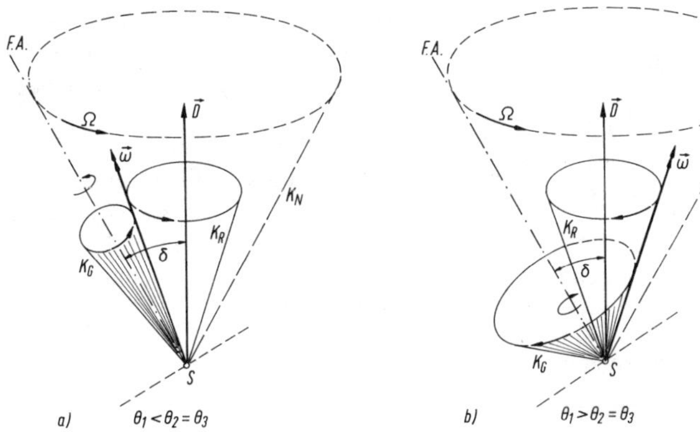

Bild 6.29a Gangpolkegel K_G, Rastpolkegel K_R und Nutationskegel K_N beim gestreckten Kreisel ($\theta_1 < \theta_2 = \theta_3$)

Bild 6.29b Gangpolkegel K_G, Rastpolkegel K_R und Nutationskegel K_N beim abgeplatteten Kreisel ($\theta_1 > \theta_2 = \theta_3$)

oder vorschreitende, früher epizykloidische, Nutation genannt).

Beim Sonderfall der einfachen Rotation um die Figurenachse oder beim Kugelkreisel haben alle drei Kegel den Öffnungswinkel Null.

Eine entsprechende Darstellung (Bild 6.29b) erhält man für einen abgeplatteten Kreisel ($\theta_1 > \theta_2$). Hier umfaßt der Gangpolkegel beim Abrollen den Rastpolkegel von außen, ferner erfolgen Eigenrotation des Kreisels und Nutation in gegenläufigem Drehsinn (rückläufige oder perizykloidische Nutation).

Die Figurenachse und die Drehachse liegen jetzt auf verschiedenen Seiten der Drallachse.

Eine alternative geometrische Beschreibung der Bewegung des momenten freien Kreisels wurde von *Poinsot* angegeben. Man spricht ihm zu Ehren auch von *Poinsot*-Bewegung. Dabei rollt das mit dem Kreisel fest verbundene Trägheitsellipsoid (vgl. Abschnitt 6.1.5) auf einer raumfesten Tangentialebene ab. Die Richtung der momentanen Drehachse ist durch die Verbindungslinie vom Mittelpunkt des Trägheitsellipsoids zum jeweiligen Berührpunkt gegeben.

Die *Entstehung der Nutationsbewegung* kann durch kurzzeitige Störungen erfolgen, wenn z.B. bei einem stabil um seine Figurenachse rotierenden Kreisel ($\vec{D}$-Vektor liegt in der Figurenachse) eine stoßartige große Kraft auf die Figurenachse einwirkt. Dies bedeutet das Auftreten eines kurz wirkenden Moments, das eine kleine Dralländerung zur Folge hat.

Nach dem Stoß behält der neue Drallvektor seine Lage im Raum bei, die Bewegung des Kreisels erfolgt weiterhin momentenfrei mit der Nutation, die Figurenachse hat dabei ihre Lage nicht merklich geändert.

Man erkennt, daß der Drall um so größer ist, je schneller der Kreisel rotiert, und daß dieser dann um so weniger geneigt sein wird, einem Stoß nachzugeben. Diese große „Stabilität" der Kreiselbewegung um eine Hauptachse findet in der Technik vielfach Anwendung (z.B. in Kreiselgeräten).

6.3.2.2 Berechnung der Nutationswinkelgeschwindigkeit

Für den gestreckten momentenfreien Kreisel (mit $\theta_1 < \theta_2 = \theta_3$) lauten die Eulerschen Gleichungen (6.53)

$$\theta_1\,\dot{\omega}_1 = 0, \qquad \theta_2\,\dot{\omega}_2 - (\theta_2 - \theta_1)\,\omega_3\,\omega_1 = 0,$$
$$\theta_2\,\dot{\omega}_3 - (\theta_1 - \theta_2)\,\omega_1\,\omega_2 = 0. \tag{6.54}$$

Die erste Gl. liefert

$$\omega_1 = \sigma = \text{konst.} \tag{6.55}$$

wobei σ als Spin des Kreisels (Komponente des $\vec{\omega}$-Vektors in Richtung der Figurenachse) bezeichnet wird. Für den Winkelgeschwindigkeitsvektor folgt dann (Komponenten in den Hauptachsenrichtungen)

$$\vec{\omega} = \vec{e}_1\,\sigma + \vec{e}_2\,\omega_2 + \vec{e}_3\,\omega_3. \tag{6.56}$$

Übrigens beinhaltet (6.55) die Konstanz der Drallkomponente $D_1 = \theta_1\,\sigma$ um die Figurenachse.

Die beiden restlichen Gln. (6.54) werden

$$\dot{\omega}_2 - \frac{\theta_2 - \theta_1}{\theta_2}\,\sigma\omega_3 = 0, \qquad \dot{\omega}_3 - \frac{\theta_1 - \theta_2}{\theta_2}\,\sigma\omega_2 = 0$$

oder mit der Abkürzung $\frac{\theta_1 - \theta_2}{\theta_2}\,\sigma = \alpha$ ($\alpha < 0$ beim getreckten Kreisel)

$$\dot{\omega}_2 + \alpha\omega_3 = 0, \qquad \dot{\omega}_3 - \alpha\omega_2 = 0. \tag{6.57}$$

Aus diesen beiden gekoppelten Differentialgleichungen erster Ordnung erhält man durch Elimination von ω_3 die Diff. Gl. 2. Ordnung (sog. Schwingungsdifferentialgleichung)

$$\ddot{\omega}_2 + \alpha^2\omega_2 = 0. \tag{6.58}$$

Sie hat, wie man sich leicht überzeugt, die allgemeine Lösung [1])

$$\omega_2 = \omega^* \cos(\alpha t + \varepsilon) \tag{6.59}$$

mit ω^* und ε als Integrationskonstanten (hier kann $\varepsilon = 0$ gesetzt werden).
Aus (6.59) folgt mit der ersten Gl. (6.57)

$$\omega_3 = -\frac{\dot{\omega}_2}{\alpha} = \omega^* \sin \alpha t \tag{6.60}$$

und somit

$$\omega_2^2 + \omega_3^2 = \omega^{*2} = \text{konst.}$$

Man erkennt, daß ω^* (d.h. die Projektion des $\vec{\omega}$-Vektors auf die 2-3-Ebene der Hauptachsen) gleichförmig um die Figurenachse herumwandert, vgl. Bild 6.30.

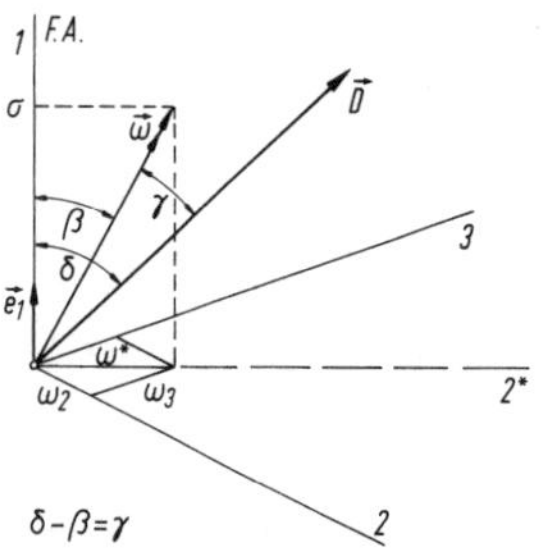

Bild 6.30 Lage der Hauptachsen und Vektoren beim momentenfreien Kreisel

Aus (6.56) ergibt sich ferner

$$\omega^2 = \sigma^2 + \omega^{*2} = \text{konst.}$$

Mit den Größen $\sigma = \omega_1$ und ω_2 ist der Geschwindigkeitszustand des Kreisels völlig bestimmt.
Es liegt somit einer der einfachen Fälle vor, daß sich aus den Eulerschen Gleichungen die Winkelgeschwindigkeiten als Funktion der Zeit berechnen lassen.
Die Lage der Achsen sowie von Drall- und Winkelgeschwindigkeitsvektor sind in Bild 6.30 dargestellt.

[1]) Die Schwingungsdifferentialgleichung und ihre Lösungen werden ausführlich in Abschnitt 7 besprochen.

Beim gestreckten Kreisel ($\theta_1 < \theta_2$) liegt der $\vec{\omega}$-Vektor zwischen der Figurenachse und dem $\vec{D}$-Vektor (d.h. Figuren- und Drehachse auf derselben Seite der Drallachse).
Die Achse 2* ist die Wirkungslinie der Resultierenden ω^* aus ω_2 und ω_3 und liegt in der sog. Nutationsebene, die Figurenachse, Drallachse und Winkelgeschwindigkeitsachse enthält. Die Vektoren sind in Bild 6.31 noch einmal in der Nutationsebene dargestellt.

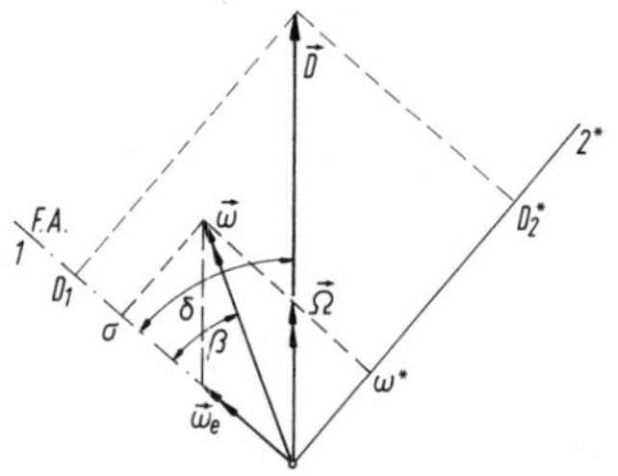

Bild 6.31 Vektoren in der Nutationsebene. Man beachte den Unterschied zwischen σ und ω_e!

Der Nachweis, daß Figurenachse sowie die Vektoren $\vec{\omega}$ und $\vec{D}$ in einer Ebene liegen, folgt aus dem Verschwinden des Spatprodukts

$$(\vec{e}_1\,\vec{\omega}\,\vec{D}) = \begin{vmatrix} 1 & 0 & 0 \\ \sigma & \omega_2 & \omega_3 \\ \theta_1\sigma & \theta_2\omega_2 & \theta_2\omega_3 \end{vmatrix} = \omega_2\theta_2\omega_3 - \omega_3\theta_2\omega_2 = 0.$$

Es zeigt sich ferner, daß $\vec{D}$ und $\vec{\omega}$ stets einen spitzen Winkel γ einschließen, da $\vec{D}\vec{\omega} = 2T$ ist und T, $|\vec{D}|$ und $|\vec{\omega}|$ positiv definite Größen sind.
Außerdem erkennt man die Konstanz der Winkel β und δ, denn aus Bild 6.31 liest man ab

$$\tan\beta = \frac{\omega^*}{\sigma} = \text{konst.}$$
$$\tan\delta = \frac{D_2^*}{D_1} = \frac{\theta_2\omega^*}{\theta_1\sigma} = \text{konst.} \tag{6.61}$$

Die Zerlegung des Winkelgeschwindigkeitsvektors $\vec{\omega}$ in Richtung der Drallachse und der Figurenachse liefert

$$\vec{\omega} = \vec{\Omega} + \vec{\omega}_e \tag{6.62}$$

wobei $\vec{\Omega}$ als Nutationswinkelgeschwindigkeit (Nutationsfrequenz) und $\vec{\omega}_e$ als Eigendrehschnelle des Kreisels bezeichnet werden.

Dem Bild 6.31 entnimmt man ferner

$$\frac{\omega^*}{\Omega} = \cos\left(\frac{\pi}{2} - \delta\right) = \sin\delta \quad \text{oder} \quad \Omega = \frac{\omega^*}{\sin\delta} \tag{6.63}$$

außerdem

$$\cos\delta = \frac{D_1}{|\vec{D}|} = \frac{\theta_1\sigma}{|\vec{D}|}.$$

Andererseits ist nach der zweiten Gl. (6.61)

$$\omega^* = \frac{\theta_1}{\theta_2}\sigma\tan\delta \tag{6.64}$$

und somit erhält man für den Betrag von $\vec{\Omega}$

$$\Omega = \frac{\theta_1}{\theta_2}\sigma\frac{\tan\delta}{\sin\delta} = \frac{\theta_1\sigma}{\theta_2\cos\delta} = \frac{|\vec{D}|}{\theta_2} \tag{6.65}$$

Der Betrag der Eigenschnelle ergibt sich gemäß Bild 6.31 und mit (6.63) zunächst zu

$$\omega_e = \sigma - \Omega\sin\left(\frac{\pi}{2} - \delta\right) = \sigma - \Omega\cos\delta$$
$$= \sigma - \omega^*\operatorname{ctg}\delta$$

und schließlich mit (6.64)

$$\omega_e = \sigma\left(1 - \frac{\theta_1}{\theta_2}\right) = \frac{\theta_2 - \theta_1}{\theta_2}\sigma = -\alpha. \tag{6.66}$$

Man beachte den Unterschied zwischen $\sigma = \omega_1$ und ω_e!

Die Nutationsbewegung beim momentenfreien Kreisel wird also bestimmt durch die Richtung von $\vec{D}$ sowie die Größen δ, Ω und ω_e.

Zwischen letzteren besteht ein Zusammenhang. Es ist nach (6.66) bzw. (6.65)

$$\theta_2\omega_e = (\theta_2 - \theta_1)\sigma \quad \text{bzw.} \quad \sigma = \frac{\theta_2}{\theta_1}\Omega\cos\delta$$

und somit

$$\theta_1\omega_e = (\theta_2 - \theta_1)\,\Omega\cos\delta. \tag{6.67}$$

Wegen $\cos\delta > 0\left(\delta < \frac{\pi}{2}\right)$ haben ω_e und Ω gleiches Vorzeichen (gleichsinnige Nutation).

Mit $D_1 = \theta_1\sigma$ erhält man ferner

$$\omega_e = \frac{\theta_2 - \theta_1}{\theta_2}\frac{D_1}{\theta_1} = \left(\frac{1}{\theta_1} - \frac{1}{\theta_2}\right)D_1$$

oder

$$\vec{\omega}_e = \left(\frac{1}{\theta_1} - \frac{1}{\theta_2}\right)\vec{e}_1 D_1.$$

Der Fall des abgeplatteten Kreisels ($\theta_1 > \theta_2 = \theta_3$) kann analog behandelt werden. Die Diff. Gl. (6.58) gilt gleichermaßen, ebenso ergibt sich

$$\Omega = \frac{\omega^*}{\sin\delta},$$

aber es ist $\omega_e = +\alpha$ (rückläufige Nutation).

Da in den meisten Fällen die Kreisel sehr schnell um die Figurenachse rotieren, hat der Drallvektor stets annähernd die Richtung der Figurenachse und die vorkommenden Winkel δ und β sind sehr klein. Es läßt sich dann ein einfacher Näherungswert

$$\Omega \approx \frac{\theta_1}{\theta_2}\,\omega$$

für die Nutationsfrequenz gewinnen.

Insbesondere sind Näherungsrechnungen beim unsymmetrischen momentenfreien Kreisel[1]) angebracht, sie gelingen für den speziellen Fall, daß die Rotation um Achsen auftritt, die nahezu mit einer Hauptachse zusammenfallen.

Auch beim unsymmetrischen Kreisel kann die Bewegung durch das Abrollen zweier Kegel veranschaulicht werden, allerdings sind dies keine Kreiskegel mehr und sie brauchen auch nicht geschlossen zu sein.

Die allgemeine rechnerische Behandlung des unsymmetrischen momentenfreien Kreisels ist kompliziert und führt auf Jacobische elliptische Funktionen.

6.3.3 Schwerer Kreisel, Präzession

Im folgenden wird ein Kreisel unter der Einwirkung von äußeren Kräften (Momenten) betrachtet. Als äußere Kraft wird meist die Schwerkraft berücksichtigt (Lagerreibung und Luftwiderstand vernachlässigt), daher die Bezeichnung *schwerer Kreisel*. Ein solcher Fall liegt z.B. vor, wenn ein Kreisel in einem festen Punkt außerhalb seines Schwerpunkts unterstützt ist und der Schwerkraftwirkung unterliegt.

Die Bewegungen eines solchen Kreisels sind wesentlich verwickelter als die des momentenfreien Kreisels, da nun der Drallvektor nicht mehr konstant ist.

---

[1]) In der technischen Mechanik kommen unsymmetrische Kreisel so gut wie gar nicht vor. Sie spielen eine Rolle in der Atommechanik als Modell für mehratomige, unsymmetrische Moleküle.

6.3.3.1 Präzessionsbewegung, einfache Beispiele

Beim symmetrischen schweren Kreisel (und nur ein solcher ist einer allgemeinen Behandlung zugängig) liegt zwar der Unterstützungspunkt auf der Figurenachse, aber nicht mehr im Schwerpunkt.

Dieser Sachverhalt ist z. B. gegeben, wenn an der ausbalanzierten Kreiselanordnung gemäß Bild 6.27 zusätzlich ein Übergewicht Q angebracht wird, vgl. Bild 6.32. Bei stillstehendem Kreiselrad wird erwartungsgemäß die Anordnung dem Moment $M = Q a$ nachgeben und die Achse wird umkippen.

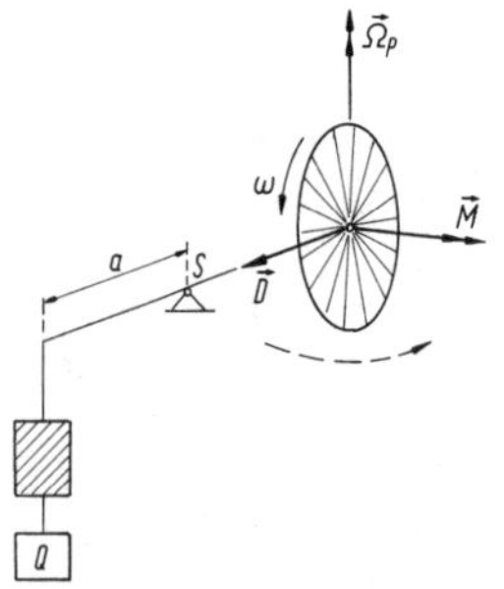

Bild 6.32 Fahrradkreisel unter Momenteneinwirkung (vgl. Bild 6.27)

Ganz anders verhält sich die Anordnung hingegen bei rotierendem Kreiselrad. Der Kreisel gibt dann nicht direkt dem Einfluß des Schwerkraftmoments nach, vielmehr erfolgt ein horizontales Ausweichen der Kreiselachse. Dies ist eine zunächst unerwartete Erscheinung (Paradoxon der Kreiselbewegung).

Die entstehende Drehbewegung wird als *Präzession* des schweren Kreisels bezeichnet. Die Bewegungsrichtung läßt sich wiederum mit dem Satz vom gleichsinnigen Parallelismus der Drehachsen angeben.

Bei der in Bild 6.32 angedeuteten Drehrichtung ω des Kreisels hat der $\vec{D}$-Vektor die Tendenz, sich auf kürzestem Weg gleichsinnig parallel zum Vektor $\vec{M}$ des Schwerkraftmoments einzustellen. Daraus resultiert die Präzessionsbewegung mit dem Winkelgeschwindigkeitsvektor $\vec{\Omega}_p$ (Präzessionsgeschwindigkeit).

Der $\vec{D}$-Vektor kann den $\vec{M}$-Vektor niemals erreichen, da das Übergewicht bei der Präzessionsbewegung mitgenommen wird, mithin wandert die Momentenachse im gleichen Sinn wie die Drallachse mit $\vec{\Omega}_p$.

Bei Umkehr der Drehrichtung des Kreisels kehrt auch die Richtung der Präzessionsbewegung um.[1])

Eine ähnliche Kreiselanordnung, bei der die Präzession beobachtbar ist, zeigt Bild 6.33. Hierbei liefert das Gewicht des Kreiselrads das Schwerkraftmoment.

Eine allgemeine analytische Behandlung des symmetrischen schweren Kreisels ist mittels der Eulerschen Gleichungen möglich, aber sehr kompliziert und soll hier nicht gebracht werden.[2])

Es sollen vielmehr nur einige der Erscheinungen in elementarer Weise dargestellt und Näherungsergebnisse gewonnen werden.

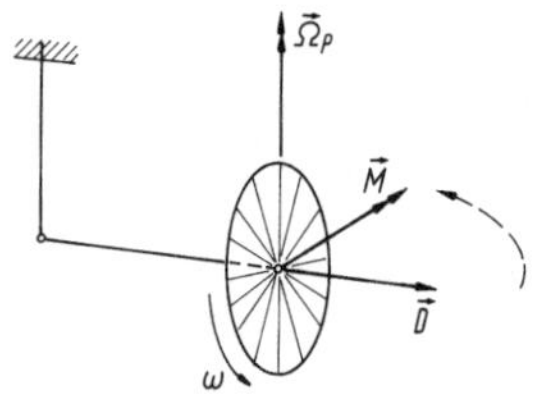

Bild 6.33 Präzessionsversuch

Die Präzessionswinkelgeschwindigkeit $\vec{\Omega}_p$ der Anordnung in Bild 6.32 ergibt sich aus dem Drallsatz (für einen raumfesten Bezugspunkt)

$$\dot{\vec{D}} = \vec{M} \quad \text{oder} \quad \mathrm{d}\vec{D} = \vec{M}\,\mathrm{d}t\,.$$

Man erkennt, daß die Dralländerung $\mathrm{d}\vec{D}$, die gleiche Richtung hat wie der Momentenvektor (Bild 6.34a).

Im Sonderfall, daß der $\vec{M}$-Vektor senkrecht auf dem $\vec{D}$-Vektor steht, ist auch $\mathrm{d}\vec{D}$ senkrecht auf $\vec{D}$, d.h. es findet nur eine Richtungsänderung des Dralls statt. Damit folgt (Bild 6.34b) für die Beträge

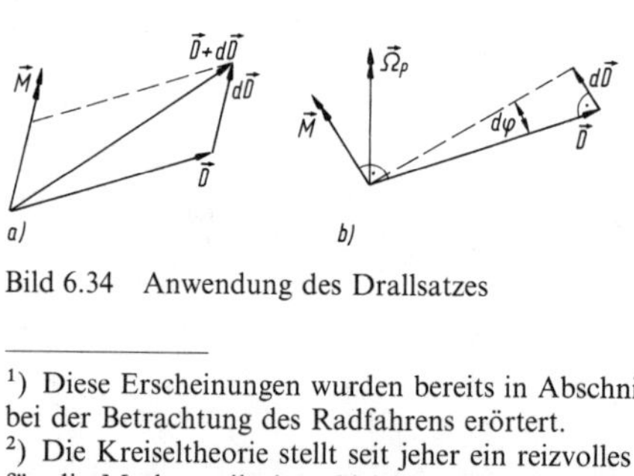

Bild 6.34 Anwendung des Drallsatzes

---

[1]) Diese Erscheinungen wurden bereits in Abschnitt 6.3.1 bei der Betrachtung des Radfahrens erörtert.

[2]) Die Kreiseltheorie stellt seit jeher ein reizvolles Gebiet für die Mathematik dar. Gleichwohl besteht die Gefahr, daß durch die mathematische Fülle leicht vom eigentlichen mechanischen Inhalt der Gesetze abgelenkt wird.

$$M = \frac{dD}{dt} = \frac{D\,d\varphi}{dt} = D\,\Omega_p$$

und daraus mit $D = \theta\,\omega$ die Präzessionsgeschwindigkeit

$$\Omega_p = \frac{M}{\theta\omega} \tag{6.68}$$

wobei gemäß Bild 6.32 $M = Q\,a$.
Unter Beachtung der Richtung der Vektoren gilt der vektorielle Zusammenhang zwischen $\vec{M}$ und $\vec{\Omega}_p$

$$\vec{M} = \vec{\Omega}_p \times \vec{D}. \tag{6.69}$$

Man bemerkt übrigens den Unterschied zur Nutationsgeschwindigkeit beim momentenfreien Kreisel (vgl. Abschnitt 6.3.2.2), es ist dort $\Omega_N \sim \omega$ während sich hier $\Omega_p \sim \frac{1}{\omega}$ ergibt, außerdem liegt jetzt eine erzwungene Bewegung vor, die von der Schwere aufgeprägt wird.

6.3.3.2 Präzession und Nutation

Um das Zustandekommen der Präzessionsbewegung physikalisch erklären zu können, müssen einige Einzelheiten der allgemeinen Bewegung des schweren Kreisels betrachtet werden.
In Bild 6.35 ist ein weiteres Beispiel eines symmetrischen schweren Kreisels gezeigt, dessen Figurenachse mit einer vertikalen raumfesten Achse durch den Unterstützungspunkt 0 einen Winkel δ einschließt. Im Schwerpunkt (Abstand s vom Unterstützungspunkt 0) wirkt das Gewicht $m\,g$ und erzeugt das Moment $M = mgs\sin\delta$.

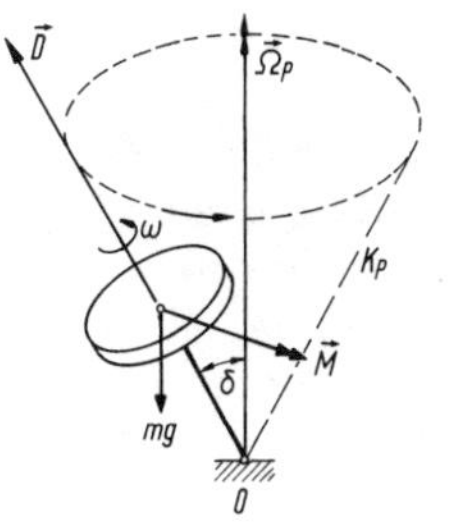

Bild 6.35 Schwerer Kreisel mit Präzessionskegel K_p

Näherungsweise wird angenommen, daß sich der Kreisel in sehr schneller Rotation mit der Winkelgeschwindigkeit ω befindet. Dann fallen Drehachse, Drallachse und Figurenachse praktisch zusammen.
Bei der stattfindenden Präzessionsbewegung (deren Richtung sich wieder mit dem Satz vom gleichsinnigen Parallelismus der Drehachsen[1]) angeben läßt) beschreibt die Figurenachse, also auch der Drallvektor, im Mittel einen Kreiskegel (halber Öffnungswinkel δ) um die vertikale raumfeste Achse z, den sog. *Präzessionskegel* K_p. Rein äußerlich ist eine Ähnlichkeit mit der Nutation des momentenfreien Kreisels zu erkennen, dynamisch gesehen handelt es sich aber um eine grundsätzlich andere Erscheinung.
Die Ermittlung der Präzessionswinkelgeschwindigkeit Ω_p erfolgt wieder mit dem Drallsatz $d\vec{D} = \vec{M}\,dt$.
Wie aus Bild 6.36a ersichtlich, liegt zum dargestellten Zeitpunkt der Vektor des Schwerkraftmoments senkrecht zum Drallvektor. Die Dralländerung $d\vec{D}$ entspricht einer Drehung des Drallvektors. Aus Bild 6.36b ist zu entnehmen

$$dD = d\varphi\,D\sin\delta \quad \text{oder} \quad d\varphi = \frac{dD}{D\sin\delta}.$$

Für die Präzessionswinkelgeschwindigkeit $\Omega_p = \frac{d\varphi}{dt}$ folgt damit

$$\Omega_p = \frac{M}{D\sin\delta}$$

und mit $M = mgs\sin\delta$ ergibt sich

$$\Omega_p = \frac{mgs}{D} = \frac{mgs}{\theta_1\,\omega} \tag{6.70}$$

wobei θ_1 das Massenträgheitsmoment bezüglich der Figurenachse bedeutet.
Zum Ergebnis (6.70) gelangt man auch, wenn die Dralländerung auf ein mit der Winkelgeschwin-

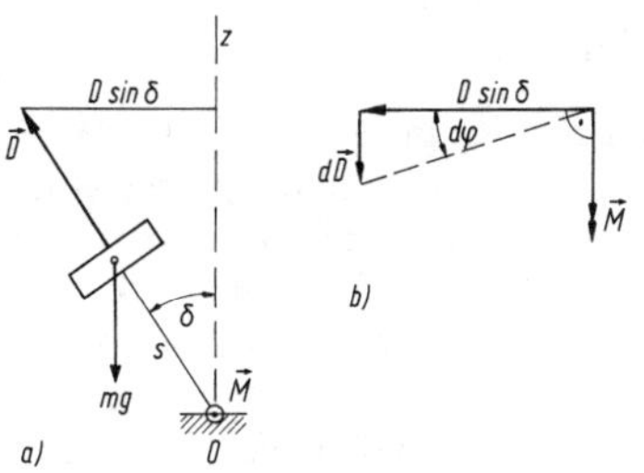

Bild 6.36 Zur Herleitung der Präzessionsgeschwindigkeit
a) Seitenansicht, b) vertikale Draufsicht

[1]) Der Satz vom gleichsinnigen Parallelismus der Drehachsen gilt näherungsweise auch für die Figurenachse.

digkeit $\vec{\Omega}$ rotierendes Koordinatensystem bezogen wird. Dann lautet der Drallsatz

$$\vec{M} = \frac{\mathrm{d}'\vec{D}}{\mathrm{d}t} + \vec{\Omega} \times \vec{D}$$

und da sich der Drall im mitbewegten System nicht ändert, folgt für den Betrag des Vektorprodukts

$$M = \Omega\, D \sin\delta$$

und man erhält wiederum (6.70).

Von den wichtigen Aussagen, die sich aus der analytischen Behandlung des symmetrischen schweren Kreisels ergeben, sind nachfolgend einige kurz aufgelistet:

- Der beschriebenen Präzessionsbewegung mit $\delta = \text{konst.}$ (als reguläre Präzession bezeichnet) sind im allgemeinen die Nutationsbewegungen des momentenfreien Kreisels überlagert. Hierbei handelt es sich um kleine, wellenartige Bewegungen der Figurenachse, wie sie in Bild 6.37 angedeutet sind.
  Die genaue Untersuchung zeigt, daß es sich um sphärische Zykloiden (die auch rückläufig sein können) handelt, auf denen sich die Figurenachse des Kreisels zwischen zwei Kreiskegeln (mit δ_1 bzw. δ_2) bewegt.

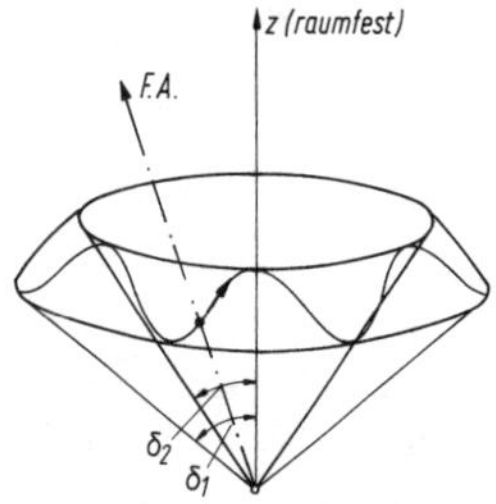

Bild 6.37 Präzession mit überlagerter Nutation (raumfeste Achse z, Figurenachse FA)

- Die Nutationen (Nickungen) sind im allgemeinen klein, um so kleiner je schneller die Rotation des Kreisels (Eigenschnelle) erfolgt und machen sich meist nur als schwaches Zittern der Figurenachse bemerkbar. Nur wenn der Gesamtdrall sich z.B. infolge von Reibungsverlusten verringert, werden die Nutationen merklich sichtbar.
- Das Auftreten der Nutation hängt wesentlich von den Anfangsbedingungen ab. Die Bewegungsgleichungen zeigen, daß eine nutationsfreie (reguläre) Präzession nur bei genau passenden Anfangsbedingungen für Ω und δ bestehen kann. In diesem Fall sind die beiden Kreiskegel in Bild 6.37 identisch, d.h. $\delta_1 = \delta_2$.
- Da, wie erwähnt, die Nutation im allgemeinen kaum wahrnehmbar ist, scheint auch ohne die passenden Anfangsbedingungen der Kreisel sich nutationsfrei zu bewegen. Man spricht dann von pseudo-regulärer Präzession.
- Die exakten Lösungen der Bewegungsgleichungen liefern zwei Werte für die Präzessionsgeschwindigkeit, die der sog. langsamen und schnellen Präzession zugeordnet werden. Die erstere ist dabei annähernd unabhängig vom Winkel δ, ihre Geschwindigkeit entspricht der Beziehung (6.70). Die Geschwindigkeit der schnellen Präzession ist höher, sie liegt in der Größenordnung der Eigenschnelle des Kreisels.
  Stets ist eine bestimmte Mindestenergie erforderlich, damit eine Präzession zustandekommen kann.
- Ein Sonderfall liegt vor, wenn $\delta = 0$ ist. Die Figurenachse ist senkrecht gestellt, der Kreisel kann stabil mit beliebiger Winkelgeschwindigkeit ω, die jedoch einen bestimmten Mindestwert haben muß, rotieren. Da die Figurenachse in diesem Fall äußerlich nicht vom stillstehenden Kreisel zu unterscheiden ist, spricht man vom „schlafenden Kreisel".
  Infolge der Lagerreibung nimmt in Wirklichkeit die Rotationsgeschwindigkeit ab, der Kreisel beginnt dann zu taumeln.

Abschließend wird noch kurz auf die Bemerkung am Anfang dieses Abschnitts eingegangen. Ohne Berücksichtigung der Nutation kann das Entstehen der Präzession beim schweren Kreisel nicht erklärt werden.

Wenn die anfangs festgehaltene Figurenachse eines schnell laufenden Kreisels sich selbst überlassen wird, gibt der Kreisel sofort dem wirkenden Schwerkraftmoment nach, er „fällt nach unten". Dabei erlangt die Figurenachse eine Präzessionsgeschwindigkeit und es beginnt eine seitliche Bewegung um die vertikale Achse. Aus dem anfänglichen Fallen der Figurenachse entsteht dann eine periodische Nutation, die sich der Präzession überlagert.

Wesentlich ist also, daß die Figurenachse nach dem Freilassen nicht sofort mit der Präzession beginnt, die Anfangsbewegung vielmehr zunächst ein Nachgeben gegenüber der Schwere ist und die Präzession sich kontinuierlich einstellt.

6.3.4 Weitere Kreiselerscheinungen

In zahlreicher Hinsicht spielen Kreiselerscheinungen eine Rolle, z.B. in der Geschoßmechanik, aber auch beim geworfenen Diskus oder beim Bumerang (australische Wurfkeule). Diesen geworfenen Körpern wird in geeigneter Weise ein kräftiger Drall erteilt, der seine Richtung sehr stabil beibehält und große Wurfweiten erreichen läßt. Vom (technisch unbedeutenden) Spielkreisel war bereits die Rede.

Kreisel kommen auch in der Natur vor, die Atome mit den kreisenden Elektronen stellen in mechanischer Hinsicht einen Kreisel dar. Die meisten der bekannten Elementarteilchen in der Atomphysik besitzen einen Eigendrehimpuls (hier als Spin bezeichnet). Die kleinste Einheit des Dralls beträgt $\frac{1}{2}\hbar$ mit der Grundgröße $\hbar = \frac{h}{2\pi} = 1{,}054 \cdot 10^{-34}\,\mathrm{kgm^2/s}$, wobei h das Plancksche Wirkungsquantum bedeutet.

6.3.4.1 Die Erde als Kreisel

Unsere rotierende Erde ist ein symmetrischer Riesenkreisel, der zwar nur die geringe Winkelgeschwindigkeit

$$\omega_E = \frac{2\pi}{86400} = 0{,}73 \cdot 10^{-4}\,\frac{1}{\mathrm{s}} = \frac{0{,}25\ \text{Winkelminute}}{\mathrm{s}}$$

besitzt, dessen Drall aber wegen der großen Masse beträchtlich ist. Die Erde hat nicht genau Kugelgestalt, sie ist im Verhältnis $\approx \frac{1}{300}$ an den Polen abgeplattet [1]), was einem Wulst von etwa 21 km Höhe am Äquator entspricht. Diese Abplattung spiegelt sich im Verhältnis der Trägheitsmomente $\frac{\theta_1}{\theta_2} = \frac{301}{300}$ wieder. Der Drallvektor kann näherungsweise in der N-S-Richtung, d.h. der Figurenachse angenommen werden, Drehsinn ist von West nach Ost.

Der geometrische Nordpol entspricht dem Durchstoßpunkt der Figurenachse (Symmetrieachse) mit der Erdoberfläche. Davon zu unterscheiden ist der Durchstoßpunkt des Drehvektors mit der Erdoberfläche, den man als kinematischen Nordpol bezeichnet.

Als freibeweglicher (nahezu als starr anzusehender) Körper kann der Erdkreisel Nutations- und Präzessionsbewegungen ausführen.

Da die äußeren Krafteinwirkungen auf die Erde sehr gering sind, kann sie als momentenfreier Kreisel aufgefaßt werden. Es tritt eine *Nutation* (wie in Abschnitt 6.3.2.1 besprochen) auf, die durchaus beobachtbar ist. [1])

Setzt man näherungsweise für den Drall $D = \theta_1\,\omega_E$, so ergibt sich nach (6.65) für einen raumfesten Beobachter eine Nutationsfrequenz $\Omega_N = \frac{301}{300}\,\omega_E$. Ein mit der Erde mitbewegter Beobachter muß noch die normale Eigendrehung der Erde abziehen, es ergibt sich dann für ihn

$$\Omega_N' = \left(\frac{301}{300} - 1\right)\omega_E = \frac{\omega_E}{300}\,\frac{1}{\mathrm{s}} \quad \text{oder} \quad \frac{2\pi}{300}\,\frac{1}{\text{Tag}}.$$

Für die Dauer des Umlaufs, d.h. die Nutationsperiode, folgt

$$T_N = \frac{2\pi}{\Omega_N'} = 300 \text{ Tage oder ca. 10 Monate.}$$

Diese Größe wird als Eulersche Periode bezeichnet, mit der sich der kinematische Nordpol um den geometrischen Nordpol herumbewegen sollte. Die Eulersche Periode (die auf der idealisierten Annahme eines starren Erdkörpers beruht) konnte allerdings nicht nachgewiesen werden. Stattdessen wurde ein Zeitraum der sog. *Polhöhenwanderung* (Polhodie) von 430 Tagen oder ca. 14 Monaten gemessen, der als Chandlersche Periode bezeichnet wird. Man erhält unregelmäßige, geschlossene Kurven, die einem Kreis von etwa 10 m entsprechen.

Die Ursache für den Unterschied zwischen Chandlerscher und Eulerscher Periode liegt in der Verformbarkeit der Erde (die einen *E*-Modul etwa wie Stahl hat). Die Unregelmäßigkeiten in der Polhöhenschwankung dürften mit Massenverschiebungen im flüssigen Erdinnern zusammenhängen.

Als wesentliche Aussage bezüglich der momentenfreien Bewegung des Erdkreisels ergibt sich aus der Kleinheit des Nutationskegels, daß die

---

[1]) Genau ergibt sich $\frac{6378{,}39 - 6356{,}91}{6378{,}39} = \frac{1}{297}$.

[1]) Die Nutation würde nicht auftreten, wenn die Erde exakt Kugelgestalt hätte.

Drehachse der Erde mit guter Genauigkeit als vollkommen raumfest gelten kann.
Der Erdkreisel kann auch pseudo-reguläre *Präzessionsbewegungen* infolge äußerer Momente (wie in Abschnitt 6.3.3.2 beschreiben) ausführen, die mitunter als *astronomische Präzession* bezeichnet werden.
Wie in Bild 6.38 gezeigt, ist die Drehachse der Erde gegen die Ekliptik (Ebene der Bahnkurve) um 66,5° geneigt. [1])

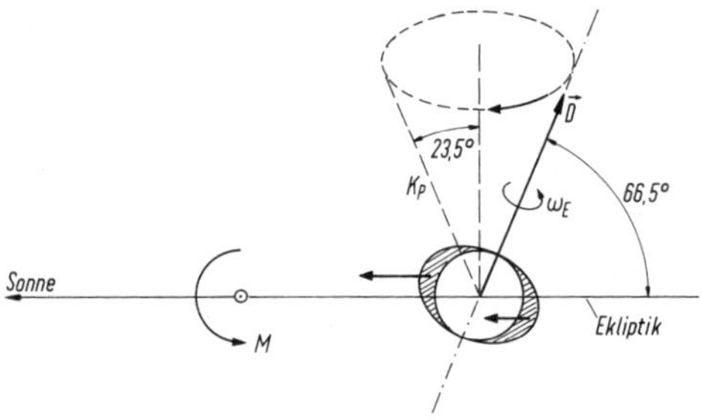

Bild 6.38 Die Erde als Kreisel, Präzession der Erdachse (nicht maßstäblich)

Außerdem erkennt man die (stark überzeichneten) Äquatorwülste infolge der Erdabplattung. Es findet eine stärkere Anziehungskraft der Sonne auf den ihr zugewandten Wulst statt, dadurch wird ein Moment erzeugt, das die Erdachse aufzurichten sucht. Der Erdkreisel antwortet mit einer Präzession, die Richtung ist mit dem Satz vom gleichsinnigen Parallelismus der Drehachse zu gewinnen.
Die Drallachse läuft auf dem Präzessionskegel (mit halbem Öffnungswinkel 23,5°) um und zwar gegensinnig zu ω_E. Die Schiefe der Ekliptik bleibt erhalten.
Die Berechnung der Präzessionsfrequenz ergibt ca. 50 Bogensekunden/Jahr. Dies entspricht einer Umlaufzeit von etwa 25800 Jahren, man bezeichnet diese Periode als Platonsches Jahr. Die Präzession war bereits *Hipparch* bekannt, er gab dafür einen Wert von 36 Bogensekunden/Jahr an.
Es entsteht außerdem eine Verschiebung der Tag- und Nachtgleichen (Frühlings- und Herbstpunkt), die den Schnittpunkten der Äquatorebene mit der Ekliptik entsprechen. Die astronomische Präzession hat somit eine Verschiebung der Sternbilder des Tierkreises zur Folge, ferner bleibt der jetzige Stern α Ursae minoris nicht Polarstern, vielmehr wird in ca 12000 Jahren Wega der neue Polarstern sein.
Insgesamt ist die astronomische Präzession ziemlich verwickelt, das Moment schwankt, außerdem wirken der Mond und die Planeten (Lunisolarpräzession, planetarische Präzession) mit. Der Einfluß des Mondes ist wegen seiner geringeren Entfernung sogar größer als derjenige der Sonne. Schließlich sind der Präzession auch Nutationen aufgelagert, die als *astronomische Nutation* bezeichnet werden und deren Ursachen Momentenschwankungen wegen der wechselnden Stellung von Erde, Sonne und Mond sind. Es findet ein leichtes Pendeln der Erdachse beim Umlauf auf dem Präzessionskegel statt. Diese astronomische Nutation hat eine Periode von etwa 18,6 Jahren, sie unterscheidet sich begrifflich sowohl von der oben im Zusammenhang mit der pseudo-regulären Präzession besprochenen Nutation des schweren Kreisels als auch von der Chandlerschen Nutation.

6.3.4.2 Kreiselgeräte

Eine wichtige Eigenschaft des Kreisels, nämlich die große Stabilität seiner Drehung um die Achse des größten Trägheitsmoments, wird in vielen technischen Anwendungen ausgenützt. Der Betrieb von Schiffen, Flugzeugen und Raumfahrzeugen ist ohne Kreiselgeräte nicht vorstellbar. Sie dienen zur Orientierung, Navigation, Stabilisierung usw.
Zu den Kreiselgeräten gehören z.B. der Kurskreisel zur Richtungshaltung, Kreiselhorizont (künstlicher Horizont) sowie Wendezeiger für Flugzeuge.
Von den Möglichkeiten, kreiselstabilisierte Einschienenbahnen zu bauen, ist man heute abgekommen. Auch der Einsatz von schnell laufenden Kreiseln zur Dämpfung der Schwingungen um die Schiffslängsachse (Schlingern oder Rollen genannt) bei starkem Seegang (Schlickscher Schiffskreisel) hat sich nicht durchgesetzt. Der erwünschte Effekt wurde besser durch den Frahmschen Schlingertank erreicht.
Hingegen werden Kreisel zur Schwingungsdämpfung in Maschinenanlagen eingesetzt.
Das wichtigste Kreiselgerät zur Navigation ist der *Kreiselkompaß*, der große Vorteile gegenüber dem Magnetkompaß aufweist. Dieser zeigt nur die Richtung des örtlichen Magnetfelds an und daraus muß die N-S-Richtung indirekt ermittelt

[1]) In der Astronomie als „Schiefe der Ekliptik" bezeichnet.

werden. Auf Schiffen mit großen Eisenmassen und nahe der Pole ist ein Magnetkompaß ziemlich unbrauchbar.

Das Prinzip beim Kreiselkompaß dagegen besteht darin, daß die Meridianebene eines Punkts der Erdoberfläche und damit die N-S-Richtung direkt angezeigt werden.

Die Idee geht bereits auf *Foucault* (ca. 1850) zurück, der Einstelleffekt seines „Gyroskops" war aber noch ziemlich gering.

Die Weiterentwicklung erfolgte durch *H. Anschütz-Kaempfe* (ab 1900), der eigentlich vorhatte, mit einem U-Boot unter dem Eis den Nordpol zu erreichen. Dies gelang zwar nicht, aber ein brauchbarer Kreiselkompaß kam zustande. Weitere Verbesserungen stammen von *M. Schuler*.

Ein sehr schnell rotierender Kreisel (Masse ca. 5 kg, Drehzahl 20000/min) ist allseitig drehbar aufgehängt, meist in Quecksilber schwimmend. Die Kreiselachse ist durch ein Schweremoment quasi-elastisch wie ein Pendel an die Horizontalebene gefesselt (Bild 6.39).

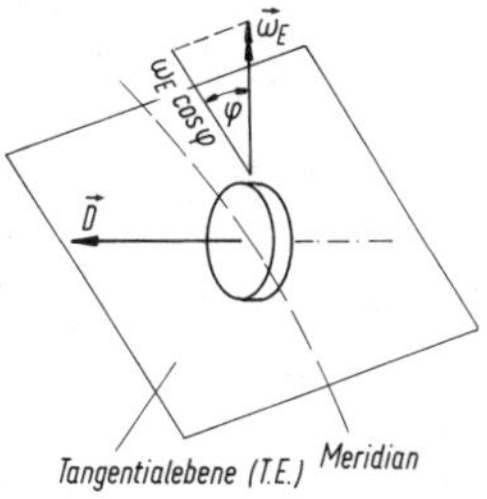

Bild 6.39 Zum Prinzip des Kreiselkompaß

Der Kreisel wird dadurch gezwungen, den Anteil der Erddrehung mitzumachen, der der Horizontalkomponente $\omega_E \cos\varphi$ (φ ist die geographische Breite) entspricht. Nach dem Satz vom gleichsinnigen Parallelismus der Drehachsen sucht der Drallvektor des Kreisels sich so in der Horizontalebene auf die N-S-Richtung einzustellen, daß er mit dem $\vec{\omega}_E$-Vektor einen möglichst kleinen Winkel einschließt (Bild 6.40a).

Die Kreiselachse nimmt dabei eine Gleichgewichtslage ein, bei der Schwerkraft und Kreiselmoment sich ausgleichen (dabei zeigt die Kreiselachse eine kleine „Elevation" β nach Norden in der Horizontalebene, Bild 6.40b). Die Kreiselachse erfährt somit ein Rückstellmoment, das sie bei einer Auslenkung aus der Gleichgewichtslage stets wieder in diese zurückschwingen läßt.

Der Kreiselkompaß ist allerdings nicht ganz frei von Anzeigefehlern. In bewegten Schiffen oder Flugzeugen treten Fahrtfehler (Schlingerfehler) auf, die im Prinzip des Meßverfahrens begründet sind und rechnerisch korrigiert werden müssen.

Zur Unterdrückung von Schlingerfehlern verwendet man Mehrfachkreisel, bei denen sich die Wirkungen verstärken und eine gegenseitige Korrektur möglich ist.

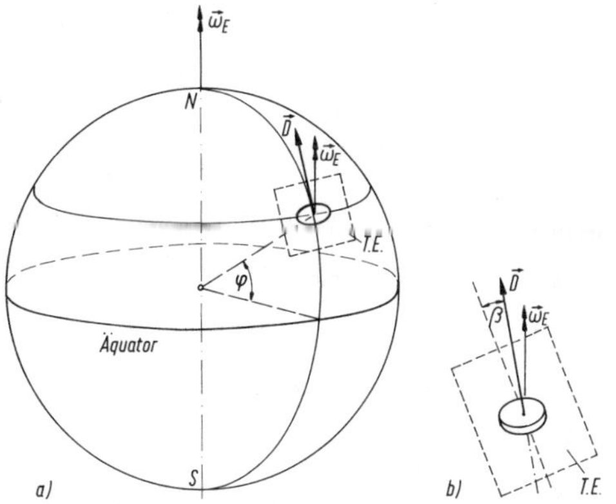

Bild 6.40 Zum Kreiselkompaß

Fahrtfehler infolge Beschleunigung lassen sich ausschalten, wenn man dem Kompaßsystem eine Schwingungsdauer von $\tau = 2\pi \sqrt{\frac{R}{g}} = 84{,}4\,\text{min}$ gibt. Dies entspricht einem mathematischen Pendel von der Länge des Erdradius, sog. Schulersches Pendel. Solche Pendel, die auch zur Stabilisierung von Trägheitsplattformen zur sog. Trägheitsnavigation Verwendung finden, lassen sich heute mit etwa $\tau = 40$ min. realisieren.

Abschließend ist noch ein ziemlich grobschlächtiges Kreiselgerät zu erwähnen, das bereits seit langem bekannt ist. Es handelt sich um die Kollermühle (Kollergang), die in der Zerkleinerungstechnik früher weit verbreitet war und in besonderen Fällen heute noch unentbehrlich ist, Bild 6.41a.

Hierbei tritt der Kreiseleffekt auf, der in Abschnitt 6.3.1.1 beim rollenden Rad in der Kurve besprochen wurde. Das auftretende Kreiselmoment wirkt sich in einem verstärkten Druck des Mühlrades auf die Unterlage aus. Gegenüber dem reinen Gewichtsdruck kann auf diese Weise die Mahlkraft erheblich gesteigert werden. In der Praxis werden zwei Mühlräder diametral angeordnet, deren Achsen mit der zentralen Antriebsachse gelenkig verbunden sind.

Zur Berechnung der zusätzlichen kinetischen Mahlkraft können die Eulerschen Gleichungen (6.42) herangezogen werden. Dabei erweist es sich als zweckmäßig, neben dem körperfesten Koordinatensystem ein zweites System zu verwenden, dessen Achse 1 mit der Figurenachse des Kreisels zusammenfällt, Bild 6.41 b. Der Kreisel kann dann noch relativ zu diesem Koordinatensystem rotieren, die Trägheitsmomente θ_2 und θ_3 bleiben gleich und konstant.

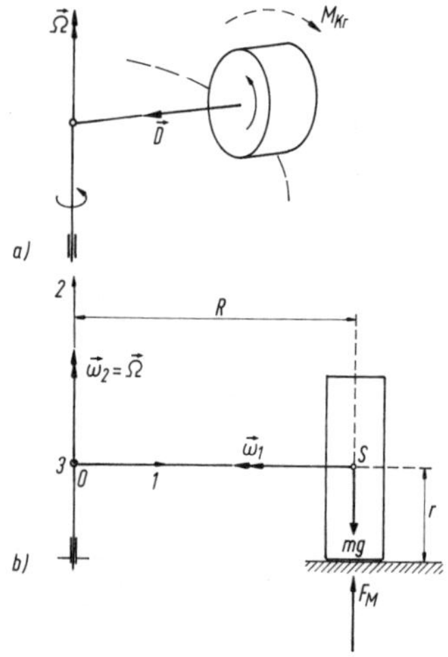

Bild 6.41 Kollermühle: a) Prinzip, b) Berechnung des Mahldrucks

Die konstante Winkelgeschwindigkeit der vertikalen Antriebswelle ist Ω, der Schwerpunkt des Mahlrads bewegt sich dann mit der Geschwindigkeit $v_S = R\Omega$ auf einer Kreisbahn. Bei reinem Rollen ist die Winkelgeschwindigkeit des Mahlrads

$$\omega_1 = -\frac{v_S}{r} = -\frac{R}{r}\,\Omega$$

ferner gilt $\omega_2 = \Omega$, $\omega_3 = 0$.
Wie bei der Berechnung für das rollende Rad in der Kurve (Abschnitt 6.3.1.1) ergibt sich als äußeres auf den Kreisel wirkendes Moment

$$M_3 = -\theta_1\,\omega_1\,\omega_2 .$$

Daraus folgt mit Einführung des Trägheitsradius gemäß $\theta = mi^2$ (vgl. Abschnitt 6.1.1)

$$M_3 = mi^2\,\frac{R}{r}\,\Omega^2 . \tag{6.71}$$

Andererseits ist (mit F_M als Reaktionskraft zwischen Unterlage und Mahlrad)

$$M_3 = (F_M - mg)\,R . \tag{6.72}$$

Aus (6.71) und (6.72) erhält man schließlich für die Mahlkraft

$$F_M = m \cdot g\left(1 + \frac{i^2}{rg}\,\Omega^2\right)$$

und man erkennt, daß der kinetische Mahldruck beträchtlich größer sein kann als der Gewichtsdruck des Mahlrads.
Infolge der Kreiselwirkung treten natürlich zusätzliche Lagerkräfte an der zentralen Antriebsachse auf.

6.4 Arbeits- und Energiesatz, Prinzip der virtuellen Arbeit

Diese, in den Abschnitten 5.2.3 und 5.2.4 für das Massenpunktsystem formulierten wichtigen Sätze gelten auch für die Bewegung eines starren Körpers. [1])

6.4.1 Arbeits- und Energiesatz

Die allgemeine Bewegung eines starren Körpers besteht bekanntlich aus Translation und Rotation die gekennzeichnet werden durch

- Schwerpunktgeschwindigkeit $\vec{v}_S$
- Winkelgeschwindigkeit $\vec{\omega}$ (z.B. um Achse durch den Schwerpunkt).

Dementsprechend läßt sich die Arbeit der äußeren Kräfte in einen translatorischen und einen rotatorischen Anteil aufspalten, es gilt für die Elementararbeit

$$\mathrm{d}A^* = \vec{R}\,\mathrm{d}\vec{r} + \vec{M}_{(S)}\,\mathrm{d}\vec{\varphi} = \mathrm{d}A^*_{\mathrm{trans}} + \mathrm{d}A^*_{\mathrm{rot}} \tag{6.73}$$

wobei $\vec{R} = \sum \vec{F}^*_k$ (Resultierende der äußeren Kräfte) und $\vec{M}_{(S)} = \sum \vec{r}'_k \times \vec{F}^*_k$ (es sollen keine Einzelmomente und keine verteilten Flächen- oder Volumenkräfte vorhanden sein).
Mit Impuls- und Drallsatz [Gl. (6.23), (6.39)] folgt aus (6.73)

$$\mathrm{d}A^* = \dot{J}\,\mathrm{d}r + \dot{D}_{(S)}\,\mathrm{d}\varphi = \mathrm{d}A^*_{\mathrm{trans}} + \mathrm{d}A^*_{\mathrm{rot}} \tag{6.74}$$

und entsprechend für die Leistung

[1]) Sie können noch allgemeiner auch für verformbare Körper angewendet werden.

$$L = \frac{\mathrm{d}A^*}{\mathrm{d}t} = \dot{\vec{J}}\,\vec{v}_S + \dot{\vec{D}}_{(S)}\,\vec{\omega}. \qquad (6.75)$$

Wie in Abschnitt 6.2.6 gezeigt wurde, besteht die kinetische Energie des starren Körpers ebenfalls aus einem translatorischen und einem rotatorischen Anteil [vgl. (6.44)]

$$T = \tfrac{1}{2} m v_S^2 + \tfrac{1}{2}\int (\vec{\omega} \times \vec{r}\,')^2 \,\mathrm{d}m$$
$$= T_{\mathrm{trans}} + T_{\mathrm{rot}}.$$

Die Zeitableitung des translatorischen Anteils liefert

$$\frac{\mathrm{d}T_{\mathrm{trans}}}{\mathrm{d}t} = m\vec{v}_S\,\dot{\vec{v}}_S = \dot{\vec{J}}\,\vec{v}_S \qquad (6.76)$$

entsprechend für den rotatorischen Anteil unter Berücksichtigung von $\vec{\omega} \times \vec{r}\,' = \dot{\vec{r}}\,'$ für starre Körper (vgl. Bild 6.16) zunächst

$$\frac{\mathrm{d}T_{\mathrm{rot}}}{\mathrm{d}t} = \int_{(m)} \dot{\vec{r}}\,'\,\ddot{\vec{r}}\,'\,\mathrm{d}m = \int_{(m)} (\vec{\omega} \times \vec{r}\,')\,\ddot{\vec{r}}\,'\,\mathrm{d}m. \qquad (6.77)$$

Mit den Rechenregeln (1.15) für das Spatprodukt ergibt sich

$$(\vec{\omega} \times \vec{r}\,')\,\ddot{\vec{r}}\,' = (\vec{r}\,' \times \ddot{\vec{r}}\,')\,\vec{\omega}$$

ferner ist $(\vec{r}\,' \times \ddot{\vec{r}}\,') = (\vec{r}\,' \times \dot{\vec{r}}\,')^{\cdot}$ und man erhält aus (6.77)

$$\frac{\mathrm{d}T_{\mathrm{rot}}}{\mathrm{d}t} = \vec{\omega} \int_{(m)} (\vec{r}\,' \times \dot{\vec{r}}\,')^{\cdot}\,\mathrm{d}m = \vec{\omega}\,\dot{\vec{D}}_{(S)}$$

und somit schließlich

$$\frac{\mathrm{d}T}{\mathrm{d}t} = \dot{\vec{J}}\,\vec{v}_S + \dot{\vec{D}}_{(S)}\,\vec{\omega}. \qquad (6.78)$$

Der Vergleich von (6.78) mit (6.75) liefert

$$\frac{\mathrm{d}A^*}{\mathrm{d}t} = \frac{\mathrm{d}T}{\mathrm{d}t} \quad \text{oder} \quad \mathrm{d}A^* = \mathrm{d}T. \qquad (6.79)$$

Dies ist der Arbeitssatz für den starren Körper in differentieller Form.
In integrierter Form lautet der Arbeitssatz

$$A_{12}^* = \int_{t_1}^{t_2} \vec{R}\,\vec{v}_S\,\mathrm{d}t + \int_{t_1}^{t_2} \vec{M}_{(S)}\,\vec{\omega}\,\mathrm{d}t$$

bzw. mit $\vec{R} = m\dot{\vec{v}}_S$ und $\vec{M}_{(S)} = \theta_S\,\dot{\vec{\omega}}$

$$A_{12}^* = m\int_{v_{S1}}^{v_{S2}} \vec{v}_S\,\mathrm{d}\vec{v}_S + \theta_S \int_{\omega_1}^{\omega_2} \vec{\omega}\,\mathrm{d}\vec{\omega}$$
$$= \frac{m}{2}(v_{S2}^2 - v_{S1}^2) + \frac{\theta_S}{2}(\omega_2^2 - \omega_1^2). \qquad (6.80)$$

Da die inneren Kräfte beim starren Körper leistungslos sind, brauchen diese im Energiesatz nicht berücksichtigt zu werden. [1])
Ansonsten erkennt man, daß der Arbeitssatz für den starren Körper keine neue Aussage darstellt. Er ergibt sich als Folge von Impuls- und Drallsatz für starre Körper.
Zum Energiesatz der Mechanik gelangt man wiederum, wenn alle äußeren Kräfte konservativ, d.h. auf ein Potential Π gemäß $\vec{F}_k = -\operatorname{grad} \Pi_k$ zurückführbar sind, vgl. Abschnitt 5.2.3.

6.4.2 Prinzip der virtuellen Arbeit

Zur Behandlung kinetischer Probleme bei Systemen starrer Körper müssen im allgemeinen neben den äußeren (eingeprägten) Kräften auch Reaktionen infolge kinematischer Bindungen berücksichtigt werden. Bekanntlich gewinnt man eine einfachere Formulierung mit der Anwendung des Prinzips der virtuellen Arbeit (Prinzip von *D'Alembert* in der Formulierung von *Lagrange*), da hierbei Zwangs- und Führungskräfte, auch Auflagerreaktionen aus der Betrachtung herausfallen (Abschnitt 5.1.9).
Das für das allgemeine Massenpunktsystem in Abschnitt 5.2.4 formulierte Prinzip kann für ein starres Massenpunktsystem spezialisiert werden. Hierfür gelten mit Bezug auf Bild 6.42 die Beziehungen

$$\vec{r}_i = \vec{r}_S + \vec{r}_i\,' \quad \text{sowie} \quad \vec{v}_i = \vec{v}_S + \dot{\vec{r}}_i\,'$$

und mit der Bedingung $|\vec{r}_i\,'| = \text{konst.}$ für das starre System

$$\dot{\vec{r}}_i\,' = \vec{\omega} \times \vec{r}_i\,'.$$

Die möglichen virtuellen Verschiebungen sind eine Translation $\delta\vec{r}_S$ des Schwerpunkts und eine

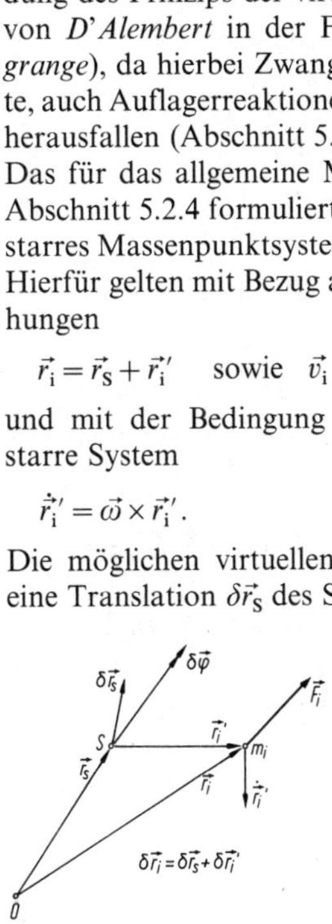

Bild 6.42 Virtuelle Verschiebungen beim starren Massenpunktsystem

[1]) Dies gilt natürlich nicht mehr für verformbare Körper und unter Umständen auch nicht für Systeme starrer Körper, wenn entsprechende Bindungen vorliegen.

Rotation $\delta\vec{\varphi}$ um eine Achse durch den Schwerpunkt.
Es gilt dann

$$\delta\vec{r}_i = \delta\vec{r}_S + \delta\vec{r}_i{}' = \delta\vec{r}_S + \delta\vec{\varphi} \times \vec{r}_i{}'. \qquad (6.81)$$

Das Prinzip der virtuellen Arbeit (vgl. Abschnitt 5.2.4) lautet

$$\sum_i \left(\vec{F}_i^* + \sum_k \vec{H}_{ik} + \vec{F}_{Tr_i} \right) \delta\vec{r}_i = 0$$

oder wenn für die Trägheitskräfte $\vec{F}_{Tr_i} = -m_i \vec{a}_i = -\dot{\vec{J}}_i$ gesetzt wird

$$\sum_i (\vec{F}_i^* + \sum_k \vec{H}_{ik} - \dot{\vec{J}}_i)\, \delta\vec{r}_i = 0. \qquad (6.82)$$

Aus (6.82) folgt mit (6.81)

$$\sum_i \left(\vec{F}_i^* + \sum_k \vec{H}_{ik} - \dot{\vec{J}}_i \right) (\delta\vec{r}_S + \delta\varphi \times \vec{r}_i{}') = 0$$

oder

$$\sum_i \left(\vec{F}_i^* + \sum_k \vec{H}_{ik} - \dot{\vec{J}}_i \right) \delta\vec{r}_S + \sum_i \vec{F}_i^* (\delta\vec{\varphi} \times \vec{r}_i{}') + \sum_i \sum_k \vec{H}_{ik} (\delta\vec{\varphi} \times \vec{r}_i{}') - \sum_i \dot{\vec{J}}_i (\delta\vec{\varphi} \times \vec{r}_i{}') = 0. \qquad (6.83)$$

Zunächst werden die Glieder mit den inneren Kräften betrachtet. Es gilt wiederum

$$\sum_i \sum_k \vec{H}_{ik} = 0$$

ferner ergibt sich mit Anwendung der Rechenregel (1.15) für das Spatprodukt

$$\sum_i \sum_k \vec{H}_{ik} (\delta\vec{\varphi} \times \vec{r}_i{}') = \sum_i \delta\vec{\varphi} \left(\vec{r}_i{}' \times \sum_k \vec{H}_{ik} \right) = \delta\vec{\varphi} \sum_i \left(\vec{r}_i{}' \times \sum_k \vec{H}_{ik} \right).$$

Dieser Ausdruck verschwindet wegen

$$\sum_i \left(\vec{r}_i{}' \times \sum_k \vec{H}_{ik} \right) = 0$$

und somit bleibt von (6.83)

$$\sum_i (\vec{F}_i^* - \dot{\vec{J}}_i)\, \delta\vec{r}_S + \delta\vec{\varphi} \sum_i [(\vec{r}_i{}' \times \vec{F}_i^*) - (\vec{r}_i{}' \times \dot{\vec{J}}_i)] = 0 \qquad (6.84)$$

wobei wieder von (1.15) Gebrauch gemacht wurde.

Im zweiten Glied von (6.84) ist

$$\sum_i (\vec{r}_i{}' \times \vec{F}_i^*) = \vec{M}_{(S)}$$

das Moment der äußeren Kräfte, bezüglich des Schwerpunkts. Der Ausdruck $\vec{r}_i{}' \times \dot{\vec{J}}_i$ kann gemäß

$$\vec{r}_i{}' \times \dot{\vec{J}}_i = \vec{r}_i{}' \times m_i \ddot{\vec{r}}_i = \vec{r}_i{}' \times m_i (\ddot{\vec{r}}_S + \ddot{\vec{r}}_i{}')$$

umgeformt werden und mit

$$\sum_i \vec{r}_i{}' m_i = 0 \qquad \text{(Schwerpunktdefinition)}$$

sowie der Identität

$$\vec{r}_i{}' \times m_i \ddot{\vec{r}}_i{}' = (\vec{r}_i{}' \times m_i \dot{\vec{r}}_i{}')^{\boldsymbol{\cdot}}$$

ergibt sich

$$\sum_i \vec{r}_i{}' \times \dot{\vec{J}}_i = \sum_i \dot{\vec{D}}_{(S)i} = \dot{\vec{D}}_{(S)}.$$

Damit folgt aus (6.84) das Prinzip der virtuellen Arbeit (Prinzip von *D'Alembert* in der Formulierung von *Lagrange*) für das starre Massenpunktsystem

$$(\vec{R} - \dot{\vec{J}})\, \delta\vec{r}_S + (\vec{M}_{(S)} - \dot{\vec{D}}_{(S)})\, \delta\vec{\varphi} = 0. \qquad (6.85)$$

Hierbei sind $\vec{R}$ die Resultierende der äußeren Kräfte, $\vec{M}_{(S)}$ deren Moment bezüglich des Schwerpunkts, $\vec{J}$ der Gesamtimpuls und $\vec{D}_{(S)}$ der Gesamtdrall bezüglich des Schwerpunkts.
Man kann zeigen, daß der Grenzübergang [1]) vom starren Punktsystem zum starren Körper vollzogen werden kann und mithin das Prinzip der virtuellen Arbeit in der Form (6.85) auch für starre Körper und Systeme von solchen gültig ist.
Alternativ kann man das Prinzip der virtuellen Arbeit als Axiom einführen, aus dem dann die Grundgesetze der Mechanik folgen.
Es läßt sich zeigen, daß der Arbeitssatz für starre Körper (vgl. Abschnitt 6.4.1) aus (6.85) folgt, wenn man die virtuellen Verschiebungen durch die wirklichen (aktuellen) Verschiebungsdifferentiale ersetzt. Ebenso lassen sich der Impuls- und der Drallsatz unmittelbar aus dem Prinzip der virtuellen Arbeit gewinnen.

---

[1]) Hierbei sind Festsetzungen über die Struktur der inneren Kräfte vorzunehmen, d.h. das in anderem Zusammenhang bereits erwähnte Boltzmannsche Axiom muß als gültig vorausgesetzt werden (vgl. die Bemerkungen am Ende von Abschnitt 5.2.4).

Mit geringen Modifikationen findet man mitunter das Prinzip der virtuellen Arbeit als *Prinzip der virtuellen Leistungen* formuliert. Der sachliche Inhalt bleibt dabei ungeändert.
Als Beispiel für die Anwendung von (6.85) wird die Anordnung in Abb. 6.43 betrachtet.

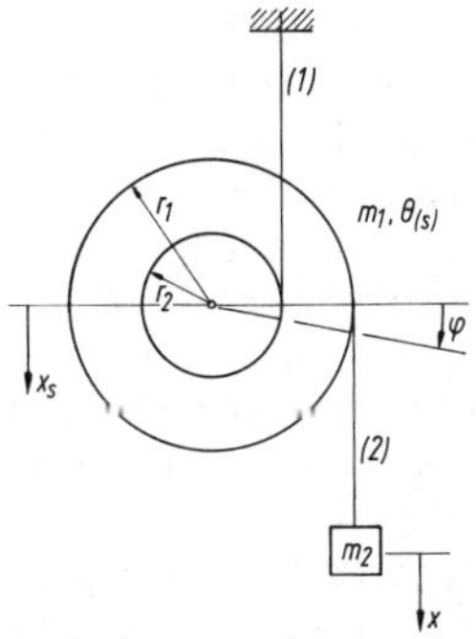

Bild 6.43 Anwendung des Prinzips der virtuellen Arbeit

Auf einer Doppelrolle (Masse m_1, Trägheitsmoment θ_S) mit den Radien r_1 und r_2 sind undehnbare Seile aufgewickelt. Die Rolle hängt am Seil *(1)* während am Seil *(2)* eine Masse m_2 befestigt ist. Gesucht ist die Beschleunigung der Masse m_2.
Das System besitzt einen Freiheitsgrad, die kinematischen Bedingungen lauten

$$\dot{x}_S = -r_2 \dot{\varphi}, \quad \dot{x} = \dot{x}_S + r_1 \dot{\varphi} = (r_1 - r_2)\dot{\varphi}$$

$$\ddot{x}_S = -r_2 \ddot{\varphi}, \quad \ddot{x} = (r_1 - r_2)\ddot{\varphi}$$

und entsprechend gilt für die virtuellen Verschiebungen

$$\delta x_S = -r_2 \delta\varphi, \quad \delta x = (r_1 - r_2)\delta\varphi.$$

Mit $m_1 g = G_1$ und $m_2 g = G_2$ folgen

$$R = G_1 + G_2, \quad M_{(S)} = G_2 r_1$$

Impuls und Drall sind

$$J = m_1 \dot{x}_S + m_2 \dot{x}$$
$$= -m_1 r_2 \dot{\varphi} + m_2 (r_1 - r_2)\dot{\varphi}$$

$$D_{(S)} = \theta_S \dot{\varphi} + m_2 \dot{x} r_1$$
$$= \theta_S \dot{\varphi} + m_2 r_1 (r_1 - r_2)\dot{\varphi}.$$

Eingesetzt in (6.85) ergibt sich

$$\{G_1 + G_2 - [-m_1 r_2 \ddot{\varphi} + m_2(r_1 - r_2)\ddot{\varphi}]\}\delta x_S$$
$$+ \{G_2 r_1 - \theta_S \ddot{\varphi} - m_2 r_1 (r_1 - r_2)\ddot{\varphi}\}\delta\varphi = 0$$

oder

$$\{-(G_1 + G_2) r_2$$
$$+ [-m_1 r_2^2 \ddot{\varphi} + m_2(r_1 - r_2) r_2 \ddot{\varphi}] + G_2 r_1$$
$$- [\theta_S + m_2 r_1 (r_1 - r_2)]\ddot{\varphi}\}\delta\varphi = 0.$$

Dies gilt für beliebige $\delta\varphi \neq 0$, also verschwindet der Ausdruck in der geschweiften Klammer und man erhält

$$G_2 r_1 - (G_1 + G_2) r_2 = [\theta_S + m_2 r_1 (r_1 - r_2)$$
$$- m_2 r_2 (r_1 - r_2) + m_1 r_2^2]\ddot{\varphi}$$

oder

$$\ddot{\varphi} = \frac{m_2(r_1 - r_2) - m_1 r_2}{\theta_S + m_1 r_2^2 + m_2(r_1 - r_2)^2} g$$

bzw. daraus für die Beschleunigung von m_2

$$\ddot{x} = (r_1 - r_2)\ddot{\varphi}$$
$$= \frac{m_2 (r_1 - r_2)^2 - m_1 r_2 (r_1 - r_2)}{\theta_S + m_1 r_2^2 + m_2 (r_1 - r_2)^2} g.$$

Die Lösung des Problems mit Impuls- und Drallsatz allein erweist sich als umständlicher.
Abschließend sei vermerkt, daß die Anwendung des Prinzips der virtuellen Arbeit besonders bei Systemen starrer Körper von Vorteil ist.

7 Mechanische Schwingungen mit einem Freiheitsgrad

Wenn physikalische Größen mehr oder weniger regelmäßige zeitliche Schwankungen aufweisen, spricht man allgemein von Schwingungen. Diese Erscheinungen kommen allenthalben in der Natur und vielen Bereichen der Technik vor. [1])
Bei mechanischen Schwingungen können die zeitlich veränderlichen Größen z. B. Wege, Drehwinkel, Geschwindigkeiten oder Kräfte und Momente sein.
Man unterscheidet nicht-periodische und periodische Schwingungen. Letztere sind besonders bedeutsam und dadurch gekennzeichnet, daß für eine zeitabhängige Größe, z. B. eine Auslenkung x, der Zusammenhang

$$x(t) = x(t+\tau) = x(t+n\tau) \tag{7.1}$$

(n ganzzahlig) besteht, wobei τ als Schwingungsdauer oder Periode bezeichnet wird. Die einfachste periodische Schwingung, die sog. *harmonische* Schwingung, ist durch trigonometrische Funktionen darstellbar. Wie später gezeigt wird, ist jede harmonische Schwingung periodisch, hingegen muß nicht jede periodische Schwingung auch harmonisch sein (vgl. Abschnitt 7.1.3).
Kennzeichnend für ein mechanisches Schwingungssystem sind bewegte Massen und auf diese einwirkende Rückstellkräfte, die sich aus den federnden Eigenschaften (der sog. Steifigkeit) der betrachteten Bauteile ergeben.
Als einfachstes Modell eines schwingungsfähigen Systems mit einem Freiheitsgrad wird das Feder-Masse-System gemäß Bild 7.1 angesehen. Die Masse m (die als Massenpunkt idealisiert werden kann) ist derart geführt, daß sie nur geradlinige Bewegungen ausführen kann. Sie ist mit einer fest aufgehängten Feder gekoppelt, die im einfachsten Fall linear-elastisches Verhalten zeigt.
Um eine Bewegung zu erzeugen, muß dem Schwingungssystem Energie zugeführt werden. Wird die Masse in ihrer Ruhelage angestoßen bzw. aus der Ruhelage verschoben und losgelassen, entsteht infolge der elastischen Rückstellkraft eine periodische Bewegung. Der in Wirklichkeit immer vorhandene Energieverlust infolge von Bewegungswiderständen (sog. Dämpfung) wird dabei völlig außeracht gelassen.
Bei der Betrachtung der Schwingungserscheinungen unterscheidet man die freien oder *Eigenschwingungen* von den *erzwungenen Schwingungen*. Bei ersteren findet eine einmalige Energiezufuhr statt, der Bewegungsablauf ist dann allein durch die Systemeigenschaften (Systemparameter) bestimmt. Bei den erzwungenen Schwingungen hingegen erfolgt eine ständige periodische Energiezufuhr, der Bewegungsablauf wird dem Schwingungssystem von außen aufgeprägt.

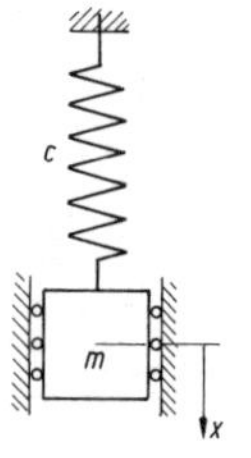

Bild 7.1 Feder-Masse System als einfaches Schwingungsmodell (Federkonstante c)

[1]) Es sei verwiesen auf das höchst lesenswerte Buch von *R. E. D. Bishop*: Schwingungen in Natur und Technik, 1985, Teubner Verlag Stuttgart.

7.1 Ungedämpfte freie Schwingungen

Die realen Schwingungssysteme sind wegen der Energieverluste stets gedämpft, es wird jedoch der Idealfall der ungedämpften Schwingungen zunächst behandelt, da er mathematisch besonders einfach ist.

7.1.1 Differentialgleichung der Schwingung und ihre Lösung

Es wird das einfachste lineare Schwingungssystem betrachtet, das in Bild 7.2a schematisch dargestellt ist: ein Massenpunkt m ist an einer Schraubenfeder aufgehängt, die statische Ruhelage x_0 entspricht der Auslenkung infolge des Gewichts der Masse.
Bei einer linearen Feder gilt für den Zusammenhang zwischen Kraft und Federverlängerung (entsprechend dem Hookeschen Gesetz) gemäß Bild 7.2b

$$F = cx \tag{7.2}$$

wobei c als Federkonstante oder Steifigkeitskoeffizient bezeichnet wird. Der lineare Kraftansatz gilt stets mit guter Näherung für kleine Federverlängerungen. Von großem Vorteil ist die sich ergebende Linearität der maßgebenden Glei-

chungen und die dadurch mögliche Superponierbarkeit der Lösungen.
Die Behandlung nichtlinearer Schwingungsprobleme dagegen ist mathematisch ziemlich schwierig und gehört nicht in die elementare Technische Mechanik.

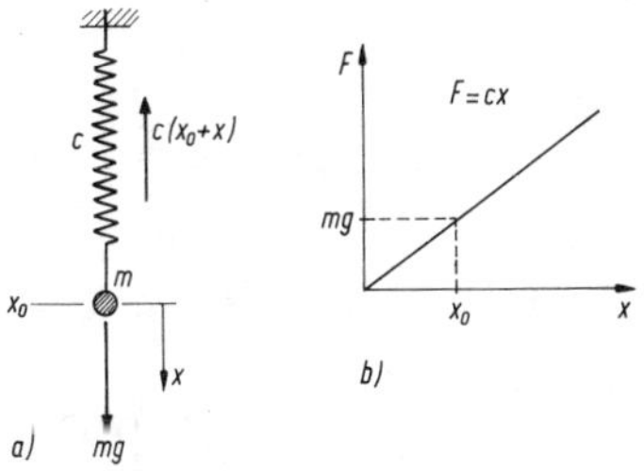

Bild 7.2 Ungedämpfte freie Schwingung eines Massenpunkts

Die Differentialgleichung der Schwingungsbewegung kann mittels der kinetischen Grundgleichung $F = m\ddot{x}$ für die geradlinige Bewegung hergeleitet werden.
Auf die Masse m wirkt einerseits die Schwerkraft und hat eine Verlängerung der ungespannten Feder um x_0 zur Folge. Von dieser statischen Ruhelage aus wird die Koordinate x vertikal nach unten gezählt. Bei einer Auslenkung der Masse aus der statischen Ruhelage entsteht durch die Feder eine Rückstellkraft. Diese ist zur Ruhelage hin gerichtet und gemäß (7.2) zur Entfernung von dieser proportional.
Insgesamt wirkt die Kraft

$$F = mg - c(x_0 + x),$$

eingesetzt in die kinetische Grundgleichung ergibt sich

$$mg - c(x_0 + x) = m\ddot{x}$$

und wegen $mg = cx_0$ folgt die Differentialgleichung zweiter Ordnung

$$m\ddot{x} + cx = 0 \qquad (7.3)$$

für die Schwingungen der Masse m um die statische Ruhelage.
Dies ist die sog. lineare Schwingungsgleichung bei Vernachlässigung der Dämpfung. Sie stellt eine der wichtigsten grundlegenden Differentialgleichungen der Physik mit vielen Anwendungen dar. [1])

[1]) Die Gleichung wurde z.B. bei der Behandlung des Eulerschen Knickstabs (vgl. Abschnitt 3.11.2) bereits verwendet.

Man erkennt aus der Herleitung, daß das Gewicht der Masse ohne Einfluß auf die Bewegung des Feder-Masseschwingungssystems ist. Die Berücksichtigung der Schwerkraft entfällt, wenn man die Schwingungsausschläge von der statischen Ruhelage aus betrachtet.
Bei der in Abschnitt 5.1.3.5 bereits behandelten Pendelschwingung hingegen wird die Rückstellkraft für das Schwingungssystem von der auf die Masse wirkenden Schwerkraft erzeugt.
Eine Möglichkeit der Lösung von (7.3) ergibt sich mit dem Energiesatz.
Multiplikation mit $\dot{x}$ liefert

$$m\ddot{x}\dot{x} + cx\dot{x} = 0$$

oder

$$m\left(\frac{\dot{x}^2}{2}\right)^{\bullet} + c\left(\frac{x^2}{2}\right)^{\bullet} = 0.$$

Daraus folgt durch Integration nach der Zeit

$$\frac{m}{2}\dot{x}^2 + \frac{c}{2}x^2 = E_0 = \text{konst.} \qquad (7.4)$$

Die hierbei auftretenden Größen sind die kinetische Energie $T = \frac{m}{2}\dot{x}^2$ und als potentielle Energie die in der Feder gespeicherte elastische Energie $\Pi = \frac{c}{2}x^2$, die Gesamtenergie ist $E_0 = \text{konst.}$
Die Gl. (7.4) hätte man als Energiesatz auch direkt hinschreiben können.
Aus (7.4) folgt die nicht-lineare Differentialgleichung erster Ordnung

$$\dot{x}^2 + \frac{c}{m}x^2 = \frac{2E_0}{m}$$

die dann entsprechend weiterbehandelt werden kann, wie dies in Abschnitt 5.1.3.5 beim mathematischen Pendel gezeigt wurde.
Die Schwingungsgleichung (7.3) gehört zur Klasse der linearen gewöhnlichen Differentialgleichungen mit konstanten Koeffizienten, für die sich (bei beliebiger Ordnung) als direkter Lösungsansatz die Exponentialfunktion

$$x = e^{\lambda t} \qquad (7.5)$$

bei passender Wahl des Parameters λ ergibt.
Zunächst folgt aus (7.3)

$$\ddot{x} + \frac{c}{m}x = 0 \qquad (7.6)$$

wobei zur Abkürzung $\frac{c}{m} = \omega_0^2$ eingeführt wird.

Die Größe ω_0 mit der Dimension $\frac{1}{s}$ wird als Eigenkreisfrequenz bezeichnet.
Durch Einsetzen von (7.5) und der Ableitungen

$$\dot{x} = \lambda e^{\lambda t}, \qquad \ddot{x} = \lambda^2 e^{\lambda t}$$

in (7.6) ergibt sich die sog. charakteristische Gleichung

$$\lambda^2 + \omega_0^2 = 0 \tag{7.7}$$

zur Bestimmung von λ. Es folgen die beiden Lösungen

$$\lambda_1 = i\omega_0, \qquad \lambda_2 = -i\omega_0$$

mit der imaginären Einheit[1] $i = \sqrt{-1}$.
Damit lautet die allgemeine Lösung der Schwingungsgleichung zunächst

$$x = C_1 e^{i\omega_0 t} + C_2 e^{-i\omega_0 t} \tag{7.8}$$

wobei C_1 und C_2 Integrationskonstanten sind.
Gemäß den Eulerschen Gleichungen

$$e^{\pm i\varphi} = \cos\varphi \pm i \sin\varphi \tag{7.9}$$

führen die Exponentialfunktionen mit imaginärem Argument auf trigonometrische Funktionen.
Werden die komplexen Integrationskonstanten als

$$C_1 = \frac{B - iA}{2} \quad \text{und} \quad C_2 = \frac{B + iA}{2} = \bar{C}_1$$

geschrieben[2] mit A und B als reellen Konstanten, folgt aus (7.8) mit $e^{i\varphi} + e^{-i\varphi} = 2\cos\varphi$ und $e^{i\varphi} - e^{-i\varphi} = 2i\sin\varphi$

$$\begin{aligned} x &= \frac{B - iA}{2} e^{i\omega_0 t} + \frac{B + iA}{2} e^{-i\omega_0 t} \\ &= A \sin\omega_0 t + B \cos\omega_0 t \end{aligned} \tag{7.10}$$

als allgemeine Lösung der Schwingungsgleichung.
Die Lösung ist darstellbar als Überlagerung einer Sinus- und einer Cosinusfunktion, die gemäß Bild 7.3 eine reine Sinusfunktion mit verschobenem Anfangspunkt (verschobener Phase) liefert.
Mit dem Phasenwinkel γ läßt sich (7.10) alternativ darstellen als

$$x = C \sin(\omega_0 t + \gamma) \tag{7.11}$$

mit

$$C = \sqrt{A^2 + B^2}, \qquad \gamma = \arctan\frac{B}{A}.$$

Die Festlegung der Integrationskonstanten A, B bzw. C, γ erfolgt mit den Anfangsbedingungen der Schwingungsbewegung, z. B.

$$x = 0, \qquad \dot{x} = v_0 \quad \text{für} \quad t = 0.$$

Dies ergibt

$$A = \frac{v_0}{\omega_0}, \qquad B = 0$$

bzw.

$$C = \frac{v_0}{\omega_0}, \qquad \gamma = 0, \pi \ldots$$

und somit wird (7.10) oder (7.11)

$$x = \frac{v_0}{\omega_0} \sin\omega_0 t.$$

Dies ist die Gleichung einer harmonischen Bewegung (reine Sinusschwingung). Der Maximalausschlag $\frac{v_0}{\omega_0}$ wird als Amplitude bezeichnet. Aus der Periode 2π der Sinusfunktion ergibt sich die Schwingungsdauer

$$\tau = \frac{2\pi}{\omega_0} = \frac{2\pi}{\sqrt{\frac{c}{m}}} \tag{7.12}$$

sowie deren Kehrwert, die Frequenz

$$f = \frac{1}{\tau} = \frac{1}{2\pi}\sqrt{\frac{c}{m}} \tag{7.13}$$

mit der Dimension $\frac{1}{s} = \text{Hz}$ (Hertz).

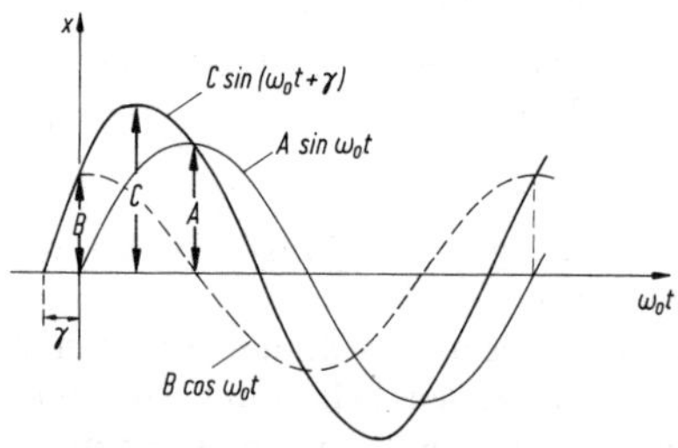

Bild 7.3 Überlagerung von Sinus- und Cosinusfunktion

Die bestimmenden Größen einer harmonischen Schwingung sind in Bild 7.4 dargestellt.
Wie aus Bild 7.5 ersichtlich, tritt die maximale Geschwindigkeit beim Durchgang durch die Ru-

[1]) Eine Verwechslung mit dem früher eingeführten Trägheitsradius i ist wohl kaum möglich.
[2]) Hierbei bedeutet $\bar{C}_1$ die zu C_1 konjugiert komplexe Größe.

helage, die maximale Beschleunigung in den Umkehrpunkten auf.
Die harmonische Schwingungsbewegung kann in einem sog. Zeigerdiagramm dargestellt werden, Bild 7.6. Die drei fest miteinander verbundenen Zeiger, deren Längen sich als die Amplituden der Ausdrücke

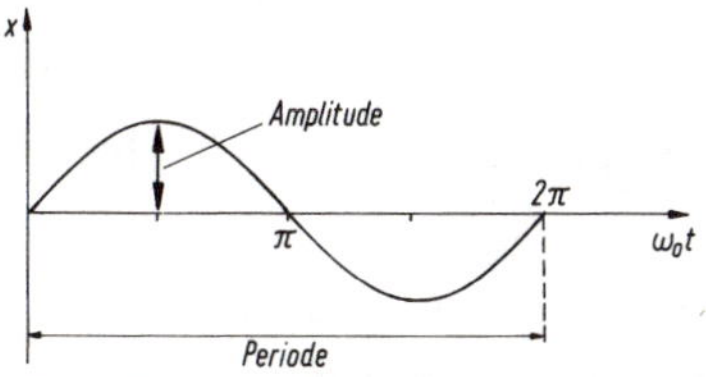

Bild 7.4 Harmonische Schwingungsbewegung

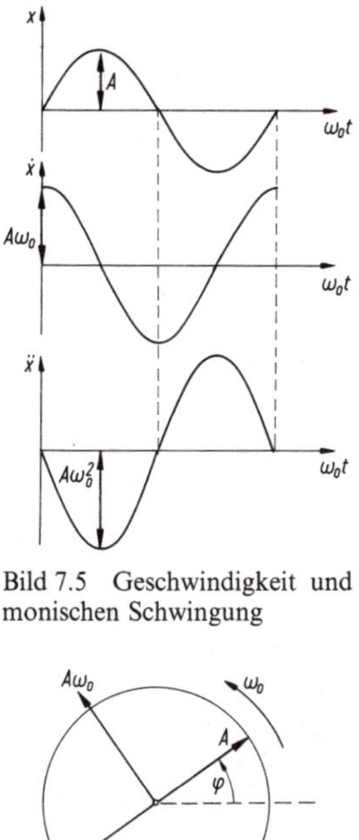

Bild 7.5 Geschwindigkeit und Beschleunigung der harmonischen Schwingung

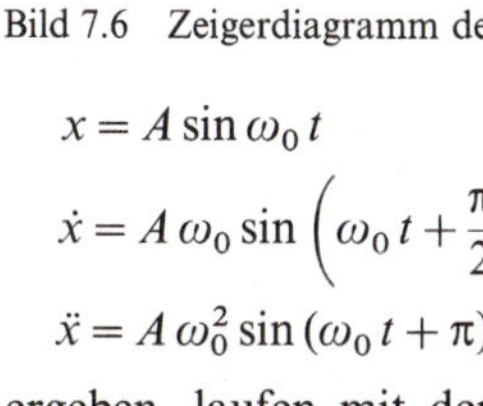

Bild 7.6 Zeigerdiagramm der harmonischen Schwingung

$$x = A \sin \omega_0 t$$

$$\dot{x} = A\,\omega_0 \sin\left(\omega_0 t + \frac{\pi}{2}\right) = A\omega_0 \cos \omega_0 t$$

$$\ddot{x} = A\,\omega_0^2 \sin(\omega_0 t + \pi) = -A\omega_0^2 \sin \omega_0 t$$

ergeben, laufen mit der konstanten Winkelgeschwindigkeit ω_0 um (Drehwinkel $\varphi = \omega_0 t$).
Die harmonische Schwingung läßt sich auch im *Phasendiagramm* (siehe Abschnitt 4.2.2.3) darstellen. Für die Schwingung

$$x = A \sin(\omega_0 t + \gamma), \qquad \dot{x} = A\omega_0 \cos(\omega_0 t + \gamma)$$

ergibt sich

$$\left(\frac{x}{A}\right)^2 = \sin^2(\omega_0 t + \gamma)$$

$$\left(\frac{\dot{x}}{A\omega_0}\right)^2 = \cos^2(\omega_0 t + \gamma)$$

und nach Addition (Eliminierung der Zeit) die Ellipsengleichung

$$\frac{x^2}{A^2} + \frac{\dot{x}^2}{(A\omega_0)^2} = 1 .$$

Die Phasenkurve stellt also eine Ellipse mit Halbachsen A und $A\omega_0$ dar (durch Maßstabsänderung kann ein Kreis erzeugt werden), vgl. Bild 7.7.
Der Zustandspunkt (oder Phasenpunkt) durchläuft die Phasenkurve im Uhrzeigersinn. Die einzelne Phasenkurve wie in Bild 7.7 entspricht einem speziellen Bewegungszustand des Schwingungssystems, d.h. für bestimmte Anfangswerte. Die Gesamtheit aller möglichen Phasenkurven für verschiedene Anfangswerte läßt sich durch eine Schar konzentrischer Ellipsen (sog. Phasenporträt) darstellen. Der Mittelpunkt dieser Ellipsen entspricht der Ruhelage $x = 0$, $\dot{x} = 0$.

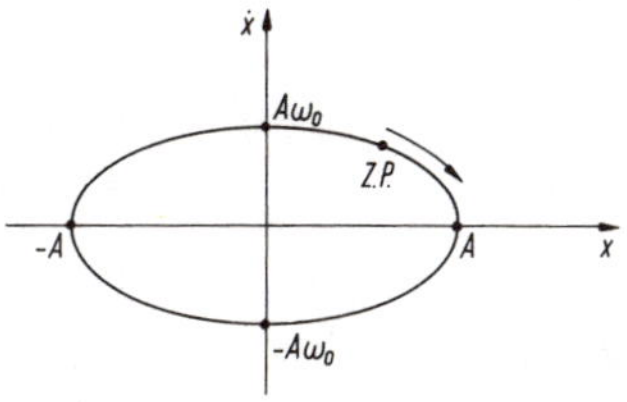

Bild 7.7 Harmonische Schwingung im Phasendiagramm

Wie bereits früher erwähnt, lassen sich aus der geometrischen Gestalt der Phasenkurve wesentliche Eigenschaften eines Schwingungssystems erkennen. Dies ist von besonderer Bedeutung für nicht-lineare Schwingungen, auf die aber hier nicht eingegangen wird.

7.1.2 Überlagerung von harmonischen Schwingungen, Fourierscher Satz

Werden zwei oder mehr harmonische Schwingungen unterschiedlicher Frequenz überlagert, resultiert daraus eine zwar periodische aber nicht mehr harmonische Schwingung.

Als einfaches Beispiel ist in Bild 7.8 die Überlagerung zweier harmonischer Schwingungen gleicher Phase aber unterschiedlicher Frequenz

$$x = x_1 + x_2 = A\sin(\omega t) + \frac{A}{2}\sin(2\omega t)$$

dargestellt.

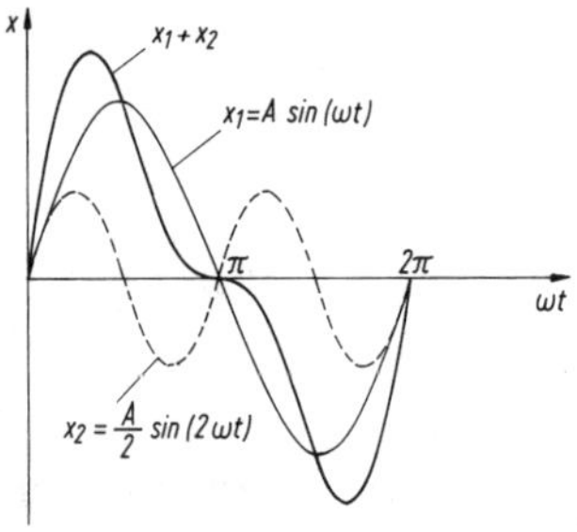

Bild 7.8 Überlagerung zweier harmonischer Schwingungen unterschiedlicher Frequenz aber gleicher Phase

Ein allgemeinerer Fall ist mit

$$x = A_1\sin(\omega_1 t + \gamma_1) + A_2\sin(\omega_2 t + \gamma_2) \tag{7.14}$$

gegeben. Setzt man für die Argumente

$$\omega_1 t + \gamma_1 = \gamma + \delta, \quad \omega_2 t + \gamma_2 = \gamma - \delta$$

d.h.

$$\gamma = \frac{\omega_1 + \omega_2}{2} t + \frac{\gamma_1 + \gamma_2}{2}$$

$$\delta = \frac{\omega_1 - \omega_2}{2} t + \frac{\gamma_1 - \gamma_2}{2}$$

so folgt für (7.14)

$$x = (A_1 + A_2)\sin\gamma\cos\delta + (A_1 - A_2)\cos\gamma\sin\delta$$

bzw. mit Umbenennung der Amplituden $A_1 + A_2 = A$, $A_1 - A_2 = B$

$$x = A\sin\left(\frac{\omega_1+\omega_2}{2}t + \frac{\gamma_1+\gamma_2}{2}\right) \cdot \cos\left(\frac{\omega_1-\omega_2}{2}t + \frac{\gamma_1-\gamma_2}{2}\right) + B\cos\left(\frac{\omega_1+\omega_2}{2}t + \frac{\gamma_1+\gamma_2}{2}\right) \cdot \sin\left(\frac{\omega_1-\omega_2}{2}t + \frac{\gamma_1-\gamma_2}{2}\right). \tag{7.15}$$

Betrachtet man den speziellen Fall, daß die beiden Kreisfrequenzen ω_1 und ω_2 nahe beieinander liegen ($\omega_1 \approx \omega_2$), tritt eine sog. *Schwebung* auf. Kennzeichnend hierfür sind Ausdrücke der Form

$$\sin\left(\frac{\omega_1+\omega_2}{2}t\right)\sin\left(\frac{\omega_1-\omega_2}{2}t\right)$$

wie sie sich aus (7.15) ergeben und die einer periodischen Änderung der Amplituden der durch $\sin\left(\frac{\omega_1+\omega_2}{2}t\right)$ gegebenen schnelleren Schwingung entsprechen, wie dies in Bild 7.9 dargestellt ist.

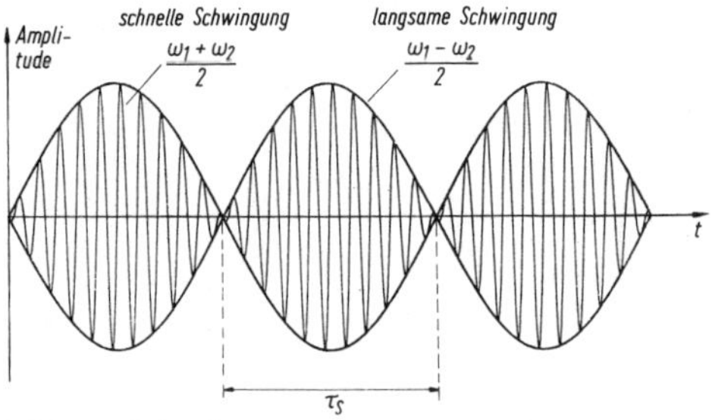

Bild 7.9 Schwebung

Man spricht von einer Modulation der schnelleren Schwingung durch die langsamere Schwingung mit der sehr kleinen Kreisfrequenz $\omega_1 - \omega_2$. Als Schwebungsdauer wird der Ausdruck

$$\tau_s = \frac{2\pi}{|\omega_1 - \omega_2|}$$

bezeichnet. Das periodische An- und Abschwellen der Amplituden bei einer Schwebung läßt sich bei akustischen Schwingungen leicht nachweisen (z.B. durch gleichzeitiges Anschlagen zweier leicht verstimmter Stimmgabeln).

Die durch (7.15) dargestellte Überlagerung zweier Schwingungen ergibt verschiedenartige kompliziertere Bewegungsformen.

Wie gezeigt, ergeben sich aus der Überlagerung harmonischer Schwingungen im allgemeinen periodische, nichtharmonische Schwingungen. Solche können sehr verschiedenartigen Verlauf haben, zwei einfache Beispiele sind in Bild 7.10 gezeigt.

Nach dem *Fourierschen Satz* läßt sich die periodische Schwingung durch Überlagerung harmonischer Sinus- und Cosinusschwingungen darstellen.

Es gilt (unter gewissen Bedingungen) für jede periodische Schwingung $f(\omega t) = f(\omega t + 2\pi)$

$$f(\omega t) = \frac{a_0}{2} + \sum_{k=1}^{\infty} a_k \cos(k\omega t) + \sum_{k=1}^{\infty} b_k \sin(k\omega t). \qquad (7.16)$$

Hierbei ist ω die sog. Grundfrequenz, die Frequenzen der Teilschwingungen sind $k\omega (k = 1, 2, 3, \ldots)$. Für $k = 1$ ergibt sich die Grundschwingung oder „erste Harmonische", $k = 2, 3 \ldots$ usw. sind die Oberschwingungen oder höhere Harmonischen.

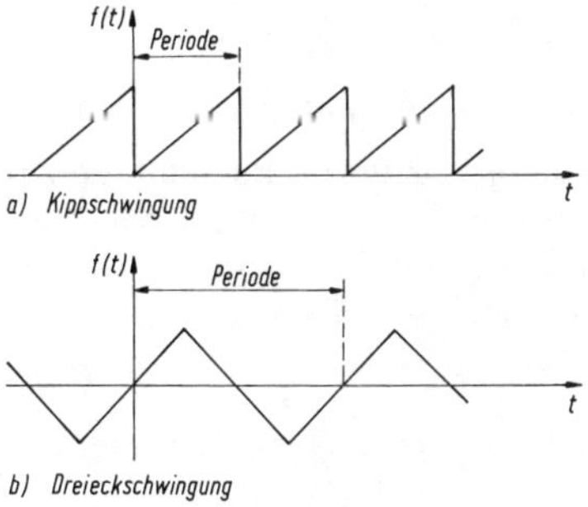

Bild 7.10 Einfache Beispiele periodischer, nicht-harmonischer Schwingungen

Die auftretenden Fourier-Koeffizienten a_0, a_k, b_k bestimmen sich mit den Formeln

$$\left.\begin{aligned} a_k &= \frac{1}{\pi} \int_0^{2\pi} f(\omega t) \cos(k\omega t)\, \mathrm{d}(\omega t) \\ b_k &= \frac{1}{\pi} \int_0^{2\pi} f(\omega t) \sin(k\omega t)\, \mathrm{d}(\omega t) \end{aligned}\right\} \qquad (7.17)$$

auf deren Herleitung hier aber nicht eingegangen werden soll.

Die sog. Fourier-Reihe (7.16) ist eine Überlagerung von unendlich vielen Cosinus- und Sinusfunktionen, deren Amplituden immer kleiner und deren Kreisfrequenzen immer größer werden. Für praktische Anwendungen kommt man oft mit wenigen Reihengliedern aus.

Es sei angemerkt, daß für alle Funktionen $f(\omega t)$, die durch stückweise glatte Kurven (d.h. solche, die in einem endlichen Intervall höchstens endlich viel Knick- oder Sprungstellen aufweisen) darstellbar sind, die Reihenentwicklung (7.16) gegen $f(\omega t)$ konvergiert.

Zur Berechnung der Fourier-Koeffizienten geht man davon aus, daß die zu entwickelnde Funktion entweder analytisch gegeben oder aus Messungen punktweise bekannt ist. In letzterem Fall werden spezielle numerische Methoden der sog. harmonischen Analyse angewendet.

Als Beispiel wird die Rechteckschwingung mit der Periode 2π gemäß Bild 7.11 betrachtet, die durch

$$f(\omega t) = \left\{\begin{array}{rl} A & \text{für } 0 < \omega t < \pi \\ 0 & \text{für } \omega t = 0, \pi, 2\pi \ldots \\ -A & \text{für } \pi < \omega t < 2\pi \end{array}\right\} \qquad (7.18)$$

gegeben ist.

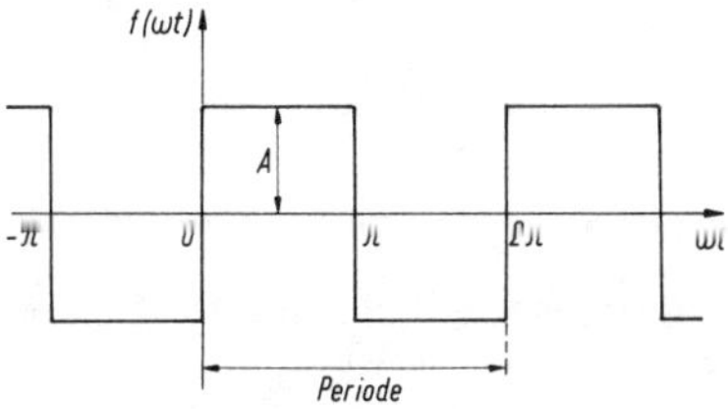

Bild 7.11 Rechteckschwingung

Es handelt sich um eine ungerade Funktion, d.h. $f(-\omega t) = -f(\omega t)$ und somit treten in der Reihenentwicklung keine cos-Glieder auf. Aus der zweiten Gl. (7.17) folgt

$$b_k = \frac{1}{\pi} \int_0^{\pi} A \sin k\omega t \, \mathrm{d}(\omega t) + \frac{1}{\pi} \int_{\pi}^{2\pi} (-A) \sin k\omega t \, \mathrm{d}(\omega t)$$

$$= \frac{A}{\pi} \left[-\frac{\cos k\omega t}{k} \right]_0^{\pi} - \frac{A}{\pi} \left[-\frac{\cos k\omega t}{k} \right]_{\pi}^{2\pi}.$$

Für gerade Werte k verschwinden die Integrale, für ungerade k ergeben sich

$$b_k = -\frac{A}{\pi k}(-2) + \frac{A}{\pi k} \cdot 2 = \frac{4A}{\pi k} \quad (k = 1, 3, 5 \ldots)$$

Die Fourier-Reihe der Rechteckschwingung lautet damit

$$f(\omega t) = \frac{4A}{\pi} \left(\sin \omega t + \tfrac{1}{3} \sin 3\omega t + \tfrac{1}{5} \sin 5\omega t + \ldots \right) \qquad (7.19)$$

Die ersten vier Glieder sowie deren Summenkurve im Intervall $[0, \pi]$ sind in Bild 7.12 dargestellt. Bei sehr hoher Gliederzahl werden die Oszillationen der resultierenden Kurve immer mehr in die Ecken gedrängt (Gibbssches Phänomen), dies ist eine Folge der ungleichmäßigen Konvergenz in der Umgebung von Sprungstellen.

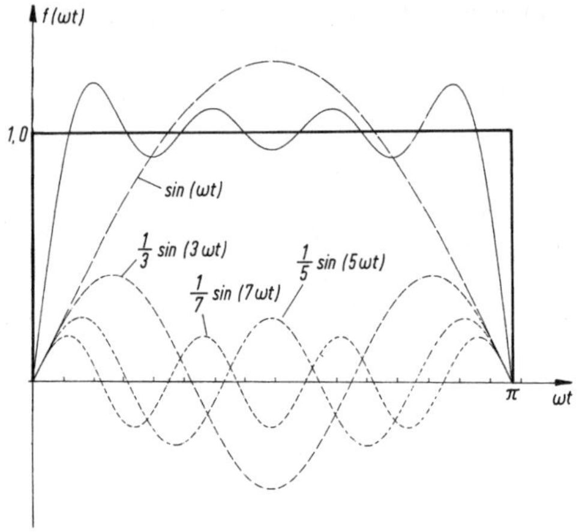

Bild 7.12 *Fourier*-Darstellung der Rechteckkurve: die vier ersten Reihenglieder und ihre Summe

Aus der Fourier-Darstellung (7.19) ergibt sich übrigens für $\omega t = \frac{\pi}{2}$ und $A = 1$ die sog. Leibnizsche Reihe

$$\frac{\pi}{4} = 1 - \frac{1}{3} + \frac{1}{5} - \frac{1}{7} + \ldots$$

zur Darstellung der Zahl π. [1])

Abschließend sei bemerkt, daß die Fourier-Reihen auf vielen Gebieten der Physik Anwendung finden und ein wichtiges Hilfsmittel bei Näherungslösungen sind.

Es sind Reihenentwicklungen für beliebige Intervalle möglich, außerdem können auch nichtperiodische Funktionen approximiert werden. Der Übergang zum sog. Fourierschen Integral gestattet die Darstellung beliebiger nichtperiodischer unstetiger, jedoch endlich bleibender, Funktionen durch eine stetige Folge von trigonometrischen Funktionen.

7.1.3 Harmonische Schwingungen in komplexer Darstellung

Die Rechnung mit harmonischen Schwingungen wird erleichtert, wenn man statt der trigonometrischen Funktionen (mit ihren umständlichen Additionstheoremen) die Exponentialfunktionen mit komplexem Argument heranzieht.

[1]) Andere Möglichkeiten hierfür sind

$$\frac{\pi^2}{8} = 1 + \frac{1}{3^2} + \frac{1}{5^2} + \ldots \quad \text{oder} \quad \frac{\pi^3}{32} = 1 - \frac{1}{3^3} + \frac{1}{5^3} - \ldots$$

Mit den Eulerschen Gleichungen (7.9) ergeben sich

$$\cos \omega t = \frac{e^{i\omega t} + e^{-i\omega t}}{2}$$

$$\sin \omega t = \frac{e^{i\omega t} - e^{-i\omega t}}{2i}$$

ferner gilt $e^{i\omega_1 t} \cdot e^{i\omega_2 t} = e^{i(\omega_1 + \omega_2)t}$ usw.

Mit der komplexen Veränderlichen $z = x + iy$ ($\bar{z} = x - iy$ ist die konjugiert komplexe Größe) lautet die komplexe Darstellung der harmonischen Schwingung

$$\begin{aligned} z &= C[\cos(\omega t + \gamma) + i \sin(\omega t + \gamma)] \\ &= C e^{i(\omega t + \gamma)}. \end{aligned} \tag{7.20}$$

Dies ist eine komplexe Zahl, ihr Bildpunkt rotiert auf einem Kreis vom Radius C mit der Winkelgeschwindigkeit ω, vgl. Bild 7.13. [1])

Für (7.20) kann man schreiben

$$z = C e^{i\gamma} \cdot e^{i\omega t} = D e^{i\omega t} \tag{7.21}$$

und bezeichnet $D = C e^{i\gamma}$ als komplexe Amplitude.

Für die Zeitableitungen ergeben sich

$$\dot{z} = D\omega i e^{i\omega t} = D\omega e^{i\frac{\pi}{2}} e^{i\omega t} = D\omega e^{i(\omega t + \frac{\pi}{2})}$$

$$\ddot{z} = D\omega^2 i^2 e^{i\omega t} = D\omega^2 e^{i\pi} \cdot e^{i\omega t} = D\omega^2 e^{i(\omega t + \pi)}$$

und man erkennt den Zusammenhang mit dem Zeigerdiagramm (Bild 7.6).

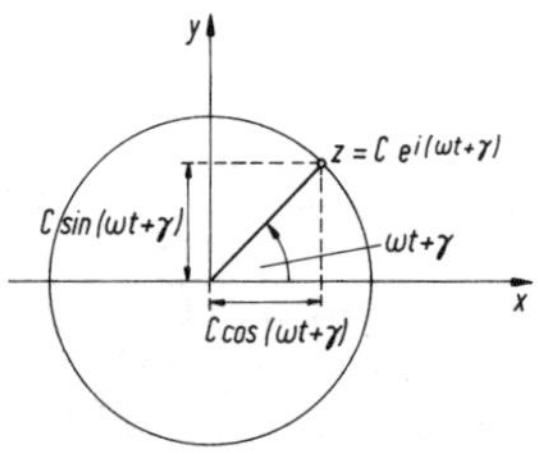

Bild 7.13 Darstellung der harmonischen Schwingung in der komplexen Zahlenebene

Da man es in der Physik stets mit reellen Größen zu tun hat, müssen die Ergebnisse einer Rechnung in komplexer Darstellung ins Reelle übersetzbar sein. Es gilt hierfür: eine Gleichung zwischen komplexen Größen bedeutet, daß sowohl Real- als auch Imaginärteil beide Seiten der Gleichung erfüllen.

[1]) Der Ursprung der Bezeichnung Kreisfrequenz für ω wird dadurch unmittelbar klar.

Der Zusammenhang der komplexen Darstellung mit der früher angegebenen allgemeinen Lösung (7.8) der Schwingungsgleichung ist unmittelbar ersichtlich.
Übrigens läßt sich auch die Fourier-Reihenentwicklung (7.16) sehr bequem in komplexer Form darstellen.
Es gilt

$$\begin{aligned} f(\omega t) &= \frac{a_0}{2} + \sum_{k=1}^{\infty} (a_k \cos k\omega t + b_k \sin k\omega t) \\ &= \sum_{k=0}^{\infty} c_k e^{ik\omega t} + \sum_{k=-1}^{-\infty} c_k e^{ik\omega t} \\ &= \sum_{-\infty}^{\infty} c_k e^{ik\omega t} \end{aligned} \quad (7.22)$$

mit den komplexen Koeffizienten c_k.
Für (7.22) kann man schreiben

$$\begin{aligned} f(\omega t) &= \sum_{-\infty}^{\infty} c_k (\cos k\omega t + i \sin k\omega t) \\ &= c_0 + \sum_{1}^{\infty} [(c_k + c_{-k}) \cos k\omega t \\ &\quad + i (c_k - c_{-k}) \sin k\omega t] \end{aligned} \quad (7.23)$$

und aus dem Vergleich mit (7.16) folgt

$$a_0 = 2c_0, \quad a_k = c_k + c_{-k}, \quad b_k = i(c_k - c_{-k})$$

oder

$$c_k = \tfrac{1}{2}(a_k - ib_k), \qquad c_{-k} = \tfrac{1}{2}(a_k + ib_k).$$

Ferner gilt

$$c_k = \frac{1}{2\pi} \int_0^{2\pi} f(\omega t)\, e^{-ik\omega t}\, d(\omega t). \quad (7.24)$$

Man erkennt, daß c_k und c_{-k} zueinander konjugiert komplexe Größen sind.

7.1.4 Einfache Schwingungssysteme mit mehreren Federn

Die Modellierung realer schwingungsfähiger Konstruktionen führt oft auf einfache Schwingungssysteme mit einem Freiheitsgrad (sog. einläufige Schwinger), die aus einer schwingenden Masse und mehreren elastischen Gliedern (Federn) bestehen.
Man unterscheidet die Parallel- und Hintereinanderschaltung von Federn, wie dies in den Bildern (7.14) und (7.15) dargestellt ist.

Zwei Federn sind gemäß Bild (7.14a) durch eine masselose Querstange verbunden, auf dieser ist die schwingende Masse m befestigt. Die Querstange und die Masse sind derart geführt, daß sie sich nur vertikal bewegen können.
Mit den Federverlängerungen $x_1 = x_2 = x$ ergeben sich für die Kräfte in den Federn

$$F_1 = c_1 x, \qquad F_2 = c_2 x$$

die Summe der Federkräfte ist

$$F = F_1 + F_2 = (c_1 + c_2)\, x = c_{ges}\, x.$$

Man erkennt, daß die Steifigkeit durch die Zuschaltung einer zweiten Feder größer, die Federung insgesamt „härter" geworden ist. Dies ist kennzeichnend für die Parallelschaltung von Federn. Allgemein gilt hierfür

$$c_{ges} = \sum_{k=1}^{n} c_k \quad (7.25)$$

bei beliebig vielen Federn ($k = 1 \ldots n$). Eine Parallelschaltung zweier Federn liegt auch bei der Anordnung gemäß Bild 7.14b vor.

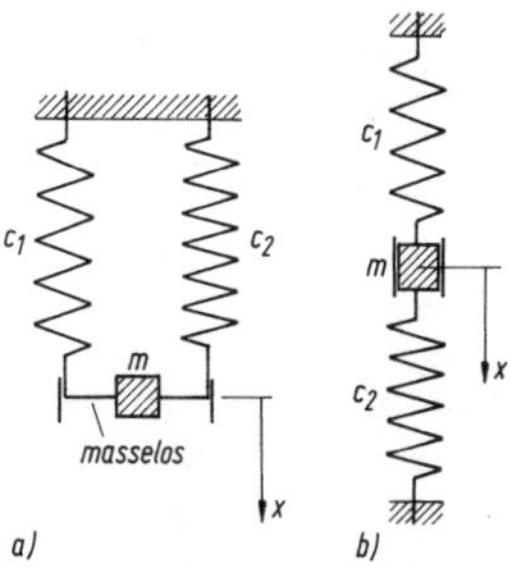

Bild 7.14 Parallelschaltung von Federn

Dagegen entspricht die Anordnung in Bild 7.15a einer Hintereinanderschaltung zweier Federn. Die Federkraft ist in beiden Federn gleich, die Gesamtverlängerung der Federn ergibt sich als Summe der Einzelverlängerungen $x_1 = \frac{F}{c_1}$, $x_2 = \frac{F}{c_2}$ zu

$$x = x_1 + x_2 = F\left(\frac{1}{c_1} + \frac{1}{c_2}\right) = \frac{F}{c_{ges}}$$

und es folgt $c_{ges} = \frac{c_1 c_2}{c_1 + c_2}$. Die Federung wird insgesamt „weicher" (c_{ges} ist jeweils kleiner als c_1 oder c_2) und es gilt allgemein

$$\frac{1}{c_{\text{ges}}} = \sum_{k=1}^{n} \frac{1}{c_{\text{k}}}. \tag{7.26}$$

Ein gemischter Fall liegt in Bild 7.15b vor (masselose Querstange und schwingende Masse sind wieder vertikal geführt). Die Anordnung kann auf die des Bildes 7.15c zurückgeführt werden. Die Anwendung von (7.25) und (7.26) liefert

$$\frac{1}{c_{\text{ges}}} = \frac{1}{c_1 + c_2} + \frac{1}{c_3} = \frac{c_1 + c_2 + c_3}{(c_1 + c_2)\, c_3}$$

oder

$$c_{\text{ges}} = \frac{(c_1 + c_2)\, c_3}{c_1 + c_2 + c_3}$$

d.h. die drei Federn können durch eine einzige Feder mit der Federkonstante c_{ges} ersetzt werden.

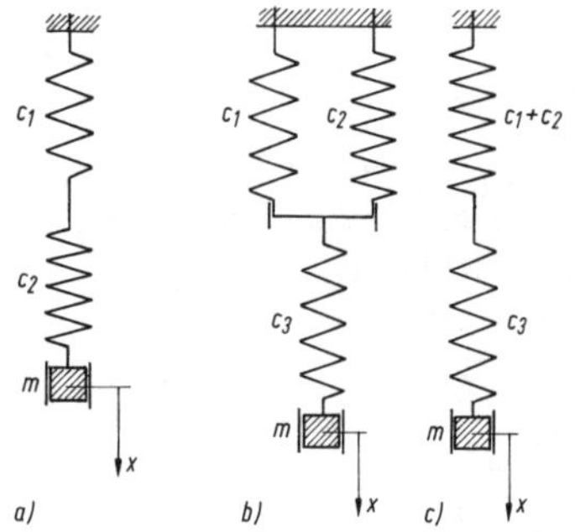

Bild 7.15 Hintereinanderschaltung von Federn a), b) gemischter Fall zurückführbar auf c)

Schwingungssysteme mit sog. Blattfedern sind in Bild 7.16 gezeigt. Die Blattfedern entsprechen elastischen Biegebalken mit der Biegesteifigkeit EJ, die als masselos angesehen werden.

Für die Durchbiegung η (auch als Biegepfeil bezeichnet) infolge der statischen Last $mg = F$ ergibt sich mit Resultaten aus der Festigkeitslehre beim beidseitig gelenkig gelagerten Balken der Länge $l = a + b$ (Bild 7.16a)

$$\eta = \frac{Fa^2 b^2}{3\,EJl}$$

und somit als Federkonstante

$$c = \frac{3\,EJl}{a^2 b^2}.$$

Für den beidseitig eingespannten Balken (Bild 7.16b) gilt entsprechend

$$\eta = \frac{Fa^3 b^3}{3\,EJ(a+b)^3} \quad \text{bzw.} \quad c = \frac{3\,EJl^3}{a^3 b^3}.$$

Die gezeigten Schwingungssysteme lassen sich damit auf das einfache Feder-Masse-System (Bild 7.1) zurückführen.

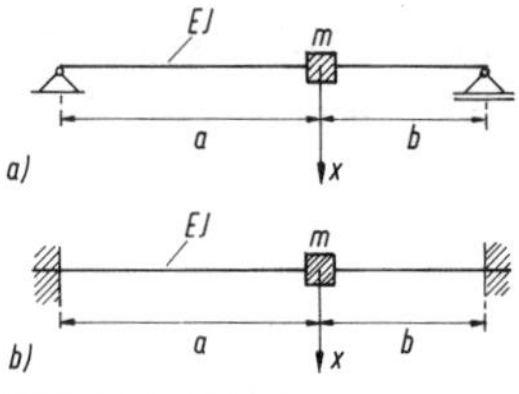

Bild 7.16 Schwingungssysteme mit masselosen Blattfedern

Für die einseitig eingespannten Blattfedern in Bild 7.17 ergibt sich als Federkonstante jeweils

$$c_1 = \frac{3\,EJ}{l^3}.$$

Die Blattfedern können mit den Spiralfedern parallel bzw. hintereinandergeschaltet werden (Bild 7.17a bzw. 7.17b) und man erhält

$$c_{\text{ges}} = \frac{3\,EJ}{l^3} + c_2 \quad \text{bzw.} \quad c_{\text{ges}} = \frac{3\,EJ\,c_2}{l^3 \left(\dfrac{3\,EJ}{l^3} + c_2\right)}.$$

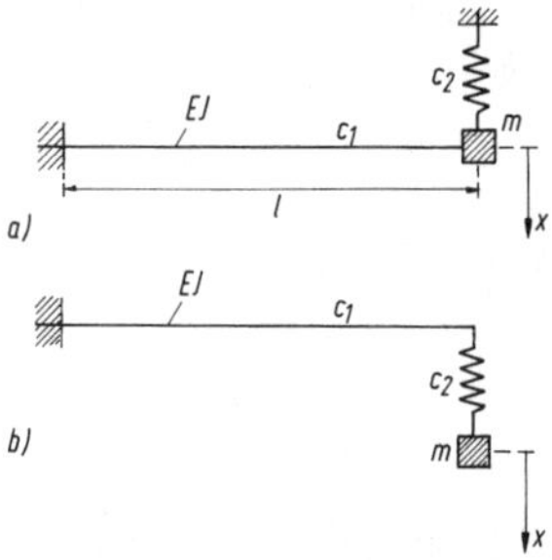

Bild 7.17 Parallel- und Hintereinanderschaltung mit Blattfedern

Ein gegenüber der Federanordnung in Bild 7.14a allgemeiner Fall der Parallelschaltung zweier Federn (mit $c_1 \neq c_2$) ist in Bild 7.18 gezeigt. Die masselose Querstange ist nicht mehr vertikal geführt, die Federverlängerungen x_1 und x_2 sind somit voneinander verschieden.

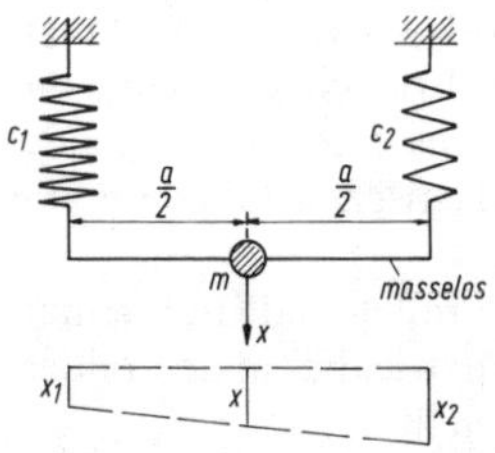

Bild 7.18 Parallelschaltung von Federn (allgemeiner Fall)

Es gilt die geometrische Bedingung

$$2x = x_1 + x_2$$

und zusammen mit der Gleichgewichtsbedingung für die Federkräfte

$$c_1 x_1 \frac{a}{2} = c_2 x_2 \frac{a}{2}$$

erhält man

$$x_1 = \frac{2c_2}{c_1 + c_2}\, x, \qquad x_2 = \frac{2c_1}{c_1 + c_2}\, x.$$

Die Gesamtfederkraft ist

$$F = c_1 x_1 + c_2 x_2 = \frac{4 c_1 c_2}{c_1 + c_2}\, x$$

und damit die Federkonstante

$$c_{\text{ges}} = \frac{4 c_1 c_2}{c_1 + c_2}.$$

7.1.5 Quasi-elastische Schwingungssysteme

Neben dem elastischen Feder-Masse-Schwingungssystem (Bild 7.1) gibt es zahlreiche andere Systeme, die harmonische Schwingungen ausführen können und bei denen die fundamentale Schwingungsgleichung (7.3) maßgebend ist.[1]) Kennzeichnend für solche quasi-elastischen Schwingungssysteme ist eine, auf die ausgelenkte Masse wirkende, Rückstellkraft, die der Auslenkung proportional ist.

Als Beispiel werden Pendelschwingungen betrachtet, bei der die Schwerkraft als Rückstellkraft wirkt. Das *mathematische Pendel* (auch als Kreispendel bezeichnet) wurde bereits früher erwähnt, vgl. Abschnitt 5.1.3.5.

Gemäß Bild 7.19a führt der Massenpunkt eine Bewegung auf einer Kreisbahn in einer vertikalen Ebene aus. Die Pendelschwingung kann als Drehbewegung um den Aufhängepunkt aufgefaßt werden, es gilt dafür die kinetische Grundgleichung

$$M = \theta \ddot{\varphi} \quad \text{mit} \quad \theta = m l^2. \tag{7.27}$$

Bei einer Auslenkung der Masse m aus der vertikalen Ruhelage um den Winkel φ bewirkt die Schwerkraft ein rücktreibendes Moment bezüglich des Aufhängepunkts (vgl. Bild 7.19a)

$$M = -mgl \sin\varphi$$

und es folgt aus (7.27) bei Beschränkung auf kleine Winkelausschläge mit $\sin\varphi \approx \varphi$ die lineare Schwingungsgleichung

$$\ddot{\varphi} + \omega_0^2 \varphi = 0 \tag{7.28}$$

deren allgemeine Lösung entsprechend (7.10) jetzt

$$\varphi = A \sin\omega_0 t + B \cos\omega_0 t$$

lautet. Die Eigenkreisfrequenz ist

$$\omega_0 = \sqrt{\frac{g}{l}} \tag{7.29}$$

und man erkennt, daß diese von der schwingenden Masse unabhängig ist.

Für die Frequenz bzw. Schwingungsdauer folgen

$$f_0 = \frac{\omega_0}{2\pi} = \frac{1}{2\pi}\sqrt{\frac{g}{l}}$$

bzw.

$$\tau_0 = \frac{2\pi}{\omega_0} = 2\pi \sqrt{\frac{l}{g}}.$$

Für ein mathematisches Pendel der Länge $l \approx 1$ m dauert eine Halbschwingung gerade eine Sekunde (Sekundenpendel).[1])

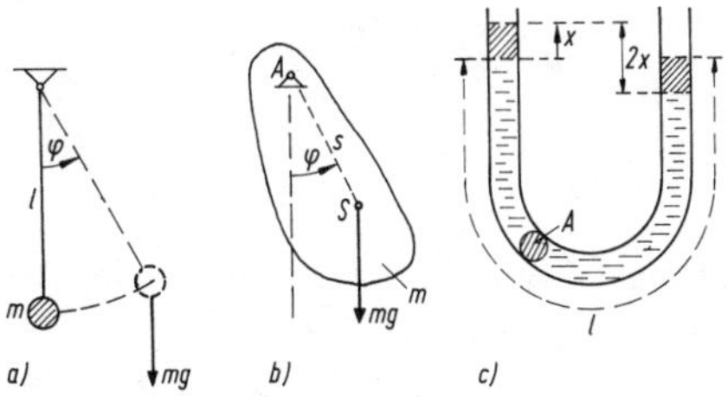

Bild 7.19 Quasi-elastische Schwingungssysteme (mathematisches Pendel, physikalisches Pendel, Flüssigkeitspendel)

Bereits in Abschnitt 5.1.3.5 wurde darauf hingewiesen, daß bei beliebig großen Ausschlägen die Frequenz amplitudenabhängig wird. Dies trifft übrigens bei allen nichtlinearen Schwingungen zu.

Beim mathematischen Pendel ergibt sich beispielsweise für Maximalausschläge von $\varphi = 20°$ für die Schwingungsdauer $\tau \approx \dfrac{6{,}33}{\omega_0}$.

[1]) Hierzu gehören z. B. auch die elektrischen Schwingungen in einem sog. Schwingkreis, der aus einem Kondensator und einer Spule mit Selbstinduktivität (C-L-Schwingkreis) besteht.

[1]) Der genaue Wert für die Pendellänge ist $l = 0{,}9936$ m.

Die Schwingungsgleichung (7.28) gilt gleichermaßen für die Schwingungsbewegung mit kleinen Winkelausschlägen des *physikalischen Pendels* (auch Körperpendel genannt). Es besteht (Bild 7.19b) aus einem beliebig gestalteten starren Körper (Masse m), der in einer festen Achse durch einen Punkt A außerhalb des Schwerpunkts drehbar gelagert ist und eine ebene Bewegung ausführen kann. Das ebene mathematische Pendel ist als Sonderfall des physikalischen Pendels anzusehen.

Das rücktreibende Moment der im Schwerpunkt angreifenden Schwerkraft ist

$$M = -mgs\,\varphi \qquad (\sin\varphi \approx \varphi)$$

wobei s den Schwerpunktsabstand des Drehpunkts bedeutet.

Eingesetzt in die kinetische Grundgleichung $M = \theta_A \ddot{\varphi}$ folgt die zu (7.28) analoge Schwingungsgleichung

$$\ddot{\varphi} + \frac{mgs}{\theta_A}\,\varphi = 0.$$

Die Eigenkreisfrequenz der Pendelschwingung ist

$$\omega_0 = \sqrt{\frac{mgs}{\theta_A}}$$

die Schwingungsdauer somit

$$\tau_0 = 2\pi\sqrt{\frac{\theta_A}{mgs}}. \tag{7.30}$$

Schreibt man (7.30) als $\tau_0 = 2\pi\sqrt{\frac{l_{red}}{g}}$, gibt die reduzierte Pendellänge

$$l_{red} = \frac{\theta_A}{ms} \tag{7.31}$$

die Länge eines mathematischen Pendels gleicher Schwingungsdauer an (Bild 7.20).

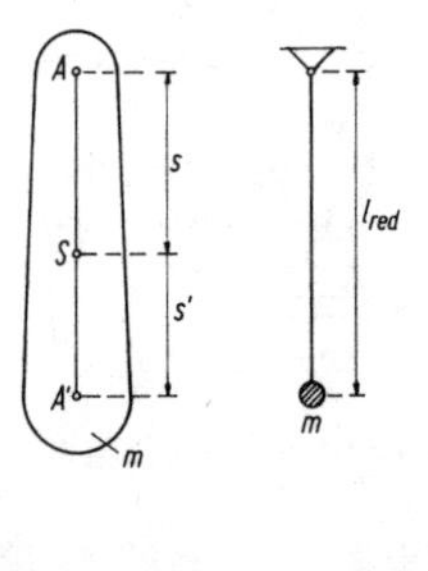

Bild 7.20 Reduzierte Pendellänge und Schwingungsmittelpunkt

Mit Einführung des Trägheitsradius i gemäß $\theta_S = mi^2$ gilt nach dem Satz von *Steiner*

$$\theta_A = \theta_S + ms^2 = m\,(i^2 + s^2)$$

und es folgt für (7.31)

$$l_{red} = \frac{i^2 + s^2}{s}. \tag{7.32}$$

Für den Aufhängepunkt A des physikalischen Pendels entspricht der Länge l_{red} der Punkt A' auf der Verbindungslinie von Aufhänge- und Schwerpunkt. Dieser Punkt A' wird als Schwingungsmittelpunkt bezeichnet.[1])

Gemäß Bild 7.20 ist $l_{red} = s + s'$ und mit (7.32) ergibt sich

$$i^2 = ss'.$$

Wählt man A' als Aufhängepunkt des physikalischen Pendels, wird damit die reduzierte Pendellänge bezüglich A'

$$l'_{red} = \frac{\theta_{A'}}{ms'} = \frac{m(i^2 + s'^2)}{ms'} = s + s' = l_{red}.$$

Man erkennt, daß bei Vertauschung von Schwingungsmittelpunkt und Aufhängepunkt die Schwingungsdauer eines physikalischen Pendels ungeändert bleibt. Mit Hilfe dieser Tatsache läßt sich die reduzierte Pendellänge leicht bestimmen.

Derartige Pendelversuche werden zur Messung der Schwerebeschleunigung g angewendet (sog. Reversionspendel). Außerdem kann man aus entsprechenden Pendelschwingversuchen die Massenträgheitsmomente beliebiger starrer Körper mittels Gl. (7.30) experimentell ermitteln.

Als *Flüssigkeitspendel* wird eine Anordnung gemäß Bild 7.19c bezeichnet. In einem U-Rohr mit konstantem Querschnitt A befindet sich eine Flüssigkeitssäule der Gesamtlänge l mit der Masse $m = A\,l\,\varrho$ (ϱ ist die Flüssigkeitsdichte, $\gamma = g\,\varrho$ ist das spezifische Gewicht), die nach einer Auslenkung aus der Ruhelage Schwingungen ausführen kann.

Die rücktreibende Kraft ist das Gewicht der um insgesamt $2x$ aus der Ruhelage verschobenen Flüssigkeitssäule, d.h.

$$F = -2Ax\varrho\,g = -2Ax\gamma.$$

[1]) Bei der Behandlung des geraden exzentrischen Stoßes (Abschnitt 5.2.5.2) wurde dieser Punkt in anderem Zusammenhang als Stoßmittelpunkt eingeführt.

Mit der kinetischen Grundgleichung $m\ddot{x} = F$ ergibt sich

$$Al\varrho\ddot{x} + 2Ax\varrho g = 0$$

also die Schwingungsgleichung

$$\ddot{x} + 2\frac{g}{l}x = 0.$$

Als Eigenkreisfrequenz folgt

$$\omega_0 = \sqrt{\frac{2g}{l}}$$

sie ist um $\sqrt{2}$ größer als die eines mathematischen Schwerependels der Pendellänge l.
Zu bemerken ist, daß beim Flüssigkeitspendel die Frequenz unabhängig vom Maximalausschlag ist, somit einer der wenigen Fälle mit streng linearer „Federkennlinie" vorliegt.

7.1.6 Energiemethode zur Ermittlung der Eigenfrequenz

Es handelt sich um ein sehr einfaches Verfahren, mit dem bei verwickelten Schwingungssystemen mit einem Freiheitsgrad die Eigenkreisfrequenz ohne Aufstellung der Bewegungsgleichung ermittelt werden kann.
Die Gleichung einer harmonischen Schwingung, vgl. (7.11), lautet

$$x = A\sin(\omega_0 t + \gamma).$$

Es folgen damit für die kinetische Energie

$$T(t) = \frac{m}{2}\dot{x}^2 = \frac{m}{2}A^2\omega_0^2\cos^2(\omega_0 t + \gamma) = T_{\max}\cos^2(\omega_0 t + \gamma)$$

sowie für die potentielle Energie (wobei beim Feder-Masse-Schwingungssystem nur die elastische Federenergie berücksichtigt werden muß, wenn Schwingungen um die statische Ruhelage betrachtet werden)

$$\Pi(t) = \frac{c}{2}x^2 = \frac{1}{2}cA^2\sin^2(\omega_0 t + \gamma) = \Pi_{\max}\sin^2(\omega_0 t + \gamma).$$

Da keine Dämpfung vorhanden ist, gilt der Energiesatz

$$T(t) + \Pi(t) = E_0 = \text{konst.}$$

wobei

$$T_{\max} = \Pi_{\max} = E_0 \qquad (7.33)$$

weil $T_{\max}$ bzw. $\Pi_{\max}$ jeweils für $x = 0$, d.h. bei $\Pi = 0$ bzw. für $\dot{x} = 0$, d.h. bei $T = 0$ auftreten.
Aus (7.33) erhält man die „Energieformel" für die Eigenfrequenz

$$\omega_0^2 = \frac{\Pi_{\max}}{T^*_{\max}} \qquad (7.34)$$

wobei $T^*_{\max}$ ein Ausdruck ist, der in Analogie zur kinetischen Energie gebildet wird, aber an Stelle der Geschwindigkeit der Maximalausschlag einzusetzen ist, d.h.

$$T^*_{\max} = \frac{m}{2}A^2.$$

Die Energieformel kann auch für quasi-elastische Schwingungssysteme angewendet werden. Beispielsweise ergibt sich für das mathematische Pendel (Bild 7.19a) mit $h_{\max} = l(1 - \cos\varphi_{\max})$ als größter vertikaler Anhebung der Masse

$$\Pi_{\max} = mgh_{\max} \approx \tfrac{1}{2}mgl\varphi^2_{\max}$$

$$\text{wobei} \quad 1 - \cos\varphi \approx \frac{\varphi^2}{2}$$

sowie

$$T_{\max} = \frac{m}{2}(l\dot{\varphi}_{\max})^2$$

und somit nach (7.34)

$$\omega_0^2 = \frac{mgl\varphi^2_{\max}}{ml^2\varphi^2_{\max}} = \frac{g}{l}.$$

Zweckmäßig ist die Anwendung der Energiemethode bei komplizierteren Schwingungssystemen, z.B. die in Bild 7.21a gezeigte Anordnung, bestehend aus einem gelenkig gelagerten, abgefederten starren Stab (masselos) mit zwei Punktmassen.

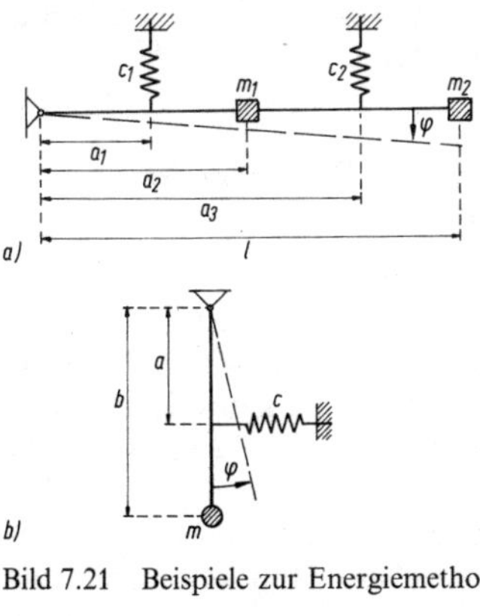

Bild 7.21 Beispiele zur Energiemethode

Das System kann Drehschwingungen um den Drehpunkt bei A ausführen, der Winkelausschlag wird von der statischen Ruhelage aus gezählt.
Es ergeben sich die Ausdrücke

$$\Pi_{max} = \tfrac{1}{2}(c_1 a_1^2 \varphi_{max}^2 + c_2 a_3^2 \varphi_{max}^2) = \tfrac{1}{2}(c_1 a_1^2 + c_2 a_3^2)\,\varphi_{max}^2$$

$$T_{max}^* = \tfrac{1}{2}(m_1 a_2^2 \varphi_{max}^2 + m_2 l^2 \varphi_{max}^2) = \tfrac{1}{2}(m_1 a_2^2 + m_2 l^2)\,\varphi_{max}^2$$

und damit

$$\omega_0^2 = \frac{c_1 a_1^2 + c_2 a_3^2}{m_1 a_2^2 + m_2 l^2}.$$

Als weiteres Beispiel wird das in Bild 7.21b dargestellte abgefederte Stangenpendel betrachtet. Mit dem Ausschlag φ und dem Federweg $a\varphi$ ergeben sich

$$\Pi = mgl(1 - \cos\varphi) + \frac{c}{2} a^2 \varphi^2$$

$$\text{wobei} \quad 1 - \cos\varphi \approx \frac{\varphi^2}{2}$$

d.h.

$$\Pi_{max} = \tfrac{1}{2}(mgl + ca^2)\,\varphi_{max}^2.$$

Ferner ist

$$T_{max}^* = \tfrac{1}{2} ml^2 \varphi_{max}^2$$

und es folgt

$$\omega_0^2 = \frac{mgl + ca^2}{ml^2} = \frac{g}{l}\left(1 + \frac{ca^2}{mgl}\right).$$

Eine Erweiterung der Energiemethode für Schwingungssysteme mit mehreren Freiheitsgraden ist möglich und führt zur Methode des Rayleigh-Quotienten, aus der sich auch Näherungsverfahren ergeben.

7.1.7 Näherungsweise Berücksichtigung der Federmasse

Bei den bisherigen Betrachtungen von Feder-Masse-Schwingungssystemen wurde die Trägheit der Feder vernachlässigt. Der Einfluß der Federmasse auf die Eigenfrequenz kann durch einen Zuschlag zur schwingenden Masse m erfaßt werden.
Hierzu läßt sich die Energiemethode aus Abschnitt 7.1.6 heranziehen. Man betrachtet eine Feder (Länge l, Masse m_F) mit angehängter Einzelmasse m, Bild 7.22. Die Federmassendichte ist $\frac{m_F}{l}$ und mit Einführung der Koordinate $l\xi$ längs der Feder $(0 < \xi < 1)$ ergibt sich für das Federmassenelement

$$dm_F = \frac{m_F}{l}\,d(l\xi) = m_F\,d\xi.$$

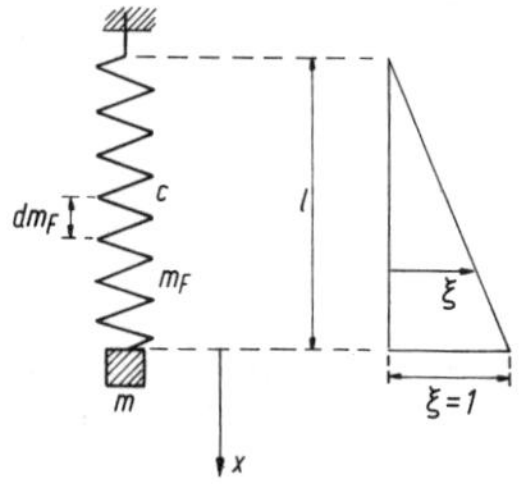

Bild 7.22 Zur Berücksichtigung der Federmasse

Unter Annahme einer linearen Geschwindigkeitsverteilung $v = \xi\dot{x}$ längs der Feder (dies gilt exakt für kleine Ausschläge) erhält man für die kinetische Energie

$$T = \frac{m}{2}\dot{x}^2 + \frac{1}{2}\int_{(m_F)} dm_F\, v^2 = \frac{m}{2}\dot{x}^2 + \frac{1}{2}\int_0^1 m_F \dot{x}^2 \xi^2\, d\xi$$

und nach Integration

$$T = \frac{1}{2}\left(m + \frac{m_F}{3}\right)\dot{x}^2.$$

Daraus folgt

$$T_{max}^* = \frac{1}{2}\left(m + \frac{m_F}{3}\right) x_{max}^2$$

und mit

$$\Pi_{max} = \frac{c}{2} x_{max}^2$$

liefert die Energieformel

$$\omega_0^2 = \frac{c}{m + \frac{m_F}{3}},$$

d.h. die Berücksichtigung der verteilten Federmasse m_F erfolgt durch einen Zuschlag von einem Drittel der Federmasse zur schwingenden Einzelmasse.

Dies gilt immer dann, wenn die Auslenkungsform des Federgebildes durch eine Gerade dargestellt werden kann, z.B. auch bei Längsschwingungen eines elastischen Stabs oder bei Torsionsschwingungen einer verdrillbaren Welle.

Hingegen gilt dies nicht mehr bei einer eingespannten Blattfeder mit Einzelmasse, da hier die Geschwindigkeit der Federelemente nicht mehr proportional dem Abstand von der Einspannstelle ist. Mit Verwendung der Gleichung der Biegelinie erhält man näherungsweise für die kinetische Energie

$$T \approx \frac{1}{2}\left(m + \frac{m_F}{4}\right)\dot{x}^2$$

wobei $\dot{x}$ die Geschwindigkeit der Einzelmasse am freien Ende der Blattfeder bedeutet. Die Anwendung der Energieformel liefert wiederum einen Näherungswert für die Eigenfrequenz.

7.2 Gedämpfte freie Schwingungen

Die in Abschnitt 7.1 behandelten ungedämpften Schwingungen stellen nur einen Idealfall dar, in Wirklichkeit treten stets Bewegungswiderstände auf. Dadurch wird Energie dissipiert, die Schwingungsausschläge klingen mit der Zeit ab. Diese sog. gedämpften Schwingungen sind keine periodische Bewegung mehr, es treten jedoch Ereignisse (Nulldurchgänge, relative Maximalausschläge) auf, die sich periodisch wiederholen.

7.2.1 Verschiedene Dämpfungsarten

Widerstandskräfte sind stets der Bewegung entgegengesetzt gerichtet und hängen in verschiedener Weise von der Geschwindigkeit der Bewegung ab.

Eine geschwindigkeitsunabhängige Widerstandskraft stellt die Coulombsche Gleitreibung (vgl. Abschnitt 2.9.3) dar. Reibungsgedämpfte Schwingungen sind nicht der einfachste Fall und werden erst später in Abschnitt 7.4 behandelt.

Bei nicht zu schneller Bewegung in Flüssigkeiten oder Gasen ergibt sich eine geschwindigkeitsproportionale Widerstandskraft, die dem Reibungsgesetz von *Stokes* in zähen Fluiden entspricht. Es gilt für die Dämpfungskraft

$$D = -kv \tag{7.35}$$

wobei $k > 0$ den konstanten Dämpfungskoeffizient mit der Dimension $\frac{\text{Ns}}{\text{m}}$ bedeutet. Dieser muß experimentell ermittelt werden (vgl. hierzu die Bemerkungen am Ende von Abschnitt 7.2.4). Man kann sich diese sog. viskose Dämpfung durch die Bewegung eines Kolbens in einem flüssigkeitsgefüllten Zylinder („Dämpfungstopf") realisiert denken.

Bei sehr schneller Bewegung in einem Fluid ergibt sich eine Widerstandskraft, die proportional zum Quadrat der Geschwindigkeit ist. Dieser Fall führt bei der Schwingungsbewegung auf nichtlineare Differentialgleichungen und ist sehr schwierig zu behandeln.

In der mathematischen Behandlung am einfachsten ist die viskose Dämpfung und auf diese sollen die folgenden Betrachtungen beschränkt bleiben.

Die allgemeine gemessene Abhängigkeit der Widerstandskraft von der Geschwindigkeit läßt sich in Form einer Taylor-Reihe darstellen. Hiervon soll nur das in der Geschwindigkeit lineare Glied beibehalten werden.

7.2.2 Differentialgleichung der Schwingung und ihre Lösung

Es wird ein Schwingungssystem betrachtet, bei dem Feder und Dämpfungstopf parallel geschaltet[1]) sind, Bild 7.23a, b.

Wie beim ungedämpften Feder-Masse-Schwingungssystem sollen die Schwingungen um die statische Ruhelage erfolgen. Die auf den Massenpunkt m wirkende Kraft ist neben der rücktrei-

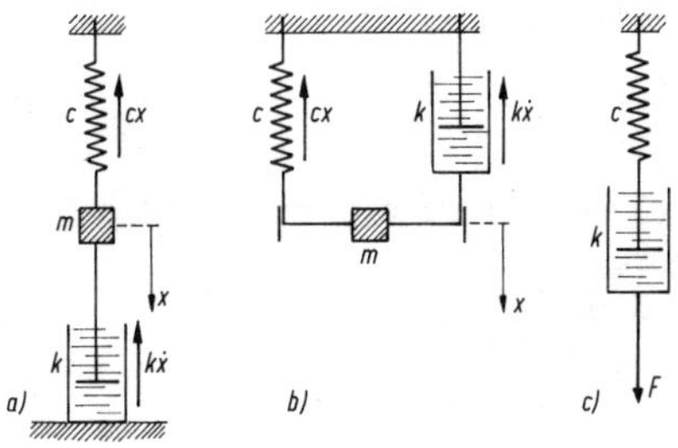

Bild 7.23 Parallelschaltung von Feder und Dämpfungstopf (a, b) *Maxwell*sches Modell für viskoelastisches Material (c)

[1]) Die direkte Hintereinanderschaltung von Feder und Dämpfungstopf gemäß Bild 7.23c ergibt ebenfalls ein schwingungsfähiges System spezieller Art, auf das aber hier nicht eingegangen wird. Im übrigen stellt diese Anordnung ein einfaches mechanisches Modell (Maxwellscher Körper) zur Beschreibung visko-elastischen Materials dar.

benden Federkraft die Dämpfungskraft gemäß (7.35)

$$F = -cx - k\dot{x}$$

und damit ergibt sich aus der kinetischen Grundgleichung $m\ddot{x} = F$ die Schwingungsgleichung

$$m\ddot{x} + k\dot{x} + cx = 0. \tag{7.36}$$

Es ist eine lineare Differentialgleichung zweiter Ordnung mit konstanten Koeffizienten, zu deren Lösung wieder der Exponentialansatz (7.5) herangezogen werden kann.
Für die weitere Behandlung ist eine *dimensionslose Darstellung* der Schwingungsgleichung sehr zweckmäßig. Aus (7.36) folgt zunächst

$$\ddot{x} + \frac{k}{m}\dot{x} + \omega_0^2 x = 0 \tag{7.37}$$

wobei wiederum $\omega_0 = \sqrt{\frac{c}{m}}$ die Eigenkreisfrequenz des ungedämpften Schwingungssystems bedeutet.
An Stelle der Zeit t wird als unabhängige Variable die Eigenzeit [1])

$$z = \omega_0 t \tag{7.38}$$

eingeführt, damit wird $x(t)$ in $x(z)$ übergeführt. Es gelten die Umrechnungen

$$\dot{x} = \frac{dx}{dt} = \frac{dx}{dz}\frac{dz}{dt} = x'\omega_0 \quad \text{mit} \quad \frac{dx}{dz} = x'$$
$$\ddot{x} = x''\omega_0^2 \tag{7.39}$$

ferner wird der dimensionslose Dämpfungsfaktor κ gemäß [2])

$$2\kappa = \frac{k}{m\omega_0} = \frac{k}{\sqrt{mc}} \tag{7.40}$$

eingeführt (der Faktor 2 wird aus Zweckmäßigkeitsgründen gesetzt).
Damit wird (7.37) zu

$$x''\omega_0^2 + \frac{k}{m}x'\omega_0 + \omega_0^2 x = 0$$

und man erhält daraus die dimensionslose Schwingungsgleichung (x kann eine Länge oder einen Winkel bedeuten)

$$x'' + 2\kappa x' + x = 0 \tag{7.41}$$

[1]) Die Gefahr einer Verwechslung mit der komplexen Veränderlichen $z = x + iy$ besteht sicher nicht.
[2]) Dämpfungsmaß nach *E. Lehr*.

Der Lösungsansatz $x = e^{\lambda z}$ führt auf die charakteristische Gleichung

$$\lambda^2 + 2\kappa\lambda + 1 = 0$$

mit den Wurzeln

$$\lambda_{1,2} = -\kappa \pm \sqrt{\kappa^2 - 1}. \tag{7.42}$$

Die allgemeine Lösung von (7.41) ergibt sich als Linearkombination der Teillösungen $e^{\lambda_1 z}$ und $e^{\lambda_2 z}$, d.h.

$$x = C_1 e^{\lambda_1 z} + C_2 e^{\lambda_2 z}$$
$$= C_1 e^{-\kappa z + \sqrt{\kappa^2-1}\,z} + C_2 e^{-\kappa z - \sqrt{\kappa^2-1}\,z} \tag{7.43}$$

mit den Integrationskonstanten C_1 und C_2.
Je nach der Größe von κ im Radikanden von (7.42) unterscheidet man drei Lösungen

- $\kappa > 1$ „starke Dämpfung“, Wurzel im Exponenten von (7.43) ist reell
- $\kappa = 1$ Wurzel im Exponenten von (7.43) ist null d.h. charakteristische Gleichung hat eine Doppelwurzel $\lambda_1 = \lambda_2 = -\kappa$
- $\kappa < 1$ „schwache Dämpfung“, Wurzel im Exponenten von (7.43) ist imaginär, d.h. es treten Sinus- und Cosinusfunktionen auf.

Die beiden ersten Fälle entsprechen einer *aperiodischen Bewegung*, die Dämpfung ist so stark, daß keine Schwingungsbewegung entstehen kann. Die eigentlichen gedämpften Schwingungen mit mehreren Nulldurchgängen und relativen Maximalausschlägen treten für den dritten Fall auf.

7.2.3 Aperiodische Bewegung

Für $\kappa > 1$ ergibt sich mit den bekannten Beziehungen für die hyperbolischen Funktionen

$$e^{\pm y} = ch\,y \pm sh\,y \tag{7.44}$$

aus der allgemeinen Lösung (7.43)

$$x = e^{-\kappa z}\left[C_1\left(ch\sqrt{\kappa^2-1}\,z + sh\sqrt{\kappa^2-1}\,z\right) + C_2\left(ch\sqrt{\kappa^2-1}\,z - sh\sqrt{\kappa^2-1}\,z\right)\right]$$

oder

$$x = e^{-\kappa z}\left[A\,sh\sqrt{\kappa^2-1}\,z + B\,ch\sqrt{\kappa^2-1}\,z\right]$$
$$= C e^{-\kappa z} sh\left(\sqrt{\kappa^2-1}\,z + \beta\right) \tag{7.45}$$

mit den Integrationskonstanten A und B bzw. C und β.

Wählt man als Anfangsbedingungen wiederum

$$x=0,\ \dot{x}=v_0 \quad \text{bzw.} \quad x'=\frac{v_0}{\omega_0} \quad \text{für} \quad t=0$$
bzw. $z=0$

ergeben sich

$$A=\frac{v_0}{\omega_0\sqrt{\kappa^2-1}}, \qquad B=0$$

oder

$$C=\frac{v_0}{\omega_0\sqrt{\kappa^2-1}}, \qquad \beta=0.$$

Die Lösung lautet somit

$$x=\frac{v_0}{\omega_0\sqrt{\kappa^2-1}}\, e^{-\kappa z}\, sh\sqrt{\kappa^2-1}\, z, \qquad (7.46)$$

ihre grafische Darstellung ist in Bild 7.24 gezeigt. Der Massenpunkt begibt sich, nachdem er aus der Ruhelage gestoßen wurde, in schleichender Bewegung wieder dorthin zurück, es findet keine Schwingung statt.
Je nach den gewählten Anfangsbedingungen tritt bei dieser aperiodischen Bewegung höchstens ein Maximum des Ausschlags und höchstens ein Nulldurchgang auf (gestrichelte Kurven in Bild 7.24).

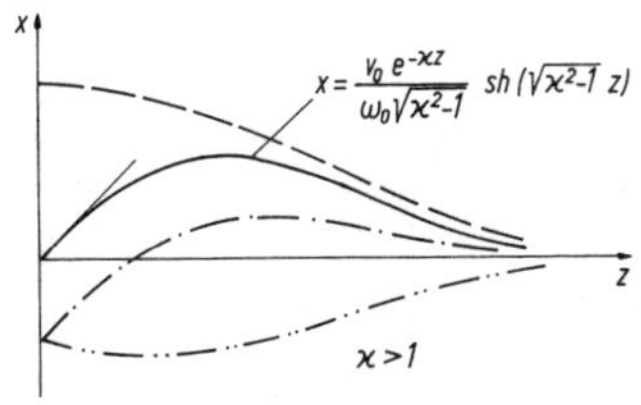

Bild 7.24 Aperiodische Bewegung
$\kappa > 1$

Für $\kappa = 1$ liegt der aperiodische Grenzfall vor. Die Dämpfung ist immer noch so stark, daß keine Schwingung entstehen kann. Der Massenpunkt kehrt fast unmittelbar nach der Auslenkung aus der Ruhelage wieder dorthin zurück (Bild 7.25).
Mit den gleichen Anfangsbedingungen wie im Fall $\kappa > 1$ erhält man die Lösung für den aperiodischen Grenzfall aus (7.46) durch Grenzwertbildung mit

Bild 7.25 Aperiodischer Grenzfall $\kappa = 1$

$$\sqrt{\kappa^2-1}=\varepsilon \ \text{(klein)}, \qquad \kappa=\sqrt{1+\varepsilon^2}$$

gemäß

$$x=\lim_{\varepsilon\to 0}\frac{v_0}{\omega_0}\left[\frac{e^{-\sqrt{1+\varepsilon^2}\,z}\, sh\,(\varepsilon z)}{\varepsilon}\right]=\frac{v_0}{\omega_0}\, z\, e^{-z}$$

wobei von der L'Hospitalschen Regel Gebrauch gemacht wurde.
Die der Lösung

$$x=\frac{v_0}{\omega_0}\, z\, e^{-z}$$

entsprechende Differentialgleichung für $\kappa = 1$ lautet

$$x''+2x'+x=0$$

und kann auch direkt mit dem Lösungsansatz

$$x=e^{-z}(C_2+C_1 z)$$

erfüllt werden (e^{-z} und ze^{-z} sind zwei voneinander linear unabhängige Teillösungen).

7.2.4 Gedämpfte Schwingungen

Für $\kappa < 1$ liegt schwache Dämpfung vor und es ergeben sich die eigentlichen gedämpften Schwingungen. Es wird nun $\sqrt{\kappa^2-1}=i\sqrt{1-\kappa^2}$ mit $i=\sqrt{-1}$ und an Stelle von (7.44) treten die Eulerschen Gleichungen (7.9). Aus der allgemeinen Lösung (7.43) folgt

$$\begin{aligned} x &= e^{-\kappa z}\left[A\sin\sqrt{1-\kappa^2}\, z+B\cos\sqrt{1-\kappa^2}\, z\right] \\ &= C e^{-\kappa z}\sin\left(\sqrt{1-\kappa^2}\, z+\gamma\right) \qquad (7.47) \end{aligned}$$

mit den Integrationskonstanten A und B oder C und γ.
Diese Gleichung beschreibt eine Schwingungsbewegung mit exponentiell abnehmenden Amplituden, es findet also keine periodische Bewegung statt. Man kann aber von einem quasi-periodischen Vorgang sprechen, da isochrone Ereignisse (Nulldurchgänge, Maximalausschläge) aufeinanderfolgen und eine systembestimmte Periode definiert werden kann.
Mit den bereits früher verwendeten Anfangsbedingungen $x=0$, $x'=\frac{v_0}{\omega_0}$ für $z=0$ wird (7.47)

$$x=\frac{v_0}{\omega_0\sqrt{1-\kappa^2}}\, e^{-\kappa z}\sin\left(\sqrt{1-\kappa^2}\, z\right) \qquad (7.48)$$

wobei $\sqrt{1-\kappa^2}\, z=z^*$ gesetzt werden kann.

Die grafische Darstellung ist in Bild 7.26 gezeigt. Die *Nulldurchgänge* erfolgen für

$$z^* = 0,\ \pi,\ 2\pi,\ 3\pi\ \ldots$$

die *Hüllkurven* konst. $\cdot\, e^{-\kappa z}$ werden berührt für

$$\sin z^* = \pm 1 \quad \text{d.h.} \quad z^* = \frac{\pi}{2}, \frac{3\pi}{2}, \frac{5\pi}{2} \ldots$$

Die relativen *Maximalausschläge* liegen etwas links von den Berührungspunkten bei z_m^*, ihre Lage folgt gemäß der Bedingung $x' = 0$ aus

$$\tan z_m^* = \frac{\sqrt{1-\kappa^2}}{\kappa}.$$

Die Periode der gedämpften Schwingung kann z.B. definiert werden als Abstand zweier Nulldurchgänge. Die Periode von $\sin z^*$ ist 2π und es gilt mit τ_D als Schwingungsdauer der gedämpften Schwingung

$$\sqrt{1-\kappa^2}\,\omega_0\,\tau_D = 2\pi$$

oder

$$\tau_D = \frac{2\pi}{\omega_0\sqrt{1-\kappa^2}} = \frac{\tau_0}{\sqrt{1-\kappa^2}}$$

mit τ_0 als Schwingungsdauer der ungedämpften Eigenschwingung.
Die Frequenz der gedämpften Schwingung ist

$$f_D = \frac{1}{\tau_D} = \frac{\omega_0}{2\pi}\sqrt{1-\kappa^2} = f_0\sqrt{1-\kappa^2}$$

mit f_0 als Frequenz der ungedämpften Eigenschwingung. Man erkennt, daß durch die Dämpfung auch eine Verlangsamung der Schwingung entsteht, der Unterschied zwischen f_0 und f_D ist hingegen gering.
Die Maximalausschläge werden entsprechend den Hüllkurven in Bild 7.26 kleiner, das Verhältnis zweier Maxima nach derselben Seite ist konstant, d.h. die Ausschläge nehmen nach einer geometrischen Reihe ab.
Dies folgt mit (7.48) aus der Beziehung

$$\frac{x_1}{x_3} = \frac{x_n}{x_{n+2}} = e^{\kappa\omega_0\tau_D} = e^{2\pi\kappa/\sqrt{1-\kappa^2}}$$

die konstante Größe

$$\vartheta = \ln\frac{x_n}{x_{n+2}} = 2\pi\frac{\kappa}{\sqrt{1-\kappa^2}} \qquad (7.49)$$

wird als logarithmisches Dekrement[1]) bezeichnet und gilt als ein Maß für die Stärke der Dämpfung. Man kann ϑ aus Messungen der Schwingungsausschläge ermitteln, mit (7.49) ergibt sich

$$\kappa = \frac{\vartheta}{\sqrt{\vartheta^2 + 4\pi^2}}$$

und daraus schließlich der Dämpfungsfaktor $k = 2\sqrt{mc}\,\kappa$.
Bei der gedämpften Schwingung wird (im Dämpfungsmechanismus) ständig Energie dissipiert. Dies erkennt man, wenn man die Differentialgleichung (7.36) mit $\dot{x}$ multipliziert. Es folgt

$$m\ddot{x}\dot{x} + c\dot{x}x = -k\dot{x}^2$$

wobei auf der linken Seite die Zeitableitung der Gesamtenergie d.h.

$$\frac{\mathrm{d}}{\mathrm{d}t}\left(\frac{m}{2}\dot{x}^2\right) + \frac{\mathrm{d}}{\mathrm{d}t}\left(\frac{c}{2}x^2\right) = \frac{\mathrm{d}}{\mathrm{d}t}(T + \Pi),$$

auf der rechten Seite die Leistung der Dämpfungskraft steht. Es ergibt sich eine mit der Zeit monoton abnehmende mechanische Energie.

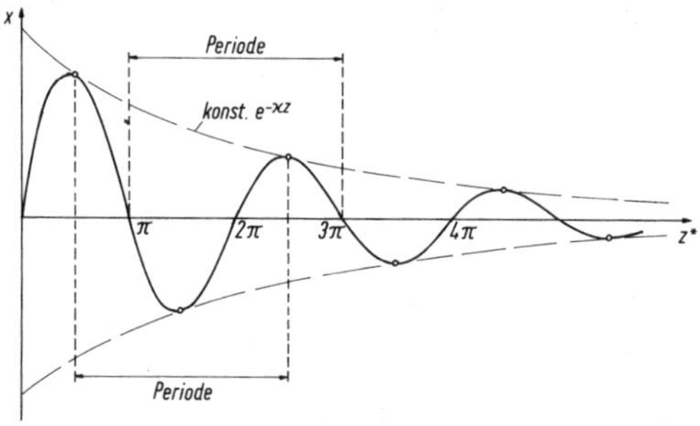

Bild 7.26 Gedämpfte Schwingung

7.3 Erzwungene Schwingungen

Im Gegensatz zu den freien Schwingungen, bei denen das schwingungsfähige System einmal angeregt wird und dann, sich selbst überlassen, Eigenschwingungen ausführt (deren Charakter nur von den Systemparametern Masse, Elastizität und Dämpfung bestimmt wird), findet bei den erzwungenen Schwingungen eine ständige periodische Energiezufuhr von außen statt. Die Fre-

[1]) Die Bezeichnung stammt von *Gauss*.

quenz der Schwingungsbewegung wird auf verschiedene Arten von außen aufgeprägt.

Während die Eigenschwingungen durch homogene Differentialgleichungen beschrieben werden, sind für erzwungene Schwingungen inhomogene Differentialgleichungen (mit Störglied) maßgebend.

Aus der Vielfalt der Schwingungserscheinungen seien noch die selbsterregten sowie die parametererregten Schwingungen genannt. Dabei treten nichtlineare Differentialgleichungen bzw. Differentialgleichungen mit nicht konstanten Koeffizienten auf. Da deren mathematische Behandlung jedoch schwierig ist, wird hier nicht weiter darauf eingegangen.

Bei den erzwungenen Schwingungen sind verschiedene *Erregungsarten* möglich, wie dies am einfachen Feder-Masse-Schwingungssystem erläutert wird.

Bei der kinematischen oder Wegerregung (Bild 7.27a) wird das obere Federende mit veränderbarer Frequenz ω periodisch auf- und abbewegt. Bei der dynamischen oder Krafterregung (Bild 7.27b) wirkt auf die geführte Masse eine periodische Kraft $F = \tilde{F} \sin \omega t$, wobei zu unterscheiden ist, ob eine konstante oder frequenzabhängige Kraftamplitude $\tilde{F}$ vorliegt.

Zur Unterscheidung von der Eigenfrequenz ω_0 des Schwingungssystems wird die Erregerkreisfrequenz mit ω bezeichnet.

Dem Schwingungssystem wird auf die genannten Arten die Erregerfrequenz aufgezwungen. Während die Eigenschwingung (wegen der immer vorhandenen Dämpfung) allmählich abklingt, bleibt nach einer gewissen Anregungsphase nur noch die eigentliche erzwungene Schwingung als stationäre Bewegung erhalten, vgl. Bild 7.28.

Wichtig ist die Untersuchung des Verhaltens der Amplitude der erzwungenen Schwingung in Abhängigkeit von der Erregerfrequenz. Besonderes Interesse gilt dem Fall, daß die Erregerfrequenz mit der Eigenfrequenz übereinstimmt (Resonanz).

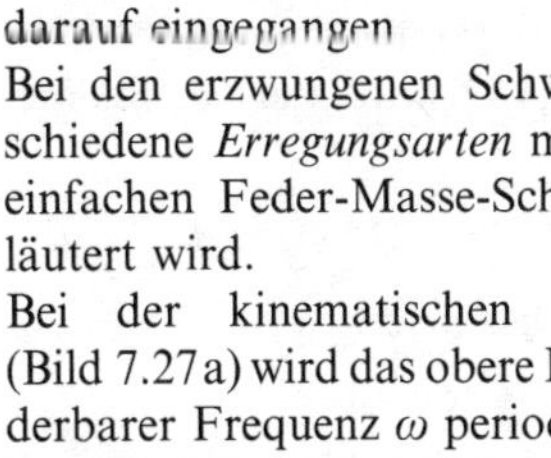

Bild 7.27 Verschiedene Erregungsarten bei erzwungenen Schwingungen

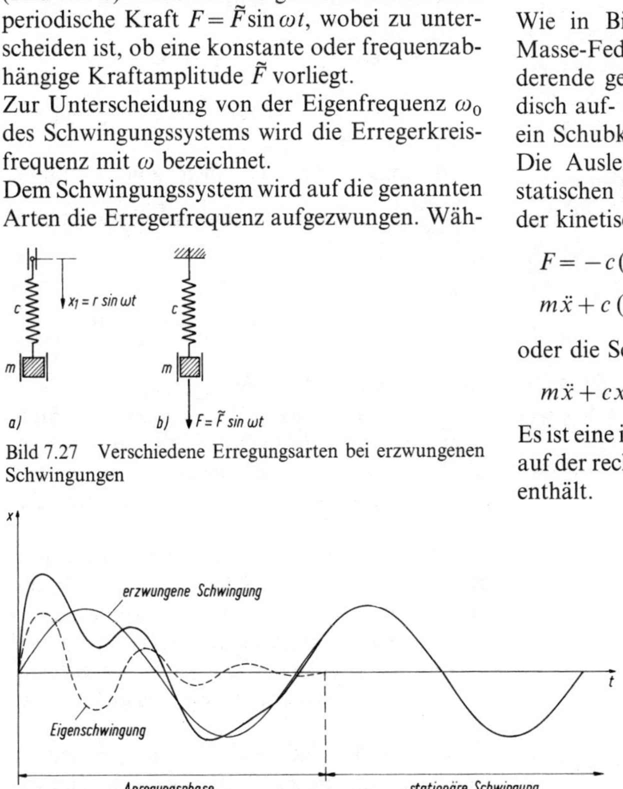

Bild 7.28 Eigenschwingung und erzwungene Schwingung

7.3.1 Ungedämpfte erzwungene Schwingungen

Wie in Bild 7.29 dargestellt, wird bei einem Masse-Feder-Schwingungssystem das obere Federende gemäß $x_1 = r \sin \omega t$ (r = konst.) perioangesehen und nur die stationäre Bewegung betrachtet werden. Die wesentlichen Erscheinungen bei erzwungenen Schwingungen können gleichwohl studiert werden.

7.3.1.1 Wegerregung

Wie in Bild 7.29 dargestellt, wird bei einem Masse-Feder-Schwingungssystem das obere Federende gemäß $x_1 = r \sin \omega t$ (r = konst.) periodisch auf- und abbewegt. Dies kann z.B. durch ein Schubkurbelgetriebe erreicht werden.

Die Auslenkung der Masse m wird von der statischen Ruhelage aus gezählt, dann folgt aus der kinetischen Grundgleichung mit

$$F = -c(x - x_1)$$

$$m\ddot{x} + c(x - x_1) = 0$$

oder die Schwingungsgleichung

$$m\ddot{x} + cx = cr \sin \omega t. \tag{7.50}$$

Es ist eine inhomogene Differentialgleichung, die auf der rechten Seite ein zeitabhängiges Störglied enthält.

Aus (7.50) folgt nach Division mit m

$$\ddot{x} + \omega_0^2 x = r\omega_0^2 \sin\omega t \qquad (7.51)$$

wobei $\omega_0 = \sqrt{\frac{c}{m}}$ die Eigenkreisfrequenz darstellt.
Die Größe $c\,r = F_0$ ist übrigens die maximal auftretende Federkraft bei festgehaltener Masse m.

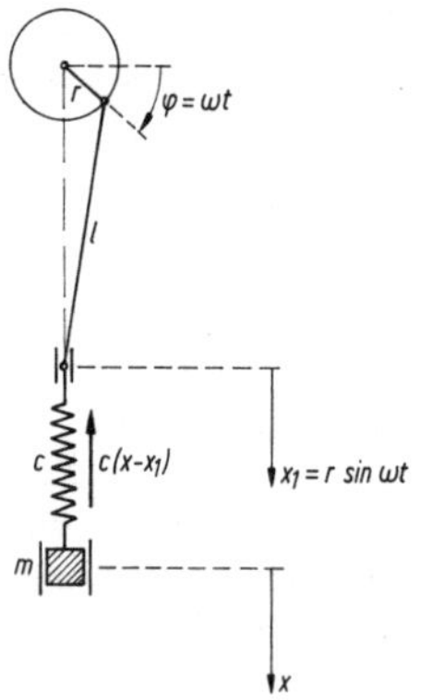

Bild 7.29 Erzwungene Schwingung mit Wegerregung $r \ll l$

Nach der Theorie der linearen Differentialgleichungen setzt sich die allgemeine Lösung [1]) der inhomogenen Diff. Gl. (7.51) aus der allgemeinen Lösung der zugehörigen homogenen (verkürzten) Gleichung und einer einzelnen speziellen („partikulären") Lösung der inhomogenen Gleichung zusammen.
Es ist naheliegend, als partikuläre Lösung das Störglied selbst heranzuziehen, da es die Diff. Gl. (7.51) erfüllt.
Die allgemeine Lösung der verkürzten Diff. Gl. ist bekannt, vgl. (7.11), somit ergibt sich

$$x = C\sin(\omega_0 t + \gamma) + C^* \sin\omega t \qquad (7.52)$$

wobei C^* keine Integrationskonstante darstellt, sondern sich aus den gegebenen Größen des Schwingungssystems ergibt.
Zweckmäßig ist wieder eine dimensionslose Darstellung durch Einführung der Größen

Eigenzeit	$z = \omega_0 t$
Ausschlag	$\xi = \frac{x}{r}$
Frequenzverhältnis	$\eta = \frac{\omega}{\omega_0}$.

[1]) Diese umfaßt sämtliche, durch beliebige Anfangswerte von x und $\dot{x}$ sich ergebenden Lösungen.

Damit ergeben sich

$$\dot{\xi} = \omega_0 \frac{d\xi}{dz} = \omega_0 \xi', \qquad \ddot{\xi} = \omega_0^2 \xi''$$

ferner

$$\omega t = \eta z .$$

Die Gln. (7.51) bzw. (7.52) lauten dann

$$\xi'' + \xi = \sin\eta z \qquad (7.53)$$

bzw.

$$\xi = A\sin(z+\gamma) + A^* \sin\eta z \qquad (7.54)$$

mit $A = \frac{C}{r}$, $A^* = \frac{C^*}{r}$.

Zur Berechnung von A^* wird die partikuläre Lösung

$$\xi^* = A^* \sin\eta z, \qquad \xi^{*\prime\prime} = -A^* \eta^2 \sin\eta z$$

in (7.53) eingesetzt. Dies liefert

$$A^* = \frac{1}{1-\eta^2} \qquad (7.55)$$

und damit wird die allgemeine Lösung (7.54)

$$\xi = A\sin(z+\gamma) + \frac{1}{1-\eta^2}\sin\eta z .$$

Wählt man wieder die Anfangsbedingungen $x=0$, $\dot{x}=v_0$ bzw. $\xi=0$, $\dot{\xi}r = v_0$ für $t=0$ bzw. $z=0$, folgen für die Integrationskonstanten $A = \frac{v_0}{\omega_0 r} - \frac{\eta}{1-\eta^2}$, $\gamma = 0$ und die allgemeine Lösung lautet damit

$$\xi = \left(\frac{v_0}{\omega_0 r} - \frac{\eta}{1-\eta^2}\right)\sin z + \frac{1}{1-\eta^2}\sin\eta z . \qquad (7.56)$$

Dies entspricht der Überlagerung zweier harmonischer Schwingungen verschiedener Amplitude und Frequenz, die allgemein keine harmonische und keine periodische Bewegung darstellt und in Sonderfällen zu einer Schwebung führt (vgl. Abschnitt 7.1.2).
Zur Untersuchung der charakteristischen Eigenarten der erzwungenen Schwingung wird die mit der Eigenkreisfrequenz ω_0 erfolgende Eigenschwingung als abgeklungen angenommen, was natürlich bei fehlender Dämpfung im Schwingungssystem eine radikale Vereinfachung bedeutet.
Als *eigentliche erzwungene Schwingung* wird die (der partikulären Lösung ξ^* entsprechende) sta-

tionäre, d.h. sich zeitlich nicht ändernde, Bewegung

$$\xi_{\text{stat}} = \frac{1}{1-\eta^2} \sin \eta z \qquad (7.57)$$

betrachtet.

Die durch (7.55) gegebenen maximalen Ausschläge der Masse m in Abhängigkeit vom Frequenzverhältnis η sind im sog. *Resonanzdiagramm*, Bild 7.30, dargestellt.

Drei wichtige Punkte im Diagramm sind

$\eta = 0, \quad A^* = 1$

die Erregerfrequenz ist bei $\eta \approx 0$ sehr klein, die Masse m wird ganz langsam auf- und abbewegt, die Feder bleibt (bis auf die Vorspannung) unverformt,

$\eta = \infty, \quad A^* = 0$

das obere Federende wird so schnell bewegt, daß die Masse m wegen ihrer Trägheit nicht mehr folgen kann und in Ruhe bleibt,

$\eta = 1, \quad A^* = \infty$

dies ist der kritische Punkt, erzwungene und Eigenschwingung sind „im Takt", es findet Resonanz statt. Die Ausschläge wachsen sehr stark, theoretisch „über alle Grenzen", an.

In der Technik sind die Resonanzschwingungen meist sehr gefährlich (sie können zu Zerstörungen führen) und daher unerwünscht. [1])

Man bezeichnet den Bereich $\eta < 1$ als unterkritisch, den Bereich $\eta > 1$ als überkritisch.

Der überkritische Ast im Resonanzdiagramm verläuft gemäß (7.55) eigentlich im Negativen (gestrichelt in Bild 7.30). Dies bedeutet, daß die schwingende Masse und die Erregung für $\eta > 1$ um einen Winkel π phasenverschoben (d.h. „im Gegentakt") sind. Man pflegt meist im Resonanzdiagramm den Betrag $|A^*|$ aufzutragen.

Da durch $A^* = \dfrac{C^*}{r}$ die Vergrößerung (oder Verkleinerung) der Ausschläge bei der erzwungenen Schwingung gegenüber dem Ausschlag r der Erregung zum Ausdruck kommt, wird mitunter A^* als *Vergrößerungsfunktion* oder *Vergrößerungsfaktor* bezeichnet.

Der Resonanzfall $\eta = 1$ soll noch einmal gesondert unter Einbeziehung der Eigenschwingung untersucht werden. Ausgehend von der Lösung (7.56) folgt für $\eta = 1$

$$\xi = \frac{v_0}{\omega_0 r} \sin z + \lim_{\eta \to 1} \left(\frac{\sin \eta z - \eta \sin z}{1-\eta^2} \right).$$

Die Grenzwertbildung mittels der L'Hospitalschen Regel liefert

$$\lim_{\eta \to 1} \left(\frac{\sin \eta z - \eta \sin z}{1-\eta^2} \right) = \left[\frac{z \cos \eta z - \sin z}{-2\eta} \right]_{\eta = 1}$$

und es ergibt sich schließlich

$$\xi = \left(\frac{v_0}{\omega_0 r} + \frac{1}{2} \right) \sin z - \frac{1}{2} z \cos z .$$

Dominant ist hier der zweite Term auf der rechten Seite, man erkennt, daß die Ausschläge linear mit der Zeit anwachsen. Das Schwingungsbild entspricht dem „Aufschaukeln", ein Beispiel (für die speziellen Anfangsbedingungen $\xi_0 = 0$, $v_0 = 0$) ist in Bild 7.31 dargestellt.

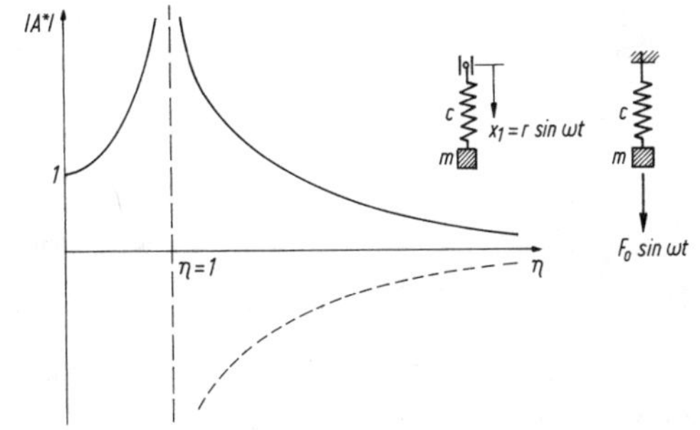

Bild 7.30 Resonanzdiagramm bei Wegerregung (ohne Dämpfung)

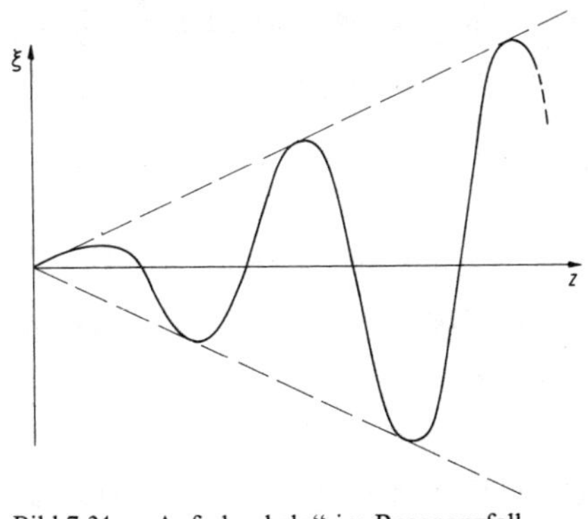

Bild 7.31 „Aufschaukeln" im Resonanzfall

---

[1]) Gleichwohl gibt es viele Fälle, in denen die Resonanz gewollt, z.B. zu Verstärkungszwecken, ausgenutzt wird. Man denke an den Empfang elektromagnetischer Wellen oder an die Viola d'amore, die neben den Spielsaiten zusätzliche mitschwingende Saiten aufweist.

Da zum Aufschaukeln jeweils eine gewisse endliche Zeit erforderlich ist, kann die Resonanzstelle auch bei fehlender (oder sehr geringer) Dämpfung kurzzeitig „durchfahren“ werden, ohne daß die Ausschläge sogleich gefährlich anwachsen.

7.3.1.2 Krafterregung

Erfolgt die Erregung gemäß Bild 7.27b mit konstanter Kraftamplitude $F = F_0$, erhält man als Schwingungsgleichung

$$m\ddot{x} + cx = F_0 \sin\omega t.$$

Diese stimmt ($F_0 = cr$) mit (7.50) für Wegerregung überein und es gilt das Resonanzdiagramm Bild 7.30 unverändert.
Eine von (7.50) abweichende Schwingungsgleichung ergibt sich bei der Krafterregung mit frequenzabhängiger Amplitude.
Dieser Fall liegt z.B. vor, wenn an der Masse m eine periodische Erregerkraft infolge einer mit ω am Radius r umlaufenden Unwuchtmasse m_1 (die in m enthalten sein soll) wirkt, wie dies in Bild 7.32 schematisch dargestellt ist.[1])

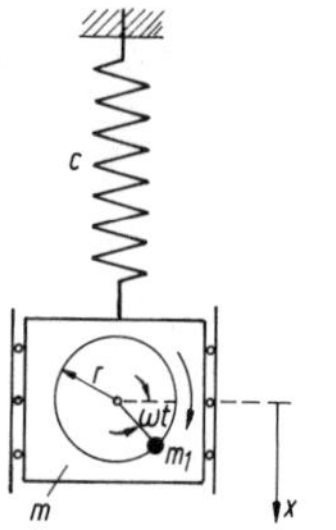

Bild 7.32 Krafterregung durch umlaufende Unwucht (m_1 in m enthalten)

Die sich ergebende Zentrifugalkraft $m_1 r\omega^2$ hat eine Komponente in x-Richtung

$$F = \tilde{F} \sin\omega t = m_1 r\omega^2 \sin\omega t$$

und es folgt als Schwingungsgleichung

$$m\ddot{x} + cx = m_1 r\omega^2 \sin\omega t. \tag{7.58}$$

Diese kann mit $\xi = \dfrac{x}{\dfrac{m_1}{m} r}$ und den früher verwendeten Ausdrücken in die dimensionslose Form

$$\xi'' + \xi = \eta^2 \sin\eta z \tag{7.59}$$

gebracht werden.

Sieht man wieder (wie in Abschnitt 7.3.1.1) die Eigenschwingung als abgeklungen an, lautet die Lösung für die stationäre Bewegung nunmehr

$$\xi_{\text{stat}} = \frac{\eta^2}{1-\eta^2} \sin\eta z. \tag{7.60}$$

Das zugehörige Resonanzdiagramm mit $A^* = \dfrac{\eta^2}{1-\eta^2}$ ist in Bild 7.33 dargestellt und man erkennt den Unterschied zum Resonanzdiagramm bei Wegerregung. Ebenso ist ersichtlich, daß Bild 7.33 aus Bild 7.30 hervorgeht, wenn man η durch $\dfrac{1}{\eta}$ ersetzt.

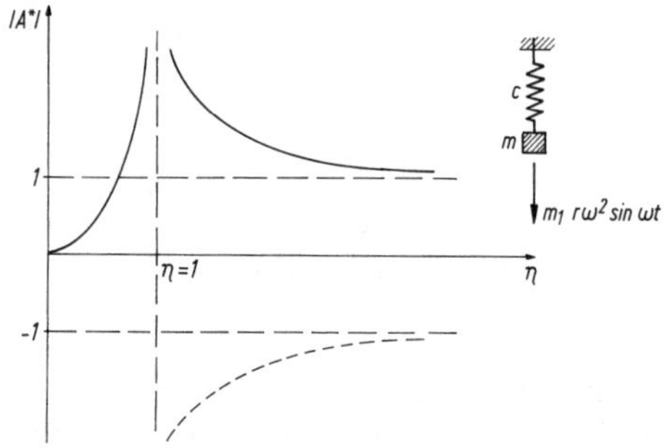

Bild 7.33 Resonanzdiagramm bei Krafterregung durch umlaufende Unwucht

7.3.2 Gedämpfte erzwungene Schwingungen

Zur besseren Erfassung der Realität wird wie in Abschnitt 7.2.2 die geschwindigkeitsproportionale viskose Dämpfung berücksichtigt.

7.3.2.1 Wegerregung

Gemäß Bild 7.34a gilt für die auf die Masse m wirkende Kraft

$$F = -c(x - x_1) - k\dot{x} \quad \text{mit} \quad x_1 = r \sin\omega t$$

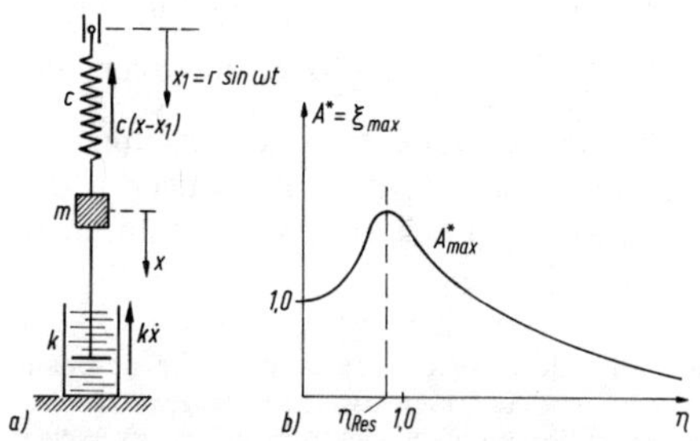

Bild 7.34 Erzwungene Schwingung mit Dämpfung (Wegerregung) und zugehöriges Resonanzdiagramm

[1]) Alternativ kann auch eine Anordnung mit zwei gegensinnig umlaufenden Unwuchtmassen $\dfrac{m_1}{2}$ zugrundegelegt werden.

und aus der kinetischen Grundgleichung folgt die Schwingungsgleichung

$$m\ddot{x} + k\dot{x} + cx = cr \sin \omega t \tag{7.61}$$

oder in dimensionsloser Form (mit den bisher verwendeten Bezeichnungen)

$$\xi'' + 2\kappa\xi' + \xi = \sin \eta z. \tag{7.62}$$

Mit (7.47) als allgemeiner Lösung der verkürzten Gleichung lautet die allgemeine Lösung von (7.62)

$$\xi = Ae^{-\kappa z} \sin (\sqrt{1-\kappa^2}\, z + \beta) + A^* \sin (\eta z - \psi^*) \tag{7.63}$$

wobei zu beachten ist, daß die partikuläre Lösung nun auch dem Dämpfungsglied in (7.62) genügen muß. [1])

Dies bedeutet, daß infolge der Dämpfung eine Phasenverschiebung ψ^* entsteht, d.h. ein „Nachhinken" der schwingenden Masse gegenüber der Erregung auftritt.

Die Eigenschwingung klingt infolge der Dämpfung sehr schnell ab, die stationäre Bewegung oder eigentliche erzwungene Schwingung ist entsprechend der partikulären Lösung

$$\xi_{\text{stat}} = A^* \sin (\eta z - \psi^*) \tag{7.64}$$

wobei wiederum A^* und ψ^* aus den Gegebenheiten des Schwingungssystems zu berechnen sind.

Bildet man die Ableitungen von (7.64) und setzt in die Differentialgleichung (7.62) ein, folgt zunächst

$$-A^* \eta^2 \sin (\eta z - \psi^*) + 2\kappa A^* \eta \cos (\eta z - \psi^*) + A^* \sin (\eta z - \psi^*) = \sin \eta z.$$

Die rechte Seite wird umgeformt gemäß

$$\sin (\eta z - \psi^* + \psi^*) = \sin (\eta z - \psi^*) \cos \psi^* + \cos (\eta z - \psi^*) \sin \psi^*$$

und man erhält durch Koeffizientenvergleich mit der linken Seite die beiden Beziehungen

$$A^* (1-\eta^2) = \cos \psi^*, \qquad 2\kappa A^* \eta = \sin \psi^*.$$

Es ergeben sich daraus für die maximalen Ausschläge der erzwungenen Schwingung, d.h. die Vergrößerungsfunktion

$$A^* = \frac{1}{\sqrt{(1-\eta^2)^2 + 4\kappa^2\eta^2}} \tag{7.65}$$

sowie für den Phasenverschiebungswinkel

$$\tan \psi^* = \frac{2\kappa\eta}{1-\eta^2}. \tag{7.66}$$

Man erkennt aus (7.65), daß im Gegensatz zum ungedämpften Fall die maximale Amplitude im Resonanzfall $A^*_{\max}$ *endlich* bleibt (vgl. das Resonanzdiagramm Bild 7.34b), allerdings je nach der Stärke der Dämpfung beträchtliche Werte annehmen kann.

Nach (7.65) ergibt sich für $\eta = 1$ der Wert $A^*_{\eta=1} = \frac{1}{2\kappa}$, der aber nicht der maximalen Amplitude entspricht. Die sog. *Resonanzamplitude* $A^*_{\max}$ für einen bestimmten Dämpfungsfaktor κ liegt vielmehr etwas unterhalb von $\eta = 1$. Ihre Lage bestimmt sich mit der Bedingung $\frac{\partial A^*}{\partial (\eta^2)} = 0$ zu

$$\eta_{\text{Res}} = \sqrt{1-2\kappa^2}. \tag{7.67}$$

Damit folgt aus (7.65) die als Resonanzamplitude definierte Größe

$$A^*_{\text{Res}} = A^*_{\max} = \frac{1}{2\kappa\sqrt{1-\kappa^2}}. \tag{7.68}$$

Es fällt übrigens auf, daß die Resonanzamplitude nicht bei Übereinstimmung von Erregerfrequenz ω und Eigenfrequenz $\omega_D = \omega_0\sqrt{1-\kappa^2}$ des gedämpften Schwingungssystems, d.h. bei dem Wert $\eta_D = \sqrt{1-\kappa^2}$, auftritt. Die dementsprechende Amplitude ist

$$A^*_{\eta D} = \frac{1}{2\kappa\sqrt{1-\frac{3}{4}\kappa^2}} < A^*_{\max}.$$

Gemäß (7.67) definiert man

$$\omega_{\text{Res}} = \omega_0 \sqrt{1-2\kappa^2}$$

als Resonanzkreisfrequenz. Bei sehr schwacher Dämpfung liegt sie stets nahe bei der Eigenfrequenz des ungedämpften Schwingungssystems. Für den Phasenverschiebungswinkel ψ^* gilt nach (7.66)

$$0 < \psi^* < \frac{\pi}{2} \quad \text{für} \quad \eta < 1,$$

$$\frac{\pi}{2} < \psi^* < \pi \quad \text{für} \quad \eta > 1.$$

---

[1]) Alternativ kann für die partikuläre Lösung $\xi^* = B^* \sin \eta z + C^* \cos \eta z$ gesetzt werden.

Bei Erregung mit der Eigenkreisfrequenz ($\eta = 1$) ergibt sich (für alle Werte $\kappa \neq 0$) stets $\psi^* = \frac{\pi}{2}$. Im ungedämpften Fall ($\kappa = 0$) tritt für $\eta = 1$ ein sog. Phasensprung um π auf.
Die Abhängigkeit der Amplitude A^* (Vergrößerungsfunktion) bzw. des Phasenverschiebungswinkels ψ^* vom Frequenzverhältnis η für verschiedene Dämpfungsfaktoren κ ist im Resonanzdiagramm (Bild 7.35) bzw. im Phasenwinkeldiagramm (Bild 7.36) dargestellt.
Die tiefste Kurve im Resonanzdiagramm (gestrichelt) entspricht dem Wert $\kappa = \frac{1}{\sqrt{2}} \approx 0{,}7$, es ist die Grenzkurve für das Auftreten von Resonanzmaxima. Für $\kappa > \frac{1}{\sqrt{2}}$ erhält man aus (7.67) keine reellen Resonanzfrequenzen.
Die Lage der Resonanzmaxima A^*_{max} im Resonanzdiagramm (falls solche vorhanden) ergibt sich durch Einsetzen von (7.67) in (7.65), es folgt

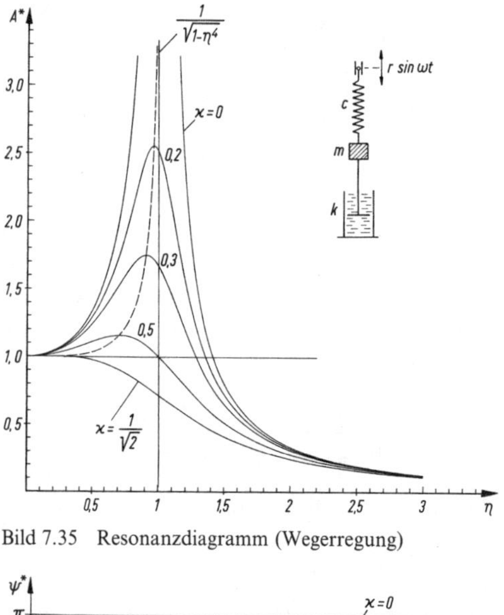

Bild 7.35 Resonanzdiagramm (Wegerregung)

$$\eta_{A^*_{max}} = \frac{1}{\sqrt{1-\eta^4}} \tag{7.69}$$

diese Kurve ist ebenfalls in Bild 7.35 eingetragen. Zu bemerken ist, daß bei sehr schwacher Dämpfung die Werte

$$A^*_{max} = \frac{1}{2\kappa\sqrt{1-\kappa^2}}, \qquad A^*_{\eta=1} = \frac{1}{2\kappa}$$

$$A^*_{\eta_D} = \frac{1}{2\kappa\sqrt{1-\frac{3}{4}\kappa^2}}$$

praktisch zusammenfallen. Dies bedeutet ferner, daß die Erregerfrequenz, die zum größten Ausschlag führt, stets nahe bei der Eigenfrequenz des ungedämpften Schwingungssystems liegt.
Abschließend wird die *Arbeit* bei der erzwungenen Schwingung betrachtet. Kraft- und Geschwindigkeitsrichtung fallen zusammen, die Arbeit pro Schwingung ergibt sich durch das Linienintegral der Kräfte über den Weg einer Schwingung.
Mit der Differentialgleichung

$$m\ddot{x} + k\dot{x} + cx = cr\sin\omega t$$

folgt

$$\int (m\ddot{x} + k\dot{x} + cx)\,\mathrm{d}x = cr \int \sin\omega t\,\mathrm{d}x$$

(Integration über eine Periode).
Für die Arbeit der Trägheits- und der Federkraft ergeben sich die Teilintegrale ($\mathrm{d}x = \dot{x}\,\mathrm{d}t$)

$$m\int \ddot{x}\,\mathrm{d}x = m\int \ddot{x}\,\dot{x}\,\mathrm{d}t = \frac{m}{2}\,\dot{x}^2 = T$$

bzw.

$$c\int x\,\mathrm{d}x = \frac{c}{2}\,x^2 = \Pi$$

sie entsprechen der kinetischen bzw. der potentiellen Energie. Wegen der Periodizität verschwinden diese Arbeiten für eine volle Schwingung, es handelt sich um sog. Blindarbeiten.

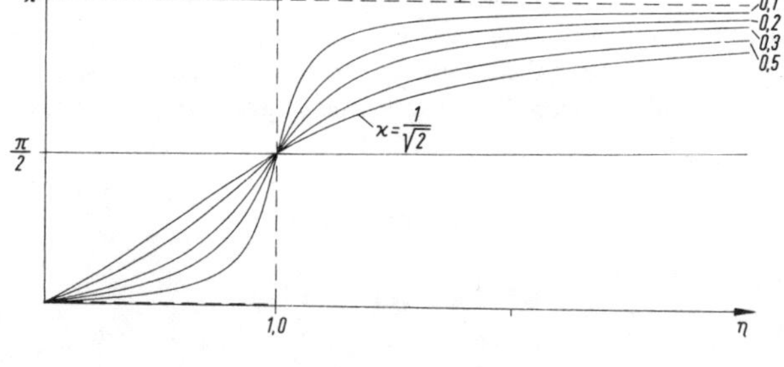

Bild 7.36 Phasenwinkeldiagramm

Die *Arbeit der Erregerkraft* berechnet sich mit den Ausdrücken für die stationäre Bewegung, vgl. (7.64)

$$x = C^* \sin(\omega t - \psi^*)$$

$$\dot{x} = C^* \omega \cos(\omega t - \psi^*)$$

zunächst zu

$$A_{\text{Err}} = cr \int_0^{\tau} \sin \omega t \, \dot{x} \, dt$$

$$= cr\, C^* \int_0^{2\pi} \sin \omega t \cos(\omega t - \psi^*) \, d(\omega t)$$

$$= cr\, C^* \pi \sin \psi^* .$$

Mit der Beziehung (vgl. Seite 293)

$$\sin \psi^* = 2\kappa\eta A^* = 2\kappa\eta \frac{C^*}{r} = \frac{k}{cr} \omega C^*$$

folgt daraus

$$A_{\text{Err}} = k\, C^{*2} \omega \pi .$$

Für die *Arbeit der Dämpfungskraft* ergibt sich

$$A_{\text{D}} = k \int \dot{x} \, dx = \frac{k}{\omega} \int_0^{2\pi} \dot{x}^2 \, d(\omega t)$$

$$= k\, C^{*2} \omega \int_0^{2\pi} \cos^2(\omega t - \psi^*) \, d(\omega t)$$

$$= k\, C^{*2} \omega \pi .$$

Die Übereinstimmung von A_{Err} und A_{D} besagt, daß die von der Erregerkraft in das Schwingungssystem eingebrachte Energie bei der stationären Bewegung als Dämpfungsarbeit ständig verbraucht wird.

7.3.2.2 Krafterregung mit frequenzabhängiger Amplitude

Man betrachtet das Schwingungssystem mit Unwuchterregung gemäß Bild 7.32, wobei nun parallel zur Feder noch der Dämpfungstopf hinzugeschaltet wird.
Die Schwingungsgleichung lautet dann

$$m\ddot{x} + k\dot{x} + cx = m_1 r \omega^2 \sin \omega t \qquad (7.70)$$

bzw. mit $\xi = \dfrac{x}{\dfrac{m_1}{m} r}$ in dimensionsloser Form

$$\xi'' + 2\kappa\xi' + \xi = \eta^2 \sin \eta z . \qquad (7.71)$$

Die Lösung für die stationäre Bewegung ist

$$\xi_{\text{stat}} = A^* \sin(\eta z - \psi^*) \qquad (7.72)$$

und es ergeben sich (nach dem Vorgehen wie in Abschnitt 7.3.2.1)

$$A^* = \frac{\eta^2}{\sqrt{(1-\eta^2)^2 + 4\kappa^2\eta^2}} \qquad (7.73)$$

sowie

$$\tan \psi^* = \frac{2\kappa\eta}{1-\eta^2} \qquad (7.74)$$

Das in Bild 7.37 dargestellte Resonanzdiagramm gemäß der Vergrößerungsfunktion (7.73) weicht von dem bei der Wegerregung ab, während das Phasenwinkeldiagramm ungeändert bleibt.

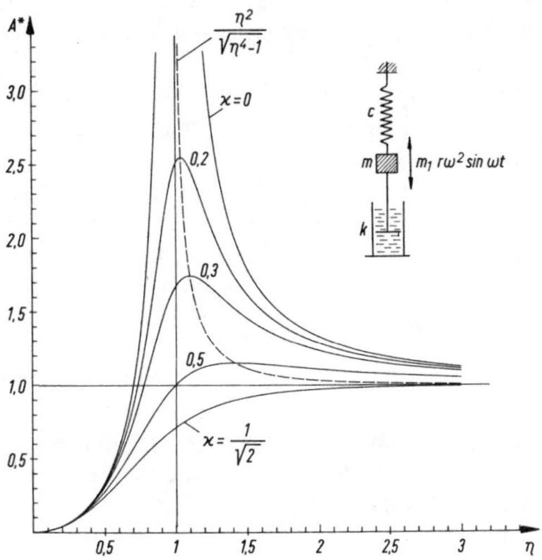

Bild 7.37 Resonanzdiagramm für Krafterregung mit frequenzabhängiger Amplitude

Für $\eta = 1$ folgt wieder $A^*_{\eta=1} = \dfrac{1}{2\kappa}$, die maximalen Amplituden (Resonanzamplituden) liegen jetzt oberhalb $\eta = 1$ und zwar gilt

$$\eta_{\text{Res}} = \frac{1}{\sqrt{1-2\kappa^2}} . \qquad (7.75)$$

Die Resonanzamplitude ergibt sich damit (wie bei der Wegerregung) zu

$$A^*_{\max} = \frac{1}{2\kappa\sqrt{1-\kappa^2}} \qquad (7.76)$$

die Lage der Maxima (sofern vorhanden) ist bestimmt durch

$$\eta_{A^*_{max}} = \frac{\eta^2}{\sqrt{\eta^4 - 1}}.$$

Als Resonanzfrequenz wird definiert

$$\omega_{Res} = \frac{\omega_0}{\sqrt{1 - 2\kappa^2}}.$$

Man erkennt übrigens wieder, daß man das Resonanzdiagramm, Bild 7.37, aus dem für Wegerregung, Bild 7.35, erhält, wenn dort η durch $\frac{1}{\eta}$ ersetzt wird.

7.3.2.3 Weitere Arten der Weg- bzw. Krafterregung

Nachfolgend werden kurz einige Schwingungssysteme betrachtet, die auf gleiche oder ähnlich aufgebaute Schwingungsgleichungen wie bisher führen.
Die Lösung dieser Differentialgleichungen erfolgt analog dem Vorgehen in den vorausgegangenen Abschnitten.
Bild 7.38 zeigt eine zu Bild 7.34 alternative Parallelschaltung von Feder und Dämpfungstopf. Bei Krafterregung mit konstanter Amplitude (Bild 7.38a) lautet die Schwingungsgleichung

$$m\ddot{x} + k\dot{x} + cx = F_0 \sin\omega t$$

sie entspricht der bei Wegerregung gemäß Bild 7.34.
Handelt es sich hingegen um Wegerregung wie in Bild 7.38b, ergibt sich eine andere Form der Schwingungsgleichung. Die auf die Masse wirkende Kraft ist

$$F = -c(x - x_1) - k(x - x_1)^{\cdot}$$

d.h. die Dämpfungskraft ist abhängig von der Relativgeschwindigkeit $(x - x_1)^{\cdot}$ mit $\dot{x}_1 = r\omega \cos\omega t$.

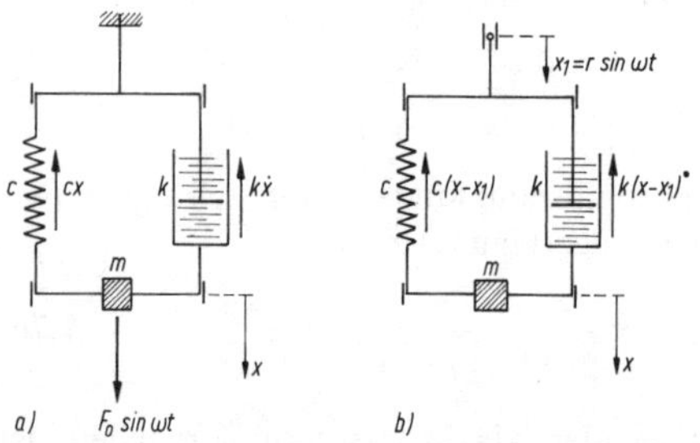

Bild 7.38 Parallelschaltung von Feder und Dämpfung

Die Schwingungsgleichung lautet

$$m\ddot{x} + k\dot{x} + cx = cx_1 + k\dot{x}_1$$
$$= cr \sin\omega t + kr\omega \cos\omega t$$

oder

$$m\ddot{x} + k\dot{x} + cx = D(\omega) \sin(\omega t + \alpha)$$

mit $D = r\sqrt{c^2 + k^2\omega^2}$ und $\tan\alpha = \frac{k}{c}\,\omega$.

In der Anordnung gemäß Bild 7.39 erfolgt die Wegerregung über die Dämpfung, die Schwingungsgleichung lautet

$$m\ddot{x} + k\dot{x} + cx = kr\omega \cos\omega t = E(\omega) \cos\omega t$$

mit $E(\omega) = kr\omega$.

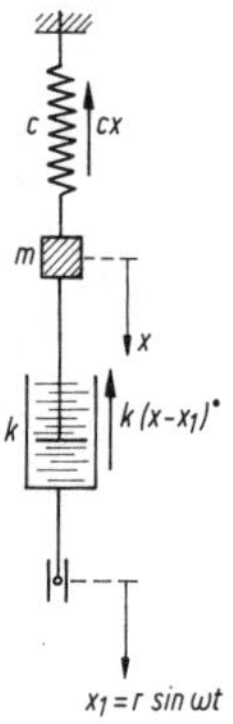

Bild 7.39 Wegerregung über den Dämpfer

Das System Bild 7.40 entspricht der Erregung durch Trägheitskräfte. Ein starrer Rahmen wird periodisch mit $x_1 = r \sin\omega t$ bewegt, die Kraft auf die Masse m ist

$$F = -c(x - x_1) - k(x - x_1)^{\cdot}$$

und die Schwingungsgleichung entspricht der für das System in Bild 3.38b.

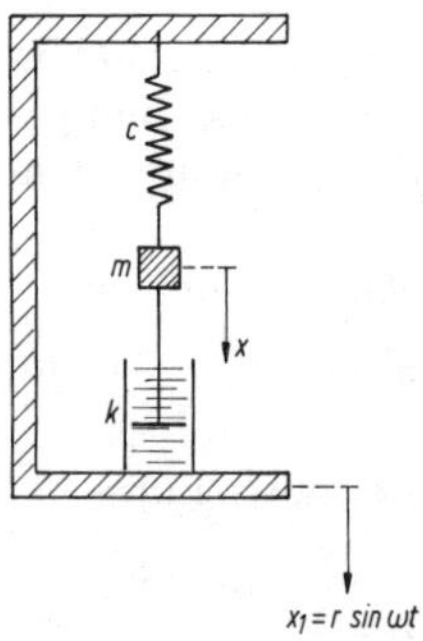

Bild 7.40 Erregung durch Trägheitskräfte

7.4 Ergänzungen zur Schwingungslehre

7.4.1 Torsionsschwingungen

Die Drehschwingungen von Massen an torsionselastischen Wellen lassen sich genauso behandeln wie die eindimensionalen Schwingungen eines Massenpunkts.
Das einfachste schwingungsfähige Gebilde ist in Bild 7.41 gezeigt. Am freien Ende einer eingespannten masselosen Welle ist eine starre Scheibe der Masse m (sog. Drehmasse) befestigt, bezüglich der Achse durch ihren Schwerpunkt besitzt sie das Trägheitsmoment θ.

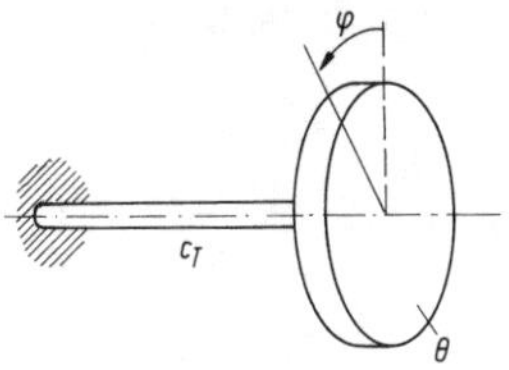

Bild 7.41 Drehmasse an eingespannter torsionselastischer Welle

Für die tordierbare Welle mit Kreisquerschnitt gilt nach den Beziehungen von Abschnitt 3.5.1 der Zusammenhang zwischen Torsionsmoment und Verdrehwinkel

$$M_T = \frac{GJ_p}{l}\varphi = c_T\varphi$$

(l = Länge der Welle, J_p = polares Flächenträgheitsmoment des Wellenquerschnitts), wobei c_T die *Torsionsfederkonstante* bedeutet.
Die kinetische Grundgleichung der Drehbewegung lautet (vgl. Abschnitt 5.1.4)

$$\theta\ddot{\varphi} = M$$

mit M als Summe der auf die Drehmasse wirkenden Momente.
Bei einer Auslenkung der Drehmasse um den Winkel φ aus der Ruhelage ergibt sich ein elastisches Rückstellmoment $M_T = -c_T\varphi$.
Eingesetzt in die kinetische Grundgleichung folgt

$$\theta\ddot{\varphi} + c_T\varphi = 0 \tag{7.77}$$

d.h. eine zu (7.3) analoge Schwingungsgleichung. Die Lösung lautet entsprechend

$$\varphi = A\sin\omega_0 t + B\cos\omega_0 t$$

die Eigenkreisfrequenz ist gegeben durch

$$\omega_0 = \sqrt{\frac{c_T}{\theta}} = \sqrt{\frac{GJ_p}{\theta l}}. \tag{7.78}$$

Für die Torsionsfederkonstanten zusammengesetzter Wellen gelten wie bei den linearen Federkonstanten bei Parallelschaltung (Bild 7.42a)

$$c_{T\,Ges} = c_{T1} + c_{T2}$$

bei Hintereinanderschaltung (Bild 7.42b)

$$\frac{1}{c_{T\,Ges}} = \frac{1}{c_{T1}} + \frac{1}{c_{T2}}.$$

Zur näherungsweisen Berücksichtigung der Wellenmasse ist ein Drittel des Trägheitsmoments θ_w der Welle zum Trägheitsmoment der Drehmasse

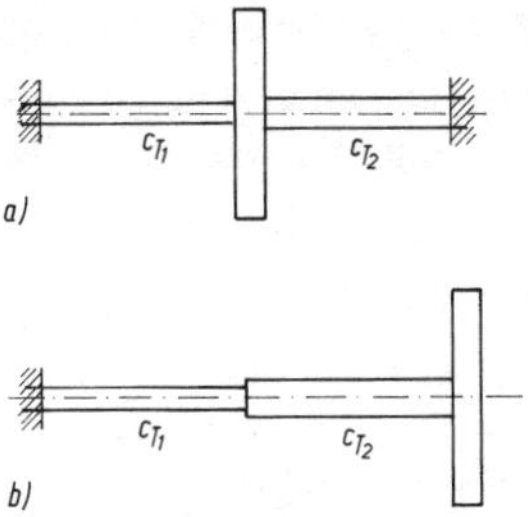

Bild 7.42 Parallel- und Hintereinanderschaltung von Torsionsfedern

zuzuschlagen. Für eine Kreiswelle mit der Masse m_w und dem Radius a gilt $\theta_w = \frac{1}{2}m_w a^2$ (Kreiszylinder).
Das Einmassensystem in Bild 7.41 stellt nur einen Sonderfall des einfachsten Torsionsschwingungssystems dar, das aus zwei Drehmassen θ_1 und θ_2 besteht, die durch eine einspannungsfrei gelagerte elastische Welle (Federkonstante c_T) miteinander verbunden sind. Dies System ist in Bild 7.43 zusammen mit der schematischen Darstellung gezeigt.

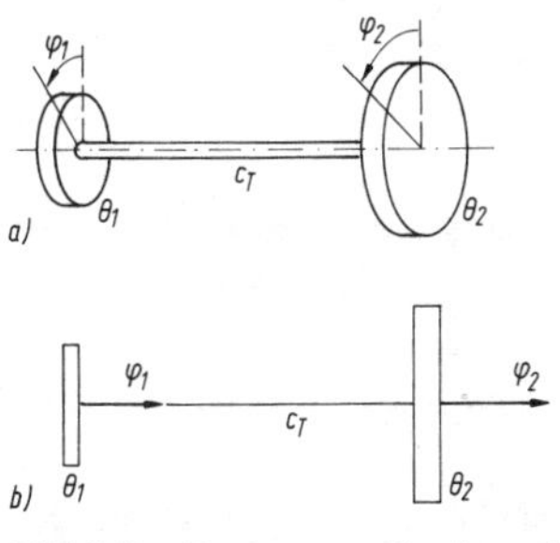

Bild 7.43 Zweimassen-Torsionsschwingungssystem

Die Verdrehung der beiden Scheiben gegeneinander ist $\varphi_2 - \varphi_1 = \psi$, es liegt also ein Schwingungssystem mit einem Freiheitsgrad vor. [1])
Zur Aufstellung der Schwingungsgleichung geht man von den kinetischen Grundgleichungen der beiden Drehmassen aus. Da es sich um freie Schwingungen handelt, gilt der Drallerhaltungssatz

$$D = \theta_1 \dot{\varphi}_1 + \theta_2 \dot{\varphi}_2 = \text{konst.}$$

oder

$$\dot{D} = \theta_1 \ddot{\varphi}_1 + \theta_2 \ddot{\varphi}_2 = 0.$$

Für die Drehmasse θ_1 ergibt sich

$$\theta_1 \ddot{\varphi}_1 = M_T$$

wobei $M_T = c_T(\varphi_2 - \varphi_1)$ das in der Welle übertragene Torsionsmoment ist. Die kinetische Grundgleichung für θ_2 lautet mit Verwendung des Drallerhaltungssatzes

$$\theta_2 \ddot{\varphi}_2 = -\theta_1 \ddot{\varphi}_1 = -M_T.$$

Es folgen daraus

$$\ddot{\varphi}_1 = \frac{M_T}{\theta_1}, \quad \ddot{\varphi}_2 = -\frac{M_T}{\theta_2}$$

und nach Subtraktion

$$\ddot{\varphi}_2 - \ddot{\varphi}_1 = -M_T\left(\frac{1}{\theta_1} + \frac{1}{\theta_2}\right)$$

oder

$$(\varphi_2 - \varphi_1)^{\cdot\cdot} + c_T(\varphi_2 - \varphi_1)\left(\frac{1}{\theta_1} + \frac{1}{\theta_2}\right) = 0.$$

Mit Einführung der Verdrehung ψ ergibt sich die Schwingungsgleichung

$$\ddot{\psi} + c_T\left(\frac{1}{\theta_1} + \frac{1}{\theta_2}\right)\psi = 0. \tag{7.79}$$

Die Eigenkreisfrequenz ist

$$\omega_0 = \sqrt{c_T\,\frac{\theta_1 + \theta_2}{\theta_1\,\theta_2}}. \tag{7.80}$$

Der Fall des Einmassensystems Bild 7.41 ergibt sich, wenn man $\theta_1 = \infty$ setzt, dann ist $\varphi_1 = 0$. Aus (7.80) folgt dann $\omega_0 \sqrt{\dfrac{c_T}{\theta_2}}$.

[1]) Ein zweiter Freiheitsgrad entspricht der gleichförmigen Rotation von Welle und Scheiben.

Bei einer Torsionsschwingung haben die Winkelgeschwindigkeiten $\dot{\varphi}_1$ und $\dot{\varphi}_2$ verschiedenes Vorzeichen. Zwischen den beiden Drehmassen liegt ein Wellenquerschnitt, der dauernd in Ruhe bleibt und der als *Schwingungsknoten K* bezeichnet wird, Bild 7.44. Man kann sich die Welle im Knoten fest eingespannt denken, dann schwingt jedes der Teilsysteme mit der gleichen Frequenz $\omega_1 = \omega_2 = \omega_0$. Die Lage des Knotens ergibt sich somit aus

$$\frac{c_{T1}}{\theta_1} = \frac{c_{T2}}{\theta_2} \quad \text{oder} \quad \frac{c_{T1}}{c_{T2}} = \frac{\theta_1}{\theta_2} = \frac{l_2}{l_1}$$

mit $l = l_1 + l_2$ zu

$$l_1 = \frac{\theta_2}{\theta_1 + \theta_2}\,l \quad \text{bzw.} \quad l_2 = \frac{\theta_1}{\theta_1 + \theta_2}\,l.$$

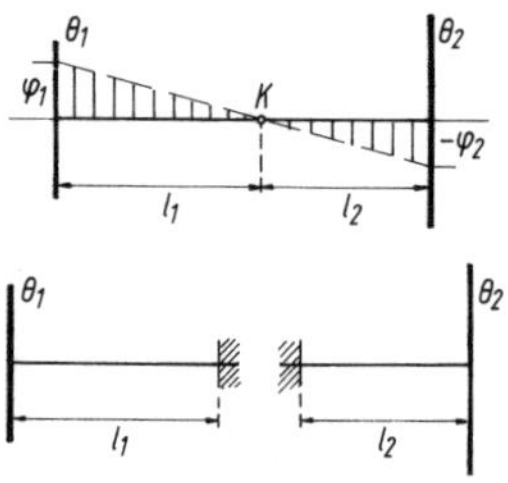

Bild 7.44 Zur Lage des Schwingungsknotens

Die Torsionsschwingungen spielen in der Technik z.B. bei den Kurbelwellen von Kolbenmaschinen eine große Rolle. Als einfaches Modell dafür wird ein Torsionsschwingungssystem verwendet, das aus einer elastischen glatten (d.h. nicht-gekröpften) Welle besteht, die mit starren Scheiben besetzt ist. Bei einem solchen n-Massensystem ergeben sich $n-1$ Eigenfrequenzen (vgl. Abschnitt 8.3.3).

7.4.2 Gedämpfte Eigenschwingungen mit Coulombscher Reibung

Es wird ein Schwingungssystem betrachtet (Bild 7.45), bei dem ein abgefederter Klotz der Masse m auf einer rauhen Unterlage gleitet. Die Widerstandskraft $R = \mu_G mg$ hat konstanten Betrag, sie ist stets der Bewegungsrichtung entgegengesetzt, μ_G ist der Gleitreibungskoeffizient.
Je nach der Bewegungsrichtung der Masse m wechselt die Richtung der dämpfenden Gleitrei-

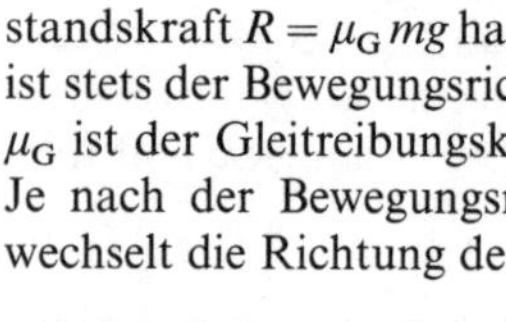

Bild 7.45 Schwingungssystem mit *Coulomb*scher Reibung

bungskraft ihr Vorzeichen, demnach gelten für die Bewegung nach rechts bzw. nach links verschiedene Schwingungsgleichungen

$\dot{x} > 0$ Bewegung nach rechts

$$m\ddot{x} + cx + R = 0$$

$\dot{x} < 0$ Bewegung nach links

$$m\ddot{x} + cx - R = 0$$

oder zusammengefaßt

$$\ddot{x} + \frac{c}{m}x \pm \frac{R}{m} = 0 \quad \begin{cases} \dot{x} > 0 \\ \dot{x} < 0 . \end{cases} \tag{7.81}$$

Hierfür schreibt man auch

$$\ddot{x} + \frac{c}{m}x + \frac{R}{m}\,sgn(\dot{x}) = 0$$

mit der Funktion $sgn(\dot{x})$, die definiert ist als

$$sgn(\dot{x}) = \begin{cases} +1 & \text{für } \dot{x} > 0 \\ -1 & \text{für } \dot{x} < 0 . \end{cases}$$

Die Eigenfrequenz ergibt sich wie bei der ungedämpften Schwingung zu $\omega_0 = \sqrt{\frac{c}{m}}$.

Ferner wird die Länge e eingeführt gemäß

$$\frac{R}{m} = e\frac{c}{m} = e\omega_0^2 \quad \text{d.h.} \quad e = \frac{R}{m\omega_0^2}.$$

Damit ergibt sich aus (7.81) die Schwingungsgleichung

$$\ddot{x} + \omega_0^2(x \pm e) = 0$$

oder

$$(x \pm e)^{\cdot\cdot} + \omega_0^2(x \pm e) = 0. \tag{7.82}$$

Die Lösung lautet

$$x \pm e = A\sin\omega_0 t + B\cos\omega_0 t \tag{7.83}$$

und man erkennt, daß die Schwingungen nicht um die Ruhelage, sondern bei den Halbschwingungen mit $\dot{x} < 0$ um $x = e$, bei denen mit $\dot{x} > 0$ um $x = -e$ erfolgen.

Die Schwingungsbewegung wird am Beispiel der Anfangsbedingungen $x = x_0$, $\dot{x} = 0$ für $t = 0$ studiert. Die Masse wird nach rechts ausgelenkt und losgelassen, dann beginnt die Bewegung von rechts nach links mit $\dot{x} < 0$, somit gilt die zweite Gl. (7.83)

$$x - e = A\sin\omega_0 t + B\cos\omega_0 t.$$

Aus den Anfangswerten folgen $B = x_0 - e$, $A = 0$ und die Lösung für die erste Halbschwingung lautet

$$x - e = (x_0 - e)\cos\omega_0 t.$$

Für die zweite Halbschwingung mit $\dot{x} > 0$ gilt

$$x + e = A\sin\omega_0 t + B\cos\omega_0 t,$$

sie beginnt mit den Anfangswerten $x = -x_0 + 2e$ (oder $-x = x_0 - 2e$) und $\dot{x} = 0$ für $\omega_0 t = \pi$. Es folgen daraus $B = x_0 - 3e$, $A = 0$ und damit

$$x + e = (x_0 - 3e)\cos\omega_0 t.$$

Entsprechend erhält man für die dritte Halbschwingung

$$x - e = (x_0 - 5e)\cos\omega_0 t$$

usw., vgl. Bild 7.46.

Beginnt die Schwingung mit der Anfangsauslenkung x_0, gilt für die folgenden Amplituden

$$x_n = x_0 - 2ne$$

(nach der n. Halbschwingung)

d.h. die Amplituden der Schwingung nehmen linear, nach Art einer arithmetischen Reihe, ab. Als Dekrement wird die Größe $2e$ bezeichnet.

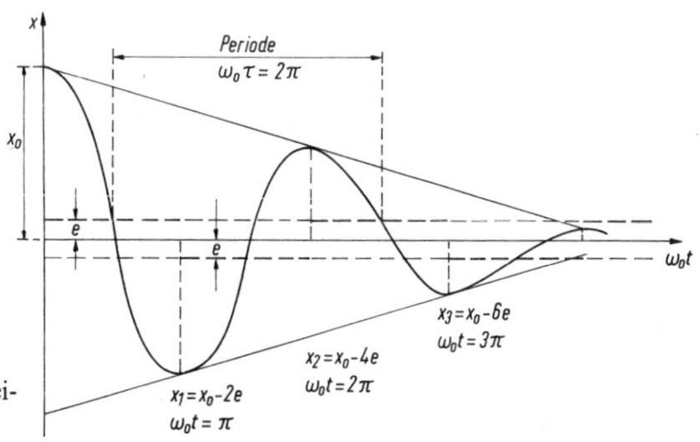

Bild 7.46 Gedämpfte Schwingung mit *Coulomb*scher Reibung

Die Schwingung hört auf, wenn $x_n < e$ wird (ohne genaue Bestimmung der Endlage), d.h. für

$$x_0 - 2ne < e.$$

Hieraus kann die Zahl der auftretenden Halbschwingungen ermittelt werden.
Wenn zwar $x_{r-1} > e$ aber $< 2e$ ist, dann bewegt sich die schwingende Masse nicht mehr über die Ruhelage hinweg, vgl. Bild 7.47.

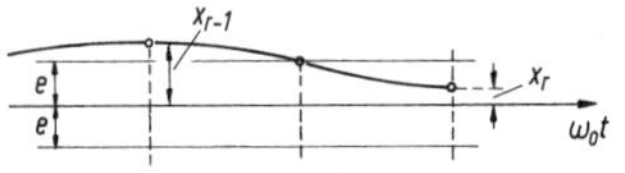

Bild 7.47 Zur Endlage der Masse bei Reibungsschwingung

Zur Ermittlung der Ruhelage verwendet man den Arbeitssatz.

Für x_{r-1} ist die Geschwindigkeit null, mithin $T = 0$
die potentielle Energie ist

$$\Pi_{r-1} = \frac{c}{2} x_{r-1}^2$$

für x_r ist ebenso $T = 0$ und $\Pi_r = \frac{c}{2} x_r^2$.

Die Differenz der potentiellen Energie entspricht der während der letzten Bewegungsphase geleisteten Reibungsarbeit

$$\Pi_{r-1} - \Pi_r = R(x_{r-1} - x_r)$$

oder $\frac{c}{2}(x_{r-1}^2 - x_r^2) = c\,e(x_{r-1} - x_r)$.

Für die Ruhelage folgt daraus

$$x_r = 2e - x_{r-1}.$$

7.4.3 Erzwungene Pendelschwingungen

Auf einem hohen Turm, der durch periodische Windstöße in Schwingungen versetzt wird, ist ein mathematisches Pendel aufgehängt. Dies Pendel wird durch die Turmbewegungen zu erzwungenen Schwingungen angeregt und man kann aus der zu messenden Amplitude der Pendelschwingung die Amplitude der Turmschwingung ermitteln.
Der Aufhängepunkt des Pendels, d.h. die Turmspitze, bewegt sich gemäß der als harmonisch angenommenen Turmschwingung $x_1 = a \sin \omega t$, vgl. Bild 7.48.
Vorausgesetzt werden kleine Schwingungen des Turms und des Pendels. Dann ist die rücktreibende Kraft auf die Pendelmasse die in x-Richtung fallende Komponente der Seilkraft S. Wird eine viskose Dämpfung für die Pendelschwingung berücksichtigt, lautet die Schwingungsgleichung

$$m\ddot{x} + k\dot{x} + S \sin \varphi = 0$$

oder mit $\sin\varphi = \frac{x - x_1}{l}$ und $S = \frac{mg}{\cos\varphi} \approx mg$

$$m\ddot{x} + k\dot{x} + m\frac{g}{l}x = m\frac{g}{l}a \sin\omega t. \qquad (7.84)$$

Mit $\frac{x}{a} = \xi$ und $\frac{x_1}{a} = \xi_1$ und den früher eingeführten Umrechnungen ergibt sich wieder die dimensionslose Gleichung (7.62), d.h.

$$\xi'' + 2\kappa\xi' + \xi = \sin \eta z$$

und für die stationäre Bewegung nach Abklingen der Eigenschwingung gilt

$$\xi_{stat} = A^* \sin(\eta z - \psi)$$

mit A^* gemäß (7.65).

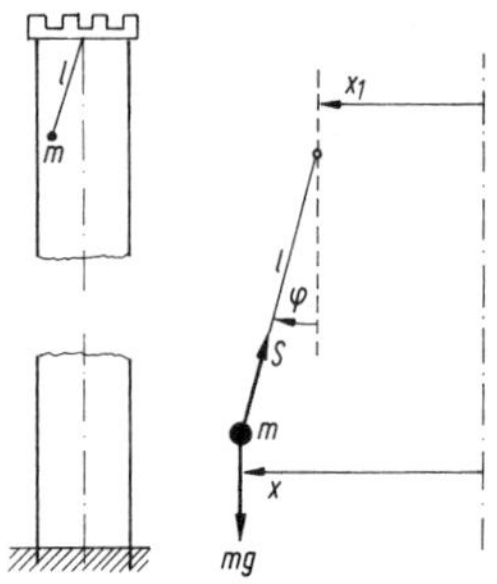

Bild 7.48 Erzwungene Pendelschwingungen

Die Relativbewegung der Pendelmasse m gegen den Turm ist gegeben durch

$$\xi(z) - \xi_1(z) = A^* \sin(\eta z - \psi) - \sin \eta z$$

oder

$$\xi(z) - \xi_1(z) = D \sin(\eta z - \chi). \qquad (7.85)$$

Wegen

$$A^* \cos\psi - 1 = D\cos\chi \quad \text{und} \quad A^* \sin\psi = D \sin\chi$$

folgt

$$D = \sqrt{1 + A^{*2} - 2A^* \cos\psi}$$

$$\tan\chi = \frac{A^* \sin\psi}{A^* \cos\psi - 1}$$

mit $\cos\psi = A^*(1 - \eta^2)$, $\sin\psi = 2\kappa\eta A^*$.

Wird die zu messende Amplitude der Pendelschwingung $(\xi - \xi_1)_{\max} a = b$ eingeführt, gilt $b = Da$ und es folgt für die gesuchte Amplitude der Turmschwingung

$$a = \frac{b}{\sqrt{1 + A^{*2} - 2A^{*2}(1-\eta^2)}} = \frac{b}{\sqrt{1 + \dfrac{1 - 2(1-\eta^2)}{(1-\eta^2)^2 + 4\kappa^2\eta^2}}}. \qquad (7.86)$$

Zur Durchrechnung eines Zahlenbeispiels sind folgende Daten gegeben

Pendellänge $l = 1{,}5\,\mathrm{m}$,
Pendelgewicht $mg = 9{,}81\,\mathrm{N}$

Pendeleigenfrequenz $\omega_0 = 2{,}56\,\frac{1}{\mathrm{s}}$

Amplitude der Pendelschwingung $b = 10\,\mathrm{cm}$

Schwingungsdauer des Turms $\tau = 2{,}5\,\mathrm{s}$

bzw. $\omega = 2{,}51\,\frac{1}{\mathrm{s}}$ und somit $\eta = 0{,}982$.

Ein Versuch zur Bestimmung der Pendeldämpfung zeigt nach 65 Schwingungen eine Abnahme der Amplituden um die Hälfte. Es folgt $\ln 2 = 65\,(2\pi\kappa\sqrt{1-\kappa^2})$ und mit den gegebenen Daten $\kappa = 1{,}69 \cdot 10^{-3}$.
Aus (7.86) ergibt sich schließlich die Amplitude der Turmschwingung $a = 0{,}36\,\mathrm{cm}$.

8 Lagrangesche Bewegungsgleichungen zweiter Art und Anwendungen

Die Lagrangeschen Gleichungen zweiter Art sind Differentialgleichungen, welche die Bewegung von Massenpunkten und starren Körpern sowie Systeme von solchen beschreiben. Es wird sich zeigen, daß diese Gleichungen für beliebige Koordinaten gelten. [1])

8.1 Aufstellung der Lagrangeschen Gleichungen zweiter Art in kartesischen Koordinaten

Für die kinetische Grundgleichung der Bewegung eines Massenpunkts

$$m\vec{a}=\vec{F}$$

schreibt man in kartesischen Koordinaten unter den Umbenennungen

$$x=x_1, \quad y=x_2, \quad z=x_3$$

sowie

$$F_x=F_1, \quad F_y=F_2, \quad F_z=F_3$$

allgemein

$$m\ddot{x}_k=F_k \quad (k=1,2,3). \tag{8.1}$$

Die Kraftkomponenten können dabei bekanntlich vom Ort, von der Geschwindigkeit und von der Zeit abhängen.

Wird die kinetische Energie $T=\frac{m}{2}\vec{v}^2$ gemäß

$$T=\frac{m}{2}(\dot{x}_1^2+\dot{x}_2^2+\dot{x}_3^2)=\frac{m}{2}\sum_{k=1}^{3}\dot{x}_k^2$$

eingeführt, folgt daraus durch partielle Ableitung nach den Geschwindigkeitskomponenten

$$\frac{\partial T}{\partial \dot{x}_k}=m\dot{x}_k \tag{8.2}$$

wobei $m\dot{x}_k$ die kartesischen Komponenten des Impulsvektors $\vec{J}=m\vec{v}$ bedeuten.

Aus (8.2) ergibt sich durch Differentiation nach der Zeit

$$m\ddot{x}_k=\frac{\mathrm{d}}{\mathrm{d}t}\left(\frac{\partial T}{\partial \dot{x}_k}\right)=\left(\frac{\partial T}{\partial \dot{x}_k}\right)^{\cdot}$$

andererseits gilt für den Sonderfall konservativer Kräfte (die nur vom Ort abhängig sind) $\vec{F}=-\operatorname{grad}\Pi$ oder

$$F_k=-\frac{\partial \Pi}{\partial x_k}.$$

Damit lautet (8.1) zunächst

$$\left(\frac{\partial T}{\partial \dot{x}_k}\right)^{\cdot}=-\frac{\partial \Pi}{\partial x_k}. \tag{8.3}$$

Da die kinetische Energie nur von der Geschwindigkeit, die potentielle Energie nur von der Lage abhängig ist, gelten

$$\frac{\partial T}{\partial x_k}=0 \quad \text{sowie} \quad \frac{\partial \Pi}{\partial \dot{x}_k}=0.$$

Führt man die Lagrangesche Funktion (auch kinetisches Potential genannt)

$$L(\dot{x}_1,\dot{x}_2,\dot{x}_3;x_1,x_2,x_3)=T(\dot{x}_1,\dot{x}_2,\dot{x}_3)-\Pi(x_1,x_2,x_3) \tag{8.4}$$

als Differenz der kinetischen und der potentiellen Energie ein, ergeben sich für die Ableitungen

$$\frac{\partial T}{\partial \dot{x}_k}=\frac{\partial L}{\partial \dot{x}_k} \quad \text{und} \quad \frac{\partial \Pi}{\partial x_k}=-\frac{\partial L}{\partial x_k}.$$

Damit erhält man aus (8.3) die Lagrangeschen Bewegungsgleichungen zweiter Art

$$\left(\frac{\partial L}{\partial \dot{x}_k}\right)^{\cdot}-\frac{\partial L}{\partial x_k}=0 \quad (k=1,2,3) \tag{8.5}$$

für die Bewegung eines Massenpunkts in einem konservativen Kraftfeld. Es handelt sich um drei Komponentengleichungen, man bezeichnet mitunter (8.5) als die Lagrangesche Form der Newtonschen Bewegungsgleichung.
Zur Aufstellung der Bewegungsdifferentialgleichungen sind die Gln. (8.5) oftmals sehr zweckmäßig.
Als einfachstes Beispiel wird die Anwendung auf das Feder-Masse-Schwingungssystem, Bild 7.1, betrachtet. Hierfür gelten

$$T=\frac{m}{2}\dot{x}^2, \qquad \Pi=\frac{c}{2}x^2$$

$$L=T-\Pi=\frac{1}{2}(m\dot{x}^2-cx^2)$$

---

[1]) Es gibt auch Lagrangesche Gleichungen erster Art, die jedoch von untergeordneter Bedeutung sind und die überdies nur für kartesische Koordinaten gelten.

daraus

$$\frac{\partial L}{\partial \dot{x}} = m\dot{x}, \qquad \frac{\partial L}{\partial x} = -cx$$

und somit liefert (8.5) direkt

$$m\ddot{x} - (-cx) = 0 \qquad \text{oder} \qquad m\ddot{x} + cx = 0.$$

Von größerer Bedeutung sind Anwendungen für Systeme mit mehr als einem Freiheitsgrad, vgl. Abschnitt 8.3.

8.2 Lagrangesche Gleichungen zweiter Art für beliebige Koordinaten

Der Vorteil der Lagrangeschen Bewegungsgleichungen zweiter Art liegt darin, daß sie auf beliebige Koordinaten übertragbar sind. Die in (8.5) vorkommenden Größen T und Π sind wohldefinierte skalare Größen, die sich in beliebigen Koordinaten ausdrücken lassen.
Um die Darstellung in beliebigen Koordinaten zu formulieren, führt man voneinander unabhängige Lagekoordinaten oder verallgemeinerte Koordinaten (vgl. Abschnitt 4.1) ein, die mit q_i bezeichnet werden und deren Anzahl gleich der Anzahl f der Freiheitsgrade des betrachteten Systems ist, d.h. $i = 1 \ldots f$. Die Lagekoordinaten q_i können Strecken, Winkel oder Verhältnisse davon sein und sie sind ausreichend zur eindeutigen Beschreibung der Lage des Systems.
Die entsprechenden Zeitableitungen $\dot{q}_i$ werden als *Geschwindigkeitskoordinaten* bezeichnet (es handelt sich selbstverständlich nicht um neue unabhängige Variablen).
Die kartesischen Koordinaten bzw. Geschwindigkeiten für ein n-Massensystem hängen mit den verallgemeinerten Lage- bzw. Geschwindigkeitskoordinaten gemäß

$$\vec{r}_k = \vec{r}_k(q_1 \ldots q_f)$$

bzw.

$$\dot{\vec{r}}_k = \dot{\vec{r}}_k(\dot{q}_1 \ldots \dot{q}_f) = \sum_i \frac{\partial \vec{r}_k}{\partial q_i} \dot{q}_i \qquad (k = 1 \ldots n)$$

zusammen.
Die Lagrangesche Funktion (8.4) wird damit

$$L(q_1 \ldots q_f; \dot{q}_1 \ldots \dot{q}_f) = T(\dot{q}_1 \ldots \dot{q}_f) - \Pi(q_1 \ldots q_f) \qquad (8.6)$$

und die Lagrangeschen Gleichungen zweiter Art lauten für konservative Systeme

$$\left(\frac{\partial L}{\partial \dot{q}_i}\right)^{\cdot} - \frac{\partial L}{\partial q_i} = 0. \qquad (8.7)$$

Die Größen $\frac{\partial L}{\partial \dot{q}_i} = p_i$ werden übrigens als verallgemeinerte Impulse bezeichnet.
Sind nicht alle beteiligten Kräfte konservativ, d.h. sind potentiallose Kräfte vorhanden, steht auf den rechten Seiten von (8.7) nicht Null sondern ein verallgemeinerter Kraftausdruck. Dieser allgemeine Fall soll hier jedoch nicht betrachtet werden.
Die Lagrangeschen Bewegungsgleichungen zweiter Art (8.7) ergeben sich zwangsläufig, wenn man statt der Newtonschen Axiome äquivalente Grundgesetze, sog. Prinzipien der Mechanik, zugrundelegt. [1])
In diesem Zusammenhang wird kurz auf das wichtige *Hamiltonsche Prinzip* hingewiesen, das wiederum aus dem Prinzip der virtuellen Arbeit unter Einschluß des D'Alembertschen Prinzips gewonnen werden kann.
Man vergleicht die Bewegung eines Systems in einem endlichen Zeitraum von t_1 bis t_2 mit einer nur unendlich wenig davon abweichenden gedachten Bewegung (auf sog. „virtuellen" Bahnen), die aber gleichfalls die dem System vorgeschriebenen Bedingungen erfüllt. Dann lautet das Hamiltonsche Prinzip

$$\delta \int_{t_1}^{t_2} L\,\mathrm{d}t = 0 \qquad \text{oder} \qquad \int_{t_1}^{t_2} L\,\mathrm{d}t = \text{Extr.} \qquad (8.8)$$

wobei L die Lagrangesche Funktion (8.6) bedeutet. Der Integralausdruck in (8.8) mit der Dimension einer Wirkung (Energie mal Zeit) wird als Wirkungsfunktion bezeichnet, das Zeichen δ ist das Variationssymbol im Sinn der Variationsrechnung (vgl. Abschnitt 8.4).
Das Hamiltonsche Prinzip ist das wichtigste Integralprinzip der Mechanik. Es besagt, daß bei der wirklichen, d.h. nach den Gesetzen der Mechanik ablaufenden, Bewegung eines Systems das Zeitintegral der Lagrangeschen Funktion ein

[1]) Es gibt eine Reihe von einander gleichwertigen Prinzipien, die entweder als Differential- oder Integralprinzip formuliert werden. Vgl. hierzu: *M. Päsler*: Prinzipe der Mechanik, Berlin 1968 W. de Gruyter Verlag.

Extremum ist. [1]) Man bezeichnet das Hamiltonsche Prinzip auch als Prinzip der kleinsten Wirkung.
Zwischen den Lagrangeschen Gleichungen zweiter Art und dem Hamiltonschen Prinzip besteht ein enger Zusammenhang (vgl. Abschnitt 8.4).

8.3 Beispiele für die Anwendung der Lagrangeschen Gleichungen zweiter Art

Die Lagrangeschen Gleichungen zweiter Art gelten gleichermaßen für die Bewegung von Massenpunkten oder von starren Körpern. Nach Aufstellung der kinetischen und der potentiellen Energie erhält man die Bewegungsgleichungen durch Differentiationen.

8.3.1 Rolle mit Gewichten

Auf einer Doppelrolle (Massenträgheitsmoment θ) sind mit undehnbaren masselosen Seilen zwei Massen m_1 und m_2 aufgehängt, Bild 8.1. Gesucht sind die Beschleunigungen der beiden Massen.
Das System hat einen Freiheitsgrad, einzige Lagekoordinate ist $q = \varphi$ und es gilt

$$x_1 = R_1 \varphi, \qquad x_2 = -R_2 \varphi.$$

Für kinetische und potentielle Energie ergeben sich

$$T = \frac{m_1}{2} R_1^2 \dot{\varphi}^2 + \frac{m_2}{2} R_2^2 \dot{\varphi}^2 + \frac{\theta}{2} \dot{\varphi}^2$$

$$\Pi = -m_1 g x_1 - m_2 g x_2$$
$$= (-m_1 R_1 + m_2 R_2) g \varphi$$

und

$$L = T - \Pi = \tfrac{1}{2}(m_1 R_1^2 + m_2 R_2^2 + \theta)\dot{\varphi}^2 + (m_1 R_1 - m_2 R_2) g \varphi.$$

Die Lagrangesche Gleichung zweiter Art lautet damit

$$\left(\frac{\partial L}{\partial \dot{\varphi}}\right)^{\cdot} - \frac{\partial L}{\partial \varphi} = 0$$

oder

$$(m_1 R_1^2 + m_2 R_2^2 + \theta)\ddot{\varphi} - (m_1 R_1 - m_2 R_2) g = 0$$

daraus folgen

$$\ddot{\varphi} = \frac{m_1 R_1 - m_2 R_2}{m_1 R_1^2 + m_2 R_2^2 + \theta} g$$

und

$$\ddot{x}_1 = R_1 \ddot{\varphi} = \frac{m_1 - m_2 \dfrac{R_2}{R_1}}{m_1 + \dfrac{m_2 R_2^2 + \theta}{R_1^2}} g$$

$$\ddot{x}_2 = -R_2 \ddot{\varphi} = \frac{m_2 - m_1 \dfrac{R_1}{R_2}}{m_2 + \dfrac{m_1 R_1^2 + \theta}{R_2^2}}.$$

(wie bereits früher in Abschnitt 5.1.7.1 auf anderem Weg für $\theta = 0$ ausgerechnet).

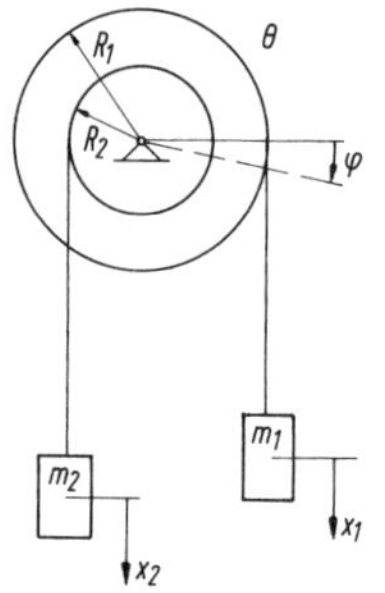

Bild 8.1 Doppelrolle mit Gewichten

8.3.2 Schwingungssysteme mit zwei Freiheitsgraden

Die in der Technik vorkommenden Schwingungssysteme haben meist mehrere Freiheitsgrade. Es findet dann eine gegenseitige Beeinflussung der schwingenden Massen statt, man bezeichnet die Bewegungen als *Koppelschwingungen*. Kennzeichnend für die Beschreibung ist das Auftreten von Differentialgleichungssystemen (sog. simultane Differentialgleichungen).
Zur Aufstellung der Schwingungsgleichungen sind die Lagrangeschen Gleichungen zweiter Art sehr zweckmäßig.
Zunächst wird das Zweimassen-Federsystem gemäß Bild 8.2 betrachtet.

[1]) Bereits im wissenschaftlichen Denken des Altertums bestand das Bestreben, ein Naturgesetz derart zu formulieren, daß eine Größe angegeben wird, die beim wirklichen Ablauf des Geschehens einen Maximal- oder Minimalwert besitzt.

Die Massen m_1 und m_2 befinden sich in der statischen Ruhelage, die Lagekoordinaten $q_1 = x_1$, $q_2 = x_2$ zählen von diesen Ruhelagen aus.
Für kinetische und potentielle Energie ergeben sich

$$T = \frac{1}{2}(m_1 \dot{x}_1^2 + m_2 \dot{x}_2^2)$$

$$\Pi = \frac{c_1}{2} x_1^2 + \frac{c_2}{2}(x_2 - x_1)^2$$

und somit

$$L = \tfrac{1}{2}[m_1 \dot{x}_1^2 + m_2 \dot{x}_2^2 - c_1 x_1^2 - c_2(x_2 - x_1)^2].$$

Man erhält zwei Bewegungsgleichungen für die beiden Massen

$$\left(\frac{\partial L}{\partial \dot{x}_1}\right)^{\cdot} - \frac{\partial L}{\partial x_1} = 0, \quad \left(\frac{\partial L}{\partial \dot{x}_2}\right)^{\cdot} - \frac{\partial L}{\partial x_2} = 0$$

und mit den Ableitungen

$$\left(\frac{\partial L}{\partial \dot{x}_1}\right)^{\cdot} = m_1 \ddot{x}_1$$

$$\frac{\partial L}{\partial x_1} = -c_1 x_1 - c_2(x_2 - x_1)(-1)$$

$$\left(\frac{\partial L}{\partial \dot{x}_2}\right)^{\cdot} = m_2 \ddot{x}_2, \quad \frac{\partial L}{\partial x_2} = -c_2(x_2 - x_1)$$

folgen die beiden gekoppelten Differentialgleichungen

$$m_1 \ddot{x}_1 + (c_1 + c_2) x_1 - \underline{c_2 x_2} = 0$$

$$m_2 \ddot{x}_2 + c_2 x_2 - \underline{c_2 x_1} = 0.$$

Man erkennt, daß die Kopplung über die Federkonstanten erfolgt (unterstrichene Glieder).

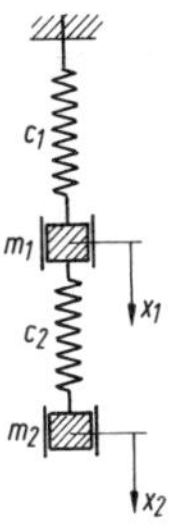

Bild 8.2 Koppelschwingungen

Auf die Lösungen der beiden simultanen Differentialgleichungen, die man als harmonische Schwingungen darstellen kann, soll jedoch nicht weiter eingegangen werden. Festzuhalten ist, daß sich *zwei Eigenfrequenzen* ergeben.

Ein Koppelschwingungssystem mit zwei Freiheitsgraden ist auch das kombinierte Dreh-Längsschwingungssystem Bild 8.3.
Die Lagekoordinaten sind $q_1 = x$, $q_2 = \varphi$ (ausgehend von der statischen Ruhelage).
Es ergeben sich

$$T = \frac{m}{2}\dot{x}^2 + \frac{\theta}{2}\dot{\varphi}^2$$

$$\Pi = \frac{c_1}{2} R^2 \varphi^2 + \frac{c_2}{2}(x - R\varphi)^2$$

$$L = \tfrac{1}{2}[m\dot{x}^2 + \theta\dot{\varphi}^2 - c_1 R^2 \varphi^2 - c_2(x - R\varphi)^2]$$

und damit die Ableitungen

$$\text{für } m \quad \left(\frac{\partial L}{\partial \dot{x}}\right)^{\cdot} = m\ddot{x}, \quad \frac{\partial L}{\partial x} = -c_2(x - R\varphi)$$

$$\text{für } \theta \quad \left(\frac{\partial L}{\partial \dot{\varphi}}\right)^{\cdot} = \theta\ddot{\varphi}$$

$$\frac{\partial L}{\partial \varphi} = -c_1 R^2 \varphi - c_2(x - R\varphi)(-R)$$

$$= -R^2(c_1 + c_2)\varphi + c_2 R x.$$

Die Schwingungsgleichungen lauten dann

$$m\ddot{x} + c_2 x - c_2 R\varphi = 0$$

$$\theta\ddot{\varphi} - c_2 R x + R^2(c_1 + c_2)\varphi = 0.$$

Man erkennt auch an diesem Beispiel, daß die Aufstellung der Bewegungsgleichungen auf dem gezeigten Weg einfacher ist als mit der kinetischen Grundgleichung.

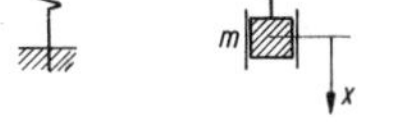

Bild 8.3 Dreh-Längsschwingungssystem

8.3.3 Torsionsschwingungen von glatten Wellen

Die Aufstellung der Schwingungsgleichungen für Systeme mit mehr als zwei Freiheitsgraden (sog. Schwingerketten) erfolgt ganz analog dem bisher gezeigten Vorgehen.
Als Beispiel wird das Torsionsschwingungssystem gemäß Bild 8.4 betrachtet, es besteht aus einer

glatten elastischen Welle, die mit starren Rotoren besetzt ist.[1]) Die Massenträgheitsmomente der Rotoren sind θ_k, die Drehfederkonstanten der Wellenabschnitte c_k. Als Lagekoordinaten ergeben sich die Drehwinkel $q_k = \varphi_k$ der Rotoren ($k = 1 \dots n$).

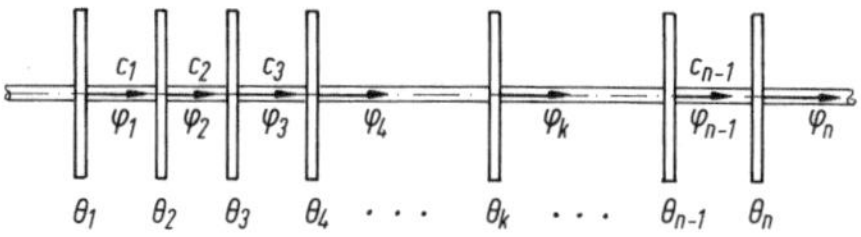

Bild 8.4 Torsionsschwingerkette (elastische Welle mit starren Rotoren)

Für die kinetische und potentielle Energie folgen

$$T = \frac{\theta_1}{2}\dot{\varphi}_1^2 + \frac{\theta_2}{2}\dot{\varphi}_2^2 + \dots \frac{\theta_n}{2}\dot{\varphi}_n^2$$

$$= \frac{1}{2}\sum_{k=1}^{n}\theta_k\dot{\varphi}_k^2$$

$$\Pi = \frac{c_1}{2}(\varphi_2 - \varphi_1)^2 + \frac{c_2}{2}(\varphi_3 - \varphi_2)^2$$

$$+ \dots \frac{c_{n-1}}{2}(\varphi_n - \varphi_{n-1})^2$$

$$= \frac{1}{2}\sum_{k=1}^{n-1} c_k(\varphi_{k+1} - \varphi_k)^2$$

und die *Lagrange*-Funktion wird

$$L = \frac{1}{2}\sum_{k=1}^{n}\theta_k\dot{\varphi}_k^2 - \frac{1}{2}\sum_{k=1}^{n-1} c_k(\varphi_{k+1} - \varphi_k)^2$$

$$= \frac{1}{2}[\theta_1\dot{\varphi}_1^2 + \dots + \theta_n\dot{\varphi}_n^2 - c_1(\varphi_2 - \varphi_1)^2 - \dots$$

$$- c_{n-1}(\varphi_n - \varphi_{n-1})^2].$$

Die Lagrangeschen Gleichungen zweiter Art

$$\left(\frac{\partial L}{\partial\dot{\varphi}_k}\right)^{\cdot} - \frac{\partial L}{\partial\varphi_k} = 0 \quad (k = 1 \dots n)$$

liefern die Schwingungsgleichungen der einzelnen Rotoren

$$k = 1 \quad \theta_1\ddot{\varphi}_1 - c_1(\varphi_2 - \varphi_1) = 0$$

$$k = 2 \quad \theta_2\ddot{\varphi}_2 + c_1(\varphi_2 - \varphi_1) - c_2(\varphi_3 - \varphi_2) = 0$$

usw.

allgemein

$$\theta_k\ddot{\varphi}_k + c_{k-1}(\varphi_k - \varphi_{k-1}) - c_k(\varphi_{k+1} - \varphi_k) = 0$$

mit $k = 1 \dots n$, wobei $c_0 = c_n = 0$.

Wichtig ist die Ermittlung der Eigenfrequenzen der Welle, hierauf kann aber hier nicht eingegangen werden. Das n-Massensystem gemäß Bild 8.4 besitzt $n - 1$ Eigenfrequenzen.

Der in Abschnitt 7.4.1 betrachtete einfache Fall ergibt sich aus den hier aufgestellten allgemeinen Gleichungen.

8.3.4 Einmassensystem mit zwei Freiheitsgraden

In Bild 8.5 ist ein Schwingungssystem dargestellt, das in sehr starker Vereinfachung zur Untersuchung der Vertikal- und der Nickschwingungen (um eine horizontale Achse) eines Fahrzeugs dienen kann.

Mit den Federn c_1 und c_2 wird die Abfederung des Fahrzeugs (einschließlich von Luftreifen) dargestellt. Der starre Körper mit der Masse m führt eine ebene Bewegung aus, die aus einer vertikalen Verschiebung des Schwerpunkts und einer Drehung um eine zur Bewegungsebene senkrechten Achse besteht. Die entsprechenden Lagekoordinaten sind x und φ. Gegeben ist das Massenträgheitsmoment θ_S.

Die Schwingungsgleichungen werden mit den Lagrangeschen Gleichungen zweiter Art aufgestellt. Die kinetische und potentielle Energie sind

$$T = \frac{m}{2}\dot{x}^2 + \frac{\theta_S}{2}\dot{\varphi}^2$$

$$\Pi = \frac{c_1}{2}(x + a_1\varphi)^2 + \frac{c_2}{2}(x - a_2\varphi)^2$$

damit ergibt sich die Lagrangesche Funktion

$$L = \tfrac{1}{2}[m\dot{x}^2 + \theta_S\dot{\varphi}^2 - c_1(x + a_1\varphi)^2$$

$$- c_2(x - a_2\varphi)^2].$$

Mit den Ableitungen

$$\left(\frac{\partial L}{\partial\dot{x}}\right)^{\cdot} = m\ddot{x}$$

$$\frac{\partial L}{\partial x} = -c_1(x + a_1\varphi) - c_2(x - a_2\varphi)$$

und

$$\left(\frac{\partial L}{\partial\dot{\varphi}}\right)^{\cdot} = \theta_S\ddot{\varphi}$$

[1]) Ein solches System wird als einfaches Modell für Torsionsschwingungen in gekröpften Wellen (bei Kolbenmotoren) verwendet.

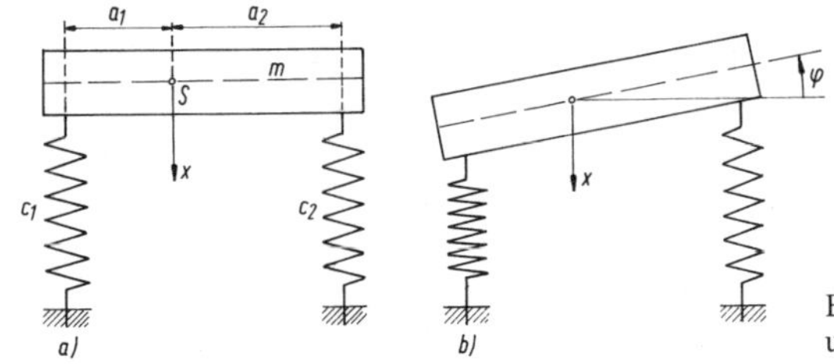

Bild 8.5 Einfaches Modell zur Beschreibung der Vertikal- und Nickschwingungen eines Fahrzeugs

$$\frac{\partial L}{\partial \varphi} = -c_1(x + a_1\varphi)\,a_1 - c_2(x - a_2\varphi)(-a_2)$$

ergeben sich die beiden Schwingungsgleichungen

$$m\ddot{x} + (c_1 + c_2)\,x + (c_1 a_1 - c_2 a_2)\,\varphi = 0$$

$$\theta_S\ddot{\varphi} + (c_1 a_1^2 + c_2 a_2^2)\varphi + (c_1 a_1 - c_2 a_2)x = 0.$$

Das Schwingungssystem besitzt zwei Eigenfrequenzen.
Beiläufig ist anzumerken, daß zur Untersuchung des Schwingungsverhaltens von Fahrzeugen das betrachtete Modell zu primitiv ist. Ein verbessertes Modell sollte mindestens aus drei Massen und vier Federn bestehen, vgl. Bild 8.6. Die Massen m_2 und m_3 repräsentieren die Achsen und Räder, die Federn c_2 und c_4 entsprechen den Luftreifen. Ein derartiges System besitzt wesentlich mehr als zwei Freiheitsgrade. Zur besseren Erfassung der Realität sind dann auch noch Dämpfungselemente hinzuzunehmen.

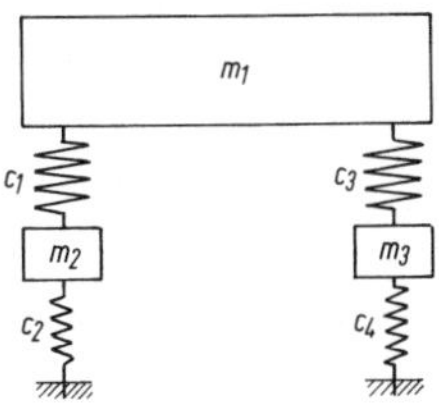

Bild 8.6 Verbessertes Modell für Fahrzeugschwingungen

8.4 Zusammenhang mit Variationsproblemen

Variationsprobleme haben damit zu tun, daß eine Größe variiert (verändert) und ein Extremwert gesucht wird, d.h. es treten größte oder kleinste Werte auf. Die Methode zur Behandlung derartiger Probleme ist die Variationsrechnung, die übrigens von mechanischen Problemen ihren Ausgang nahm und als deren Begründer *Joh. Bernoulli*, *Euler* und *Lagrange* gelten.

Variationsprobleme treten allenthalben in der Physik auf, als Beispiel wurde bereits das Hamiltonsche Prinzip der Mechanik erwähnt. Es gilt allgemein, daß jedem Variationsproblem ein Randwertproblem, d.h. eine Differentialgleichung entspricht. Auch das Umgekehrte gilt für die meisten Differentialgleichungen der Physik.
Das einfachste Problem der Variationsrechnung lautet

$$J\{y(x)\} = \int_{x_1}^{x_2} F[x, y(x), y'(x)]\,\mathrm{d}x = \text{Extremum} \qquad (8.9)$$

wobei $y(x)$ eine zunächst unbekannte Funktion ist, die ermittelt werden soll, der Integrand $F[x, y, y']$ ist eine gegebene Funktion der Argumente, $(\ldots)' = \frac{\mathrm{d}}{\mathrm{d}x}(\ldots)$. Der Integralausdruck $J\{y(x)\}$ wird als Funktional bezeichnet.
Gleichbedeutend mit (8.9) ist die Formulierung

$$\delta J\{y(x)\} = \delta \int_{x_1}^{x_2} F[x, y, y']\,\mathrm{d}x = \int_{x_1}^{x_2} \delta F[x, y, y']\,\mathrm{d}x = 0$$

die das Verschwinden der ersten Variation des Funktionals ausdrückt.[1]) Die Lösungsfunktion des Variationsproblems (8.9) wird als Extremale bezeichnet, es ist die Funktion $y_{st}(x)$, die dem Funktional $J\{y(x)\}$ einen stationären, d.h. maximalen oder minimalen, Wert erteilt.
In der Variationsrechnung wird gelehrt, daß dem Variationsproblem (8.9) ein Randwertproblem in Form der Differentialgleichung

[1]) Das (von *Lagrange* eingeführte) Variationszeichen δ gibt (wie ein Differentiationszeichen) den Variationsbetrag des nachfolgenden Ausdrucks an.

$$\left(\frac{\partial F}{\partial y'}\right)' - \frac{\partial F}{\partial y} = 0 \qquad (8.10)$$

entspricht. Diese Gleichung ist die Bedingung dafür, daß die Funktion $y(x) = y_{st}(x)$ die Extremale des Variationsproblems ist.

Gl. (8.10) wird als die dem Variationsproblem (8.9) zugeordnete Euler-Lagrangesche Differentialgleichung bezeichnet. Sie wurde 1744 von *Euler* angegeben.

Ein Vergleich der in Abschnitt 8.1 behandelten Lagrangeschen Gleichungen zweiter Art mit der Euler-Langrangeschen Gleichung (8.10) des einfachsten Variationsproblems zeigt, daß sie identisch sind. Die Zeit tritt an Stelle der unabhängigen Veränderlichen x und die Lagrangesche Funktion L entspricht der in (8.9) mit F bezeichneten Funktion.

Somit stellen die Lagrangeschen Bewegungsgleichungen zweiter Art die dem Hamiltonschen Prinzip zugehörigen Euler-Lagrangeschen Gleichungen dar.

Es gibt erweiterte Variationsprobleme, z.B. wenn zwei gesuchte Funktionen $y(x)$, $z(x)$ der unabhängigen Veränderlichen x im Funktional auftreten, d.h.

$$J = \int_{x_1}^{x_2} F[x, y(x), z(x), y'(x) z'(x)] \, dx = \text{Extr.}$$

Hierzu gehören die beiden Euler-Lagrangeschen Gleichungen

$$\left(\frac{\partial F}{\partial y'}\right)' - \frac{\partial F}{\partial y} = 0, \quad \left(\frac{\partial F}{\partial z'}\right)' - \frac{\partial F}{\partial z} = 0.$$

Im Funktional können auch höhere Ableitungen vorkommen, z.B.

$$J = \int_{x_1}^{x_2} F[x, y(x), y'(x), y''(x)] \, dx = \text{Extr.}$$

dann lautet die zugehörige Euler-Lagrangesche Gleichung

$$\left(\frac{\partial F}{\partial y''}\right)'' - \left(\frac{\partial F}{\partial y'}\right)' + \frac{\partial F}{\partial y} = 0.$$

Die Anwendung der Variationsprobleme spielt z.B. eine Rolle bei der Aufstellung der maßgebenden Differentialgleichungen eines mechanischen Systems, sie weist aber auch Wege zu deren exakter oder näherungsweise Lösung.

Zahlreiche der heute verwendeten numerischen Lösungsmethoden stehen in engem Zusammenhang mit Variationsproblemen.

Abschließend wird als historisches Beispiel die erstmalige Anwendung eines Variationsproblems aus der Mechanik kurz behandelt.

Man betrachtet die geführte Bewegung eines Massenpunkts unter dem Einfluß der Schwerkraft von A nach B (B nicht vertikal unter A) in vertikaler Ebene gemäß Bild 8.7. Der Massenpunkt gleitet ohne Reibung. Gesucht ist die Bahnkurve, so daß die Bewegung in kürzester Zeit erfolgt.

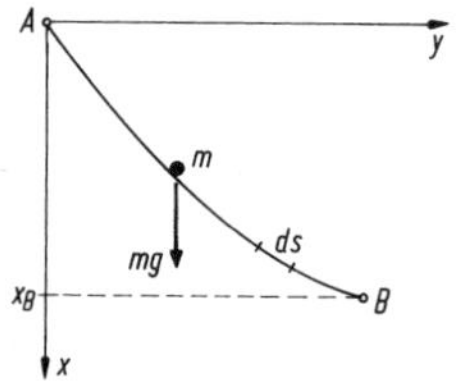

Bild 8.7 Problem der Brachistochrone

Es handelt sich um ein konservatives Problem, der Energiesatz liefert

$$\frac{m}{2} v^2 = mgx \quad \text{also} \quad v(x) = \sqrt{2gx}.$$

Für das Linienelement der Bahn gilt $ds^2 = dx^2 + dy^2$ und es ergibt sich

$$v = \frac{ds}{dt} = \frac{dx}{dt} \sqrt{1 + y'^2}$$

oder

$$dt = \frac{\sqrt{1 + y'^2}}{\sqrt{2gx}} \, dx.$$

Mit der Forderung für minimale Fallzeit lautet das Variationsproblem

$$t_{AB} = \int_{t_A}^{t_B} dt = \frac{1}{\sqrt{2g}} \int_{x_A}^{x_B} \frac{\sqrt{1 + y'^2}}{\sqrt{x}} \, dx = \text{Min.}$$

Hierbei ist $F = F[x, y'(x)] = \dfrac{\sqrt{1 + y'^2}}{\sqrt{x}}$, es handelt sich um einen Sonderfall von (8.10), da y nicht vorkommt. Somit wird die Euler-Lagrangesche Gleichung

$$\left(\frac{\partial F}{\partial y'}\right)' = 0 \quad \text{oder} \quad \frac{\partial F}{\partial y'} = \text{konst.}$$

d.h. es folgt

$$\frac{\partial}{\partial y'}\left[\sqrt{\frac{1+y'^2}{x}}\right]=\frac{1}{\sqrt{x}}\,\frac{y'}{\sqrt{1+y'^2}}=\text{konst.}$$

Hierfür kann man schreiben ($a=$ konst.)

$$y'^2=\frac{x}{2a-x}=\frac{x^2}{2ax-x^2}$$

was leicht zu integrieren ist, aber ein wenig übersichtliches Ergebnis liefert.

Andererseits ist $y'=\sqrt{\dfrac{x}{2a-x}}$ die Differentialgleichung der sog. Zykloide, somit ergibt sich die gesuchte Kurve, die auch als Brachistochrone (Kurve kürzester Fallzeit) bezeichnet wird, als eine (gewöhnliche) Zykloide.

Dies Problem der Brachistochrone wurde 1696 und 1697 von *Joh. Bernoulli* als „wissenschaftliche Preisaufgabe“ gestellt. *Bernoulli* selbst hat das Problem mit einer Analogiebetrachtung zum Fermatschen Prinzip des kürzesten Lichtwegs in der Optik gelöst. Später haben *Newton*, *Leibniz* und *Jak. Bernoulli* das Problem ebenfalls behandelt.

Literatur für weitergehende Studien (Auswahl)

Szabo, I.: Höhere Technische Mechanik. Berlin 1972.

Göldner, H.: Lehrbuch Höhere Festigkeitslehre (2 Bände). Leipzig 1979 und 1985.

Schlink, W., Dietz, H.: Technische Statik. Berlin 1948.

Leipholz, H.: Stabilitätstheorie. Leitfäden der angewandten Mathematik und Mechanik (LAMM) Bd. 10. Stuttgart 1968.

Pflüger, A.: Stabilitätsprobleme der Elastostatik. Berlin 1975.

Marguerre, K., Woernle, H.-T.: Elastische Platten. Mannheim 1975.

Schnell, W., Eschenauer, H.: Elastizitätstheorie, Scheiben, Platten, Schalen (2 Bände). Mannheim 1984, 1986.

Neuber, H.: Kerbspannungslehre, 3. Auflage. Berlin 1985.

Sähn, S., Göldner, H.: Bruch- und Beurteilungskriterien in der Festigkeitslehre. Leipzig 1989.

Becker, E., Bürger, W.: Kontinuumsmechanik. LAMM Bd. 20. Stuttgart 1975.

Magnus, K.: Schwingungen. LAMM Bd. 3. Stuttgart 1961.

Hagedorn, P., Otterbein, S.: Technische Schwingungslehre (2 Bände). Berlin 1987 und 1989.

Schiehlen, W.: Technische Dynamik. LAMM Bd. 63. Stuttgart 1986.

Hamel, G.: Elementare Mechanik (Nachdruck). Stuttgart 1965.

Hamel, G.: Theoretische Mechanik. Grundlehren der mathematischen Wissenschaften, Bd. 75. Berlin 1949 (Reprint 1978).

Aufgabensammlungen

Göldner, H.: Übungsaufgaben aus der Technischen Mechanik; Statik, Dynamik, Festigkeitslehre. Braunschweig 1972.

Göldner, H.: Übungsbuch Höhere Festigkeitslehre; Elastizitätstheorie, Plastizitätstheorie, Viskoelastizitätstheorie. Leipzig 1978.

Schnell, W., Gross, D.: Formel- und Aufgabensammlung zur Technischen Mechanik (3 Bände). B. I.-Hochschultaschenbücher 791–793. Mannheim 1985, 1989, 1990.

Hagedorn, P.: Aufgabensammlung Technische Mechanik. Teubner Studienbücher. Stuttgart 1988.

Lugner, P., Desoyer, K., Novak, A.: Technische Mechanik, Aufgaben und Lösungen. Wien 1988.

Namen- und Sachverzeichnis